Maurice Pinay

Complotto contro la Chiesa

MAURICE PINAY

COMPLOTTO CONTRO LA CHIESA

1962

Publié par
OMNIA VERITAS LTD

www.omnia-veritas.com

APPELLO IMPORTANTE AL LETTORE 11
   COSPIRAZIONE CONTRO LA CHIESA 11
PARTE PRIMA 17
   IL MOTORE SEGRETO DEL COMUNISMO 17
CAPITOLO I 19
   COMUNISMO DISTRUITORE 19
CAPITOLO II 24
   I CREATORI DEL SISTEMA 24
CAPITOLO III 31
   IL CERVELLO DEL COMUNISMO 31
      I - Membri del primo Governo comunista di Mosca (1918) 31
      II - Commissariato dell'Interno 32
      III - Commissariato degli Affari Esteri 33
      IV - Alti funzionari del commissariato sovietico dell'Economia (1918) 33
      V - Alti funzionari del commissariato di Giustizia (1918-1919) 34
      VI - Alti funzionari del commissariato dell'Educazione Pubblica 35
      VII - Personalità ebree nel commissariato dell'Esercito 35
      VIII - Alti funzionari ebrei nel commissariato d'Igiene 36
      IX - Membri ebrei del Soviet Superiore dell'Economia popolare (Mosca 1919) 36
      X - Membri del primo Soviet dei soldati e degli operai di Mosca 37
      XI - Membri del Comitato Centrale del Partito Comunista Sovietico (1918-1923) 37
      XII - Membri del Comitato Centrale del Quarto Congresso dei sindacati degli operai e dei contadini sovietici. 38
      XIII - Membri del Comitato Centrale del Quinto Congresso dei Sindacati Sovietici. 39
      XIV - I capi della polizia politica C.E.K.A. (1919). 40
      XV - Commissari del popolo di Pietrogrado. 41
      XVI - Commissari esecutivi della C.E.K.A. di Pietrogrado (1919-1924) 41
      XVII - Membri dell'Alto Commissariato del Lavoro di Mosca. 42
      XVIII - Commissari e personalità comuniste nelle provincie. 42
      XIX - Redattori dei giornali comunisti Pravda, Ekonomischenskaia Zijn e Izvestia. 43
      XX - Redattori del periodico comunista Torgvopromislevnoy Gazzety 43
      XXI - Redattori del periodico comunista La bandiera del lavoro (1920) 44
      XXII - Redattori del periodico comunista Vola Truva 44
      XXIII - Membri della Commissione per la detenzione dei simpatizzanti del regime zarista 45

XXIV - Membri dell'Ufficio centrale del Soviet Economico superiore 45
XXV - Membri dell'Ufficio centrale della 'cooperativa di Stato 45
XXVI - Membri del Comitato Centrale del Sindacato degli Artigiani 46
XXVII - Rappresentanti dell'Esercito Rosso all'Estero 46
XXVIII - Membri dell'Alta Magistratura 46
XXIX - Professori dell'Accademia « Socialista » di Mosca 47
XXX - Membri del Soviet Superiore del Comitato del Don 48
XXXI - Membri della Commissione di Soccorso ai Comunisti 48
XXXII - Agenti economici sovietici all'Estero 48
XXXIII - Giudici popolari di Mosca 49
XXXIV - Commissari permanenti a disposizione del Soviet Supremo di Mosca 49
XXXV - Consiglieri Militari del Governo Comunista di Mosca 49
XXXVI - Membri Membri del Commissariato per la liquidazione degli Istituti Bancari privati 51
XXXVII - Membri della Sezione Filologica del Proletariato. 51
   A - UNGHERIA 59
   B - CECOSLOVACCHIA 60
   C - POLONIA 61
   D - ROMANIA 61
   E - JUGOSLAVIA 65

CAPITOLO IV **67**
  I FINANZIERI DEL COMUNISMO 67

CAPITOLO V **77**
  TESTIMONIANZE EBREE 77

PARTE SECONDA **82**
  L'OCCULTO POTERE DELLA MASSONERIA 82

CAPITOLO I **83**
  LA MASSONERIA, NEMICA DELLA CHIESA E DEL CRISTIANESIMO 83

CAPITOLO II **86**
  GLI EBREI FONDATORI DELLA MASSONERIA 86
     Origine ebrea 87

CAPITOLO III **91**
  GLI EBREI CHE DIRIGONO LA MASSONERIA 91
     Tratti dall'ebraismo dottrine, simboli e gradi massonici 92
     Considerazione massonica verso gli ebrei 93
     La preponderanza ebraica nelle logge 93

CAPITOLO IV 97
I CRIMINI DELLA MASSONERIA 97
Assassinio di non massoni 98
Uccisioni, esecuzioni sommarie e saccheggi 100

CAPITOLO V 102
LA MASSONERIA, PROPAGANDISTA DELLA RIVOLUZIONE GIACOBINA 102
La Società delle Nazioni 110
L'azione ebreo-massonica nei confronti del cattolicesimo 111
La massoneria favorisce e propaga il comunismo che è opera ebrea 112

PARTE TERZA 116
LA SINAGOGA DI SATANA 116

CAPITOLO I 117
IMPERIALISMO EBREO 117

CAPITOLO II 132
QUALCOS'ALTRO SULLE CREDENZE RELIGIOSE DEGLI EBREI 132

CAPITOLO III 141
LA MALEDIZIONE DI DIO SUGLI EBREI 141
Maledizioni contro i trasgressori della legge 146
Minacce contro chi trasgredisce la legge 147

CAPITOLO IV 151
CASTIGHI DI DIO: BIBBIA 151

CAPITOLO V 156
ANTISEMITISMO E CRISTIANESIMO 156

CAPITOLO VI 164
SECONDO GLI EBREI, NOSTRO SIGNOR GESU'CRISTO È IL SIMBOLO DELL'ANTISEMITISMO 164

CAPITOLO VII 172
IL POPOLO DEICIDA 172

CAPITOLO VIII 181
GLI APOSTOLI CONDANNANO GLI EBREI PER L'ASSASSINIO DI CRISTO 181

CAPITOLO IX 185

MORALE COMBATTIVA, NON DISFATTISMO MORTALE 185

CAPITOLO X **195**
GLI EBREI UCCIDONO I CRISTIANI E PERSEGUITANO GLI APOSTOLI 195
Gli ebrei non sono graditi a Dio, afferma S. Paolo. *196*

CAPITOLO XI **205**
PERSECUZIONI ROMANE PROVOCATE DAGLI EBREI 205

QUARTA PARTE **210**
LA « QUINTA COLONNA » EBREA NEL CLERO 210

CAPITOLO I **211**
LA PIOVRA CHE STRANGOLA LA CRISTIANITÀ 211

CAPITOLO II **216**
ORIGINI DELLA « QUINTA COLONNA » 216

CAPITOLO III **224**
LA « QUINTA COLONNA » IN AZIONE 224

CAPITOLO IV **233**
IL GIUDAISMO PADRE DEGLI GNOSTICI 233

CAPITOLO V **244**
L'EBREO ARIO E LA SUA DOTTRINA 244

CAPITOLO VI **256**
GLI EBREI ALLEATI DI GIULIANO L'APOSTATA 256

CAPITOLO VII **260**
SAN GIOVANNI CRISOSTOMO E SANT'AMBROGIO CONDANNANO GLI EBREI . 260

CAPITOLO VIII **267**
SAN CIRILLO D'ALESSANDRIA VINCE NESTORIO ED ESPELLE GLI EBREI 267
SANT'AGOSTINO, SAN GEROLAMO E ALTRI PADRI DELLA CHIESA CONDANNANO GLI EBREI. . 274

CAPITOLO IX **276**
INVASIONE DEI BARBARI, TRIONFO ARIANO GIUDEO 276

CAPITOLO X **281**
VITTORIA CATTOLICA 281

CAPITOLO XI **287**

IL TERZO CONCILIO DI TOLEDO ESTROMETTE GLI EBREI DALLE CARICHE PUBBLICHE 287

CAPITOLO XII **291**

IL QUARTO CONCILIO DI TOLEDO DICHIARA SACRILEGHI E SCOMUNICATI I VESCOVI E GLI ECCLESIASTICI CHE APPOGGIANO I GIUDEI 291

CAPITOLO XIII **302**

CONDANNA DI QUEI RE E DI QUEI SACERDOTI CATTOLICI CHE SI DIMOSTRARONO NEGLIGENTI NEL CONDURRE LA LOTTA AL CRIPTO-GIUDAISMO 302

CAPITOLO XIV **310**

LA CHIESA COMBATTE IL CRIPTO-GIUDAISMO: SCOMUNICA DEI VESCOVI NEGLIGENTI 310
- *Esilio ai Vescovi che conferiscano autorità agli ebrei.* 318
- *Proibizione ai Sacerdoti di proteggere gli ebrei.* 319
- *Scomunica ai Vescovi negligenti.* 320

CAPITOLO XV **323**

IL CONCILIO XVI DI TOLEDO CONSIDERA NECESSARIA LA DISTRUZIONE DELLA « QUINTA COLONNA » EBREA 323

CAPITOLO XVI **326**

IL CONCILIO XVII DI TOLEDO PUNISCE CON LA SCHIAVITÙ GLI EBREI COSPIRATORI 326

CAPITOLO XVII **333**

RICONCILIAZIONE CRISTIANO-EBREA: PRELUDIO DI ROVINA 333

CAPITOLO XVIII **341**

GLI EBREI TRADISCONO I LORO PIÙ FEDELI AMICI 341

CAPITOLO XIX **354**

I CONCILI DELLA CHIESA LOTTANO CONTRO IL GIUDAISMO 354
- *Il Concilio Ecumenico II di Nicea ed i cripto-giudei.* 355

CAPITOLO XX **363**

TENTATIVO DI GIUDAIZZARE IL SACRO ROMANO IMPERO GERMANICO 363

CAPITOLO XXI **374**

IL CONCILIO DI MEAUX LOTTA CONTRO GLI EBREI PALESI ED OCCULTI 374

CAPITOLO XXII **381**

TERRORE EBREO IN CASTIGLIA DURANTE IL SECOLO XIV 381

CAPITOLO XXIII **392**

GLI EBREI TRADISCONO ANCHE I LORO PIÙ GENEROSI PROTETTORI 392

CAPITOLO XXIV **398**

INFILTRAZIONE EBREA NEL CLERO...398

CAPITOLO XXV **413**

UN CARDINALE CRIPTO-EBREO USURPA IL PAPATO 413

CAPITOLO XXVI **423**

SAN BERNARDO E SAN NORBERTO LIBERANO LA CHIESA DAGLI ARTIGLI DEL GIUDAISMO 423

CAPITOLO XXVII **431**

UNA RIVOLUZIONE GIUDEO - REPUBBLICANA NEL SECOLO XII........................431

CAPITOLO XXVIII **437**

IL CONCILIO III DEL LATERANO ORDINA LA DESTITUZIONE DEI VESCOVI E SACERDOTI CHE NON SI OPPONGANO ENERGICAMENTE AGLI ERETICI 437

CAPITOLO XXIX **442**

IL GRANDE PAPA INNOCENZO III E IL FAMOSO CONCILIO LATERANO IMPONGONO COME BUONO E OBBLIGATORIO QUELLO CHE GLI EBREI CHIAMANO RAZZISMO E ANTISEMITISMO 442

CAPITOLO XXX **451**

PAPI, PADRI DELLA CHIESA E SANTI LOTTANO CONTRO I GIUDEI E LI CONDANNANO 451

CAPITOLO XXXI **461**

FRATERNITÀ EBREO-CRISTIANA: LOGGE MASSONICHE DI NUOVO CONIO ? ...461

CAPITOLO XXXII **466**

L'AVVICINAMENTO AMICHEVOLE EBREO - CRISTIANO 466

FONTI E BIBLIOGRAFIA **472**

Appello importante al lettore

Cospirazione contro la Chiesa

Si sta compiendo la più perversa cospirazione contro la Santa Chiesa. I suoi nemici tramano di distruggere le Sue più sacre tradizioni, realizzando riforme così audaci e malevole come quelle di Calvino, Zuinglio ed altri grandi eresiarchi, tutto con la finzione di modernizzare la Chiesa e metterla al livello dell'epoca, però, col proposito occulto di aprire le porte al comunismo, accelerare la rovina del mondo libero e preparare la futura distruzione del Cristianesimo.

Benché sembri impossibile, essi pretendono di realizzare tutto ciò nel Concilio Vaticano Secondo. Abbiamo prove che attestano come questo sia quel che hanno tramato in segreto gli alti poteri del comunismo e della forza occulta che li controlla.

Si tratterebbe di cominciare con un sondaggio iniziale, a partire dalle riforme che provocano resistenza minore nei difensori della Santa Chiesa, per noi gradualmente realizzare la Sua trasformazione fino a che quei resistenti lo permettano.

Sembrerà tuttavia incredibile, a coloro che ignorano quella cospirazione, che tali forze anticristiane contino di avere, dentro le gerarchie della Chiesa, una vera « quinta colonna », di agenti controllati dalla massoneria, dal comunismo e dal potere occulto che li governa; tali agenti sarebbero tra quei Cardinali, Arcivescovi e Vescovi che formano una specie di ala progressista entro il Concilio e che tenteranno di far adottare le perverse riforme.

Si pretende che quel blocco, che si formerà all'inizio del Sinodo, conti sull'appoggio del Vaticano, controllato a sua volta dalla « quinta colonna » delle forze cospiratrici anticristiane. Ci sembra che ciò sia incredibile e piuttosto il frutto della iattanza dei nemici della Chiesa, anzi che una realtà obiettiva. Però menzioniamo questo assurdo per mostrare fin dove giungano i nemici della Cattolicità e del mondo libero.

Oltre alle riforme pericolose della dottrina della Chiesa e della sua politica tradizionale, con manifesta contraddizione a quanto fu approvato da Papi e Concili anteriori, si medita di annullare la Bolla di scomunica lanciata da S.S. Pio XII contro i comunisti ed i loro collaboratori, onde stabilire una convivenza pacifica col comunismo che, da una parte faccia perdere prestigio alla Santa Chiesa di fronte a tutti i Cristiani che lottano contro il comunismo materialista ed ateo e, dall'altra parte, infranga il morale di quei lottatori che difendono la Chiesa, faciliti la loro sconfitta, provochi sbandamento nelle loro file, assicurando il trionfo mondiale del totalitarismo rosso.

Siccome prevedono che possa organizzarsi una resistenza, come è già occorso in simili casi, si apprestano ad infiltrarsi, con la « quinta colonna », pure nella eventuale ala conservatrice, per seminarvi gradualmente il disorientamento in forma sottile, demoralizzarla e soprattutto dividerla. Questa « quinta colonna », agente in apparenza a difesa delle tradizioni, agirà in segreto accordo con coloro che dirigono l'ala rivoluzionaria e progressista, per organizzare con loro l'attacco dall'esterno, il sabotaggio all'interno, ed abbattere col tempo la probabile resistenza, per subito realizzare le riforme progettate e la distruzione di quelle tradizioni che costituiscono la migliore difesa della Santa Chiesa di fronte ai suoi nemici.

Si procura che, per nessun motivo, siano invitati come osservatori i protestanti e gli ortodossi che lottano eroicamente contro il comunismo e invece siano invitati quelle Chiese o Consigli di Chiese, che sono sotto il controllo della Massoneria e del Comunismo, nonché del potere occulto che ambedue dirige. In tal modo, i massoni o comunisti in abito sacerdotale, che usurpano le cariche direttive in quelle Chiese, potranno sottilmente collaborare, mascherati in realtà, con la « quinta colonna » che le forze anticristiane hanno introdotto nel clero cattolico.

D'altra parte, il Cremlino ha già deciso che negherà i passaporti ai Prelati fermamente anticomunisti e consentirà che partano dai suoi Stati satelliti dell'Europa Orientale, solo i suoi agenti indiscussi oppure coloro che, senza essere tali, si siano piegati nel timore delle rappresaglie rosse. In tal modo, la Chiesa del Silenzio non interverrà al Concilio Vaticano Secondo con coloro che meglio potrebbero difenderla ed informare il Santo Sinodo circa la verità di quanto avviene nel mondo comunista.

Questo sembrerà incredibile al lettore, ma siamo sicuri che quanto accadrà al Santo Concilio Ecumenico gli aprirà gli occhi e lo convincerà che stiamo dicendo la verità, perché il nemico medita di giuocare al Concilio una carta decisiva, giacché si ritiene sicuro di poter contare su complici fidati nella più alta gerarchia ecclesiastica.

Un altro dei piani sinistri che si ordiscono è quello di indurre la Chiesa a contraddirsi, facendole con ciò perdere autorità sui Fedeli, perché subito si proclamerà che una istituzione che si contraddice non può essere divina. Con tale argomento si pensa di rendere deserta la Chiesa, che i Fedeli perdano la loro fiducia nel clero e lo abbandonino; si ha in progetto che la Chiesa dichiari nero il bianco e bianco il nero, e che quanto nei secoli affermò essere male, adesso affermi che è bene. Fra le manovre che si preparano a tal fine, risalta per importanza il mutamento di attitudine della

Santa Chiesa riguardo ai Giudei reprobi, come li definì Sant'Agostino, quelli che crocifissero Cristo ed i suoi successori, nemici capitali del Cristianesimo.

Si vorrebbe distruggere la dottrina dei Grandi Padri della Chiesa, unanime, quello « unanimis consensus Patrum », che la Chiesa considera quale fonte della Fede, che condannò e dichiarò maligni i giudei infedeli, dichiarò buona e necessaria la lotta contro di loro cui parteciparono separatamente, come dimostreremo con citazioni irrefutabili, Sant'Ambrogio, Vescovo di Milano, San Gerolamo, Sant'Agostino Vescovo di Ippona, San Giovanni Crisostomo, Sant'Atanasio, San Gregorio di Nazianzo, San Basilio, San Cirillo di Alessandria, Sant'Isidoro di Siviglia, San Bernardo, e perfino Tertulliano ed Origene; questi due ultimi di ortodossia indiscutibile ai loro tempi.

Inoltre, durante diciannove secoli, la Santa Chiesa ha lottato accanitamente contro i Giudei e contro il Giudaismo, definito da Cristo Nostro Signore la *Sinagoga di Satana*, titolo che continuarono ad usare Sant'Agostino e gli altri dirigenti della Santa Chiesa - come dimostreremo pure con documenti irrefutabili, cioè le Bolle dei Papi, gli Atti dei Concili Ecumenici e Provinciali, (come l'importante Quarto del Laterano e molti altri), le dottrine di San Tommaso d'Aquino, di Duns Scoto e dei più notevoli Dottori della Chiesa - nonché con fonti giudaiche di autenticità indiscutibile, come le Enciclopedie Ufficiali del Giudaismo, le opere di illustri Rabbini e dei più famosi storici giudei.

Dunque, i cospiratori giudei, massoni e comunisti pretendono che nel Concilio Vaticano Secondo, utilizzando, come essi dicono, la ignoranza della massima parte del clero circa la vera storia della Chiesa, sia menato un colpo di sorpresa, ossia che il Santo Concilio Ecumenico condanni l'antisemitismo ed ogni lotta contro i giudei, cioè contro coloro che - come pure dimostreremo con prove indiscutibili - sono i dirigenti della massoneria e del comunismo internazionale. Si vorrebbe che i Giudei reprobi, considerati perfidi dalla Chiesa durante diciannove secoli, fossero dichiarati buoni e carissimi a Dio, in contraddizione con quello « unanimis consensus Patrum » che stabilì precisamente il contrario e con quanto affermato da Bolle Papali, e Canoni di Concili Ecumenici e Provinciali.

Mentre i Giudei, ed i loro complici, considerano antisemitismo ogni lotta contro le malefatte dei Giudei e le loro cospirazioni contro Cristo N.S. e la Cristianità, i Santi Padri hanno dichiarato, come pure dimostreremo in questo libro, che la prima fonte dell'antisemitismo si riscontra in Cristo medesimo, negli Evangeli e nella Chiesa Cattolica, che durante quasi duemila anni lottarono con perseveranza contro i Giudei che avevano ripudiato il loro Messia.

Quelli che auspicano dunque la condanna dell'antisemitismo, che talvolta chiamano razzismo antisemita, vorrebbero che S.S. il Papa ed il Concilio consacrassero il precedente catastrofico che la Chiesa si smentisce, e che inoltre le attuali gerarchie ecclesiastiche condannassero, senza darsene conto, in forma tacita, Cristo N.S., i Santi Evangeli, i Padri della Chiesa, nonché la maggior parte dei Papi, fra cui Gregorio VII (Ildebrando), Innocenzo II, Innocenzo III, San Pio V e Leone XIII, che, come dimostreremo in questa opera, lottarono accanitamente contro i Giudei e la *Sinagoga di Satana*. Quei tali vorrebbero così pure mettere sul banco degli accusati molti Concilii della Santa Chiesa, fra cui gli Ecumenici di Nicea II, terzo e quarto del Laterano, i cui Canoni studieremo in questo libro e che tanto si opposero agli ebrei. In una parola, quei sinistri cospiratori vorrebbero che la Santa Chiesa, condannando l'antisemitismo condannasse se medesima, con i risultati disastrosi che è agevole comprendere.

Già nel Concilio Vaticano anteriore, quei tali, sia pure in forma velata, tentarono di provocare quel voltafaccia nella dottrina tradizionale della Chiesa, quando, con un colpo di sorpresa e con insistenti pressioni, riuscirono a far firmare a moltissimi Padri un « postulato a favore dei giudei », nel quale, sfruttando lo zelo apostolico dei pietosi Prelati, si parlava inizialmente di un appello alla conversione degli israeliti, (proposta impeccabile dal punto di vista teologico ortodosso) per poi istillare di soppiatto il veleno con affermazioni che, come dimostreremo nel corso di questo lavoro, sono in aperto contrasto con la dottrina stabilita al riguardo dalla Santa Chiesa, da concreti passi dei Santi Vangeli, dalla dottrina dei Padri, dai Papi, dai Concilii e da una infinità di Santi, giustamente canonizzati.

Però, in quella occasione, quando la Sinagoga di Satana già credeva di avere assicurata l'approvazione del Concilio al postulato, l'assistenza di Dio alla Santa Chiesa impedì che il Corpo Mistico di Cristo contraddicesse medesimo e che prosperassero le cospirazioni dei suoi millenari nemici.

Scoppiò d'improvviso la guerra franco-prussiana, Napoleone III fu costretto a ritirare precipitosamente le truppe che difendevano gli Stati Pontifici e gli eserciti di Vittorio Emanuele si apprestarono ad avanzare spavaldamente su Roma, per cui il Santo Concilio Vaticano I fu sollecitamente disciolto; i Prelati dovettero affrettarsi a tornare nelle Diocesi prima che potesse discutersi nel Sinodo il famoso postulato in favore dei Giudei. Non fu certo la prima volta che la Divina Provvidenza impedì con mezzi eccezionali, un disastro di quel genere. La storia ci dimostra che lo ha fatto in una infinità di casi, utilizzando per lo più, come suoi strumenti, i Papi e pii Prelati come Sant'Atanasio, San Cirillo di Alessandria, San Leandro, il Cardinale Aimerico e perfino umili frati come San Bernardo o San Giovanni da Capistrano, ed in molti casi anche sovrani, come Vittorio Emanuele I od il re di Prussia.

Poiché, a metà dell'anno scorso, avemmo sentore che il nemico partiva all'assalto con una cospirazione che, come abbiamo detto, si prefigge di aprire le porte al comunismo, predisporre la rovina del mondo libero ed assicurare la consegna della Santa Chiesa negli artigli della *Sinagoga di Satana*, senza perdere tempo ci siamo dati a raccogliere documenti ed a scrivere questa opera che, più di un libro sostenitore di una certa tesi, è una raccolta ordinata di Atti dei Concilii, di Bolle dei Papi ed ogni specie di documenti e fonti, dopo avere scartato tutto ciò che potesse essere di autenticità o veracità dubbie, selezionando gli scritti di valore probatorio indiscutibile.

In questo libro, non solo si denuncia la cospirazione che il comunismo e la *Sinagoga di Satana* hanno tramato con riguardo al Concilio Vaticano II, ma si compie uno studio coscienzioso delle congiure anteriori che in oltre diciannove secoli ne costituirono i precedenti, perché quanto accadrà nell'attuale Santo Sinodo si tentò ripetutamente nei secoli trascorsi e quindi, per poter capire in tutta la sua gravità quel che sta per succedere, è indispensabile conoscere gli antecedenti ed anche la natura della « quinta colonna » nemica infiltratasi nel clero e che, con documentazione impeccabile studiamo a lungo nella quarta parte della presente opera.

Tenuto conto che si pretende dalla Santa Sede e dal Concilio Vaticano II che si distruggano certe tradizioni della Chiesa allo scopo di facilitare i trionfi del comunismo e della massoneria, nelle due prime parti di questa opera facciamo uno studio minuzioso e basato sulle fonti più serie, su quella che potrebbe chiamarsi la quintessenza della massoneria e del comunismo ateo, e la natura del potere occulto che li dirige; e siccome la quarta parte di questa opera è la più importante, le prime tre e soprattutto la terza rendono veramente comprensibile in tutta la sua gravità la cospirazione che minaccia la Santa Chiesa. E questa cospirazione non si limita a quanto potrà accadere nel Sinodo Universale, ma riguarda anche il futuro, perché il nemico calcola che se per qualsiasi motivo sorgessero forti reazioni contro le riforme progettate e naufragasse la manovra nel Concilio Vaticano II, si continuerà in seguito a profittare di qualunque opportunità per tornare all'assalto, per fare sì che la Santa Sede consegni la Chiesa nelle mani del comunismo e della *Sinagoga di Satana*. Quei tali nemici affermano con iattanza che essi praticamente governano il Vaticano, per vari canali, fra cui quello rappresentato da un giovane Monsignore che esercita un'influenza decisiva.

Però siamo sicuri che, nonostante le insidie del nemico, l'assistenza di Dio alla Santa Chiesa farà fallire questa volta, come le altre, le sue perfide macchinazioni. Giacché è scritto che « le Forze dell'Inferno non prevarranno contro di Lei ».

Purtroppo, la elaborazione di questo libro molto documentato, è durata circa quattordici mesi e manca poco all'inizio del Concilio Vaticano II. Che Dio ci aiuti affinché, vincendo tutti gli ostacoli comprensibili, si possa terminare la stampa almeno prima che il nemico possa cagionare i primi danni. Benché sappiamo che Dio N. S. non permetterà una catastrofe come quella che hanno in programma i nemici, dobbiamo ricordare che, come disse un Santo illustre, pur sapendo che tutto dipende da Dio, dobbiamo agire come se tutto dipendesse da noi.

Nel secondo tomo di questa opera, si includeranno le parti quinta e sesta, ma la loro pubblicazione si farà in seguito, in attesa delle repliche e delle immancabili calunnie che lancerà il nemico, per confutarle in forma schiacciante.

Roma, 31 agosto 1962.

L'AUTORE

PARTE PRIMA

IL MOTORE SEGRETO DEL COMUNISMO

MAURICE PINAY

CAPITOLO I

COMUNISMO DISTRUITORE

Di tutti i sistemi rivoluzionari ideati dagli uomini nel corso dei secoli, e aventi, purtroppo, il fine di contrastare o addirittura distruggere i valori della civiltà spirituale - sistemi messi in opera nel tempo, sempre nella forma e nel momento più opportuni - il più perfetto, efficiente e spietato è senza dubbio il sistema comunista. Esso, infatti, rappresenta la tappa più avanzata della rivoluzione mondiale, i cui postulati puntano non soltanto alla distruzione di determinate istituzioni politiche, sociali, economiche o morali, ma anche alla distruzione della Santa Chiesa Cattolica o quanto meno di tutte le manifestazioni della cultura cristiana, cultura che costituisce e rappresenta l'ossatura e il fulcro della nostra civiltà. Se tutte le tendenze rivoluzionarie di origine ebraica hanno attaccato con sintomatica unanimità il Cristianesimo, nei suoi diversi aspetti, il Comunismo si batte per farlo sparire dalla faccia della terra e addirittura per cancellare ogni traccia della sua opera spirituale millenaria.

Il rabbioso furore di questa satanica tendenza, ha già dato al mondo il più spaventoso spettacolo di orrori e di inimmaginabili distruzioni, che rivelano la sostanza negatrice dell'ideologia marxista e il ripudio violento di tutto ciò che lo spirito umano, plasmato da Dio, secondo la Sua santa volontà, e informato ai Suoi altissimi voleri, ha creato sino ad oggi sulla terra. Ciò spiega la demenza, non altrimenti concepibile, delle sue tattiche criminose, del suo spirito distruttivo, delle sue mene sabotatrici contro tutto ciò che rivela aspetti di trascendenza non soltanto cattolica, bensì religiosa in senso lato.

Il fine che il marxismo persegue è, com'è noto, l'annullamento della personalità umana nel suo aspetto di superiore formazione fatta a immagine e somiglianza di Dio. I concetti di benessere economico, le pianificazioni per raggiungerlo, la dottrina politico-sociale che lo bandisce e pretende, sono i mezzi che consentono ad una minoranza di esercitare il dominio con la sopraffazione. Trasportata sul piano internazionale la mèta non può rivelarsi più trasparente: *consentire ad una minoranza, che sarebbe trascurabile, di conseguire l'annichilimento della personalità umana, attraverso il materialismo, il terrore e, se necessario, la persecuzione e anche l'assassinio della stragrande maggioranza della popolazione.*

Tutto il mondo conosce ormai, ed ha dinanzi agli occhi, l'impulso omicida che ha caratterizzato i dirigenti sovietici; pochi sono coloro che almeno una volta non hanno rabbrividito di terrore nell'apprendere le mene sanguinose originate in Russia dalla politica marxista. E'sufficiente ricordare alcuni dati che riempirono di paura e di indignazione ogni essere civile, per sentirsi pervadere ancora oggi da un senso d'orrore.

Realizzando i suoi postulati, il terrore rosso si è dedicato soprattutto allo sterminio della *intelligenza* russa.[1] La prova di tutto ciò la fornisce, tra i tanti, per esempio, S. P. Melgunov, allorquando, riferendosi alle numerose *commissioni straordinarie* che nacquero in Russia durante i primi tempi della rivoluzione sovietica, afferma:

« Le commissioni straordinarie non sono organi di giustizia, ma spietato sterminio, espressione del Comitato Centrale Comunista.

« La Commissione Straordinaria non è una commissione di inchiesta ne di giudizio, ne un tribunale, poiché è essa stessa che determina le sue punizioni. Essa è un organismo che opera sul fronte interno della guerra civile. Non giudica il nemico, lo stermina. Non perdona chi è dall'altra parte della barricata, lo schiaccia. Non è difficile immaginare come, nella realtà, viene compiuto questo sterminio senza misericordia, quando, anziché il non più valido codice della Legge regna unicamente la esperienza rivoluzionaria e la cosiddetta coscienza di classe. La coscienza infatti - specialmente se di classe - non può che essere adoperata soggettivamente. L'esperienza rivoluzionaria influenza la volontà dei giudici che esercitano il potere a seconda del loro sentimento e sempre in forma oppressiva e deteriore ».[2]

« Noi non facciamo la guerra contro particolari persone – scrisse dal suo canto Latais – noi sterminiamo la borghesia come classe. Non perdetevi nella ricerca dei documenti e delle prove relativi a ciò che ha commesso l'accusato, in opere o parole, contro le autorità sovietiche. La prima domanda che dovete fargli è: a che classe appartieni? qual è la tua origine, la tua educazione, la tua istruzione, la tua professione? »[3]

Questo è tutto. Nel periodo della dittatura di Lenin, la commissione di inchiesta di Rohrberg, che si insediò a Kiev, dopo la riconquista di questa città, nell'agosto 1919, da parte di volontari anticomunisti segnala quanto segue:

« Tutto il suolo di cemento del grande garage (si tratta della sala di esecuzione della Ceka provinciale di Kiev) era inondato di sangue. Il sangue

---

[1] Léon de Poncins: *Las fuerzas secretas de la revolución F ... M ... Ebraismo*, Edizione Fax, Madrid.
[2] S. P. Melgunov, *La Terreur rouge en Russie de 1918 à 1923*, Payot, 1927.
[3] Latais, *Terrore Rosso del I° Novembre*, 1918

non scorreva, formava delle vaste pozze di diversa, ma sempre immensa vastità. Stagnava un orribile miscuglio fatto di poltiglia rossa, cervello, frammenti di cranio, ciocche di capelli, brandelli di carne e resti umani. Tutte le pareti, sforacchiate da migliaia di pallottole, apparivano chiazzate di sangue, di cervello, di cuoio capelluto. Una fossa larga 25 centimetri, profonda altrettanto e lunga una decina di metri, partendo dal centro del garage raggiungeva un locale vicino ed immetteva in un condotto sotterraneo d'uscita. Questa fossa era completamente piena di sangue. Generalmente, dopo i massacri, i corpi degli assassinati venivano trasportati fuori della città con automezzi, e sotterrati in una fossa comune. In un angolo del giardino trovammo un'antica fossa che conteneva ottanta cadaveri, recanti i segni di crudeltà e di mutilazioni orrende. Taluni sventrati, altri mancanti di arti; altri ancora squartati. Alcuni cadaveri erano privi degli occhi, o della testa. Quasi tutti presentavano il volto, il collo, il tronco e altre parti del corpo crudelmente martoriati.[4] Un po' più lontano trovammo un cadavere con un palo appuntito piantato nel petto; altri cadaveri non avevano la lingua. In un angolo della fossa scoprimmo uno spaventoso mucchio di braccia e di gambe separate dai tronchi di coloro a cui appartennero. Nessuno potrà mai esattamente valutare l'entità dell'enorme montagna di cadaveri che il marxismo ha elevato e continua ancora ad elevare, ma ciò che è accaduto supera, di sicuro, ogni immaginazione. Non è possibile conoscerne esattamente il numero delle vittime. Ogni calcolo è inferiore alla realtà ».

Nel giornale di Edimburgo *The Scotsman* del 7 novembre 1923 il prof. Sarolea elenca le seguenti cifre di assassinati, cifre che si riferiscono unicamente al primo periodo della rivoluzione russa:

« 28 Vescovi; 1.219 sacerdoti; 6.000 professori e maestri; 9.000 dottori; 54.000 ufficiali; 260.000 soldati; 70 mila poliziotti; 12.950 proprietari; 355.250 intellettuali e liberi professionisti; 193.000 operai; 815.000 contadini ».

La Commissione d'inchiesta Denikin sulle atrocità bolsceviche commesse durante il periodo 1918-19, nel corso di un'esauriente indagine sul terrore rosso, contò, soltanto in quei due anni, *ben un milione e settecentomila vittime.*[5]

Komin, nel *Roul* del 3 agosto 1923, fa le seguenti considerazioni:

---

[4] S. P. Melgunov, op cit.
[5] Léon de Poncins, op cit.

« Durante l'inverno del 1920 la Russia comprendeva 52 governi, con 52 commissioni straordinarie (Ceke), 52 sezioni speciali, 52 tribunali rivoluzionari; oltre ad innumerevoli Ceke di vigilanza, gruppi autotrasportati, tribunali ferroviari, tribunali delle truppe di sicurezza interna, tribunali mobili inviati per esecuzioni in massa nel luogo stesso del giudizio ecc. ».

A questo lungo elenco di apparati di tortura occorre aggiungere le sezioni speciali e 16 tribunali militari divisionali. In tutto sono oltre mille uffici funzionanti per operare crudeli sevizie e dare la morte.

Tenuto presente che in quel periodo funzionavano anche altre commissioni, cosi dette cantonali, il conto aumenta. Successivamente crebbero i già numerosi governi dell'URSS: anche la Siberia, la Crimea e l'Estremo Oriente vennero conquistati. Il numero delle Ceke (le cosi dette *commissioni*) si sviluppò in proporzione geometrica. Attenendosi ai dati sovietici (nel 1920, quando infuriava il terrore le informazioni su questo, venivano date con una sorta di sanguinario orgoglio) si è potuta stabilire persino una cifra media giornaliera per tribunale, di esecuzioni decretate.

La curva di queste esecuzioni ascende da uno a cinquanta nei grossi centri e raggiunge i cento assassinati al giorno nei centri da poco invasi dall'esercito rosso. L'andamento del terrore era infatti discontinuo: da fasi acute si passava a periodi di stasi. Ragion per cui le atroci statistiche del tempo fissano il numero medio di cinque vittime giornaliere per ogni tribunale. Tenuto conto che i tribunali erano oltre mille in tutto il territorio dell'URSS, le vittime, è chiaro, assommano a cinque mila nelle ventiquattr'ore. Il che conduce ad una cifra che si aggira sul milione e mezzo!

Ricordiamo questo inaudito massacro, non perché sia il più spaventoso di tutti, ne il più atroce verificatosi in quel periodo, quale risultato della rivoluzione bolscevica, ma bensì perché, dopo 45 anni di questa carneficina, può essere che sia stata dimenticata la vera sostanza del comunismo, anche da coloro che pur avendo l'età della ragione all'epoca degli avvenimenti e vivendo tuttora, hanno pressoché dimenticato questa spaventosa tragedia, con la facilità con la quale purtroppo gli uomini dimenticano, non soltanto i fatti sgraditi che non li riguardano direttamente, ma persino anche quelli di cui furono vittime.

Il tempo ha disteso sulle atrocità di quegli anni una patina di pericoloso oblio. L'attività sanguinosa di cui misericordiosamente non abbiamo voluto approfondire la statistica, né i dettagli - come avremmo potuto e forse dovuto fare se non altro a scopo esegetico, almeno per quanto riguarda taluni recenti massacri - si è svolta, e si svolge ancora, tanto vicina a noi, che abbiamo udito e possiamo udire le grida di terrore dei torturati, il lamento degli accusati, i gemiti dei moribondi. E contro di noi sta la muta, paurosa, costante accusa dei morti.

Basterà ricordare le recenti, spietate repressioni in Ungheria, in Polonia, nella Germania orientale ed a Cuba; le massicce « purghe » verificatesi all'epoca di Stalin e la distruzione di milioni di cittadini operata dal governo comunista di Mao-Tse-Tung.

A ciò occorre aggiungere il periodo in cui i comunisti dominarono alcuni paesi. Dalla insurrezione avvenuta in Germania nel 1918, fortunatamente soffocata, a capo della quale vi fu Hugo Hasse (insurrezione che trovò il suo terreno più fertile nella cosiddetta repubblica rossa della Baviera, formata nel 1919) alla dominazione di Bela-Kun che operò convulsamente in Ungheria nello stesso anno, alla guerra civile spagnola 1936-39, durante la quale i rossi, padroni di Madrid e di alcune provincie iberiche, assassinarono 12 Vescovi e oltre 12 mila tra sacerdoti, frati e monache.[6] Quanto accadde durante quei periodi tremendi, in cui il marxismo dominò incontrastato, fu una vera e propria questo spaventoso agglomerato di cadaveri, di sangue e di lacrime, grava e incombe ancora sul mondo e persegue un fine unico: distruggere con la Chiesa Cattolica, tutta la civiltà cristiana.[7]

Dinanzi a questo tremendo quadro, il mondo si domanda col cuore oppresso: chi mai può odiare in questo modo, e sino a questo punto, i nostri convincimenti religiosi e operare così per distruggerli, con tanto furore malvagio? Chi mai è stato capace - ed è capace - di ordire questa sanguinosa macchinazione di annientamento, e di metterla in moto? Chi può con tanta insensibilità ordinare e dirigere questo gigantesco, criminoso processo distruttivo? La realtà ci dimostra senza tema di errore, che la totale responsabilità di tutto questo ricade sul giudaismo: e lo dimostreremo ampiamente.

---

[6] Una statistica delle vittime del comunismo è stata anche pubblicata dall'opuscolo *Rivelazione d'interesse mondiale* (Vermijon, Roma, 1957) il quale ha tratto le notizie dal giornale *Russkaja Mysl*, pubblicato in Francia, numero del 30 novembre 1947.
[7] Traian Romanescu, *La gran conspiracion judia*, Terza Edizione, Messico, D. F., 1961.

CAPITOLO II

I CREATORI DEL SISTEMA

Non sussiste ormai alcun dubbio sul fatti che gli ideatori del comunismo furono gli ebrei. Essi, infatti, sono stati non solo gli inventori, ma anche gli autori della dottrina su cui poggia quel mostruoso sistema che tiene aggiogata con poteri assoluti la maggior parte dell'Europa e dell'Asia, che sconvolge le nazioni americane e si diffonde progressivamente in tutti i popoli, anche cristiani, del mondo.

Il comunismo agisce come un cancro letale, si spande come un tumore maligno nelle pieghe più recondite delle nazioni libere. E sembra purtroppo che non esista un rimedio contro tanto male.

Non solo, ma risulta altrettanto chiaro che sono gli ebrei gli inventori ed i dirigenti della pratica comunista, della sua efficiente tattica di combattimento, della sua insensibile e spietata politica inumana messa in atto, nonché della sua aggressiva strategia internazionale.

Che i teorici del comunismo furono tutti ebrei è verità, ormai pienamente comprovata, malgrado l'accorta pratica usuale dei più importanti uomini dediti all'attività politica, di acquisire a mo' di soprannome un cognome e un nome atti a mascherare la loro vera origine agli occhi delle popolazioni in mezzo alle quali vissero e vivono.

L'elenco che segue, altamente indicativo pur nella sua incompletezza, è l'inconfutabile prova di quanto sopra. Infatti:

1 **Karl Heinrich Marx**. Era un giudeo tedesco, il cui vero nome fu Kissel Mordekay, nato a Treves, nella Prussia Renana, figlio di un avvocato ebreo. Prima di aver scritto la sua famosa opera *Il Capitale*, che è, come si sa, il vero e proprio testo sacro del comunismo teorico, - la cui dottrina egli si dedicò a propagandare durante tutta la sua vita, con inesauribile attività - Marx aveva vergato e pubblicato a Londra, insieme all'ebreo Engels, nell'anno 1848, l'ormai famoso manifesto comunista. E ancor prima, tra il 1843 e il 1847, aveva dato vita, sempre in Inghilterra, alle prime teorie moderne del nazionalismo ebreo, attraverso una serie di scritti, apparsi nel 1844 sulla rivista *Deutsche-Französiche-Jahrbücher*, dal titolo *Zur Judenfrage* (La questione ebrea), scritti informati ad una tendenza ultranazionalista. Morì nel 1887.

2 **Frederik Engels**. E' stato l'organizzatore della Prima

Internazionale Socialista. Collaboratore intimo di Marx, era ebreo, commerciante di cotone. Morì nel 1894.

3   **Karl Kautski**, il cui vero nome era Kaus, è l'autore del libro *Le origini del Cristianesimo*, un'opera che tenta, principalmente, di confutare i fondamenti della nostra Santa Fede Cattolica. Questi fu il maggior interprete di Marx e pubblicò, nel 1887, una serie di scritti, tra i quali citiamo: *Gli insegnamenti economici di Marx alla portata di tutti; Il massacro di Chisinaw e la questione ebrea;* nel 1903 scrisse: *La lotta di classe*, un libro che, tra l'altro, costituisce il fondamento dottrinario del dittatore cinese Mao-Tse-Tung; nel 1921 dette alle stampe un'opera intitolata: *Avanguardia socialista*. Egli è anche l'autore del Programma Socialista di Erfurt, Germania. Ebreo anche lui, nacque a Praga nel 1854 e morì nel 1938 a l'Aja, in Olanda.

4   **Ferdinando Lassalle**. Ebreo, nato a Breslavia nel 1825. Dopo essere stato mischiato con la rivoluzione democratica del 1848, pubblicò nell'anno 1863, la sua opera dal titolo: *Risposte chiare*, con la quale tracciò un piano rivoluzionario per gli operai tedeschi. Da allora egli dette vita instancabilmente ad un'intensa campagna socialista tendente alla ribellione degli operai, per conseguire la quale pubblicò un'altra opera dal titolo: *Capitale e Lavoro*.

5   **Eduard Bernstein**, ebreo, nato a Berlino nel 1850. Sue opere principali sono: *Supposizioni sul socialismo; Socialdemocrazia odierna teoria e pratica*, opere tutte volte a dar forma e sostanza alla dottrina comunista e poggianti sui concetti di Marx. Nel 1918 venne nominato Ministro della proprietà dello Stato Socialista Tedesco, Stato che fortunatamente non riuscì a durare che qualche mese.

6   **Jacob Lastrow, Max Hirsch, Edgar Loening, Wirschauer, Babel, Schatz David Riccardo** e molti altri scrittori e teorici comunisti erano ebrei.

In tutti i Paesi troviamo che i propagandisti del comunismo sono in maggioranza assoluta scrittori ebrei, i quali adempiono alla loro opera con cautelosa ipocrisia, dando a quest'azione quel significato di umanità e fratellanza che poc'anzi abbiamo visto cosa in realtà significhi.[8]

Tutti gli ebrei summenzionati, pur essendo dei teorici, non si sono dedicati soltanto a gettare le fondamenta dottrinarie del comunismo. Molti di essi, infatti, sono stati, in pratica, dei veri e propri attivisti rivoluzionari, e tutti si sono dedicati, nel paese dove si trovavano, a preparare, dirigere o aiutare la sovversione di fatto. Come capi o membri collegati con associazioni rivoluzionarie, sempre hanno preso parte attiva allo sviluppo del comunismo.

---

[8] Datos tomados de Traian Romanescu : Op. cit.

Oltre agli ebrei, considerati principalmente dei teorici, anche quasi tutti i dirigenti, organizzatori e propagandisti della tattica comunista sono ebrei e adempiono agli incarichi ricevuti, operando sempre con la migliore efficienza.

Un esame sia pure sommario di quanto è accaduto anche nei Paesi dove la congiura ebraico- comunista è fallita, pur essendo stata sul punto di trionfare, o dove il marxismo ha conquistato il potere, pur venendone successivamente estromesso, rivela la piena e totale responsabilità ebraica. I due movimenti rivoluzionari seguenti possono costituire un esempio probante:

A)   La Germania, nell'anno 1918, è teatro di una rivoluzione comunista diretta dagli ebrei. La Repubblica Consiliare di Monaco fu una repubblica ebrea come dimostrano i suoi capi: Liebknecht, Rosa Luxemburg, Kurt Eisner e molti altri. Quando fu abbattuto l'impero tedesco, gli ebrei si impossessarono del paese e il governo tedesco cadde in mano degli stessi. Haese divenne ministro di Stato e così Landesberg. Insieme a questi troviamo Kautski, Kohn ed Hersfel, tutti ebrei. Il ministro del tesoro, ebreo anch'esso, ebbe come suo collaboratore l'ebreo Bernstein e quello dell'interno, anch'esso ebreo, sollecitò la collaborazione del suo fratello di razza, il dr. Freud che l'aiutò nel suo lavoro.

Kurt Eisner, presidente del consiglio della Repubblica Bavarese, fu il capo della rivoluzione bolscevica di Monaco.

« Undici piccoli uomini fecero la rivoluzione - disse Kurt Eisner al collega ministro Aner nell'ebrezza del trionfo. - E'più che giusto che venga conservato il ricordo imperituro di questi piccoli uomini. Essi sono gli ebrei Max Lowenberg, il dr. Kurt Rosenfeld, Gaspar Wollherm, Max Rotschild, Carlos Arnold, Kranold, Osenhek Birnbaum, Reis e Kaisser. Questi dieci uomini, più Kurt Eisner von Israelovitch, costituirono il fronte del Tribunale Rivoluzionario di Germania. Gli undici erano frammassoni e appartenevano alla Loggia segreta numero 11, che aveva la sua sede in Monaco, Briennerstrasse, numero 51 ».[9]

Il primo gabinetto tedesco, nell'anno 1918, fu composto dagli ebrei:

1	**Preuss**: Ministro di governo
2	**Freund**: Ministro di governo
3	**Landsberg**: Ministro del commercio
4	**Karl Kautski**: Ministro dell'agricoltura

---

[9] Mons. Jouin, *Le Péril judéo-maçonnique*, 5 Vols. 1919-1927, tomo I.

5   **Schiffer**: Ministro dell'industria.
6   **Eduard Bernstein**: Segretario del tesoro di Stato
7   **Fritz Max Cohen**: Capo del servizio ufficiale informazioni (questo ebreo era stato corrispondente del giornale ebreo *Frankfurter Zeitung*).

Anche il secondo governo socialista tedesco del 1918 comprendeva i seguenti ebrei:

1   **Hirsch**: Ministro del governo
2   **Rosenfeld**: Ministro di grazia e giustizia
3   **Futran**: istruzione
4   **Arndt**: istruzione
5   **Simon**: segretario del lavoro
6   **Kastenberg**: Direttore degli affari culturali
7   **Stathgen-Gerhart**: Ministro della propaganda
8   **Meyer-Gerhart**: Direttore degli affari coloniali
9   **Wurm**: Segretario dell'alimentazione
10 **Merz Weil, Katzenstein, Stern, Leewemberg, Frankel, Schelesinger, Israelowitz, Selingsham, Laubenheim** etc.: tutti questi ebrei occupavano alte cariche nei ministeri.

Tra gli altri ebrei che controllavano i settori vitali dello Stato Tedesco, sconfitto dagli Alleati, si trovavano, nel 1918 e più tardi:

1   **Kohen**: Presidente del comitato dei soldati e operai tedeschi (simile a quello sovietico dei soldati e operai di Mosca, che ebbe vita nello stesso anno)
2   **Ernst**: Presidente della polizia di Berlino
3   **Sinzheimer**: Presidente, della polizia di Francoforte
4   **Lewy**: Presidente della polizia di Essen
5   **Kurt Eisner**: Presidente dello Stato di Baviera
6   **Jaffe**: Ministro del commercio dello Stato di Baviera
7   **Brentano**: Ministro dell'industria e traffico
8   **Talheimer**: Ministro dello Stato del Württemberg
9   **Heiman**: altro Ministro dello Stato del Württemberg
10 **Fulda**: governo di Essen
11 **Theodor Wolf**: Redattore capo del periodico *Berliner Tageblatt*.
12 **Gwiner**: Direttore della Deutsche Bank.[10]

B)   Ungheria 1919. Il 20 marzo 1919 l'ebreo Bela-Kun (Cohen)

---

[10] Trajan Romanescu: Opera citata.

si impossessa dell'Ungheria, proclama la Repubblica Sovietica Ungherese, e sommerge il Paese in un atroce mare di sangue.

« Con lui, 26 commissari composero il nuovo governo: 18 di questi erano israeliti. Proporzione inaudita, tenuto conto che in Ungheria vivevano soltanto un milione e mezzo di israeliti, su 22 milioni di abitanti. I diciotto commissari detenevano nelle loro mani la direzione effettiva del potere; così stando le cose è evidente la scarsa autorità degli otto commissari cristiani, le cui possibilità di azione erano limitatissime ».[11]

Più del novanta per cento dei membri del Governo e degli uomini di fiducia di Bela-Kun erano, del pari, giudei. Ecco la lista dei membri del governo di Bela-Kun:

1   Bela-Kun: Segretario generale del governo giudeo
2   Bandor Garbai: Presidente « ufficiale » del governo, usato dagli ebrei come specchietto, ungherese
3   Peter Agoston, Luogotenente del segretario generale, ebreo
4   Dr. E. Landler, Commissario del popolo per gli affari interni, ebreo
5   Bela Vago, Luogotenente di Landler, ebreo; suo vero nome, Weiss
6   E. Hamburger: Commissario dell'agricoltura, ebreo
7   Vantus: Luogotenente di Hamburger, ungherese
8   Cszmadia: Luogotenente di Hamburger, ungherese
9   Nyisztor: Luogotenente di Hamburger, ungherese
10 Varga: Commissario per gli affari finanziari, ebreo; suo vero nome, Weichselbaum
11 Szkely: Luogotenente di Varga, ebreo; suo vero nome, Schlesinger
12 Kunfi: Commissario per l'educazione; suo vero nome, Kunstater
13 Lukacs: Luogotenente di Kunfi, ebreo; in realtà si chiamava Löwinger, ed era figlio del direttore generale di un istituto bancario di Budapest.
14 D. Bokany: Commissario del lavoro, ungherese
15 Fiedler: Luogotenente di Bokany, ebreo
16 Jozsef Pogany: Commissario per la guerra, ebreo, il cui nome in realtà era Schwartz
17 Szanto: Luogotenente di Pogany, ebreo; suo vero nome, Schreiber
18 Tibor Szmuelli, Luogotenente di Pogany, ebreo; suo vero nome, Samuele
19 Matyas Rakosi: Commissario per il commercio, ebreo, il cui nome, in realtà, era Mathew Roth Rosenkrane; è, anche attualmente, un alto

---

[11] J. et J. Tharaud, Causerie sur Israël, 1926 Marcelle, Lesage.

personaggio comunista
20   Ronai, Commissario per la giustizia, ebreo; suo vero nome, Rosenstegl
21   Ladai, Luogotenente di Ronai, ebreo
22   Erdelyi, Commissario per l'approvvigionamento, ebreo; suo vero nome, Eisenstein
23   Vilmos Boehm, Commissario per la socializzazione, ebreo
24   Hevesi, Luogotenente di Boehm, ebreo
25   Dovsak, Secondo Luogotenente di Boehm, ebreo
26   Oszkar Jaszai, Commissario per la nazionalizzazione, ebreo; suo vero nome, Jakubovits
27   Otto Korvin, Commissario per l'investigazione politica, ebreo; su vero nome Klein
28   Kerekes, Sovrintendente del fisco statale, ebreo; suo vero nome, Blau
29   Biro, Capo della polizia politica, ebreo
30   Seider, Aiutante di Biro, ebreo
31   Cszkar Faber, Commissario per la liquidazione dei beni della Chiesa, ebreo
32   J. Czerni, Comandante della banda di terroristi conosciuta col nome di « I giovani di Lenin »; ungherese
33   Illès, Commissario superiore della polizia, ebreo
34   Szabados, Commissario superiore della polizia, ebreo; suo vero nome, Singer
35   Kalmar, Commissario superiore della polizia, ebreo tedesco
36   Szabo, Commissario superiore della polizia, ebreo ruteno; suo vero nome, Schwarz
37   Vince, Commissario popolare della città di Budapest; suo vero nome, Winstejn
38   M. Krauss, Commissario popolare di Budapest, ebreo
39   A Dienes. Commissario popolare di Budapest, ebreo
40   Lengyel, Presidente del banco austro-ungherese, ebreo; suo vero nome, Levkovits
41   Laszlo, Presidente del tribunale rivoluzionario comunista, ebreo; suo vero nome, Löwy.[12]

Tutti i componenti di questo governo che ebbe in pugno, per qualche tempo, l'Ungheria, si distinsero per i crimini senza numero e per le spietate spoliazioni. Oltre a loro, lo stesso Bela Kun viaggiava da un punto all'altro del paese in una lussuosa automobile, in compagnia di un'efficiente segretaria ebrea di nome R. S. Salkind, alias Semliachkay. Il simulacro di una

---

[12] Trajan Romanescu: op cit.

grande forca campeggiava sull'automobile a mo'di distintivo. Non possiamo non rammentare, in questa occasione, anche il capo della Ceka ungherese, l'ebreo Szamuelly, che viaggiava per il Paese seminando terrore e morte. Sentite come lo descrive un testimone dell'epoca:

> « Quel treno della morte attraversava ruggendo la oscurità della notte ungherese. Dove si fermava, il paesaggio poco dopo cambiava aspetto: i corpi penzolanti degli impiccati - uomini e donne - dondolavano dagli alberi e il sangue rigava il suolo. Cadaveri nudi e mutilati decoravano le strade. Szamuelly, dettava le sue sentenze restandosene comodamente installato in quel suo orribile treno e nessuno di coloro che dovettero subire la sua ferocia poté mai raccontare di averlo visto... Szamuelly viveva in quel treno, sempre. Una trentina di scelti terroristi vegliavano sulla sua incolumità. Sperimentati e spietati carnefici facevano parte della comitiva. Il treno si componeva di due vetture-salone, di due carrozze di prima classe, occupate dai terroristi, e di due vetture di terza classe dove venivano rinchiuse le vittime. In queste vetture avevano luogo le esecuzioni. Tutte le pedane di questi vagoni apparivano orrendamente macchiate di sangue. I cadaveri venivano gettati dai finestrini, mentre Szamuelly, comodamente seduto nello studio civettuolo apprestato in uno dei vagoni-saloni, tappezzato di damasco rosa e tutto costellato di specchi molati, con un solo gesto della mano decideva la vita o la morte ».[13]

Il periodico *La Divina Parola* del 25 Aprile 1920, mette in rilievo quanto segue:

> « ...durante la reazione antibolscevica contro l'israelita Bela-Kun, sono stati rinvenuti cadaveri di frati e di monache ammucchiati alla rinfusa nei sotterranei. I diplomatici esteri chiamati dal popolo a constatare "de visu" hanno attestato di aver visto con i propri occhi non pochi cadaveri di religiosi e di religiose con il Crocifisso - che essi erano soliti portare sul petto - conficcato loro nel cuore... ».

---

[13] C. de Tormay, *Le Livre proscrit*.

CAPITOLO III

IL CERVELLO DEL COMUNISMO

Non sussiste il minimo dubbio sul fatto che la dottrina marxista (comunista) è opera di ebrei, così com'è opera di ebrei tutto quanto, sino ad oggi, è stato fatto nel mondo per tradurre in pratica la dottrina stessa. I dirigenti e organizzatori di qualsiasi movimento comunista, anche anteriore all'avvento del bolscevismo in Russia, erano in gran parte ebrei, così com'erano ebrei, nella assoluta maggioranza, quelli che diressero materialmente le rivoluzioni scatenate.

Quanto è accaduto in Russia, ossia nel primo Paese dove il bolscevismo è trionfato e si è trasformato nel centro motore della comunistizzazione mondiale, è di un'evidenza solare. La paternità ebrea del sistema, dell'organizzazione e della pratica sovietica non lascia luogo ad equivoci.

Pienamente dimostrata da dati e documenti incontrovertibili, ormai di pieno dominio pubblico, l'attività svolta dagli ebrei nella terra degli Zar appare vasta e risolutiva. E'vano, quindi, negare a questa abominevole azione - come qualcuno anche nel nostro campo tenta di fare - l'esclusività del merito.

Basta ricordare i nomi di coloro che formarono i governi ed i principali organismi direttivi dell'Unione Sovietica, per convincersi immediatamente della verità.

I - MEMBRI DEL PRIMO GOVERNO COMUNISTA DI MOSCA (1918)

(Consiglio dei Commissari del Popolo)

1   Ilich Ulin (Vladimir Ilich Ulianov o Nicola Lenin), Presidente del Soviet Supremo, ebreo da parte materna. Sua madre si chiamava Blank, ed era una ebrea di origine tedesca.
2   Lew Davidovich Bronstein (Leon Trotsky), Commissario dell'Esercito rosso e della marina; ebreo.
3   Ioseph David Vissarianovich Djugashvili-Kochha (Giuseppe Vissarianovich Stalin), Commissario delle nazionalizzazioni;

discendente da ebrei georgiani.
4   Cicerin, Commissario agli Affari Esteri; russo.
5   Apfelbaum (Gregorio Zinoviev), Commissario agli Affari Interni; ebreo.
6   Kohen (Volodarsky), Commissario della stampa e propaganda; ebreo.
7   Samuel Kaufman, Commissario per i terreni dello Stato; ebreo.
8   Steimberg. Commissario alla giustizia; ebreo.
9   Schmidt, Commissario alle opere pubbliche; ebreo.
10 Ethel Knigkisen (Liliana); .commissario agli approvigionamenti; ebrea.
11 Pfenistei, Commissario per la sistemazione dei rifugiati; ebreo.
12 Schlichter (Vostonoleinin), Commissario degli alloggi (ossia il trapasso di proprietà, ed il cambio di abitazione, delle case migliori e più confortevoli ai rossi); ebreo.
13 Lurie (Larin), Presidente del Supremo Soviet dell'economia; ebreo.
14 Kukor (Kukorsky), Commissario dell'economia; ebreo.
15 Spitzberg, Commissario dei culti; ebreo.
16 Urisky (Radomilsky), Commissario per le elezioni, ebreo.
17 Lunacharsky, Commissario all'istruzione pubblica; russo.
18 Simasko, Commissario per l'igiene; ebreo.
19 Protziam, Commissario per l'agricoltura; armeno.

II - COMMISSARIATO DELL'INTERNO

(Alti funzionari dipendenti da questo commissariato)

1   Ederer, Presidente del Soviet di Pietrogrado; ebreo.
2   Rosenthal, Commissario della sicurezza di Mosca; ebreo.
3   Goldenrudin, Direttore della propaganda del commissariato degli Affari Esteri; ebreo.
4   Krasikov, Commissario della stampa di Mosca; ebreo.
5   Rudnik, Vice-Presidente del commissariato dell'igiene; ebreo.
6   Abraham Krochmal, Primo Segretario del commissariato per la sistemazione dei rifugiati; ebreo, alias Saguersky.
7   Marthenson, Direttore dell'ufficio stampa del commissariato degli Affari Interni; ebreo.
8   Pfeierman, Commissario Capo della polizia comunista di Pietrogrado; ebreo.
9   Schneider, Commissario politico di Pietrogrado; ebreo.
10 Minnor, Commissario politico di Mosca; ebreo americano.

III - Commissariato degli Affari Esteri

(Alti Funzionari)

1   Margolin, Direttore del Servizio passaporti; ebreo.
2   Fritz, Direttore del commissariato degli Affari Esteri; ebreo.
3   Lafet (Joffe), Ambasciatore sovietico a Berlino; ebreo.
4   Lewin. Primo Segretario dell'ambasciata sovietica di Berlino; ebreo.
5   Askerloth, Direttore dell'ufficio stampa e informazioni dell'Ambasciata sovietica di Berlino; ebreo
6   Beck. Inviato speciale del governo sovietico a Londra ed a Parigi; ebreo.
7   Benitler (Beintler), Ambasciatore sovietico a Oslo; ebreo.
8   Martius, Ambasciatore sovietico a Washington; tedesco naturalizzato russo.
9   Lew Rosenfeld (Kamenew), Ambasciatore sovietico a Vienna; ebreo.
10 Vaslav Vorovsky, ex Ministro sovietico a Roma sino all'anno 1922, assassinato dall'ex ufficiale zarista M. A. Kontrady, il 10 maggio 1923, a Losanna; ebreo.
11 Peter Lazarovich Voicoff, Ministro sovietico a Varsavia sino al 7 giugno, data in cui venne assassinato da un giovane russo; ebreo.
12 Malkin. console sovietico a Glasgow, Inghilterra, nel 1919; ebreo.
13 Kain Rako (Rakovsky), Presidente del comitato per la pace, di Kiev; ebreo.
14 Manuilsky, Primo aiutante di Rako e attualmente alto esponente comunista dell'Ucraina; ebreo
15 Astzumb-Illssen, Primo Consigliere giuridico del commissariato degli Affari Esteri sovietico (1918); ebreo.
16 Abel Beck, Console Generale a Odessa; ebreo.
17 Grundbaum (Cevinsky), Console Generale a Kiev; ebreo.

IV - Alti Funzionari del Commissariato Sovietico dell'Economia (1918)

1   Merzvin (Merzwinsky), Primo Commissario economico; ebreo.
2   Solvein, Segretario di Merzvin; ebreo.
3   Haskyn, Segretario Generale del commissariato dell'economia sovietica; ebreo.

4   Bertha Hinewitz, aiutante di Haskyn; ebrea.
5   Isidor Gurko (Gurkowsky), Secondo Commissario dell'economia; ebreo.
6   Jaks (Goldneff), Segretario di Gurko; ebreo.
7   Latz (Latsis), Presidente del consiglio economico; ebreo.
8   Weiman, Segretario del consiglio economico; ebreo.
9   Satnikov, Consigliere del banco popolare di Mosca; russo.
10 Jaks (fratello del suddetto) Consigliere del banco popolare; ebreo.
11 Axelrod (Orthodox), Consigliere del banco popolare; ebreo.
12 Michelson, Consigliere del banco popolare; ebreo americano.
13 Fürstemberg (Ganetsky), commissario per la regolamentazione degli affari economici sovietico-tedeschi, in realtà agente di collegamento tra i rivoluzionari ebrei russi ed i gruppi bancari ebrei Kuhn-Loeb and. Co. di New York; Warburg di Stoccolma; Speyer and Co. di Londra; Lazar Frères di Parigi ecc.; tutti gruppi, i suddetti, che sovvenzionarono la rivoluzione comunista russa attraverso il sindacato bancario tedesco della Renania-Westfalia.
14 Kogan (uno dei segretari dei fratelli Kaganovich), Primo Segretario di Fürstemberg; ebreo.

V - ALTI FUNZIONARI DEL COMMISSARIATO DI GIUSTIZIA (1918-1919)

1   Joseph Steimberg, fratello dello Steimberg titolare del commissariato; ebreo. Rivestì la funzione di primo commissario « popolare ».
2   Jacob Berman, Presidente del tribunale rivoluzionario di Mosca. (Si tratta, probabilmente, dello stesso Jacob Berman, attualmente capo del Partito Comunista di Polonia).
3   Lutzk (Lutzky), Commissario giudiziario delle forze militari « popolari », ebreo.
4   Berg, Commissario giudiziario di Pietrogrado; ebreo.
5   Goinbark, Direttore dell'ufficio codici; ebreo.
6   Scherwin, Primo Segretario della « Comune popolare » di Mosca; ebreo.
7   Glausman, Presidente della commissione di controllo operante in seno al commissariato di giustizia; ebreo.
8   Schraeder (Schäder), Commissario Capo della corte suprema di Mosca; ebreo.
9   Legendorf, Controllore capo del tribunale rivoluzionario di Mosca; ebreo.

10   Schultz (Glaznuv), Secondo Controllore del tribunale rivoluzionario di Mosca; ebreo.

VI - Alti funzionari del commissariato dell'Educazione Pubblica

1   Groinim, Commissario per le regioni meridionali russe; ebreo.
2   Lurio, fratello del Presidente del Soviet Economico Superiore, Direttore della Sezione Scuola Primaria del commissariato della Pubblica Istruzione; ebreo.
3   Liuba Rosenfeld, Direttrice della sezione teatrale del Ministero della Pubblica Istruzione; ebrea.
4   Rebecca Jata, Segretaria della suddetta sezione; ebrea.
5   Sternberg, Direttore della sezione delle arti plastiche, del commissariato della Pubblica Istruzione; ebreo.
6   Iakob Zoletin, Presidente del consiglio della direzione dell'istituto di educazione comunista; ebreo.
7   Grünberg, Commissario all'insegnamento per le regioni settentrionali; ebreo.
8   Max Eikengold, Primo Segretario del commissariato della Pubblica Istruzione; ebreo.

VII - Personalità ebree nel commissariato dell'Esercito

1   Schorodak, Consigliere particolare di Trotzky; ebreo.
2   Slanck, Consigliere particolare di Trotzky; ebreo.
3   Petz. Consigliere particolare di Trotzky; ebreo.
4   Gerschfeld, Consigliere particolare di Trotzky; ebreo.
5   Fruntze, Comandante degli eserciti comunisti del sud; ebreo.
6   Fichman, Capo di stato maggiore degli eserciti comunisti del nord; ebreo.
7   Potzern, Presidente del Soviet (Consiglio di Direzione) del fronte dell'ovest; ebreo.
8   Schutzman (Schusmanovich) Consigliere militare della regione di Mosca; ebreo.
9   Gübelman. Commissario politico della regione militare di Mosca; ebreo americano.
10   Levensohn, Consigliere giuridico dell'esercito rosso; ebreo.

11 Deitz, Consigliere politico della regione militare di Vitebsk; ebreo.
12 Glusman, Consigliere militare della brigata comunista di Samara; ebreo.
13 Beckman, Commissario politico della regione di Samara; ebreo.
14 Kalman, Consigliere militare delle forze comuniste di Slusk; ebreo.

VIII - ALTI FUNZIONARI EBREI NEL COMMISSARIATO D'IGIENE

1 Dauge, Vice Commissario del commissariato d'igiene; ebreo.
2 Wempertz. Presidente della commissione per la lotta contro le malattie veneree; ebreo.
3 Rappoport, Direttore della sezione farmaceutica del commissariato; ebreo (più tardi Commissario politico di Pietrogrado).
4 Fuchs, Segretario di Rappoport; ebreo.
5 Bloschon, presidente della commissione della lotta contro le malattie contagiose; ebreo.

IX - MEMBRI EBREI DEL SOVIET SUPERIORE DELL'ECONOMIA POPOLARE (MOSCA 1919)

1 Rosenfeld (Kamenev) Presidente del Soviet economico di Mosca; ebreo.
2 Krasikov, Vice-Presidente del Soviet economico di Mosca; ebreo.
3 Abraham Scotman, Direttore del Soviet economico di Mosca; ebreo.
4 Heikina, Segretaria di Scotman; ebrea.
5 Eismondt, Presidente del Soviet economico di Pietroburgo; ebreo.
6 Landeman, Vice-Presidente del Soviet economico di Pietroburgo; ebreo.
7 Kreinitz, Direttore del Soviet economico di Pietroburgo; ebreo.
8 Abel Alperovitz, Commissario della sezione metallurgica del Soviet economico superiore;
9 Hertz (Herzan), Commissario della sezione trasporti del Soviet economico superiore; ebreo.
10 Schlimon, Segretario di Hertz; ebreo.
11 Tavrid, Presidente del commissariato per l'ammasso dell'olio di girasole; ebreo.
12 Rotemberg, Presidente del commissariato dell'industria

carbonifera, dipendente dal Soviet economico superiore; ebreo.
13   Klammer, Presidente del commissariato per l'ammasso del pesce; ebreo.
14   Kisswalter, Presidente del commissariato per la ricostruzione economica; ebreo americano.

X - Membri del primo Soviet dei soldati e degli operai di Mosca

1	Moded	Presidente del Soviet ebreo
2	Smitdowitz	Presidente della delegazione
3	Leibu Kwitz	Presidente della delegazione
4	Klautzner	Membro del Soviet
5	Andersohn	"ebreo
6	Michelson	"ebreo
7	Scharach	"ebreo
8	Grünberg	"ebreo
9	Riphkin	"ebreo
10	Vimpa	"lituano
11	Klammer	"ebreo
12	Scheischman	"ebreo
13	Lewinson	"ebreo
14	Termizan	"ebreo
15	Rosenkoltz	"ebreo
16	Katzstein	"ebreo
17	Zenderbaum	"ebreo
18	Sola	"lituano
19	Pfalin	"ebreo
20	Kransnopolsk	"ebreo
21	Simson	"ebreo amer.
22	Schick	"ebreo
23	Tapkin	"ebreo

XI - Membri del Comitato Centrale del Partito Comunista Sovietico (1918-1923).

1	Gimel (Sujanov)	ebreo

2	Kauner	ebreo
3	Rappoport	ebreo
4	Wilken	ebreo
5	Siatroff	russo
6	Gräbner	ebreo
7	Diamandt	ebreo

XII - Membri del Comitato Centrale del Quarto Congresso dei Sindacati degli Operai e dei Contadini Sovietici.

1	Iankel Swerdin, (Swerdlov), Presidente del	ebreo
2	Cremmer, Membro del Comitato,	ebreo
3	Bronstein (non è Trotzky),	ebreo
4	Katz (Kamkov),	ebreo
5	Goldstein,	ebreo
6	Abelman,	ebreo
7	Ziinderbaum,	ebreo
8	Urisky,	ebreo
9	Rein (Abramovich),	ebreo
10	Benjamin Schmidowitz, Membro del Comitato,	ebreo
11	Tzeimbus,	ebreo
12	Rifkin,	ebreo
13	Schirota,	ebreo
14	Tzernin Chernilovsky,	ebreo
15	Lewin (Lewinsky),	ebreo
16	Weltman,	ebreo
17	Axelrod (Orthodox »),	ebreo
18	Lunberg,	ebreo
19	Apfelbaum (Zinoviev),	ebreo
20	Fuschman,	ebreo
21	Krasikov,	ebreo
22	Knitzunk,	ebreo
23	Radner,	ebreo
24	Haskyn,	ebreo
25	Goldenrubin,	ebreo
26	Frich,	ebreo
27	Bleichman (Soltnizev),	ebreo

28	Lantzer,	ebreo
29	Lishatz,	ebreo
30	Lenin, ebreo da parte di madre,	ebreo

XIII - Membri del Comitato Centrale del Quinto Congresso dei Sindacati Sovietici.

1	Radek, Presidente,	ebreo
2	Ganitzberg,	ebreo
3	Knigknisen,	ebreo
4	Amanessoff,	ebreo
5	Tzesulin,	ebreo
6	Rosenthal,	ebreo
7	Pfrumkin,	ebreo
8	Kopning,	ebreo
9	Krilenko,	russo
10	Jacks,	ebreo
11	Feldman,	ebreo
12	Bruno,	ebreo
13	Rozin,	ebreo
14	Theodorovich,	ebreo
15	Siansk (Siansky),	ebreo
16	Schmilka,	ebreo
17	Rosefeld (Kamenev),	ebreo
18	Samuel Kripnik,	ebreo
19	Breslau,	ebreo
20	Steiman,	ebreo
21	Scheikman,	ebreo
22	Sverdin,	ebreo
23	Stutzka,	ebreo
24	Askenatz,	ebreo
25	Dimenstein,	ebreo
26	Rupzuptas,	lituano
27	Schmidovitz,	ebreo
28	Nachemkes, (Steklov),	ebreo
29	Schlichter,	ebreo
30	Peterson,	ebreo
31	Baptzinsky,	ebreo
32	Sasnovsky,	ebreo

33	Valach (Litvinov),	ebreo
34	Tegel (Tegelesky),	ebreo
35	Weiberg,	ebreo
36	Peter,	lituano
37	Teriann,	armeno
38	Bronstein,	ebreo
39	Ganletz,	ebreo
40	Starck,	ebreo
41	Erdling,	ebreo
42	Karachan,	armeno
43	Bukharin,	ebreo
44	Langewer,	ebreo
45	Harklin,	ebreo
46	Lunatarsky,	russo
47	Woloch,	ebreo
48	Laksie,	ebreo
49	Kaul,	ebreo
50	Ehrman,	ebreo
51	Tzirtzivatze,	georgiano
52	Longer,	ebreo
53	Lewin,	ebreo
54	Tzurupa,	lituano
55	Iafet (Joffe),	ebreo
56	Knitsuck,	ebreo
57	Apfelbaum,	ebreo
58	Natansohn, (Babrof),	ebreo
59	Daniel, (Danielewsky),	ebreo

XIV - I CAPI DELLA POLIZIA POLITICA C.E.K.A. (1919).

1	Derzhin, (Derzinsky), Capo supremo della Ceka,	ebreo
2	Peters, Sottocapo della Ceka,	lituano
3	Limbert, Direttore della famosa prigione di della aristocrazia zarista e molti ex ministri, del vecchio regime,	ebreo
4	Vogel, Commissario Esec. Ceka,	ebreo
5	Deipkyn,	ebreo

6	Bizensk,	ebreo
7	Razmirovich,	ebreo
8	Iankel Swerdin, (Sverdlov),	ebreo
9	Janson,	ebreo
10	Kneiwitz,	ebreo
11	Finesh,	ebreo
12	Delavanoff,	ebreo
13	Ziskyn,	ebreo
14	Iacob Golden,	ebreo
15	Scholovsky,	ebreo
16	Reintenverg,	ebreo
17	Gal Pernstein,	ebreo
18	Zakis,	ebreo
19	Knigkisen,	lituano
20	Skeljizan,	armeno
21	Blum (Blumkin),	ebreo
22	Grunbergg,	ebreo
23	Latz,	ebreo
24	Heikina,	ebreo
25	Rifkin,	ebreo
26	Katz (Kamkov),	ebreo
27	Alexandrovich,	russo
28	Jacks,	ebreo
29	Woinstein (Zwesdin),	ebreo
30	Lendovich,	ebreo
31	Gleinstein,	ebreo
32	Helphand (Parvus),	ebreo
33	Silencus,	ebreo
34	Iakob Model, Capo della guardia repressioni in massa,	ebreo

XV - COMMISSARI DEL POPOLO DI PIETROGRADO.

1	Rodomill,	ebreo
2	Djorta (Zorka),	ebreo

XVI - COMMISSARI ESECUTIVI DELLA C.E.K.A. DI PIETROGRADO (1919-1924).

1	Isilevich,	ebreo
2	Anwelt,	ebreo
3	Meichman,	ebreo
4	Iudith	ebrea
5	Giller,	ebreo
6	Buhan,	armeno
7	Dispper	ebreo
8	Heim Model,	ebreo
9	Krasnik,	ebreo
10	Koslowsk,	ebreo
11	Mehebey,	ebreo
12	Paykis,	ebreo

XVII - Membri dell'Alto Commissariato del Lavoro di Mosca.

1	Beniamin Schmitd, Commissario del popolo,	ebreo
2	Zencovich, Segreto dello Schmitd,	ebreo
3	Raskyn, Segreto	ebreo
4	Zarach, Direttore della sezione	ebreo
5	Weltman, Secondo commiss. dei lavoratori	ebreo
6	Kaufman, Aiutante di Weltman,	ebreo
7	Goldbahr, Presidente della commissione	ebreo
8	Kuchner, Primo consigliere del commissariato dei lavoratori dei pubblici servizi,	ebreo

XVIII - Commissari e personalità comuniste nelle provincie.

1	Isaac Latsk, Commissario supremo della repubb. del Don,	ebreo
2	Reichenstein, Commissario popolare della repubb.	ebreo
3	Schmulker, Segretario del suddetto,	ebreo
4	Levinson, Presidente del Soviet del Don,	ebreo
5	Haytis, Commissario per la Siberia,	ebreo
6	Dretling, Presidente del Soviet di Kiew,	ebreo

7	Ziumperger, Aiutante del suddetto,	ebreo
8	Zackheim, Presidente del Soviet di Jaroslaw,	ebreo
9	Sheikman, Presidente del Soviet civile di Kaza,	ebreo
10	Willing, Presidente del Soviet di Ornemburg (oggi	ebreo
11	Berlin (Berlinsky) Presidente del Soviet di Sizrn,	ebreo
12	Limbersohn, Presidente del Soviet di Penza,	ebreo
13	Somur, Commissario economico della Transcaucasia,	ebreo
14	Schlutz (Schlusky) Presidente del Soviet di Taurida,	ebreo
15	Herman, Presidente del Soviet di Tzarinsk,	ebreo
16	Rotganzen, Presidente del Soviet di Bielatzerkowsk,	ebreo
17	Lemberg, Segretario del suddetto,	ebreo
18	Daumann, Presidente del Soviet di Narwsky,	ebreo

XIX - REDATTORI DEI GIORNALI COMUNISTI PRAVDA, EKONOMISCHENSKAIA ZIJN E IZVESTIA.

1	Najamkes (si firma Steklov),	ebreo
2	Iacob Golin,	ebreo
3	Kohn,	ebreo
4	Samuel Dauman,	ebreo
5	Ilin Tziger,	ebreo
6	Maximo Gorky,	russo
7	Dean,	ebreo
8	Bitner,	ebreo
9	Kleisner,	ebreo
10	Bergman,	ebreo
11	Alperovich,	ebreo
12	Laurie (si firma Rumiantzeff),	ebreo
13	Brahmason,	ebreo
14	Grossman (si firma Rozin),	ebreo
15	Abraham Torberth,	ebreo

XX - REDATTORI DEL PERIODICO COMUNISTA TORGVOPROMISLEVNOY GAZZETY

1	Abel Pretz,	ebreo
2	Rafalowitz,	ebreo

3	Gogan,	ebreo
4	Bastell,	ebreo
5	Grochmann,	ebreo
6	Bemstein,	ebreo
7	Moch,	ebreo
8	Abraham Salomon Emanson,	ebreo
9	Goldenberg,	ebreo
10	Slavensohn,	ebreo
11	Beniamin Rosenber,	ebreo
12	Schuman,	ebreo
13	Kulliser,	ebreo
14	Goldman,	ebreo
15	Iacob Giler (si firma Gilev),	ebreo

XXI - REDATTORI DEL PERIODICO COMUNISTA *LA BANDIERA DEL LAVORO* (1920)

1	Schumacher,	ebreo
2	David (Davidov),	ebreo
3	Yarin (Yarolavsky),	ebreo
4	Lander,	ebreo
5	Samson Lewin,	ebreo
6	Steinbeck,	ebreo
7	Bilin,	ebreo
8	Evron,	ebreo

XXII - REDATTORI DEL PERIODICO COMUNISTA *VOLA TRUVA*

1	Katz (Kambov),	ebreo
2	Yacks,	ebreo
3	Eisemberg (Poliansky),	ebreo

XXIII - Membri della Commissione per la detenzione dei simpatizzanti del regime zarista

1	Muriaviov, Presidente,	russo
2	Salomon, Membro,	ebreo
3	Edelsohn,	ebreo
4	Goldstein,	ebreo
5	Grunzenberg,	ebreo
6	Tanker,	ebreo

XXIV - Membri dell'Ufficio centrale del Soviet Economico superiore

1	Rabinovich,	ebreo
2	Weinberg,	ebreo
3	Larin,	ebreo
4	Galalt,	ebreo
5	Kreitman,	ebreo
6	Zupper,	ebreo
7	Krasin,	ebreo
8	Alperovitz,	ebreo

XXV - Membri dell'Ufficio centrale della 'Cooperativa di Stato

1	Sidelgenim,	ebreo
2	Heikinn,	ebreo
3	Lubomirsky,	russo
4	Kritzer	ebreo
5	Tanger,	ebreo
6	Kinstung,	ebreo

XXVI - Membri del Comitato Centrale del Sindacato degli Artigiani

1	Ravetz,	ebreo
2	Zmirnov,	russo
3	Gitzemberg,	ebreo
4	Davidsohn,	ebreo
5	Brillante,	ebreo

XXVII - Rappresentanti dell'Esercito Rosso all'Estero

1	Sobelsohn (Radek) Rappresentante militare sovietico a Berlino,	ebreo
2	Noisenbaum, Rappresentante militare a Bucarest,	ebreo
3	Bergman, Rappresentante militare a Vienna,	ebreo
4	Abraham Baum, Rappresentante militare a Copenaghen,	ebreo
5	Moisievich, Aiutante di Baum,	ebreo
6	Alter Klotzman, Rappresentante militare a Varsavia,	ebreo
7	Abraham Klotzman, Aiutante del primo,	ebreo

XXVIII - Membri dell'Alta Magistratura

1	Katsell,	ebreo
2	Goldman,	ebreo
3	Walkperr,	ebreo
4	Kasior,	ebreo
5	Schnell,	ebreo
6	Schortell,	russo
7	Zercov,	russo
8	Schmidt,	ebreo
9	Blum,	ebreo

| 10 | Rudzistarck, | ebreo |

XXIX - Professori dell'Accademia « Socialista » di Mosca

1	Sketenberg,	ebreo
2	Nadezda Krupp (Krupskaya, ossia la russa, come si crede generalmente),	ebrea
3	Gleitzer, Amante della seconda moglie di motivo, anche se è stato fatto apparire	ebreo
4	Kraskowsko,	ebreo
5	Keltsman,	ebreo
6	Schutzka,	ebreo
7	Schirolla,	ebreo
8	Rotstein,	ebreo
9	Reisner,	ebreo
10	Iosif Rakovsky,	ebreo
11	Iakob Lurie,	ebreo
12	Rozin,	ebreo
13	Pokrovsky,	russo
14	Karl Levin,	ebreo
15	Gimel (Sujanov),	ebreo
16	Budin,	ebreo
17	Ehrperg,	ebreo
18	Nemirovich,	ebreo
19	Coikburg,	ebreo
20	Rappoport,	ebreo
21	Grossman,	ebreo
22	Fritz,	ebreo
23	Najamkes,	ebreo
24	Ludberg,	ebreo
25	Dand (Dauzewsky),	ebreo
26	Goldenbach (Riazanov),	ebreo
27	Kusinen,	finlandese
28	Weltman,	ebreo
29	Salomon Olansky,	ebreo
30	Ursiner (Ursinov),	ebreo
31	Gurovich,	ebreo
32	Rosa Luxemburg,	ebrea

33	Eichenkoltz,	ebreo
34	Tzerkina,	ebreo
35	Gatze,	ebreo
36	Moises Ulansk,	ebreo
37	Broito (Broitman),	ebreo

XXX - Membri del Soviet Superiore del Comitato del Don

1	Polonsky,	russo
2	Rosenthal,	ebreo
3	Krutze,	ebreo
4	Bernstein (Koganov),	ebreo
5	Zimanovich,	ebreo
6	Klasin,	lettone
7	Otzkine,	ebreo
8	Wichter,	ebreo
9	Kirtz,	ebreo
10	Liphsitz,	ebreo
11	Bitz,	ebreo

XXXI - Membri della Commissione di Soccorso ai Comunisti

1	Ethel Knigkisen, Commissaria del popolo,	ebrea
2	Geldman, Segretario della suddetta,	ebreo
3	Rosa Kaufman, Aiutante del suddetto,	ebrea
4	Pautzner, Direttore della commissione di soccorso,	ebreo
5	K. Rosenthall, Capo dell'ufficio direttiva 5° della commissione di soccorso,	ebreo

XXXII - Agenti economici sovietici all'Estero

| 1 | Abraham Shekman, Agente economico a Stoccolma, | ebreo |

| 2 | Landau, Agente economico a Berlino, | ebreo |
| 3 | Worowsky, Agente economico a Copenaghen, | ebreo |

XXXIII - Giudici popolari di Mosca

1	Iakob Davidov,	ebreo
2	Raul Bitzk,	ebreo
3	Iakob Adokolsk,	ebreo
4	Iosiph Beyer,	ebreo
5	Abraham Gundram,	ebreo
6	Kastariaz,	armeno
7	Beniamin Aronovitz,	ebreo

XXXIV - Commissari permanenti a disposizione del Soviet Supremo di Mosca

1	Tziwin (Piatinsky),	ebreo
2	Gurevich (Dan),	ebreo
3	Silberstein (Bogdanov),	ebreo
4	Garfeld (Garin),	ebreo
5	Rosemblum	ebreo
6	Kernomordik,	ebreo
7	Loewensheim,	ebreo
8	Goldenberg	ebreo
9	Tzibar (Martinov),	ebreo

XXXV - Consiglieri Militari del Governo Comunista di Mosca

| 1 | Lechtiner, Consigliere del Soviet militare dell'esercito della Caucasia, | ebreo |
| 2 | Wetsertish, Comandante del fronte ovest, contro i cecoslovacchi, | ebreo |

3	Bruno, Consigliere speciale per il fronte est,	ebreo
4	Schulman, Secondo consigliere del governo di Mosca (consiglio dei commissari del popolo) per il fronte est,	ebreo
5	Schmidowitz, Comandante delle forze comuniste della Crimea,	ebreo
6	Jack, Comandante in seconda delle forze comuniste in Crimea,	ebreo
7	Schnesur, Comandante in terza dello stesso esercito,	ebreo
8	Meigor, Capo del Soviet militare di Kazan,	ebreo
9	Nazurkoltz, Commissario del Soviet militare di Kazan,	ebreo
10	Rosenkeltz, Commissario del Soviet militare di Kazan,	ebreo
11	Samuel Gleitzer, Comandante la scuola sovietica di truppe per la frontiera	ebreo
12	Kolmann, Comandante della Comune Militare di Mosca,	ebreo
13	Latzmer (Lazimov), Aiutante del suddetto,	ebreo
14	Dulis, Consigliere militare del governo sovietico,	ebreo
15	Steinger, Consigliere militare del governo sovietico,	ebreo
16	Gititz, Commissario politico della regione militare di Pietrogrado,	ebreo
17	Dzenitz Commissario politico della 15.a brigata comunista,	ebreo
18	Bitziss, Comandante della regione militare di Mosca,	ebreo
19	Gecker, Comandante dell'esercito comunista di Jaroslaw,	ebreo
20	Mitkatz, Consigliere militare del governo per la regione militare di Mosca,	ebreo

21	Tziger, Comandante del Soviet militare di Pietrogrado,	ebreo

XXXVI - Membri Membri del Commissariato per la Liquidazione degli Istituti Bancari Privati

1	Henrik, Commissario speciale del governo,	ebreo
2	Moisekovsk, Aiutante del primo,	ebreo
3	Kahan, Controllore generale dei depositi bancari privati,	ebreo
4	Iakov Giftling, Consigliere tecnico del commissariato,	ebreo
5	Nathan Elliasevich, Secondo consigliere tecnico,	ebreo
6	Serrach Elliasevich, Aiutante del suddetto,	ebrea
7	Abraham Ranker, Consigliere del commissariato,	ebreo
8	Plat, Consigliere,	ebreo
9	Abraham Rosenstein, Consigliere,	ebreo
10	Lomerich, Consigliere del commissariato,	ebreo

XXXVII - Membri della Sezione Filologica del Proletariato.

1	Beniamin Zeitzer,	ebreo
2	Pozne,	ebreo
3	Massimo Gorky,	russo
4	Alter,	ebreo
5	Eichenkoltz,	ebreo
6	Schwartz,	ebreo
7	Berender,	ebreo
8	Kalinin,	ebreo
9	Hadesovich,	ebreo
10	Leben (Lebedeeff),	ebreo
11	Kersonskaya,	ebrea

La statistica relativa alle cariche del nuovo Stato ebreo-sovietico occupate da cristiani o da discendenti di Abramo rivela le seguenti cifre:

		cristiani	ebrei
1	Membri del primo governo comunista di Mosca (Consiglio dei commissari del popolo)	3	16
2	Alti funzionari dipendenti dal commissariato degli Affari Interni,	0	10
3	Funzionari superiori del commissariato per gli affari Esteri,	2	16
4	Funzionari superiori del commissariato dell'economia	1	13
5	Funzionari superiori del commissariato di giustizia	0	10
6	Funzionari superiori del commissariato dell'istruzione pubblica	0	8
7	Alti esponenti del commissariato delle forze armate	0	14
8	Funzionari superiori del commissariato per l'igiene	0	5
9	Membri del Soviet superiore dell'economia popolare	0	14
10	Membri del primo Soviet dei soldati e degli operai di Mosca cristiani	4	19
11	Membri del comitato centrale del partito comunista sovietico	1	6
12	Membri del comitato centrale del 4° congresso dei sindacati degli operai e dei contadini sovietici	0	30
13	Membri del comitato centrale del 5° congresso dei sindacati sovietici cristiani	9	50
14	Dirigenti della polizia Ceka di Mosca	5	29
15	Commissari del popolo di Pietrogrado	0	2
16	Commissari esecutivi della polizia Ceka di Pietrogrado	3	9
17	Membri del commissariato superiore del Lavoro	0	8
18	Commissari e alti esponenti comunisti in provincia,	1	17

19	Redattori del giornale Pravda, Isvestia ed Ekonomichenskaya Zijn	1	14
20	Redattori del giornale comunista *Torgo-Promislevnoy-Gazzety*	0	15
21	Redattori del giornale comunista *La bandiera del Lavoro*	0	8
22	Redattori del giornale *Vola-Truva*	0	3
23	Membri della commissione per la detenzione dei simpatizzanti per il regime zarista	1	6
24	Membri dell'ufficio centrale del Soviet economico superiore	1	7
25	Membri dell'ufficio centrale delle cooperative di Stato,	1	5
26	Membri del comitato centrale del sindacato degli artigiani,	1	4
27	Rappresentanti dell'esercito rosso all'estero,	0	7
28	Membri dell'alta magistratura,	1	9
29	Professori dell'accademia socialista di Mosca,	2	54
30	Membri del Soviet superiore del commissariato del Don,	2	9
31	Membri della commissione per il soccorso ai comunisti.	0	5
32	Agenti economici sovietici all'estero,	0	3
33	Giudici popolari di Mosca,	1	6
34	Commissari permanenti a disposizione del Soviet supremo,	0	9
35	Consiglieri militari del governo di Mosca,	2	19
36	Membri del commissariato per la liquidazione degli istituti bancari privati	0	10
37	Membri della sezione filologica del proletariato,	1	10

L'elenco suddetto dimostra, quindi, che su un totale di 502 cariche di primo piano nell'organizzazione e nella direzione del movimento rivoluzionario comunista in Russia e nella direzione dello stato Sovietico durante i suoi primi anni di vita, nientemeno che 459 cariche erano rivestite da ebrei e solamente 43 da cristiani di diverse confessioni.

Chi sono, quindi, è lecito chiedersi a questo punto, coloro che hanno realmente scatenato questa orribile rivoluzione? I cristiani forse?

Un'altra statistica, compilata secondo i rilevamenti fatti dal giornale contro-rivoluzionario russo *La Russia Nazionalista*, dopo il trionfo degli ebrei-comunisti in Russia, indica che i 554 dirigenti comunisti di primo piano, delle diverse cariche, erano:

ebrei	447
lituani	43
russi	30
armeni	13
tedeschi	12
finlandes	3
polacchi	2
georgiani	2
ceki	1
ungheresi	1

Occorre aggiungere che dall'epoca della seconda guerra mondiale ad oggi, la cricca giudaica che governa l'Unione delle Repubbliche Socialiste Sovietiche, si è fatta sempre più numerosa. I nomi di coloro che la compongono sono preceduti da quello dello stesso Stalin che venne considerato per un certo periodo di tempo un georgiano puro sangue. Sul conto di questi si scoprì che era invece di razza ebrea, in quanto Djougachvili - che è il suo vero nome - significa *figlio di Djou* e Djou è una piccola località della Persia, dalla quale emigrarono verso la Georgia molti portoghesi, anticamente colà esiliati a causa della loro onestà tutt'altro che specchiata.

E'ormai definitivamente provato, però, che nelle vene di Stalin scorreva sangue ebreo, pur non avendo egli né confermato, né smentito le voci che erano cominciate a correre in proposito.[14]

Esaminando un elenco di funzionari sovietici del governo di Stalin troviamo:

1   Zdanov (Yadanov); ebreo; il suo vero nome era Lipshitz. Ex comandante della difesa di Leningrado durante la guerra, membro del Politburò sino al 1948 fu uno di coloro che decisero, nel 1948, di escludere Tito dal Cominform. Morì poco dopo.

2   Lavrenty Beria, capo della polizia speciale MVD e dell'industria pesante sovietica, membro dell'industria atomica, passato poi per le armi per ordine di Malenkov, per lo stesso motivo per il quale Stalin liquidò Yagoda.

3   Lazar Kaganovich, capo dell'industria pesante sovietica, membro del Politburò dal 1944 sino al 1952, inseguito membro del Praesidium Sovietico ed attualmente membro del praesidium Supremo dell'URSS.

---

[14] Bernard Hutton: Rivista francese Constellation, n°.167 del marzo del 1962.

4   Malenkov (Georgi Maximilianovich Malenk), membro del Politburò e Orgburò sino al 1952; in seguito membro del Praesidium Supremo, presidente del consiglio dei ministri dopo la morte di Stalin; ministro del governo di Bulganin sino al 1955. E'un ebreo di Orenburg e non un cosacco com'egli afferma. Il nome di suo padre, Maximilian Malenk, è un nome tipico degli ebrei russi. C'è, inoltre, un particolare molto importante che rivela la vera origine di Malenkov e anche di Kruscev. L'attuale moglie di Malenkov è l'ebrea Pearl-Mutter, conosciuta come la *camerata Schneschuschne* che è stata ministro (commissario) dell'industria del pesce del governo sovietico, nell'anno 1938. Se Malenkov non fossestato ebreo poco probabilmente si sarebbe sposato con un'ebrea e nemmeno questa con lui. Non esiste una biografia ufficiale di Malenkov e ciò è dovuto, sicuramente, al fatto che egli non vuole che vengano scoperte le sue origini ebraiche.

5   Nicola Salomon Kruscev, attuale capo del Partito Comunista Sovietico, membro del Politburò dall'anno1939 cioè dall'anno in cui Malenkov venne eletto membro dell'Orgburò. E'fratello della moglie di Malenkov,ossia dell'ebrea Pearl-Mutter. Kruscev è quindi in realtà ebreo e si chiama Pearlmutter.

6   Maresciallo Nicolai Bulganin, attuale primo ministro sovietico, ex funzionario di banca, fu uno dei dieci membri del commissariato per la liquidazione delle banche private, nel 1919.

7   Anastasio Iosifovich Mikoyan, membro del Politburò dal 1935, membro del Praesidium Supremo dal 1952, ministro del commercio e vice-presidente nel governo di Malenkov. E'un ebreo d'Armenia e non un armeno autentico come generalmente si crede.

8   Kruglov, capo della M.V.D. dopo Beria, Ebreo. Fu per ordine di Kruglov che vennero rimessi in libertà i medici ebrei arrestati nel 1935 da Riumin, sottocapo della polizia, durante il mandato di Beria.

9   Alessandro Kosgin, membro del Politburò sino al 1952, in seguito membro aggiunto del Praesidium Supremo e ministro dell'industria leggera e dell'alimentazione nel Governo di Malenkov.

10   Nicola Schvernik, membro del Politburò fino al 1952, in seguito ministro del Praesidium Supremo e membro del Praesidium del comitato centrale del Partito Comunista. Ebreo.

11   Andrés Andreievitch Andreiev, che era conosciuto come il *politburocrate* dalle tre « A », membro del Politburò tra il 1931 e il 1952. Ebreo di Galizia, Polonia. Utilizza uno pseudonimo russo.

12   P. K. Ponomarenko, membro dell'Orgburò nel 1952; in seguito fu membro del Praesidium Supremo e ministro della cultura nel governo di Malenkov.

13   P. F. Yudin (Iuden), membro aggiunto del Praesidium Supremo e titolare del ministero dei materiali da costruzione, nel governo di

Malenkov, 1953. Ebreo.
14   Mihail Pervukin, membro del Praesidium del comitato centrale del Partito Comunista dal 1953.
15   N. Schatalin, alto esponente nel sottosegretariato del comitato centrale del Partito Comunista dal 1953.
16   K. P. Gorschenin, Ministro di giustizia nel governo di Malenkov.
17   D. Ustinov (Zambinovich), ambasciatore sovietico ad Atene, Grecia, durante la seconda guerra mondiale Ministro della difesa nel governo di Malenkov.
18   V. Merkulov, Ministro del controllo dello Stato durante il tempo di Malenkov.
19   A. Zasyadko, Ministro dell'industria e del carbone con Malenkov.
20   Cherburg, capo della propaganda sovietica.
21   Milstein, uno dei capi dello spionaggio sovietico.
22   Ferentz Kiss, capo del servizio di spionaggio sovietico in Europa.
23   Potschreibitischer (Poschreibichev), già segretario particolare di Stalin, attualmente capo degli archivi segreti del Krernlino, Ebreo.
24   Ilya Ehremburg, deputato di Mosca nel Soviet Supremo, scrittore comunista. Anch'egli è ebreo.
25   Mark Spivak, deputato di Stalin (Ucraina) nel Soviet Supremo di Mosca.
26   Rosalia Goldenberg, deputato di Birobidjan nel Soviet Supremo.
27   Anna E. Kaluger, deputato di Bessarabia nel Soviet Supremo. Suo fratello, che ha trasformato il suo cognome da Kaluger in Calugaru, in romeno, è un esponente comunista dell'amministrazione della Romania.

Anche Kalinin, uno degli uomini politici sovietici più importanti durante l'epoca di Stalin, morto recentemente, era ebreo.[15]

E'risaputo ormai che l'antisemitismo ostentato da Stalin non era altro che una mascheratura dei suoi veri sentimenti. Lo sterminio di ebrei (trotskisti) da lui ordinato per consolidare e assicurare il potere fu portato a termine da altri ebrei. In realtà, quindi, la lotta tra l'ebreo Trotsky e l'ebreo Stalin non fu altro che una contesa tra bande ebree rivali per assicurarsi il governo comunista, da loro stessi creato; ossia una vera e propria lite in famiglia. L'esame della seguente lista di Commissari degli Affari Esteri, rivela lo stile di Stalin: nei riguardi di taluni ebrei da lui ritenuti pericolosi all'esercizio del suo dominio personale.

---

[15] Traian Romanescu : op. cit.

1 Maxim Maximovich Litvinoff, ministro sovietico degli Affari Esteri sino al 1939, data in cui venne sostituito da Molotov. In seguito occupò altissime cariche nello stesso ministero, sino alla sua morte, avvenuta nel febbraio del 1952. Litvinoff nacque in Polonia, figlio di un *bankleark* (agente di banca) ebreo, di nome Meer Genokh Moisevich Vallakh (Litvinoff). Durante la sua carriera ebbe modo di utilizzare diversi pseudonimi tra i quali Finkelstein, Ludwig, Nietz, Maximin Harryson, David Mordecay, Felix, e infine, quando divenne uno dei potenti nel regime comunista russo, adottò quello di Litvinoff o Litvinov. Allorquando Molotov, nell'anno 1939, lo sostituì, l'ebraismo occidentale e tutta la stampa giudaico-massonica, levarono alte, lamentose grida, osservando che la sostituzione era avvenuta in quanto Litvinoff era ebreo. Però nessuno disse che Litvinoff restò nel ministero stesso sino alla sua morte. Infatti perché dirlo se ciò politicamente non interessava? Nelle memorie pubblicate dopo la sua morte, Litvinoff ha scritto che, secondo lui, niente sarebbe mutato nella Russia Sovietica dopo la scomparsa di Stalin.

Stalin, com'è noto, morì un anno dopo Litvinoff, ma niente in realtà è cambiato, sia nei riguardi della politica interna che di quella estera.

Ciò che in occidente viene definito in taluni circoli interessati, una svolta della politica dell'URSS, non è altro che un adeguato inganno propagandistico, determinato dalle necessità operative del piano ebreo di dominazione del mondo. Nulla è cambiato dalla morte di Stalin. Le ripercussioni si sono limitate ad una superficiale venatura di turbamento, dovuta unicamente all'improvvisa mancanza di un dittatore del calibro di Stalin (o di Lenin): questo è tutto. I congiurati giudaico-massoni si dilettano oggi nel mostrare il nero corvo sovietico comunista, dipinto con i colori brillanti del pacifismo, della coesistenza, della umanizzazione eccetera; ciò fanno allo scopo, si capisce, di non turbare il mondo e di fargli ritenere del tutto inoffensivo l'apparato comunista.

Questa messa in scena idilliaca durerà sino al giorno in cui comparirà un altro dittatore della statura e del temperamento dei precedenti.

Quando Litvinoff affermò che niente sarebbe cambiato con la morte di Stalin, egli sapeva molto bene ciò che diceva e Stalin non fu che uno dei tanti arteficie operatori della banda giudaica che dirige la vita e la politica dell'URSS.

Litvinoff sapeva perfettamente che dopo la morte del « grande capo » un altro ebreo sarebbe comparso sicuramente alla ribalta per continuare l'opera di messa a punto del piano di dominazione mondiale, al quale collaborano Bulganin, Baruch, Reading, Thorez, Mendès-France, David Ben Gurion e molti, molti altri ebrei.

Continuando a scorrere la lista degli ebrei presenti e operanti nel ministero degli Affari Esteri dell'URSS, troviamo:

2   Andrés Ianuarevich Vishinsky, deceduto. Fu ministro degli Esteri russo prima della morte di Stalin e inseguito delegato permanente dell'Unione Sovietica all'ONU. Nell'esecuzione di questo ultimo mandato egli non ha mai perduto occasione alcuna per scagliare invettive o usare pesanti espressioni nei riguardi di Paesi non comunisti, tale e quale come quando era giudice popolare. Il suo nome ebreo era Abraham Ianuarevin.

3   Yacob Malik, rappresentante sovietico in seno all'ONU, alto personaggio della gerarchia diplomatica sovietica; ebreo.

4   Valerian Zorin, un tempo ambasciatore a Londra e alto esponente della diplomazia sovietica. A Zorin vengono affidati alti incarichi, secondo le necessità della situazione.

5   Gromiko, diplomatico; ebreo.

6   Alessandro Panyushkin, ex ambasciatore sovietico a Washington, ambasciatore a Pekino durante il 1955, considerato come il vero dittatore della Cina rossa.

7   Zambinovich (Ustinov), ambasciatore ad Atene sino al 1950.

8   Ammiraglio Radionovich, ambasciatore ad Atene dal 1945 al 1946, ossia sino a quando organizzò il ben noto colpo di stato comunista in Grecia; ebreo.

9   Costantin Umansky, inviato speciale a Washington durante la seconda guerra mondiale; in seguito alto esponente del ministero degli affari esteri di Mosca.

10   Manuilsky, ex rappresentante in Ucraina e all'ONU; attualmente presidente dell'Ucraina; ebreo.

11   Ivan Maisky, ambasciatore a Londra durante l'ultima guerra mondiale, e successivamente alto funzionario del ministero degli affari esteri a Mosca.

12   Sig.ra Kolontay, ambasciatrice a Stoccolma, sino alla sua morte, avvenuta nel marzo del 1952; ebrea.

13   Daniel Solod, ambasciatore al Cairo nel 1955. Questi, avvalendosi della collaborazione di un gruppo di ebrei assegnati al corpo diplomatico sovietico in Egitto, dirige la congiura israelita nell'interno del mondo arabo. Egli opera, ovviamente, avvalendosi della protezione della diplomazia dell'URSS senza che, purtroppo, il governo egiziano si renda conto del pericolo. Il governo egiziano, infatti, non dovrebbe dimenticarsi neanche per un istante che David Ben Gurion, primo ministro d'Israele, e anche Golda Meyers, ministro degli esteri dello stesso Stato, sono ebrei russi, così com'è ebreo russo David Solod.

Attualmente, secondo quanto è comprovato da informazioni e dati sicuri, l'80 e talvolta il 90 per cento dei posti chiave in tutti i ministeri di Mosca, e nella maggior parte delle Repubbliche Sovietiche sono saldamente detenuti da ebrei.

« Non credo che possa sussistere alcun dubbio sulla origine di tutti coloro che occuparono i primi posti di comando in Mosca, e quindi diressero la politica e l'attività russa: nella prima fase della rivoluzione comunista e successivamente. E'doloroso per i russi che, da quei lontani giorni ad oggi, le loro condizioni siano molto peggiorate, poiché la quantità degli ebrei che operano in Russia, in tutti i principali posti direttivi, è aumentata in maniera allarmante e questi posti sono completamente nelle loro mani... ».[16]

Cosi come in Russia, anche nei Paesi d'Europa dove il bolscevismo si è impadronito del potere, la minoranza ebraica domina del tutto la situazione. E'sempre questa minoranza, infatti, che dirige l'attività dei governi comunisti, e, sempre, nella consueta forma criminosa e spietata onde asservire ai suoi voleri il rimanente della nazione. Più convincente di qualsiasi argomento, diamola parola ai fatti. Basta esaminare i nomi dei principali dirigenti dei governi bolscevichi europei, per imbattersi con ebrei e per constatare come questi governi siano sempre nelle loro mani, o da loro controllati o ispirati:

A - UNGHERIA

1   Il capo comunista più importante, da quando il Paese fu occupato dalle truppe sovietiche è Mathias Rakosi, un ebreo il cui vero nome è Mathew Roth Rosenkranz, nato nell'anno 1892 a Szabadka.
2   Ferenk Muennich, Primo Ministro ungherese. nel 1959, dopo Janos Kadar; ebreo.
3   Ernö Gerö, Ministro dell'Interno sino al 1954; ebreo.
4   Szebeni, Ministro dell'Interno prima dell'ebreo Gerö.
5   Generale Laszlo Kiros, Ministro dell'Interno dal luglio 1954, nello stesso tempo capo dell'A.V,O., la polizia politica ungherese che è l'equivalente di quella russa con la sigla M.V.D. e come questa, organizzata e funzionante.
6   Generale Peter Gabor, capo della polizia comunista ungherese, sino al 1953; ebreo il cui cognome, in realtà, è Benjamin Ausspitz, un sarto che esercitava il suo mestiere a Satoraljauphely, nell'Ungheria stessa.
7   Varga, segretario di stato per la pianificazione economica. E'un ebreo che si chiama, in realtà, Weichselbaum, ex-ministro del governo di Bela Kun. E'anche presidente del consiglio superiore dell'economia.
8   Beregi, Ministro degli Affari Esteri.

---

[16] Duque de la Victoria, *Israel manda*. Editrice Latino Americana S. A., Messico, D.F.

9   Julius Egry, Ministro dell'agricoltura.
10 Zoltàn Vas, Presidente del Consiglio Superiore dell'economia, un ebreo che si chiama, in realtà, Weinberger.
11 Josei Revai, Dittatore della stampa ungherese e direttore del giornale rosso *Szabad Nep* (Il popolo libero), è un ebreo che si chiama, in realtà, Mosè Kahana.
12 Revai (un altro), Ministro dell'educazione nazionale, è un ebreo che si chiama, in realtà, Rabinovits.
13 Jozsef Gera, Ministro delle comunicazioni, è un ebreo che si chiama, in realtà, Singer.
14 Mihàly Farkas, Ministro della difesa nazionale, è un ebreo che si chiama, in realtà, Freedmann.
13 Veres, Minisro di Stato.
14 Vajda, Ministro di Stato.
15 Szanto, Commissario per l'epurazione, inviato da Mosca nel 1951. Si tratta di un ebreo di nome Schreiber, ex membro del governo di Bela Kun.
16 Gyula Dessi, Ministro di « giustizia » sino al 1953, oggi capo della polizia segreta.
17 Emil Weil, ambasciatore d'Ungheria a Washington. Si tratta di un medico ebreo, quello stesso che torturò il Cardinale Mindsenty.

Tra gli altri esponenti ebrei di alto rango occorre ricordare:

1   Irnre Szirmay, Direttore della società ungherese di radiodiffusione.
2   Gyula Garay, giudice popolare del tribunale comunista di Budapest.
3   Il colonnello Caspo, sottocapo della polizia segreta.
4   Il professor Laszlao Benedek, un ebreo che è arbitro assoluto delle questioni relative all'insegnamento.

L'unico comunista di un certa importanza di origine cristiana fu il massone Laszlo Rajk, ex ministro degli affari esteri. Egli però venne arrestato, giudicato e condannato per tradimento proprio dai suoi stessi fratelli di loggia, di razza ebrea.

B - CECOSLOVACCHIA

1   Clement Gottwald; uno dei fondatori del Partito Comunista Cecoslovacco e Presidente di questa Nazione dal 1948 al 1953; era ebreo e morì poco dopo Stalin.

2   Wladimir Clementis, ex ministro comunista degli Affari Esteri cecoslovacco, *giudicato* e *condannato* nel 1952.
3   Vaclav David, l'attuale ministro degli Affari Esteri cecoslovacco (1955); ebreo.
4   Rudolf Slansky, ex segretario generale del Partito Comunista Cecoslovacco, *condannato* nel 1952; il suo vero nome è Rudolf Salzmann.
5   Firi Hendric, attualmente segretario del Partito Comunista Cecoslovacco; ebreo.
6   Il generale Bendric Reicin, *condannato* nel 1952; ebreo.
7   Andres Simon, *condannato* nel 1952; il suo vero nome è Otto Katz; ebreo.
8   Gustav Bares, segretario generale aggiunto al partito comunista; ebreo.
9   Iosef Frank, ex segretario generale aggiunto del partito comunista; *condannato* nel 1952; ebreo.
10 Karel Schab, ex ministro della Sicurezza, *condannato* nel 1952; ebreo.

C - POLONIA

1   Boleislaw Beirut, Presidente della Polonia sino al 1954.
2   Iacob Berman, Segretario generale del Partito Comunista Polacco,
3   Iulius Kazuky (Katz), ministro degli Affari Esteri di Polonia, ben conosciuto per la violenza dei suoi interventi all'ONU.
4   Karl Swierezewsky, ex vice-ministro della Difesa Nazionale, ucciso dai suoi connazionali ucraini, anticomunisti, nel sud della Polonia.
5   Iosif Cyrankiewicz, primo ministro polacco dal 1954, dopo Beirut.
6   Willary Mink, vice-primo ministro dal 1954.
7   Zenon Novek, secondo primo ministro dal 1954.
8   Zenon Kliszko, ministro della giustizia.
9   Taddeo Kochcanowiecz, ministro del lavoro.

L'unico comunista polacco importante, di origine cristiana, è Wladislaw Gomulka. Questo, come è noto, venne allontanato dalla direzione politica dal 1949, quando perdette la carica di primo ministro. Prima o poi capiterà a lui ciò che è capitato in Ungheria a Rajk (è stato. condannato per tradimento).

D - ROMANIA

1   Anna Pauker, ex ministro degli affari esteri e agente numero uno del Kremlino sino al mese di giugno 1952, data in cui venne posta in ombra. Sino ad oggi però vive libera a Bucarest. Questa ebrea, conosciuta universalmente per la sua spietatezza, si chiamava in origine, Anna Robinsohn, ed è figlia di un rabbino trasferitosi in Romania dalla Polonia. Nacque in Moldavia nel 1892.
2   Ilka Wassermann, ex segretaria particolare di Anna Pauker, è attualmente la vera dirigente del ministero degli affari esteri; ebrea.
3   Iosif Kisinevsky, è attualmente l'agente numero uno del Kremlino in Romania. Membro del Comitato Centrale del Partito Comunista è Vice-Presidente del Consiglio dei Ministri. E'un ebreo della Bessarabia; il suo vero nome è Ioska Broitman. Egli è il vero e proprio capo del partito comunista romeno, anche se ufficialmente figura quale segretario generale il fabbro romeno Gheorghe Gheorghiu Dez, che, in realtà funziona da semplice paravento politico. Kisinevsky prese il suo attuale cognome prendendo spunto dal nome della città di Kisinau, in Bessarabia, dove, prima dell'invasione dell'esercito rosso, egli aveva una sartoria.
4   Teohari Georghescu, Ministro degli affari interni nel governo comunista di Bucarest, tra il 1945 e il 1952. Attualmente è relegato in posizione secondaria, figurando ufficialmente espulso dal partito comunista. Egli si trova nella stessa situazione di Anna Pauker. Il suo vero nome è Burach Tescovich, ed è un ebreo oriundo di Galatz, porto romeno del Danubio.
5   Abraham Bunacio, anch'egli ebreo, è stato sino all'anno 1955 segretario generale del Praesidium della Grande Assemblea della *Repubblica Popolare Romena*, ossia il vero capo di questa assemblea, poiché Petru Groza, il presidente *ufficiale*, è soltanto un vecchio manichino massone, sposato con un'ebrea, la cui funzione è puramente decorativa. Abraham Bunaciu si chiama in realtà Abraham Gutman (Gutman, tradotto dall'ebraico corrisponde a *Bonaciu*, ossia allo pseudonimo adottato da questo ebreo).
6   Lotar Redeceanu, altro ministro del governo comunista di Bucarest, *deposto* nel 1952 e riapparso nella tribuna d'onore del 1955. E'un ebreo oriundo della Transilvania. Si chiama Lothar Würtzel. Poiché la parola *Würtzel* tradotta in romeno diventa *radacina* (ossia *radice* in italiano) è evidente che questo ebreo ha semplicemente tradotto il suo nome giudaico in lingua romena e cosi si fa oggi chiamare Radeceanu.
7   Miron Costantinescu, membro del Comitato Centrale del Partito Comunista e Ministro delle miniere e del petrolio; viene di quando in quando utilizzato anche in altri incarichi ministeriali. E'un ebreo di Galatzi, Romania, che si chiama, in realtà, Meyer Kohn, e che usa uno pseudonimo romeno.

8   Il generale luogotenente Moises Haupt, comandante della regione militare di Bucarest; ebreo.

9   Il colonnello generale Zamfir, capo del servizio comunista di *Sicurezza Generale* in Romania. A lui risale la responsabilità delle migliaia di assassinii commessi da questa polizia segreta. Questo ebreo è oriundo del porto di Braila, sul Danubio. Si chiama, in realtà, Laurian Rechier.

10 Heim Gutman, capo del Servizio Segreto Civile della Repubblica Popolare Romena; ebreo.

11 Il maggior generale William Suder, capo del servizio informazioni e controspionaggio dell'Esercito comunista romeno. Si tratta dell'ebreo Wilman Süder, già ufficiale dell'esercito sovietico.

12 Il colonnello Roman, già direttore del servizio E.C.P. (Educazione Cultura e Propaganda) dell'esercito romeno. Ha detenuto questa carica sino al 1949. Attualmente è uno dei ministri del governo comunista. Il suo vero nome ebreo è Walter.

13 Alessandro Moghiorosoh, Ministro della Nazionalizzazione del governo rosso. Ebreo ungherese.

14 Alessandro Badau, capo del servizio di controllo degli stranieri in Romania. E'un ebreo oriundo della città di Targoviste, il cui vero nome è Braunstein. Prima del 1940 la sua famiglia era proprietaria di un grande negozio nella stessa Targoviste.

15 Il maggiore Lewin, capo della censura sulla stampa; ebreo ed ex ufficiale dell'esercito rosso.

16 Il colonnello Holban capo del servizio di sicurezza comunista di Bucarest; è un ebreo di nome Moscovich, già dirigente sindacale.

17 George Silviu, segretario generale amministrativo del Ministero degli affari interni; è un ebreo di nome Gersh Golinger.

18 Ewin Voigulesco, capo della divisione passaporti del Ministero degli affari esteri, è un ebreo di nome Erwin Weinberg.

19 Gheorghe Apostol, capo della Confederazione Generale del Lavoro di Romania. è un ebreo di nome Gerschwin.

20 Stupineanu, capo del servizio di spionaggio economico; è un ebreo di nome Stappnau.

21 Emmerich Stoffel, ministro della repubblica popolare romena in Svizzera; ebreo ungherese, esperto in questioni bancarie.

22 Harry Fainaru, ex consigliere (capo) della legazione comunista romena a Washington, sino al 1954 e attualmente alto esponente nel Ministero degli affari esteri di Bucarest; è un ebreo di nome Hersch Feiner. Prima del 1940 la sua famiglia svolgeva commercio di cereali in Galatzi.

23 Ida Szillagi, il vero capo della Legazione romena a Londra; è una ebrea, amica di Anna Pauker.

24 Lazarescu, incaricato d'affari del governo romeno a Parigi; è un

ebreo, che si chiama, in realtà, Burach Lazarovich, figlio di un commerciante ebreo di Bucarest.
25 Simon Oieru, sottosegretario di Stato romeno; è un ebreo, il cui vero nome è Schaffer.
26 Aurel Baranga, ispettore generale delle arti; è un ebreo, il cui vero nome è Ariel Leibovich.
27 Liuba Kisinevsky, presidente della U.F.A.R. (Unione delle donne antifasciste romene); è una ebrea oriunda di Cernautzi, nella Bucovina, il cui vero nome è Liuba Broitman, moglie di Iosif Kisinevsky, membro del Comitato Centrale del Partito.
28 Lew Zeiger, direttore del ministero dell'economia nazionale; ebreo.
29 Il dottor Zeider, giureconsulto del ministero de gli affari esteri; ebreo.
30 Marcel Breslau, direttore generale delle Arti, è un ebreo di nome Mark Breslau.
31 Silviu Brucan, redattore capo del giornale *Scanteia*, organo ufficiale del partito; è un ebreo, di nome Brücker. Egli dirige tutta la campagna di menzogne con la quale si tenta di ingannare il popolo romeno sulla vera situazione creata dal comunismo. Nello stesso tempo, l'ebreo Brücker dirige la falsa campagna antisemita della stampa comunista romena.
32 Samoila. direttore amministrativo del giornale *Scanteia;* è un ebreo di nome Samuel Rubinstein.
33 Horia Liman, vice-capo redattore del giornale comunista *Scanteia;* è un ebreo di nome Lehman.
34 L'ingegnere Schnapp, direttore amministrativo del giornale comunista *Romania Libera*, che per tiratura è il secondo quotidiano comunista romeno; anch'egli è ebreo.
35 Jean Mihai, capo della cinematografia romena (propaganda comunista attraverso i films); è un ebreo il cui nome è Iacob Michael.
36 Alessandro Graur, direttore generale della società romena di radiodiffusione, completamente al servizio del partito comunista. E'un professore ebreo, il cui vero cognome è Alter Brauer, oriundo di Bucarest.
37 Mihail Roller, attualmente presidente dell'Accademia Romena. Si tratta di un oscuro professore ebreo, che era del tutto sconosciuto prima dell'invasione sovietica in Romania. Attualmente egli è il presidente dell'Accademia di quel Paese ed ha, inoltre, scritto una nuova storia del popolo romeno, falsificando, ovviamente, la realtà…
38 Il Prof. Weigel è uno dei tiranni dell'Università di Bucarest e controlla con i suoi agenti le attività dei professori romeni e le loro relazioni sociali. E'un ebreo giunto dalla Russia.
39 Silvio Iosifescu, *critico letterario ufficiale*, colui che ha censurato, e quindi cambiato, la forma e la sostanza delle poesie dei maggiori poeti

romeni, come Eminescu, Alecsandri, Vlahutza, Carlova, ecc. (poeti morti alcune decine di anni orsono, o più di mezzo secolo fa) perché le loro poesie *non concordano con le idee marxiste-comuniste*. Questo distruttore della poesia romena è un ebreo, il cui vero nome è Samson Iosifovich.

40   Ioan Vinter, il secondo *critico letterario* marxista del regime, autore di un libro intitolato *Il problema dell'eredità letteraria:* è anch'egli ebreo, e il suo vero nome è Iacob Winter.

I tre ex segretari della Confederazione del Lavoro, sino al 1950, ossia Alejandro Sencovich, Misha Levin e Sam Asriel (Serban), sono ebrei.

E - JUGOSLAVIA

1   Il maresciallo Tito, il cui vero nome ebreo è quello di Iosif Walter Weiss, oriundo della Polonia.
2   Moises Pijade, segretario generale del Partito Comunista e vera e propria *eminenza grigia* del regime; è un ebreo oriundo spagnolo.
3   Kardelj, membro del comitato centrale del Partito Comunista jugoslavo e ministro degli Affari Esteri, è un ebreo ungherese il cui nome vero è Karday1.
4   Renkovich, membro del comitato centrale del Partito Comunista jugoslavo e ministro degli affari interni; è un ebreo austriaco che prima si chiamava Rankau.
5   Alessandro Bebler, membro del comitato centrale del Partito Comunista jugoslavo e delegato permanente della Jugoslavia all'ONU; è un ebreo austriaco.
6   Ioza Vilfan (Joseph Wilfan) consigliere economico di Tito (in realtà è il dittatore economico della Jugoslavia); è un ebreo oriundo di Sarajevo.

Posto che in Jugoslavia non esiste, come in altri Paesi, una forte comunità ebraica, il numero dei non ebrei che fanno parte del governo comunista è maggiore che altrove. Si deve tener presente però che i non ebrei sono sempre in cariche di secondaria importanza, poiché i principali esponenti ebrei, poc'anzi elencati, sono coloro che in realtà dominano totalmente il governo jugoslavo.[17]

---

[17] Numerosi autori cattolici hanno compiuto indagini statistiche simili a quelle riportate in questo capitolo, concludendo sempre con l'affermare che il bolscevismo è opera giudaica. Il libro *La Guerra Occulta* di Malinsky e de Poncins (Milano, 1961) contiene in appendice un ampio studio al riguardo, compiuto da Mons. Jouin. Uno studio particolare apparve sulla

Rivista della Compagnia di Gesù, che si stampa a Roma, *Civiltà Cattolica*, che iniziò i suoi studi sulla materia alla fine del secolo scorso e che, per quanto si riferisce al nostro tema, pubblicò nel fascicolo 1736 del 1922, sotto il titolo *La rivoluzione mondiale e gli ebrei*.

CAPITOLO IV

I FINANZIERI DEL COMUNISMO

L'ebraismo internazionale punta chiaramente al socialismo comunista di Marx, già instaurato in Russia dagli ebrei, attraverso l'Unione delle Repubbliche Socialiste Sovietiche e da questa in tutte le nazioni satelliti. Il comunismo è quindi il traguardo immediato delle sue aspirazioni di dominio in tutto il mondo e di potere incontrastato su tutti i popoli della terra. Gli ebrei non hanno mai nascosto di avere questa intenzione. E sin dall'inizio della loro storia hanno mirato congiuntamente a questo fine.

Il risultato della comunistizzazione totale del mondo è auspicata da tutti gli ebrei, con unanimità piena e assoluta, come la loro meta. A nessuno è quindi consentito farsi delle illusioni in proposito. Non è consentito farsi delle illusioni soprattutto su quanto riguarda il sentimento di quel gran numero di ebrei ricchi, o ricchissimi, che oggi dominano incontrastatamente la finanza mondiale. Non sono pochi, infatti, i non ebrei che, male informati o deliberatamente ingannati da una subdola stampa e dai moderni mezzi di propaganda e di informazione, credono che sia impossibile che i miliardari ebrei possano nutrire sentimenti comunisti. Poiché, si afferma, il comunismo li priverebbe della ricchezza.

Questi creduloni si ingannano. Ancora una volta tale interpretazione semplicistica è proprio tale, e quindi del tutto diversa dalla insidiosa sottigliezza giudaica.

A prima vista, infatti, niente sembrerebbe più logico che un accorto finanziere, un ricco commerciante o un importante industriale fossero i nemici naturali e acerrimi del comunismo. Errore! Se gli industriali finanzieri e commercianti sono ebrei essi sono sicuramente comunisti, perché il socialismo comunista di Marx anche se nella sua sostanza ideologica e dottrinaria sembraessere il loro nemico, in realtà è l'unico mezzo che consente loro non soltanto di conservare la potenza e la ricchezza, ma anche di accaparrare quella degli altri, quella dei non ebrei, per intenderci, che essi ritengono di loro assoluta spettanza, detenuta indebitamente (e provvisoriamente) da chi non appartiene alla loro razza. Il ben noto scrittore ebreo Werner Sombart afferma:

« La principale caratteristica della religione ebrea è quella di essere una religione che nulla ha a che vedere con l'*al di là*; una religione, tanto per spiegarsi bene, unica nel suo genere ed essenzialmente terrestre. L'uomo non può sperimentare il bene o il male che in questo mondo. Se Dio vuole castigarlo o ricompensarlo non può farlo che nel corso della sua vita. Quindi è quaggiù, sulla terra, che il giusto deve prosperare e l'empio soffrire[18] ».

E'inutile insistere, evidentemente, sulla differenza che scaturisce dalla contrapposizione di questi due modi di vedere e di pensare, per quanto riguarda la condotta dell'ebreo pio o del cristiano pio, nei riguardi dell'acquisizione della ricchezza. Mentre il cristiano pio che si è reso colpevole di usura, per esempio, è torturato sino alla morte e proprio in punto di morte dal rimorso e quando pentito, perché toccato dalla grazia, è disposto a rinunziare a ciò che ha accumulato ingiustamente, l'ebreo pio, pur giunto al termine della sua vita, guarda compiaciuto le stanze e i forzieri traboccanti di ricchezza, nei quali sono stati accumulati i denari comunque guadagnati durante la sua lunga vita, lucrando sui poveri cristiani o sui poveri mussulmani.

Spettacolo, quello, che non può che rallegrare il suo cuore pio, visto che ogni trama sottile degli interessi racchiusi in quel tesoro era stata per lui come un sacrificio offerto al suo Dio ».[19]

Nello stesso tempo, il denaro ebreo (che è, attualmente, la maggior parte del denaro del mondo), è lo strumento poderosissimo che ha consentito il finanziamento di tutti i movimenti rivoluzionari, che altrimenti non avrebbero potuto trionfare. Il denaro e la ricchezza ebraica consentono, infatti, la corruzione della civiltà cristiana, principalmente attraverso la materializzazione dell'individuo il quale è condotto gradualmente ad anteporre l'oro ai valori spirituali. Gli ebrei sanno usare magistralmente ogni arte di corruzione, dal peculato alla concussione, alla subornazione; in una parola riescono ottimamente ad esercitare il mercato delle coscienze.

La determinazione ebrea di riuscire ad impadronirsi di tutto il denaro del mondo appare trasparente nelle pagine di molti famosi scrittori ebrei come Edmond Fleg, Barbusse, André Spire e altri. Si rivela ancor più chiara nell'ormai nota lettera scritta dal celebre ebreo neo-messianista Baruch Levy a Carlo Marx; lettera trovata nel 1888 e pubblicata per la prima volta nello stesso anno. Tra l'altro questa lettera reca:

« Il popolo ebreo tutto insieme sarà il Messia di se stesso. Il suo regno sull'Universo sarà ottenuto con la unificazione delle altre razze umane,

---

[18] Werner Sombart, *Les juifs et la vie économique*.
[19] Werner Sombart, *idem*.

la soppressione delle frontiere e delle monarchie - che sono gli ultimi baluardi del "distinguo" - e l'avvento di una Repubblica Universale che riconoscerà anzitutto il diritto di cittadinanza agli ebrei. In questa nuova organizzazione dell'Umanità, i figli d'Israele, attualmente disseminati su tutta la popolazione del globo, tutti della stessa razza e di eguale tradizione, anche se non formano ancora, malgrado questo, una nazione a sé stante, perverranno senza opposizione alcuna alle cariche direttive, in ogni parte, e, soprattutto, riusciranno ad imporre alla massa operaia la guida durevole di alcuni di loro. I governi delle varie nazioni del mondo, allorquando si sia formata questa Repubblica Universale, passeranno tutti, senza alcuno sforzo, in mano agli ebrei, operando per la vittoria del proletariato. La proprietà individuale potrà essere allora soppressa dai governi di razza ebrea che amministreranno dovunque il denaro di tutti. In questo modo si realizzerà la promessa del Talmud: " quando i tempi del Messia giungeranno - è scritto - gli ebrei terranno sotto chiave i beni di tutti i popoli del mondo " ».[20]

Seguendo questa tattica di accaparramento economico - la tattica degli ebrei - è perfettamente logico assistere, come giornalmente assistiamo, allo spettacolo offerto dai più ricchi finanzieri e banchieri del mondo che finanziano il comunismo e le rivoluzioni comuniste. E non è, come si vede, niente affatto difficile, esaminando i dati suddetti, lumeggiare una situazione che, solo apparentemente, sembra assurda e paradossale: quella dei più ricchi della terra che mantengono in piedi, un po' dappertutto, con le loro ricchezze, movimenti sovversivi che solo apparentemente sembrano tendere alla soppressione dei privilegi e della ricchezza.

In realtà e, dal loro punto di vista, giustamente, i più accorti e abili ebrei del mondo sono indissolubilmente legati ai dirigenti ebrei dei movimenti comunisti: *per il fine suddetto*. Né, conveniamone, potrebbe essere altrimenti.

Se la nostra esposizione dei più appariscenti legami del giudaismo mondiale è di per se sufficiente a rivelare con chiarezza meridiana la strettissima relazione esistente tra loro, ancor più illustrativi sono i fatti, d'altronde noti, verificatisi nel mondo, dall'ultimo scorcio del secolo XIX ed in questo XX secolo - per non tediare il lettore con un più vasto *excursus* nel passato, che sarebbe però sempre possibile e riuscirebbe probante della verità sacrosanta del nostro assunto - fatti che ci consentono di togler gli completamente qualsiasi anche lieve residuo d'incertezza.

Dopo la sconfitta inflitta a Sedan, nel 1870, dai prussiani ai francesi e la conseguente caduta dell'impero di Napoleone III, i marxisti, diretti da Londra da Carlo Marx, prevalsero a Parigi, il 18 marzo del 1871, e dominarono la capitale, per più di due mesi, appoggiati da una Guardia

---

[20] Salluste, *Les origines secrètes du bolchevisme, Henri Heine et Karl Marx*, Paris, Ed. Jules Tallandier.

Nazionale, che si era costituita come organizzazione armata completamente agli ordini dell'internazionale marxista.

Quando questa *Comune* non poté più resistere all'attacco delle truppe del governo - che aveva sede a Versailles - i marxisti, convinti della loro certa sconfitta, si dettero al furto, all'assassinio e all'incendio, onde distruggere il capitale ed i capitalisti, perfettamente in linea con la consegna impartita, pochi anni prima, nel 1869, da Clauseret: *Noi o nessuno! Io affermo che Parigi sarà nostra o non esisterà più*.

In questa occasione apparve chiaramente manifesta la complicità dei banchieri ebrei francesi con i comunisti, così come rivela Salluste nel suo libro: *Le origini segrete del bolscevismo*. Si poté constatare, è scritto nell'opera citata, che Rothschild, da una parte faceva a Versaglia pressioni su Thiers, presidente della repubblica, onde evitare un'azione decisa dell'esercito contro i marxisti e prospettava un possibile accordo con il Comitato Centrale Federativo (marxista); dall'altra parte, godeva di una totale immunità per lui e per le sue ricchezze; e proprio in quella città di Parigi, che in quel periodo era sconvolta da uno spaventevole e sanguinoso caos!

A questo proposito, Salluste, scrive a pag. 137:

« M. de Rothschild, aveva indubbiamente le sue buone ragioni per ritener possibile una conciliazione: la sua villa in via Saint-Florentin era protetta, giorno e notte, da un picchetto di Federati (marxisti), che avevano il compito di evitare qualsiasi saccheggio; picchetto che durante due mesi ebbe regolarmente il cambio, sino a quando la grande barricata che era stata eretta a due passi da lì, venne espugnata dalle truppe di Versaglia. Nel mentre gli ostaggi venivano fucilati, i più bei palazzi di Parigi ardevano e migliaia di francesi morivano, vittime della guerra civile, è curioso constatare che la protezione accordata dai comunisti al grande banchiere ebreo non cessò mai un momento ».

Nel 1916, il tenente generale dell'esercito imperiale russo, A. Nechvolodof, trascrive una informazione segreta, giunta in data 15 febbraio dello stesso anno da uno degli agenti segreti dello Stato Maggiore, e inviata allo Stato Maggiore stesso del generalissimo russo. L'informazione reca:

« Il Partito Rivoluzionario Russo del Nord-America ha deciso di passare ai fatti. Quindi in Russia da un momento all'altro possono scoppiare delle rivolte.

« La prima riunione segreta che segnò l'inizio degli atti di violenza ha avuto luogo lunedì, 14 febbraio, nel pomeriggio, nello Stato di Nuova-York. Si riunirono sessantadue delegati, dei quali cinquanta erano veterani della rivoluzione del 1905 e gli altri erano nuovi membri. La maggior parte dei partecipanti sono ebrei, e, tra loro, molta gente istruita:

medici, pubblicisti eccetera. Tra questi anche alcuni rivoluzionari di professione...

« L'inizio di questa prima riunione fu quasi totalmente dedicato all'esame dei mezzi e delle possibilità esistenti per far scoppiare in Russia una grande rivoluzione. Il momento, si disse, era dei più favorevoli.

« Fu detto, inoltre, che il partito aveva appena ricevuto dalla Russia informazioni segrete, secondo le quali, la situazione era del tutto propizia, in quanto erano stati presi tutti gli accordi preliminari per una sollevazione immediata. L'unico ostacolo serio esistente era la questione del denaro. Non appena questa osservazione venne fatta, alcuni membri risposero immediatamente che tutto ciò non doveva suscitare alcuna incertezza, poiché sicuramente, al momento opportuno, persone che simpatizzavano con il movimento per la libertà del popolo russo avrebbero offerto somme considevoli. E a questo proposito venne fatto, ripetutamente, il nome di Jacobo Schiff ».[21]

All'inizio del 1919, il servizio segreto degli Stati Uniti d'America, consegnò all'Alto Delegato della Repubblica Francese a Washington, un memoriale col quale si affermava che i più importanti banchieri del mondo collaboravano attivamente ai preparativi, in corso, della rivoluzione russa.

Ecco la riproduzione di un allegato segreto alla nota:

No. 912-8. n. 2. Trasmesso dallo Stato Maggiore
« 7-618-6   dell'Esercito USA - 2° dispaccio II

Nel febbraio 1916 si è appreso per la prima volta che si sta fomentando la rivoluzione in Russia. Si è anche scoperto che le persone e le imprese sotto menzionate sono implicate in questa opera distruttiva. Sono:

1. Jacobo Schiff   ebreo
2. Kuhn, Loeb & Co.   impresa ebrea
Direzione:
Jacobo Schiff   ebreo
Felix Warburg   ebreo
Otto Kahn   ebreo
Mortimer Schiff   ebreo
Jeronimo, H. Hananuer   ebreo
3. Guggenheim
4. Max Breitung

---

[21] Esteban J. Malanni, *Comunismo y judaismo*, Editore La Mazorca. Buenos Aires 1944.

Jacobo Schiff ha incominciato a proteggere Trotsky, ebreo e frammassone, il cui vero nome è Bronstein, all'inizio del 1917. La missione che gli è stata affidata è quella di dirigere in Russia la rivoluzione sociale. Il giornale di Nuova-York *Forward*, quotidiano ebreo e bolscevico, lo aiuta del pari a conseguire lo stesso fine. Trotsky viene anche aiutato finanziariamente dalla Casa Ebrea Max Warburg, di Stoccolma; dal Sindacato della Westfalia-Renania, dall'abreo Olef Asxhberg, dalla Nye-Banken di Stoccolma e da Jovotovsky, ebreo, la cui figlia si sposò con Trotsky stesso. Anche questo matrimonio ha contribuito a stabilire relazioni sempre più strette e salde tra i multimilionari ebrei e gli ebrei proletari.

> « L'impresa ebrea americana Kuhn, Loeb and Co. è in relazione con la Società sindacale Westfalica-Renana, altra impresa ebrea tedesca; così come i fratelli Lazare, Casa ebrea di Parigi, lo sono con la Gunzbourg, Casa ebrea di Pietrogrado, Tokio e Parigi. Se osserviamo inoltre, che il genere di affari che viene sbrigato, anche con le case ebree Speyer and Co. di Londra, Nuova- York, e Francoforte sul Meno, è lo stesso che viene intrattenuto con la Casa Nye-Banken incaricata di curare le faccende ebreo-bolsceviche a Stoccolma, possiamo dedurre che le relazioni esistenti tra l'Alta Banca ed i movimenti bolscevici rappresentano la vera espressione di un movimento generale ebreo e che alcuni Istituti Bancari ebrei sono interessati dell'organizzazione di questo movimento ».[22]

Nell'opuscolo di S. de Baamond c'imbattiamo nella Banca Kuhn & Cia. Jacob Schiff era un israelita di origine tedesca. Suo padre, che visse a Francoforte, fu, in questa città, un modesto agente della Casa Rothschild. Il figlio emigrò negli Stati Uniti e fece colà una rapida carriera, tanto che divenne il capo della grande impresa Kuhn, Loeb & Cia il principale banco israelita d'America.
« Nel mondo bancario ebreo - riportiamo testualmente - Jacob Schiff non emerse soltanto per la sua scienza degli affari e per l'audacia delle sue iniziative. Egli influì anche decisamente, realizzando i suoi progetti e dando vita alle sue intenzioni, sull'attività politica direttiva che questa Banca avrebbe dovuto esercitare per influenzare il destino del mondo; quella che allora venne definita: *The spiritual direction of human affairs*. ».

Un'altra delle preoccupazioni costanti del plutocrate fu l'intervento a tutti i costi negli affari politici della Russia, onde provocare in questo paese un cambio di regime. La conquista politica della Russia, una nazione che sino a quel momento era sfuggita alla trista influenza massonica, con

---

[22] Duque de la Victoria: op. cit.

l'organizzazione e la realizzazione del nuovo regime (comunista), avrebbe costituito il mezzo migliore per assicurare il dominio d'Israele in tutto il mondo.[23] L'opera citata continua:

> Durante la primavera del 1917, Jacobo Schiff, prese ad operare con Trotsky (anch'esso ebreo, come abbiamo già detto) perché egli facesse scoppiare la rivoluzione sociale in Russia. L'organo giudeo-bolscevico di NuovaYork *Forward* si allineò anch'esso sulle stesse posizioni.
> Da Stoccolma, l'ebreo Max Warburg, operava egualmente per mettere Trotsky e compagni in condizione di muoversi; lo stesso facevano: il Sindacato Westfalico-Renano - un importante consorzio ebraico - Olef Aschberg del Nye Banken di Stoccolma e Yivotovovsky, la ebrea che aveva concesso addirittura sua figlia in moglie al rivoluzionario russo.[24] Fu in quel periodo, appunto, che l'ebreo americano, Paul Warburg, esponente dell'alta banca, non venne rieletto nella carica direttiva sino allora ricoperta nella Federal Reserve Board, per i suoi troppo evidenti, stretti legami con i personaggi bolscevichi».[25]

Il *Times* di Londra del 9 febbraio 1918 e il *New York Times*, in due articoli di Samuel Gompers, apparsi uno nel numero dello maggio 1922 e l'altro in quello del 31 dicembre del 1923, recano quanto segue:

> « Se osserviamo che l'impresa ebrea Kuhn-Loeb & Cia. è in relazione col Sindacato Westfalico-Renano, altra impresa ebrea in Germania, con Lazard Frères, Casa ebrea di Parigi, e anche con l'Istituto Bancario Gunzburg, impresa ebrea a Pietrogrado, Tokio e Parigi, e se consideriamo inoltre che i precedenti affari ebrei sono strettamente collegati con la Casa Ebrea Speyer & Cia. di Londra, Nuova-York e Francoforte sul Meno, così come con il Nye-Banken di Stoccolma, appare provato che il movimento bolscevico è sotto un certo aspetto l'espressione di un movimento generale ebreo, e che determinate aziende bancarie ebree sono interessate all'organizzazione di questo movimento ».[26]

Il generale russo Nechvolodof sottolinea, nella sua opera, la forte entità del finanziamento ebreo alla rivoluzione comunista in Russia:

> « Durante gli anni che precedettero la rivoluzione, dodici milioni di dollari erano stati consegnati da Jacobo Schiff ai rivoluzionari russi. D'altro canto - scrive il generale - secondo quanto afferma M. Bakmetieff,

---

[23] Duque de la Victoria: op. cit.
[24] Esteban y Malanni: op. cit.
[25] *Idem.*
[26] *Idem.*

ambasciatore del governo imperiale russo negli Stati Uniti, morto a Parigi dopo qualche anno, i bolscevichi trionfanti, già negli anni tra il 1918 e il 1922, avevano rimesso 600 milioni di rubli d'oro all'impresa Kuhn, Loeb & Cia ».

Dopo queste prove di fatti tanto chiari e lampanti non crediamo sia concesso a nessuno di affermare ottimisticamente, come spesso invece si sente purtroppo fare, che vi sono ebrei cattivi (i comunisti) ed ebrei buoni (i capitalisti). E che mentre i primi puntano sulla ricchezza privata, di cui s'impadroniscono, onde distruggere la proprietà, i secondi debbono destreggiarsi tra entrambe queste forme di vita, per non perdere le loro enormi fortune. Disgraziatamente per la civiltà umana il complotto ebraico presenta tutte le caratteristiche di un'assoluta unità di propositi e di intenti. Il giudaismo costituisce una forma organizzata monoliticamente diretta ad impadronirsi, per mezzo del socialismo comunista di Marx, di tutte le ricchezze del mondo: senza eccezione alcuna.

Il nostro mondo civile considera oggi il razzismo come uno dei peggiori e più gravi peccati di cui gli uomini possano macchiarsi, una vera e propria mancanza di umanità che procura a chiunque la pratichi le stigmate della brutalità più selvaggia: sempreché, si intende, non sia il popolo ebreo a praticare il razzismo!

Grazie alla propaganda ebrea, infatti, nella quale ci imbattiamo ad ogni istante ed in ogni luogo della terra - poiché quasi tutti i sistemi per farla sono accaparrati dagli ebrei (cinema, radio, stampa, televisione, case editrici) - noi sappiamo che qualsiasi manifestazione di antisemitismo è abominevole: *più di qualsiasi altra*. Gli ebrei sono infatti riusciti a fare dell'antisemitismo un'arma veramente demolitrice, di cui essi si servono per annullare gli sforzi di tutte quelle innumerevoli persone, e organizzazioni che, avendo perfettamente e chiaramente compreso, malgrado i travestimenti e gli stratagemmi usati, qual è la vera e propria mente direttiva del comunismo, levano, e vogliono levare, una voce di allarme, preoccupati e pieni d'orrore per il rapido avvicinarsi del trionfo marxista.

L'opera mendace degli ebrei risulta tanto valida che la maggioranza degli anticomunisti, pur essendo completamente convinti della necessità di finirla con il marxismo, e pur attaccando decisamente e valorosamente i vari tentacoli della piovra, ignorano l'esistenza della terribile mente e del terribile corpo, che ricrea le parti distrutte, dirige i movimenti e armonizza le attività di tutto il sistema. L'unica nostra possibilità per distruggere il socialismo comunista di Marx è costituita da un attacco risolutivo al cervello del medesimo, cioè all'ebraismo: così come rivelano incontrovertibilmente le stesse irrefutabili testimonianze degli ebrei.

Mentre i Paesi cristiani sono anti-razzisti, in quanto fondano la loro idea sul principio dell'amore per il prossimo, gli ebrei sono sempre stati, sono, e sempre saranno, i più acerrimi razzisti. Ispirano il loro razzismo al *Talmud* e partono dal principio che non è essere umano chi non è ebreo.

Non sussiste alcun dubbio sul fatto che questo razzismo anti-cristiano è sempre messo in atto molto abilmente. E'all'ombra di questo razzismo, infatti, che vengono tessute infernali macchinazioni, principalmente contro la Santa Madre Chiesa Cattolica Apostolica Romana, e anche contro tutte le restanti Confessioni dei cristiani. E ciò vien fatto, principalmente, avvalendosi del sistema comunista i cui principi informati al materialismo affermano, come è noto, che Dio non esiste; né può esistere, quindi, la Sua Chiesa. E che, logicamente, è del pari assurdo e menzognero qualsiasi ragionamento filosofico informato alla trascendenza. Senza parlare del dogma e del pensiero teologici...

Colà dove vengono attaccati e smascherati, gli ebrei levano sempre clamorose lamentazioni e hanno purtroppo buon gioco nel presentarsi come vittime di quel razzismo spietato che talvolta la storia, anche recente, ha dovuto purtroppo registrare, perché effettivamente scatenatosi contro di loro. Con ciò essi riescono sempre a bloccare qualsiasi iniziativa degli uomini - originata da umane necessità - che tende ad opporsi ai loro attacchi corrosivi e distruttivi.

Ora appare però fondato e indubitabile che una vera e propria efficace difesa dal comunismo debba dirigersi prima di tutti contro l'ebraismo, che del comunismo stesso è la mente direttiva ed organizzativa. Non dovrebbe quindi, a nostro sommesso parere, essere considerato in nessun modo manifestazione peccaminosa questo sentimento di difesa nei confronti dell'ebraismo. Il criterio della discriminazione razziale, è, sì, totalmente alieno alla nostra cultura ed ai nostri principi cristiani, però non può essere, ragionevolmente, sottovalutata da nessuno tra noi l'importanza di un problema come quello suddetto: di tale portata e gravità! Né, confidiamo con tutta l'anima, nessuno vorrà obbligarci a trascurare l'esame del medesimo e la sua possibile soluzione, pena l'essere accusati di « antisemitismo »; accusa che, senza alcun dubbio, non potrebbe non ricadere su un gran numero di cristiani: su tutti quelli, cioè, che comprendono la situazione in cui versa attualmente il mondo e sono quindi, a giusta ragione, ci sembra, grandemente allarmati.

Qui non si tratta, è evidente, di lottare contro una razza per mere considerazioni di ordine razziale. Il fatto che i termini del problema vengono oggi così esposti, è chiaramente ed unicamente dovuto alla diabolica abilità ebrea, che riesce sempre a non far trasparire il suo vero e reale disprezzo per tutto ciò che non è pertinente alla sua razza e alla sua ansia di dominazione mondiale.

Per noi cattolici, in particolar modo, e per tutto il mondo civile in genere, che ha basato la sua vita sui trascendentali valori dello spirito, gli aspetti della questione non possono apparire più chiari e più semplici. Si tratta di un problema di legittima difesa, che trae la sua origine, e trova la sua logica spiegazione, nell'ordine morale e giuridico a cui è informata la nostra civiltà. Il dilemma che viene a noi posto dal giudaismo è spietatamente chiaro e non consente alternative: *dominazione ebreo-comunista o sterminio*.

CAPITOLO V

TESTIMONIANZE EBREE

Circa le intenzioni dell'ebraismo molte notizie, tutte grandemente indicative dei suoi veri intenti, sono state da noi raccolte. Gli stessi ebrei, malgrado la inveterata abitudine ad un ermetismo che è divenuto, in loro, una seconda natura, malgrado la sottile tattica ingannatrice e di mimetizzazione di tutti i loro atti (un sistema di vita che ha consentito, e consente loro di restare nel buio e quindi non rivelare il loro piano comunista di dominazione mondiale), in alcuni momenti particolarmente felici si sono lasciati andare. Li ha traditi, in questo senso, un comprensibile stato di euforia e di ottimismo che li ha indotti, giustificatamente purtroppo, a vedere tutto rosa nel presente e, soprattutto nel futuro: di qui talune loro dichiarazioni rivelatrici che noi abbiamo, in parte, diligentemente raccolto. Kadmi-Cohen, per esempio, un celebre scrittore ebreo ha segnalato:

> « ...per quanto riguarda gli ebrei, la loro carta del socialismo mondiale è talmente importante che non può passare sotto silenzio. Non basta, infatti, ricordare i nomi dei grandi rivoluzionari ebrei dei secoli XIX e XX - come Carlo Marx, Lasalle, Kurt Eisner, Bela-Kun, Trotsky, Léon Blum, ecc. - perché compaia il nome dei teorici del socialismo moderno?[27] ».

« Quale luminosa rispondenza ideale trovano gli orientamenti ebraici nel comunismo! Anche se gli ebrei talvolta restano al di fuori dell'organizzazione materiale di questo partito, l'allineamento non può non scaturire, per esempio, dalla profonda avversione che un grande ebreo, e un grande poeta, Enrico Heine, ebbe per il diritto romano. Sono le identiche ragioni soggettive, è lo stesso sentimento passionale, che animò la ribellione di Rabbi Aquiba e Bar Kocheba, nell'anno 70 e 132 dopo Cristo, contro la Pace Romana e il Diritto Romano, che vengono oggi comprese e del pari sentite, soggettivamente e passionalmente, da un ebreo del secolo XIX che sembrerebbe non avesse più alcun legame con la sua razza.

---

[27] Kadmi-Cohen, *Nomades (essai sur l'âme juive)*, 1929.

« ...I rivoluzionari ebrei e i comunisti ebrei che attaccano il principio della proprietà privata - scrive il poeta Heine - il cui monumento più solido è costituito ancora dai Codici del Diritto Civile di Giustiniano, di Ulpiano, ecc. altro non fanno che ripetere ciò che già fecero i loro antenati, coloro che resistettero a Vespasiano ed a Tito.
« In realtà sono quindi i morti che parlano »!.[28]

Il blasfemo scrittore ebreo Alfredo Nossig ci dice:
« Il socialismo ed il moseismo non contrastano in alcun modo; al contrario, anzi, le idee fondamentali di queste due dottrine rivelano un'identità sorprendente. Non bisogna più sviare il nazionalismo ebreo in seno al socialismo, come fosse un pericolo che minaccia gli ideali di quest'ultimo, poiché l'ebraismo moderno è il socialismo del moseismo. Entrambi gli ideali sono paralleli e possono convivere, realizzarsi, durante lo stesso cammino ».[29]

« Dall'esame dei fatti, risulta, in modo irrefutabile egli continua - che non sono stati unicamente gli ebrei moderni a cooperare in modo decisivo per la creazione del socialismo. Anche i loro padri furono tra i fondatori del moseismo. Il seme nel moseismo ha dato il suo frutto attraverso i secoli in quanto a legge e a dottrina: in modo cosciente per alcuni e incosciente per altri. Il movimento socialista moderno è, per la maggior parte, opera ebrea, perché ebrei furono coloro che impressero al socialismo il segno della loro mente. Furono, del pari, ebrei coloro che ebbero parte preponderante nella direzione delle prime repubbliche socialiste. Non c'è dubbio che i socialisti ebrei costituiscono la immensa maggioranza dei quadri di queste. L'opera che essi hanno svolto non è stata soltanto opera loro. Nel loro inconscio fermentava il principio genetico del moseismo; gli enzimi razziali dell'antico popolo apostolico, che operano nel cervello degli ebrei, danno vita al loro inconfondibile temperamento sociale. Il Socialismo mondiale odierno costituisce il primo stadio del moseismo, cioè l'inizio della realizzazione del futuro Stato del Mondo annunciato dai profeti ».[30]

Nel suo libro *Integrales Judentum* egli ratifica questa idea del socialismo come dottrina ebrea e scrive:
« Se i popoli vogliono veramente progredire, debbono togliersi di dosso il timore medioevale degli ebrei ed i pregiudizi di natura reazionaria che nutrono nei loro confronti. Debbono, invece, riconoscere ciò che in realtà gli ebrei sono i precursori più sinceri dello sviluppo umano. Il presente esige il potenziamento dell'ebraismo, visto che questo si identifica apertamente col socialismo in faccia al mondo. E la salvezza

---

[28] *Idem*
[29] *Westfälischer Merkur*: Diario di Münster, n°. 405 del 6 Ottobre del 1926.
[30] Alfred Nossig, op. cit.

dell'umanità, nei secoli a venire, dipende dalla realizzazione di questo programma ».[31]

Le ragioni di questa posizione rivoluzionaria ebrea sono chiaramente spiegate dal ben noto scrittore, del pari ebreo, E. Eberlin:

« Quanto più radicale è la rivoluzione - egli scrive- tanta più libertà ed uguaglianza si ha per gli ebrei. Tutto l'orientamento del progresso umano avviene in modo che non consente il consolidamento della posizione ebraica. Accade così che tutto quanto è retrivo e reazionario li colpisce prima di ogni altra cosa. A volte basta una semplice presa di posizione diretta, per esporre gli ebrei al boicottaggio. Sotto questo aspetto l'ebreo è il vero e proprio manometro della caldaia sociale.

« La nazione ebrea non può, in quanto tale, convivere con la reazione, perché reazione significa per gli ebrei il ritorno al passato e il loro permanere nelle condizioni anormali in cui si è svolta sinora la loro esistenza ».[32]

Il ben noto ebreo, Jacobo de Haas nel *The Macabean* ci dice chiaramente che:

« ...La rivoluzione russa che stiamo vivendo è la rivoluzione dell'ebraismo. Essa significa una svolta nella storia del popolo ebreo. Diciamo francamente che si è trattato di una rivoluzione ebraica in quanto gli ebrei sono stati in Russia i più attivi rivoluzionari... ».

Nel giornale ebreo-francese intitolato *Le Peuple Juif,* del febbraio 1919, si legge quanto segue:

« La rivoluzione russa che stiamo vivendo, sarà esclusivamente opera delle nostre mani ».

Da parte sua Riccardo Jorge, nel vergare la prefazione ad un libro del famoso scrittore ebreo Samuele Schwarz, scrive:

« Se dal vertice della scienza pura discendiamo nell'arena dove s'intrecciano le passioni e gli interessi degli uomini, sorge dentro di noi l'oracolo della nuova religione social-politica dell'ebreo Carlo Marx, il capo ideologico della guerra senza quartiere condotta dal proletariato, che trova nella mente e nel braccio di Lenin la realizzazione del suo

---

[31] E. Eberlin, *Les Juifs d'aujourd'hui.*
[32] E. Eberlin, *Les Juifs d'aujourd'hui.*

credo, ispiratore di quello Stato sovietico, che minaccia di sovvertire dalle fondamentale istituzioni tradizionali della società ».[33]

Del pari, un altro ebreo, Hans Gohen, in *Die politische Idee* afferma che « il socialismo di Marx è l'appagamento delle nostre aspirazioni ».

Nel n. 12, del periodico *Il Comunista*, pubblicato a Karkoff, in data 12 aprile 1919, l'ebreo Max Cohen, scriveva:

« Senza tema di esagerazione possiamo affermare che la grande rivoluzione sociale russa è trionfata per mezzo degli ebrei... E'indubbio che nelle file dell'esercito rosso vi sono soldati che non sono ebrei, in quanto tocca ai soldati russi militare e combattere, però nei comitati e nell'organizzazione dei Soviet, gli ebrei quali commissari del popolo, conducono valorosamente le masse del proletariato russo alla vittoria. Al fronte dei rivoluzionari russi c'erano gli alunni della Scuola Rabbinica di Combattimento.

« Sulla spada e il fuoco trionfò il giudaismo con il nostro fratello Carlo Marx, l'ebreo che ha il compito di realizzare quanto hanno ordinato i nostri Profeti, elaborando il piano conveniente per mezzo delle rivendicazioni del proletariato. »

Chi scrisse queste frasi? Un ebreo, naturalmente. Queste frasi possono, infatti, essere lette nel giornale ebreo *Haijut* di Varsavia, del 3 agosto 1928.

Il mondo ebreo dello gennaio 1929, esprime da parte sua, in termini crudi, questa blasfema opinione:

« La realtà del bolscevismo stesso, il fatto che tanti ebrei sono bolscevichi e che l'ideale del bolscevismo concorda su molti punti con il più sublime ideale del giudaismo - di cui una parte almeno forma la base dei migliori insegnamenti del fondatore del Cristianesimo - ha un grande significato. Ogni ebreo cosciente e riflessivo dovrà esaminarlo con molta attenzione ».

Per non dilungarci oltre, citiamo, per ultimo, il riferimento fatto orgogliosamente dall'israelita Paul Sokolowsky, nella sua opera intitolata *Die Versandungen Europeas* che si vanta anch'egli della parte preponderante avuta dagli ebrei nella rivoluzione russa, e spiega i particolari del codice da essi usato per comunicare tra loro, anche per mezzo della stampa, senza richiamare l'attenzione delle autorità. Egli stesso racconta come il materiale propagandistico comunista, dagli ebrei stessi elaborato, venisse distribuito a

---

[33] Ricardo Jorge, *Los cristianos novos en Portugal no seculo XX*, Samuel Schwartz, Lisbona, 1925.

mezzo di ragazzi ebrei, a coloro che, per averlo, si recavano nascostamente e appositamente nei ghetti.[34]

Quest'odio infernale ebreo-comunista, che si riversa principalmente sulla civiltà cristiana, non è però del tutto gratuito. E' originato da quelle profonde cause che possono essere chiaramente sviscerate, leggendo per esempio il seguente paragrafo del *Sepher-Ha-Zohar*, libro sacro del giudaismo moderno, libro che riassume e rappresenta il sentimento di tutti gli ebrei:

> « Gesù Nazzareno - reca il libro - ossia colui che ha allontanato il mondo dalla vera fede nel vero Santo - che benedetto sia - è condannato per l'eternità a contorcersi tra lo sperma bollente. Il suo corpo si ricompone tutti i venerdì dopo mezzogiorno; e all'alba del sabato viene gettato nuovamente nello sperma di fuoco. L'inferno si consumerà, però il castigo ed i tormenti del Nazzareno non avranno mai fine. Gesù e Maometto: ecco le ossa impure della carogna citata nella Sacra Scrittura! « Le getterete ai cani », è scritto. Essi sono sozzura di cane, che macchia, e per aver sedotto gli uomini sono stati gettati nell'inferno da dove non usciranno mai più ».[35]

---

[34] Lic. Alfonso de Castro, *El problema judio*, Editore Attualità, Messico D.F. 1939.
[35] *Sepher-ha zohar*, Traduzione di Jean de Pauly. Parigi, Ernest Leroux, 1907, Tomo II.

PARTE SECONDA

L'OCCULTO POTERE DELLA MASSONERIA

CAPITOLO I

LA MASSONERIA, NEMICA DELLA CHIESA E DEL CRISTIANESIMO

Poiché il tema di questa seconda parte del libro è stato trattato con ineguagliabile maestria, e analizzato in profondità, da eminenti personalità come Sua Santità il Papa Leone XIII, l'Eminentissimo Cardinale Jose Maria Caro R., Arcivescovo di Santiago nel Cile, Monsignor Leone Meurin, Arcivescovo e Vescovo di Port-Louis, nonché da diversi altri, sempre insigni, scrittori e studiosi ecclesiastici e secolari - i quali hanno anche copiosamente documentato i loro argomenti - noi ci siamo limitati a trascrivere, letteralmente, queste tanto autorevoli opinioni. Qualsiasi commento, infatti, non potrebbe che risultare per lo meno superfluo.

Sua Santità Leone XIII, nella Sua Enciclica *Humanum Genus* dice:

« I Romani Pontefici, nostri Predecessori, vegliando, solleciti della salvezza del popolo cristiano, conobbero ben presto chi era, e cosa voleva, questo nemico capitale; lo conobbero non appena esso si affacciò dalle tenebre della sua occulta congiura e non appena esso, rivelandola sua ispirazione e il suo metodo, prese a minacciare con le sue previsioni, quei principi e quei popoli che non si lasciavano sorprendere dalle male arti e dalle insidie approntate per ingannarli.
« Il primo avviso del pericolo si ebbe nell'anno 1738, dal Papa Clemente XII (*Constitutum in eminenti*, die 24 aprilis 1738), che fu confermata e rinnovata da Papa Benedetto XIV (*Const. Providas*, die 18 maii 1751), da Papa Pio VII (*Const. Ecclesiam a Jesu Cristo*, die 13 septembris 1821) che seguì le orme di entrambi i suoi predecessori. Leone XII, includendo nella Costituzione Apostolica *Quo graviora* (Const. data die 13 martii 1825) ciò che in materia era stato decretato anteriormente, lo ratificò e confermò per sempre. Pio VIII (Enciclica *Traditi*, die 21 maii 1829), Gregorio XVI (Enciclica *Mirari*, die 15 augusti 1835) e Pio IX (Enciclica *Qui pluribus*, die 9 november 1816). Allocuzione *Multiplices inter*, die 25 september

1865, etc. parlarono sicuramente molte volte, ispirati dal medesimo sentimento.

« Oggi, seguendo l'esempio dei nostri Predecessori, - è sempre S.S. Leone XIII che parla - abbiamo deciso di esprimerci, dinanzi e contro la stessa società massonica, avverso al sistema della sua dottrina, ai suoi intenti, alla sua maniera di sentire e di operare, onde lumeggiare ancor meglio la sua forza malefica e quindi impedire il contagio di questa peste così funesta. Non può l'albero buono dar frutti cattivi, ne l'albero cattivo dar frutti buoni (*Matteo* cap. VII, v. 18) ed i frutti della setta massonica sono, oltre che dannosi, acerbissimi. Dagli indizi certi che poc'anzi abbiamo menzionato risulta qual è l'ultimo e il principale, dei suoi fini; sappiatelo: la distruzione dalle fondamenta di tutto l'ordine religioso e civile stabilito dal Cristianesimo, e l'edificazione, alla loro maniera, di un altro ordine con fondamento e leggi tratti dalle viscere del naturalismo.

« Oltre a questo, gli errori causa di turbamento da noi elencati, bastano già ad infondere negli Stati paura e spavento. perché tolto il timor di Dio e il rispetto delle Sue Divine Leggi, tenuta in minor considerazione la autorità dei principî, consentita e legittimata la mania delle rivoluzioni, scatenate con la maggiore licenziosità le passioni popolari, senza altro freno che un'eventuale condanna, avremo, per forza, mutazioni e scompiglio. Ed è precisamente questo che cerebralmente macchinano, ostentatamente d'accordo, molte organizzazioni di comunisti e socialisti, nei disegni dei quali non può dirsi davvero aliena la setta dei massoni, visto che questa appoggia apertamente quegli intenti ed è d'accordo con loro sui principali dogmi.

« Comunque, dinanzi ad un male tanto grave e tanto diffuso, ciò che a noi compete, Venerabili Fratelli, è dedicarci con tutta l'anima alla ricerca di un rimedio. E poiché sappiamo che la migliore e più sicura speranza di rimedio è riposta nella virtù della Religione Divina, tanto più odiata dai massoni quanto più temuta, riteniamo che di gran lunga il più importante sia servirsi di questa tanto salutare virtù per combattere il nemico comune. Così tutto ciò che decretarono i Romani Pontefici, nostri Predecessori, per impedire i tentativi e gli sforzi della setta massonica, quanto Essi sanzionarono per allontanare gli uomini da organizzazioni del genere, o ancor meglio, toglierli a queste, tutte e ognuna di queste cose diamo per ratificate e le confermiamo pienamente con la nostra autorità apostolica ».[36]

Come si è visto, tanto Sua Santità il Papa Leone XIII, come varii altri Sommi Pontefici che lo precedettero, esprimono molto chiaramente la loro condanna della massoneria, e riconoscono, nel medesimo tempo, che l'intento di questa tenebrosa associazione è quello di distruggere la cristianità, in ciò e per ciò alleata con i socialisti e i comunisti.

Ma... chi dirige la massoneria?

Nei capitoli seguenti dimostreremo che coloro che dirigono la massoneria sono gli stessi che dirigono il Socialismo e il comunismo: **gli ebrei**.

---

[36] Sua Santità Leone XIII: Lettera Enciclica *Humanum Genus*. 20 Aprile 1884.

CAPITOLO II

Gli ebrei fondatori della Massoneria

« Smascherare la massoneria - disse Leone XII - è vincerla ». Se poi riusciamo a spogliarla dei suoi veli, ogni spirito retto, ogni cuore limpido arretrerà con orrore; basterà questo per distruggerla e per farla esecrare dagli stessi che oggi le obbediscono.

L'illustre e insigne Gesuita Mons. Léon Meurin s.j., Arcivescovo e Vescovo di Port-Louis nella sua poderosa opera, *Simbolismo della Massoneria*, dimostra con una documentazione schiacciante, che gli ebrei sono i fondatori, organizzatori e dirigenti della Massoneria, della quale essi si servono per conseguire il dominio mondiale, distruggere la Santa Chiesa Cattolica e le altre religioni esistenti. Tra la bibliografia autorizzata che egli sottopone al lettore figurano alcune citazioni che noi riportiamo:

> « Il primo Consiglio Supremo (della massoneria) venne costituito, come già abbiamo detto, il 31 maggio 1801 a Charleston, grado 33 di latitudine nord, sotto la presidenza dell'ebreo Isac Long, nominato Ispettore Generale dall'ebreo Mosè Cohen che aveva ricevuto il suo grado a Spitzer, da Hyes, da Franken e dall'ebreo Morin ».[37]

Erano ebrei, inoltre, i fondatori di quel primo Gran Consiglio che si sarebbe poi convertito nel centro della massoneria cosmopolita. Questo Gran Consiglio prese sede in America, situato precisamente al 33° grado di latitudine nord. Il capo supremo risiede ancora a Charleston, dal 1801. Nell'anno 1889, questi era Albert Pike, di cui abbiamo già parlato nel citare la sua *Lettera Enciclica*, datata 14 luglio 1879, anniversario celebre, com'è noto, della rivoluzione francese. La qualifica e il titolo di ognuno dei fratelli:., e anziani, sono i seguenti:

> « Poderosissimo Sovrano Commendatore, Gran Maestro del Supremo Consiglio di Charleston, primo Consiglio supremo del globo; Gran Maestro Supremo Conservatore del Sacro Palladium, Sovrano Pontefice della Massoneria Universale ».

---

[37] Paul Rosen, *Satàn*, p. 219.

Con questi titoli pomposi Albert Pike pubblicò la sua *Lettera Enciclica, nell'anno tredicesimo del suo pontificato, assistito dagli Illustrissimi, Molto illuminati, e Molto Sublimi Fratelli, Sovrani, Grandi Ispettori Generali, Eletti Maghi, che compongono il serenissimo Gran Collegio degli Eletti Maestri, Consiglio della Falange Speciale e del Sacro Battaglione dell'Ordine.*[38]

L'Enciclica enumera i 23 Consigli Supremi *potenziali*, per ora, o funzionanti a cominciare da quello di Charleston, sparsi per tutto il mondo. Successivamente enumera i cento « Grande Oriente » e le « Grandi Logge » *di tutti i riti*, in comunicazione col Supremo Consiglio di Charleston come *Sovrana Potenza Massonica* (un rituale, questo, esclusivamente ebreo). Enumera, per esempio, il Grande Oriente di Francia, il Consiglio Generale del Rito di Misraim, Il Gran Consiglio dei Massoni Oldfellows etc.

Da quanto sopra possiamo concludere che la Massoneria è una su tutto il globo, pur assumendo innumerevoli forme, sotto la direzione suprema del Sovrano Pontefice di Charleston.[39]

ORIGINE EBREA

I riti e i simboli della massoneria e delle altre associazioni segrete ricordano costantemente la *Kabala* e l'ebraismo, la ricostruzione del Tempio di Salomone, la stella di David, il segno di Salomone, i nomi dei diversi gradi, come, per esempio *cavaliere Kadosh* (Kadosh, in ebreo, significa *santo*) *principe di Gerusalemme, principe del Libano, cavaliere del serpente d'Airen* etc. E la preghiera dei massoni inglesi, adottata in una riunione tenuta nel 1663, non ricorda forse in maniera evidente la liturgia ebrea?[40]

Anche la massoneria scozzese cita, nel datare ogni suo atto, l'era giudaica. Un libro di quel tale massone americano Pike[41] che nel 1889 divenne Capo Supremo del Gran Consiglio di Charleston, per esempio, da lui scritto nel 1881, è così datato: *anno mundi 5641*. Attualmente questa cronologia viene

---

[38] Monsignor Léon Meurin. S.J., Arcivescovo, Vescovo di Port-Louis. *Simbolismo de la masoneria*, 1957, p. 201-202.
[39] Adolphe Ricoux, *L'existence des Loges de Femmes*. Paris, Ed. Tequi, 1891, p. 78-95.
[40] *Revue Internationale des Sociétés Secrètes*. Stampata a Parigi. Numero 2. 1913. p. 58. La detta pubblicazione venne fondata da Mons. Jouin, nella Parrocchia di Sant'Agostino di Parigi, a spese sue; per il suo lavoro fu elogiata da Sua Santità Benedetto XV e dal Segretario di Stato, Cardinale Gasparri, rispettivamente il giorno 23 marzo 1918 e 20 giugno 1919. Commento dello scrittore filosemita Renzo de Felice, nella sua opera : *Storia degli ebrei italiani sotto il fascismo*, Edizioni Einaudi. Torino, 1961.
[41] Pike, *La Moral y el Dogma en el Rito Escocès*.

conservata soltanto negli alti gradi, mentre i massoni aggiungono generalmente quattromila anni all'era cristiana e non 3760 come gli ebrei.[42]

Il sapiente rabbino Benamozegh scrive quanto segue:

« Coloro che vorranno sottoporsi al lavoro di esaminare attentamente le questioni relative ai contatti tra il giudaismo e la…. Massoneria filosofica, la teosofia ed i misteri in generale, perderanno un po' della loro sdegnosa superbia verso la Kabala. E smetteranno di sorridere spregiosamente dinanzi all'idea che la teologia kabalistica possa avere una missione da compiere nella trasformazione religiosa del domani.

« Chi sono i veri dirigenti della massoneria? La domanda non è certamente una domanda da poco. Questo è infatti uno dei misteri più ben custoditi della setta, uno dei segreti più attentamente vigilati. Si può affermare, però, che il lavoro massonico si sviluppa in tutto il mondo di pieno accordo, e risulta informato ad uno stesso ed unico piano; che i suoi mezzi sono sempre e dovunque identici e che i fini perseguiti sono costantemente gli stessi. Tutto ciò ci autorizza a credere che esiste quindi un centro unico che dirige tutti i movimenti della setta. ».[43]

Più avanti affronteremo questa questione. Vogliamo ora ricordare, che la cosiddetta *Carta di Colonia*, datata 24 giugno 1535, parla di un *direttore* della Massoneria: il Grande Maestro, o Patriarca, che, anche se conosciuto da un numero ristretto di fratelli, esiste realmente. Gougenot de Mousseaux indica che questa selezione dell'Ordine, questi capi effettivi che soltanto pochissimi iniziati conoscono, opera alle dipendenze proficue e segrete dei kabalisti israeliti (p. 338-9). Aggiunge inoltre che i veri capi della massoneria sono gli amici, gli ausiliari ed i vassalli dell'ebreo, che essi rispettano come signore e sovrano.

Della stessa opinione sono Eckert, Drumont, Deschamps, Mgr. Jouin, Lambelin, e altri esperti di questioni massoniche ed ebree.[44]

Lasciamo ora da una parte gli insegnamenti dogmatici della massoneria e dell'ebraismo, ed esaminiamo la alleanza tra il giudaismo e la massoneria dal punto di vista puramente pratico e reale. Usando la logica non si può fare a meno di giungere alla conclusione seguente, formulata anche da L. de Poncins, nella sua opera dal titolo *Le forze segrete della rivoluzione:*

« L'universalità della Frammassoneria, il suo durare, la invariabilità dei suoi fini, possono essere perfettamente compresi unicamente se si tratta

---

[42] Maurice Fara, *La Masoneria en Descubierto*. Edizione La Hoja de Roble, Buenos Aires, p. 23.
[43] Benamozegh, *Israel y la humanidad*, pag. 71.
[44] Gougenot des Mousseaux, *Le juif, le judaïsme et la judaïsation des peuples chrétiens*, p. 338-9. [Attento : 20 M!]

di una creazione ebrea che serve interessi ebrei. Tutto risulterebbe assolutamente incomprensibile se la sua origine fosse cristiana ».

La finalità stessa della frammassoneria - la distruzione della civiltà cristiana - rivela l'ebreo; perché soltanto lui ne sarebbe beneficiato e soltanto lui, unicamente lui, è animato da un odio talmente violento contro il cristianesimo, da rendergli possibile la creazione di una organizzazione siffatta.

« La Frammassoneria - prosegue Poncins - è una società segreta, diretta da una minoranza internazionale. Questa ha giurato un odio implacabile al Cristianesimo. Questi tre caratteristici segni sono precisamente gli stessi che formano i lineamenti del giudaismo, lo definiscono e, infine, dimostrano che gli ebrei sono l'elemento direttivo delle logge ».[45]

Già nel 1867 era stata organizzata la lega internazionale permanente della pace ed il suo segretario, lo ebreo Passy, abbozzò l'idea di un tribunale per indagare e quindi decidere senza appello, in merito a tutti i conflitti tra le nazioni.[46]

Il giornale *Archives israélites* auspicava egualmente, nell'anno 1864, la costituzione di un tribunale siffatto.

« E' naturale e anche necessario - scriveva un tale Levy Bing - che si realizzi presto la formazione di un altro tribunale - un tribunale supremo - al quale dovranno essere sottomessi i grandi conflitti politici, i contrasti tra nazione e nazione; un tribunale che giudicherà in ultima istanza, e la cui ultima parola sarà decisiva. Questa parola sarà quella d'Iddio, pronunciata dai suoi figli primogeniti (gli ebrei), e dinanzi alla quale s'inchineranno con rispetto tutti gli uomini dell'universo, nostri fratelli, nostri amici, nostri discepoli ».[47]

Questi sono i sogni d'Israele. E, come sempre, coincidono con quelli della massoneria.

« Instaureremo la Repubblica in tutta la vecchia Europa - scrive l'Almanacco dei Frammassoni - allorquando regnerà Israele autocraticamente, su tutto il vecchio Continente ».[48]

Al Congresso Mondiale della Gioventù Ebrea, svoltosi il 4 Agosto 1926, H. Justin Godard affermò che gli ebrei sono il sostegno più fermo della

---

[45] L. de Poncins, *Las fuerzas secretas de la revolución*, pag. 139-40-41.
[46] R.I.S.S., num. 8, 1926, p. 269.
[47] *Archives israélites*, 1864, p. 335.
[48] *Almanaque de los franc-masones*, Leipzig, 1884.

Società delle Nazioni, ai quali questa deve la sua esistenza.[49] Più preciso è l'ebreo Cassin: « La rinascita del Sionismo sarà opera della Società delle Nazioni. Per questo le organizzazioni ebree la difendono e per questo i rappresentanti del popolo eletto pullulano a Ginevra ».[50]

L'Eminentissimo Cardinale Jose Ma. Caro, Arcivescovo di Santiago e Primate del Cile dimostra, del pari, nella sua documentata opera *Il Mistero della Massoneria*, come siano gli ebrei che dirigono questa setta, con il fine di dominare il mondo e distruggere la Santa Chiesa. In proposito sulle origini della massoneria, egli scrive:

« Il rituale massonico, denuncia con assoluta evidenza la sua origine ebraica; i simboli, cominciando dalla stessa Bibbia, per esempio, lo scudo (rappresentativo dell'insegna) in cui sono effigiati, araldicamente, i cherubini di vario genere descritti nella seconda visione di Ezechiele nonché un bue, un uomo, un leone e un'aquila, le due colonne del tempio massonico, ricordo, quest'ultimo, del tempio di Salomone; la ricostruzione del tempio, che simbolizza l'opera massonica ecc. Le leggende e il catechismo, inoltre, tratti in gran parte dalla Bibbia, interpretata quasi sempre secondo le necessità della sapienza massonica, specialmente la leggenda di Hiram, e che disimpegnano una parte tanto importante nel rito massonico. Le parole, od i termini, usuali come i nomi delle colonne Booz e Jakin, le parole di riconoscimento o di lasciapassare, *Tubalcain, Schiboleth, Giblim o Moabon, Nekum o Nekam, Abibalo* ecc., l'importanza attribuita ai numeri, cosa tutta propria della Kabala, tutto fornisce una decisiva testimonianza dell'influenza cabalistica nella Massoneria.

E, finalmente, *i fatti*: il regno del terrore, l'esplosione di odio satanico contro la Chiesa, contro Nostro Signore Gesù Cristo, le orribili bestemmie in cui prorompevano i rivoluzionari massoni in Francia, non sono che la espressione e la realizzazione delle aspirazioni delle sette cabalistiche e segrete che nel corso di molti secoli hanno operato contro il cristianesimo.

« Ciò che i bolscevichi, ebrei nella maggior parte, fanno oggi in Russia contro il Cristianesimo, non è che una nuova edizione di quanto fecero i massoni durante la rivoluzione francese. Gli esecutori sono diversi, ma la dottrina che li muove e li autorizza, nonché la suprema direzione e guida, sono sempre le stesse ».[51]

---

[49] *Les Cahiers de l'Ordre*, num. 3-4, 1926, p. 22-3.
[50] Maurice Fara, op. cit., p. 111.
[51] Cardinale José Maria Caro, E., Arcivescovo di Santiago, Primate del Cile. *El Misterio de la masoneria*. Diffusione Editoriale, pag. 258.

CAPITOLO III

GLI EBREI CHE DIRIGONO LA MASSONERIA

L'illustre e insigne Gesuita Mons. Leone Meurin, Arcivescovo e Vescovo di Port-Louis, nella sua documentata opera *Filosofia della Massoneria*, afferma quanto segue: « I primi undici gradi della massoneria, come vedremo più avanti, servono a trasformare il profano in vero uomo di sentimento massonico. La seconda serie, che va dal grado 12 al grado 22, deve consacrare l'uomo Pontefice ebreo; e la terza serie che va dal grado 23 al grado 33, consacra il Pontefice *Re Giudeo* ed *Imperatore Cabalistico*.

« La prima cosa che sorprende il nuovo adepto di una loggia, è il carattere ebreo di tutto quanto trova in questa. Dal grado 1 al grado 30 non ode parlare che della Grande Opera, di ricostruire il Tempio di Salomone, dell'assassinio dell'architetto Hiram Abiff, delle due colonne Boaz e Jakin (III, Re, VII, 21), e di una moltitudine di altri contrassegni e parole sacre, nonché ebree, dell'era giudaica, ottenuta aggiungendo 4000 anni alla nostra, onde non onorare la nascita del Divino Salvatore ».

Oltre ad avere fondato la massoneria nei diversi paesi cristiani, gli ebrei si assicurarono il predominio dei Grande Oriente, sia come numero che come influenza. Fondarono inoltre un gran numero di logge formate esclusivamente da ebrei. Ancor prima della rivoluzione francese del 1789, i fratelli von Ecker e Ecknoffen, avevano fondato ad Amburgo *La loggia di Melchisedec*, riservata agli ebrei. Gli ebrei von Hurschfeld e Cotter crearono a Berlino, verso la fine del secolo XVIII, la *Loggia della Tolleranza*.

Già da allora gli ebrei si servivano del trucco di avvicinare i cristiani agli ebrei, col fine di controllarli ideologicamente e politicamente o disorientarli. Erano però costretti a ricorrere alla costituzione di Società Segrete, poiché gli Stati Cristiani d'Europa possedevano i mezzi per proteggere i cristiani dagli inganni degli ebrei.

Il giornale segreto massone di Lipsia, nel suo numero di ottobre 1864, scriveva che: « Il centro delle logge ebree funziona a Parigi, sotto la direzione di Crémieux e del Gran Rabbino ».

Tratti dall'ebraismo dottrine, simboli e gradi massonici

L'illustre Arcivescovo-Vescovo di Port-Louis, parlando in merito alla origine ebrea della dottrina massonica afferma:

« I dogmi della Massoneria sono quelli della *Kabala* ebrea, e particolarmente quelli del libro *Zohar* (Luce) ».

Pur essendo assolutamente vero al cento per cento, questo tuttavia non risulta da nessun documento massonico. E'infatti un altro di quei segreti che gli ebrei hanno cura di non far trapelare. Ciò nonostante noi lo abbiamo ugualmente potuto scoprire seguendo le tracce del numero undici. E da ciò che abbiamo scoperto risulta innegabilmente che i dogmi fondamentali della Kabala ebrea formano parte integrale della Massoneria.[52]

Nei capitoli precedenti abbiamo visto che un certo numero di simboli massonici pareva restasse sempre più o meno inesplicabile. Quella simbologia rappresenta invece una importante parte della Massoneria ed ha un gran posto nella sua leggenda. Può essere applicata al popolo ebreo con una facilità stupefacente. *In realtà tutto quanto forma la Massoneria è profondamente, esclusivamente, appassionatamente ebreo: dal principio alla fine.*

Che interesse avrebbero - è lecito chiedersi - le altre nazioni a ricostruire il tempio di Salomone? Lo farebbero per loro stessi o per gli ebrei? Sarebbero queste nazioni o gli ebrei a ritrarne qualche beneficio? Che vantaggi assicura a esse il divorarsi le une con le altre, onde trionfino in tutto il mondo i *Principi di Gerusalemme* (grado 16), i *Capi del Tabernacolo* (grado 23), o i *Principi del Tabernacolo* (grado 24)? Forse le nazioni si sono accordate tra loro per servire da sgabello ai piedi degli ebrei? (Salmo CIX). E perché, infine, si affrettano a mettere la loro corona sulla testa (*Kether*) ed il *Malkuth* (Regno) sotto i loro piedi?

E'evidente che la Massoneria non è altro che uno strumento in mano agli ebrei, tanto che si è indotti a credere che i massoni non ebrei perdono l'intelligenza e la facoltà di raziocinio lo stesso giorno in cui per la prima volta vengono loro bendati gli occhi.[53]

---

[52] Monsignor Léon Meurin, S.J., Arcivescovo, Vescovo di Port-Louis, *Filosofia de la Masoneria*, 1957, p. 30, 41 42, 211, 212.
[53] *Idem*, p. 34.

CONSIDERAZIONE MASSONICA VERSO GLI EBREI

L'Eminentissimo Cardinale Caro, nella sua opera *Il Mistero della Massoneria* scrive inoltre:

> « Nella Massoneria si nota una grande e specialissima considerazione per gli ebrei. Quando scoppiò la Rivoluzione francese, per esempio, venne subito chiesta, e con insistenza, l'attribuzione della cittadinanza francese agli ebrei. Respinta una volta, questa istanza venne rinnovata continuamente. E tanto è stato fatto per chiederla, che alla fine fu concessa. Il lettore ricorderà che in quei giorni, per contro, i cattolici venivano spietatamente perseguitati e assassinati ».[54]

> « La Massoneria ha sempre considerato con vero orrore ogni atteggiamento antisemita: a tal punto che un fratello francese di sentimenti antisemiti, che in buona fede credeva nella tolleranza e nella possibilità di coesistenza delle varie opinioni politiche della Massoneria, e che presentò, una volta, la sua candidatura alle elezioni a deputato, riuscì eletto; quando si trattò della sua seconda rielezione, vennero però impartiti precisi ordini alle Logge affinché gli facessero guerra. Si trattava di un genere di ordini che difficilmente vengono impartiti e che, comunque, dovettero essere eseguiti alla lettera ».

Cos'era accaduto? Una cosa semplicissima: l'atteggiamento antisemita del neo-eletto era trapelato.

LA PREPONDERANZA EBRAICA NELLE LOGGE

Nell'anno 1862, un massone di Berlino, rendendosi perfettamente conto della preponderanza ebraica nelle logge, vergò da Monaco una interessante pagina:

> « In Germania - egli scrisse - esiste una società segreta, di forma massonica, che è soggetta a capi sconosciuti. I membri di questa associazione sono per la maggior parte ebrei. Sono presenti a Londra, dove, come è noto, cova il fuoco della rivoluzione, due logge ebree, presiedute dal Gran Maestro Palmerston, le cui soglie non sono mai state varcate da cristiani. Ebbene, a quelle due logge fanno capo le fila degli

---

[54] Nel periodo della Comune a Parigi, fu necessario difendere dal saccheggio il tesoro del Banco di Francia, ma nessuno levò minaccia alcuna verso gli istituti bancari degli ebrei.

elementi rivoluzionari annidati nelle Logge Cristiane. Una loggia di Roma, completamente formata da ebrei, dove convergono tutte le varie diramazioni delle trame ordite nelle Logge Cristiane, funziona da Tribunale Supremo della Rivoluzione.

« E'da lì che attraverso capi segreti, vengono dirette le altre logge. Ed è operando in questa astuta maniera, ossia attraverso il più rigoroso segreto, che gli ebrei riescono a far sì che la maggior parte dei rivoluzionari cristiani siano soltanto dei pupazzi nelle loro mani, inseriti in un movimento ebraico.

« Durante il periodo annuale in cui si svolge la Fiera di Lipsia, per la quale accorrono in questa città, da ogni parte del mondo, commercianti e industriali ebrei e cristiani, la Loggia Ebrea Segreta, siede ogni volta in permanenza, e mai un massone cristiano vi è stato ricevuto.

« Tutto ciò dovrebbe far aprire gli occhi a più d'uno tra noi... E'chiaro, infatti, che gli ebrei che hanno libero accesso in questa loggia sono emissari, di altre varie logge: soprattutto di quelle di Amburgo e Francoforte ».

Gougenot des Mousseaux riferisce questo fatto che conferma quello precedente:

« Dopo la recrudescenza rivoluzionaria del 1848, ero in relazione con un ebreo il quale, per un'ostentazione di vanità, tradiva il segreto delle società segrete alle quali apparteneva. Egli mi avvertiva sempre, con un otto-dieci giorni di anticipo, di ogni moto rivoluzionario che sarebbe scoppiato in qualsiasi punto d'Europa. Da questo episodio, ho tratto la sicura convinzione che tutti questi grandi movimenti così detti dei "popoli oppressi" eccetera, sono originati e armonizzati da una dozzina di individui che impartiscono ordini alle società segrete di tutta l'Europa. Il terreno su cui camminiamo è quindi completamente minato e sono le comunità ebraiche quelle che forniscono il più grosso contingente di questi minatori ».

Nell'anno 1870, Dee Camille scriveva su *Le Monde* - il noto giornale francese - che durante un giro da lui compiuto in Italia s'era imbattuto in un suo antico conoscente, massone. Avendogli chiesto come andavano le faccende dell'Ordine al quale apparteneva egli ne ottenne questa risposta:

« Ho abbandonato per sempre la mia loggia, avendo acquisito la profonda convinzione che noi eravamo soltanto strumento degli ebrei, e che questi ci spingevano ad operare per la distruzione totale del Cristianesimo ». (*La F.M. Secte Juive*, 43-46).

A maggior conferma di quanto sopra, trascriviamo anche la seguente informazione, tratta dalla *Revue des Sociétés Secrètes* (p. 118, 119 del 1924), riguardante l'articolazione del mostruoso apparato che opera nel mondo, diretto da ebrei, al loro servizio o, comunque per il trionfo della loro causa. A grandi linee, l'organizzazione anticristiana, può essere così ricostruita:

1. *L'internazionale dell'oro* (plutocrazia e alta finanza internazionale) alla cui testa si trovano:
   a) *In America:* P. Morgan, Rockefeller, Vanderbilt e Vanderlippe, eccetera (molti altri di questi nomi non sembrano essere tra i più azzeccati);
   b) *In Europa:* la casa Rotschild e altri nomi di secondaria importanza.
2. *La Internazionale rossa,* o Unione Internazionale della democrazia sociale operaia. Questa comprende:
   a) La Seconda Internazionale (quella belga, diretta dall'ebreo Vandervelde);
   b) L'internazionale n° 2 1/2 (quella viennese, diretta dall'ebreo Adler);
   c) La Internazionale Terza - o Internazionale comunista (quella di Mosca, diretta dagli ebrei Apfelbaum e Radek).
   Questa idra dalle tre teste (teste che per maggior funzionalità operano separatamente), è comprensiva anche del *Profintern* (Ufficio Internazionale delle associazioni professionali) che ha la sua sede ad Amsterdam e detta la sua parola (ebrea) ai sindacati ancora non affiliati al bolscevismo.
3. *La Internazionale nera,* o « Unione del Giudaismo combattente ». La parte principale di questa internazionale è disimpegnata dall'Organizzazione universale dei Sionisti (Londra); dall'Alleanza Israeliti Universale, fondata a Parigi dall'ebreo Crémieux; dall'ordine ebreo dei B'nai-Moiche (Figli di Mose); e dalle Società ebree Henoloustz, Hitakhdaute, Tarbaut, Keren-Haessode e moltissime altre più o meno mascherate, disseminate in tutti i paesi del Vecchio e Nuovo Mondo.
4. *L'Internazionale azzurra* (o Massoneria internazionale) che affratella per mezzo della Loggia Riunita della Gran Bretagna, La Gran Loggia di Francia e dei Grande Oriente, di Francia, Belgio, Italia, Turchia, ecc., tutti i massoni del mondo. (Il centro attivo di questo raggruppamento è, come i lettori forse sapranno, la gran Loggia « Alpina »).
5. *L'ordine Ebreo-Massonico dei B-nai - B-rith.* Questo ordine, in contrasto con lo statuto delle logge massoniche, accetta nel suo seno soltanto gli ebrei, conta in tutto il mondo oltre 426 logge del tutto ebree, e serve da legame tra tutte le internazionali sopra enumerate.

« I dirigenti della B-nai-B-rith sono gli ebrei Morgentau già ambasciatore degli Stati Uniti a Costantinopoli; Brandeis, giudice supremo degli Stati Uniti; Mack, sionista; Warburg (Felix), banchiere; Elkus; Kraus (Alfred) che ne fu il primo presidente; Schiff, defunto, che sovvenzionò il movimento di emancipazione degli ebrei in Russia; Marchall (Luis), sionista ».[55]

« Sappiamo di sicuro - scrive Webster - che i cinque poteri a cui ci siamo riferiti, e cioè: la Massoneria del Grande Oriente, la Teosofia, il Pan-Germanesimo, la Finanza Internazionale e la Rivoluzione Socialista esistono effettivamente ed effettivamente esercitano un'influenza più che determinante su tutti gli affari del mondo. Non siamo più, come si vede, nel campo delle ipotesi, ma in quello reale dei fatti, la cui base poggia su una documentazione schiacciante ».[56]

« Per tentare l'abbattimento della religione cristiana e della cattolica in ispecie, occorreva agli ebrei lavorare sott'acqua, e dissimulatamente mandare altri agenti, e dietro di loro nascondersi; non scoprire l'artiglio giudaico, da tutti esecrato: far cadere la fortezza in nome della libertà. Era quindi necessario scalzare questa granitica base, e sovvertire tutto l'edificio della cristianità. Ed a questa impresa hanno posto mano, mettendosi a capo del mondo occulto per mezzo della massoneria che si sono assoggettata... ».

« Ecco un secolo; da quando il giudaismo cominciò ad emanciparsi in Francia... Questa emancipazione fu il frutto, segretamente inteso, di quella rivoluzione che inventò i famosi diritti dell'uomo per eguagliare nei diritti civili gli ebrei a tutti i cristiani. In ciò, e non altro, si restrinse la decantata libertà, in nome della quale fu tramata quella formidabile rivoluzione ».[57]

---

[55] Cardinale José Maria Caro, E., Arcivescovo di Santiago, Primate del Cile, ope. cit. p. 263-6.
[56] Dalla rivoluzione francese in poi, gli ebrei hanno fornito il più cospicuo addentellato alla « Frammassoneria » (*Jewish Encyclopedia*).
[57] Dall'opera: Della questione giudaica In Europa. Prato, 1891, p. 53.

CAPITOLO IV

I CRIMINI DELLA MASSONERIA

Circa i mostruosi crimini commessi da quel capolavoro del giudaismo moderno che è la Massoneria, così si esprime l'Eminentissimo Cardinale Caro:

> « La lettura del Rituale massonico lascia trasparire, almeno in alcuni punti, talune orribili e dolorose verità. I suoi adepti, per esempio, vengono preparati alla vendetta e alla rivoluzione e quindi al crimine.
> « Durante questi riti - scrive Benoit - i massoni vengono sottoposti ad un'educazione teorica e pratica di violenza. Viene insegnato loro, per esempio, che l'Ordine massonico persegue il fine di vendicare la morte di Adomhiràn, quindi di uccidere i suoi tre compagni traditori; di vendicare la morte di Jacobo Molay, uccidendo i suoi assassini, che vengono indicati nelle persone del Papa, del Re e di Noffedai ».

Un grado dell'insegnamento saggia il valore dell'iniziato (o per meglio dire la sua cinica, disumana insensibilità), facendolo operare sopra una finta nuca o su teste di manichini tutte guarnite di ventri sanguinosi, appartenenti, in immagine quanto mai reale, a presunti nemici. Un altro grado dell'iniziazione di colui che viene ricevuto, consiste nel fargli abbattere alcune teste collocate su un serpente e, inoltre, nel fargli sgozzare un agnello (grado 30 del Rito Scozzese Antico ed Accettato), così fingendo di ammazzare un uomo.

Talvolta l'iniziato deve ingaggiare combattimenti con nemici che gli contrastano il ritorno e minacciano i suoi averi; tal altra deve sostare a lungo dinanzi a teste umane piantate su chiodi, a cadaveri rinchiusi nelle bare, mentre intorno a lui i *fratelli* di dolore concertano le più atroci vendette.

Tutti conoscono le vicende dell'assassinio di Rossi, Ministro di Pio IX, compiuto dai suoi antichi compagni della Carboneria.

Nel 1883, quattro italiani, tali Emiliani, Scuriatti, Lazzoneschi e Adriani, tutti membri de La Giovane Italia, rifugiati in Francia, vennero indicati a Mazzini ed ai suoi seguaci come i colpevoli.

Il 22 d'ottobre 1916 venne assassinato il conte Stüskh, cancelliere austriaco. Fritz Adler, l'assassino, era massone, figlio di un massone, membro di una loggia svizzera di alti dignitari massonici. Nel corso delle sue dichiarazioni egli rivendicò per tutti, apertamente, il diritto di compiere la giustizia con le proprie mani.

In Francia, durante il il periodo dell'affaire Dreyfus, furono assassinati il capitano d'Attel, che aveva deposto in tribunale contro di lui, il deputato Chaulin Serviniere che aveva raccolto dal d'Attel i particolari della confessione di Dreyfus; il prefetto Laurençeau che aveva denunciato le somme di denaro inviate dall'estero agli amici di Dreyfus, a suo parere per subornarli; l'impiegato del presidio Rocher, che aveva affermato di avere udito Dreyfus confessare parzialmente il suo delitto. Il capitano Valerio - uno dei testimoni contro Dreyfus - ed il presidente Faure, che si era dichiarato contrario alla revisione del processo, sparirono anch'essi in breve volger di tempo.

Tutti i difensori di Dreyfus eran massoni e, particolarmente, ebrei.

In Svezia il fratello Gustavo III fu assassino dal fratello:. Ankerström, emissario della Gran Loggia presieduta da Condorcet, secondo un accordo tra massoni riunitisi nell'anno 1786 a Francoforte sul Meno.

In Russia, fu assassinato Paolo I, un massone ribelle che, resosi conto del pericolo rappresentato dalla fratellanza di loggia, (che altro non è - egli disse - che complicità e omertà nell'estrinsecazione di affari, che per essere trattati così al riparo da ogni indiscrezione sono di natura tutt'altro che limpida), la proibì severamente. La stessa sorte, e per lo stesso motivo, toccò al figlio Alessandro che venne assassinato a Taganrog nell'anno 1825. Gli assassini, nella loro totalità, appartenevano alla massoneria. (*I Grandi crimini della Massoneria*, Trad.)

ASSASSINIO DI NON MASSONI

In Francia. La morte di Luigi XVI è stata attribuita all'opera di massoni.

Il Cardinale Mathieau, Arcivescovo di Besançon e Mons. Bassan, Vescovo di Nîmes, hanno reso noto con lettere che tutto il mondo a suo tempo conobbe, quando fu loro rivelato in merito alla decisione, presa nel 1787, nel convento di Wilhelmsbad, di assassinare Luigi XVI e il Re di Svezia. Queste rivelazioni vennero fatte ai due insigni prelati da due antichi membri di questo convento... Anche l'assassinio del Duca di Berry, nonché del grande patriota e ardente cattolico Lew di Lucerna (Svizzera), sono stati opera di appartenenti alla setta... In Austria, il famoso assassinio di Sarajevo, la scintilla che fece divampare l'immane rogo della prima guerra mondiale, fu decretato, annunziato con anticipo, ed eseguito al momento giusto, dalla massoneria. Un cittadino svizzero, alto dignitario massonico, così si espresse pubblicamente, nell'anno 1912 - si tenga presente la data, che è in anticipo sul crimine di ben due anni! - in proposito al principe che dopo doveva venire assassinato. « L'erede al trono - disse lo svizzero in quell'occasione - *è un personaggio di grande intelligenza e di molte qualità. Peccato che sia condannato! Egli morirà quando ancora non avrà raggiunto il trono* ».

I principali responsabili di questo delitto erano massoni. « Queste, dice Wichtl, non sono supposizioni, bensì fatti appurati in giudizio, fatti che, però del tutto intenzionalmente, sono stati sempre taciuti ».

In Germania, furono assassinati il 30 luglio 1918 il maresciallo Echorn e il suo aiutante, capitano von Dressler. Il giorno avanti, il giornale massonico parigino *Le Matin*, aveva scritto che una società segreta patriottica aveva offerto un forte premio per la testa di Echorn. Non ci vuol poco ad immaginare che razza di società era quella che aveva passato la notizia a *Le Matin*.

Il 26 marzo 1885, cadde assassinato a Parma il duca Carlo III. L'assassino, tale Antonio Carra, era stato scelto e incoraggiato il giorno prima da tale Lemmi, nel corso di una riunione segreta massonica da questi presieduta. Questo Lemmi divenne più tardi il Sovrano Gran Maestro della Massoneria d'Italia, e sembra, del mondo. Un certo Lippo aveva confezionato un manichino, effigiante il duca, e su questo manichino tutti i membri della loggia si erano esercitati (visto che ognuno di loro poteva essere scelto per commettere l'omicidio), nel colpirlo con tremende, scientifiche pugnalate. Il 22 maggio morì Fernando II di Napoli. Gli venne offerta una fetta di melone contenente un terribile veleno e questa gli procurò una fine atrocemente dolorosa. Anche l'autore di questo regicidio era frammassone, affiliato ad uno dei rami più criminali della setta, quello chiamato dei Sublimi Maestri Perfetti. Era discepolo di Mazzini, ed una delle persone più rispettabili della corte. Margiotta, un autore che ha raccolto le notizie relative ad innumerevoli crimini commessi dalla massoneria in Italia, non si azzarda a fare il suo nome.

In Italia cadde assassinato il 29 luglio 1900, a Monza, in quello splendido parco, l'allora re d'Italia Umberto I, che si era recato colà in visita ufficiale. Il delitto venne commesso dall'anarchico Gaetano Bresci, oriundo di Prato (Firenze), però emigrato da tempo negli Stati Uniti d'America e notoriamente appartenente alla Loggia massonica di Peterson, Nuova Jersey (U.S.A.). In questo caso venne messa in pratica la tradizione che taluni tra i carbonari dettero alla iscrizione sulla Croce (INRI): *Iustum Necare Reges Italiae*. (E' giusto che i re d'Italia siano ammazzati).

Nel *Portogallo* venne assassinato il re Carlo e suo figlio Luigi. I massoni prepararono la caduta della monarchia. Il fratello *Venerabile* Magalhes di Lima, si recò, nel dicembre 1907, a Parigi e fu ricevuto dal *fratello* Mose, membro della Gran Loggia. In quell'occasione Magalhes, tenne una conferenza, nel corso della quale annunciò *la distruzione della monarchia nel Portogallo e la prossima costituzione della Repubblica*. Il ben noto avversario della Massoneria l'Abbé Tormentin, scrisse a suo tempo, che i massoni stavano preparando apertamente un colpo di Stato contro la casa reale portoghese ed espresse il timore che da lì a poco re Carlo venisse scacciato dal trono o assassinato. Dieci settimane dopo infatti, i suoi timori si avverarono. Tormentin incolpò pubblicamente e apertamente i massoni di questo assassinio. Ma essi, logicamente, non uscirono mai dall'ombra.

In *America*, Eckert, uno storico americano molto considerato, rivela alcuni particolari sulla persecuzione e l'assassinio di cui fu vittima Morgan, negli U.S.A., che aveva pubblicato un libro che rivelava i segreti della massoneria, sulla distruzione della tipografia, nonché sulla percuzione del tipografo e su altri odiosi crimini che furono commessi dopo questo *assassinio*. L'autore ci dà anche contezza dell'ondata di indignazione popolare sollevata dal fatto che le pubbliche autorità, quasi tutte massoni, tennero mano agli assassini, apprezzati sommamente dalle logge. (Eckert, II, 207 e seg.).

E'noto, inoltre, che anche l'assassinio del Presidente dell'Equatore Garcia Moreno, fu compiuto per ordine della massoneria.

UCCISIONI, ESECUZIONI SOMMARIE E SACCHEGGI

Molto utile sarebbe che tutti leggessero la cronaca della rivoluzione francese, vergata dal Taine, un libero pensatore. Potrebbero così farsi un'idea esatta di quanto avvenne in Francia tra il 1789 e il 1882, ossia negli anni più tragici della rivoluzione. Le logge della massoneria funzionarono, in quei giorni, come veri e propri centri del delitto. Quanto accadde, anche allora, sembra rispondere ad una regola fissa visto che sempre, quando per una ragione o per l'altra, queste diaboliche forze eversive riescono a prorompere, si ha lo stesso quadro sanguinoso di morte. Uomini, donne e fanciulli, vengono assassinati, spesso dopo sevizie atroci. Persecuzioni ed arresti sono all'ordine del giorno. Neanche i poveri morti vengono lasciati in pace: dissepolti e tratti dagli avelli, le loro misere ossa vengono prima esposte a ludibrio e quindi *date in pasto ai cani*.

« Nel periodo suddetto - c'informa diligentemente il Taine - centinaia di migliaia di persone, di ogni età e di ogni sesso, furono costrette alla fuga, e altrettante catturate e rinchiuse in carcere. Diecimila persone vennero assassinate in un solo giorno, in una provincia, senza essere state sottoposte al giudizio neanche del più evanescente simulacro di tribunale ».

Secondo quanto risulta ancora dagli archivi storici del tempo, il generale Hoche scrisse nell'anno 1796, ossia dopo sette anni di terrore, al Ministro dell'Interno:

> « Soltanto un uomo su venti di quelli che formavano la popolazione maschile nel 1789 è restato in vita. Le prigioni stracolme non consentono ai detenuti di sdraiarsi al suolo: i rinchiusi sono oltre 400.000. Più di un milione e duecentomila singoli hanno sofferto nella persona. Diversi milioni, ossia tutti coloro che possedevano qualcosa, hanno sofferto nei loro beni di cui sono stati criminosamente spogliati » (Taine, cito da Benoit F. M., II, 268, nota).[58]

Dinanzi a questo spaventevole panorama, che puntualmente, ricompone il suo atroce mosaico ogni qualvolta l'odio lungamente covato e distillato goccia a goccia, principalmente nelle logge massoniche, dilaga tra il popolo, anche l'Angelo della Morte si copre, inorridito, il volto.

L'elenco delle atrocità ispirate e commesse, direttamente o indirettamente, dalla massoneria potrebbe continuare a lungo. Le opere consultabili, le fonti storiche del tutto serie ed attendibili, che ce ne danno notizia, formano una vasta biblioteca - la biblioteca delle persecuzioni di cui è stata fatto oggetto l'umanità - che resterà nei secoli, per sempre, ad ammonire i troppo dimentichi uomini di buona volontà.

---

[58] Cardinale José Maria Caro, E., Arcivescovo di Santiago, Primate del Cile, op. cit., Diffusione Editoriale, pags. 190, 191, 193, 195, 196. 197, 198, 201.

CAPITOLO V

LA MASSONERIA, PROPAGANDISTA DELLA RIVOLUZIONE GIACOBINA

L'Arcivescovo e Vescovo di Port-Louis, Monsignore Léon Meurin, nella sua opera *Filosofia della Massoneria*, scrive:

« Nel 1844, Disraeli metteva in bocca dell'ebreo Sidonia, le seguenti parole (*Coningsby*, VI, XV): Da quando la società inglese ha incominciato ad agitarsi, così che le sue istituzioni appaiono minacciate da poderose associazioni, voi potete vedere che gli ebrei, prima tanto leali e sottomessi, militano nelle file rivoluzionarie... Questa misteriosa diplomazia russa, che tanto mette in orgasmo gli occidentali, è organizzata, e per la maggior parte realizzata da ebrei... La formidabile rivoluzione che si sta preparando in Germania, i cui effetti saranno ancor più sconvolgenti di quelli provocati dalla Riforma, si sta organizzando completamente sotto gli auspici dell'ebraismo... Nel conte Cancrin, ministro russo delle finanze, riconosco un ebreo lituano; nel ministro spagnolo Signor Mendizabal, vedo un ebreo aragonese; nel presidente del consiglio francese, maresciallo Soult, riconosco il figlio di un ebreo francese; nel ministro prussiano, conte di Arnim, vedo ancora un altro ebreo... Vedo quindi, caro Coningsby, che il mondo è governato da personaggi molto diversi da quelli in cui credono coloro che non sono al corrente dei fatti reali ».

Durante la rivoluzione del 1848, diretta dal Grande Oriente di Francia, il Gran Maestro di questo, l'ebreo Crémieux, divenne ministro della giustizia. Egli fondò, nell'anno 1860, l'Alleanza Israelita Universale e scrisse impudentemente su Archivio Israelita dell'anno 1861 (pag. 651), che:

« al posto dei papa e dei cesari sta sorgendo un nuovo regno, una nuova Gerusalemme. I nostri bravi massoni, con i loro occhi bendati, aiutano gli ebrei nella Grande Opera di costruzione del Tempio di Salomone, ossia del nuovo impero Cesareo-Papista dei Kabalisti ».

Nel 1862 un massone berlinese stampò un bollettino di otto pagine lamentando la preponderanza che gli ebrei avevano nelle logge. Sotto il titolo *Segno dei tempi* egli segnalava il carattere pericoloso delle elezioni berlinesi del 28 Aprile e del 6 Maggio dello stesso anno.

« Un elemento - scrisse - è affiorato alla superficie ed ha esercitato una pericolosa influenza dissolvitrice in tutti i sentimenti: l'Ebreo. Gli ebrei sono alla testa con i loro scritti, parole, azioni. Essi sono i capi e gli agenti principali di tutte le imprese rivoluzionarie e riescono a farle sfociare nelle barricate. Lo si è visto chiaro a Berlino nel 1848. Com'è possibile che a Berlino siano stati eletti 217 elettori speciali, ebrei e che, inoltre, in due distretti, siano stati eletti unicamente ebrei, con esclusione di qualsiasi altro candidato cristiano?

« Non solo, ma questo stato di cose sta peggiorando, da allora. Gli ebrei costituiscono la maggioranza della Corporazione municipale, dimodoché Berlino può essere chiamata, giustamente, la capitale degli ebrei.

« Nella stampa gli ebrei parlano di popolo e di nazione come se al mondo esistessero soltanto loro, ed i cristiani non vi fossero. La spiegazione di questo potrebbero darla quegli agitatori massoni, che stando alle dichiarazioni del fratello Lamartine, originarono le rivoluzioni, del 1789, 1830, 1848 ecc., dichiarazioni confermate dal fratello Garnier Pagès, ministro della repubblica, che affermò pubblicamente, nel 1848, che la rivoluzione francese costituiva il trionfo dei principi della lega massonica; che la Francia aveva ricevuto la sua iniziazione massonica e che 40 mila massoni avevano promesso il loro aiuto per portare a compimento l'opera gloriosa dell'avvento della repubblica, destinata a estendersi in tutta l'Europa e, infine, su tutta la faccia dela terra ».

Il colmo di tutto ciò è costituito dal potere politico e rivoluzionario acquistato dagli ebrei. J. Weil, per esempio, capo dei massoni ebrei, scriveva in un suo rapporto segreto: « Noi esercitiamo una poderosa influenza sui movimenti del nostro tempo e sul progresso della civiltà, e sempre più la eserciteremo: sino a giungere alla repubblicanizzazione dei popoli ».

Un altro capo massonico - l'ebreo Louis Boerne - in un suo scritto, del pari segreto, afferma:

« abbiamo scosso con poderosa mano i pilastri sui quali riposa il vecchio edificio, sino a farli gemere. » Mendizabal anch'egli ebreo anima della rivoluzione spagnola del 1820, capeggiò la presa di Oporto e di Lisbona e, nel 1838, realizzando mediante la sua influenza massonica, la rivoluzione di Spagna, divenne primo ministro.

L'eccellentissimo Signor Arcivescovo continua:

« L'ebreo Mendizabal, aveva promesso, quale ministro, di restaurare le precarie finanze spagnole, però, in breve volger di tempo, il risultato delle sue manipolazioni furono un terribile aumento del Debito Nazionale ed una grande diminuzione della rendita, nel mentre lui ed i suoi amici ammassavano immense fortune.

« Inoltre la vendita di oltre 900 istituzioni cristiane, religiose e di carità, dichiarate proprietà nazionale da Las Cortes, dietro istigazione degli ebrei, offrì a questa gente una magnifica occasione per aumentare favolosamente le loro personali fortune. Nella stessa maniera vennero trattati i beni ecclesiastici.

« L'impudente dileggio dei migliori sentimenti religiosi e nazionali, giunse a tal punto che la favorita di Mendazibal, osò uscire in pubblico ostentando una magnifica collana d'oro e di diamanti che fino a poco tempo fa aveva adornato la statua della Santa Vergine Maria, in una Chiesa della capitale spagnola »!

Il massone berlinese da noi citato quasi all'inizio di questo capitolo continua scrivendo:

« Il pericolo per il trono e per l'altare minacciati dal la preponderanza ebrea, è giunto al suo punto massimo. Parrebbe quindi giunta l'ora di levare una voce di allarme ».

Ciò difatti fanno i capi della massoneria tedesca quando scrivono:

« Gli ebrei hanno capito che la così detta Arte Reale (ossia la politica massonica) è un mezzo risolutivo per stabilire il loro regno esoterico... Il pericolo minaccia, non soltanto il nostro Ordine Massonico ma tutti gli Stati in generale. Gli ebrei trovano nelle logge molteplici occasioni per praticare il loro arciconosciuto sistema di corruzione e per seminare la confusione in tutte le cose...

« Tenuta presente la parte giocata dagli ebrei nei crimini della rivoluzione francese, ed il loro fondato convincimento del futuro regno israelita su tutto il mondo, nonché l'influenza esercitata su un gran numero di ministri di Stato, non può non vedersi quanto pericolosa sia la loro attività nell'ambito della massoneria. Il popolo ebreo costituisce una casta in opposizione ostile con tutta la razza umana, perché il Dio - si afferma - non ha che un popolo eletto, al quale tutti gli altri popoli debbono servire da sgabello ».

« Occorre tener presente che tra i 17 milioni di abitanti della Prussia non vi sono che 600 mila ebrei; e occorre, inoltre, considerare l'ardore convulsivo con il quale questo popolo di vivacità orientale e irreprimibile lavora per giungere, con tutti i mezzi, a sovvertire lo Stato, ad occupare, magari attraverso la corruzione a mezzo di denaro, tutte le cattedre di insegnamento superiore e quindi monopolizzare a suo favore la cariche governative ».

Carlile, una delle maggiori autorità massoniche, scrive: « La Massoneria della Gran Loggia è, attualmente, interamente composta da ebrei ».

La *Gazzetta della Croce,* organo principale dei conservatori prussiani, pubblicò, dal 29 giugno al 3 luglio dell'anno 1875, una serie di articoli in cui si dimostrava che i più importanti ministri dei governi tedesco e prussiano - non escluso il principe Bismark - erano in mano degli ebrei re della Borsa e che, praticamente, erano i banchieri ebrei che governavano la Prussia e la Germania. Questa realtà indusse l'ebreo Gutzkow ad affermare: « I veri fondatori del nuovo impero tedesco sono gli ebrei. Ebrei sono infatti i più innanzi nelle scienze tutte, nella stampa, nelle arti e nella politica ».

M. Stamm - un tedesco ebreo, studioso di questioni religiose - scrisse nel 1860 un libro su questo tema, nel quale dimostrò che il regno della libertà universale sulla terra, verrà fondato dagli ebrei. Sempre nel 1860, lo stesso, pubblicò sul *Volksblatt* una lunga lettera affermando che gli ebrei avrebbero occupato presto il posto della nobiltà cristiana.

L'aristocrazia caduca - egli scriveva - dovrà togliersi di mezzo nell'epoca di luce e di libertà universale che è così vicina. Non comprendete dunque - continuava la lettera - qual è il vero spirito della promessa fatta dal Signore Dio Sabaoth a nostro padre Abramo? Promessa che verrà sicuramente mantenuta il giorno in cui tutte le nazioni della terra saranno sottomesse ad Israele? Credete forse che Dio si riferisse ad una monarchia universale con Israele come re? Oh, no! Dio disperse gli ebrei su tutta la superficie del globo onde realizzare una specie di lievito in tutte le razze umane onde potessero dominarle, da quegli eletti che sono.

E' difficile - continua la lettera - che la terribile oppressione sofferta dalle nazioni cristiane d'Europa, che si vedono impoverire dall'usura e dall'avarizia degli ebrei e si lagnano nel vedere che le ricchezze nazionali si accumulano tutte nelle mani dei grandi banchieri, possa essere lenita soltanto da sporadiche sollevazioni antisemite.

Le monarchie il cui cemento non è stato ancora polverizzato dal martello massonico e le cui dinastie non sono state ancora ridotte al livello dei massoni scamiciati, scalzi e con gli occhi bendati, si coalizzeranno contro la mostruosa setta e faranno a pezzi le file di questi anarchici ».

E' proprio Carlile - un massone tra i più furiosi - che scrive, evidentemente atterrito dalla sorte che toccherebbe all'umanità qualora questa cadesse in mano agli ebrei: « Se i legislatori tornano ad occuparsi delle società segrete, faranno bene a non compiere alcuna eccezione in favore della massoneria ».

Il privilegio del segreto è stato accordato ai massoni in Inghilterra, Francia, Germania e, riteniamo, in tutti i Paesi. Il fatto che tutte le rivoluzioni scaturiscano dal seno della massoneria, risulterebbe inesplicabile se noi non sapessimo, come per certo sappiamo, che eccezion fatta, provvisoriamente, per il Belgio, in tutte le altre nazioni i ministeri sono in mano a massoni e che questi sono a loro volta diretti dagli ebrei.[59]

Una delle testimonianze più interessanti di queste verità è, senza dubbio, quella del massone Haugwitz, ispettore delle logge prussiane e polacche. In un suo libro di memorie, scritto nel 1777, egli dice: « Ho ricoperto la carica di alto dirigente delle logge della Prussia, Polonia e Russia. Ho acquistato in queste circostanze la ferma convinzione che tutto ciò che è accaduto in Francia dal 1789, la rivoluzione, in una parola, incluso l'assassinio del re, con tutti i suoi orrori, non solo è stato decretato in quelle circostanze, ma anche preparato a mezzo di riunioni, istruzioni, giuramenti e segnali che non lasciano adito a nessun dubbio circa l'acuta intelligenza di chi tutto questo meditò e diresse ».[60]

Per quanto riguarda l'assassinio di Luigi XVI, disponiamo anche della testimonianza del reverendo padre Gesuita Abel.

« Nell'anno 1784 - egli dichiara - ebbe luogo a Francoforte una riunione straordinaria della Gran Loggia Eclettica... Uno dei membri di questa mise in discussione la condanna a morte di Luigi XVI, re di Francia, e di Gustavo III, re di Svezia. Quest'uomo si chiamava Abele, come me. Era, purtroppo, mio nonno ».[61]

Dopo questa riunione uno degli intervenuti, il marchese di Visien, dichiarò quanto segue:

« Tutto ciò che posso dire è che si sta tramando una cospirazione così bene ordita e tanto profonda, che sarà molto difficile non soccombano la religione ed i governi.[62] L'esistenza di questa cospirazione e il suo proposito di assassinare il re di Francia e il re di Svezia appaiono egualmente confermati dalla maggior parte degli autori che hanno condotto ricerche sul problema massonico.[63] D'altronde i tragici avvenimenti verificatisi confermano pienamente tutte le rivelazioni. Tutti sanno ormai che il 21 di gennaio del 1793 il re Luigi XVI morì

---

[59] Monsignor Léon Meurin, S.J. Arcivescovo, Vescavo di Port-Louis: op. cit. Ed. 1957, pagg. 212, 213, 214, 215.
[60] Von Haugwitz, *Memorias*.
[61] P. Abel, *La Nueva prensa libre*, Vienna, 1898.
[62] Barruel, *Mémoires pour l'histoire du jacobinisme*.
[63] P. Deschamps, Cardinale Mathieu, Mons. Besson y otros, *Las sociedades secretas y la sociedad*.

ghigliottinato dopo un simulacro di processo i cui giudici, nella loro maggioranza, erano massoni. L'anno dopo fu la volta di Gustavo III di Svezia ad essere assassinato da tale Aukastrem, discepolo di Condorcet. E nello stesso anno sparì misteriosamente anche l'imperatore Leopoldo ».

« Che la Francia non sacrifichi per vivere la ragione stessa della sua esistenza, concluse il marchese di Visien; nonché l'ideale filosofico, politico e sociale dei suoi antenati del 1789; che non spegna la fiaccola del genio rivoluzionario col quale ha illuminato il mondo ».

Lo stesso oratore massone aggiunge: « La peggiore umiliazione per la Francia consisterebbe nel rinnegamento della sua opera rivoluzionaria... Se la nazione un giorno dovesse perire, perisca almeno senza aver abdicato ai suoi ideali ».[64]

Sull'importanza decisiva attribuita agli ideali ottantanovisti dal congresso massonico di Bruxelles, così si espresse un altro massone, partecipante al congresso suddetto: « Nessuno dimenticherà mai che fu la rivoluzione francese quella che consentì potessero divenire realtà i principi massonici segretamente elaborati nei nostri templi ».[65]

Nel corso della riunione della Loggia di Angers, tenutasi nell'anno 1922, uno dei fratelli convenuti esclamò: « La Frammassoneria che ha disimpegnato l'incarico più importante nel 1789, dev'essere pronta a mettere i suoi quadri di combattimento a disposizione di una rivoluzione che è sempre possibile e nei voti ».[66]

Passiamo ora allo studio della partecipazione ebrea alla rivoluzione in generale. Nel 1648 osserviamo che il grande capo rivoluzionario Cromwell fu sostenuto anche dagli ebrei. Una delegazione giunta dal fondo dell'Asia e diretta dal rabbino Jacob ben Azabel si presentò infatti dinnanzi al dittatore inglese, e i risultati di questo colloquio non si fecero attendere: *Cromwell usò tutto il suo potere per derogare le leggi restrittive imposte agli ebrei in Inghilterra.*[67]

Uno dei più intimi collaboratori di Cromwell fu il rabbino di Amsterdam Manasse ben Israel.[68]

Ernesto Renan che non può essere certo sospettato di antisemitismo scrive quanto segue:

---

[64] Maurice Fara, op. cit., p. 62 e 63.
[65] Congresso Internazionale di Bruxelles. 1910. *Memoria*, p. 124.
[66] *Bulletin officiel du G. O. de France*, ottobre 1922, p. 281.
[67] Léon Halévy, *Resumen de la historia de los Judios*.
[68] R. Lambelin, *Las victorias de Israel*, p. 44.

« Nel movimento rivoluzionario francese l'elemento ebreo disimpegna una parte capitale », ed è molto difficile non essere d'accordo con lui. E'verissimo, infatti, che fino al 1789 gli ebrei operarono con molta prudenza e si nascosero dietro le organizzazioni massoniche e le società filosofiche. Questo non impedì, però, a nessun figlio d'Israele di prender parte attiva agli avvenimenti rivoluzionari e di sfruttarli dal punto di vista materiale. Il primo colpo contro la guardia svizzera di sentinella al palazzo reale de Les Tuileries fu sparato, infatti, dall'ebreo Zalkind Hourwitz Lang.[69]

Visto però che questo ardore bellico comporta, logicamente, alcuni pericoli, gli ebrei preferiscono spesso dedicarsi ad altre attività meno pericolose e, soprattutto, più redditizie.

Il vecchio ebreo Benoltas, un milionario di Cadice, venne nei suddetti frangenti rivoluzionari nominato tesoriere generale dell'Ordine. Ebbene, egli ebbe presto a disposizione un fondo di trecentomila pesos forti. (Maxima 44 del Grande Oriente Esp. 1 Aprile 1824).[70]

Il vettovagliamento degli eserciti repubblicani assicurato dagli ebrei Biderman, Max, Beer, Moselmann e altri, dette luogo alle lagnanze del comandante Bernanville, dell'esercito della Mosella, in quanto vennero inviate alle truppe scarpe da adolescenti con suole di cartone, calze da bambini e teli da tenda completamente marci.[71]

Poiché vennero abrogate le leggi restrittive dei diritti degli ebrei, grazie all'intervento dell'abate Grégoire, di Mirabeau, Robespierre e altri (un provvedimento questo, che sempre viene preso, immediatamente da tutti i governi rivoluzionari) e poiché prevalsero i casi detti ideali del 1789, una vera e propria nuvola di stranieri - scrive Capefigue - aprì le sue cateratte sulla Francia, dove piovvero ebrei, soprattutto oriundi delle due sponde del Reno.[72]

Fu quello il momento in cui apparvero nell'arena politica i Klotz, i Beniamino Veitel Ephrain, gli Etta Palm.

« Il Messia è venuto per noi, il 28 febbraio 1790, sotto forma di carta dei Diritti dell'uomo - scriveva l'ebreo Cohen - e, realmente, l'aver concesso anche agli ebrei tutti i diritti di cittadinanza, rappresenta una grande vittoria per Israele ».

« La rivoluzione del 1830 - scrive un altro ebreo, il Bedarride - non ha fatto che consacrare questo felice risultato ».

---

[69] León Kahn, *Los Judios de Paris durante la revolucion*.
[70] Maurice Fara, op. cit. p. 83.
[71] P. Gaxotte, *La Révolution française*, p. 279-280. 72 73
[72] Capefigue, *Las grandes operaciones financieras*.

Questi eletti, nella loro nuova veste di rappresentanti del popolo ostentavano cognomi del tutto francesi come Foulf, Cerbeer, Crémieux ecc. E la tradizione di avere almeno un rappresentante ebreo nel governo della repubblica è stata rispettata, salvo rarissime eccezioni, sino ai nostri giorni.[73]

L'ebraismo, è chiaro, non ha giuocato questo ruolo preponderante nei movimenti rivoluzionari soltanto in Francia. « Il movimento rivoluzionario che squassò il centro Europa nel 1848, per esempio, scrive Lambelin - fu preparato, diretto e scatenato dagli ebrei » e questa verità, effettivamente, scaturisce lampante da numerose prove e da tutti i fatti verificatisi.[74] Anche nelle file della rivoluzione francese del 1870, e tra gli stessi membri della comune, gli ebrei figurano in primo piano, rappresentati, particolarmente, da Ravel Isaac Calmer, Jacob Pereyra e altri.

L'autore suddetto segnala, infatti, la presenza di diciotto ebrei, quali membri influentissimi della Comune.[75] Risulterà, inoltre, interessante ed opportuno sottolineare che durante l'incendio di Parigi del 1871, gli incendiari lasciarono completamente intatti i 150 edifici di proprietà della famiglia ebrea Rothschild.

Continuando nello studio di questi movimenti europei, l'imbattersi in personaggi ebrei di ogni genere, qualità e importanza è consueto. E'ebreo, per esempio, il poeta Heine, lo scrittore Lasalle.

Senza parlare del tristemente noto Carlo Marx, l'ebreo di Treviri e di molti altri.

« Per distruggere la vecchia società che lo repelle - scrive Drumont - l'ebreo ha avuto l'abilità di mettersi alla testa dell'azione rivoluzionaria cosiddetta democratica. I Carlo Marx, i Lassalle, i principali nichilisti, tutti i capi della rivoluzione cosmopolita sono ebrei. E'in questo modo che gli ebrei sono riusciti, e riescono, ad imprimere ai movimenti la direzione che meglio loro conviene ».[76]

Non dimentichiamoci che i fondatori della Internazionale del 1864 furono gli ebrei Marx, Neumeier, Fribourg, James Cohen, Lasalle, Aaron, Adler, Franklel ecc. L'unico sul conto del quale non è stata raggiunta la piena convinzione della sua appartenenza alla razza ebraica è Compers, ma si tratta, in realtà, di un semplice dubbio.

Per dirigere il movimento rivoluzionario venne fondato in Francia il ben noto giornale *L'Humanité* e in favore di questo giornale venne aperta una sottoscrizione che raggiunse presto la somma di 780.000 franchi. Trascriviamo i nomi dei dodici più cospicui donatori, i quali, guarda caso,

---

[73] *Archives israélites*, VIII (1847), p. 801.
[74] Bedarride, *Les Juifs dans la France, l'Italie et l'Espagne*, p. 428 e 430.
[75] R. Lambelin, op. cit., p. 10 e 62.
[76] E. Drumont, *La France juive*.

sono tutti ebrei. Si tratta, infatti, di Bruhl Lewy, di Abram Lewy, di A. Dreyfus, di Herr, di Eli Rodriguez, di Leone Picard, di Blum, di Rouff, Kasevitz, Salomone Reinach e Sachs.

Dopo aver preso cognizione di tutto quanto sopra non ci sembra debba provocare alcuna meraviglia ciò che nel corso del Sinodo ebreo di Lipsia, iniziatosi il 29 giugno del 1869, venne sancito con la seguente mozione, approvata ad assoluta unanimità: «Il Sinodo riconosce che lo sviluppo e la realizzazione dei *Principii moderni* (leggasi " Rivoluzionari ", n.d.A.) costituiscono la più sicura garanzia presente e futura per l'avvenire dell'ebraismo e dei suoi membri e sono condizione, la più energicamente vitale, per l'esistenza, l'espansione e la maggior affermazione dell'ebraismo stesso».[77]

« I diversi aspetti della rivoluzione, danno l'esatta misura della carica di ideali che Israele ha portato nel mondo » - scrive Leroy Beaulieu, autore nient'affatto tacciato di antisemitismo. A noi non resta che confermare le sue parole. Nessuno, infatti, può negare l'importanza dell'intervento ebraico nell'opera e nell'azione rivoluzionarie.

LA SOCIETÀ DELLE NAZIONI

Abbiamo visto come la Società delle Nazioni sia stata fondata e sostenuta dalle stesse forze occulte nelle quali sempre ci imbattiamo nel corso di eventi perniciosi e distruttivi per l'umanità. Oggigiorno la Massoneria, gli ausiliari di questa, i partiti di sinistra e, più di tutto, l'ebraismo, parlano chiaramente della necessità di distruggere ogni sentimento nazionale e ogni principio di sovranità degli Stati, per giungere all'edificazione di un super-governo internazionale. Allo stesso tempo queste forze sviluppano, con ogni metodo, la loro propaganda anti- militarista e pacifista, diretta a svirilizzare ed a demoralizzare i popoli.

Ed ognuno ha dinanzi agli occhi la dolorosa realtà di questa tremenda e rovinosa azione negatrice.

Privati del loro sentimento nazionale i popoli si troveranno domani totalmente disarmati e alla completa merce di quella forza occulta ed astuta che possiamo oggi definire tranquillamente come *imperialismo ebreo-massonico*.[78]

Il fratello: Eugenio Bertraux - altro esempio - ha recentemente proposto alla Gran Loggia di Francia la deroga all'articolo 17 della costituzione della stessa Gran Loggia, articolo che prescrive a tutti i suoi adepti di

---

[77] Gougenot des Mousseaux, op. cit., p. 332.
[78] Leroy Beaulieu, *Israel entre las Naciones*, p. 66.

sottomettersi *alla legislazione del paese in cui abbiano la facoltà di riunirsi liberamente e di sentirsi disposti a qualsiasi sacrificio che la loro Patria esige*, in quanto secondo i principî della morale universale, ogni frammassone è, per definizione, un uomo essenzialmente libero che dipende unicamente *dalla sua coscienza.*

« Ebbene la nostra coscienza massonica - continua il fratello Bertraux nella sua proposta - non può esigere imperativamente da noi l'accettazione di tutti i sacrifici che la Patria può imporre ».

La deroga proposta tornerà quindi « a beneficio della salvaguardia della coscienza dei singoli adepti, in quanto, in caso di altri tragici conflitti, queste coscienze individuali obbedirebbero o meno - sotto la propria responsabilità - agli ordini impartiti, ordini che potrebbero essere in assoluto contrasto con la loro sensibilità, con la loro ragione e con la loro fede nella Verità Suprema ».[79]

L'AZIONE EBREO-MASSONICA
NEI CONFRONTI DEL CATTOLICESIMO

L'Eminentissimo Cardinal Caro, a questo proposito assicura:

« E'indubitabile che l'azione della massoneria contro la Santa Chiesa Cattolica altro non è che la continuazione della guerra a Cristo praticata dal giudaismo da 1900 anni a questa parte. Una lotta tremenda, resa insidiosa, in quanto basata sul segreto, l'inganno e l'ipocrisia. Una lotta che sfrutta ogni occasione favorevole offerta dal mondo cristiano ».
« Non dimentichiamoci che il giudaismo è il più dichiarato e implacabile nemico del cristianesimo - dice Webster. - L'odio al cristianesimo e alla persona di Cristo è cosa che ha una storia remota e che non può essere osservato e giustificato come risultato di una persecuzione; forma invece, un tutto unico con la tradizione rabbinica che ha le sue origini in epoca assai anteriore a quella in cui poté verificarsi qualsiasi persecuzione di ebrei ad opera di cristiani » (p. 177).

Da parte sua il giornale *The British Guardian*, nel suo numero del 13 marzo 1925, fa questa affermazione: « La Chiesa Cristiana è oggi attaccata come mai lo è stata durante i secoli e quest'attacco è, quasi esclusivamente, opera di ebrei » (*Riv. del SS. Sacro*, p. 430, 1925).

---

[79] Maurice Fara, op. cit., p. 115.

E'purtroppo evidentissimo, ormai, lo stretto legame esistente tra la Massoneria e l'Ebraismo - persecutori della Chiesa Cattolica e, secondo i casi, di tutto il Cristianesimo - e il Bolscevismo e il Comunismo. Tutti sono a conoscenza di quanto è accaduto, anche recentemente, in ogni parte del mondo. Cosi come tutti sanno, oggi, quali sono le relazioni che corrono tra gli ebrei ed i massoni.[80]

LA MASSONERIA FAVORISCE E PROPAGA IL COMUNISMO CHE È OPERA EBRA

Dalla copiosa documentazione presentata dall'Eminentissimo Cardinale Caro per dimostrare che ebraismo e massoneria propagano il comunismo, selezioniamo la seguente. Può darsi che il lettore ritenga la prima parte di questo capitolo, quella che immediatamente seguirà, un'inutile e forse noiosa ripetizione. Noi non siamo di questo avviso e se chi legge vorrà coscienziosamente considerare l'importanza estrema dei fatti rivelati, non potrà che giungere alla nostra stessa conclusione: è necessario che tutto il mondo si renda conto della gravità del pericolo e della forma che questo ha assunto, onde poterlo combattere, neutralizzare e se possibile, prevenire.

« Secondo il giornale *Tribuna Russa* - scrive dunque il Cardinale Caro - un giornale che si stampa a Monaco in lingua d'origine, il giudaismo militante mantiene su differenti piani le seguenti organizzazioni di combattimento, tutte più o meno mascherate, che hanno il compito di preparare il trionfo della III Internazionale.

1) *L'internazionale dell'Oro*, (plutocrazia e alta finanza internazionale) alla testa della quale s'incontrano: a) In America: P. Morgan, Rockefeller, Vanderbilt, Vanderlippe e altri; b) In Europa: la casa Rothscild e altre di secondaria importanza.

2) *L'Internazionale Rossa*, Unione Internazionale della democrazia sociale operaia, comprende: a) la seconda internazionale (quella Belga, ebrea Vandervelde); b) L'Internazionale 2 1/2 (quella Viennese, ebreo Adler); c) *La Terza Internazionale* (o Internazionale comunista quella di Mosca, ebrei Apfelbaum e Radek).

A questa idra dalle tre teste, che operano separatamente, per maggiore comodità, devesi aggiungere il cosìdetto *Profinter* (Ufficio Internazionale

---

[80] Cardinale José Maria Caro E., Arcivescovo di Santiago, Primate del Cile. op. cit.., p. 267-268.

delle Associazioni Professionali) che ha la sua sede ad Amsterdam e detta a sua parola ebrea ai sindacati ancor non affiliati al bolscevismo.

g) *L'Internazionale Nera* o Unione dell'ebraismo combattente.[81] Identico lavoro è svolto dall'ebraismo.

Noialtri emigrati russi - continua il suddetto giornale - abbiamo visto con i nostri stessi occhi la immensa quantità di ebrei che militano nelle file degli autori della rivoluzione.

Prescindendo dal lavoro preparatorio della rivoluzione stessa e dei fatti del 1905, è molto utile soffermarsi su ciò che il giornale ebreo di Vienna *Il Martello* scrisse a proposito dell'argomento Beylis. (L'argomento Beylis fu, allora, un argomento che sollevò grande scalpore. Trattava dei continui omicidi che venivano regolarmente commessi a Kiew. Questo Beylis, uno degli assassini che poté essere acciuffato, venne sottoposto a giudizio, ma riuscì a farsi assolvere dalla giuria. Il processo rivelò tuttavia che quei fatti di sangue rispondevano ad una specie di ritualità, frutto di un'organizzazione chiaramente individuata. (N. d'A.)

« Il governo russo ha deciso di dichiarar guerra agli ebrei di Kiew, reca il giornale. Bene. E'però necessario che tutti sappiano che dall'esito di questa guerra dipende non la sorte degli ebrei - perché il popolo ebreo è invincibile - ma bensì quella del popolo russo. *Per il governo russo è questione di vita o di morte. La odierna sua vittoria segnerà l'inizio della sua rovina.* Stiano attenti i governatori russi! Noi offriamo al mondo intero la dimostrazione che a nessuno è concesso impunemente di giocare con gli ebrei, siano essi di Kiew o di qualsiasi altro luogo » (*Der Hammer*, num. 254, 1911, citato dal generale Negch-Wolodoff nel suo libro *L'Imperatore Nicola II e gli ebrei;* dal Mgr. Jouin nel suo *Il pericolo giudeo-massonico* e ne *Il fronte unico* (1927). Edizione del Petit Oranais).[82]

Disgraziatamente per la Russia e per tutto il mondo civile la minaccia non risultò vana: sei anni più tardi era stata realizzata.

Aggiungiamo alcune cifre: Il primo Consiglio (Soviet) dei deputati operai e soldati fu composto di 23 membri: 19 membri erano ebrei. Il Consiglio dei Commissari del Popolo del 1920 ebbe 17 ebrei tra i suoi 22 membri. Tra i 43 alti funzionari della Commissione di Guerra vi furono 34 israeliti. Il Commissario dell'Interno ebbe 54 ebrei su 64 impiegati; quello degli affari esteri 13 ebrei su 17 membri. Nell'Amministrazione del Demanio la

---

[81] Idem, p. 265.
[82] Maurice Fara, op. cit.., p. 81 e 82.

percentuale degli ebrei si elevò all'86 per cento; in quella della Giustizia al 95 per cento, ecc. ecc.

Riassumendo questa statistica possiamo affermare che tra i 545 agenti principali della così detta rivoluzione russa, 447 appartengono al popolo eletto, 68 a diverse nazionalità (lettoni, tedeschi, polacchi, ecc.) e solo trenta sono di nazionalità russa.

Queste notizie provengono da fonte d'informazione bolscevica. Figurano infatti, secondo quanto è contenuto nell'opera del già citato scrittore francese Jouin, dal titolo *Il pericolo giudeo-massonico* (pagine 108 e seguenti) in un opuscolo dal titolo *Chi governa in Russia*, pubblicato a Nuova-York nell'anno 1920. Aggiungiamo che attualmente 16 dei 22 agenti commerciali sovietici all'estero, sono ebrei. (Bollettino dell'Agenzia *Urbs*, del 25 Agosto 1927, citato da R. Lamelin nel suo libro *La Vittoria d'Israele*, p. 170.)

Nel suo libro *Il manganello e l'aspersorio*, lo scrittore laico Ernesto Rossi polemizza vivacemente con la già citata Rivista *Civiltà Cristiana*, adirato dai seguenti passi della stessa, che reca:

« Vediamo "eroi" della setta, che non seppero resistere ad un regalo di due milioni, essere immortalati con statue in tutte le città. Vediamo i figliuoli di questi "eroi" che intascano somme ingenti, deplorando la miseria dominante... ». « Colla Sinagoga trescava Mazzini, i frutti dei suoi amori al Campidoglio di Roma non sono ignoti. Colla Sinagoga il Garibaldi, colla Sinagoga il Cavour, colla Sinagoga il Farini, colla Sinagoga il Depretis; ed umili servi della Sinagoga sono stati e sono molti di quei "grandi" ai quali la dabbenaggine pubblica ha eretto o erige lapidi, busti e monumenti, per glorificarne l'amore alla "libertà" e alla "patria" ».[83]

Molti scrittori di diverse tendenze hanno affermato che in Italia il problema ebreo non ha presentato caratteristiche di sovversione nazionale. Non condividiamo quest'opinione, limitandoci a ricordare che coloro che introdussero il comunismo nel nostro Paese, furono gli ebrei Modigliani, Treves, Della Seta, Musatti, Momigliano, Donati, eccetera.[84]

---

[83] Dall'opera di Ernesto Rossi, *Il Manganello e l'Aspersorio*, Firenze, p. 336 e quaderni di *Civiltà Cattolica*, settembre-novembre e dicembre del 1889.
[84] Riferendosi a Treves ed a Modigliani, l'ebreo Salvatore Jona scrive: « ... furono uomini di punta del socialismo italiano; e sebbene essi fossero uomini di tepida fede ebraica, non può negarsi che si dedicarono con semitica passionalità e tenacia al perseguimento del loro ideali ». Dall'opera: *Gli ebrei in Italia durante il fascismo*, p. 9, Milano, 1962.

« E il famoso Togliatti, capo del comunismo italiano da molti anni, non è forse sposato con l'ebrea Montagnana? Ed il fratello di lei, Mario Montagnana, non è stato il direttore del quotidiano *L'Unità* (edizione di Milano)? Si deve sapere, inoltre, che sono del pari ebrei quelli che dirigono la stampa comunista: Longo (dirigeva *Vie Nuove*); Alatri (dirigeva *L'Unità* di Roma); Tedeschi (dirigeva *L'Unità* di Milano in collaborazione con Montagnana); Cohen dirige ancora il *Paese Sera*, Levi *Lotta Sindacale*, Jacchia dirigeva il giornale *Repubblica*, da dove passò alla direzione della stampa del partito comunista italiano".[85]

---

[85] Opuscolo *Rivelazioni d'interesse mondiale*, citato. Altre pubblicazioni che si addentrano nello studio delle relazioni ebreo- massoniche sono: D. G. Foatta, *L'ebreo: ecco il pericolo*, Prato, 1891 e G. Panonzi, *L'ebreo attraverso i secoli e nelle questioni della moderna società*, Treviso, 1898.

PARTE TERZA

La Sinagoga di Satana

CAPITOLO I

IMPERIALISMO EBREO

Il popolo ebreo fu scelto da Dio, tra i tanti popoli idolatri, come depositario della vera religione, che gli venne affidata per tramandarla sino alla venuta del promesso Messia. Con questa venuta si compiranno - è scritto - le profezie dell'Antico Testamento.

Ancor prima della venuta di Cristo, però, gli ebrei presero a tergiversare: incominciarono, cioè, a dare alle profezie stesse un'interpretazione falsa, razzista e imperialista.

La promessa di un regno dell'unico e vero Iddio sulla terra - un regno unicamente spirituale, informato e sostanziato dall'autentica religione - venne, dagli ebrei, interpretata come promessa di un regno materiale della loro razza, come promessa fatta da Dio agli Israeliti di un loro dominio mondiale, da conseguirsi attraverso la schiavizzazione di tutti gli altri popoli della terra.

Citiamo alcuni esempi di queste false interpretazioni: Nella Genesi, Capitolo XXII, Versetti 17 e 18, l'Angelo del Signore dice ad Abramo:

> « Ti benedirò e moltiplicherò la tua stirpe come le stelle del cielo, e come la rena che è sul lido del mare: La tua progenie possederà la porta dei suoi nemici ». « E nella tua progenie saranno benedette tutte le nazioni della terra, perché hai obbedito alla mia voce ».

I giudei imperialisti hanno dato a questi versetti una interpretazione completamente materiale.

Essi hanno considerato unicamente il fatto che Dio offriva loro, in quanto discendenti e consanguinei di Abramo, di impadronirsi delle porte del nemico, essendo solo in loro, soltanto nella razza ebrea, che avrebbero potuto essere benedetti tutti i popoli della terra.

Queste profezie vengono, invece, così interpretate dalla Santa Chiesa Cattolica:

> « Che per virtù di Gesù Cristo e con il dono di una giustizia perseverante i figli spirituali di Abramo dovranno conseguire la vittoria su tutti i nemici visibili e invisibili della sua salute ».

« Il compimento, alla lettera, di questa profezia si verificherà dopo l'avvento della Chiesa, quando cioè tutti i popoli della terra si saranno sottomessi a Gesù Cristo e, quindi, avranno ricevuto da Lui benedizione e salute »[86].

Nel Deuteronomio, Capitolo Secondo, Versetto 25 il Signore dice: « Oggi comincerò a mandare il terrore e lo spavento sopra i popoli sotto ogni parte del cielo, sicché a sentire il tuo nome sian terrorizzati e tremino e sian presi dal dolore: a guisa di donne partorienti ».

Anche a questo passaggio la Santa Chiesa dà una interpretazione ristretta, completamente diversa da quella scaturita dal sentimento imperialista ebreo, estrinsecatosi attraverso la storia in fatti palpabili che dimostrano l'applicazione pratica di questa falsa interpretazione. Movimenti eretici diretti da ebrei si sono infatti formati un po'dappertutto, nel corso dei secoli e sempre, anche quando il trionfo di tali movimenti ha avuto carattere puramente locale, ed è stato del tutto effimero, il crimine, il terrore ed il sangue hanno fatto la loro tremenda apparizione.

Lo stesso è accaduto durante le rivoluzioni in cui la massoneria ha rivestito un ruolo determinante: quella scoppiata in Francia nel 1789, per esempio, quella del 1931-36 in Spagna. Senza parlare, poi, per spirito di misericordia, di quanto è occorso durante le rivoluzioni ebreo- comuniste! Nell'Unione Sovietica dove la loro dittatura totalitaria, è, purtroppo, una realtà, gli ebrei hanno seminato crudelmente la paura e la morte. Hanno tanto gravato la mano, che la loro attività e la loro presenza riescono oggi odiose ai russi schiavizzati.

La falsa interpretazione ebrea del Versetto 16, Capitolo VII del citato Deuteronomio, ci fornisce un altro esempio di questo genere. Il versetto reca: « Tu divorerai tutti i popoli che il Signore Dio tuo sta per dare in tuo potere: non ne abbia pietà il tuo occhio non servire ai loro dei... »

Nel mentre la Santa Chiesa dà a queste parole la loro giusta interpretazione, gli ebrei gliene danno una soggettiva e mostruosa: affermano di avere ottenuto da Dio il diritto di divorare tutti i popoli della terra e di impadronirsi delle loro ricchezze!

Abbiamo visto nel quarto capitolo della prima parte di questa opera ciò che il Rabbino Baruch Levi scriveva al suo giovane discepolo ebreo, Carlo Marx, colui che doveva essere più tardi il fondatore del Socialismo a torto chiamato scientifico, e che ha fornito talune pretese fondamenta teologiche al diritto rivendicato dagli ebrei di impadronirsi delle ricchezze di tutti i

---

[86] *Annotazioni autorizzate della Sacra Bibbia.* Ed. SCIO. Bibbia. Madrid, 1852. Tomo I. (Per errore la pagina dell'edizione citata è numerata come la 95a).

popoli della terra: in quest'ultimo caso mediante i movimenti proletari comunisti controllati dall'ebraismo.

Il versetto 24, dello stesso capitolo VII, recita: « Egli ti darà nelle mani i loro re: tu farai sparire i loro nomi di sotto il cielo: nessuno potrà resisterti finché tu non li abbia ridotti in polvere ».

Questa profezia, che la Santa Chiesa riferisce ai re peccatori che governavano la terra di Cana, viene dagli ebrei interpretata come di carattere universale. Ciò, è evidente, consente loro di considerare tutte le rivoluzioni e le cospirazioni contro i re, anche nei tempi moderni, come sante imprese, unicamente realizzate a compimento delle profezie della Sacra Bibbia.

L'opera di continua tergiversazione di quello che è il vero spirito delle profezie contenute nella Bibbia, si riscontra leggendo il versetto 27 del Capitolo VII della Profezia di Daniele, che dice:

« E il regno e la potenza e la magnificenza del regno che è sotto tutto il cielo, sarà data al popolo dei santi dall'Altissimo: il suo regno è regno eterno, tutti i re serviranno e obbediranno a lui ».

Mentre la Santa Chiesa mette questa profezia in relazione col regno eterno di N.S. Gesù Cristo, gli ebrei, viceversa, affermano che questo regno eterno sul mondo è quello della loro razza su tutti i popoli; cosicché essi perverranno a formare un solo gregge, sotto un unico pastore, uscito, naturalmente, dall'ovile di Israele.

Nella profezia di Isaia, Capitolo 60, Versetti 10, 11 e 12, si legge: 10 - « E i figli degli stranieri edificheranno le tue mura, e i loro re ti serviranno... 11 - E le tue porte saranno sempre aperte, non saranno chiuse ne di giorno ne di notte, affinché ti sia condotta la forza delle nazioni e ti siano condotti i loro re. 12 - La nazione e il regno che non ti servirà perirà, quelle nazioni saranno interamente distrutte ».

Questa profezia che si riferisce al Regno di Nostro Signor Gesù Cristo e della sua Santa Chiesa,[87] acquista nell'interpretazione ebrea un significato completamente differente, cristallizzato nei fatti e chiaramente riconoscibile dovunque abbia prevalso la dittatura ebreo- massonica.

In tutti i paesi caduti sotto la tirannia suddetta, infatti, tutti coloro che non hanno voluto servire gli ebrei o hanno osato ribellarsi sono stati eliminati. Sono molti nel mondo a sapere, ormai, che non v'è peggior padrone di quello ebreo; e molti hanno anche esperimentato il tipico mezzo di cui gli ebrei si servono per prevalere: quello di espugnare, una dopo l'altra le cariche ed i posti chiave, sino a togliere alle nazioni ogni forza ed ogni possibilità di resistenza.

---

[87] Opera citata. Tomo IV.

Potremmo continuare a lungo, nella citazione dei versetti dell'Antico Testamento, che sono stati falsamente interpretati dall'imperialismo giudaico. A questo proposito non sarà male ricordare che molti Profeti caddero assassinati dagli stessi ebrei, in quanto tentarono di contrastare la loro perversità.

La peggiore di queste false interpretazioni è, senza alcun dubbio, quella relativa alla venuta del Messia, Redentore del genere umano, Colui che avrebbe stabilito il regno del vero Dio sul mondo.

Questo è proprio il punto dal quale gli ebrei si sono allontanati nel modo più impudente dalla Verità Rivelata, dando alle sublimi promesse un carattere nettamente razzista e imperialista.

La falsa interpretazione era già così diffusa tra gli ebrei, ancor prima della venuta di Nostro Signor Gesù Cristo, che essi attendevano un Messia simile ad un re terreno o ad un capo guerriero, cioè un condottiero che con l'aiuto di Dio avrebbe conquistato tutte le nazioni della terra, attraverso una serie di guerre sanguinose, che Israele avrebbe regolarmente vinto. In questo modo gli ebrei - essi ritenevano - sarebbero giunti a dominare materialmente il mondo.

Quando Nostro Signore Gesù Cristo, si oppose a queste pretese e proibì qualsiasi spargimento di sangue, e precisò inoltre che il Suo Regno non era di questo mondo, gli imperialisti ebrei sentirono naufragare tutte le loro speranze e ambizioni e dubitarono seriamente che la dottrina del Signore sarebbe riuscita a convincere tutti gli ebrei, e quindi a farlo riconoscere come il Promesso Messia.

Quando il Signore incominciò a predicare l'uguaglianza di tutti gli uomini dinanzi a Dio, gli ebrei imperialisti si resero immediatamente conto del grave pericolo. Capirono cioè che Egli, con la Sua Dottrina e la Sua personalità sublime stava frantumando le loro equivoche credenze su Israele quale popolo scelto da Dio per dominare materialmente il mondo e annullando l'idea, a loro tanto gradita (e tanto preziosa) di un popolo a tutti superiore: per volontà d'Iddio. Un popolo - essi affermavano - destinato, del pari per volontà d'Iddio, a rendere schiavi tutti i popoli della terra ed impadronirsi delle loro ricchezze.

I dirigenti del giudaismo dell'epoca, sacerdoti, scribi, ecc., capirono che Gesù minacciava il brillante avvenire del popolo d'Israele quale futuro padrone dell'Universo. Essendo infatti i popoli della terra tutti eguali dinanzi a Dio - secondo quanto predicava Nostro Signor Gesù Cristo - a nessun popolo veniva concesso di prevalere sugli altri sino a diventare il padrone. E nessun popolo - affermava del pari Gesù - era stato scelto quale futura casta privilegiata che avrebbe dovuto dominate la umanità.

Fu così che Caifa, il sommo pontefice di Israele, avvertì la convenienza che un uomo morisse - Gesù Cristo! - onde un popolo fosse salvo. E salva fosse la tesi ebrea di tutto comodo: razzista e imperialista.

Dopo aver commesso il crimine più atroce e nefando di tutta la lunga storia dell'umana gente - l'assassinio del Figlio di Dio fatto Uomo - gli ebrei continuarono ostinatamente nelle loro ambizioni; non solo, ma tentarono di giustificarle attraverso la compilazione di un libro sacro, che sarebbe stata la loro falsa interpretazione della Bibbia. Fu così che nacque il *Talmud*, una specie di Nuovo Testamento ebreo, un libro condannato dalla Santa Chiesa, nel quale, sempre secondo gli ebrei, per ispirazione divina, è contenuta l'interpretazione più perfetta dell'Antico Testamento.

Successivamente si procedette anche ad una ricompilazione della *Kabala* ebrea, che è come dire della tradizione, nella quale è consegnata, egualmente per ispirazione divina, si pretende, l'interpretazione esoterica, cioè pubblica e vera, della Sacra Scrittura.

Seguitando nella nostra dimostrazione citiamo ora alcuni brani di questi Libri Santi dell'ebraismo moderno: e la citazione risulterà edificante.

« Solo voi Israeliti siete chiamati uomini. Le altre nazioni del mondo non meritano il nome di uomini, ma quello di bestie ».[88]
« La progenie di uno straniero è come progenie di animali ».[89]

Nei passi precedenti, infatti, i falsi interpreti della Sacra Scrittura si erano esercitati vergando una massima d'importanza trascendentale: avevano privato i Cristiani ed i Gentili - e quindi tutti i popoli della terra - del loro carattere umano e li avevano collocati nella categoria delle bestie. Una cosa, come si vede, semplice e facile.

Per rendersi esattamente conto dell'importanza di questo passo infame, occorre tenere presente quanto segue: secondo la Rivelazione Divina dell'Antico Testamento, tutti gli animali e le bestie vennero creati da Dio per servire l'uomo, il quale può così mangiare la loro carne, utilizzare la loro pelle per farsene abiti, ammazzarli, scorticarli ecc; fare, insomma, di loro tutto ciò che meglio gli convenga. In cambio di tutto ciò la Rivelazione Divina obbliga l'uomo ad osservare i comandamenti nei riguardi del suo simile, ossia del rimanente degli uomini. Ora, poiché per gli ebrei - secondo la loro falsa interpretazione della Sacra Scrittura - sia i Cristiani che i Gentili sono unicamente degli animali,- e non sono quindi esseri umani - gli ebrei stessi non soltanto non sono obbligati a rispettare i Comandamenti di Dio nei loro riguardi, ma sono anche autorizzati a scorticarli ed a togliere loro ogni proprietà. Così come sono autorizzati a fare nei confronti di un altro animale qualsiasi.

---

[88] Talmud, *Baba Metzia* fol. 114, col. 2.
[89] *Jebamoth*, Fol. 94, col. 2.

Mai è esistito, come si vede, ne esiste, ne mai potrà esistere sulla terra, un imperialismo di un genere cosi tremendo e assoluto come l'imperialismo ebreo!

Questo concetto trascendentale dell'appartenenza di tutti i popoli della terra, eccezion fatta per quello ebreo, al mondo animale, spiega chiaramente il contegno sprezzante, crudele e implacabile verso tutto il Diritto della Umana Gente, tenuto anche dai gerarchi ebrei del comunismo internazionale.

Il disprezzo degli ebrei verso gli altri popoli giunge al colmo quando essi, ponendosi la domanda: « Che cos'è una prostituta? », rispondono: « *Qualsiasi donna che non sia ebrea* ».[90] Ciò spiega secondo quanto è stato anche ripetutamente denunciato da numerosi scrittori di diversa nazionalità, perché gli ebrei hanno esercitato, dovunque, senza scrupolo alcuno la tratta delle bianche, e sono i più assidui propagatori e difensori di tutte le dottrine dissolvitrici del libero amore e della promiscuità; nel mentre, al converso, mantengono le loro famiglie nella più assoluta disciplina e moralità. Essendo i Cristiani e i Gentili, esclusivamente degli animali non c'è niente di strano che essi vivano nella prostituzione e [145] nella più degradante promiscuità: tale e quale agli animali. Ma non basta.

Gli istinti omicidi degli ebrei, infatti, si sono scatenati attraverso i secoli di pari passo con il diffondersi di questa atroce *forma mentis*. Anche in questo ultimo caso essi credono nell'ispirazione divina del *Talmud* e della *Kabala* che, invece, secondo la nostra Santa Madre Chiesa, sono opera del demonio.

« Il migliore dei Gentili ammazzalo »[91] è scritto! Dunque: avendo Dio ordinato agli ebrei tutto ciò come si pretende - e trattandosi di un popolo crudele e sanguinario, come abbondantemente rivelano la Passione e Morte di Nostro Signor Gesù Cristo e, recentemente, le torture e le uccisioni ad opera dei comunisti, capeggiati da ebrei, come abbiamo dimostrato (*ad abundantiam*) nel I capitolo, che c'è di strano se questo popolo, quando può, ammazzi tutti coloro che in qualche modo si oppongono alle loro perverse macchinazioni? L'odio diabolico, il sadismo, sempre dimostrato dagli ebrei nei confronti di tutti gli altri popoli della Terra hanno come abbiam visto origine nella falsa interpretazione della Rivelazione Divina, ossia nella

Kabala e nel *Talmud*. E'per loro cosa sacra perpetuarlo ed estrinsecarlo.

Il seguente episodio può servire egregiamente da illustrazione. « Che vuol dire Har Sinai, ossia Monte Sinai? Vuol dire il Monte dal quale si è irradiato il "Sina", ossia l'odio contro i popoli del mondo ».[92] Queste le loro dottrine.

---

[90] *Eben Ha Eser*, 6 e 8.
[91] *Aboda Sara*, 26 b Tosephot.
[92] *Shabbath*, Fol. 89 col. 2.

*Fac-simile della copertina dell'edizione
« Princeps del Zohar » (Mantua 1560)*

E'forse necessario rammentare che fu proprio sul Monte Sinai che Dio dettò a Mosè quell'insuperabile capolavoro etico che sono i Suoi Dieci

Comandamenti? Gli ebrei moderni affermano invece, che in quell'occasione venne loro rivelata la *Religione dell'Odio;* religione che essi hanno conservato sino ai nostri giorni. Odio satanico contro gli altri popoli, un odio che trova il suo maggiore appagamento nei tormenti e nelle stragi; quelli che costituiscono il ben noto e consueto stile operativo del comunismo internazionale.

La *Kabala*, un'opera sacra, riservata unicamente agli alti iniziati del giudaismo (quindi non alla plebe) ha consacrato la netta divisione tra Ebrei e Gentili e naturalmente, tra questi ultimi sono inclusi i Cristiani: siamo, come si vede, al massimo dell'assurdo! Mentre da una parte si abbassano i Gentili alla categoria di semplici animali, dall'altra gli ebrei vengono elevati al rango di Dei, essendosi essi identificati *con la Divinità medesima*.

Sino a questo punto gli ebrei hanno falsato il significato del Pentateuco e, in generale, dell'Antico Testamento!

Il blasfemo passo che incontriamo continuando nel nostro *excursus* è, al riguardo, sommamente indicativo:

« Dio si presenta sulla Terra nelle sembianze di giudeo. Giudeo, Giuda, Judà, Jevah, o Jehova, (Geova) sono lo stesso e unico essere. L'ebreo è il Dio che vive, il Dio incarnato, l'uomo celeste, l'Adan Kadmon. Gli altri uomini sono terrestri: di razza inferiore. Vivono ed esistono unicamente per servire l'ebreo: sono delle piccole bestie ».[93]

Logicamente un siffatto modo di pensare ha indotto gli ebrei a concludere che tutto quanto esiste appartiene loro, incluse le bestie, (tra le quali c'è anche l'uomo non ebreo) e tutto ciò che è proprietà delle bestie stesse.

I falsificatori della Sacra Scrittura perseguirono l'intento, sia nel *Talmud* che nella *Kabala*, di fortificare l'imperialismo ebreo dandogli il carattere di mandato divino. Lo dimostrano i seguenti passi:

« L'Altissimo così parlò agli Israeliti: voi mi avete riconosciuto come l'unico dominatore del mondo e pertanto io farò di voi gli unici dominatori del mondo ».[94]
« Dovunque gli ebrei si stabiliscano, colà essi saranno i padroni. Qualora non detengano l'assoluto dominio debbono considerarsi esiliati e prigionieri. Anche se riusciranno a dominare talune nazioni, fino a

---

[93] *Kabala ad Pentateucum*, fol. 97, col. 3.
[94] *Chaniga*, fol. 3-a, 3-b.

quando non le avranno dominate tutte, essi non dovranno smettere mai di gridare: "Che tormento! Che iniquità" ».[95]

Questa falsa rivelazione divina, contenuta nel *Talmud*, è una delle basi teologiche della politica dell'ebraismo moderno che, realizzandola letteralmente, *crede di realizzare la volontà di Dio.*

Allorquando i popoli Cristiani e Gentili aprirono generosamente le loro frontiere agli emigranti ebrei, equiparandoli alla gente delle altre nazioni, mai avrebbero potuto immaginare che ciò facendo essi davano albergo a degli eterni cospiratori, sempre intenti a tessere le loro trame nell'ombra, infaticabilmente, onde poter sottomettere proprio quell'ingenua gente che aveva offerto la sua casa.

Ed il *Talmud* specifica chiaramente che gli ebrei non dovranno concedersi riposo sino a quando il loro dominio non sia assoluto. Per quanto riguarda le vicissitudini dei nostri giorni, essi hanno compreso che tanto la democrazia che il capitalismo, pur avendo consentito loro di dominare alcune Nazioni, non li hanno tuttavia investiti di quell'assoluto dominio sul mondo, ordinato da Dio, che parla nel *Talmud*.

Questo spiega perché l'ebreo Carlo Marx e l'ebreo Federico Engels abbiano escogitato una filosofia che è matrice del sistema totalitario. Questa glielo può consentire, e può consentire loro, inoltre, di togliere ai Cristiani e ai Gentili tutta la loro ricchezza, tutta la loro libertà e tutti i loro diritti umani: sino a renderli eguali alle bestie.

Molto significativa la lettera inviata dall'ebreo Baruch Levy al suo correligionario Carlo Marx, riprodotta nella rivista *Revue de Paris* del 1° giugno 1928, p. 574, che, tra le altre cose, dice:

---

[95] Talmud Bab. Tratado *Sanhedrin*, fol. 104, col. 1.

Fac-simile di una pagina del Talmud palestino

« Il popolo israelita, preso collettivamente, sarà esso stesso il proprio Messia. Il suo regno si otterrà con la unificazione delle razze umane, la soppressione delle frontiere e delle monarchie, che sono la difesa del particolarismo e con l'istituzione di una Repubblica Universale, che riconoscerà dappertutto i diritti di cittadini agli Israeliti... ». « I governi delle nazioni che formano la Repubblica Universale passeranno tutti senza sforzo nelle mani degli israeliti in favore della vittoria del proletariato ». « ...La proprietà individuale potrà allora essere soppressa dai governanti di razza giudaica, che amministreranno dappertutto la fortuna pubblica. Così si realizzerà la promessa del *Talmud* che, allorquando i tempi del Messia saran venuti, gli Ebrei terranno sotto le loro chiavi i beni di tutti i popoli del mondo ».[96]

La dittatura del socialismo comunista di Marx, permette infatti agli ebrei di poter un giorno ottenere questo dominio assoluto. Ed è per questo che essi hanno lavorato, e lavorano senza riposo da quando soprattutto il comunismo è stato instaurato in Russia. Essi vogliono distruggere il regime capitalista. L'hanno creato essi stessi è vero, però si sono accorti che non sarà mai capace di farli giungere alla mèta desiata.

Il *Talmud* rivela che agli ebrei non basta esercitare il loro potere sulle nazioni in condominio: essi debbono ottenerlo tutto, e sin quando non lo abbiano ottenuto dovranno lamentarsi: « Che tormento! Che iniquità! ». Tutto ciò spiega perché l'imperialismo ebreo-comunista sia veramente insaziabile. E sottolinea quanto sia assurdo credere in una sincera convivenza pacifica o nella possibilità che il comunismo dimetta la sua ambizione di conquistare tutte le nazioni della terra. Gli ebrei sono convinti che Dio ha loro ordinato di instaurare il dominio totale su tutte le nazioni e che questo dominio non può essere oggi conseguito che attraverso la dittatura totalitaria socialista del comunismo. E poiché questo *dominio integrale* deve estendersi su tutte le nazioni del mondo, essi non si concederanno riposo alcuno sino a quando non avranno imposto la schiavitù comunista a tutti i popoli della terra.

E' quindi indispensabile che Cristiani e Gentili si rendano conto di questa tremenda, tragica realtà: *l'esistenza di un totalitarismo imperialista e crudele, che trae il suo impulso da un gruppo di mistici, di fanatici e pazzi che compiono tutti i loro crimini e danno libero sfogo alla loro perversità, credendo con ciò di osservare fedelmente i comandamenti di Dio.*

La loro malvagità arriva al punto di credere moralmente lecito far trionfare l'ateismo e il materialismo comunista in tutto il mondo - s'intende in maniera transitoria - per consentire agli ebrei che sono religiosi e credenti, la distruzione del tanto odiato cristianesimo e di tutte le altre false religioni; onde su tutte le rovine possa poi imperare l'attuale religione d'Israele, quella che riconosce agli ebrei il diritto di dominare il mondo e attribuisce loro,

---

[96] Dall'opuscolo Rivelazione d'interesse mondiale, già citato, p. 4.

privilegio divino, il carattere di casta privilegiata tra tutta l'umanità, anche dei tempi a venire.

D'altro canto il *Talmud* afferma di recare agli ebrei la vera interpretazione delle profezie bibliche sul Messia: « *Il Messia darà agli Ebrei la dominazione del mondo ed a questa dominazione saranno sottomessi tutti i popoli* ».[97]

L'elencazione dimostrativa potrebbe continuare a lungo, sempre con la citazione di passi tratti al *Talmud* e dalla *Kabala* che sono - è bene ripeterlo - i libri sacri degli ebrei. Tutto concorrerebbe a mettere sempre più in luce l'arcano e non arcano significato della religione ebrea e il pericolo che questa costituisce per la Cristianità e per il resto del genere umano. Più la materia viene approfondita e più chiaramente si profila l'abisso scavatosi tra la prima e vera religione rivelata da Dio agli ebrei - attraverso Abramo, Mosè ed i Profeti - e la falsa religione formatasi attraverso l'interessata, cosciente distorsione e falsificazione dei punti più essenziali della Bibbia.

Quest'opera di alterazione e di rovesciamento totale della verità, non può essere imputata, intendiamoci, e fatta risalire, soltanto agli ebrei che crocifissero Nostro Signor Gesù Cristo. E'chiarissimo, infatti, che anche i discendenti di questa razza, soprattutto dall'apparizione dei Talmudici babilonesi in poi, si sono prodigati infaticabilmente e, diciamolo pure, diabolicamente, nell'interpretazione particolare; come risulta dai libri Kabalistici, *Sepher-ha-Zohar* e *Sepher- Yotsirah:* i libri sacri che formano la base della religione degli ebrei d'oggi. Se un vero e proprio abisso separa la religione di Abramo e Mose da quella dell'ebraismo moderno, la frattura acquista un'ampiezza incalcolabile nei confronti del cristianesimo. La distanza che ci separa dall'odierno giudaismo è infinita. Tale e tanta da costituire oggi l'ebraismo l'antitesi e la negazione stessa della religione cristiana, avverso alla quale non desiste dal suo affannoso lavoro distruttivo, sempre all'opera per distillare odio. E di odio satanico infatti sono intrisi i suoi libri sacri; e all'odio implacabile sono informati tutti i suoi riti segreti.

La secolare lotta intrapresa dalla Nostra Santa Madre Chiesa Cattolica Apostolica Romana contro l'aberrazione ebraica e contro tutti i suoi riti più o meno oscuri, non è stata originata - come falsamente si pretende - da intolleranza cattolica. E'stata, invece, l'incommensurabile malvagità dei giudei quella che ha imposto la adozione di misure difensive, vista la mortale minaccia per la cristianità rappresentata da una religione siffatta. Questo e soltanto questo - è bene sottolinearlo e ripeterlo - obbligò la Chiesa, così tollerante in principio, a prendere drasticamente e risolutamente posizione a salvaguardia della verità, della Cristianità e, infine, di tutto il genere umano.

---

[97] Talmud Bab. Tratato *Schabb*, fol. 120 col. 1, e *Sanhedrin* fol. 88 col. 2 fol. 89 c. 1.

Quanto sopra abbiamo premesso, anzitutto per amore di obbiettività, e poi per dimostrare quale enorme errore commettano, sia pure in buona fede, coloro che nelle nostre file, essendo fedeli cristiani, peccano di ingenuità nell'offerta quotidiana del loro amore sconfinato. Un amore dettato da Dio, quello che anima questi nostri fratelli, al punto che essi ritengono illecito combattere l'ebraismo, in quanto - essi affermano - gli ebrei credenti hanno una religione affine e sorella a quella cristiana.

Errore, non ci stancheremo di ripeterlo mai, errore! Un errore che appare già tragico oggi e, ancor più tragico si manifesterà domani.

Gli ebrei, non lo si dimentichi mai, neanche per un istante, sono il cervello diabolico, pensante e funzionante del marxismo. Sono la punta di diamante delle schiere rosse. La cultura ebraico-marxista è l'odierno veleno che ha ridotto la civiltà nello stato di corruzione, di aberrazione e di vera e propria follia patologica, in cui questa versa. Difendersi da tutto ciò è quindi non soltanto lecito ma doveroso. Nessuna mente umana può immaginare quale sarà il destino che attende il genere umano, avviato com'è, ormai, verso il precipizio, lungo la china preparatagli con tanta accorta sagacia dalle trionfanti forze del male.

Il fondamento basilare della tesi ebraica è quindi falso e riteniamo di averlo dimostrato *ad abundantiam* anche in questo capitolo.

Lo studio della incandescente materia potrebbe essere ovviamente approfondito, ma il risultato non cambierebbe. Anzi. Procedendo nell'esame noi ci incontreremmo con i segreti della religione ebrea postbiblica, condannati attraverso la dottrina dei Padri della Chiesa, nei loro Concilii Ecumenici e Provinciali, e attraverso le opere di illustri religiosi del Medio-Evo e dei secoli seguenti.

Ciò che gli ebrei oggi pretendono non dà luogo a possibilità di equivoco.

Gli ebrei pretendono di imporre ai cattolici questa tesi: *combattere l'ebraismo è illecito*. E'chiaro che da tutto quanto sopra risulta invece che combatterlo è non soltanto giusto ma doveroso.

A cosa puntano infatti gli ebrei con le loro pretese di continuare ad ottenere *via libera* in tutto e per tutto? La risposta è facilitata dall'evidenza dei fatti. Essi vogliono ottenere una *patente di corsa* nuovissima, che consenta loro di spingere ulteriormente avanti i loro movimenti rivoluzionari massonici o comunisti, senza essere esposti a contrattacchi di alcun genere; sino a provocare quella distruzione della cristianità e quella schiavizzazione dell'umanità che sono nei loro voti. Che rappresentano il loro ultimo fine.

Gli ebrei ed i loro complici - coscienti o incoscienti - nel Cristianesimo, vogliono assicurare all'imperialismo giudaico un trionfo definitivo. E vogliono che questo trionfo si realizzi per la via più comoda, visto che i cristiani si astengono dall'attaccare la mente della cospirazione, con la fermezza e la decisione che occorrerebbero per debellarla. L'azione cristiana, infatti, parrebbe non avesse neanche un disegno strategico; appare strutturata in una serie di attacchi parziali, e quindi inefficaci, contro la ramaglia massonica, l'anarchia comunista ecc. che non sono affatto risolutivi.

Immune e salva da ogni offesa resta quindi la testa del mostro: ossia l'ebraismo. Questo conserva tutto il suo vigore, rinnova e muove i suoi tentacoli attraverso le logge e attraverso le cellule. Attacca senza pietà le istituzioni religiose, politiche e sociali cristiane del mondo intero. Così come ha sempre fatto, ancor 'oggi fa. Oggi, però, liberamente e tranquillamente.

Fac-simile di una pagina del Talmud babilonio

CAPITOLO II

Qualcos'altro sulle
credenze religiose degli ebrei

Come abbiamo visto la falsa interpretazione della Sacra Scrittura ha allontanato gli ebrei, ogni giorno di più, dalla religione primitiva, rivelata da Dio attraverso Abramo, Mosè ed i Profeti, e li ha indotti, con l'apparizione del *Talmud* e della *Kabala*, all'odierna credenza settaria, anticristiana e imperialista. Una religione cioè che niente ha più in comune con l'antica Verità Rivelata.

Per dimostrare la fondatezza di tutto ciò, utilizzeremo, tra le tante prove a nostra disposizione, anche alcuni passi di quei libri che, impropriamente, gli ebrei chiamano *Libri Sacri*, che servono di base all'odierna loro religione.

Nel presente capitolo, inoltre, riveleremo qualcos'altro sulle credenze religiose di coloro che si autodefiniscono *ebrei fedeli* onde dimostrare, con sempre maggiore chiarezza, che nessuna affinità o parentela esiste tra le credenze ebraiche e la religione cristiana.

Ciò che innanzitutto risulta evidentissimo quando si affronta il problema della moderna religione ebrea, è che si tratta di una religione *segreta*, a differenza di quasi tutte le altre religioni, i cui dogmi, dottrine e riti sono di carattere pubblico e la cui conoscenza è, pertanto, alla portata di tutti.

Gli ebrei, infatti, dopo la crocifissione del Signore occultarono durante i secoli le loro dottrine e i loro riti. Perché? Il perché è chiaro: perché dottrine e riti rappresentavano una minaccia per gli altri uomini. Da ciò la necessità di mantenere il segreto. In altre parole gli ebrei temevano, ed a giusta ragione, che la gente reagisse violentemente contro di loro.

Un testo talmudico reca: « Partecipare qualcosa della nostra legge ad un "gentile" equivale alla morte di tutti gli ebrei, perché se i Goyim (gentili) venissero a conoscere ciò che noi insegniamo nei loro riguardi, senza dubbio ci sterminerebbero ».[98]

La bugia è sempre stata l'arma principale di quella che Nostro Signor Gesù Cristo, chiamò, sin da allora, la Sinagoga di Satana. Con bugie ed

---

[98] Divre en « *Dav* ». fol. 37.

inganni, infatti, i membri di questa hanno controllato i popoli nelle loro rivoluzioni massoniche e con bugie ed inganni li spingono verso le rivoluzioni comuniste. Basta dire che ancora si avvalgono della menzogna nelle questioni relative alla propria religione.

Ingannano i non ebrei facendo loro credere che l'attuale religione ebrea è una religione come tutte le altre: che si limita cioè al culto verso Dio N.S., che detta leggi morali e difende i valori dello spirito. Tutto ciò, come abbiamo visto, è falso. Non risulta strano, quindi, che sin dai tempi antichi il libro sacro degli ebrei rechi: « Se i Gentili (tra i quali sono inclusi anche i cristiani) sapessero ciò che noi - realmente! - insegniamo nei loro riguardi, senza dubbio ci sterminerebbero ».

La storia dimostra la fondatezza di questa previsione. La Santa Chiesa Cattolica Apostolica Romana, quando scoprì ciò che in segreto insegnavano i maestri ebrei, o Rabbini, ai loro fedeli, fece requisire e distruggere, in diverse occasioni, i libri del *Talmud*, preoccupata, giustamente, del pericolo costituito da insegnamenti siffatti, soprattutto per coloro che, essendo i più fervorosamente religiosi, seguivano incondizionatamente, e fanaticamente, quegli insegnamenti.

Dinanzi a tali provvedimenti gli ebrei reagirono nel modo loro più congeniale: *con la frode*.

Approntarono cioè nuovi testi, apocrifi, del *Talmud* e quindi informarono le autorità civili ed ecclesiastiche del tempo, che i testi erano stati purgati di quei passi la cui lettura era stata considerata pericolosa ed aveva determinato provvedimenti di legge.

Frequentemente però, tra l'indignazione generale, sia la Santa Chiesa che i Governi Civili, rinvenivano i testi *originali*. Quelli *veri*. Quelli di cui i Rabbini si servivano ancora per impartire il loro insegnamento. E queste scoperte davano spesso origine a reazioni violente contro la setta religiosa, nei cui *autentici* libri sacri è configurata anche la *cospirazione*. Quella stessa che ha potuto gradualmente sviluppare i suoi piani, sino a giungere all'odierno stadio di pericolosità per tutte le genti.

Lo scrittore ebreo Cecil Roth, nella sua opera *Storia del popolo ebraico* parla estesamente della condanna del *Talmud* pronunciata dal Papa Gregorio IX e, successivamente, anche da Papa Leone X, nel Secolo XVI; condanna che fu originata da una denunzia fatta al Cardinale Carafa, che l'opera era perniciosa e blasfema. Questa denunzia partì dall'ebreo Vittorio Eliano, nipote dell'eminente ebreo Elia Levita, ed ebbe come conseguenza il pubblico rogo dell'opera suddetta, che venne fatto a Roma, in Campo dei Fiori, nell'autunno dell'anno 1553.[99]

---

[99] Dalla *Storia del Popolo Ebraico* di Cecil Roth, Silva Editore di Milano, anna 1962, p. 327 e 408.

Un'altra copiosa fonte di quelle che sono le vere e occulte credenze religiose degli ebrei, scaturisce dai vari processi celebrati dall'Inquisizione contro quei giudei clandestini, che la Santa Chiesa chiamò *eretici giudaizzanti*. Di tutto il copioso materiale di cui potremmo disporre frugando negli archivi dell'epoca, disseminati nelle varie località dove i fatti suddetti si sono svolti, ci limitiamo a citare alcuni fatti storici tratti dai *Processi di Luis de Carbajal*, un'opera ufficiale stampata nell'anno 1935 dal governo del Messico, edita dall'Archivio Generale di quella Nazione.

Quest'opera riproduce manoscritti originali, e firmati, dell'ebreo processato, degli inquisitori, testimoni ecc. L'autenticità dei vari documenti è quindi fuori discussione. Neanche gli stessi ebrei dell'epoca hanno mai potuto smentirla.

Ebbene, il contenuto di questo documento, l'unico che sottoponiamo ai nostri lettori, per brevità, è qualcosa di spaventoso. La mostruosità blasfema delle parole e degli atti compiuti in quelle occasioni contro Nostro Signor Gesù Cristo e contro la Santa Vergine, l'odio satanico dimostrato verso il cristianesimo (un odio che, ovviamente, è la negazione e il ripudio della vera, autentica legge dettata da Dio a Mosè sul Monte Sinai), sono qualcosa che ripugna e che ancora oggi fa violenza alla coscienza di qualsiasi persona onesta.

Dalla testimonianza di Manuel Lucena, altro ebreo amico di Luis de Carbajal, citiamo quanto segue:

« Un anno e mezzo orsono lo trovai nel Collegio degli Indios mentre, nella sua stanzetta, stava trascrivendo massime di vita eterna dalla Bibbia. Gli dissi: "Belle cose state scrivendo". Mi rispose che tali veramente erano e che lo spaventava il fatto che queste cose non aprissero gli occhi a tutte le creature. E soggiunse: "Spezzato sia colui che infrange la legge del Signore" e ciò disse per i cristiani che, secondo lui, infrangevano la Legge di Mosè e che, quindi, dovevano esser distrutti ».

Successivamente Manuel de Lucena disse che avendo sottoposto alcuni suoi dubbi « allo stesso Luis de Carbajal, quale uomo che osserva la legge ed è molto versato nella Bibbia, e domandatogli se lui avrebbe potuto chiarirglieli, e quindi soddisfarlo, lo stesso Luis de Carbajal gli rispose affermativamente, dato - egli disse - che si trovava dinanzi ad un correligionario, che osservava fedelmente la legge di Mosè, che viveva in quella e si ispirava alla legge stessa; e poiché i suoi dubbi riguardavano - soggiunse - il Vecchio Testamento da ora in poi lo avrebbe considerato fratello e, anche se indegnamente, lo avrebbe raccomandato a Dio nelle sue preghiere ».[100]

Sino a questo momento noi abbiamo dinanzi agli occhi la figura di Luis de Carbajal come quella di un ebreo pio, fervorosamente religioso, il quale, però, già rivela il suo odio verso i cristiani quando dice distruggiamo i cristiani perché disprezzano la legge di Mosè. Continuando nel suo interrogatorio, lo stesso ebreo Manuel de Lucena testimonia che in una certa occasione domandò a Luis de Carbajal:

> « come deve essere interpretato un certo capitolo di Zaccaria, di cui non ricordo il principio, ma che reca: "accorto coltello, contro me pastore e contro l'uomo, assieme amici ecc. ecc.?" E che il detto Luis de Carbajal gli rispose che quella verità e ciò che in essa è contenuto, sarebbe la parola che il Signore ha un giorno rivolto a Gesù Cristo, quando condannò all'inferno lui e tutto il suo regno ».[101]

A questo punto quindi, l'equivoca e distorta interpretazione dell'Antico Testamento, conduce un ebreo fervente e pio! Sino a distillare odio contro Cristo Nostro Signore, e ad affermare che Lui e il Suo Santo regno sono stati condannati all'inferno. Orrenda bestemmia lanciata contro il Figlio di Dio fatto Uomo!

Poco dopo lo stesso testimone dice che un certo giorno egli, recatosi a casa sua, " ...trovò il suddetto Luis de Carbajal, donna Francesca sua madre, donna Isabella, donna Leonora e donna Mariana, sue figlie, tutti inginocchiati verso Oriente che recitavano i Salmi e le orazioni della Legge di Mosè. Con voce bassa e piangendo anche il suddetto Luis de Carbajal recitava le orazioni. Le suddette donne rispondevano sullo stesso tono. E tutto questo facevano per rispetto e osservanza alla Legge di Mosè, nel giorno grande del Signore ».[102] La religiosità e il bigottismo di questo fervente ebreo e della sua famiglia sono quindi fuori discussione.

Gli inquisitori, padri domenicani, per contribuire all'accertamento della verità, malgrado avessero anche avuto la testimonianza di diversi ebrei, misero in atto un mezzo ben noto, che consiste nell'introdurre nella cella del reo una persona di fiducia della Giustizia. Quella volta si fece appello ad un sacerdote cattolico il quale, perfettamente edotto sulle credenze e sui riti segreti degli ebrei, sarebbe apparso dinanzi al prigioniero come un altro ebreo detenuto nella stessa cella. E così fu. Con questo stratagemma si ottenne che de Carbajal, credendosi in compagnia di un fratello di razza e correligionario, esternasse i veri, occulti sentimenti del suo cuore.

---

[100] *Processo di Luis de Carbajal el Mozo.* Edizione del Governo del Messico. Anna 1936. Pubblicaziane dell'Archivia Generale di stato.
[101] Processi citati. Ed. cit.
[102] Processi citati. Ed. cit.

Il sacerdote scelto fu Don Luigi Diaz, dalla cui testimonianza stralciamo quanto segue:

« Nell'udienza celebrata in Città del Messico, il 9 febbraio 1595, dinanzi all'inquisitore Don Alfonso de Paralta, il sacerdote suddetto, sotto giuramento, fa, tra l'altro, le seguenti dichiarazioni: « ...è vero, Egli ha chiesto udienza per dire e dichiarare cosa è accaduto con Luigi de Carbajal, suo compagno di cella, in proposito alla Legge di Mosè. Il suddetto Luis de Carbajal, mentre era in cella ha detto che non ci si doveva raccomandare alla Santissima Vergine perché... ". (E qui fanno seguito una sfilza di oscenità e di bestemmie contro l'onore della nostra Madre Santissima, talmente sudicie e schifose da non poter essere, non diciamo pubblicate, ma neanche lontanamente accennate, oscenità e bestemmie che figurano agli atti di questo processo in tutto il loro crudo orrore) « ...e che per questo il nostro Redentore Gesù Cristo e la sua Santissima Madre e tutti gli Apostoli e Santi, che noi cristiani chiamiamo martiri, stanno ardendo tra le fiamme dell'inferno.

« E perché lo credessi e non nutrissi alcun dubbio sulla verità delle sue affermazioni, il suddetto Luigi de Carbajal mi disse che Adonai, il vero Dio degli eserciti, aveva predetto al profeta Daniele che vi sono formati quattro regni. Successivamente era apparsa a questo profeta una figura spaventevole, dalla cui fronte spuntavano dieci corna, di cui uno piccolo che aveva occhi e bocca.

« Questa immonda bestia feroce, gli aveva detto il profeta Daniele, era Gesù Cristo, da lui chiamato bestia abominevole. Il mio compagno di cella ha aggiunto - continua la testimonianza del sacerdote - che la visione avuta dal profeta pronostica la rovina che si sarebbe verificata dopo la nascita di Nostro Signor Gesù Cristo e che così come Nostro Signore Gesù Cristo era il primo grande peccatore, grandi peccatori erano anche i Sommi Pontefici e tutti i Sacerdoti della Chiesa che osservavano quella dottrina... ».[103]

Di seguito a queste spaventose bestemmie, altre ne figurano nell'originale dal quale traduciamo, assolutamente non pubblicabili e repellenti, sempre dirette a macchiare l'onore del nostro Divino Redentore Gesù.

La testimonianza del sacerdote cattolico Luis Diaz continua nei seguenti termini:

---

[103] Processi citati. Ed. cit.

« Item, disse: che volendo esso sapere dal detto Luis de Carbajal quali altri complici egli aveva, che osservavano la Legge di Mosè - e fingeva anche lui di osservarla per poter venire dopo a riferire ai signori inquisitori - il suddetto Luis de Carbajal gli disse che poiché egli era ormai determinato a confessare e quindi morire nella Legge di Mosè, poteva rivolgersi a Manuel de Lucena, a Manuel Gomez Navarro ed a Pedro Enriquez che erano grandi giudei e che seguivano alla perfezione la Legge di Mosè ».[104]

Continuando a riferire gli atti del processo trascriviamo un'altra scena immonda di cui è stato testimone Padre Diaz durante il suo soggiorno nel carcere a fianco dell'ebreo detenuto, che rivela il vero animo dei nemici del cristianesimo e a che punto son capaci di giungere questi ebrei fervorosi e attaccati alla loro religione.

Si tratta, ancora, di Luigi de Carbajal il cui attaccamento alla sua religione è ben noto, di un altro ebreo, tale Gomez Navarro, descritto come un perfetto figlio di Mosè e di un tale Diego Enriquez indicato anch'egli come il più grande ebreo della Nuova Spagna. Sempre su indicazione di de Carbajal.

« ...Si ricorda che il suddetto Luis de Carbajal gli disse che questo Diego Enriquez, punito da codesto Santo Uffizio, abitava con il fratello Pedro, anch'egli gran giudeo. Ebbene, una sera, mentre erano riuniti nella casa dello stesso Enriquez, restarono a dormire con il medesimo nello stesso letto. Luis de Carbajal e Manuel Gomez Navarro, e tutti stavano banchettando allegramente. Dopo aver consumato una grande quantità di noci e di zibibbo, Luis de Carbajal tenne ai suoi fratelli di fede una bella predica religiosa, lodando la legge di Mosè. Finita la predica, Diego Enriquez si alzò per sparecchiare. E poiché antecedentemente aveva messo un Crocifisso, che in origine era appeso a capo del letto, ciondoloni ai piedi del medesimo, svergognatamente prese a... ".[105] (I sacrilegi e le nefande sconcezze compiute, anche in quell'occasione, da questi ebrei contro il Crocifisso, non possono essere riferiti. La dettagliata lettura della testimonianza del sacerdote desta in noi, ancor oggi, un sentimento di profondo orrore).

Quanto sopra abbiamo riferito, non tanto per amore di cronaca, anche se, come in questo caso, la conoscenza dei fatti risulta sempre educativa ed ammaestratrice, soprattutto per le persone oneste e buone, le quali per aver sortito da Dio una natura siffatta, non riescono neanche ad immaginare che nel mondo possano accadere cose simili, quanto per dimostrare quale odio

---

[104] Processi citati. Ed. cit.
[105] Processi citati. Ed. cit.

satanico verso Nostro Signor Gesù Cristo nutrono gli ebrei. E non solo allora, si badi bene, ma ancora oggi (nel caso da noi riferito dopo 1600 anni), dopo tanti secoli dalla sua Crocifissione e morte. Quest'odio - e questo è un punto da sottolineare con particolare evidenza - non è nutrito soltanto dagli ebrei *miscredenti*, come in taluni circoli oggi si pretenderebbe di far credere, mentre gli ebrei fedeli e veramente religiosi sarebbero fratelli dei cristiani e seguaci di una religione molto affine alla nostra. Quest'odio verso Cristo ed i cristiani è generalmente nutrito da *tutti* gli ebrei.

Se osserviamo attentamente la particolare condotta religiosa degli ebrei, noi vediamo che gli ebrei più accaniti contro Cristo e la cristianità sono proprio *i più devoti ed i più fedeli* alla loro mostruosa religione. Quei pochi ebrei che vincendo la paura delle terribili minacce continuamente fatte a coloro, e contro le famiglie di coloro, che riescono a liberarsi dai vincoli di questa setta demoniaca, acquistano la qualificazione di ebrei di sangue, increduli della loro religione, finiscono col dimettere il loro odio verso la cristianità e verso l'umanità intera.

Disgraziatamente però quelli che riescono a superare l'ancestrale sentimento ferino sono pochissimi, soprattutto perché pochi sono disposti a sfidare l'ira e le minacce dei loro alti dirigenti, che possono estrinsecarsi vuoi con rappresaglie economiche, vuoi con scomuniche terribili e anche con minacce di morte.

Continuando ad esaminare gli atti del secondo processo intentato contro l'ebreo Luis de Carbajal, troviamo altre dichiarazioni di Padre Diaz, interessanti e che meritano quindi di essere riportate.

Avendo questo sacerdote cattolico domandato all'ebreo detenuto di quali altri ebrei ci si sarebbe potuto fidare ciecamente, gli venne risposto:

« ...di Antonio Diaz Marquez, per esempio, gran servo di Dio e seguace della legge di Mosè. Se non fosse perché egli si è sposato con una cagna cristiana, figlia di villani, sarebbe vissuto tra i suoi correligionari, nel ghetto ».

« ...quando questo ebreo, che aveva sposato una cristiana, doveva accompagnare la moglie in una chiesa cattolica - testimonia Padre Diaz riferendo le confidenze di Luis de Carbajal - si inginocchiava dinanzi all'immagine dei santi, fingeva di pregare e diceva alle immagini: « simili a voi diventino quelli che adorano e credono in voi » e quando il Sacerdote levava l'ostia benedetta Antonio Diaz Marquez diceva: « io credo in un solo Dio e adoro un solo Dio e non codesto cane che è soltanto un pezzetto di pasta appiccicosa... »; dopo avermi riferito questo - continua Padre Diaz - Luis de Carbajal si mise in ginocchioni in un cantuccio e tratto da sotto il letto un Crocefisso e una immagine si rivolse a Cristo e gli tirò un fico; altri due gliene mise in faccia, uno per occhio, per due volte consecutive, dicendogli: « che cosa conserverà mai questo cane di barbetta? » E quindi gli sputò in faccia; si alzò poi, il suddetto Luis de Carbajal e disse:

« Non potete togliermi questa soddisfazione »; e sputando sull'immagine di Nostro Signor Gesù Cristo aggiunse: « non dovete chiamare questo cane in nessun'altra maniera che Juan Garrido »... e che quando la suddetta Costanza Rodriguez va in chiesa, allorquando il sacerdote alza l'ostia dice: « raccomandato al diavolo sia tu e chi ti alza; tu sia confuso per mistero del cielo; cada qui un raggio e confonda tutti questi eretici », dicendo così per i cristiani ».[106]

Ciò che segue è qualcosa di ancor più tremendo. E'bene riferirlo esattamente affinché i cattolici si rendano compiutamente ragione del pericolo costituito dalla religione ebrea.

Nella sua testimonianza, tale Pedro de Fonseca, un cristiano osservante immesso, a richiesta di Padre Diaz, nel carcere degli Inquisitori affinché udisse, ascoltando da dietro la porta, i termini del suo colloquio con il detenuto ebreo, riferisce di aver sentito nell'ora riferita da Padre Diaz frasi come queste:

« ...il Messia ancora non è venuto. Gesù Cristo è un falso profeta. Quando verrà l'Anticristo verrà anche il Messia promesso dalla Legge. I cristiani ingannano la gente e vanno all'inferno. Più essi sono importanti e più soffriranno. Papi, re e tutti i grandi Inquisitori di coloro che osservano la Legge di Mosè - l'unica vera - sono e andranno all'inferno. Anche gli Apostoli sono all'inferno. In cielo non esistono santi... ».[107]

(Siamo costretti a tagliare corto e a non riferire le spaventose bestemmie contro Gesù e la Vergine uscite dalla bocca dell'ebreo e riferite dal testimonio. Oscenità e bestemmie che solamente un ossesso poteva immaginare e pronunciare).

Questi erano quindi, gli ebrei che l'Inquisizione, con l'autorità della Santa Chiesa, affidava al braccio secolare e alla giustizia! Soltanto l'ignoranza di quello che è, *realmente*, la setta religiosa ebraica può far sì che gente di buona fede, accusi la Santa Chiesa d'intolleranza. Non v'è chi non veda, infatti, come, effettivamente, sia necessario possedere un'eccessiva dose di buona fede, ed un'altra di ignoranza - oppure un'assoluta malafede - per giungere al punto di rassicurare i cristiani sulle possibilità di una convivenza tra la Santa Chiesa e la Sinagoga di Satana.

---

[106] Processi citati. Ed. cit.
[107] Processi citati. Ed. cit.

Se è impossibile concepire la realizzazione di un patto o di un'intesa tra cattolicesimo e comunismo (o tra cattolicesimo e massoneria) ancor più impossibile è addivenire alla stipulazione di un patto tra la nostra Santa Madre Chiesa e l'ebraismo satanico, vero cervello del comunismo e della massoneria, che sono stati da questo impregnati del loro diabolico odio per Cristo, per Maria Santissima e per tutta la cristianità.

Questo Luis de Carbajal, del cui processo dinanzi alla Santa Inquisizione abbiamo stralciato quanto sopra, è un ebreo esemplare, un maestro della legge (falsificata) di Mosè. Ebbene, egli ha identificato il Messia atteso dagli ebrei con l'Anticristo dei Cristiani. E'assai significativo che, in diversi Concilii Ecumenici, la Santa Chiesa abbia concordemente dichiarato, con la grande autorità di questi, che gli ebrei sono i veri ministri dell'Anticristo. In questa affermazione infatti, le affermazioni di diversi Concilii coincidono pienamente. Esaminiamo qualche caso.

Sin dall'anno 633 il Concilio Quarto di Toledo, integrato dai Metropolitani e Vescovi di Spagna (incluso l'attuale Portogallo) e della Gallia, affermava, nel suo Canone LVIII, che appartenevano al *Corpo dell'Anticristo* quei Vescovi, Sacerdoti e Secolari che davano appoggio agli ebrei, contro la fede cristiana, e li dichiarava *sacrileghi e scomunicati*. Nel suo Canone LXVI chiamava gli ebrei *Ministri dell'Anticristo*.[108]

Non può che apparire significativo il fatto che persone cosi competenti delle due parti in contrasto - ossia della Santa Chiesa e della *Sinagoga di Satana* - siano in posizioni di tale irriducibilità.

Dallo studio profondo della religione segreta degli ebrei, i cui segreti sono stati scoperti, malgrado le precauzioni da loro prese, si giunge alla conclusione certa che la suddetta religione ebrea, lungi dall'avere qualsiasi parentela o affinità con il cristianesimo, è l'antitesi stessa e la negazione suprema della fede in Cristo, per cui non esiste neanche la più lontana possibilità d'intesa tra la cristianità e l'ebraismo.

---

[108] *Raccolta dei canoni e di tutti i Concili della Chiesa di Spagna e d'America*. Di Juan Tejada e Ramiro, Madrid, 1859, Tomo II.

CAPITOLO III

LA MALEDIZIONE DI DIO SUGLI EBREI

La giudeo-massoneria, il comunismo e tutte le diverse forze politiche, da questo controllate e mosse, non hanno mai desistito, ne sembra voglian desistere ora, dal lanciare continuamente attacchi contro la politica secolare della Chiesa Cattolica. Uno dei punti maggiormente preso di mira è sempre stato quello relativo al Sant'Uffizio della Inquisizione ed ai suoi *autodafé*, la cui sostanza taluno, anche tra i clericali, per ignoranza della storia o per aver subìto l'influenza delle tesi e della propaganda massonico-liberale, ha deformato, fino ad affermare che la Chiesa ha sbagliato ad attuare la sua politica dell'Inquisizione. Si giunge sino al punto di evitare questo argomento, rivelando quasi un complesso di colpa, originato da un tormentato subcosciente.

Per mettere esattamente a fuoco questa questione, tanto discussa e controversa, e che i nemici del cristianesimo considerano come il tallone d'Achille della Chiesa, è necessario anzitutto non perdere di vista la *realtà*. E'difficile farlo, lo riconosciamo; soprattutto perché questa viene nascosta in mezzo ad un gigantesco cumulo di menzogne, distorsioni e rovesciamenti della verità, che la occulta e si alza come una fitta macchia di rovi; e lo sterpaio è coltivato bene, con cura particolare, dagli ebrei, s'intende, e dai loro complici.

La politica inquisitoriale della Santa Chiesa Cattolica, lungi dal costituire qualcosa di riprovevole, qualcosa di cui la Chiesa debba vergognarsi, fu invece non soltanto teologicamente fondata e giustificata, ma anche di immenso beneficio per le genti. Fu proprio grazie alla Santa Inquisizione - chiamata Santa da Papi, Concilii, Teologi e Santi della Chiesa - che si riuscì a scongiurare quella catastrofe che ora ci minaccia, catastrofe che si sarebbe già abbattuta sull'umanità alcuni secoli orsono.

Questo atteggiamento colpevole e dimesso contrasta, tra l'altro, anche con quello di alcuni storici ebrei che, ben conoscendo la verità dei fatti, riconoscono la funzione positiva di alcuni aspetti del sistema inquisitoriale. Uno di essi, per esempio, è Cecil Roth, il quale nella sua opera, *Storia del Popolo Ebraico*, da noi già menzionata, scrive testualmente:

« ... Bisogna riconoscere che, dal suo punto di vista, l'Inquisizione era giusta. Raramente procedeva senza una base seria; e, quando una cosa era in marcia, l'obiettivo ultimo era di ottenere una confessione completa che, unita all'espressione del pentimento, avrebbe salvato le vittime dagli orrori dei tormenti eterni. I castighi imposti erano considerati più un'espiazione che una punizione.. ».[109]

Noi non siamo ovviamente di quelli che pensano sia oggi possibile imporre la religione per forza; ne di quelli che vogliono venga perseguitato chi non la pensa in un certo modo. Ciò sia ben chiaro! Siamo, anzi, convinti, che la verità debba imporsi *esclusivamente* attraverso la libera discussione, senza ricorrere mai, in alcun caso, a mezzi coercitivi.

Sappiamo però che la nostra Santa Madre Chiesa, tanto tollerante e buona durante i primi tempi, si è trovata dinanzi ad una situazione eccezionale: ossia dinanzi alla minaccia programmata dell'ebraismo internazionale. Un pericolo tremendo la cui estrema gravità può essere solo raffrontata con quella che oggi rappresenta, per tutto il genere umano, il *comunismo internazionale*.

Per salvare la cristianità da tale pericolo, la Santa Chiesa dovette allora ricorrere a mezzi straordinari. A giustificare la necessità dei provvedimenti adottati in quei frangenti, basterebbe il solo fatto che con questi, fu possibile prorogare di alcuni secoli proprio quel disastro che oggi è tornato a minacciare l'umanità.

Nella loro lotta millenaria contro la Chiesa di Cristo, gli ebrei usarono sempre della loro arma base: la quinta colonna, ossia la penetrazione subdola e inavvertita nel campo avversario.

La conversione falsa e ipocrita al Cristianesimo, di migliaia e migliaia di ebrei di tutto il mondo, ha soltanto questo significato. In moltissimi casi, infatti, essi ricevono l'acqua del battesimo ma continuano nascostamente ad essere ebrei come prima, anche se adottano nomi cristiani, si recano alla Santa Messa e ricevono, persino, in quel caso sacrilegamente, i sacramenti.

Il già menzionato storico ebreo Cecil Roth, nella sua opera citata, a pag. 229, afferma testualmente:

« *Naturalmente, nella maggior parte dei casi, le conversioni erano finte...* ».[110]

Nell'antichità essi partecipavano alla vita di Sinagoghe segrete che si riunivano in case private e nei luoghi più strani, come vedremo in seguito. Queste famiglie pseudo-cristiane, che in apparenza ostentavano l'osservanza più rigida del culto, non soltanto praticavano nascostamente i riti ebrei, ma li insegnavano ai loro figli; ad una certa età questi erano iniziati occultamente all'ebraismo, con una segreta ed imponente cerimonia che ci ricorda l'iniziazione massonica.

---

[109] Cecil Roth, op. cit., p. 447.
[110] Cecil Roth, op. cit.

Questo sistema dell'ebraismo sotterraneo è stato praticato dai primi secoli del Cristianesimo sino ai nostri giorni, senza alcuna soluzione di continuità.

Apparve subito chiaro che l'intera cristianità era minacciata di morte qualora non avesse adottato con urgenza i necessari provvedimenti, atti ad arginare l'avanzata segreta dell'ebraismo e ad individuare e combattere le associazioni clandestine che gli ebrei organizzavano tra i veri cristiani. E si giunse così alla conclusione che la Santa Chiesa avrebbe potuto difendersi, e difendere l'umanità, dalla distruzione solo dando vita ad un organismo repressivo, del pari segreto. Non esisteva altro rimedio: opporre alla organizzazione anticristiana *occulta*, qualcosa del pari occulto che ne bloccasse la virulenza e la minaccia. Fu così che nacque quella efficacissima organizzazione occulta che fu il Sant'Uffizio dell'Inquisizione.

Com'è generalmente noto, molte critiche, talune anche aspre e violente, sono state mosse soprattutto alla procedura segreta adottata dall'Inquisizione, in quanto fu proprio questa segretezza di indagini e di azioni la caratteristica principale alla quale venne informata l'attività di quell'organismo. La Santa Chiesa però non ebbe altra scelta: non c'è, infatti, chi non comprenda quanto sia inutile e infruttuoso combattere un'organizzazione segreta con delle semplici attività palesi! Anche i governi, che debbono giornalmente combattere le attività segrete spionistiche e di sabotaggio messe in atto da stranieri e nemici, lo fanno attraverso equivalenti servizi segreti. Non facendolo in questa forma essi soccomberebbero.

Così come le organizzazioni segrete sono l'unico mezzo di lotta veramente effettiva contro l'ebraismo nascosto, non è affatto strano che sia stato proprio questo mezzo quello che ha conseguito i risultati più cospicui e che con più violento fervore ha combattuto gli ebrei, in tutti i modi. Quando San Domenico di Guzman, e altre figure di santi dell'epoca, manifestarono il proposito di creare questa Inquisizione e incominciarono ad agire per realizzarla, i molti ebrei occulti ch'erano tra il clero, intrigarono per impedirlo e tentarono di dividere gli animi dei credenti. Implorazioni vennero rivolte ai Vescovi affinché condannassero questi mezzi d'azione e niente fu tralasciato perché l'Inquisizione stessa non si realizzasse. Niente, infatti, fa più terrore alla quinta colonna ebrea che il vedersi combattere, da parte della Santa Chiesa e dai cattolici, con le stesse armi del segreto.

La stessa precisa cosa avviene ai giorni nostri. Allorquando per combattere la massoneria o le mene segrete del comunismo, e le sue organizzazioni del pari invisibili, qualche gruppo di cattolici si oppone attraverso l'opera di formazioni riservate, gli ebrei impiantano sotterranei ma frenetici intrighi perché il Vescovo della Diocesi, od i suoi superiori, condannino e sciolgano le organizzazioni stesse. Gli ebrei ed i loro accoliti inseritisi tra il clero cattolico sanno infatti molto bene che contro la loro opera invisibile niente possono le visibili formazioni cattoliche, che operano alla luce del sole, ma che quella sarebbe completamente controllata e neutralizzata da un'attività segreta che, così come fu a suo tempo per la Santa Inquisizione, funzionasse sotto il necessario controllo della Chiesa.

Un altro degli aspetti più stigmatizzati dell'Inquisizione è quello relativo alle esecuzioni capitali sentenziate, il cui numero resta ancora molto controverso, in quanto è difficile precisare quanti caddero sotto queste sanzioni divisi come furono in eretici delle varie sette e in eretici giudaizzanti, così come la Chiesa chiamava coloro che, pur essendo, in apparenza, cristiani, praticavano segretamente l'ebraismo.

Taluno fa ascendere a diecine di migliaia il numero delle esecuzioni, talaltro afferma che si tratta soltanto di qualche migliaio. Qualunque sia però questo numero, l'attacco scatenato contro la Chiesa, a causa di questi procedimenti, appare del tutto ingiustificato.

A questo punto sarà bene esaminare tutti i fatti, anche quelli accaduti anticamente, con l'oculatezza, ma soprattutto, con l'assoluto distacco che la gravità dei medesimi ed il tempo trascorso da quando si sono verificati giustificano e impongono.

Taluno ha preteso di difendere la Chiesa affermando che la Chiesa non ha mai eseguito direttamente queste esecuzioni che, com'è noto, sono state portate a termine dal braccio secolare. La spiegazione è sempre stata rifiutata dai nemici del Cattolicesimo i quali hanno opinato che se anche la Chiesa non aveva provveduto direttamente alle opere di giustizia, aveva pur sempre dato a queste la sua alta approvazione. Altro debole argomento dei difensori della Chiesa è stato quello di pretendere che la Inquisizione Spagnola e Portoghese erano soltanto delle istituzioni di Stato, non dirette dalla Chiesa. Tesi del tutto labile, come si vede, in quanto oltre alle due suddette Inquisizioni, altre hanno operato: quella Pontificia, per esempio, che per tre secoli fu molto attiva. Una Inquisizione diretta nientemeno che dallo stesso Pontefice, il quale nominava personalmente il Grande Inquisitore. E gli altri inquisitori, francescani e domenicani, esercitavano le loro funzioni come delegati del Papa e con autorità papale.

E' evidente che noi, allorquando rileviamo quanto sopra, riprendendo gli argomenti usati dai nemici della Chiesa Cattolica - sempre all'erta, ovviamente, nel mettere a fuoco i lati più equivocabili e dolorosi degli avvenimenti - facciamo a fin di bene, come si vedrà, la parte dell'avvocato del diavolo, onde sottolineare, convinti come siamo che è doveroso e necessario farlo, che dinanzi alla gravità della situazione in cui la Chiesa si trovò nel periodo suddetto, la Chiesa stessa - e per Lei i suoi Sommi Pontefici - non esitò ad adottare talune drastiche e sia pur tremende misure, che valsero ad arginare l'ondata satanica che minacciava di travolgere, con la Chiesa, l'intera umanità.

Quest'opera cruda di salvaguardia e di difesa ha imposto alla Chiesa la condanna di migliaia di ebrei ed eretici i quali, affidati al braccio secolare, sono stati giustiziati con la Sua approvazione, attraverso leggi che prevedevano l'esecuzione stessa.

Quanto sopra vale anche per l'Inquisizione Spagnola e Portoghese, che erano Istituzioni di Stato, e dove il Grande Inquisitore veniva nominato dal re e non dal Papa. La Santa Chiesa autorizzava l'Ordine Monastico di S. Domenico a formare il Tribunale dell'Inquisizione, onde fossero perseguiti e scoperti ebrei ed eretici, incarcerati e sottoposti a processo, sino a quando, pronunciata la sentenza, questi non venissero affidati al braccio secolare.

Per difendere efficacemente la Chiesa è necessario rifarsi prima di tutto, e ancora una volta, alla verità; *a tutta la verità*. La Santa Chiesa non potrà temerla mai, perché i suoi atti sono sempre stati improntati ad equità e giustizia. Attraverso la proclamazione di quella verità che finisce sempre col trionfare, e che viene da noi esposta ampiamente nella Quarta parte di questo libro sotto il titolo *La quinta colonna ebrea nel clero*, si avrà la migliore, effettiva difesa della Santa Chiesa Cattolica e di tutto quanto riguarda la sua politica inquisitoriale.

Cominceremo, anzitutto, col dimostrare che nessun diritto di *intangibilità* può essere avanzato dagli ebrei per il fatto di essere stati, un tempo lontano, il popolo eletto da Dio. Al contrario, Dio predisse che coloro che non avessero obbedito ai suoi comandamenti sarebbero stati puniti con molta severità. In considerazione di questo non c'è chi non veda come la politica della Santa Chiesa, in materia di Inquisizione abbia un fondamento teologico irreversibile.

Gli ebrei sottolineano continuamente il fatto che essi si sentono ancora il popolo eletto da Dio e si basano, per dimostrarlo, su taluni passi della Bibbia ai quali essi danno, ovviamente, un'interpretazione del tutto particolare, falsa e informata da sentimenti imperialistici. Essi evitano però accuratamente di precisare che Dio condizionò chiaramente il suddetto privilegio al fatto che essi adempissero fedelmente, attraverso l'osservanza dei Comandamenti, a tutti gli ordini del Signore e che Dio, inoltre, minacciò qualora i suoi comandamenti non fossero rispettati di non considerare più gli ebrei il popolo eletto, ma un popolo maledetto sul quale si sarebbero infallantemente abbattuti quei castighi di cui aveva parlato Mosè.

Di tutto questo gli ebrei si guardano bene dal parlare! E rifuggono del pari, dal chiarire la realtà anche certi sacerdoti cristiani, la cui condotta che sembra inesplicabile, riesce di maggior beneficio per l'ebraismo e per i piani sovversivi di questo che, osiamo dire, per la stessa Santa Chiesa di Nostro Signor Gesù Cristo.

Tra i libri storici della Santa Bibbia, la parte denominata *Deuteronomio* (in greco « seconda Legge » o meglio « ripetizione della Legge ») trasmettendo agli ebrei la volontà divina, inquadrò gli aspetti della situazione in forma che non ammette equivoci. Dio disse, infatti: Versetti 1: « Or se ascolterai la voce del Signore Dio tuo, se ne metterai in pratica e ne osserverai i Comandamenti che oggi io ti prescrivo, il Signore Dio tuo ti farà eccelso fra tutte le nazioni che sono sopra la terra; versetto 2: E tutte queste benedizioni verranno sopra di te, si compiranno in te, dato però che tu ascolti i suoi precetti ».

Quanto sopra dimostra, senza possibilità di equivoci, che il privilegio concesso da Dio a Israele, di ritenerlo il popolo scelto da Lui e da Lui benedetto, era condizionato all'osservanza dei Comandamenti e all'obbedienza alla voce del Signore. E' falso quindi che Dio abbia considerato gli ebrei il popolo eletto, in forma definitiva e in modo incondizionato. Concesse loro, è chiaro, la possibilità di mantenere questo privilegio, ma essi non adempiendo a tutti i comandamenti di Dio, e non ascoltando la voce del Signore, violarono deliberatamente il patto stretto con Lui, le cui condizioni erano vincolanti per conservare l'eccezionale condizione, e quindi attirarono sopra di loro le maledizioni divine.

Occorre tener presente che Mosè, dopo aver menzionato tutte le benedizioni che Dio avrebbe concesso agli Israeliti, qualora questi avessero osservato i Santi Comandamenti e ascoltato la Voce del Signore, enumerò anche tutte le tremende maledizioni che su di loro si sarebbero abbattute, qualora avessero fatto il contrario. Chi vuol conoscerle tutte e prenderne visione nella loro integrità, non ha che da consultare la Bibbia e precisamente i libri *Deuteronomio*, Capitolo XXVIII, e *Levitico*, Capitolo XXVI, che riportano le parole di Mosè.

Noi, qui di seguito, ci limitiamo a riportare soltanto alcuni dei più importanti passi.

MALEDIZIONI CONTRO
I TRASGRESSORI DELLA LEGGE

Deuteronomio, Capitolo XXVIII, Versetti: 15) « Ma se non vorrai ascoltare la voce del Signore Dio tuo, e non ti curerai di mettere in pratica tutti i suoi comandamenti e le sue cerimonie che oggi ti prescrivo, tutte queste maledizioni verranno sopra di te e ti arriveranno. 16) Sarai maledetto nella città, maledetto nella campagna; 17) Maledetto il tuo granaio e maledetti i tuoi avanzi; 18) Maledetto il frutto del tuo seno, il frutto della tua terra, le mandrie dei tuoi buoi, e i greggi delle tue pecore; 19) Sarai maledetto nell'entrare, nell'uscire; 20) Il Signore manderà sopra di te la fame e la carestia, la maledizione sopra tutte le opere che farai, sinché tu non sia distrutto, annientato, a causa delle tue pessime invenzioni per le quali tu m'hai abbandonato; 22) Ti percuota il Signore con la povertà, con la febbre, col freddo, col calore, con la siccità, con l'aria corrotta e con la ruggine e ti persegua sinché tu non sia perito; 24) Il Signore mandi sabbia invece di pioggia alla tua terra e dal cielo ti cada addosso della cenere finché tu non sia distrutto; 25) Il Signore ti faccia cadere davanti ai tuoi nemici (tremenda minaccia di distruzione) e tu, uscito per una sola via contro di essi, te ne fugga per sette. Tu sia disperso per tutti i popoli della terra; 43) il forestiero che abita con te nel paese salirà sopra di te e diverrà più potente, e tu andrai in basso e starai al disotto;[111] 45) e tutte queste maledizioni verranno sopra di te e ti staranno addosso finché non ti abbiano distrutto per non aver ascoltato la voce del Signore Dio tuo, e non averne osservati i comandamenti e le cerimonie che ti prescrisse; 48) tu servirai al tuo nemico mandato contro di te dal Signore nella fame, nella sete, nella nudità, nella mancanza di tutto, ed egli ti metterà sopra il collo un giogo di ferro sino a che tu non sia schiacciato; (tremenda profezia di schiavitù, in primo luogo, e poi di annientamento degli ebrei a mezzo di nemici che Dio stesso gli scatenerà addosso, come castigo e maledizione); 54) E l'uomo tra voi più delicato e voluttuoso porterà invidia al proprio fratello, e alla moglie che riposa sul suo seno; 55) E non farà loro parte delle carni dei suoi figlioli delle quali si ciberà, non avendo altro nell'assedio e nella penuria con la quale i tuoi nemici ti affliggeranno dentro le sue porte; 62) E resterete in piccolo numero, voi che eravate numerosi come le stelle del cielo, perché non ascoltaste la voce del Signore Dio tuo ».[112]

Il Capitolo XXVI del *Levitico* (altro capitolo della Bibbia) cita di bel nuovo il dilemma posto da Dio al popolo ebraico allorquando gli promise che sarebbe stato il popolo eletto e benedetto se avesse osservato i suoi comandamenti, ma sarebbe stato il popolo maledetto se non li avesse osservati; ed elenca tutti i castighi che lo avrebbero fatto soffrire a causa della sua cattiva condotta. Dalle maledizioni scagliate ancora una volta da Dio stesso contro gli israeliti, trascriviamo solo le più significative. Coloro che desiderano conoscerle tutte, consultino la Sacra Bibbia: il libro dal quale abbiamo tratto, letteralmente, le nostre citazioni:

MINACCE CONTRO CHI TRASGREDISCE LA LEGGE

14. » Ma se non date ascolto e non adempite tutti i miei comandamenti.
15. Se disprezzate le mie leggi e tanto non fate caso delle mie prescrizioni

---

[111] I Padri della Chiesa spiegano che questa profezia si riferisce alla vocazione dei Gentili e alla loro fede che li fece gloriosamente preferire agli ebrei. San Cipriano contra Judae. Libro I, Capitolo 21. Nota dell'Ed. SCIO sulla Bibbia, Tomo 1.
[112] Deuteronomio. Capitolo XXVIII. Versetto cit.

da non mettere in pratica ciò che ho stabilito e da rendere vano il mio patto (e qui Dio Nostro Signore allude alla possibilità che il patto stipulato da Lui con questo popolo venga invalidato, e rotto, dagli ebrei, con i loro peccati). 16. Ecco quello che farò: volerò a visitarvi con l'indigenza e coll'ardore che vi seccherà gli occhi e vi consumerà le anime. Seminerete invano la vostra semente: sarà mangiata dai vostri nemici. 17. Volgerò la mia faccia contro di voi e sarete assoggettati da chi vi odia e fuggirete senza che nessuno vi insegua. (E'impressionante constatare come il delirio collettivo di persecuzione di cui è preda il popolo ebreo, coincida sorprendentemente con questa maledizione divina). 18. E se nemmeno dopo questo mi obbedirete, castigherò sette volte di più i vostri peccati. 39. ...perirete tra le nazioni, e la terra nemica vi consumerà. E se di essi ne rimarranno alcuni, a causa delle loro iniquità si struggeranno nel paese dei nemici, e saranno afflitti per i peccati dei loro padri e per i propri ».

La parola di Dio parla da sè! Dio affidò a Israele un enorme privilegio, è vero, ma non certo perché questi lo usasse per commettere impunemente qualsiasi genere di peccato e di crimine, in violazione e dispregio assoluto della Legge Divina. Dio che è *Giustizia Assoluta*, sottomise la validità di questo privilegio e di questa benedizione, a condizioni rigorosissime, che garantissero il buon uso dei suoi doni divini; ed impose agli ebrei di osservare non solo uno, bensì tutti i Comandamenti, così come è letteralmente riportato nei versetti del Deuteronomio e del Levitico. Comandò loro di osservare i Comandamenti Divini e di tenere in sommo pregio i giudizi in questi espressi.

Cos'hanno fatto durante tremila anni gli ebrei? Anziché osservare i Comandamenti e le altre condizioni stabilite da Dio, hanno ucciso gran parte dei Profeti, hanno rinnegato il Figlio di Dio fatto Uomo, lo hanno calunniato e assassinato, mancando così al primo comandamento che è amare Dio *sopra ogni altra cosa;* al quinto che impone di *non ammazzare;* all'ottavo che proibisce di *dire false testimonianze* e mentire.

Inoltre gli ebrei hanno assassinato anche varii discepoli di Gesù Cristo, si sono macchiati le mani in sanguinose rivoluzioni, nel corso delle quali hanno ucciso milioni di esseri umani, hanno spogliato i cristiani delle loro ricchezze, rubandogliele anzitutto con l'usura e quindi col comunismo e hanno bestemmiato orribilmente il nome di Dio, di cui hanno distrutto i templi e ucciso sacerdoti, frati e monache in tutti i Paesi marxisti.

Ne può essere accettata per buona la pretesa, meschina, giustificazione che essi tentano di dare a queste nefandezze nel corso delle loro riunioni segrete, affermando che quanto sopra, è accaduto *soltanto* nel corso di alcuni secoli. L'apparato rivoluzionario del socialismo comunista, essi affermano, distrugge *soltanto* le *false* religioni, onde edificare sulle rovine di queste, la religione tutta deformata del Dio d'Israele e del suo Popolo Eletto. Di quel popolo che sarà la futura aristocrazia del mondo.

E'doveroso notare a questo punto, che le bestemmie contro Dio e l'opera di negazione compiuta dal marxismo materialista non sono dirette contro la tale o la talaltra religione ritenuta falsa, bensì contro Dio stesso, in senso assolutamente lato, e contro tutti i valori dello spirito.

Né il delirio di grandezza della *Sinagoga di Satana*, né il suo demoniaco imperialismo, potranno mai giustificare in alcun modo le mostruose bestemmie contro Dio che vengono giornalmente scagliate nei Paesi soggetti alla dittatura marxista del comunismo. E'del tutto vano che gli ebrei insistano nel presentare questo doloroso fenomeno come *transitorio*, legato cioè, allo svolgersi degli eventi maturatisi nel corso di alcuni secoli.

Lo spirito di questo nostro capitolo può essere condensato e riassunto nelle seguenti precise constatazioni di fatto: *anziché adempiere ai Comandamenti di Dio ed a tutto ciò che Egli aveva stabilito quale condizione assoluta, perché essi fossero il Popolo Eletto, gli ebrei hanno operato in aperto dispregio e violazione del patto, sino a rendersi innanzi tutto colpevoli di deicidio e quindi di una orrenda serie di crimini che hanno continuato a commettere durante i quasi duemila anni che sono trascorsi da allora.*

Così comportandosi, in questo modo iniquo, essi - è chiaro - hanno meritato ampiamente le maledizioni e i castighi che Dio aveva minacciato loro in caso di inadempienza. Queste maledizioni e questi castighi, stabiliti e preannunciati da Dio stesso, si sono avverati alla lettera: sino all'ultima tremenda, recente prova, attraverso alla quale è passato il popolo ebreo: *lo sterminio in massa*. Un episodio tragico della sua storia millenaria che rattrista profondamente ma induce alla riflessione.

Ripassando in lettura i versetti della Bibbia da noi riportati, che parlano di distruzione e di morte, e comparandoli con l'uccisione di ebrei verificatosi nell'Europa Centrale, ad opera dei nazisti, nel corso dell'ultimo spaventoso conflitto mondiale, si ha, ancora una volta, la prova chiarissima del puntuale avverarsi, nel corso della storia, delle maledizioni e dei castighi enunciati migliaia d'anni orsono da Dio al Popolo Ebreo. Il disegno divino che ha originato i fatti verificatisi, appare evidentissimo. Tutti i popoli della terra, anche quelli pagani, come il popolo caldeo, quello romano e, recentemente, anche quello tedesco-nazista, sono stati gli strumenti di cui la Divina Provvidenza si è servita per punire i delitti ed i peccati del popolo ebreo e quindi far avverare le maledizioni preannunciate da Dio.

Agli ebrei, ed agli strumenti degli ebrei inseritisi dentro la Cristianità, dispiacerà senza dubbio leggere quanto sopra, così come d'altronde tutto ciò rattrista profondamente anche noi. Ma essi non potranno non riconoscere, del pari senza alcun dubbio, che a nessuno è dato e concesso di modificare la volontà divina.

Nel capitolo che segue vedremo come i profeti biblici, nel trasmettere la volontà di Dio, furono ancora più espliciti di Mosè circa i castighi in cui gli ebrei sarebbero incorsi e dai quali sarebbero stati flagellati, a causa dei peccati e dei crimini da loro commessi.

CAPITOLO IV

CASTIGHI DI DIO: BIBBIA

I Profeti rammentati nella Sacra Bibbia parlarono costantemente dei tremendi castighi minacciati da Dio agli ebrei.

Nella Profezia di Isaia vengono predette per bocca sua diverse sanzioni che sarebbe troppo lungo trascrivere. Tutte, però, possono essere ridotte a due versetti della parte finale di detta profezia. Chi volesse approfondire la conoscenza di questo tema non ha che da sfogliare la Sacra Scrittura.

Capitolo LXV. Versetto 11: « Ma voi che avete abbandonato il Signore, che avete dimenticato la mia montagna, che apparecchiate la tavola alla Fortuna e vi fate sopra le libagioni; 12. Vi conterò colla spada, cadrete tutti nella strage; perché vi ho chiamato e non avete risposto; ho parlato e non avete dato ascolto e avete fatto il male sotto i miei occhi e avete scelto quello che Io non volevo ».[113]

Il Profeta Ezechiele racconta che essendosi indignato il Signore a causa dell'idolatria dei giudei (fino a che punto Egli sarà indignato oggi, dinanzi a questo nuovo tipo di idolatria, quella dello Stato Socialista, ed agli altri feticci che gli ebrei hanno instaurato negli inferni comunisti?) gli aveva rivelato:

Capitolo VIII, Versetto 18: « Anch'io dunque agirò nel mio furore, il mio occhio non risparmierà, sarò senza misericordia e quando alzeranno le grida alle mie orecchie io non le starò a sentire ».

Capitolo IX, Versetto 1: « Ed egli con gran voce gridò nei miei orecchi; i castighi della città son vicini, ognuno ha in mano lo strumento per uccidere ». 5: E altri, mentre io sentivo, disse:

« andate per la città dietro a Lui e colpite: non si impietosisca il vostro occhio, siate senza misericordia. 6: Uccidete vecchi, giovani vergini, bambini, donne, fino allo sterminio; tutti quelli però sopra i quali vedrete il Tau non li uccidete e cominciate dal mio santuario ». Cominciarono dunque da quelli anziani che eran davanti al tempio. 7: E disse loro: « contaminate le case e riempite i cortili di uccisi. Uscite ». Ed essi

---

[113] Profezia di Isaia. Capitolo LXV. Versetti 11 e 12.

uscirono a colpire quelli che erano nella città. 8: E finita la strage, io rimasi e mi gettai bocconi e alzando le grida, dico: « Ahi, ahi, ahi! Signore Iddio, disperderai dunque tutti gli avanzi d'Israele, versando il tuo furore sopra Gerusalemme? ». 9: E mi disse: « L'iniquità della casa d'Israele e di Giuda è grande, troppo grande, e la terra è piena di sangue, e la città è piena di ribellione, perché van dicendo: il Signore ha abbandonato la terra, il Signore non vede ». 10: Per questo il mio occhio non avrà pietà, sarò senza misericordia: « le loro opere le farò ricadere sopra il loro capo »[114].

La eloquentissima parola di Dio Nostro Signore non ha bisogno di commenti. E noi non possiamo ne contraddirla, né criticarla, senza macchiarci del peccato di bestemmia. Quanto da noi poc'anzi riportato è espressione della Giustizia Divina, così come rivelano le Sacre Scritture e non come la falsificano sia gli ebrei dichiarati che taluni ecclesiastici che, pur essendo cristiani, operano purtroppo come se fossero ebrei.

Anche nella profezia di Osea si parla dei crimini d'Israele e di Giuda e dei castighi che Dio avrebbe inflitto loro. Il Capitolo IV, Versetto 1 reca:

« ...non c'è più verità, né compassione, né la Conoscenza di Dio sulla terra.

2: La bestemmia, la menzogna, l'omicidio, il furto, l'adulterio, trionfano, il sangue incalza il sangue ».

E nel Capitolo V, versetto 2 è detto: « Le vittime le faceste cadere nella fossa profonda...

5: E l'arroganza d'Israele testimonierà contro di lui e Israele e Efraim andranno in rovina per la loro iniquità e rovinerà con essi anche Giuda »[115].

Dio Nostro Signore manifesta la Sua decisione di non tollerare oltre le malvagità d'Israele anche nella profezia di Amos. Nel Capitolo VIII, Versetto 2, per esempio, si legge: « mi disse: Che vedi tu Amos? -Risposi: un uncino da cogliere i frutti. E il Signore disse: E'venuta la fine per il mio popolo d'Israele e non gliene passerò più per l'avvenire ».

Nel Capitolo IX, versetto 1, è scritto: « Io vidi il Signore che stava ritto sopra l'altare e diceva:

« Percuoti la soglia e si scuoterà l'architrave. Siccome tutti son dominati dall'avarizia, fino all'ultimo li farò perire sotto la spada. Non avranno scampo: fuggiranno ma di quelli fuggiti non se ne salverà uno... ».[116]

La Profezia di Daniele narra ciò che venne rivelato dall'Arcangelo San Gabriele in merito alla morte di Gesù Cristo e dice chiaramente che il popolo che aveva ripudiato il Signore non sarebbe stato più il popolo eletto

---

[114] Profezia di Ezechiele. Capitolo VIII. Versetto ultimo e Capitolo IX. Versetti citati.
[115] Profezia di Osea. Capitolo IV. Versetti 1 e 2. Capitolo V. Versetti 2 e 5.
[116] Profezia di Amos. Capitolo VIII. Versetto 2, Capitolo IX. Versetto 1.

da Dio. La desolazione, afferma la profezia, sarebbe piombata su Israele sino alla consumazione e alla fine del mondo.

Al Capitolo IX, versetto 25, si legge: « Comprendilo dunque e notalo bene: Da quando uscirà l'editto per la riedificazione di Gerusalemme, fino a Cristo, al Principe, vi saranno sette settimane e sessantadue settimane. Saranno riedificate le piazze, le muraglie, in tempo di angustia. 26: Dopo sessantadue settimane il Cristo sarà ucciso, e non sarà più suo il popolo che lo rinnegherà. La città e il santuario saranno distrutti da un popolo con un condottiero che verrà, la sua fine sarà la devastazione, e, finita la guerra, (verrà) la desolazione decretata. 27: Egli confermerà il testamento con molti in una settimana; e alla metà della settimana verranno meno le ostie e i sacrifici, e sarà nel tempio la abominazione della desolazione e la desolazione durerà sino alla consumazione, sino alla fine ».[117]

E'come dire sino alla fine del mondo!

Dinanzi alla verità folgorante e luminosa della Parola di Dio, appare veramente incredibile che taluni membri della Chiesa, che ritengono di essere dei buoni cristiani, si preoccupino di difendere l'ebraismo sino al punto di sostenere, ancora oggi, che questo *popolo deicida* è sempre l'eletto del Signore: malgrado tutti i crimini commessi e quanto contenuto nella Sacra Scrittura.

Anche in un breve *excursus* come il nostro, i passi citati rivelano chiaramente che non si può più parlare ormai di *popolo eletto*, nella maniera in cui questo lo fu indubbiamente prima della venuta di Nostro Signor Gesù Cristo. Il popolo ebreo altro non è ormai che il popolo maledetto da Dio; maledetto per essere incorso nei suoi anatemi. Così come d'altronde Dio aveva chiaramente avvertito si sarebbe inesorabilmente verificato qualora non fossero stati rispettati i Suoi Santi Comandamenti.

Maledetto, infine, per aver commesso il crimine più atroce di tutti i tempi: *per avere, cioè, rinnegato, martirizzato e crocifisso il Figlio di Dio in persona.*

Oggi è indubbiamente difficile comprendere per intero la verità di questo preciso argomento. La verità nuda e cruda stenta ormai ad imporsi nel nostro mondo influenzato durante molte generazioni da un cumulo di menzogne e di favole recitate dagli ebrei. Favole di cui si può dire usando le parole stesse di San Paolo[118] che hanno finito col deformare la verità proprio nella mente dei cattolici.

---

[117] Profezia di Daniele. Capitolo IX. Versetti 25. 26 e 27.
[118] San Paolo nella sua Lettera a Tito. Cap. 1. Versetti 13 e 14, dice: « E non dovete udire le favole ebree, nè ubbidire ai comandamenti degli uomini che si allontanano dalla verità ».

Appare oggi urgente che qualcuno abbia il coraggio di parlar chiaro: finalmente! Anche se in taluni ambienti della Cristianità, le nostre parole potessero suonare sgradevoli, soprattutto a qualcuno che si sentirà toccato nel vivo, ricordiamoci ciò che Nostro Signore medesimo ci ha detto: « soltanto la verità vi farà liberi ».[119]

La parola di Dio da noi rievocata, rivela che così come Dio fu energico e implacabile quando condusse nel Cielo la Sua lotta contro Satana, altrettanto lo è nel condurre la Sua lotta contro le forze di Satana sulla Terra.

La pretesa ebraica di poter beneficiare di una carità senza limiti, onde paralizzare i cristiani nelle strettoie di una morale vile e imbelle, non ha nessun fondamento nella manifesta volontà di Dio. La contraddice anzi visibilmente.

I passi dell'Antico Testamento, da noi citati, contenenti le rivelazioni da Dio fatte agli uomini, attraverso Mosè e i Profeti, distruggono il mito dell'intangibilità del popolo ebraico, i cui crimini non potrebbero essere contrastati da nessuno, trattandosi di una specie di popolo sacro. Abbiamo visto, invece, come Dio abbia preannunciato i castighi che sarebbero caduti sugli ebrei qualora essi anzichè adempiere a tutti i Suoi Santi Comandamenti li avessero violati.

La Santa Chiesa Cattolica nel concedere la Sua approvazione all'attività repressiva del Sant'Uffizio della Inquisizione, altro non fece, quindi, che interpretare la volontà di Dio, espressa nell'Antico Testamento.

Con la sua azione oculata e severa difese l'umanità e riuscì a bloccare durante alcuni secoli il progresso di quella sanguinosa cospirazione che sta per travolgere il mondo e sommergerlo nel più spaventoso dei caos.

A nessun onesto è oggi consentito negare, infatti, che il marxismo, attraverso i suoi regimi di terrore, sfocia nella schiavitù dei popoli e che questa odierna è di gran lunga la peggiore di tutti i tempi.

Noi siamo sinceramente avversi ad ogni spargimento di sangue; il nostro più fervido desiderio è che la guerra sparisca dalla faccia del mondo. Gli ebrei debbono però comprendere che le terribili stragi di cui essi sono stati fatti oggetto, oltre ad essere state profetizzate dall'Antico Testamento, come castigo divino, sono state, per la maggior parte, conseguenza della condotta criminosa degli ebrei stessi, tenuta nei territori di quei popoli che generosamente aprirono loro le frontiere per farli immigrare e offrirono loro la più cordiale delle ospitalità. Se gli ebrei in ogni paese dove vengono ricevuti a braccia aperte ripagano la cordiale accoglienza fatta loro, dando vita a una traditrice lotta di conquista, organizzano complotti, fanno scoppiare rivoluzioni, ammazzano a migliaia gli abitanti della nazione che li ha ospitati, è naturale che, in seguito, debbano soffrire le conseguenze dei loro atti. E se noi deploriamo profondamente lo spargimento del sangue

---

[119] Evangelo secondo San Giovanni. Capitolo VIII. Versetto 32.

israelita, più profondamente ancora deploriamo lo spargimento del sangue cristiano e gentile, che gli ebrei fanno scorrere a torrenti, sempre, attraverso le loro immancabili rivolte massoni e comuniste, e col terrore rosso: dovunque essi riescono ad instaurarlo.

Se gli ebrei non vogliono che nel futuro i popoli abbiano verso di loro delle reazioni violente, è necessario dimostrino la loro buona volontà, con fatti e non con promesse, che mai mantengono, e che mai hanno mantenuto, e si astengano dal continuare nell'aggressione ai popoli stessi attraverso le loro organizzazioni rivoluzionarie e terroriste di ogni genere.

Gli ebrei dovrebbero eliminare la massoneria, sopprimere i partiti comunisti e tutte quelle altre associazioni che essi utilizzano come mezzo di dominazione e liberare i popoli schiavizzati dalle loro dittature comuniste, permettendo loro di indire libere elezioni. In una parola metter fine all'aggressione che in tutto il mondo essi compiono contro le diverse nazioni; essi dovrebbero, ormai, comprendere che chiunque dà l'avvio ad una politica offensiva e di conquista è logicamente esposto ad un contrattacco - per legittima difesa - scatenato dall'aggredito.

CAPITOLO V

ANTISEMITISMO E CRISTIANESIMO

Gli ebrei hanno sempre adottato, in tutte le loro imprese imperialiste e rivoluzionarie, una tattica inconfondibile per ingannare i popoli. Utilizzando concetti astratti e vaghi, fanno ricorso a giuochi di parole ed a frasi elastiche, che possono essere sempre equivocamente interpretate ed estrinsecate in diversi modi.

I concetti di eguaglianza, libertà, fraternità universale e, soprattutto, quello di antisemitismo, per esempio, sono spesso presenti nelle tesi ebraiche, ma sono di una elasticità enorme. Vengono attribuiti loro diversi significati ma in realtà tutti mirano ad uno scopo unico: *paralizzare i popoli Cristiani e Gentili, impedir loro di difendersi dall'imperialismo ebraico e dall'azione distruttiva delle forze anticristiane.*

La manovra ingannatrice può essere così sintetizzata:
Primo passo - Ottenere la condanna dell'antisemitismo a mezzo di un'abile campagna e con pressioni di ogni genere, insistenti, coordinate ed energiche, esercitate da forze sociali controllate dall'ebraismo, e messe in atto dai suoi agenti segreti introdotti nelle Istituzioni Cristiane, nelle sue Chiese e nei suoi Stati.

Onde poter compiere questo primo passo e ottenere che le Autorità Religiose e politiche della Cristianità condannino, una dietro l'altra, l'*antisemitismo*, vien dato a questo concetto un significato particolare che lo dipinge:

A) Come discriminazione razziale dello stesso genere di quella in atto, in taluni paesi, dei bianchi contro i negri o dei negri contro i bianchi. L'*antisemitismo*, inoltre, viene oggi spesso presentato come un razzismo che discrimina gli ebrei come appartenenti ad altra razza, razzismo, questo, condannato anche da Sua Santità Pio XII, perché contrario agli insegnamenti e alla dottrina del Martire del Golgota, che stabilì e affermò - com'è noto - l'uguaglianza degli uomini dinanzi a Dio.

B) Come odio puro e semplice verso il popolo ebreo. Un odio peccaminoso che contraddice la sublime massima di Nostro Signore Gesù

Cristo: «*Amatevi gli uni con gli altri*».

C) Come attacco e condanna al popolo il cui sangue è quello stesso di Gesù e Maria. Quest'ultimo argomento è dagli ebrei definito *l'argomento irresistibile*.

In questo modo, quindi, attribuendo all'*antisemitismo*, l'uno o l'altro dei suddetti significati, gli ebrei e i loro agenti infiltratisi nella Cristianità sono giunti a sorprendere la buona fede, la carità e la bontà di molti governanti cristiani e di talune Gerarchie Religiose, sia della Nostra Santa Chiesa Cattolica, che delle altre Chiese Protestanti e dissidenti.[120]

Da ogni parte, infatti, cedendo a queste bene organizzate ed oscure pressioni, vengono formulate severe censure e stilate dure condanne di carattere morale e materiale - *contro l'antisemitismo*. Nessuno, però si cura mai di entrare nei dettagli della materia condannata e nessuno osa sceverare il vero significato di tale censurato *antisemitismo*. Si lascia, cioè, nell'impreciso e nel vago ciò che è stato fatto oggetto di reale condanna, e questo consente agli ebrei ed ai loro agenti di restare ben annidati dentro alla Cristianità e quindi di poter essere, sovente, proprio loro, gli unici interpreti di decisioni tanto gravi.

Allorquando le Autorità Religiose, così sottoposte a pressioni inconfessabili, si curano almeno, di specificare cosa esse intendano per *antisemitismo*, il pericolo è minore, poichè la condanna espressa inquadra con precisione i termini di ciò che viene condannato: per esempio, la discriminazione razziale e l'odio verso i popoli. In quest'ultimo caso, infatti, malgrado che gli ebrei abbiano l'audacia di pretendere in tutti i modi una più ampia interpretazione dell'antisemitismo, onde estendere ingegnosamente il raggio d'azione della condanna, è più facile scoprire e dimostrare il sofisma in tutta la sua portata.

Secondo passo - Quando gli ebrei ed i loro agenti segreti avranno ottenuto questa condanna dell'*antisemitismo*, essi daranno a questo vocabolo un significato del tutto diverso da quello antecedentemente attribuitogli nel chiederla. A condanna espressa risulteranno, quindi, essere antisemiti:

1) Tutti coloro che difendono i loro paesi dalle aggressioni dell'imperialismo giudaico, usando del naturale diritto, di tutti i popoli, di difendere la loro indipendenza e la loro libertà.

2) Coloro che criticano e combattono l'azione dissolvitrice delle forze ebree, che distruggono la famiglia cristiana e degenerano la gioventù.

---

[120] Noi Ci asteniamo dall'usare termini più crudi nel designare le Chiese Protestanti e Scismatiche in ubbidienza al desiderio di S.S. il Papa Giovanni XXIII di provocare un avvicinamento ogni giorno più stretto tra tutta la Cristianità, dinanzi alla minaccia comunista.

3) Coloro che, in qualsiasi forma, censurano o combattono l'odio e la discriminazione razziale che gli ebrei si credono in diritto di esercitare contro i cristiani, anche se ipocritamente, cercano di mascherarla; e tutti coloro che, in qualsiasi modo, denunciano le malvagità ed i delitti commessi dagli ebrei contro i cristiani, e ne chiedono il meritato castigo.

4) Coloro che smascherano l'ebraismo come il dirigente Supremo del comunismo, della frammassoneria e di altri movimenti sovversivi e chiedono che vengano adottati i mezzi necessari per impedire la sua azione dissolvitrice.

5) Coloro che, in qualsiasi forma, si oppongono all'azione ebrea, tendente a distruggere la Santa Chiesa e la civiltà cristiana.

Quanto questo giuoco sia ignobile e sporco balza alla vista. Si ottiene che vengano espresse censure e condanne contro l'*antisemitismo* (che si riesce a far identificare *esclusivamente* come una discriminazione razziale e come una manifestazione d'odio verso i popoli, il tutto in contrasto con la dottrina cristiana) e quindi si attribuisce, immediatamente, un diverso significato alle parole. Con questo subdolo artificio si ottiene di legare mani e piedi a tutti coloro che intendono difendere la Santa Chiesa, le loro Nazioni, le loro famiglie, e, persino, i loro naturali diritti, dalle aggressioni dell'imperialismo ebraico.

Per ottenere tutto ciò, le forze ebree palesi ed occulte impiantano uno strepitoso apparato di propaganda, alzano un immane coro di lamentazioni, denunciano a gran voce tutti coloro che fanno uso del diritto di legittima difesa. Si sgolano nel gridare ai quattro venti che la Chiesa Cattolica ha condannato l'*antisemitismo*. E condannano, magari in nome della stessa Chiesa, coloro che prendono l'iniziativa di un'azione *antisemita*.

Nessun credente, essi affermano, può e deve assecondare nessun genere di azione antisemita; neanche quella in difesa dei popoli, delle famiglie e della Santa Chiesa, dall'azione dissolvitrice e rivoluzionaria dell'imperialismo ebreo.

Una rozza manovra, come si vede. Ma che riesce tuttavia a raggiungere il suo fine. Quello di provocare la disunione tra i pur rispettabilissimi capi delle nazioni, che intendono difenderle, e il disorientamento tra coloro che pur si rendono conto di quanto sia opportuno, necessario anzi, difendere la civiltà cristiana. Una rozza manovra abbiamo detto. Lo ripetiamo, anche se è la forma più producente escogitata dagli ebrei per conseguire il trionfo delle loro rivoluzioni ebreo-massoniche o ebreo-comuniste.

Questa tattica è quella che ha consentito all'ebraismo di trionfare in questi ultimi tempi e che ha condotto alla tremenda minaccia che sovrasta il mondo cristiano. Non c'è chi non veda come una situazione del genere di quella oggi esistente, imponga uno studio approfondito e attento. I vari problemi da questa originati, ed a questa connessi, debbono essere attentamente meditati da tutti noi, a cui compete la difesa della Santa Chiesa e della nostra Patria dall'imperialismo anti- cristiano, rappresentato dall'ebraismo d'oggi. Conforto e luce per la nostra coscienza inquieta e in allarme verranno sicuramente a noi attraverso l'esercizio continuo e fervido della preghiera.

Un esempio probante di queste incredibili manovre è dato dal seguente caso: il chiarissimo scrittore cattolico Vincenzo Risco descrive efficacemente quanto certe organizzazioni fondate per ottenere la conversione degli ebrei, siano invece risultate più efficaci per difendere la loro religione.

I fratelli Lemann - egli scrive - approfittarono dello zelo evangelico della Santa Chiesa, per difendere il popolo ebreo anziché convertirlo. Fu così che quando lo scrittore cattolico Drumont denunciò nel suo *France Juive*, nello scorso secolo, la cospirazione ebrea in atto per distruggere la Cristianità e dominare il popolo francese, *Padre Lemann replicò in difesa della comunità ebraica e con questa collaborò per giungere alla sconfitta dei cattolici in Francia e al trionfo giudeo-massonico.*

Altrettanto accadde con l'« ordine della Nostra Signora di Sion » fondato da ebrei convertiti, il quale si dedicò assai più alla difesa degli ebrei affiliati alla *Sinagoga di Satana* che alla loro conversione alla Verità.

Nel corrente secolo - altro esempio - venne costituita un'altra associazione destinata, secondo il programma, ad incorporare gli ebrei nella Chiesa mediante la loro conversione. Un così nobile ideale evangelico riscosse molte simpatie e riuscì ad ottenere innumerevoli adesioni di religiosi e secolari. L'insigne storico Vincenzo Risco, riferisce in proposito che facevano parte di questa Associazione numerosi fedeli, influenti e ricchi, Vescovi e persino Cardinali; tutti compivano una calorosa propaganda e pubblicavano anche un foglietto dal titolo *Pax Super Israel* (Pace Sopra Israele). Bene, per farla corta, questa associazione incominciò presto a sostenere e dibattere stravaganti dottrine, un po' al margine del genuino spirito della Chiesa Cattolica, ed a separarsi lentamente dalla tradizione, dall'insegnamento dei Santi Padri e della Liturgia.

In proposito una rivista cattolica scriveva:

« Essi affermano che non si deve parlare di conversione degli ebrei, ma soltanto del loro ingresso nella Chiesa, come se gli ebrei non debbano prima, per ottenerlo, ripudiare i loro errori. Rifiutano la qualificazione di popolo deicida data agli ebrei e di città deicida data a Gerusalemme, come se gli ebrei non avessero contribuito alla morte di Gesù e come se la liturgia non li chiamasse perfidi.

« Incrimina i Santi Padri in quanto colpevoli di non aver compreso il popolo ebreo; come se questo non fosse colpevole di persistere volontariamente nell'ebraismo.

« Infine - continua la rivista suddetta - sottolineano la nazionalità ebrea di Gesù Cristo e fanno osservare che i cristiani, a mezzo della Santa Comunione, si uniscono sempre con gli ebrei e contraggono con loro una parentela di sangue ».

Tutto ciò apparve logicamente troppo azzardato e la Chiesa non potè tollerarlo. Intervenne la Sacra Congregazione del Sant'Uffizio, ma siccome tra questi temerari Amici d'Israele militavano anche molti fedeli in buona fede, Vescovi, e persino dei Cardinali, come abbiamo detto, la Congregazione, nel suo decreto datato nell'anno 1928 non pronunciò una vera e propria condanna formale. La condanna risultò però chiaramente implicita dal decretato scioglimento dell'Associazione e dalla soppressione del foglietto *Pax Super Israel*, origine dell'intervento.[121]

I fatti rivelarono, ancora una volta, il volere divino, visto che le fila di questa nuova congiura, la cui trama era giunta ad irretire persino talune alte sfere della Santa Chiesa, vennero così prontamente spezzate.

Questo esempio è di grande attualità perché secondo quanto abbiamo appreso, i giudei stanno tramando qualcosa di molto più grave per il Concilio Vaticano II dove, approfittando del santo zelo per l'unità cristiana e la conversione degli ebrei, tentano di ottenere che la maggioranza dei Padri Conciliari approvi una risoluzione riguardante gli ebrei stessi che non soltanto contraddica la dottrina sostenuta dalla Santa Chiesa durante i secoli, ma anche condanni, in forma quasi impercettibile, tacitamente, la politica anteriormente osservata.

I cospiratori, qualora quanto sopra si realizzasse, otterrebbero che la Santa Madre Chiesa contraddicesse se stessa, con quelle conseguenze disastrose che sono immaginabili. Un satanico intento come si vede, perseguito con subdola accortezza, tenacia e metodo assolutamente degni di miglior causa.

Gli ebrei ed i loro alleati, che sono all'opera nell'interno della Cristianità, non hanno tenuto però conto dell'assistenza che Dio ha sempre concesso alla Sua Chiesa. In virtù e per grazia Sua quindi, ancora una volta *le porte dell'inferno non prevarranno*.

Ritornando a parlare della suddetta Associazione filo-semita alla quale appartennero Fedeli, Vescovi e Cardinali e all'opuscolo di questa intitolato *Pax Super Israel*, le cronache del tempo ci informano che la condanna implicita espressa dal Sant'Uffizio, nell'anno 1928, fu cosa tutt'altro che facile, in quanto la lotta nelle alte sfere della Chiesa fu accesa. Quando gli

---

[121] Vicente Risco, *Historia de los judios*, 3a Edizione, Ed. Surco, Barcellona, 1960.

appartenenti alla Associazione di cui si parla, videro che la condanna della Chiesa sarebbe stata inevitabile e avrebbe condotto allo scioglimento dell'organizzazione, essi, approfittando come al solito dello spirito caritatevole e dell'assoluta buona fede degli Alti Dignitari della Chiesa stessa, sferrarono un colpo disperato. Ottennero cioè che assieme alla condanna suddetta, un'altra ne venisse espressa: *nei riguardi dell'antisemitismo;* che venne dichiarato contrario agli insegnamenti di Nostro Signore Gesù Cristo, fondati sul sublime invito: « *Amatevi gli uni con gli altri* ».

Ciò ottennero attraverso ad una lunga serie di pressioni e di influenze. Il Sant'Uffizio con suo decreto del 23 Marzo 1928 (successivo quindi, a quello con il quale era stata sciolta l'Associazione filo- semita), stabilì che la Santa Chiesa:

> « Così come riprova tutti gli odii e le animosità tra i popoli, condanna l'odio contro il popolo in altri tempi preferito da Dio, l'odio che oggi, ordinariamente, viene designato con la parola: *Antisemitismo* ».

Com'è suo costume, l'ebraismo ebbe somma cura di far sì che questa condanna ricadesse anche su tutti quei cattolici che difendono la Santa Chiesa, la loro Patria ed i loro figli dalla cospirazione ebrea. E, ancora una volta, alla parola *antisemitismo* venne attribuito un significato completamente diverso da quello che informa la condanna espressa.

E'in virtù di questa tecnica che gli ebrei, quando qualche cattolico chiede, negli Stati Uniti, per esempio, che essi vengano puniti per aver consegnato segreti atomici alla Russia, dando così al comunismo il potere di sottomettere il mondo, affermano che le accuse e le richieste sono soltanto *antisemitismo.*

Antisemitismo, si affrettano a soggiungere, condannato dalla Chiesa Cattolica. E con la suggestione e la potenza di un argomento siffatto ottengono sempre il godimento di una considerazione del tutto particolare di cui, nel caso specifico, essi non dovrebbero assolutamente essere fatti oggetto.

Se qualcuno denunzia gli ebrei come dirigenti del comunismo e della massoneria e fa luce sul loro intento di distruggere la Santa Chiesa, ebbene questo qualcuno viene del pari condannato per *antisemitismo.*

Risultato di questi sofismi ed intrighi: gli ebrei riescono a farsi considerare *intoccabili*, e possono quindi commettere impunemente qualsiasi genere di crimine contro i cristiani, ordire le cospirazioni più distruttive contro la Chiesa e gli Stati cristiani, realizzare demolitrici rivoluzioni massoniche o comuniste. Non è davvero poco! E tutto ciò senza che nessuno possa castigarli e tanto meno impedire la loro attività, pena l'essere accusato di *antisemitismo* e cadere sotto la condanna del Sant'Uffizio.

Se gli altissimi dirigenti della benemerita istituzione che decretò lo scioglimento dell'organizzazione filoebraica *Pax Super Israel*, si fossero resi conto del pessimo uso che l'ebraismo ed i suoi agenti avrebbero, ancora una volta, fatto del decreto col quale, la Chiesa, in un purissimo slancio d'amore condannò l'odio verso tutti i popoli, e quindi anche quello verso il popolo ebreo, ne avrebbero, senza dubbio, avuto un profondo orrore. La da noi già citata Rivista *Civiltà Cattolica*, nell'anno 1928, dedicò il fascicolo n. 1870 alla lotta contro l'infiltrazione ebrea, intitolandolo: *Il pericolo giudaico e gli amici d'Israele*.[122]

L'esempio eloquentissimo che portiamo servirà a far risultare maggiormente evidenti le fandonie in malafede che gli ebrei ed i loro accoliti sono sempre riusciti a dar ad intendere giocando sul significato della parola *antisemitismo*.

Cosa direbbero gli ebrei se, basandosi sul fatto che la Santa Chiesa condanna l'odio di un popolo contro l'altro, si fosse giunti, nella ultima guerra, alla conclusione che detta condanna include anche l'odio contro il popolo tedesco chiamato per analogia anti-germanesimo e quindi dichiarata *illecita* tutta la lotta contro i nazisti, visto che questi erano tedeschi e che combatterli rappresentava una manifestazione di antigermanismo? Avrebbero gli ebrei accettato prontamente questo modo di ragionare? E quindi permesso che, al riparo di questo ragionamento, si fosse preteso di dichiarare la Germania nazista *intoccabile* e quindi negato ai popoli, da questa minacciati, il diritto di difendersi?

Dinanzi a un sillogismo del genere, gli ebrei, come il loro antecessore Caifa, si sarebbero stracciati le vesti, protestando contro il criminoso giuoco di parole. Tutto ciò non impedisce però agli stessi ebrei di utilizzare con cinica tranquillità proprio questo metodo equivoco quando si tratta di impedire ai Cristiani di difendersi.

Gli ebrei guardano attualmente la Santa Chiesa, così come prima spiavano Nostro Signor Gesù Cristo. Ricordiamoci quante volte i loro dirigenti, sacerdoti, scribi e farisei hanno teso al Signore i loro lacci e messo dinanzi le loro trappole nel tentativo di farlo contraddire e quindi farGli perdere la sua influenza sul popolo o di metterlo in una falsa situazione che consentisse loro di giustificare il Suo assassinio!

Qualcosa di simile accade oggi con la Santa Chiesa. Avendo questa nel corso di mille e ottocento anni condannato il Giudaismo e gli ebrei, in ripetute occasioni, e avendo anche lottato in maniera energica e tenace durante mille e cinquecento anni, deve, a nostro umilissimo parere, guardarsi più che mai dai tranelli e dalle pànie degli ebrei, che tentano di indurla in contraddizione con se stessa, inducendola con diabolica astuzia a

---

[122] Da *Civiltà Cattolica*, edita a Roma, n° 1870, anno 1928.

condannare la dottrina e la politica dei Padri della Chiesa, dei Pontefici e dei Concilii Ecumenici e Provinciali.

Di tutti coloro, cioè, che nel corso dei secoli condannarono ripetutamente, prima di tutto, gli ebrei quali ministri del demonio e poi chi loro teneva di mano (anche se, purtroppo infiltratosi tra il clero), con ciò recando grave pregiudizio alla Fede Cristiana.

Sul genere della condanna razzista è bene precisare.

Gli ebrei ed i loro complici nella Cristianità attribuiscono innanzitutto al vocabolo « *razzismo* » il significato ristretto ed unilaterale della pretesa di una determinata razza di considerare inferiori le altre oppure di un razzismo *antisemita* che sacrilegamente include nelle sue diatribe Nostro Signor Gesù Cristo o la Vergine Santissima.

La impressionante profusione di questi argomenti è, si capisce, volta ad ottenere una condanna del razzismo *in generale*, per dopo accusare quali *razzisti* tutti coloro che lottano in difesa della loro Patria contro l'aggressione ebrea.

In particolare dobbiamo tener presente che una siffatta condanna di razzismo è pericolosissima per la Santa Chiesa, visto anche che esistono Bolle delle LL.SS. i Pontefici Paolo III e Paolo IV che proibiscono, e confermano la proibizione, l'accesso alle Alte Dignità della Chiesa ai cattolici di razza ebrea, bolle che hanno stabilito una dottrina che esamineremo successivamente.

Quindi una condanna del concetto *astratto* di razzismo, alla quale gli ebrei darebbero subito l'interpretazione ed il significato loro più conveniente, secondo le circostanze, potrebbe consentire ai malintenzionati di affermare che la Santa Chiesa ha contraddetto se stessa e condannato tacitamente alcuni dei suoi più illustri Pontefici, ossia coloro che a mezzo di Bolle promulgarono il cosiddetto *Statuto della Purezza di Sangue*.

CAPITOLO VI

Secondo gli ebrei, nostro Signor Gesu'Cristo è il simbolo dell'antisemitismo

Perché i cattolici di assoluta buona fede si rendano perfettamente conto di quanto grave sia il pericolo costituito dal ragionamento sull'*antisemitismo* artatamente fatto dagli ebrei, sappiano che gli ebrei stessi, in diverse epoche, hanno considerato *antisemiti* persino Nostro Signore Gesù Cristo, diversi Papi, Concilii e Santi della Chiesa.

Ed è anche naturale che lo abbiano fatto, visto che essi considerano *antisemita* chiunque critichi o combatta le loro malvagità, i loro crimini, le loro cospirazioni contro l'umanità, così come il Signore, gli Apostoli e le Autorità Cattoliche mentovate, avevano ripetutamente fatto.

Il Nuovo Testamento, i Canoni dei Concilii, le Bolle e gli altri documenti Pontifici e le testimonianze degne di fede di Santi celebrati dalla Chiesa, così come le confessioni di parte, fatte anche dagli ebrei stessi, lo dimostrano, come si vedrà inequivocabilmente.

Per evitare anche il minimo dubbio da parte dei cattolici circa l'assoluta verità, precisione e fondatezza delle testimonianze, riporteremo innanzi tutto ciò che l'obbiettivo Sionista Joseph Dunner scrisse nel suo libro, intitolato *La Repubblica d'Israele*.

Questo scrittore dice:

"Per tutti coloro che credono in Cristo, Gesù è simbolo di tutto ciò che è pulito, sano e degno di essere amato. Per gli ebrei invece, ad incominciare dal secolo quarto, è il simbolo dell'*antisemitismo*, della calunnia, della violenza, della morte violenta".[123]

Gli ebrei hanno quindi perfettamente ragione quando considerano Nostro Signor Gesù Cristo come il simbolo dell'*antisemitismo* o, per meglio dire, dell'anti-giudaismo, visto che essi chiamano *antisemita* chiunque censura e combatte le loro malvagità. E nostro Signor Gesù Cristo fu il primo che lo fece. Rendiamocene conto. Gesù Cristo discutendo con alcuni ebrei,

---

[123] Joseph Dunner, *The Republic of Israel*. Edizione Ottobre 1950.

intavolò con essi secondo quanto narra il Vangelo di San Giovanni il seguente dialogo:

Cap. VII « 39. Risposero e gli dissero: Nostro Padre è Abramo. E Gesù disse loro: Se siete figli di Abramo fate le opere di Abramo. 40. Ora vorreste piuttosto ammazzarmi, essendo un uomo che vi ha detto la verità, che ascolta Dio: Abramo non fece questo. 41. Fate voi le opere di vostro padre. Ed essi gli dissero: noi non siamo nati dalla fornicazione: abbiamo un padre che è Dio. 42. E Gesù disse loro: se Dio fosse vostro padre certamente mi amereste, perché io da Dio mi mossi e venni e non da me stesso; Lui m'inviò. 43. perché non capite questo mio linguaggio, perché non udite le mie parole? 44. Voi siete figli del diavolo e volete compiere i voleri di vostro padre: egli fu omicida sin dal principio e non restò nella verità; perché non c'è verità in lui quando pronuncia menzogna nel suo parlare, perché è bugiardo e padre della menzogna... 47. Chi è di Dio, ode la parola di Dio. 48. I giudei gli risposero e gli dissero: Non siamo nel giusto noi che affermiamo che tu sei samaritano e che possiedi il demonio? 49. Gesù rispose: Io non possiedo il demonio, e onoro mio padre, mentre voi lo avete disonorato. 52. Gli ebrei gli dissero: Ora sappiamo che tu possiedi il demonio. Abramo morì e anche i profeti; e tu dici: colui che osserverà le mie parole non morirà mai ». Questo passo del Vangelo termina con questi versetti: « 57. E gli ebrei gli dissero: non hai ancora cinquant'anni ed hai visto Abramo.

58. Gesù disse loro: in verità in verità vi dico che prima che Abramo fosse io ero. 59. Presero allora delle pietre per tirargliele, ma Gesù si nascose e uscì dal tempio... ».[124]

Nel sopra riportato passaggio del Vangelo di San Giovanni noi vediamo quindi che Nostro Signor Gesù Cristo scaglia in faccia agli ebrei parole roventi, smaschera i loro intenti omicidi, e li chiama apertamente figli del demonio. Questo passo, tanto illustrativo, ben dimostra come gli ebrei, sin da allora, avessero le stesse malvagie idee di oggi.

Infatti gli ebrei non possono mai sostenere discussione alcuna, in forma serena e onesta, senza trascendere agli insulti, alle calunnie; senza ricorrere alla violenza: secondo quanto conviene loro. Perfino con il Nostro Divino Salvatore essi impiegarono la menzogna e l'insulto, cercando di disonorarlo - così com'Egli stesso testimonia nel versetto 49 o pretendendo di concludere la discussione a colpi di pietra.

Stando così le cose - e le cose, come abbiamo visto attraverso questa, sia pure sommaria, ma inconfutabile, dimostrazione tratta da fonti storiche e sacre non certamente smentibili, stanno *realmente* così - cosa possiamo sperar da loro, noialtri poveri esseri umani?

---

[124] Vangelo secondo San Giovanni. Capitolo VII. Versetti citati.

Nel Capitolo XXIII del Vangelo secondo San Matteo, Nostro Signor Gesù Cristo, riferendosi ai dirigenti ebrei che tanto lo combatterono[125] li chiama ipocriti (Versetti 13, 14, 15, ecc.); pieni di iniquità (Vers. 28), empi, ciechi (Vers. 17); puliti di fuori e pieni di rapina e di immondizia di dentro (Vers. 25); sepolcri imbiancati, che di fuori sembrano belli e dentro son pieni d'ossa di morto e di tutte le qualità di sporcizia (Vers. 27); discendenti dagli assassini dei profeti (Vers. 31).

Il suddetto capitolo del Santo Vangelo termina con questa terribile e definitiva accusa di Nostro Signor Gesù Cristo agli ebrei che avevano rinnegato il loro Messia e lo combattevano; accusa che, per la sua importanza, riportiamo per intero:

« 33. Serpenti, razza di vipere, come sfuggirete al giudizio della Geenna? 34. Per questo ecco qui che io mando a voi profeti, saggi e dottori e voi li ammazzate, li crocifiggete e frustate nelle vostre sinagoghe e li perseguitate di città in città. 35. Ricada su di voi tutto il sangue innocente che è stato versato sulla terra, dal sangue di Abele il giusto, al sangue di Zaccaria, che avete ammazzato tra il tempio e l'altare. 36. In verità vi dico, che tutte queste cose verranno sopra questa generazione. 37. Gerusalemme, Gerusalemme che ammazzi i profeti e lapidi coloro che ti vengono mandati, quante volte tentai di radunare i tuoi figli, così come la chioccia raduna i suoi pulcini sotto le ali, e non volesti? ».[126]

E' quindi Nostro Signor Gesù Cristo stesso, che, assai meglio di quanto possa fare qualsiasi altro, denuncia gli istinti omicidi e crudeli degli ebrei. E ben si comprende come Egli nella rivelazione fatta ad un suo amato discepolo, e da questi consegnata nell'Apocalisse, chiamasse i giudei, che disconoscevano il loro Messia, *La Sinagoga di Satana*,[127] definizione sicuramente divina, che frequentemente venne anche usata dalla Chiesa nei secoli successivi, per designare quell'ebraismo delittuoso e cospiratore che dal giorno in cui assassinò il Figlio di Dio, mai ha desistito dal commettere ogni genere di crimini contro Dio stesso e contro l'umanità.

Dal nostro canto noi utilizziamo il termine *Sinagoga di Satana* nell'identificare l'Ebraismo Moderno: sarebbe, infatti, impossibile trovare una più appropriata qualificazione di quella pronunciata dallo stesso Gesù Cristo, Signor Nostro.

---

[125] Il Nostro Divin Redentore riprende qui gli Scriba e i Farisei ed i Rabbini, tutta gente che contribuiva a formare la classe intellettuale dirigente del popolo ebreo.
[126] Vangelo secondo San Matteo. Capitolo XXIII. Versetti dal 33 al 37.
[127] San Giovanni, Apocalisse. Capitolo II. Versetto 9 e Capitolo III. Versetto 9.

E'molto dffficile, e forse impossibile, trovare qualcuno, anche tra i capi che nell'Era Cristiana hanno combattuto l'ebraismo, che abbia parole più dure di quelle pronunciate proprio da Gesù Cristo.

Non c'è da meravigliarsi, quindi, che lo scrittore ebreo Giuseppe Dunner, nella sua opera citata, ci assicuri che gli ebrei considerano Cristo il *simbolo dell'antisemitismo*, visto che molti Cristiani e Gentili sono stati accusati di *antisemitismo* per attacchi molto più lievi.

Per questo risulta oggi tanto pericoloso che ecclesiastici cristiani ben intenzionati si facciano trascinare, da certuni che non lo sono, ad esprimere condanne generiche e vaghe di *antisemitismo*. Queste condanne li espongono, come abbiamo visto, a riprovare proprio Gesù Cristo Nostro Signore, i Suoi Apostoli, Santi e Papi, tutti qualificati come *antisemti* dalla *Sinagoga di Satana*.

Ed è pericoloso che lo facciano, inoltre, perché gli ebrei operano sempre in maniera da utilizzare in seguito la condanna come una vera e propria nuova « patente di corsa »; capace di facilitar loro l'esecuzione, e garantir loro l'impunità, di ogni genere di misfatti senza che a nessuno sia consentito difendersi efficacemente.

E'doveroso tener presente, infine, che in qualsiasi Paese o istituzione in cui l'ebraismo giunge ad avere sufficiente influenza, sia a mezzo delle sue attività pubbliche di genere riservato che a mezzo della sua quinta colonna, questi realizza innanzi tutto la sua brava condanna all'antisemitismo. Ed in questo modo, impedisce e paralizza, secondo il caso, qualsiasi intento difensivo.

E'infatti evidente che allorquando attraverso l'inganno viene imposta una così ingiusta situazione, qualsiasi complotto, qualsiasi malefatta e qualsiasi delitto potrà esser punito unicamente se commesso da un Cristiano o da un Gentile. Se a commetterli saranno stati, invece uno o piu ebrei e qualcuno intendesse punirli, apriti cielo! Da ogni angolo dell'orizzonte si alzerebbe l'alto clamore delle campagne di stampa e della radio. Lettere sopra lettere, artatamente scritte e dirette, protesterebbero con ira contro il germe dell'*antisemitismo;* quel germe, si affermerebbe, che come una peste odiosa continuamente torna a rifiorire.

Ognuno di noi vede come e quanto tutto ciò è ingiusto, incredibile e assurdo! Gli ebrei pretendono di ottenere uno speciale privilegio, che consenta loro di commettere impunemente pessime azioni di ogni genere, di tradire i popoli che li ospitano, di organizzare cospirazioni e rivolte, con il fine specifico e determinato, di dominare.

Ci sarà permesso di affermare che, senza alcuna distinzione di razza o religione, tutti coloro che si macchiano di delitti e risultano responsabili di azioni contro la legge, debbono ricevere il meritato castigo? Parrebbe che questa verità non potesse essere più evidente ed elementare. Eppure gli ebrei pretendono il contrario. Molto frequentemente succede anche che gli ebrei, oltre ad approfittare della condanna all'*antisemitismo*, espressa nella forma che abbiamo visto, mettano in atto un'altra astuzia, con l'identico fine. Essi affermano solennemente e apoditticamente, (in ciò ancora una volta assecondati da quegli ecclesiastici cattolici e protestanti che coscientemente o incoscientemente fanno il loro giuoco) che *lottare contro gli ebrei è illecito, in quanto essi appartengono al popolo che ha nelle sue vene il sangue stesso di Gesù.*

Anche questo rozzo sofisma può essere facilmente confutato; basta citare quel passo del Vangelo che racconta come Cristo Redentore, dopo aver chiamato ancora una volta gli ebrei che lo combattevano *razza di vipere*[128] ripudiò chiaramente la parentela di sangue, riconoscendo unicamente la validità di quella spirituale.

Questo passo suona letteralmente così: « 47. Uno gli disse: guarda che tua madre ed i tuoi fratelli (il che voleva dire "i tuoi parenti stretti") (45); stanno cercandoti. 48. E lui rispondendo a quello che gli parlava, disse: Chi è mia madre e chi sono i miei fratelli? 49. E stendendo la mano verso i suoi discepoli disse: Vedi qui mia madre ed i miei fratelli. 50. perché tutto quello che fa la volontà del Padre mio che è nei Cieli; codesto è mio fratello, mia sorella e mia madre ».[129]

Quindi anche se Gesù ebbe un legame di sangue da parte di madre con l'antico popolo ebreo dei tempi biblici, è evidente che Egli, per il futuro, attribuì valore unicamente alla parentela spirituale, prescindendo persino dai vincoli esistenti con i suoi parenti. E questa sua intenzione maggiormente vale nei riguardi del popolo ebreo, che lo rifiutò come Messia, lo rinnegò, lo martirizzò, lo assassinò dopo un lento crudele supplizio così consumando il più atroce crimine di tutti i tempi e divenendo, com'è divenuto, il *popolo deicida*.

Quando Gesù Cristo chiamava gli ebrei che lo avevano ripudiato *figli del demonio* e *razza di vipere*, affermando nel contempo che Lui era il Figlio di Dio, con ciò dimostrava irrefutabilmente che nessun legame di parentela poteva vincolarlo a loro. Non si può, infatti, essere contemporaneamente figli di Dio e figli del demonio, così come non potrà mai esistere nesso alcuno tra il bene e il male.

E'quindi completamente falsa, e persino eretica, la tesi affermante che Gesù Cristo ebbe nelle vene lo stesso sangue della *Sinagoga di Satana*, lo stesso che scorre nelle vene dell'ebraismo moderno, e che perciò questo non può essere combattuto. Se questa infame tesi corrispondesse effettivamente a verità, né lo stesso Gesù Cristo Signor Nostro, né i suoi apostoli, né, infine, molti Santi, Concili e Papi avrebbero mai combattuto gli ebrei. E'assurdo identificare il primitivo popolo ebreo di Abramo, Isacco, Giacobbe, Mosè, di Maria Santissima e degli Apostoli, che ricevette il divino privilegio di essere considerato il popolo eletto del Signore, con gli ebrei del tempo

---

[128] Vangelo secondo San Matteo. Capitolo XII. Versetto 34.
[129] Vangelo secondo San Matteo. Capitolo XII. Versetti citati.

posteriore. Violando le condizioni imposte da Dio per restare i Suoi eletti, essi non soltanto rinunciarono ad esserlo, ma con i loro delitti, apostasie e malvagità si meritarono il titolo di *Sinagoga di Satana*.

Il privilegio di esser considerato popolo eletto è stato ereditato dalla Santa Chiesa di Cristo, vera successora spirituale del primitivo popolo ebreo dei tempi biblici. Nella stessa confusione in cui incorrono gli ecclesiastici cristiani i quali, anche in questo modo, fanno purtroppo il giuoco della *Sinagoga di Satana*, caddero - sia pure con obbiettivi completamente opposti - alcuni settori estremisti del nazismo, i quali, nel loro affanno di combattere il giudaismo internazionale, inventarono una dottrina razzista la quale, identificando in maniera tanto assurda quanto blasfema, il popolo eletto di Abramo, Isacco, Mose, di Maria Santissima e degli Apostoli, con gli appartenenti alla *Sinagoga di Satana* - ossia con l'ebraismo moderno - tutti li condannò dichiarando eguali gli uni agli altri, membri, cioè, di una razza indesiderabile, e sostenne una tesi inaccettabile per i cristiani. I tedeschi anticomunisti, che in modo eroico stanno attualmente lottando contro l'imperialismo sovietico, debbono meditare attentamente su quanto sopra, ci permettiamo di aggiungere, al fine di evitare che coloro che stanno combattendo contro l'ebraismo satanico ricadano nello stesso errore dei nazisti estremisti. Uno sbaglio che li indurrebbe al solito assurdo e anticristiano errore razzista, il quale, perché ingiusto, equivoco e blasfemo, provocherebbe un'altra volta la legittima indignazione dei cristiani. E solo Dio sà come in questo momento sia invece necessaria l'unione di tutti gli uomini onesti del mondo, di tutti coloro che credono in Dio e militano sotto le bandiere del bene, per combattere la bestia giudeocomunista che avanza, inarrestabile e sanguinaria, minacciando tutta l'umanità, senza distinzione alcuna di razza o di religione.

Quanto segue servirà egregiamente a dare un esempio probante della pericolosità di certe condanne generiche all'antisemitismo.

Citiamo per ultimo questo documento irrefutabile, tratto da una delle opere ufficiali più importanti dell'ebraismo contemporaneo: la *Enciclopedia Giudaica Castigliana*, pubblicata nel 1948, dalla Casa Editrice Enciclopedia Giudaica di Città del Messico, ed alla cui compilazione hanno collaborato tra gli altri: Ben Zion Uziel, Gran Rabbino di Terra Santa; Massimo Yagupsky, del dipartimento americano dell'American Jewish Committee di Nuova-York; il prof. dr. Ugo Bergmann, titolare di una cattedra e già rettore dell'Università Ebrea di Gerusalemme; Isidoro Meyer, Bibliotecario della Jewish Historical Society di Nuova York; Haim Nahoum Effendi, Gran Rabbino d'Egitto, residente al Cairo; dr. Giorgio Herlitz, Direttore degli Archivi Centrali Sionisti di Gerusalemme, nonchè moltissimi altri uomini di lettere dell'ebraismo mondiale.

E'importantissimo conoscere quanto detta Enciclopedia (ebrea) reca sotto la dicitura:

antisemitismo, ossia come questo viene considerato dagli ebrei. In proposito essi scrivono:

B) Nel Medio Evo. «Con lo stabilirsi della Chiesa Cristiana quale religione di Stato e con la sua espansione in Europa, cominciò la persecuzione degli ebrei. I motivi furono, all'inizio, puramente religiosi.

«In realtà l'autorità spirituale della Chiesa non si era affermata che molto imperfettamente. Via via che gli eretici alzavan la testa, la persecuzione si faceva più intensa e si abbatteva regolarmente sull'ebreo, perenne e comoda testa di turco. Dinanzi agli sforzi propagandistici della Chiesa, l'ebreo, infatti, figurava essere il costante negatore. Gran parte dell'antisemitismo cristiano era dovuto alla trasformazione del rito religioso della Chiesa, tratto da quello ebreo, in simbolismo anti-ebreo. La festa religiosa di Pasqua, per esempio, fu messa in relazione con la Crocifissione... E nei sermoni s'incominciò a chiamare gli ebrei perfidi sanguinari ecc., nonche ad eccitare contro di loro i sentimenti del popolo.

«Vennero loro attribuiti poteri magici e malefici, dovuti ad alleanza con Satana. Il mondo cattolico giunse a credere che gli ebrei sapevano che la dottrina cristiana era quella vera, ma falsificavano i testi biblici per impedire la sua interpretazione cristologica.

«L'alleanza ebrea con Satana non fu un'allegoria per la mentalità medioevale, nè un'invenzione del clero fanatico. Il Vangelo stesso (Giovanni, 8-44) afferma che i giudei son figli del diavolo. I ministri della Chiesa battevano costantemente sul satanismo degli ebrei e li chiamavano discepoli ed alleati del diavolo... Le continue accuse di deicidio, di aver sete di sangue cristiano, di esser dediti a pratiche di magia, di flagellare i Crocifissi, di essere fuori della ragione ed in preda a cattivi istinti, formò un quadro troppo orribile per non esercitare una profonda impressione sulla moltitudine...

«Quantunque la Chiesa abbia tentato di contenerlo per mezzo di Bolle Pontificie ed Encicliche, l'odio popolare da lei stessa suscitato ed i sentimenti antiebraici dell'epoca, si tradussero in eccessi del popolaccio, in uccisioni di ebrei, in espulsioni, in conversioni forzate...».

Proseguendo nelle loro spiegazioni, gli enciclopedisti ebrei, dopo aver citato le leggi anti- ebraiche di alcuni monarchi cristiani, ispirate, essi scrivono, da alcuni Padri della Chiesa, quali Ambrogio, Crisostomo ecc. concludono affermando che:

« ...senza dubbio la legislazione più ostile proviene dalla stessa Chiesa, dai suoi Concilî, dagli accordi papali e dal diritto canonico, la cui severità crebbe, costantemente, dal secolo IV sino al secolo XVI ».[130]

Le continue pressioni di coloro che all'interno della Chiesa Cattolica servono gli interessi dell'ebraismo, diretti ad ottenere un'altra ambigua condanna dell'antisemitismo, non possono avere altro sinistro significato che quello di ottenere che la Chiesa condanni se stessa. Visto che proprio gli ebrei, i quali, ovviamente, più di ogni altro si sentono qualificati a definire l'antisemitismo, considerano la Santa Chiesa come abbiamo constatato come la principale responsabile di un feroce antisemitismo cristiano.

Uno degli ultimi contributi alla tesi caldeggiata dagli ebrei circa la responsabilità dei Romani nella uccisione di Nostro Signor Gesù Cristo, è dato dai libri di Jules Isaac dal titolo *Gesù e Israele* e *L'enseignement du mépris* (quest'ultimo recente), nei quali si afferma, in sostanza, che la Santa Madre Chiesa Cattolica Apostolica Romana è stata ingiusta con gli ebrei sin da quando « i romani condannarono Cristo ». Dell'ultima opera dello scrittore ebreo ha parlato in senso positivo anche lo scrittore politico Carlo Bo, cattolico di sinistra.[131]

---

[130] *Enciclopedia Judaica Castellana*, Ed. Citata, Vocabolo *Antisemitismo*. Tomo 1.
[131] Carlo Bo: E'ancora difficile dire ebreo. Rivista *L'Europeo*, Milano, numero del 26 Agosto 1962.

CAPITOLO VII

Il popolo deicida

Abbiamo già ricordato che un'Associazione chiamata degli *Amici d'Israele*, di cui facevano parte persino Cardinali e Vescovi, fu sciolta da S.S. Pio Xl, dietro parere del Santo Uffizio, nell'anno 1928, e che tra le scandalose novità che questa Associazione aveva divulgato, vi fu anche la affermazione che il popolo ebreo non fu deicida; così contraddicendo quanto la Santa Chiesa sostiene da venti secoli.

Condannata implicitamente dalla Chiesa, questa Associazione venne sciolta in virtù del summenzionato decreto. Nessuno avrebbe immaginato che queste tesi avventate e persino, secondo qualcuno, eretiche, sarebbero riapparse all'orizzonte. E' stato quindi con grande, giustificata sorpresa, che trent'anni dopo si è appreso che gli ebrei le avevano risuscitate, assecondati in ciò da un gruppo numeroso di alti ecclesiastici e di Gesuiti i quali, sfidando l'implicita condanna del Sant'Uffizio, affermano che è completamente falso che Nostro Signore Gesù Cristo sia stato ucciso dagli ebrei, e che sono invece i romani i veri colpevoli dell'assassinio.

Per cui, si pretende, è del tutto ingiustificato, chiamare deicida il popolo ebreo.

L'audacia di questi nuovi amici d'Israele giunge, come si vede, ai limiti dell'incredibile. Essi infatti si azzardano a contraddire non soltanto gli Apostoli del Signore, ma anche lo stesso Nostro Signor Gesù Cristo, così come di seguito dimostreremo, con i testi del Nuovo Testamento alla mano. Questi, infatti, rivelano:

I   *Che Cristo accusò gli ebrei e non i romani di volerlo ammazzare.*

II   *Che furono gli ebrei e non i romani che progettarono di ammazzare Gesù e che tentarono in diverse occasioni di sopprimerlo.*

III   *- Che furono gli ebrei e non i romani gli istigatori ed i veri responsabili del delitto.*

IV   *- Che anche gli Apostoli incolparono gli ebrei e non i romani della morte di Gesù.*

Esaminiamo ora obiettivamente i fatti:

Prima tesi. *Cristo accusò gli ebrei e non i romani di volerlo ammazzare.*

Prove:
Nel Vangelo secondo San Giovanni, Capitolo VIII, l'Apostolo narra che discutendo Gesù con alcuni ebrei disse loro: « 37. Lo so che siete figli d'Abramo: Ma volete uccidermi perché la mia parola non entra in voi ». Dopodichè, sempre secondo quanto viene indicato dall'Apostolo, nel versetto 40 dello stesso capitolo, Gesù Cristo Nostro Signore tornò a dire agli ebrei: « 40. Voi ora volete uccidermi, essendo l'uomo che vi ha detto la verità che udì da Dio: Abramo non fece questo ».[132]

In un altro Capitolo del suddetto Vangelo, il VII, l'amato discepolo racconta che essendo un certo giorno Gesù salito al tempio a predicare, disse ai giudei: « 19. Per fortuna Mosè ci dette la Legge; ma nessuno di voi osserva la Legge. 20. perché volete ammazzarmi? ».[133]

Da nessun passo dei Santi Vangeli si rileva che Cristo Nostro Signore ha detto che i romani volevano ammazzarlo, ma bensì il contrario: Egli accusa gli ebrei di valerlo fare.

Credono dunque gli Ecclesiastici, e gli ebrei che sostengono la novella tesi, che Cristo Nostro Signore abbia equivocato e che essi possano scoprire nel nostro secolo ciò che neanche Nostro Signore pote sospettare? Cioè che erano i romani, e non gli ebrei, che volevano ucciderlo?

Seconda tesi. *Furono gli ebrei e non i romani coloro che ripetutamente progettarono e tentarono di ammazzare Gesù Cristo, prima della sua passione e morte.*

Prove:
Il Vangelo secondo San Matteo, Capitolo XXI, narra che Cristo N.S.: « 23. ...ed essendo andato al tempio, i principi dei sacerdoti e gli anziani del popolo si avvicinarono a lui nel momento in cui stava insegnando e gli dissero: « Con quale autorità fai queste cose? E chi ti dette questa podestà? » Continuando, l'Evangelista narra la discussione sostenuta da Gesù, con questi così alti dignitari del popolo ebreo. Il passo termina con questi due versetti: « 45. ...e quando i principi dei sacerdoti ed i farisei udirono le sue parabole, compresero che di quelle parlava. 46. E volendolo scacciare temerono il popolo perché stava guardandolo come un profeta »[134].

Questo passo rivela che gli intenti aggressivi non erano degli ebrei irresponsabili, ma bensì di quegli alti dignitari del popolo ebreo che erano allora i principi dei sacerdoti e gli anziani del popolo, come pure i Farisei, che avevano influenza decisiva anche nel governo del Paese.

---

[132] Vangelo secondo San Giovanni. Capitolo VIII, Versetti 37 e 40.
[133] Vangelo secondo San Giovanni. capitolo VII. Versetti 19 e 20.
[134] Vangelo secondo San Matteo. Capitolo XXI. Versetti 23, 41 e 46.

Nell'*Evangelo secondo San Marco*, capitolo III, si legge quanto segue: « 1. Ed entrò Gesù nuovamente nella Sinagoga e c'era lì un uomo con una mano paralizzata. 2. E lo stavano spiando per vedere se l'avesse risanato di sabato per accusarlo. 5. Guardandosi intorno con indignazione, addolorato dalla cecità del loro cuore, egli disse all'uomo: mostra la tua mano; e la mano gli fu guarita.

6. Ma i farisei uscendo di lì tennero consiglio contro di lui cercando il mezzo per farlo perire ».[135]

Ciò dimostra che i settori dirigenti del popolo ebreo avevano tramato la morte di Gesù assai prima che Egli venisse condotto dinanzi a Pilato. Al contrario nessun passo del Vangelo rivela alcuna intenzione o piano dei romani.

San Giovanni ci insegna, che avendo Gesù risanato il paralitico di sabato, gli ebrei lo perseguitarono; e dice nel versetto 18 del capitolo V: « E maggiormente per questo gli ebrei cercavano di ammazzarlo; perché non soltanto infrangeva il sabato, ma diceva anche che suo Padre era Dio; e si faceva uguale a Dio ».[136]

Nell'*Evangelo di San Luca*, l'Apostolo ci racconta come trovandosi Nostro Signor Gesù Cristo a Nazaret; si recasse di sabato nella Sinagoga e incominciasse a predicare, sollevando la riprovazione di molti tra coloro che assistevano alla sua predica. L'Evangelista, nei versetti 28 e 29 del Capitolo IV, ci dice: « 28. E udendo ciò si recarono alla Sinagoga pieni di collera. 29. Si alzarono e lo cacciarono fuori della città ».

Se persino nel suo paese natìo si tentò di ammazzare Gesù è evidente che questo desiderio di assassinarlo era generale, purtroppo, e non limitato ai soli dirigenti ebrei di Gerusalemme.

Nuovamente San Giovanni lo segnala nel Capitolo VII, versetto 1: « E dopo questo Gesù andava per la Galilea, perché non voleva passare per la Giudea dove gli ebrei lo cercavano per ammazzarlo ».

Questo passo del Vangelo non potrebbe esser più chiaro. Gli ebrei cercavano Gesù, per ammazzarlo, in tutta la Giudea, ma Lui, non essendo arrivata la Sua ora, preferiva non entrare in questa regione.

Se diverse però furono le congiure e numerosi gli accordi presi per ammazzare Gesù, sempre gli ebrei furono - e mai i romani - coloro che prepararono anche la cospirazione finale che ebbe per risultato la passione e morte di Nostro Signore.

Terza tesi. *Furono gli ebrei e non i romani gli istigatori ed i veri responsabili del delitto.*

---

[135] Vangelo secondo San Marco. Capitolo III. Versetti 1, 2, 5 e 6.
[136] Vangelo secondo San Giovanni. Capitolo V. Versetto 18.

Prove:

Nel *Vangelo di San Luca*, Capitolo XXII, l'Apostolo dice: «1. Eravamo già vicini alla festa degli Azzimi, chiamata Pasqua. 2. Ed i principi dei sacerdoti e gli scribi, cercavano come far morire Gesù ».[137]

A sua volta, nel *Vangelo secondo San Giovanni*, Capitolo XI, si legge quanto segue: « 47. Ed i principi dei sacerdoti ed i farisei tennero consiglio e dissero: « Che facciamo? Quest'uomo fa molti miracoli ». 49. Ma uno di essi chiamato Caifa, che era quell'anno il sommo pontefice disse:

« Voi non sapete niente ». 50. « Non pensate che ci conviene che muoia un uomo per mano di popolo anzichè perisca tutta la nazione ». 53. E da quel giorno incominciarono a pensare come dargli la morte. 54. Per questo Gesù non si mostrava più in pubblico tra gli ebrei ».[138]

San Luca dice che furono gli ebrei e non i romani che subornarono Giuda affinchè consegnasse Cristo. « 3. E Satana entrò in Giuda che di soprannome si chiamava Iscariota, uno dei dodici. 4. Egli andò e trattò con i principi dei sacerdoti e con i magistrati di come lo avrebbe consegnato. 5. Essi si rallegrarono e concertarono di dargli del denaro. 6. E restarono d'accordo con lui. Egli avrebbe cercato l'occasione propizia per consegnarlo senza concorso di gente ».[139]

Furono quindi gli ebrei e non i romani a tramare il complotto finale per assassinare Cristo Nostro Signore ed ebrei furono anche coloro inoltre, che realizzarono i mezzi per catturarlo, dando del denaro a Giuda Iscariota.

San Giovanni prende atto nel suo Vangelo della cattura di Gesù. Capitolo XVIII: « 1. Dopo aver detto queste cose, Gesù si recò con i suoi discepoli dall'altra parte del ruscello, dov'era un orto nel quale entrò assieme a loro. 2. Anche Giuda che doveva consegnarlo, conosceva quel luogo. Perché molte volte si era recato lì Gesù con gli altri discepoli. 12. Quindi la corte e il tribuno ed i ministri degli ebrei presero Gesù e lo legarono. 13. E lo condussero prima da Anas, perché era il suocero di Caifa, che quell'anno era il pontefice. 14. E Caifa era colui che aveva dato agli ebrei il consiglio di far morire un uomo a mano di popolo. 24. E Anas lo inviò legato al pontefice Caifa. 28. Condussero quindi Gesù dalla casa di Caifa al pretorio ed era mattina; ed essi non entravano nel pretorio per non contaminarsi e quindi poter prendere la Pasqua. 39. « Voi avete l'abitudine di prosciogliere uno in occasione della Pasqua: volete che venga liberato il Re dei Giudei? ». 40. E allora tutti presero nuovamente a gridare dicendo: "Non lui, ma Barabba!".

Barabba era un ladrone ».[140]

---

[137] Vangelo secondo San Luca. Capitolo XXII. Versetti 1 e 2.
[138] Vangelo secondo San Giovanni. Capitolo XI. Versetti 47, 49, 50, 53 e 54.
[139] Vangelo secondo San Luca. Capitolo XXII. Versetti 3, 4, 5 e 6.
[140] Vangelo secondo San Giovanni. Capitolo XVIII. Versetti 1, 2, 12, 14, 28, 39 e 40.

E nel capitolo XIX continua narrando che dopo la fustigazione di Gesù ordinata da Pilato con l'intento di destar compassione per il prigioniero, egli si rivolse nuovamente al popolo. (Ciò risulta anche dalla Bibbia edita da Scio, commento n. 3, tomo V, p. 255).

E continua il *Vangelo di S. Giovanni*, Capitolo XIX: « Così vedendo ridotto Gesù, in uno stato tale da muover a compassione le stesse fiere, si addolcirà il loro cuore. 4. Uscì quindi nuovamente Pilato e parlò loro, affinché sapessero che non riscontrava in lui alcuna colpa. 5. Ed uscì Gesù portando una corona di spine, ed un manto di porpora; Pilato disse loro: "prendetelo e crocifiggetelo voi visto che io non trovo colpa in lui". 7. Ed i giudei risposero: "noi abbiamo la legge e secondo questa deve morire, perché s'è fatto figlio di Dio". 15. Ed essi gridavano: "a morte, a morte crocifiggilo". Pilato disse loro: « devo crocifiggere il vostro re? ». I pontefici risposero: « noi non abbiamo altro re che Cesare » 16. E allora lo presero in consegna perché fosse crocifisso. E presero Gesù e lo fecero uscire. 17.Egli portando la croce addosso s'incamminò per un luogo che si chiama Calvario e in ebreo Golgota.

18. Colà lo crocifissero e con lui altri due da una parte e dall'altra e Gesù in mezzo ».[141]

Successe quindi a Pilato ciò che ad altri, che non appartengono a quella razza di vipere, è accaduto ancora; egli si servì proprio delle parole di Cristo, lungi dall'immaginare sino a che punto di crudeltà potessero giungere gli ebrei; qualcosa di veramente unico nella storia dell'umanità e che li ha fatti precipitare nel più profondo dell'abisso, per avere essi rinnegato e ucciso il loro Dio e Signore.

Se così quindi si comportarono nei riguardi di Gesù, al quale fecero ciò che fecero, possiamo noi meravigliarci per tutti quegli altri orribili delitti che gli ebrei hanno commesso durante svariati secoli? Né si dica che ciò non è vero. Almeno su di un caso mostruoso, per esempio, esistono testimonianze irrefutabili, tra le quali quelle di taluni Santi della Chiesa.

Uno dei crimini commesso abitualmente dagli ebrei consisteva, secondo quanto si è saputo, nel catturare un innocente bambino cristiano e sottoporlo, nel giorno del Venerdì Santo, a tutte le torture della Passione, facendogli patire la crudele morte data a Cristo Nostro Signore. A sangue freddo essi facevano soffrire a questo infelice bambino, la Passione e Morte di Gesù.

La venerazione che specialmente i cattolici italiani hanno verso il B. Simoncino di Trento e il B. Lorenzino di Marostica (Vicenza), trae la sua origine proprio dal martirio che entrambi patirono per mano degli ebrei.

Tutto ciò sembrerebbe incredibile se non esistessero prove irrefutabili di quanto sopra, non soltanto nel Medio-Evo, ma anche nell'età nostra.

---

[141] Vangelo secondo San Giovanni. Capitolo XIX. Versetti 4, 5, 6, 7, 15, 16, 17 e 18.

Soltanto una *razza di vipere*, secondo la qualificazione data dal figlio di Dio, una razza fredda e spietata, che si è macchiata dell'assassinio di Gesù, poteva giungere a questo estremo di demenza crudele. La stessa di cui si ha oggi notizia dai paesi comunisti, dove ancora e sempre, dopo una serie di torture senza nome, vengono uccisi milioni di Cristiani e di Gentili.

La Bestia rimase incatenata - secondo i termini dell'Apocalisse di San Giovanni - durante mille anni, ossia dal Secolo V al Secolo XV, ridotta a sacrificare bambini innocenti, a sputare sui Crocifissi e sulle immagini di Maria Santissima, nonché ad oltraggiare oggetti sacri e tentar di infangare la Santa memoria di Gesù e Maria con orrende calunnie e bestemmie. Riuscita a sciogliersi all'inizio del Secolo XVI, nel corso dei secoli XIX e XX, la Bestia è riuscita ad avvolgere il mondo nelle sue spire.

Oggi per i Giudei non si tratta più di sputare sui volti sacri, nè di sporcare sacrilegamente i Crocifissi. Ne è più necessario che essi, in mancanza di altri obbiettivi, riversino la piena dell'odio sui bambini cristiani ignari ed innocenti. Liberatosi il mostro dalle catene che lo tenevano immobilizzato, cadute, cioè, le leggi ecclesiastiche e civili che mantenevano gli ebrei rinchiusi nei ghetti, ben separati dai cristiani; venuta meno la proibizione che essi occupassero posti direttivi nella società cristiana, la Bestia si è precipitata all'assalto. Tenta di smantellare le istituzioni cristiane, una dopo l'altra, libera di riversare il suo odio satanico su quella Cristianità che nei paesi comunisti viene oggi sistematicamente distrutta.

Lo scrittore ebreo Salvatore Jona afferma: « Gli ebrei, usciti dal ghetto, si lanciano alla conquista di tutte quelle posizioni materiali e spirituali, che erano state loro negate nei secoli passati... ».[142]

Soltanto la mano che martirizzò Gesù Cristo, infatti, poteva esser capace di organizzar *Ceke* e polizie segrete onde commettere quel numero raccapricciante di crimini che non hanno confronto nella storia.

San Marco, nel Capitolo XIV del suo Vangelo, ci dice: « Due giorni dopo era Pasqua, e, dopo, gli Azzimi; ed i principi dei sacerdoti e gli scribi andavano cercando come lo avrebbero preso con inganno e lo avrebbero fatto morire. 10. E Giuda Iscariota, uno dei dodici, si recò dai principi dei sacerdoti per consegnarglielo. 11. Essi quando lo udirono si rallegrarono: e promisero di dargli denaro. Egli cercava l'occasione opportuna per consegnarlo ».

E'forse necessario far notare che Giuda non ebbe mai l'intenzione di consegnare Gesù ai *romani* ma bensì agli *ebrei*, perché erano essi e non i romani interessati ad ammazzare Cristo? E che non furono i romani ma bensì gli ebrei coloro che pagarono Giuda per il suo tradimento?

In un suo passo che dimostra, ancora una volta, che furono i dirigenti spirituali e civili del popolo ebreo e non i romani coloro che ordinarono la

---

[142] Op. cit., p. 7.

cattura di Gesù, San Marco continua: « 43. E mentre egli stava ancora parlando, giunse Giuda Iscariota, uno dei dodici, e con lui un folto gruppo di persone con spade e bastoni, da parte dei principi dei sacerdoti, degli scribi e degli anziani. 55. E il traditore aveva dato loro un segnale. "Quello che io bacerò, aveva detto, è lui; prendetelo e conducetelo con attenzione. » 46. E allora essi allungarono le mani e lo presero. 53. E condussero Gesù a casa del sommo sacerdote e si radunarono tutti i sacerdoti, gli scribi e gli anziani. (Il che è come dire i dirigenti del popolo ebreo; la più nutrita rappresentanza di Israele).

55. E i principi dei sacerdoti e tutto il Concilio cercavano qualcuno che testimoniasse contro Gesù per farlo morire e non lo trovavano. 56. Perciò molti, fecero falsa testimonianza contro di Lui. 57. E le testimonianze non andavan d'accordo. 60. E alzatosi in mezzo il Sommo Sacerdote, si rivolse a Gesù domandando: « non rispondi niente a quelli che testimoniano contro di te? » 61. Ma lui taceva e non rispose. Il Sommo Sacerdote si rivolse nuovamente a Lui e gli disse: « Sei tu Cristo, il Figlio di Dio Benedetto? » 62. E Gesù rispose: « Lo sono e vedrete il Figlio dell'Uomo assiso alla destra di Dio Onnipotente venire con le nubi dal cielo ». 63. E allora il Sommo Sacerdote, lacerandosi le vesti disse: « Abbiamo forse bisogno di testimoni? 64. Avete udito la bestemmia. Che vi sembra? ». E tutti lo condannarono come reo di morte. 65. E qualcuno incominciò a sputargli sul viso ed a colpirlo e gli dicevano indovino, mentre i ministri lo schiaffeggiavano ».[143]

Durante circa duemila anni tutto il mondo non ha mai smesso d'inorridire dinanzi alla crudeltà e alla durezza di cuore degli ebrei, che hanno persino osato di sottoporre al martirio il loro Dio!

Crudeltà e sadismo che si sono purtroppo, manifestati anche posteriormente, dovunque essi hanno operato ed operano; specialmente in quei Paesi dove essi hanno potuto imporre la loro dittatura totalitaria: ossia nei cosiddetti Stati Socialisti e Comunisti.

I Santi Evangeli indicano chiaramente quali sono le tre armi favorite, antiche e recenti, dell'ebraismo, da questi usate nella sua lotta contro la Cristianità: *l'inganno, la calunnia, il delitto*. I giudei le utilizzano sempre implacabilmente contro l'umanità intera, così come hanno fatto contro il loro Dio e Signore. E sembra persino vadano orgogliosi dell'appellativo di *padri dell'inganno e della calunnia*, che si sono meritati.

Ed è proprio con queste armi ignobili che essi riescono e travolgere facilmente anche i più strenui difensori della nostra Fede, che purtroppo soccombono sotto gli attacchi sferrati a tradimento dagli agenti dell'ebraismo immessi nella Chiesa.

---

[143] Vangelo secondo San Marco. Capitolo XIV. Versetti 1, 10, 11, 43, 44, 46, 53, 55, 56, 59, 60 e dal 61 al 65.

I supremi governanti e dirigenti d'Israele, dal sommo pontefice Caifa ai principi dei sacerdoti, dagli anziani, ai magistrati, dagli scribi agli erodiani, sino ai più influenti farisei, tutti furono responsabil del deicidio. All'inizio della predicazione divina, la massa popolare, edificata e commossa, seguiva Nostro Signor Gesù Cristo. E fu proprio perché temevano il popolo, che i sacerdoti ed i maggiorenti ebrei incominciarono a progettare la morte di Gesù. Ed incominciarono, innanzi tutto, ad avvelenare l'ambiente popolare ed a metter su la plebe contro di Lui, riuscendo alla fine, a scatenare le turbe contro il Messia.

Tutto ciò è provato irrefutabilmente anche dal Vangelo Secondo San Matteo: « 1. E giunto il mattino tutti i principi dei sacerdoti e gli anziani del popolo entrarono nel Consiglio contro Gesù, decisi a farlo morire. 2. E lo condussero legato alla presenza di Ponzio Pilato. 15. Nel giorno solenne di festa era usanza che il presidente concedesse al popolo la libertà di un prigioniero, quello che il popolo reclamava. 16. In quel momento eravi un detenuto molto famoso che si chiamava Barabba. 17. Ed essendosi essi riuniti, Pilato disse loro: « Chi volete che rimetta in libertà? Barabba o, per caso, Gesù che è chiamato il Cristo? » 20. Ma i principi dei sacerdoti e gli anziani persuasero il popolo perché chiedesse Barabba e facesse morire Gesù. 21. Il presidente rispose loro e disse: « Quale dei due volete che io liberi? » Ed essi risposero: « Barabba ». 22. Pilato disse loro: « dunque che farò di Gesù che è chiamato il Cristo? ». 23. E tutti dissero: « sia crocifisso ». Il presidente disse loro: « perché, che male ha fatto? » Ed essi alzavano ancor più il grido dicendo: « sia crocifisso ». 24. E vedendo Pilato che non si facevano progressi e che il tumulto cresceva, prese dell'acqua e si lavò le mani dinanzi al popolo dicendo: « io sono innocente del sangue di questo giusto; ve la vedrete voi ». 25. Tutto il popolo rispose: « su di noi e sui nostri figli ricada il suo sangue ». 26. Allora sciolse loro Barabba; e dopo aver fatto legare Gesù, glielo consegnò perché lo crocifiggessero ».[144]

Questo passo costituisce da solo una prova della colpevolezza piena degli ebrei dell'assassinio di Nostro Signor Gesù Cristo. Dimostra anche la responsabilità di tutto il popolo ebreo in questo crimine perché, pur essendo stati i capi religiosi e civili, nonché i rappresentanti di questo, a premeditarlo e consumarlo, è innegabile che il popolo avrebbe potuto salvare Gesù all'ultimo momento chiedendo la sua libertà anziché quella di Barabba.

---

[144] Vangelo secondo San Matteo. Capitolo XXVII. Versetti citati.

Tutti, invece, unanimamente ed a voce altissima, pretesero che venisse prosciolto Barabba e crocifisso Gesù. E'quindi su di loro tutti sul popolo - e sui loro discendenti, che ricade il sangue innocente del Figlio di Dio.

CAPITOLO VIII

GLI APOSTOLI CONDANNANO GLI EBREI PER L'ASSASSINIO DI CRISTO

Quarta tesi. *Gli Apostoli incolparono gli ebrei e non i romani della morte di Cristo.*

Prove:
Nel libro della Sacra Bibbia: Atti degli Apostoli, capitolo II, San Pietro, dirigendo la parola ad ebrei di diversi paesi, riuniti a Gerusalemme, dove ognuno (dopo la venuta dello Spirito Santo) udiva la parola dell'Apostolo nella sua propria lingua, disse loro:

« 14. Uomini di Giudea e tutti voi che abitate in Gerusalemme, questo vi sia noto e ascoltate con attenzione le mie parole. 22. Israeliti, ascoltate queste parole: Gesù Nazzareno, uomo approvato da Dio tra voi, con opere potenti e prodigi e segni, che Dio fece per Lui in mezzo a voi, come voi stessi sapete. 23. essendo stato per determinato consiglio e prescienza divina dato nelle vostre mani, voi l'avete fatto morire crocifiggendolo per mano di empi »[145].

San Pietro fa quindi, ancora più chiaramente, ricadere la responsabilità dell'assassinio su tutto il popolo ebreo e non incolpa i romani.

Suppongono forse gli ecclesiastici che affermano, in maniera tanto incredibile, il contrario, che San Pietro mentisse, quando diceva agli ebrei giunti da altri paesi: « *uomini d'Israele, lo ammazzaste crocifiggendolo?* ».

Nel capitolo terzo dell'opera prima citata troviamo il passo relativo alla guarigione dello storpio.

« 11. E mentre egli teneva stretto Pietro e Giovanni, tutto il popolo, stupefatto, corse verso di loro nel portico detto di Salomone. 12. Veduto ciò, Pietro rispose al popolo: Israeliti, perché vi meravigliate di questo, e perché tenete gli occhi su di noi, come se per nostra potenza o virtù

---

[145] Atti degli Apostoli. Capitolo II. Versetti del 4 al 14 e 22 e 23.

l'avessimo fatto camminare? 13. Il Dio d'Abramo, d'Isacco, di Giacobbe, il Dio dei padri nostri ha glorificato il suo Figlio Gesù, che voi avete tradito e rinnegato davanti a Pilato, mentre lui aveva deciso di liberarlo. 14. Ma voi rinnegaste il Santo ed il Giusto e chiedeste che vi fosse graziato un omicida. 15. Voi uccideste l'autore della vita, che Dio però ha resuscitato dai morti, del che noi siamo testimoni »[146].

In questo passo del Nuovo Testamento, essendo riunito tutto il popolo, San Pietro gettò in faccia agli ebrei la loro responsabilità di aver ammazzato Cristo.

Negli Atti degli Apostoli, Capitolo V, troviamo un altro passaggio in cui non soltanto San Pietro, ma anche gli altri Apostoli accusano categoricamente della morte di Cristo, l'Assemblea degli Anziani d'Israele, convocata dai sacerdoti:

« 29. Ma Pietro e gli altri Apostoli rispondono: bisogna ubbidire a Dio piuttosto che agli uomini. 30. Il Dio dei padri nostri ha risuscitato quel Gesù che voi uccideste appendendolo alla Croce »[147].

Abbiamo quindi anche la testimonianza collettiva degli Apostoli che accusano gli ebrei e non i romani di aver ammazzato Cristo. Ma qualora tutto ciò non fosse ancora sufficiente, riportiamo le testimonianze di San Paolo e di Santo Stefano, primi martiri del cristianesimo.

San Paolo nella sua Lettera Prima ai Tessalonicesi, Capitolo II, riferendosi agli ebrei, scrive:

« 15. che dopo aver ucciso il Signore Gesù e i Profeti, hanno perseguitato anche noi, ma non piaccino a Dio e sono nemici del genere umano »[148].

San Paolo, in questo versetto, colpì gli ebrei qualificandoli crudamente: *Nemici del genere umano*; realtà che non può essere messa in dubbio da chi ha studiato a fondo l'ideologia e le attività clandestine del popolo ebreo.

Molto probabilmente, se San Paolo fosse vissuto ai giorni nostri, sarebbe stato condannato quale *antisemita*, avendo egli dichiarato pubblicamente una verità che secondo gli ebrei ed i loro complici tra il clero, non deve essere mai, assolutamente mai, riesumata.

Da parte sua il proto-martire Santo Stefano, rivolgendosi agli ebrei della Sinagoga dei Libertini, dei Cirenei e degli Alessandrini, ed a coloro che eran della Cilicia e dell'Asia come si vede a giudei di ogni parte del mondo disse loro, in presenza al Sommo Pontefice, capo spirituale d'Israele.

---

[146] Atti degli Apostoli. Capitolo III. Versetti 11, 12, 13, 14, 15.
[147] *Atti degli Apostoli.* Capitolo V. Versetti 21, 29 e 30.
[148] *Lettera di San Paolo ai Tessalonicesi.* Capitolo II. Versetto 15.

« 51. Duri di cervice, incirconcisi di cuore e d'orecchie, voi resistete sempre allo Spirito Santo; voi come i vostri padri. 52. Quale dei Profeti non perseguitarono i vostri padri? Essi ammazzarono tutti coloro che annunziarono la venuta del Giusto, di cui voi ora siete stati traditori ed omicidi »[149].

La testimonianza di Santo Stefano coincide perfettamente con quella degli Apostoli e con quella di San Paolo nel considerare gli ebrei tutti, nel loro insieme, come popolo, ossia tanto quelli di Gerusalemme e degli altri luoghi della Giudea, quanto quelli che vivevano nelle altre parti del mondo, responsabili dell'omicidio consumato nella persona di Gesù Nostro Signore. Tutto quanto sopra risulta inequivocabilmente dai Libri Sacri: in questi libri, viceversa, non c'è un versetto uno solo che incolpi i romani dell'assassinio di Cristo.

Riassumendo: tanto le precedenti denunce di Gesù che le testimonianze degli Apostoli, quelle dei Santi Evangelisti, di San Paolo e di Santo Stefano, costituiscono prova irrefutabile che la Santa Chiesa, lungi dall'essersi sbagliata, durante diciannove secoli, è stata sempre nel vero considerando deicida il popolo ebreo; non solo, ma che imputare ai romani la responsabilità del delitto è pura malvagità, priva di qualsiasi fondamento.

Dinanzi a una siffatta, incontrovertibile realtà, la posizione di taluni ecclesiastici risulta assai più che sorprendente. Essi pretendono infatti di adulterare una verità storica tanto limpida; e pretendono inoltre di farlo in modo tanto audace da risultare incredibile. Parrebbe fossero addirittura intenzionati di far rinnegare alla Chiesa il suo glorioso passato per quindi farla cadere in contraddizione con se stessa.

Cristo condannò i giudei che lo disconobbero, gli Apostoli dovettero combattere le loro malvagità, San Paolo e Santo Stefano lottarono continuamente contro di loro, Papi e Concili Ecumenici e Provinciali, durante diversi secoli, hanno emesso tremende condanne ed hanno combattuto contro la Sinagoga di Satana. Nonostante tutto ciò i novelli riformatori della Santa Chiesa pretendono tranquillamente che questa si allei con la *Sinagoga di Satana* o che con questa si accordi.

Si tratta di una delle cose che al Concilio Ecumenico Vaticano II desidera imporre questo gruppo di Ecclesiastici, in cui, così come accadde per l'Associazione condannata dal Sant'Uffizio nel 1928, figurano persino Cardinali. Secondo quanto abbiamo appreso, il suddetto gruppo tenta di far cambiar rotta alla Santa Chiesa e lotta perché vengano presi accordi atti ad impedire ai cristiani di difendersi dall'imperialismo ebreo.

---

[149] *Atti degli Apostoli*. Capitolo VI. Versetto 9 e Capitolo VII. Versetti 1, 2, 51 e 52.

In tale particolare circostanza, però, non sarebbe possibile ottenere che un Concilio Ecumenico annullasse quanto è stato stabilito da altri precedenti, senza prima esprimere l'opinione che furono i romani, e non gli ebrei, i colpevoli di *deicidio*. E proprio per giungere a questo è in corso un'attiva propaganda.

Abbiamo appreso che gli ebrei si considerano già vittoriosi. Essi assicurano infatti di aver potuto esercitare positivamente tutta la loro influenza per ottenere che in breve tempo venga operata una vera riforma della Liturgia Cattolica, in tutti i riti allusivi della perfidia e malvagità del popolo ebreo.

Nella riforma della Chiesa progettata dagli ebrei attraverso i loro amici, figura, in una parola, la soppressione, nella Liturgia e nei Riti Cattolici, di tutto quanto ha per oggetto il prevenire i cristiani e la Santa Chiesa contro il pericolo ebreo e contro le insidie della *Sinagoga di Satana*, affinché, non conoscendo più gli ecclesiastici ed i fedeli, la gravità di questi pericoli, il giudaismo tutti possa sottomettere e dominare.

Noi siamo certi però, che malgrado ogni genere di astuzie messe in atto per ingannare Sua Santità e per controllare il Concilio Ecumenico, tutto sarà frantumato dall'assistenza che Dio concederà al Nostro Santo Padre Giovanni XXIII e al Sinodo Universale.

Tranquillamente confidiamo nella promessa fatta a Pietro da Nostro Signor Gesù Cristo: *non praevalebunt*. Le forze dell'inferno non prevarranno.

CAPITOLO IX

MORALE COMBATTIVA, NON DISFATTISMO MORTALE

Una delle astuzie più perverse, sempre di proficuo risultato per gli ebrei nella loro lotta per l'indebolimento del cristianesimo, al fine di giungere alla sua distruzione, è quella di sfruttare l'idea di una supposta morale e carità cristiane creata a loro arbitrio ed utilizzata con demolitrice precisione come arma distruttiva contro la Nostra Santa Chiesa.

Sembrerebbe incredibile che un concetto così nobile e puro come quello della carità potesse convertirsi, attraverso l'influsso malefico dell'ebraismo, in una pericolosa, mortale imboscata. Eppure gli ebrei sono stati capaci di compiere anche questa abile e letale trasformazione, e con risultati talmente rovinosi per la Santa Chiesa, che è preciso dovere dare l'allarme ed esporre chiaramente i termini del grave pericolo, affinché i cristiani evitino, per quanto possibile, di cader nell'inganno.

Per meglio comprendere l'importanza dell'argomento ricorriamo ad un esempio che, pur se volgare e profano, risulterà tuttavia illustrativo. Supponiamo per esempio che in un incontro di pugilato uno dei combattenti venga obbligato, nei momenti decisivi, a farsi legare una mano, concedendogli di colpire unicamente con l'altra. L'avversario, invece, colpirà con entrambe. Quale sarà il risultato dello scontro? Nessuna meraviglia se soccomberà l'infelice privato di una mano.

Ebbene ciò è precisamente quello che in diverse occasioni ha ottenuto il perfido ebraismo nei confronti dei cristiani. Ha deformato il concetto della morale e della carità cristiana, per legarli mani e piedi e quindi sconfiggerli nella lotta intrapresa per dominarli e schiavizzarli.

Ogni volta che i cristiani reagiscono, nell'intento di parare gli attacchi della *Sinagoga di Satana*, di difendere la Santa Chiesa, la Patria e quindi non perdere anche i più semplici, naturali diritti, e sono sul punto di vincere, di sconfiggere e castigare gli ebrei ed i loro satelliti, essi si aggrappano all'eterna tavola di salvezza: alla carità cristiana. Lo fanno, si capisce, nell'intento di commuovere i cristiani, affinché la lotta venga sospesa e resa impossibile la vittoria.

A questa astuzia ricorrono sempre anche per impedire l'applicazione di una condanna, per esempio, quali criminali, responsabili di ignobili aggressioni. Protetti dalla tregua e, possibilmente, dal perdono, ottenuti grazie a questo patente abuso della carità cristiana, gli ebrei possono rinsaldare le fila, recuperare la forza e quindi muovere a rinnovato, crudele attacco, avvolgente e demolitore, dietro alla cui vittoria nessuno può sperare di trovare pietà, né morale di alcun genere.

Per paralizzare i cristiani ed impedir loro di difendersi efficacemente dall'imperialismo giudaico, gli israeliti ricorrono a giochi di parole ed a concetti sofisticati. Dicono per esempio:

« Se Dio perdona a qualsiasi peccatore che si pente prima di morire, perché voi cristiani non imitate il vostro Dio e Signore? ». Partono quindi da una premessa fondata - la dottrina cristiana del perdono ai peccatori - nell'intento di applicarla sofisticamente onde trarne false conseguenze.

In ossequio a queste premesse i cristiani dovrebbero sentirsi obbligati a lasciare senza punizione i criminali ebrei che assassinano monarchi, capi di Stato o qualsiasi altro cristiano, per esempio. Oppure i cattolici sarebbero in dovere di conceder la libertà a spie pericolose che trasmettono importanti, vitali segreti ad una potenza nemica, onde possano tranquillamente continuare nella loro criminosa attività volta a minare la sicurezza della Patria.

Si giungerebbe così alla assurda conclusione che i cristiani sarebbero tenuti a lasciare impuniti ed a piede libero quei cospiratori che organizzassero una rivoluzione sanguinosa e quegli insorti che la realizzassero, affinché tranquillamente potessero continuare nelle loro mene sino ad ottenere l'avvento della dittatura giudeocomunista, con tutto il suo apparato di atroce repressione e di inumana tirannia.

E'con artifici e sofismi siffatti che gli ebrei riescono spesso, troppo spesso, a sorprendere la buona fede e molti cadono facilmente nella loro rete. Concedono il perdono ai cospiratori giudei ed ai loro satelliti e quindi la possibilità di trionfare nei loro satanici proponimenti. E'chiarissimo invece, che la Chiesa concede il perdono dei peccati, ma questo non implica il principio che criminali e delinquenti debbano sfuggire alla giustizia umana e nemmeno a quella divina.

Gli ebrei ed i loro satelliti hanno il cinismo e l'ardire di utilizzare quest'astuzia della morale e della carità cristiane in molte occasioni: persino per impedire che i cristiani si difendano e difendano le loro nazioni ed istituzioni religiose dalle cospirazioni e aggressioni provenienti dalla *Sinagoga di Satana*. E utilizzano ecclesiastici cattolici e protestanti i quali, pur dicendosi buoni cristiani, fanno costantemente il gioco della massoneria, del comunismo e di qualsiasi altra organizzazione ebrea. Parlano come cristiani devoti e operano in favore della rivoluzione ebraica contro la Santa Chiesa.

Ernesto Rossi, nella sua opera menzionata, alla p. 351, in un capitolo scritto in difesa degli ebrei espone come un richiamo all'attenzione dei cristiani le parole dell'Evangelista San Matteo:

« Allora Pietro, accostatosi, gli disse: Signore, quante volte perdonerò io al mio fratello che abbia peccato contro me? fino a sette? Gesù gli rispose: Io non ti dico fino a sette, ma fino a settanta volte sette ». (Cap. XVIII, versetti 21 e 22).[150]

E Julien Green, rammentato anche da Carlo Bo, nel suo articolo citato dice:

« Non si può colpire un ebreo senza toccare nello stesso tempo colui che è l'uomo per eccellenza e il fiore d'Israele: Gesù. » « ...cristiano asciuga le lacrime e il sangue sul viso del tuo fratello ebreo e il volto del vostro Cristo risplenderà ».

Il genere di ecclesiastici di cui sopra è giunto al punto di rammentare il Discorso della Montagna e altri di Nostro Signor Gesù Cristo sul perdono ai nemici, sull'amore ai nemici ecc., nel tentativo di commuovere e persino di far pressione spiritualmente su fedeli con questi sofismi; in molti così ad indebolirli e persino a paralizzare la lotta contro le forze del male.

E l'azione di questi ecclesiastici è stata frequentemente, e molto, responsabile del trionfo di massoni e comunisti!

Possiamo assicurare, senza tema di errore, che si deve in gran parte a queste perverse macchinazioni se la *Sinagoga di Satana* ha potuto sino ad oggi influire decisamente sul corso della storia, e cambiarlo in maniera disastrosa per le forze del bene e in modo favorevole per le orde del male? E'stata, purtroppo, così.

La Santa Chiesa ha potuto durante mille anni, sino alla fine del secolo XV, sconfiggere la *Sinagoga di Satana* in tutte le battaglie che, anno prima o anno poi, ha dovuto sostenere contro di questa. La Cristianità è giunta sino al punto di ottenere quella vittoria definitiva che l'avrebbe preservata dallo scisma protestante, dalle luttuose guerre di religione, dalle rivoluzioni massoniche liberali che hanno insanguinato il mondo intero e dalle ancor più crudeli rivoluzioni socialiste del comunismo.

Il tanto calunniato Sant'Uffizio della Inquisizione, vituperato dalla propaganda ebraica, venne creato col fine di combattere e vincere la *Sinagoga di Satana*, il che è come dire il giudaismo ed i movimenti sovversivi che sotto forma di eresie vengono utilizzati per dividere e straziare la cristianità. L'Inquisizione aveva ottenuto alla Chiesa, con i mezzi di cui disponeva, una vittoria che sarebbe stata definitiva se i perfidi ebrei non fossero riusciti ad impedirla, utilizzando le astuzie di cui si parla.

---

[150] Ernesto Rossi, op. cit., p. 351.

L'appello alla carità cristiana lanciato nei momenti decisivi della lotta - quella carità che gli ebrei non conoscono e quindi mai mettono in pratica - onde commuovere gli Alti Dignitari della Chiesa, sacerdoti e laici e ottenere da loro protezione e il perdono generale dei crimini commessi, si è, per i giudei, rivelato proficuo, risolutivo, ma ha avuto risultati perniciosi per i cristiani. Lungi dall'esser riconoscenti a coloro che tanto generosamente li hanno assolti, i beneficiati, gli ebrei, utilizzano il perdono per riordinare segretamente le loro fila e quindi tornare l'anno seguente all'attacco con nuove eresie: una, due, cento, mille volte.

Fu così che al principio del XVI secolo, la consorteria giudaica internazionale riuscì a spezzare l'unità dei cristiani e ad aprirsi una breccia, attraverso la quale si lanciò all'assalto della cittadella cristiana, con quelle conseguenze catastrofiche che attualmente tutti possiamo constatare.

Gli ebrei approfittano sempre, astutamente, della bontà dei cristiani e utilizzano la misura del perdono e della tregua ottenuta a mezzo d'inganni d'ogni genere per cambiare il corso della storia in modo favorevole alle forze di Satana e della sua Sinagoga.

La Santa Chiesa può valutare la grandezza della catastrofe solo considerando i milioni di anime che il cattolicesimo ha perduto con la scissione protestante, con le rivoluzioni massonico- liberali e, soprattutto, con le rivoluzioni comuniste dei nostri giorni.

E'doveroso far risaltare questa significativa coincidenza: nei periodi della storia durante i quali i Dignitari della Chiesa, laici o ecclesiastici, hanno di più tollerato e protetto gli ebrei, la *Sinagoga di Satana* ha fatto i maggiori progressi nella sua lotta contro la Santa Chiesa, ed ha ottenuto vittorie distruttive.

Al contrario, le tappe storiche durante le quali i Papi, i Concili Ecumenici ed i Monarchi Cattolici osservarono una politica energica ed efficace contro il giudaismo, furono trionfali per la Santa Chiesa nella sua lotta contro la *Sinagoga di Satana* e contro le eresie che questa organizzava e diffondeva... Questi trionfi furono ottenuti talvolta con il peso delle armi che, impugnate da cuori fedeli e sicuri salvarono milioni e milioni di anime cristiane.

Lungi da noi l'idea di censurare o, tantomeno, criticare l'operato di quei Capi cristiani, religiosi e laici, che in perfetta buona fede commisero l'errore politico di dare protezione al nemico e quindi, alla fine, gli facilitarono il trionfo sulla cristianità. Essi dovettero soccombere travolti dagli abili inganni della *Sinagoga di Satana*, attratti dal richiamo delle terribili *favole giudee* di cui ha parlato anche San Paolo.

Occorre forse ricordare che il Demonio è padre della menzogna e maestro nell'arte di ingannare gli uomini, arte che è stata ereditata dai suoi figli spirituali - i moderni giudei - che Cristo Nostro Signore ha chiamato *figli del diavolo*?

Non è questo il momento di criticare, né di alzare inutili lamentazioni su quanto altri avrebbero potuto fare e non fecero. Quello che urge è che *noi si faccia* - a fin di bene - con rapidità ed energia: prima che sia troppo tardi. Dinanzi all'attuale realtà bisogna assolutamente che i cattolici si sveglino!

In Russia, per esempio, da quando si è instaurata la dittatura comunista, migliaia di cattolici, Sacerdoti, Dignitari, Vescovi e Arcivescovi, sono stati sprofondati in carceri inumane, dove hanno trascorso e trascorrono anni interi e da dove furono tratti, e vengono tratti, per essere condotti a morte. Molti altri furono torturati crudelmente. Milioni di cristiani di tutte le classi sociali vennero, e vengono, assoggettati a tormenti indicibili e rinchiusi in sudicie prigioni per anni e anni. Altri milioni di essi sono stati schiacciati per mano di implacabili ebrei che non perdonano mai niente a nessuno e che distruggono e schiavizzano.

Questo pericolo tremendo minaccia tutto il mondo senza distinzione. Qualora il comunismo giungesse a trionfare su tutto il pianeta, come succederà sicuramente se noi non ci uniremo per impedirlo perché Dio non aiuta chi non si aiuta! allora Cardinali, Arcivescovi, Vescovi, Canonici, Sacerdoti, Frati, Monache e milioni di fedeli saranno, per lunghi anni, rinchiusi in oscure prigioni, ristretti in orrendi campi di concentramento, torturati ed assassinati.

Serva d'esempio quanto è accaduto in Russia, nella Spagna rossa, nella Cina Comunista ed in tutti quei, purtroppo, numerosi Paesi dove il comunismo è trionfato e da dove ha preso a rotolare la spaventosa valanga del comunismo giudaico.

Carlo Marx, Engels e Lenin, le cui dottrine sono seguite dai comunisti, hanno scritto chiaramente nelle loro opere: « il Clero delle diverse religioni, e soprattutto quello cristiano, dev'essere sterminato. La classe borghese dev'essere totalmente annientata »; intendendo per classe borghese chiunque abbia una proprietà urbana o rurale, una fabbrica, chiunque eserciti un servizio pubblico, conduca un'officina, lavori in un commercio. Tutti debbono essere assassinati, senza distinzione di ideologia, siano essi di destra, di centro o di sinistra, Il comunismo non intende sterminare *questo* o quel settore borghese, bensì *tutta* la classe borghese. Così è stato decretato dai fondatori e gerarchi del comunismo e così avverrà sicuramente in caso di trionfo rosso.

Gli unici a salvarsi dalla strage saranno, naturalmente, gli ebrei, anche se appartengono a taluna delle classi suddette. Non si salveranno i massoni borghesi di origine cristiana che verranno del pari assassinati. E con ciò il giudaismo dimostrerà una volta di più la sua ingratitudine verso coloro che lo aiutano e di cui approfitta quando ha bisogno per poi eliminarli.

Nemmeno la classe operaia e contadina utilizzata dall'ebraismo come scalino per instaurare la dittatura socialista, si salverà. L'esperimento russo e cinese ha dimostrato chiaramente che anche quelle classi sociali, dopo essere state crudelmente schiavizzate, furono dimezzate con l'assassinio di milioni e milioni di componenti. Rei di grave colpa: di avere, cioè, protestato per l'inganno ordito a loro danno da coloro i quali, dopo aver promesso il paradiso, gli avevano dato l'inferno.

Questa è la tremenda realtà. Inutilmente tentano di nasconderla, minimizzarla o persino negarla, i membri della « quinta colonna » nemica che sono riusciti ad annidarsi nelle file della cristianità. Dimostreremo nella parte quarta della nostra opera la verità irrefutabile di quanto sopra, della quale esistono prove evidentissime. Taluni falsi cattolici che operano in mezzo a noi in funzione di « cavallo di Troia » - e sono quindi, volenti o nolenti, al servizio del nemico - ci vorrebbero far credere che il pericolo non esiste, e tentano di diluire gli aspetti più crudi di questo, per addormentarci, è chiaro, e quindi impedire la temuta difesa.

Se a tutto ciò aggiungiamo l'abile sfruttamento del malinteso e sofistico senso della carità e della morale cristiane, avremo un'idea delle risorse demolitrici che il nemico possiede e sulle quali fa sicuro affidamento per disarmarci e impedirci di lottare contro la *Sinagoga di Satana*. Non dimentichiamoci mai che la carità cristiana, proprio perché è tale, impone che i buoni siano protetti e difesi dalla corruzione dei cattivi. E'assurdo pensare che questa carità possa essere, invece, esercitata sia pure, talvolta, in assoluta buona fede - per conseguire il fine opposto: perché i cattivi abbiano mano libera e quindi possano pervertire i buoni, derubarli e renderli schiavi.

Taluno dei nostri cortesi lettori ci muoverà forse l'appunto di esserci eccessivamente dilungati nell'esporre i nostri concetti e quindi di aver battuto e ribattuto, diverse volte, sui punti principali del nostro tema. Chiediamo venia. Siamo però convinti in ogni caso che chiunque possieda quella vigile intelligenza che lo qualifica come membro sensibile e attivo dell'esercito del bene, non potrà non essere indotto dalle nostre parole d'allarme ad una profonda riflessione.

Sulla chiarezza e sul valore delle dichiarazioni *ex-cathedra* fatte dai Sommi Pontefici e dai Concili Ecumenici non è concesso ad alcuno nutrire dubbi di sorta. Qualsiasi interpretazione che si volesse dare alla morale e alla carità cristiane con l'intenzione di conseguire il trionfo delle forze del male su quelle del bene non potrebbe che essere, a nostro sommesso parere, del tutto errata. Dio ha fissato i punti dell'etica, di cui carità e perdono formano la parte essenziale, è vero; ma lo ha fatto perché il bene trionfi sul male e non viceversa.

La parola del Signore, in parte riportata da noi nel terzo capitolo di questa terza parte dell'opera, dimostra come Dio, nella sua lotta contro Satana - e contro gli ebrei che corrisposero alle tentazioni del demonio - fu forte e non debole, risoluto non disfattista.

Il fatto che i fedeli rinchiusi nel cavallo di Troia ricorrano a taluni pessimi espedienti per ricordare, equivocamente, che Dio predicò l'amore anche per i nemici, ed il perdono degli stessi, non può e non deve, assolutamente, indurci in errore. Si tenta, è chiaro, di avanzare la tesi di un'apparente contraddizione tra la parola di Dio nell'Antico e nel Nuovo Testamento, ma l'interessato sofisma è di quelli che rivelano la loro trasparente sostanza ingannatrice ed è ormai logoro e inconsistente. I Teologi sanno molto bene, che nessuna contraddizione esiste nella dottrina della Santa Chiesa e che la Legge del Perdono ai nemici - la dottrina sublime lasciataci dal Nostro Divino Salvatore - si riferisce unicamente ai nostri nemici personali. Ai nemici di ognuno di noi. A quei contrasti, cioè, che continuamente sorgono nelle nostre giornaliere relazioni sociali, ma giammai al *nemico cattivo* - a Satana - né alle forze del male da lui capeggiate.

L'amore e il perdono per Satana, e per le sue opere e creature, non vennero mai predicati da Nostro Signor Gesù Cristo. Le Sue parole, in parte da noi riportate, dimostrano anzi, infallantemente, il contrario.

Quando si è trattato di attaccare le forze del male, la parola di Gesù è stata precisa ed energica, come quella del Padre Suo che è nei cieli. Invano si tenta, e purtroppo si tenterà, di rilevare contraddizione tra l'atteggiamento dell'Uno e dell'Altro.

Per quanto riguarda gli ebrei, che rinnegarono il loro Messia, essi furono da Cristo stesso denominati la *Sinagoga di Satana*. Gesù li trattò duramente e non ebbe mai alcun tentennamento. Ne è fedele e non equivocabile specchio il Vangelo dell'Apostolo San Matteo quando riferisce:

« 11. E io vi dico che molti verranno da oriente e da occidente e siederanno con Abramo, Isacco e Giacobbe nel regno dei cieli. 12. Ma i figli del regno (ossia gli ebrei, n.d.A.) saranno cacciati nelle tenebre intorno; e vi sarà pianto e scricchiolar di denti ».[151]

Questo passaggio dei Santi Evangeli dimostra che Cristo annuncia che i Gentili, giunti anche da lontano, perché mossi dalla Fede, avrebbero ereditato quel privilegio che il popolo d'Israele non seppe invece mantenere, mentre questo, ossia il giudaismo che disconobbe Cristo, sarebbe precipitato nell'inferno, dov'è « pianto e scricchiolar di denti ».

Le parole di Gesù sono inequivocabili ed in perfetta armonia con quelle di Dio Padre Onnipotente. Nessuna disarmonia, infatti, può esistere tra le Due Persone della stessa Unità.

La nostra lotta contro le forze di Satana deve essere efficace, energica; deve consentirci di sconfiggerle. Gli ebrei e coloro che fanno il loro giuoco vorrebbero che la nostra posizione fosse debole, inquinata dal disfattismo, tale da assicurare il trionfo alle forze dell'inferno. Un trionfo che non sarebbe definitivo, è certo, ma che tuttavia comporterebbe per la Santa Chiesa, la perdita di milioni di anime, così com'è accaduto e accade in quei

---

[151] Vangelo secondo San Matteo. Capitolo VIII, Versetti 11 e 12.

Paesi che, causa la nostra debolezza e la nostra mancanza di decisione, sono caduti in preda al comunismo ateo.

La Rivista mensile *Time*, nel suo numero 6 marzo 1956, rivela che nella Cina rossa, durante cinque anni di dominazione comunista, sono stati assassinati 20 milioni di persone e altri 23 milioni sono ristretti nei campi di lavoro forzato. Questa notizia è riportata dall'Osservatore Romano.[152]

Valga, infine, l'autorità dei Padri della Chiesa ed il significato da loro attribuito al concetto di carità cristiana. Utilizziamo come fonte d'informazione la Storia della Chiesa Cattolica, scritta da tre reverendi padri gesuiti: Llorca, Garcia Villoelada e Montalban, per tutti i versi non sospettabili di *antisemitismo*. E' per questo motivo che, in questo caso, preferiamo utilizzare questa opera, visto che si limita a seguire la unanime corrente degli storici della Santa Chiesa.

Per quanto ci interessa, l'opera suddetta reca testualmente quanto segue:

« 5. Grandi figure della carità cristiana nell'Oriente. In un ambiente così cristiano non desta meraviglia il sopraggiungere di talune figure la cui accesa carità verso i poveri e i bisognosi contribuì a sua volta, poderosamente, a fomentare questo stesso spirito. Nell'impossibilità di enumerarle tutte, sceglieremo talune tra quelle che maggiormente si distinsero nei secoli V e VII ».

I suddetti reverendi padri gesuiti, dopo aver menzionato San Basilio, passano a descrivere la figura di quel grande Padre della Chiesa, che fu San Giovanni Crisostomo e dicono testualmente:

« Non meno illustre è San Giovanni Crisostomo come promotore della carità cristiana ». Continuando gli esimi autori riferiscono una serie di fatti che illustrano San Giovanni Crisostomo quale esempio di carità cristiana e quindi riferendosi ad altri due grandi padri della Chiesa, Sant'Ambrogio Vescovo di Milano, e San Girolamo, tra le altre cose scrivono:

« 6. Grandi figure della carità in Occidente. Santo Ambrogio è stato sempre un modello di Vescovo cattolico, e quindi non deve sorprendersi che egli fosse anche l'esempio della più accesa carità e beneficenza ».

I suddetti gesuiti narrano poi altri episodi, che comprovano l'asserzione fatta riguardo all'accesa carità di cui fu esempio anche Sant'Ambrogio.

Nei riguardi di San Girolamo i suddetti reverendi sacerdoti e studiosi segnalano che:

« San Girolamo, che così profondamente conosceva la più elevata società di Roma, in tutti i suoi aspetti di luce e d'ombra, ci ha trasmesso il più

---

[152] *L'Osservatore Romano*, quotidiano di Roma, 19 Aprile 1956, p. 3.

sorprendente esempio di carità cristiana ».¹⁵³ E in proposito, i suddetti gesuiti, citano le opere di Liese e di San Gregorio Nazianzeno, fonti irrefutabili.

Vediamo ora quanto riferisce l'eminente storico israelita Graetz le cui opere sono considerate dagli ebrei come assolutamente degne di credito nei riguardi di San Giovanni Crisostomo, di Sant'Ambrogio e di San Girolamo, descritti dagli storici cattolici quali fulgidi esempi di carità cristiana, le cui azioni sono degne d'imitazione.

Nell'opera *Storia degli Ebrei* - che gli ebrei colti considerano un onore possedere - Graetz scrive testualmente: "I più fanatici contro i giudei furono in questa epoca Giovanni Crisostomo d'Antiochia, Ambrogio di Milano; essi li attaccarono con grande ferocia ».

Dopodiché Graetz descrive dettagliatamente le attività di San Crisostomo contro gli ebrei, di cui noi parleremo nella quarta parte di questo libro. Riferendosi a quelle di Sant'Ambrogio dice testualmente: « Ambrogio di Milano era un ufficiale violento, ignorante della Teologia. Per la sua rinomata violenza la Chiesa lo elevò al rango di Vescovo. Egli fu senza dubbio il più virulento contro gli ebrei ».¹⁵⁴

Nella quarta parte di quest'opera noi riferiremo anche la lotta antiebraica compiuta da Sant'Ambrogio, grande Padre della Chiesa. Nell'indice delle materie del suddetto Tomo Secondo, pagine 638 e 641, Graetz sintetizza l'oggetto di ogni materia in forma eloquentissima: « Ambrogio e il suo fanatismo contro gli ebrei », scrive; e "Crisostomo e il suo fanatismo contro gli ebrei », aggiunge.

Per quanto riguarda quell'altro grande Padre della Chiesa, simbolo della carità cristiana, che fu San Girolamo, Graetz segnala che, illustrando detto Santo la sua ortodossia, Egli disse letteralmente:

« E se costituisce un requisito disprezzare gli individui e le nazioni, io aborrisco gli ebrei, con un odio impossibile da esprimere ».

L'insigne storico israelita commenta subito dopo: « ...questa professione di fede, riguardo all'odio implacabile verso i giudei non era opinione privata di uno scrittore isolato, bensì un oracolo per tutta la cristianità che subito fece propri gli scritti dei Padri della Chiesa, che vennero riveriti come Santi. Successivamente questa professione di fede armò i re, il popolaccio, i

---

¹⁵³ B. Llorca, s.j., R. Garcìa Villoelada, s.j. e F.J. Montalban, s.j., Historia de la Iglesia Catòlica, Madrid, 1960, tomo I.
¹⁵⁴ Graetz, History of the Jews. Edizione della Jewish Publication Society of America, Philadelphia 5717. 1956. Tomo II.

crociati ed i pastori (d'anime) contro gli ebrei e vennero inventati strumenti per torturarli ed alzati roghi funebri per bruciarli ».[155]

Come si vede, quei fulgidi simboli della Carità Cristiana che furono San Giovanni Crisostomo, Sant'Ambrogio di Milano e San Girolamo, ci hanno tramandato una definizione chiarissima della stessa, indicandoci che la carità non deve mai escludere l'azione più energica e implacabile contro i giudei e contro la *Sinagoga di Satana*. Una importantissima parte della loro santa vita fu dedicata all'applicazione pratica di questi concetti; i suddetti Santi Padri ci hanno anche insegnato che la Carità Cristiana non deve esercitarsi a beneficio delle forze del male. Ed essi identificarono le forze del male principalmente nel giudaismo.

Anche lo scrittore israelita Graetz afferma che questo pensiero formò la unanime dottrina dei Padri della Chiesa. Coloro a cui eventualmente interessasse approfondire il tema possono consultare le opere dei suddetti Padri. Potranno così reperire ivi la prova che tutti loro condannarono energicamente gli ebrei e lottarono risolutamente, senza titubanze, contro questi « *nemici della Umanità* », così come con assoluta fondatezza li definì anche San Paolo.

Noi cattolici sappiamo, inoltre, che l'opinione sicura dei Padri della Chiesa, in materia di dottrina, è in molti così norma obbligatoria di condotta per tutti i fedeli. Soltanto un complesso patologico di Giuda Iscariota, può spiegare, in parte, il fatto che molti ecclesiastici, pur facendosi credere dei buoni cattolici, siano più utili alla *Sinagoga di Satana* che alla Chiesa.

E pretendano, inoltre, impartire false norme di morale e di cristiana carità, per legarci le mani e impedirci di lottare con tutta la necessaria energia ed efficacia contro il giudaismo ed i suoi satelliti: *massoneria e comunismo*.

---

[155] Graetz, Ed. cit. tomo II.

CAPITOLO X

GLI EBREI UCCIDONO I CRISTIANI E PERSEGUITANO GLI APOSTOLI

Il giudaismo ha mosso una guerra mortale alla Santa Chiesa dal giorno in cui questa è nata, senza che la Santa Chiesa, durante i suoi primi secoli di vita, abbia in alcun modo reagito. Gli ebrei poterono quindi abusare in maniera crudele della mansuetudine dei primi cristiani. Essi si limitarono a combattere i loro acerrimi nemici esclusivamente con dei bellissimi e ben fondati ragionamenti. In cambio dovettero patire calunnie malefiche, persecuzioni, carcere, assassinio, ecc.

Gli ebrei incominciarono, come si sa, con l'uccidere barbaramente Nostro Signor Gesù Cristo.

Continuarono con l'omicidio di Santo Stefano, descritto in tutto il suo orrore nella Bibbia - *Atti degli Apostoli* - che si articolò nell'organizzazione del crimine compiuta dalla Sinagoga, nella subornazione impiegata affinché qualcuno lo calunniasse dirigendo accuse velenose nei suoi riguardi, nell'impiego di falsi testimoni per comprovarle e, infine, nell'assassinio del Santo, bestialmente consumato a colpi di pietra. E Santo Stefano non aveva[156] commesso altro delitto che predicare la vera religione! Egli fu il primo martire del Cristianesimo e furono gli israeliti che ebbero l'onore di spargere il primo sangue cristiano, dopo l'omicidio di Gesù.

La stessa Bibbia, negli *Atti degli Apostoli* segnala come il re ebreo Erode: « 1. ...inviò truppe per maltrattare alcuni della Chiesa. 2. E ammazzò di coltello Giacomo fratello di Giovanni. 3. E vedendo che questo faceva piacere ai giudei fece catturare anche Pietro ».[157] Non soddisfatti di aver dato inizio alla lotta contro i Cristiani con l'assassinio dei Santi fondatori del nascente Cristianesimo, gli ebrei si dedicarono ad altre crudeli persecuzioni che spesso degenerarono in tremende stragi. Fu così che il cielo ebbe i primi martiri della Chiesa. Ed a queste persecuzioni partecipò anche Saulo, il futuro San Paolo, prima di convertirsi[158] con uno zelo che egli stesso, nella

---

[156] Bibbia. *Atti degli Apostoli*. Capitolo VI. Versetti dal 7 al 15 e Capitolo VII. Versetti dal 54 al 59.
[157] *Atti degli Apostoli*, Capitolo XII. Versetti dal 1 al 4.
[158] *Atti degli Apostoli*. Capitolo VIII. Versetti dal 1 al 3. Capitolo XXVI. Versetti 10 e 11. Capitolo XXII. Versetti 4 e 5.

sua lettera ai Galati così descrive: « 13, Voi infatti avete sentito parlare delle mie relazioni d'una volta col giudaismo, come accanitamente perseguitassi la chiesa di Dio e la devastassi ».[159]

GLI EBREI NON SONO GRADITI A DIO, AFFERMA S. PAOLO.

E'noto ed arcinoto, ma è bene rifarsi sempre da principio, data la facilità con cui gli uomini dimenticano anche i fatti essenziali, che gli ebrei perseguitarono con particolare impegno, come è logico d'altronde, gli Apostoli e i primi Capi della Chiesa. Di ciò rende testimonianza San Paolo nella sua lettera ai Tessalonicesi, per esempio, nella quale afferma, tra l'altro, categoricamente che « gli ebrei non sono graditi a Dio ». In questa epistola egli scrive testualmente:

« 14. Infatti siete divenuti imitatori delle Chiese di Dio, che sono, in Cristo Gesù, nella Giudea, avendo anche voi sofferto dai vostri connazionali come essi hanno sofferto dai giudei. 15. Che dopo aver ucciso il Signore Gesù e i profeti hanno perseguitato anche noi ma non piacciono a Dio ».[160]

E'quindi assolutamente falso che gli ebrei siano graditi a Dio, come viceversa affermano quegli ecclesiastici che fanno il gioco degli israeliti e quindi paralizzano la difesa dei popoli cattolici dall'imperialismo ebraico e dalla sua azione rivoluzionaria.

E'mai possibile che questi Ecclesiastici pretendano di aver ragione quando è San Paolo stesso che ci dice che gli ebrei non erano graditi a Dio? Né ci sembra possa sussistere dubbio alcuno sul fatto che le forze del male - *i figli del Demonio* - così come Cristo medesimo definì gli ebrei non possono essere graditi a Dio!

Gli Apostoli conobbero molto spesso le durezze del carcere a causa degli ebrei. Nei loro *Atti* essi riportano come i sacerdoti ebrei, i Sadducei e il magistrato del Tempio catturassero San Pietro e San Giovanni e li rinchiudessero in prigione.[161]

Nel capitolo V, altro esempio, si narra quanto segue: « 17. Ma levatosi su il Sommo Sacerdote e tutti quelli del suo partito, che era la setta dei Sadducei

---

[159] *Epistola di San Paolo ai Galati*, Capitolo I, Versetto 13.
[160] *Epistola di San Paolo ai Tessalonicesi*. Capitolo 11, Versetti 14 e 15.
[161] *Atti degli Apostoli*. Capitolo III e Capitolo IV, Versetti 1, 2 e 3.

pieni di zelo. 18. Misero le mani sugli Apostoli e li gettarono nella prigione pubblica ».[162]

Tra le varie persecuzioni operate contro i primi capi della Chiesa, spicca per il suo accanimento quella contro San Paolo. Viene riferita negli atti degli Apostoli, Cap. IX: « 22. Ma Saulo diveniva sempre più forte e confondeva i Giudei che abitavano in Damasco, dimostrando essere Gesù il Cristo.

23. Or passati molti giorni i Giudei si misero d'accordo per ucciderlo »[163].

Quanto ebbe a verificarsi in seguito in Antiochia è del pari edificante e probativo della mentalità e del carattere di tutti gli ebrei. Parlando San Paolo e San Barnaba di questioni religiose essi infatti non persero l'occasione per rivelare ancora una volta la loro intolleranza ed il loro fanatismo e fecero, come sempre, ricorso alla violenza. I già rammentati *Atti degli Apostoli* ce lo narrano. Capitolo XIII: « 50. Ma i Giudei istigarono pie e ragguardevoli matrone e i principali della città, suscitando una persecuzione contro Paolo e Barnaba e li scacciarono dal loro territorio »[164].

Nel Capitolo XIV apprendiamo che la popolazione di Iconio, nel corso di un'altra discussione teologica di San Barnaba con gli ebrei, si comportò in questa maniera: « 4. E il popolo della città si divise, chi stava per i Giudei, chi per gli Apostoli. 5. Ma sollevatisi con i loro capi i Giudei ed i Gentili al fine di oltraggiarli e lapidarli. 6. Inteso ciò si rifugiarono nella città di Licaonia, Listri e Derbe. 18. Sopraggiunsero poi da Antiochia e da Iconio alcuni Giudei che sobillate le turbe e lapidato Paolo lo trascinarono fuori della città stimandolo morto »[165]. Già da allora, come si vede, la divisione si manifesta chiarissima: da una parte i seguaci degli Apostoli, ossia i Cristiani, e dall'altra parte gli ebrei.

Ed ora una precisazione necessaria ed importante: con il Nuovo Testamento, la parola *giudei* indica sempre ed esclusivamente coloro che, membri dell'antico popolo eletto, assassinarono il figlio di Dio e combatterono la Santa Chiesa. Coloro che si convertono alla Fede del Salvatore non vengono più chiamati ebrei, ma cristiani, Ciò premesso per scrupolo e per chiarezza possiamo rilevare tranquillamente che coloro tra gli ebrei che ai nostri giorni continuano a perseguitare la Chiesa, e tentano di dominare l'umanità, per renderla schiava, sono né più né meno che i discendenti degli stessi giudei che il *Nuovo Testamento* indica quali peggiori nemici di Cristo e della Chiesa; coloro il di cui spirito niente ha a che vedere con l'antico popolo eletto di Dio dei tempi biblici. Il popolo eletto fu amato da Dio, ma gli ebrei rinnegarono il Messia, lo assassinarono e combatterono e combattono il Cristianesimo, continuando sino ai giorni nostri, a formare

---

[162] *Atti degli Apostoli*. Capitolo V. versetti 17 e 18.
[163] *Atti degli Apostoli*. Capitolo IX. Versetti 22 e 23.
[164] *Atti degli Apostoli*. Cap. XIII. Versetti dal 44 al 50.
[165]

organizzazioni delittuose, Essi quindi - così come dice San Paolo - *non sono graditi a Dio*.

Da tutto quanto sopra scaturisce una constatazione: quegli ecclesiastici i quali, più che servire la Chiesa servono la *Sinagoga di Satana*, in quanto mescolando artatamente, in modo capzioso ed equivoco, taluni concetti, ingannano i sinceri cattolici e li inducono a mettersi in contrasto con quanto affermato da San Paolo - che i moderni criminali giudei non sono graditi a Dio - e quindi impediscono loro la difesa dei popoli e delle famiglie dalle perfide mene imperialiste e corruttrici degli ebrei sono, come si vede, in perfetta mala fede.

Nel Capitolo XVII del suddetto *Nuovo Testamento* si narra che San Paolo e Sila: « 1. ...arrivarono a Tessalonica ove era una sinagoga di Giudei. 5. Ma i giudei mossi da zelo, prendendo dal volgo dei cattivi soggetti e fatta gente misero a tumulto la città e attorniata la casa di Giasone, cercavano di tirarli davanti al popolo. 6. Ma non avendoli trovati trascinarono Giasone ed alcuni altri fratelli davanti ai capi della città gridando: "Quei che mettono sottosopra la terra sono venuti anche qua". 7. "e Giasone ha dato loro ricetto e costoro vanno contro gli editti di Cesare, dicendo esservi un altro re, Gesù". 8. Così incitavano la folla e i magistrati che udivano tali cose. 9. Ma ricevuta cauzione da Giasone e da altri li lasciarono andare »[166].

I suddetti passi della Sacra Scrittura dimostrano, senza possibilità di equivoci, che furono gli ebrei gli unici nemici del nascente Cristianesimo, perché dappertutto non solo essi perseguitarono direttamente i cristiani, ma li fecero anche oggetto di continue calunnie atte a sollevare contro di loro i popoli Gentili. E persino, ciò che è ancor più grave, *le autorità dell'Impero Romano*.

Il suddetto passaggio degli *Atti degli Apostoli* rivela chiaramente il metodo ebreo: impiegare la calunnia, sempre, nel criminoso intento di scatenare contro i cristiani le forze dell'Impero Romano. L'accusa mossa ai cristiani di riconoscere un altro re al posto di Cesare, non poteva avere altro scopo; ed era tale, logicamente, da mettere in gran sospetto sia l'imperatore romano che i suoi uomini. Era, infine, un'accusa che, qualora interpretata come vero e proprio tradimento di Cesare, procurava immediatamente la pena di morte.

Le mene giudaiche contro i cristiani, dirette ad ottenere la persecuzione delle autorità romane contro di loro, durarono moltissimi anni e conseguirono spesso il loro scopo nefando. Fu durante il regno di Nerone che si ebbero, così come la storia riporta, gli episodi più atroci. L'arte sottile della calunnia diretta a promuovere l'azione romana contro la nascente

---

[166] *Atti degli Apostoli*. Capitolo XVII. Versetti 1, 5 e dal 6 al 9.

Chiesa Cristiana traspare apertamente dal Capitolo XVIII degli *Atti degli Apostoli*. Conviene leggerlo al fine di fugare sin l'ultimo eventuale dubbio sulla fondatezza di queste verità così chiare, sulle quali il tempo, e le interessate versioni di troppi, sembrano aver disteso una patina di pericoloso oblio:

> « 12. Essendo poi proconsole di Acaia Gallione i giudei tutti d'accordo si levarono contro Paolo e lo condussero al tribunale dicendo: 13. "Costui persuade la gente ad adorare Dio, in modo contrario alla legge ». 14. E mentre Paolo cominciava ad aprir bocca, Gallione disse ai Giudei: "Se veramente si trattasse di qualche ingiustizia o di qualche azione malvagia, io, o Giudei, vi sosterrei come di ragione". 15. "Ma son questioni di parole; e di nomi, e intorno alla vostra legge, pensateci voi: io non voglio esser giudice in tali cose". 16. E li mandò via dal tribunale. 17. Ma quelli preso tutti d'accordo Sostene, l'arcisinagogo, lo battevano davanti al tribunale e Gallione non se ne curava per niente »[167].

Questo passaggio della Sacra Bibbia ci rivela: da una parte la tolleranza religiosa delle autorità romane e la loro assoluta mancanza di interesse per iniziative ostili ai Cristiani; dall'altra parte che erano gli ebrei coloro che costantemente cercavano cavilli per aizzare le autorità di Roma contro i Cristiani, senza peraltro sgomentarsi per i ripetuti insuccessi. Il passo ci aggiorna, infine, sulla umana natura sortita dagli ebrei. Da autentici paranoici, infatti, sempre, allorquando la macchinazione contro i cristiani faceva cilecca, iniziavano un furioso litigio tra loro. Nell'ultimo caso da noi citato fu Sostene, l'arcisinagogo, come lo definisce la Bibbia, ossia il sommo sacerdote del luogo, l'infelice sul quale si riversò la rabbia e il furore della popolaglia anticristiana. Siamo convinti che nessuno dubiterà della verità di questi fatti storici, visto che sono da noi tratti dal Nuovo Testamento e riferiti senza aggiungere o spostare neanche una virgola.

Se dai tempi che furono passiamo agli attuali, noi vediamo che la situazione non cambia, E si capisce! Allorquando, infatti, la muta famelica dei lupi poté liberarsi e tiranneggiare - ci riferiamo al trionfo delle rivoluzioni comuniste - le stragi furono sempre il primo atto di governo e il sangue dei Gentili e dei Cristiani venne immediatamente fatto scorrere. Ma è vero del pari che, soddisfatte le prime brame, le belve si scagliano poi le une contro le altre. Le cosiddette « purghe » - ossia quella serie spaventosa e consueta di efferate uccisioni che si verifica periodicamente e puntualmente sia nella Unione Sovietica che nei Paesi Satelliti - non rispettano neanche la dignità rabbinica, Così come nel caso occorso a San Paolo a Corinto quando fu il

---

[167] *Atti degli Apostoli*, Capitolo XVIII. Versetti citati.

povero Sostene a far le spese del furore popolare. Gli ebrei, non c'è dubbio, sono sempre quelli!

L'Apostolo San Luca, sempre negli *Atti degli Apostoli*, narra un'altra persecuzione messa in atto dai giudei contro San Paolo. Nella descrizione dei fatti, quanto mai efficace e pittoresca, San Luca fa constatare a noi, ancora una volta, che niente è cambiato. Gli ebrei di allora son tali e quali a quelli d'oggi, ed i tempi che furono non sono diversi dai nostri. Le sue parole narrano di quando il Santo fu a Gerusalemme. Sono trascorsi duemila anni dai fatti narrati, eppure questa che segue sembra cronaca dei giorni nostri:

> « 27. ...I Giudei dell'Asia sobillarono tutto il popolo e gli misero le mani addosso (a San Paolo, N.d.A.) gridando: 28. "O uomini israeliti aiuto: questo è l'uomo il quale insegna a tutti per ogni dove contro il Popolo, la legge e questo luogo; di più ha introdotto dei Gentili nel tempio e ha profanato questo luogo santo". 30. E si mosse a rumore tutta la città e vi accorse gran folla di popolo. E preso Paolo lo trascinarono fuori del tempio e le porte furono subito chiuse. 31. E mentre cercavano di ucciderlo, il tribuno della corte fu avvisato come tutta Gerusalemme fosse in tumulto. 32. Ed egli subito, presi con sé soldati e centurioni, corse da loro. Questi visto il tribuno e i soldati cessarono di battere Paolo ».[168]

Il passo del Nuovo Testamento sottolinea l'accusa rivolta dagli ebrei a Paolo: « insegna a tutti contro il popolo ». Una vergognosa calunnia che tenta di farlo apparire come nemico del popolo, onde sia giustificato il suo assassinio.

A distanza di diciannove secoli, quando nell'Unione Sovietica e nei Paesi marxisti gli ebrei vogliono assassinare qualcuno, rivolgono l'identica accusa: « è un nemico del popolo - essi affermano - è un nemico della classe lavoratrice ».

Accusavano San Paolo di predicare contro il Tempio, così come oggi, nel corso di quei simulacri di processi che vengono celebrati nei Paesi comunisti, accusano le vittime predestinate di svolgere azione sovversiva contro l'Unione Sovietica o contro lo Stato proletario. Accusarono infine San Paolo di aver introdotto nel Tempio alcuni Gentili, e quindi di aver così profanato quel santo luogo, e questo ci dimostra che già sin da allora gli ebrei consideravano il Tempio ermeticamente chiuso ai Gentili, così come oggi considerano l'ebraismo completamente avulso da qualsiasi altra razza.

Se allora ammettevano nelle loro vicinanze *unicamente* i così detti *Proseliti della Porta* - che potevano assistere alle funzioni nel Tempio, unicamente dalle porte esterne - oggi Cristiani e Gentili vengono accolti in taluni Paesi,

---

[168] *Atti degli Apostoli*. Capitolo XXI. Versetti dal 27 al 32.

si afferma, quali convertiti all'ebraismo, però ammessi soltanto alle *porte di fuori*. Lasciati cioè nelle organizzazioni periferiche, spesso a mezzo di inganni, e mai ammessi nelle vere e proprie Sinagoghe e Comunità. Anche in questo ennesimo caso i metodi non sono cambiati.

Il suddetto libro della Sacra Scrittura prosegue raccontandoci come, allorquando il tribuno permise a Paolo di dirigere la parola agli ebrei ammutinati, questi cercò con parole chiare e mansuete di rasserenarli. Non valse a niente e ce lo narrano i seguenti versetti del Capitolo XII:

« 22. E fino a questa parola lo ascoltarono ma a questo punto alzarono la voce gridando: "Togli dal mondo costui che non è giusto che viva". 23. E siccome quelli urlavano e gettavano via le vesti e gettavano polvere in aria... ».[169]

Siamo, come si vede, dinanzi a dei veri e propri energumeni, in tutto e per tutto simili a coloro che, molti secoli dopo, toglieranno di mezzo le vittime col terrore ebreo-comunista, sempre con la stessa abbondanza di infamie e di crudeltà.

Il *Nuovo Testamento* continua riferendo ciò che il Tribuno romano volle sapere il giorno seguente ai fatti suddetti:

Capitolo XXII: « 30. ... del motivo per cui fosse accusato dai giudei: lo sciolsero e volle che si radunassero i sacerdoti con tutto il Sinedrio, e, tratto fuori Paolo, lo pose in mezzo a loro ». Capitolo XXIII: « Or Paolo sapendo come una parte erano Sadducei e altra Farisei, disse ad alta voce al concilio: "Fratelli: sono fariseo, figlio di farisei e sono chiamato a giudizio a cagione della speranza della resurrezione dei morti ». 7. Come ebbe detto questo, nacque disparere tra i Farisei ed i Sadducei e l'assemblea fu divisa. 8. I Sadducei infatti negavano esserci resurrezione, angeli e spiriti; i Farisei invece sostenevano le due cose. 9. E vi furono clamori grandi. E alzatisi alcuni dei Farisei contendevano dicendo: "Non troviamo alcun male in quest'uomo, chi sa se uno spirito o un angelo gli abbia parlato? »[170].

Ottima lezione, quella dataci da S, Paolo, di come si possono utilizzare, in favore della causa del Bene, le discordie interne delle fazioni e sette ebraiche. Ma occorre stare attenti: non è raro il caso, infatti, che dissensi e contrasti vengano simulati per ingannare i popoli al fine di raggiungere determinati fini politici!

La narrazione dell'Apostolo continua in merito a quanto accadde dopo la violenta pugna scatenatasi tra i suddetti dignitari giudei, che obbligò il Tribuno Romano a far intervenire i soldati.

---

[169] *Atti degli Apostoli*, Capitolo XXI. Versetti dal 35 al 40 e Cap. XXII. Verso dal 19 al 23.
[170] *Atti degli Apostoli*. Capitolo XXII. Versetto 30 e Capitolo XXIII. Versetti dal 1 al 9.

Capitolo XXIII, versetto 12.: « E fattosi giorno si unirono alcuni dei giudei e s'impegnarono con giuramento a non mangiare e non bere, finché non avessero ucciso Paolo. 13. Quelli che avevano fatto questa congiura erano più di quaranta. 14. E andarono dai principi dei sacerdoti e dagli anziani a dire: "Ci siamo obbligati con giuramento a non prendere cibo, finché non abbiamo ucciso Paolo". 15. « Or dunque con sinedrio fate sapere al tribuno di condurlo alla vostra presenza, come se voleste scoprire qualcosa di più sicuro intorno a lui; e noi siamo pronti ad ucciderlo prima che lui si accosti ».

Il senso del dovere del tribuno, che ben conosceva gli ebrei, frustrò i piani criminosi di questi. Egli fece infatti scortare San Paolo da duecento soldati al comando di due centurioni. Il versetto 25 specifica chiaramente perché il tribuno si comportò in questo modo: « 25. Egli infatti ebbe paura che i giudei lo rapissero e lo uccidessero e poi lui fosse calunniato come se avesse tirato a denaro »[171].

E' curioso rilevare come questo passo del *Nuovo Testamento* ci riveli che gli ebrei, da quei perfetti commedianti che sono, sin da allora conoscessero il cosiddetto *sciopero della fame* e vi facessero ricorso. Nel caso in questione, infatti, quaranta di loro avevano giurato di non mangiare più sino a quando non avessero assassinato Paolo. Gli *Atti degli Apostoli* non spiegano cosa accadde nel campo giudeo dopo il fortunoso salvataggio di San Paolo, operato dai soldati romani.

A rigor di logica lo sciopero della fame avrebbe dovuto continuare sino alle estreme conseguenze; cioè sino alla morte dei congiurati. Ma l'Apostolo pietosamente tace in proposito. Non resta a noi difficile, però, immaginare la verità. Allora come oggi una qualsiasi scusa sarà stata sufficiente per sospendere la lamentevole messa in scena e riprendere il normale, e abbondante consumo dei pasti.

Quanto sopra rivela poi un'altra cosa. Gli ebrei sin da quella lontanissima data praticavano il sistema di assassinare i prigionieri durante il viaggio, nel mentre venivano condotti da un paese all'altro; e inoltre, che persino i romani temevano le calunnie degli ebrei! Senza dubbio, li conoscevano bene, quali maestri in quest'arte malefica.

Per conoscere quanto basta sulle sinistre attività del Giudaismo e sul consueto suo stile, non sarebbe, in fondo in fondo necessario neanche conoscere i famosi *Protocolli dei Savi del Sion*. Basterebbero gli insegnamenti della Bibbia ed altri documenti indiscutibili e degni di fede, spesso provenienti dalle più insospettate fonti ebree, per mettere in guardia gli uomini di buona volontà, visto che oggi tutti sembrano dimentichi di questo tremendo pericolo.

---

[171] *Atti degli Apostoli*. Capitolo XXIII. Versetti dal 12 al 25.

Gli *Atti degli Apostoli* continuano raccontando quanto accadde dopo che San Paolo fu trascinato dinanzi al Governatore:

Capitolo XXV, versetto 2: « E comparvero dinanzi a lui, i principi dei sacerdoti, gli anziani ed i più ragguardevoli dei Giudei. 3. E lo pregavano, chiedendogli in grazia che ordinasse di condurlo a Gerusalemme, e intanto gli tendevano insidie per ucciderlo nel viaggio. 4. Ma Festo rispose che Paolo era custodito in Cesarea e che egli stesso partirebbe tra breve. 5. E soggiunse: "quelli che tra di voi hanno autorità vengano assieme e accusino, se c'è alcun delitto in quest'uomo". 7. Ed essendogli stato condotto lo circondarono i Giudei venuti a Gerusalemme, portando contro di lui molte e gravi accuse che non potevano provare. 8. Mentre Paolo faceva la sua difesa: « Non ho fatto niente di male, né contro la legge dei Giudei, né contro il Tempio, né contro Cesare »[172].

Per intender appieno la gravità dei fatti in cui appare coinvolto San Paolo, occorre ricordare la sua virtuosità. Paolo fu toccato dalla Grazia Divina, e da questa illuminato. Le sue azioni da allora furono tali che egli si meritò d'esser considerato come uno dei più grandi Santi della Cristianità. Ciò nonostante gli ebrei, con la peculiare perfidia loro propria e con la loro paranoica perseveranza, assolutamente degna di miglior causa, si scagliarono ferocemente contro di lui nella maniera orribile poc'anzi descritta dai passi della Bibbia.

Né furono, occorre rilevare, unicamente gli ebrei della Palestina ad assumere, ancora una volta, questa delittuosa iniziativa, poiché anche quelli di altre parti del mondo rivelarono chiaramente di essere dotati di identici istinti malvagi e bestiali. Né le ostilità partirono unicamente dai Farisei; anche i Sadducei, infatti, loro rivali, gareggiarono nell'infierire contro S. Paolo. La canizza non fu azione di elementi isolati. I principi dei sacerdoti, gli scribi, i dignitari, gli uomini più illustri d'Israele, tutti apparvero in preda alla stessa furia sanguinosa del popolo. Esseri tagliati nello stesso panno e con identiche forbici.

I passi del *Nuovo Testamento* ci mettono, quindi, in guardia circa il pericolo che l'ebraismo moderno rappresenta per l'umanità intera, visto che la sua malvagità supera di gran lunga qualsiasi immaginazione. Per questo Papi e Concilî chiamarono ripetutamente gli ebrei *perfidi giudei* e vollero che questi eloquenti termini figurassero in quella Liturgia che oggi gli ebrei, attraverso i loro agenti nel Clero Cattolico, cercano di far modificare per sopprimerli. Onde far sprofondare i cattolici in un abisso d'ignoranza su tutto quanto si riferisce alla loro immensa perversità di secolari nemici del Cristianesimo; e

---

[172] *Atti degli Apostoli.* Capitolo XXV, Versetti dal 1 al 8.

quindi poter vincere più facilmente e più facilmente servirsi della consueta ingannatrice tattica dei colpi a tradimento.

E'altamente significativo che tutto quanto è stato scritto per descrivere la perfidia di questa *razza di vipere* - così come Nostro Signor Gesù Cristo, è bene ripeterlo ancora una volta, chiamò gli ebrei - coincide perfettamente non soltanto con il *Nuovo Testamento* della Bibbia, ma anche con tutti gli scritti apparsi alcuni secoli dopo a cura dei Padri della Chiesa, con il Corano di Maometto, con i Canoni di diversi Concili della Chiesa, con i Processi della Santa Inquisizione, con l'opinione di Martin Lutero e con le accuse che, nel corso dei secoli, sempre, in tutti i Paesi, sono state mosse agli ebrei anche da esperti cattolici, protestanti, russi ortodossi, maomettani e persino da miscredenti della forza di Voltaire e di Rosemberg.

Tutto quanto sopra è stato detto e scritto, nel corso di millenni, pur non rispondendo, assolutamente, si badi bene, a nessuna concordata o preordinata azione; e tutto combacia perfettamente nel denunciare la perfidia e l'estrema malvagità degli ebrei.

Tutto concorre nel dimostrare, e purtroppo senza alcuna incertezza, che la malvagità e la perfidia ebraica - in uno con altri sentimenti deteriori, e talvolta ferini, pericolosissimi per il genere umano - sono una realtà comprovata e incontrovertibile, di cui i popoli debbono tener conto. Una realtà della quale - e la Storia ampiamente lo dimostra - un giorno o l'altro i popoli dovranno ancora difendersi. Anche l'Apostolo San Matteo, che tanto predicò la parola di Dio, prima in Macedonia e dopo in Giudea, e molti convertì alla Fede di Gesù Cristo, conobbe le dolcezze degli ebrei che, ovviamente, lo detestavano. Fu da essi catturato, lapidato e lasciato moribondo. E, infine, barbaramente scannato[173].

---

[173] San Girolamo nel Catalogo citato dall'Andricomio, menzionato a sua volta dalla Bibbia di Scio, Ediz. citata, pag, 670, col. II. La medesima fonte fornisce un'altra versione sulla morte di questo Apostolo e indica il luogo della sua morte in Egitto o in Etiopia. Senza dubbio, data la persecuzione scatenata in tutto il mondo dai giudei contro i cristiani, la prima versione ci appare come la più attendibile e anche la fonte suddetta la cita con precedenza.

CAPITOLO XI

Persecuzioni romane provocate dagli ebrei

Nel capitolo precedente abbiamo esaminato taluni episodi relativi all'intento ebraico di far insorgere le autorità romane contro San Paolo, accusandolo di andar contro Cesare e di riconoscere un altro re al posto suo, cioè Gesù. Di questi calunniosi intrighi dà notizia un documento incontrovertibile, ossia il *Nuovo Testamento* della Sacra Bibbia, il quale ci informa anche che questi tentativi di scatenare la potenza dell'Impero Romano contro la nascente Cristianità si ripeterono con frequenza, anche se infruttuosamente, durante molto tempo.

Che i romani fossero quanto mai tolleranti in maniera religiosa è fatto storicamente provato come lo è, del pari, l'altro che essi non erano in nessun modo ostili ai cristiani. Lo dimostrano l'atteggiamento tenuto da Ponzio Pilato dinanzi a Gesù e gli interventi favorevoli delle autorità dell'Impero per sedare i tumulti e sventare le persecuzioni degli ebrei contro San Paolo ed i primi cristiani.[174]

Quanto in proposito riferiscono Tertulliano e Orosio, cioè che dinanzi alla persecuzione degli ebrei contro i cristiani, lo stesso imperatore Tiberio, promulgò un editto col quale venivano minacciati di morte coloro che avessero mosso accuse ai cristiani è altamente significativo. Anche l'imperatore Claudio ebbe il suo bel da fare con gli ebrei. Riferiscono infatti gli storici, che nel nono anno del suo regno egli ordinò che tutti i giudei fossero cacciati da Roma, perché colpevoli di aver convertito all'ebraismo la di lui moglie Agrippina, come testimonia Josefo, non solo, ma, secondo quanto riferisce Svetonio, anche perché con la scusa delle persecuzioni ai cristiani, essi suscitavano frequenti sedizioni[175].

Come si vede, quindi, anche l'imperatore Claudio, che era pagano, fu estremamente tollerante verso i cristiani; mentre non poté esserlo con gli ebrei, in quanto, urtato dai tumulti da loro continuamente sollevati, li fece espellere dalla città di Roma. Di questa espulsione parlano anche gli *Atti degli Apostoli*.[176]

---

[174] Tertulliano, In *Apologet.* Libro V e *Orosio*, Libro VII. Capitolo II.
[175] Tavole cronologiche di Scio. Bibbia. Ediz. cit. p. 662, col. II. prese dall'Adricomio.
[176] *Atti degli Apostoli*. Capitolo XVIII. Versetto 2.

Non c'è dubbio che l'essere stati così malamente cacciati da Roma, costituisse per gli ebrei una cocente umiliazione e sconfitta. Essi, infatti, erano riusciti ad imporre in alto la loro volontà, ed a giungere fin sui gradini del trono. Controllavano l'imperatrice, per influire sull'imperatore e mettevano apparentemente in pratica gli insegnamenti ricavati dal biblico libro di Ester, l'ebrea che giunse ad essere regina di Persia ed esercitò un'influenza decisiva sopra il re onde distruggere i nemici degli israeliti. Nel caso della moglie di Claudio, però, gli insegnamenti antichi venivano, come di consueto, interpretati in forma equivoca e distorta, nel tentativo di conseguire il ben noto fine imperialistico.

Ciò che non avvenne con Claudio si verificò però con l'imperatore Nerone. Questi, come è noto, fu succube di Poppea, una donna ebrea di notevole bellezza, la quale, secondo quanto narrano proprio taluni cronisti ebrei, fu la vera imperatrice, in quanto esercitò un'influenza decisiva sull'imperatore.

Tertulliano, uno dei Padri della Chiesa, nella sua opera *Scorpiase* ci dice: « Le Sinagoghe sono i punti da dove muovono le persecuzioni contro i cristiani. » E nel suo libro *Ad Nationes* aggiunge: « E' dai giudei che partono le calunnie contro i cristiani »[177].

Chiunque abbia cultura storica, anche modesta, sa che durante i primi tempi del suo impero Nerone fu quanto mai tollerante verso i cristiani. Incominciò a prendere cruda posizione contro di loro via via che restò avviluppato dagli intrighi della sua amante Poppea, la quale, astutissima ebrea, ebbe persino l'idea di incolpare i cristiani dell'incendio di Roma, ond'essi fossero perseguitati crudelmente e sterminati in gran numero, come difatti avvenne. Fu questa, come si sa, la prima sanguinosa presa di posizione anticristiana dell'impero romano.

Persino i reverendissimi padri gesuiti B. Llorca s.j., R. Garcia Villoelarda s.j. e F.J. Montalban, s.j., che pur si rivelarono sempre tanto favorevoli a quei tali Alti Dignitari della Chiesa, ai quali venne, a suo tempo, mossa l'accusa di praticare segretamente riti giudaici (come l'Antipapa Anacleto II), trovatisi dinanzi all'opinione dei Padri della Chiesa sulle persecuzioni contro i deboli e inermi cristiani cui dette inizio Nerone, sono costretti a riconoscere che: « ...Gli ebrei furono gli elementi più attivi nel fomentare l'odio contro i Cristiani, che essi consideravano come gli affossatori della legge di Mosè... »

« Questa attività degli ebrei dovette esercitare notevole influenza, perché ci consta che al tempo di Nerone godevano a Roma di grande ascendente

---

[177] Tertulliano, *Scorpiase* e *Ad Nationes*, citate da Riccardo C. Albanes nel *Los judios a travès le los siglos*. Ed. cit. p. 432, 435.

ed è anche risaputo che nell'occasione del martirio di San Pietro e di San Paolo qualcuno ventilò l'idea che essi erano morti a causa di gelosie ebree ».

« E'facile comprendere quindi come, in ambiente siffatto, aizzato dall'odio degli ebrei, possa essersi scatenata la persecuzione di Nerone.

Dipinti come esseri capaci di commettere qualsiasi crimine, fu facile indicare nei cristiani gli incendiari di Roma... e al popolo non costò molto crederlo »[178].

Le infami calunnie ebree giunsero al punto di accusare i Cristiani di mangiar carne di bambino durante le loro cerimonie. Queste nefande vociferazioni fatte circolare ad arte nella città suscitarono, logicamente, l'allarme dell'autorità e le ire dell'ignaro e sprovveduto popolo romano.

Comprensibilmente, quindi, questo costante intrigare, questo persistere infaticabile nel lavoro diabolico di calunnia - che gli ebrei mettono sempre in opera contro chi disturba i loro piani - realizzati nell'Impero Romano da migliaia di individui, un mese dietro l'altro, un anno dietro l'altro, ottennero un bel giorno, finalmente, il loro scopo. L'Impero di Roma prese a perseguitare quella nascente Cristianità che gli ebrei da soli non avrebbero mai potuto sperar di abbattere. E lo fece con un impeto di distruzione sino allora sconosciuto nella storia dell'umanità[179].

In appoggio a questa verità, citiamo, quale testimonianza incontrovertibile, un'autorizzatissima fonte ebrea: quella del famoso Rabbino Wiener, che nella sua opera intitolata *Die Juvisechen Speisegsetz* confessa che furono proprio gli ebrei la causa della persecuzione di Roma contro la Cristianità; ed osserva che durante l'impero di Nerone, nell'anno 65 d.C., quando imperatrice di Roma era, di fatto, l'israelita Poppea, e prefetto della città era un altro ebreo, ebbe inizio l'era dei martiri, che si prolungò ben 249 anni[180].

All'opera d'istigazione ebrea per provocare la persecuzione dei romani contro il Cristianesimo parteciparono persino taluni Rabbini che spiccano nella storia della Sinagoga, come, per esempio, il famoso Rabbino Jehuda che è uno degli autori del *Talmud*. E il Talmud è, come abbiamo visto, uno dei libri sacri d'Israele, fonte della religione del giudaismo moderno. « Jehuda - scrive il Rabbino Wiener ottenne nell'anno 155 della nostra era, un ordine perché fossero sacrificati tutti i Cristiani di Roma ». In virtù di quest'ordine invocato ed ottenuto dagli ebrei, morirono molte migliaia di Cristiani; ed anche i carnefici dei Papi Martiri Caio e Marcellino furono ebrei[181].

---

[178] B. Llorca, s.j., R. Garvias Velloelada, s.j., F.J. Montalban, s.j., *Historia de la Iglesia Catòlica*. Ediz. cit. Tomo I p. 172 e 173.
[179] Riccardo C. Albanès, op. cit., p. 432 e 435.
[180] Rabbino Wiener, *Die Jüdisechen Speisegsetz*.
[181] Dr. Röhling, Sacerdote Cattolico, *Die Polemik des Rabbinismus*, cit. da Riccardo C. Albanès, op. cit., p. 432 e 435.

L'Arcivescovo, Vescovo di Port Louis, Monsignor Léon Meurin, s.j. nella sua opera *Filosofia della Massoneria*, p. 172, afferma che: «Quando gli ebrei guidati da Bar Kohba, un falso messia, si sollevarono contro Roma, e recuperarono per tre anni la loro indipendenza (132-135 d.C.), in questo breve spazio di tempo assassinarono almeno quattromila cristiani. Quantità esorbitante, non c'è dubbio, in relazione alla popolazione cristiana della Palestina dell'epoca. Tutto ciò dà a noi una idea sufficientemente esatta di cosa potrebbe accadere qualora gli ebrei riuscissero ad imporre al mondo la loro dittatura totalitaria».

Durante tre secoli i cristiani resistettero eroicamente senza reagire alla violenza con la violenza. E' però comprensibile che quando il Cristianesimo, dopo tre secoli di persecuzioni, ottenne un trionfo completo nell'Impero Romano sia con la conversione di Costantino, che con l'adozione della religione cristiana quale religione di Stato, qualcuno si sia deciso, infine, ad operare adeguatamente per difendere la Chiesa trionfante ed i popoli che avevano abbracciato la sua fede, dalle continue cospirazioni del giudaismo.

I rammolliti ed i vili che oggi pensano di capitolare dinanzi alla *Sinagoga di Satana* per paura delle sue persecuzioni, del suo potere e della sua influenza debbono rendersi conto che le pur terribili minacce dei nostri dì son lungi dall'esser tanto gravi come lo furono quelle dirette contro Nostro Signor Gesù Cristo, contro gli Apostoli e contro i primi cristiani. Essi oltre al poderoso ebraismo, sfidarono inoltre anche quello che allora appariva come l'invincibile impero romano, il più grande e il più forte di tutti i tempi.

Non solo, ma a queste due minacce mortali dovettero aggiungerne una terza: quella originata dall'opera di disintegrazione interna che gli ebrei, a mezzo della loro quinta colonna, provocavano in seno al Cristianesimo, con l'agnosticismo ed altre demolitrici eresie.

Gli odierni capitolardi non potranno non rilevare che se la Santa Chiesa non solo poté allora salvarsi - malgrado una situazione ben altrimenti tragica e difficile dell'attuale - ma inoltre ottenere anche una completa vittoria sopra i suoi mortali nemici, ciò felicemente accadde perché poté contare su Pastori che mai conobbero un solo istante di debolezza, mai si avvilirono, né sottoscrissero vergognosi patti con le forze di Satana. Mai, in nessun momento, essi infatti cercarono soluzioni di compromesso, basate su una pretesa, e falsa prudenza, né si adattarono a coesistenze più o meno pacifiche ed a situazioni cosiddette *diplomatiche*.

L'adattamento o la sottomissione a transazioni del genere, realizzati attraverso i sofismi adoperati da ecclesiastici vili o complici, del nemico, hanno infatti, anche ai giorni nostri, un solo significato: indurre la Santa Chiesa ed i suoi Pastori a far cadere sotto l'artiglio del lupo quel gregge di cui gelosa custodia ci fu affidata da Nostro Signor Gesù Cristo.

Nessun altro argomento oltre a quelli da noi esposti ci sembra più pertinente e più valido per illustrare il pericolo che il tradimento che si pretenderebbe di consumare nel corso dell'attuale Concilio Ecumenico - tradimento che ci auguriamo possa essere frustrato in tempo - costituisce per tutti coloro che sentono appieno il dovere di difendere la Santa Chiesa ed i popoli che nella Santa Chiesa hanno riposto la loro Fede e la loro fiducia.

QUARTA PARTE

LA « QUINTA COLONNA » EBREA NEL CLERO

CAPITOLO I

LA PIOVRA CHE STRANGOLA LA CRISTIANITÀ

La rivoluzione massone-giacobina riuscì a far breccia nella fortezza cristiana, così come oggi - e per gli stessi motivi - continua a trionfare la rivoluzione ebreo-comunista. Soprattutto per il suo metodo di penetrazione, e di avvolgimento, nei popoli.

Il motivo per il quale nessuno è stato capace di opporsi alla dilagante avanzata delle forze devastatrici e corruttrici del Male è uno solo ed abbastanza semplice; soprattutto evidentissimo: *la Santa Chiesa e la Cristianità hanno combattuto unicamente contro i tentacoli della piovra* (Partito Comunista, gruppi rivoluzionari ed in pochi così, come in Italia anni orsono ed in Spagna anche attualmente, la Massoneria) *però hanno lasciato indenne la sua testa vigorosa.*

In questo modo il mostro ha potuto rigenerare le membra, talvolta mozzate, e quindi impiegarle di bel nuovo, in modo ancor più efficiente, nel suo pervicace e tenace intento di sempre: *sottomettere il mondo ai suoi voleri. Metà del mondo è già caduto; si tratta ora di compiere l'opera!*

L'avanzata continua delle rivoluzioni ebreo-massoniche ed ebreo-comuniste, dalla fine del secolo XVIII sino ai nostri giorni è dovuta anche al fatto bisogna pure avere il coraggio di riconoscerlo! - che né la Santa Chiesa Cattolica, né le Chiese separate[182] hanno lottato efficacemente contro la « quinta colonna » ebrea introdottasi nel loro seno.

Da chi è formata questa « quinta colonna »? La risposta, oltre che ad imporci un'analisi diffusa e dettagliata che ci risulta sinceramente difficile, e soprattutto dolorosa, forse ci obbligherebbe ad un crudo linguaggio che esula completamente dallo stile che ci è doverosamente consueto. Possiamo pur tuttavia accennare al fatto che questa, è formata anche dai discendenti degli ebrei convertitisi nei secoli scorsi al Cristianesimo che però hanno praticato la Religione di Cristo, in forma solo *apparente*, se pur fervorosa. Sembrerà a taluni impossibile ed è invece realtà. Nel segreto recesso delle loro coscienze e dei loro circoli chiusi, questi ebrei hanno conservato la fede giudaica. Non solo, ma hanno regolarmente, se pur occultamente, celebrato

---

[182] Evitiamo di impiegare termini diversi nei riguardi di queste chiese, per rispettare il vivo desiderio del nostro Santissimo Padre, Papa Giovanni XXIII, di realizzare un avvicinamento tra le chiese cristiane.

i loro riti e le loro cerimonie, organizzandosi in comunità e sinagoghe segretissime che hanno funzionato clandestinamente durante i secoli.

Questi cristiani in apparenza ed ebrei in segreto incominciarono ad infiltrarsi secoli orsono nella società cristiana, nel tentativo di dominarla dall'interno. A questo evidente scopo essi seminarono eresie e dissensi e cercarono di accattivarsi il Clero delle diverse confessioni cristiane. E ciò tanto meglio riuscì loro quanto più poterono usare il loro caratteristico stratagemma: introdurre cristiani cripto-giudei nei Seminari Cristiani, onde i sacerdoti di domani potessero - come purtroppo hanno potuto! - scalare innanzi tutto le diverse Dignità della Chiesa Cattolica e quindi delle Chiese dissidenti.

Crediamo sia infatti superfluo far rilevare quale sia stata la spesso determinante influenza esercitata dagli ebrei nel separatismo religioso cristiano.

Ma come non osservare, a questo punto, che allorquando i Papi ed i Concilî Ecumenici lottarono efficacemente, durante il millennio del medio evo, contro l'ebraismo, e, soprattutto, contro la « quinta colonna », i movimenti rivoluzionari organizzati per dividere e distruggere la Cristianità furono sempre regolarmente vinti e distrutti? Ciò accadde, la storia ce lo insegna, dall'epoca dell'imperatore Costantino sino alla fine del secolo quindicesimo.

E dopo? Esauriente risposta a questa tanto piccola e pur immensa domanda ci viene dalla situazione odierna. Disgraziatamente la Santa Chiesa, per ragioni che in seguito esamineremo, non ha più potuto continuare ad attaccare efficacemente la « quinta colonna » costituita dagli ebrei clandestini introdottisi come fedeli nel suo materno seno: non soltanto; ma anche quegli ecclesiastici che hanno raggiunto persino talune Altissime Dignità.

La paralisi difensiva cristiana ha condotto ad un maggiore e più vigoroso impulso del movimento ebreo. Né poteva essere diversamente! Ed è infatti dai tempi lontani in cui ebbe inizio la stasi che il movimento rivoluzionario si è fatto via via sempre più vigoroso. Sino a raggiungere, verso la fine del secolo diciottesimo, il carattere di vera e propria incontenibile valanga.

Quanto è giocoforza registrare oggi, nel secolo XX, riempie di angoscia e di sgomento l'animo nostro. L'insidia ebrea è riuscita a far dimenticare ai cattolici la lotta gigantesca svoltasi nel corso dei secoli tra la Santa Chiesa ed il Giudaismo ed ha quindi ottenuto un successo di portata incalcolabile nella realizzazione del suo piano di dominio del mondo. La terza parte dell'umanità, infatti - non lo si dimentichi mai! - è già caduta sotto la schiavitù dei regimi ebreo-comunisti.

Nel Medio Evo i Papi ed i Concili riuscirono, invece, sempre a distruggere i movimenti rivoluzionari ebrei; movimenti che sotto forme ereticali nacquero come funghi velenosi nel bel mezzo della Cristianità, iniziati e capeggiati da cristiani apparenti, ma ebrei in segreto, che riuscirono in seguito, con l'inganno, a far proseliti tra i cristiani autentici, devoti e sinceri. Ma oggi? Poiché il nostro lavoro vuole soprattutto avere un carattere di studio e di documentazione, non sarà male ricordare taluna delle più gravi eresie insorte in seguito all'attività di questi ebrei clandestini: quella degli Iconoclasti, per esempio, quella dei Càtari, quella dei Patarini, quella degli Albigesi, quella degli Ussiti, quella degli Illuminati ed altre ancora che qui non rammentiamo.

Il lavoro di questi ebrei introdottisi in qualità di quinta colonna nel seno della Chiesa Cristiana, già facilitato grandemente dalla finta conversione dei loro antenati, è divenuto ancor più semplice e coperto per via dei nomi e cognomi cristiani, nuovi di zecca, che essi sono riusciti ad attribuirsi in sostituzione di quelli ebrei intenzionalmente ripudiati. Impadronitisi dei cognomi delle principali famiglie francesi, italiane, inglesi, spagnole, portoghesi, tedesche, polacche e degli altri Paesi dell'Europa Cristiana, sono riusciti a "diluirsi" nella società cristiana. E'stato così che essi sono pervenuti ad operare nel vivo della Cristianità e lottano per espugnarla definitivamente dal dentro e quindi scardinare tutte le istituzioni religiose, politiche ed economiche.

La rete degli ebrei clandestini esistente nell'Europa medioevale ha sempre tramandato in gran segreto la fede giudaica da padre in figlio, anche se, apparentemente, tutti hanno sempre ostentato, e ostentano, in pubblico la più rigida osservanza dei precetti e dei doveri cristiani. La loro casa trabocca di crocifissi e di immagini di santi cattolici. E'regola generale mostrarsi devoti al culto cristiano - tra i più devoti anzi - onde non destare sospetti.

Logicamente, questo sistema ebreo di fingere una conversione al cristianesimo per invadere la cittadella della nostra Fede e dissolverla, venne, alla fine, scoperto dalla Santa Chiesa, con conseguente scandalo e indignazione dei Santi Padri, dei Concilî Ecumenici e Provinciali e del Clero sinceramente devoto. Ciò che allora destò maggiore sorpresa, risentimento e allarme fu l'astuzia giudea di introdurre i figli degli ebrei clandestini tra il clero ordinario e nei conventi. Un'astuzia, bisogna riconoscerlo, che ha dato sempre ottimi risultati, visto che molti di essi sono riusciti a scalare le Dignità di Canonico, Vescovo, Arcivescovo e qualcuno ad ammantarsi persino della sacra porpora cardinalizia!

Né si contentarono di questo. L'audacia di questi falsi cristiani, autentici figli di Israele, giunse fino al punto di pretendere il Papato. Un sogno ambizioso questo, sempre accarezzato dagli ebrei e che gli ebrei furono sul punto di realizzare nell'anno 1130, quando il Cardinale Pierleoni, falso cristiano e giudeo segreto, riuscì ad ottenere, con artifici ed inganni, che trenta cardinali lo eleggessero Papa, in Roma, col nome di Anacleto II.

Per fortuna l'assistenza che Dio concede alla Sua Santa Chiesa riuscì una volta di più a salvarla da questo tremendo pericolo. In questa occasione la Divina Provvidenza si avvalse, principalmente, dell'opera di San Bernardo e del Re di Francia che aiutarono l'eroico gruppo dei cardinali antiebrei ad affrontare e vincere le forze di Satana e quindi ad eleggere Papa Innocenzo II. Fu così che essi salvarono la Chiesa da una delle crisi più tremende della sua storia millenaria. Malgrado che l'Antipapa ebreo Anacleto II, riuscisse a tornare a Roma (dove poi morì) e ad usurpare il trono e gli onori pontifici, il successore da lui imposto venne obbligato a dimettersi dalle truppe crociate. Queste, mosse da alcuni regnanti europei, dietro istanza di San Bernardo, riuscirono così, con l'aiuto di Dio a salvare la Santa Chiesa dagli artigli del giudaismo. La canonizzazione di questo valoroso e illuminato monaco francese fu il meritato premio all'azione ispiratagli dall'Altissimo.

Sempre i Concili Ecumenici e Provinciali del Medio Evo, combatterono accanitamente il Giudaismo e la sua « quinta colonna » introdottasi nelle file del Clero cattolico. La gigantesca lotta contro l'ebraismo satanico venne persino codificata in norme di obbligatoria osservanza per i cattolici e durò ininterrottamente per mille anni, ossia sino alla fine del Medio Evo. Per questo il Medio Evo è un'epoca tanto odiata dagli ebrei e tanto calunniata dalla loro propaganda mondiale: perché durante questo periodo storico, tutti gli intenti volti a distruggere la Santa Chiesa ed a render schiavi gli uomini, fallirono miseramente.

La Santa Chiesa Cattolica rivelò in quei secoli una inflessibile decisione ed una incrollabile risolutezza. E per mozzare non soltanto i tentacoli della piovra, rappresentati dalle rivoluzioni eretticali, ma bensì la cervice stessa del mostro, ossia l'ebraismo, ricorse a diversi mezzi, tra i quali spicca per la sua efficacia e la sua risolutiva importanza il *Sant'Uffizio dell'Inquisizione*, tanto calunniato perché temuto dalla propaganda ebrea. Un'organizzazione, quella del Sant'Uffizio dell'Inquisizione, destinata ad estirpare le eresie ed a finirla una volta per sempre col potere occulto del Giudaismo che le dirigeva e le incoraggiava.

Fu proprio per l'opera sagace e decisa dell'Inquisizione che la Santa Chiesa poté sconfiggere l'ebraismo e rimandare di diversi secoli quella catastrofe che oggi viceversa si profila minacciosa sull'umanità. La verità ora ci appare chiarissima: anche in quei secoli, molte eresie non erano altro che movimenti rivoluzionari d'importanza e pretese pari a quelle dei movimenti odierni, che lottavano - tali e quali come quelli d'oggi - per distruggere con la Chiesa di Roma, monarchie e principati, e sovvertire l'ordine sociale. A tutto beneficio del Giudaismo, sempre occulto dirigente e manovratore, sia degli antichi movimenti eretticali del Medio Evo che di quelli rivoluzionari masson-giacobini e giudeo-comunisti dei nostri tempi.

Coloro tra gli odierni ecclesiastici cattolici ai quali il solo nome dell'Inquisizione desta orrore - ridotti in questo stato dalla secolare propaganda dell'ebraismo internazionale, ma soprattutto dai deleteri effetti della comunanza di vita con la «quinta colonna» operante tra loro - debbono comprendere appieno la realtà delle cose.

Se tanti Papi e tante eccelse ed insigni Assemblee delle più alte Gerarchie della Chiesa, come i Concili Ecumenici e Provinciali, hanno, durante tanti secoli dato la loro piena, totale, assoluta, approvazione in primo luogo all'Inquisizione Pontificia Europea e quindi alle Inquisizioni Spagnole e portoghesi in America, è certo segno che essi ebbero - in tutta coscienza - ben fondati motivi per comportarsi in quella maniera.

Coloro tra i fedeli cattolici che oggi si spaventano e mostrano orrore soltanto a sentir parlare del Sant'Uffizio, evidentemente non conoscono i fatti da noi sommariamente accennati, la cui sacrosanta verità dimostreremo nei capitoli successivi; unicamente con documenti degni di fede e attingendo a fonti storiche incontrovertibili.

CAPITOLO II

ORIGINI DELLA « QUINTA COLONNA »

Allo scopo di fornire esauriente dimostrazione sulla fondatezza dei fatti da noi narrati nel precedente capitolo, chiameremo in causa un testimonio illustre ed importante le cui prove, soprattutto per gli ebrei, sono esaurienti ed indiscutibili. Ci riferiamo all'insigne storico ebreo contemporaneo Cecil Roth, giustamente stimato, nel mondo giudaico come il più illustre. Soprattutto in materia di cripto-giudaismo.

Nella sua celebre opera *Historia de los Marranos* (con l'appellativo di *marrani* l'autore ebreo definisce dispregiativamente coloro tra gli ebrei che per paura o per tornaconto personale hanno nascosto e nascondono la loro origine e la loro fede religiosa, n.d'A.). Cecil Roth ci rivela molti interessanti dettagli su come gli ebrei, grazie alla loro apparente conversione, riuscirono ad introdursi nella Cristianità, comportandosi in pubblico come cristiani, però conservando in segreto la religione ebrea. Egli ci dimostra anche come questa fede clandestina possa trasmettersi da padre in figlio, coperta dall'apparente attivismo cristiano.

Nella sua opera suddetta - Editoriale d'Israele, Buenos-Ayres, anno 1946 (anno ebreo 5706) - Cecil Roth scrive testualmente:

« Introduzione
Precedenti del cripto-giudaismo

« Il cripto-giudaismo, nelle sue diverse forme, è antico come lo stesso giudaismo. Nei tempi della dominazione ellenica in Palestina, i deboli di carattere cercavano di nascondere la loro origine, allo scopo di sottrarsi al ridicolo negli esercizi atletici. Sotto la ferula romana essi continuarono egualmente nei loro sotterfugi onde evitare il pagamento dell'imposta speciale ebrea: il Fisco giudaico, istituito dopo la caduta di Gerusalemme. Lo storico Svetonio ci fornisce una viva relazione delle angherie patite da un nonagenario, sul conto del quale si intendeva scoprire se fosse o no ebreo.

« L'attitudine ebrea ufficiale, così come viene espressa nelle sentenze dei rabbini, non può essere maggiormente chiara. Un uomo può e deve salvare la sua vita in pericolo, con qualsiasi mezzo, eccezion fatta per l'assassinio, l'incesto, e l'idolatria. Questa massima si applicava nei casi in cui veniva imposto un pubblico gesto di rinuncia alla fede. Il semplice *occultamento* del Giudaismo era, in cambio, una cosa del tutto diversa. Gli intransigenti esigevano, è vero, che non si rinunziasse agli abiti tradizionali, anche se ciò veniva imposto come mezzo di oppressione religiosa. Ma una così ferma fedeltà ai princìpi non poteva essere richiesta a tutti. La legge ebraica tradizionale stabilisce, e consente; eccezione nei casi in cui, per forza maggiore, sia impossibile osservare i precetti e quando tutto il Giudaismo vive giorni difficili. » Il problema divenne attuale negli ultimi anni dei tempi talmudici, nel secolo quinto, durante le persecuzioni di Zoroastro in Persia, ma fu però risolto, più che con il conformismo attivo alla religione dominante, grazie ad una forzata negligenza delle tradizionali osservanze. Il Giudaismo divenne, in un certo modo *sotterraneo* e solo dopo alcuni anni recuperò la sua intera libertà.

« Con l'avvento delle dottrine cristiane, impostesi definitivamente in Europa nel secolo quarto, ebbe inizio una fase particolare della vita ebrea. La nuova fede reclamava per sé il possesso della verità e considerava, inevitabilmente, il proselitismo come uno dei suoi maggiori obblighi morali. La Chiesa riprovava, questo è certo, la conversione forzosa. I battesimi impartiti in condizioni siffatte erano considerati nulli. Papa Gregorio il Grande (590-604) li condannò ripetutamente, pur accogliendo volentieri quei proseliti che erano stati attratti con altri mezzi. La maggior parte dei suoi successori seguirono il suo esempio. Malgrado ciò non sempre la proibizione pontificia veniva rispettata, pur riconoscendo, naturalmente, che la conversione forzosa, non era ortodossa. Per evitarla gli ebrei venivano larvatamente minacciati di espulsione e anche di morte; mentre veniva loro detto, che qualora si fossero fatti battezzare sarebbero stati salvi.

« Capitava quindi, a volte, che gli ebrei dovessero sottomettersi a questa dura necessità. E in questo caso la loro conversione al Cristianesimo si considerava spontanea. Si ebbe, in questo modo, una conversione forzosa in massa a Mahon (Minorca), nell'anno 418, sotto gli auspici del vescovo Severo. Un episodio simile capitò a Clermont, in Francia, la mattina del giorno dell'Assunzione dell'anno 576; e nonostante la disapprovazione di Gregorio il Grande, tale esempio venne seguito in diversi altri luoghi della Francia stessa. Nell'anno 629 il re Dagoberto ordinò che tutti gli ebrei accettassero il battesimo pena l'esilio. Il sistema fu imitato dopo poco tempo anche in Lombardia.

« Evidentemente le conversioni ottenute con questo mezzo non potevano esser sincere. E nei limiti del possibile le vittime continuavano a praticare occultamente la loro religione e approfittavano della prima occasione per ritornare alla fede dei loro antenati. Un clamoroso caso del genere ebbe a verificarsi in Bisanzio, sotto Leone, nell'anno 723. La

Chiesa lo sapeva e faceva quanto era in suo potere per evitare che gli ebrei continuassero a intrattenere relazioni con i loro fratelli rinnegati, qualunque fosse stato il mezzo con il quale era stata ottenuta la conversione.

« I rabbini chiamavano questi apostati riluttanti « *anusim* » (forzati), trattandoli diversamente da coloro che rinnegavano la fede di propria volontà. Una delle prime manifestazioni della sapienza rabbinica in Europa fu il libro di Gerschom, di Magonza, *Luce dell'esilio*, scritto all'incirca nell'anno 1000, nel quale veniva vietato di trattare duramente i « forzati » che ritornavano al Giudaismo. Proprio il figlio dello scrittore era stato vittima delle persecuzioni; e pur essendo morto come cristiano Gerschom lo piangeva come se fosse morto nella sua *vera* fede.

« Nel servizio di sinagoga c'è una orazione che implora la protezione divina per tutta la Casa d'Israele, *anche per i "forzati" che fossero in pericolo, in terra a in mare* senza fare distinzione alcuna. Quando ebbe inizio il martirologio del giudaismo medioevale, con la strage sul Reno, verificatasi durante la prima crociata (1096) numerose persone accettarono il battesimo per aver salva la vita. Più tardi, incoraggiati e protetti da Salomon Ben Isaac de Troyes (Rachi), il grande saggio ebreo francese, molti di loro ritornarono alla fede dei padri, malgrado che le autorità ecclesiastiche guardassero di malocchio la perdita di queste preziose anime, guadagnate da loro alla Chiesa.

« Il fenomeno del *marranismo* senza dubbio, va oltre la conversione forzosa e la conseguente pratica segreta del giudaismo. La sua caratteristica principale è questa: *la fede clandestina si trasmette egualmente da padre in figlio.*

« Una delle ragioni addotte per giustificare l'espulsione degli ebrei dall'Inghilterra, nel 1290, fu che essi seducevano i recenti convertiti, e li facevano ritornare nel « vomito del giudaismo ». Cronisti ebrei aggiungono che molti ragazzi vennero sequestrati e inviati nel nord del paese, dove continuarono per lungo tempo a praticare la loro antica religione. Anche a questo fatto si deve, informa uno di essi, la prona accettazione della Riforma, così come la predilezione per i nomi biblici e certe peculiarità dietetiche scozzesi. La versione è meno improbabile di quanto a prima vista potrebbe sembrare e costituisce un interessante esempio di come il fenomeno del cripto- giudaismo possa rivelarsi nei luoghi apparentemente meno indicati.

"Duecento anni dopo che gli ebrei furono espulsi dal sud della Francia, taluni maliziosi esperti in genealogia scopriranno tracce di sangue ebreo - di quegli ebrei! - in talune altolocate famiglie, le quali, stando alle dicerie continuarono a praticare il giudaismo nella intimità dei loro focolari. Si tratta, è chiaro, di ebrei, che preferirono restare nel Paese quali cattolici dichiarati e confessi, anziché affrontare le asprezze e le incognite dell'esilio.

« Esempi simili esistono, anche nei tempi molto più prossimi a noi. Il più notevole di tutti è l'episodio dei neofiti di Puglia (Italia) venuto recentemente alla luce dopo molti secoli di oblìo. Verso la fine del secolo XIII gli Angioini, che regnavano su Napoli, provocarono una conversione generale degli ebrei dei loro dominii, la cui comunità risiedeva nelle vicinanze di Trani. Sotto il nome di « neofiti » i convertiti continuarono a vivere come cripto-giudei durante più di tre secoli e la loro segreta fedeltà all'ebraismo fu uno dei motivi per i quali l'Inquisizione fu tanto attiva a Napoli nel secolo XVI. Molti di essi morirono sul rogo, a Roma nel febbraio del 1572; tra essi tale Teofilo Panarelli, un saggio di illustre reputazione.

Alcuni riuscirono a fuggire nei Balcani e s'incorporarono nelle locali comunità. I loro discendenti conservano ancora oggi, nel sud dell'Italia, taluni vaghi ricordi dell'ebraismo.

« Né il fenomeno può dirsi ristretto unicamente al mondo cristiano, perché si è infatti verificato sovente anche in diversi luoghi di quello musulmano, dove è ancora facile imbattersi in antiche comunità di criptogiudei. I *daggatun* del Sahara, per esempio, continuarono a praticare i loro precetti ebrei molto dopo la loro formale conversione all'Islam, ed i loro eredi odierni non li hanno ancora del tutto dimenticati. I *donmeh* di Salonicco, altro esempio, discendono da coloro che seguirono lo pseudo-messia Sabbetai Zevi nella sua apostasia, e, anche se ostentatamente appaiono quali perfetti mussulmani, praticano in segreto un giudaismo messianico.

« Oltre a questi, si hanno numerosi altri esempi. Le persecuzioni religiose in Persia, iniziatesi nel secolo XVII, hanno lasciato nel Paese, particolarmente a Meshed, numerose famiglie che osservano privatamente il Giudaismo con puntigliosa scrupolosità, mentre esteriormente appaiono come devotissime adepte della fede dominante.

« Il Paese tipico del cripto-giudaismo è, però, la Spagna. La tradizione è divenuta colà talmente generale e lunga, che è da sospettarsi l'esistenza di una predisposizione *marranica* nell'atmosfera stessa del paese. Già nel periodo romano gli ebrei erano numerosi e influenti. Molti di essi pretendevano discendere addirittura dalla aristocrazia di Gerusalemme, condotta in esilio da Tito e dai precedenti conquistatori. Nel secolo V, dopo le invasioni barbariche, la loro situazione migliorò assai, in quanto i Visigoti, voltisi alla forma ariana del cristianesimo, erano favorevoli agli ebrei perché strettamente monoteisti, e anche perché essi formavano una influente minoranza il cui appoggio valeva la pena di assicurarsi.

« Convertitisi però alla fede cattolica, i Visigoti dimostrarono subito il tradizionale zelo di tutti i neofiti e gli ebrei furono immediatamente le vittime di questo zelo. Salito al trono Recaredo nell'anno 589, la legislazione ecclesiastica cominciò ad essere applicata sin nei minimi dettagli. I suoi successori non furono invece così severi. Asceso alla regalità Sisebuto (612-620) prevalse però il suo acceso fanatismo. Questi infatti, forse istigato dall'imperatore bizantino Eraclio, promulgò nel 616 un editto col quale ordinò il battesimo di tutti gli ebrei del suo regno, pena l'esilio e la confisca dei beni. Stando ai resoconti dei cronisti del tempo novantamila ebrei abbracciarono la fede cristiana. Fu questo il primo dei grandi disastri che la storia degli ebrei spagnoli dovette registrare.

« Fino al regno di Rodrigo, *l'ultimo dei Visigoti*, la tradizione persecutoria fu seguita fedelmente, salvo brevi interruzioni. Durante gran parte di questo tempo infatti, la pratica del giudaismo era completamente proibita, ma allorquando la vigilanza del governo divenne meno rigida, i più recenti convertiti approfittarono della situazione per tornare alla loro fede d'origine. I successivi Concili di Toledo, dal quarto sino al decimottavo, consacrarono le loro energie nel prescrivere sempre nuove norme che impedissero il ritorno alla sinagoga. I figli dei sospetti vennero separati dai loro padri, ed educati in una atmosfera cristiana incontaminata. Venne fatto obbligo ai conversi di firmare una dichiarazione con la quale essi si impegnavano a non praticare in futuro nessun rito ebreo, eccezion fatta per l'interdizione della carne di maiale per la quale essi affermavano di sentir ripugnanza fisica.

« Malgrado questa però, la infedeltà dei recenti convertiti e dei loro discendenti continuò notoriamente e costituì sempre uno dei più gravi problemi della politica visigota, sino all'invasione araba del 711.

« Il gran numero di ebrei trovati nel Paese dagli arabi dimostra il completo fallimento di tutti i ripetuti tentativi di convertirli. Così ha avuto inizio nella Penisola Iberica la tradizione *marranica*.

« Con la venuta degli arabi ebbe inizia per gli ebrei di Spagna un'età d'oro; prima con il califfato di Cordova, e, dopo la sua caduta, (1012) nei regni minori che si costituirono sulle rovine, del califfato, il giudaismo peninsulare si rafforzò notevolmente e le sue comunità superarono in numero, cultura e ricchezza tutte le altre dell'Occidente.

« La lunga tradizione di tolleranza s'interruppe con l'invasione degli Almoravidi, all'inizio del secolo XII. Quando i puritani *Almohades* - una setta nord-africana - vennero chiamati nella penisola, nel 1148, per contenere la minacciosa avanzata delle forze cristiane, la reazione esplose violenta. I nuovi governanti introdussero in Spagna l'intolleranza di cui avevano data prova in Africa e la pratica religiosa, vuoi dell'Ebraismo che del Cristianesimo, venne proibita nelle provincie ancora soggette al dominio musulmano. La maggior parte degli ebrei si rifugiarono allora nei regni cristiani del nord, e da questo periodo data l'inizio dell'egemonia delle comunità israelitiche della Spagna cristiana.

« La minoranza di coloro che non potettero fuggire, e che non riuscirono a salvarsi dall'essere sgozzati e venduti schiavi, seguì invece l'esempio dato anni prima dai fratelli del Nord-Africa: abbracciò la religione dell'islam. Nel suo intima però, continuò a professare la fede dei suoi avi. Così ebbe vita, ancora una volta nella Penisola Iberica, il fenomeno dei proseliti insinceri che pagavano, unicamente con le labbra, il loro tributo alla religione dominante, mentre nel segreto dei focolari coltivavano la tradizione ebrea. La loro infedeltà era notoria »[183].

Sin qui la trascrizione integrale del testo del suddetto storico ebreo, Cecil Roth, che dimostra:

I. Che il cripto-giudaismo o giudaismo clandestino, nelle sue diverse forme, è antico come gli stessi ebrei e che gli stessi ebrei - anche nei tempi dell'antichità pagana - ricorrevano già all'artificio di nascondere la loro qualità e quindi apparire come membri ordinari del popolo Gentile nel cui territorio vivevano.

II. Che nel secolo V dell'era cristiana, durante la persecuzioni Zoroastrica in Persia, il Giudaismo si trasformò sicuramente in *occulto.*

III. Che con l'affermarsi, nel IV secolo, della dottrina cristiana, ebbe inizio una nuova fase della vita ebrea, in quanto la Chiesa reclamava il possesso esclusivo della Verità, considerando, così, inevitabilmente, il proselitismo come uno dei suoi maggiori obblighi morali.

Anche se la Chiesa cristiana condannò le conversioni forzose e si adoperò per proteggere gli ebrei, tollerò, purtuttavia, che gli stessi venissero fatti oggetto di pressioni o posti dinanzi a dilemmi che inducessero a convertirsi; e in questo caso le conversioni vennero giudicate spontanee. L'autore suddetto cita in proposito le conversioni di questo genere avvenute a Minorca, in Francia e in Italia durante i secoli V e VI dell'era cristiana, per dopo concludere che queste conversioni di ebrei al Cristianesimo non poterono esser sincere e che i convertiti continuarono quindi a praticare occultamente il Giudaismo.

L'autore stesso segnala inoltre che qualcosa del genere si verificò anche a Bisanzio, ai tempi di Leone, nell'anno 723, dimostrando così che già nel secolo ottavo dell'era cristiana, ossia altre milleduecento anni orsono, dalla Francia a Costantinopoli, cioè da un estrema all'altro dell'Europa

---

[183] Cecil Roth, *Historia de los Marranos,* Ediz. cit., da p. 11 a 18.

Cristiana, l'infiltrazione degli ebrei nella Santa Chiesa era divenuta un fenomeno generale, mediante, appunto, le false conversioni.

Tutto ciò ha condotto alla formazione di un giudaismo sotterranea che vive al fianco di quello palese i cui membri apparentemente sembrano cristiani. In quella parte del libro in cui l'autore parla della leggenda di Elcanan, il Papa ebreo, si rileva ancora una volta quale è l'ideale supremo che questi falsi cristiani hanno coltivato e accarezzato in tutti i tempi: impadronirsi delle Alte Dignità della Chiesa, sino a poter collocare un Papa ebreo clandestino sul Trono di San Pietro. In questo modo essi s'impadronirebbero della Santa Chiesa per tentare - naturalmente invano - di distruggerla.

IV. Che nel marranismo, oltre alla finta conversione e alla segreta pratica della religione anteriore, deve riscontrarsi una radicata tradizione che obbliga gli ebrei a trasmettere questa loro tendenza di padre in figlio. L'autore, infatti, ricorda quanto accadde in Inghilterra e nella Scozia, a partire dall'anno 1290, dove una delle ragioni addotte per espellere gli ebrei, fu che essi inducevano i convertiti a praticare il Giudaismo e un'altra che molti bambini venivano raccolti e inviati nel nord del Paese, dove potevano continuare nella loro antica religione. Occorre rilevare, a questo punto, che dopo il 1290, l'Ebraismo restò proscritto in tutta la Gran Bretagna, dove nessuno poté eleggere dimora senza essere cristiano.

La menzione fatta dall'illustre storico ebreo - il quale ha tratto le notizie da un cronista dell'epoca - relativa alla supina acquiescenza degli inglesi alla Riforma e alla loro predilezione per i nomi biblici, dovute ancora una volta, fu la « quinta colonna » ebrea, costituita da questi falsi convertiti al cristianesimo, quella che, operando nella Gran Bretagna, facilitò la sua separazione dalla Chiesa di Roma. Apparve evidente anche in Gran Bretagna che attraverso queste false conversioni la Santa Chiesa, lungi dall'ottenere la sperata salvazione di alcune anime, ne perdette milioni di altre, in quanto i discendenti dei falsi convertiti hanno fomentato lo scisma protestante. Anche il caso dei *neofiti* del Sud dell'Italia, riferita da Cecil Roth, i quali operarono lo loro falsa conversione al cristianesimo, spicca per la sua evidenza. Dovette trattarsi, non c'è dubbio, di un fatto molto importante, se di questo fu obbligata ad occuparsi la Santa Inquisizione, per cui molti dei perseguiti finirono i loro giorni a Roma, sul rogo.

E' anche importantissimo sottolineare che la Santa Inquisizione che funzionò a Roma fu, naturalmente, la Santa Inquisizione Pontificia, la cui benemerita istituzione, avvenuta nel Media Evo - e ciò non sarà mai ripetuto abbastanza! - riuscì a bloccare per tre secoli i progressi della bestia apocalittica dell'Anticristo.

V. Che il fenomeno del cripto-giudaismo non fu affatto limitato al mondo cristiano. Si verificò, infatti, anche in diversi luoghi del mondo mussulmano, dove non è difficile incontrare, come l'autore segnala, antiche comunità ebree le quali, al pari di quelle operanti nella Cristianità, pur apparendo devote alla religione del Paese, coltivavano in segreto i loro antichi riti di origine. Ciò rivela che la «quinta colonna» ebrea è operante anche in seno alla religione islamica e che quindi non si è davvero lontani dalla verità affermando che le divisioni e le continue rivolte tra i seguaci di Maometto sono dovute a questa specie di giudaismo.

VI. Che il Paese tipico del cripto-giudaismo è la Spagna, dove la tradizione è stata tanto lunga e diffusa che si può persino sospettare l'esistenza di una predisposizione *marranica* nell'atmosfera stessa del Paese.

Crediamo che altrettanto possa dirsi del Portogallo e dell'America Latina, dove le organizzazioni segrete dei marrani, ovviamente coperte con la maschera del falso cattolicesimo, hanno creato, come in Spagna, tanti scompigli e si sono infiltrate nel Clero e nelle organizzazioni cattoliche.

Sono in maggioranza *marrani* anche coloro che controllano le organizzazioni della massoneria e del comunismo e che formano il potere occulto che le dirige.

Come in altre parti del mondo, inoltre, anche nei suddetti Paesi, il movimenta *antipatria* è diretto da ebrei. Ebrei la cui religione è, in gran parte, occulta e sotterranea, celata sotto le apparenze dell'ortodosso eppur falso cristianesimo e sotto i cristianissimi nomi spagnoli e portoghesi che, quattro a cinque secoli fa, vennero presi ai padrini di battesimo che testimoniarono sulla conversione e adottati dai loro antenati.

Un conversione opportunistica e di tutto comodo, come abbiamo visto; quindi ostentata e falsa al cento per cento.

CAPITOLO III

LA « QUINTA COLONNA » IN AZIONE

Il celebre scrittore ebreo Cecil Roth dichiara, come abbiamo visto nelle precedenti pagine, che il cripto-giudaismo - ossia la posizione degli ebrei che occultano la loro identità come tali e si coprono con la maschera di altre religioni e nazionalità - è antico, come è antico il giudaismo. Questa infiltrazione degli ebrei nel vivo delle religioni e delle nazioni Gentili, che conserva la sua antica religione e le sue antiche organizzazioni - oggi ancor più segretamente di ieri - è quella che ha condotto alla formazione delle vere e proprie quinte colonne israelite.

Queste, come abbiamo già dimostrato in precedenza, sono all'opera, infaticabilmente, tra la maggior parte dei popoli della Terra e in diverse religioni. L'ebreo infatti, quando è riuscito ad infiltrarsi nella cittadella del suo nemico, lavora senza posa, ubbidendo agli ordini e realizzando le sue attività secondo i piani delle organizzazioni ebraiche clandestine, che mirano ad ottenere *dal dentro* il dominio del popolo di cui si prefiggono la conquista.

A tale scopo egli tenterà, e spesso purtroppo riuscirà, prima, di esercitare il controllo delle organizzazioni religiose nemiche e poi di disintegrarle. Qualora né l'una né l'altra cosa gli riuscisse possibile, tenterà di riformare queste religioni, nel modo che meglio possa favorire i suoi futuri tentativi e, quindi, i piani ebraici di imperialismo mondiale.

Risulta evidente che allorquando gli ebrei hanno ottenuta la conquista *dal dentro*, dei posti direttivi di una confessione religiosa, hanno sempre utilizzato le cariche per sviluppare i loro piani di dominio universale e approfittato dell'influenza religiosa per distruggere, o quanto meno indebolire, le difese del popolo minacciato. Non sussiste alcun dubbio sulla necessità di tener sempre ben presenti questi tre obiettivi sostanziali della loro « quinta colonna », visto che durante quasi duemila anni, hanno formato l'essenza delle loro attività - siano esse state di sovversione a di conquista - e che la formano ancora oggi, sia in seno alla Chiesa Cristiana, che in quella dalle altre religioni dei Gentili.

Cecil Roth ci ha quindi dimostrato egregiamente che il sotterraneo lavorio degli ebrei formanti la « quinta colonna » risulta tanto più efficace quanto maggiore è l'influenza da questa acquistata nella religione dove essi si sono imboscati. Così spiega perché una delle più importanti attività della « quinta colonna » cripto-ebrea è stata sempre quella di introdursi nelle fila del clero con la determinazione di scalare le gerarchie ecclesiastiche della Chiesa Cristiana (o di qualsiasi altra religione presa di mira) e quindi riformarla; o, se è possibile, di distruggerla.

Gli ebrei, tra le loro importanti attività volte a minare l'umanità, annoverano spesso anche quella importantissima che riesce a creare i cosiddetti *santoni secolari*. In questo caso il loro lavoro è volto a formare un alone di profondo rispetto e un consenso di clamorosa popolarità ad alcune particolari figure di mistici, o pseudo tali, i quali in buona o mala fede, riescano poi ad influire sulla massa dei fedeli, a controllarla, e quindi a far ottenere alla *Sinagoga di Satana* il raggiungimento di determinati fini politici. Questi *santoni secolari* agiranno si intende, in piena concordia e funzionalità con i capi ecclesiastici della «quinta colonna» per lo stessa fine, e riceveranno da essi un aiuto sempre valido e spesso decisivo, data la grande autorità spirituale che talvolta riescono ad avere questi dignitari religiosi cripto-ebrei.

In questa maniera sacerdoti, dignitari ecclesiastici, e capi politici ai quali è stato possibile far raggiungere questa popolarità - quelli, cioè, che noi abbiamo definito *santoni secolari* - riescono talvolta a dividere i veri difensori della religione dei popoli minacciati e ad indebolire gradatamente, fino a distruggerla, la difesa della prima e dei secondi e quindi a facilitare il trionfo dell'imperialismo giudaico e delle sue imprese rivoluzionarie.

E'importante convincersi una volta per sempre di queste verità, soprattutto perché in queste poche righe è riassunto il segreto del successo della politica imperialista e rivoluzionaria ebrea durante i secoli. E'indispensabile che i difensori della religione a della patria in pericolo tengano conto di tutta ciò: *la minaccia non proviene unicamente dalle così dette «sinistre» o dai gruppi rivoluzionari ebrei, ma anche, talvolta, dal seno della religione stessa o dagli stessi settori di destra, nazionalisti e patriottici*.

E'stata infatti tattica millenaria dell'ebraismo, invadere tutti i settori e tutte le organizzazioni religiose per annullare, attraverso ben organizzati intrighi calunniosi, gli sforzi dei veri difensori della patria e della religione, specialmente di coloro i quali, ben conoscendo la minaccia giudaica, sarebbero in grado di salvare la situazione. E'con questi mezzi che gli autentici e sinceri combattenti della Fede vengono spesso eliminati e sostituiti da falsi apostoli che riescono a travolgere le difese della religione e della patria e rendono possibile il trionfo dei *nemici dell'Umanità* così come San Paolo ha chiamato, con assoluta fondatezza, gli ebrei.

Il grande segreto dei trionfi giudaici, specialmente degli ultimi cinquecento anni, consiste in questi tradizionali e insidiosissimi mezzi operativi.

E'necessario che tutti i popoli e le istituzioni religiose di questi adottino adeguate misure difensive contro il nemico interno, il cui centro motore è costituito dalla *quinta colonna* ebrea introdottasi in tutte le Chiese, ma soprattutto nel Clero Cristiano.

Dinanzi all'affermazione fatta da Cecil Roth - il Flavio Giuseppe dei nostri giorni - il quale ci assicura che la quasi totalità delle conversioni degli ebrei al Cristianesimo furono *finte conversioni*; taluni forse potrebbero essere indotti a domandarsi se è mai possibile che gli ebrei abbiano ingannato anche Nostro Signore Gesù Cristo, che operò com'è noto per convertirli. La risposta a questa eventuale domanda non potrebbe essere che negativa: nessuno infatti può ingannare Dio. Lo dimostrano chiaramente i fatti. Gesù infatti, nutrì maggiore e più fondata fiducia nella conversione dei Samaritani, dei Galilei e degli altri abitanti della Palestina, che in quella dei Giudei propriamente detti, che disprezzavano gli altri popoli in quanto li consideravano a loro inferiori, pur osservando, anche questi popoli disprezzati, tutte le leggi di Mosè.

Nostro Signor Gesù Cristo inoltre non poteva fidarsi della sincerità delle conversioni degli ebrei. Non li conosceva Egli forse assai meglio di tutti? E ciò ben dimostra il seguente passo del Vangelo di San Giovanni: « Cap. II. 23. Ed essendo a Gerusalemme nel giorno solenne di Pasqua molti credettero nel suo nome vedendo i miracoli che faceva. 24. Ma lo stesso Gesù non si fidava di loro perché tutti li conosceva »[184].

Dal canto loro i giudei disprezzavano Gesù perché era Galileo. Disgraziatamente, con l'andar del tempo, Samaritani, Galilei ed altri abitanti della Palestina finirono con l'identificarsi nel moderno giudaismo, furono da questo assimilati e quindi pervertiti. Salvo, ben s'intende, coloro che già si erano *sinceramente* convertiti alla Fede del Nostro Divino Redentore.

Questa regola di non fidarsi della conversione degli ebrei fu osservata anche dagli Apostoli; e, in seguito, da molti Alti Dignitari della Chiesa Cattolica. E sempre, quando non furono prese le precauzioni necessarie, atte a garantirsi sulla sincerità delle dichiarazioni di fede, i risultati furono disastrosi per la Cristianità in quanto le conversioni servirono unicamente a rafforzare le file della « quinta colonna » cripto-giudaica, introdottasi nella società cristiana.

Il passo del Vangelo di San Giovanni, Capitolo VIII, versetti dal 31 al 59, citato in altra parte dell'opera, ci dimostra precisamente come vari giudei, che secondo il citato versetto 31 avevano prima creduto in Gesù, tentassero in seguito di contraddire le Sue prediche e persino di ammazzarlo, come lo stesso Gesù afferma nei versetti 37 e 40.[185]

Il Signore dovette infatti prima discutere energicamente con loro e quindi nascondersi perché essi non lo lapidassero, visto che ancora non era giunta l'ora della Sua fine. Il Vangelo di San Giovanni ci rivela poi un'altra

---

[184] Vangelo Secondo San Giovanni. Capitolo II. Versetti 23 e 24.
[185] Vangelo secondo San Giovanni. Capitolo VIII. Versetti dal 31 al 59.

delle classiche tattiche dei giudei falsi convertiti al Cristianesimo e dei suoi discendenti: simular di credere in Cristo per cercar dopo di sopprimere la Sua Chiesa, così come allora tentarono di ammazzare lo stesso Gesù.

Nell'Apocalisse appare un altro passo molto significativo in proposito: « Cap. II; 1. Scrivi all'Angelo della Chiesa di Efeso ... 2. So le tue opere e il tuo lavoro e la tua pazienza e che non puoi soffrire i cattivi; e che provasti coloro che dicono d'essere apostoli e non lo sono e li hanno scoperti bugiardi ».[186]

E', questa, una chiara allusione alla necessità di *provare* la sincerità di coloro che si proclamano apostoli. Il passo suddetto dà a noi anche una notizia: da queste prove risulta spesso che molti sono effettivamente *falsi e bugiardi*. Le Sacre Scritture ci rivelano quindi che Nostro Signore Gesù Cristo ed i suoi Discepoli non soltanto conoscevano il problema dei falsi convertiti e dei falsi apostoli (i Vescovi, come si sa, sono considerati i successori degli Apostoli) ma anche che essi levarono espressamente una voce di allarme, per richiamare la nostra attenzione su questo fatto. Se Nostro Signore Gesù Cristo e gli Apostoli avessero voluto ignorare il tema, per paura dello scandalo, come oggi molti codardi vorrebbero fare - e molti altri fanno - non avrebbero descritto così chiaramente il pericolo, né avrebbero fatto riferimento a fatti così dolorosi e tremendi come il tradimento ai danni di Nostro Signor Gesù Cristo, compiuto da Giuda Iscariota, uno dei dodici eletti.

E ancora: se Nostro Signore non avesse reputato conveniente smascherare pubblicamente questi falsi apostoli, di cui tanta abbondanza si ha nel clero del secolo ventesimo, avrebbe potuto - in quanto Dio - evitare che l'autore del massimo tradimento fosse precisamente uno dei dodici Apostoli. Se egli, così, invece, ha fatto, ha cioè smascherato pubblicamente Giuda e quindi consegnato ai Vangeli questa non superabile iniquità - onde tutti i cristiani ne fossero a conoscenza sino alla fine dei secoli - ciò non può non attribuirsi ad una specialissima ragione: Cristo Nostro Signore e gli Apostoli considerarono che è minor male smascherare in tempo i traditori e quindi evitare che essi continuino a tradire causando danni mortali alla Chiesa, che nascondere le cose per timore dello scandalo.

Quanto sopra spiega perché sempre la Santa Chiesa quando è sorto un Vescovo o Cardinale, eretico e scismatico, o un falsa Papa (Antipapa), ha considerato indispensabile smascherarlo pubblicamente, per evitare che potesse continuare nella sua opera deleteria e quindi trascinare i fedeli al disastro.

Un ecclesiastico che stia facilitando il trionfo del comunismo nel suo Paese, con pericolo mortale per gli altri ecclesiastici, e di grave danno per la

---

[186] *Apocalisse di S. Giovanni*, Cap. II. Versetti 1 e 2.

Santa Chiesa, dev'essere immediatamente accusato presso la Santa Sede, non da uno, ma da più parti, attraverso diversi canali, in quanto qualcuno di questi potrebbe rivelarsi insufficiente, onde egli sia privato dei mezzi atti a continuare ad infliggere danni e causare mali. Anche il solo pensare che della fiducia risposta dalle Nazioni nel Clero si approfittino gli ebrei per tentare di precipitarla nell'abisso, risulta al nostro cuore semplicemente mostruoso.

Se tutto questo fosse stato fatto in tempo la catastrofe di Cuba sarebbe stata impedita, per esempio. E la Chiesa, il clero e tutto il popolo cubano non sarebbero sprofondati in quel baratro in cui gemono attualmente. E'triste e doloroso ammetterlo ma è così: l'attività perniciosa e traditrice di molti ecclesiastici in favore di Fidel Castro ha costituito uno dei fattori decisivi del suo trionfo, quello che ha consentito al dittatore marxista di trascinare dietro di sé la maggioranza del clero cubano, il quale a sua volta, in assoluta buona fede, senza rendersi conto dell'inganno, ha spinto un popolo intero al suicidio. Un popolo che aveva riposto tutta intera la sua Fede nei suoi Pastori d'Anime!

Segnaliamo questo recentissimo episodio con assoluta franchezza, soprattutto perché tutti si rendono conto della gravità del pericolo, visto che gli ecclesiastici della « quinta colonna » cercano anche di gettare in braccio al comunismo Stati di antica tradizione cattolica come la Spagna, il Portogallo, il Paraguay, il Guatemala e altri. E ciò fanno col tradizionale metodo, esperimentato e collaudato, che consiste nell'usare l'arte dell'inganno più sottile e nel nascondere la loro tremenda attività sotto le ipocrite apparenze di quel falso zelo, che, se anche appare ottimo alla Santa Chiesa, è invece diretto a tentare di abbatterla.

Questi traditori debbono essere immediatamente accusati dinanzi alla Santa Sede e smascherati. Solo in questo modo, ossia intervenendo con assoluta fermezza e prontezza, la loro azione potrà essere neutralizzata e potrà essere quindi impedito che il loro lavoro distruttivo spalanchi le porte al trionfo massonico o comunista. Coloro che pur essendo in possibilità di parlare tacciono, invece, per indolenza o, peggio ancora, per vigliaccheria, sono rei di tradimento e condividono con gli ecclesiastici della « quinta colonna » la responsabilità delle catastrofi.

In una certa occasione, prima di mettersi in viaggio per Gerusalemme, San Paolo convocò ad Efeso i Vescovi ed i Sacerdoti della Chiesa e, secondo quanto narrano gli *Atti degli Apostoli*, nel *Nuovo Testamento*, affermò:

Cap. XX, Versetto. « 18 - E venuti essi da lui e stando insieme, disse loro: voi sapete in qual maniera dal primo giorno in cui entrai nell'Asia, mi sia comportato sempre con voi. 19. - Servendo il Signore con tutta umiltà fra le lacrime e le prove che mi sono piombate addosso per le insidie dei giudei. 28. - Badate a voi stessi e a tutto il gregge di cui lo Spirito Santo vi ha costituiti Vescovi per pascere la Chiesa di Dio, acquistata da Lui col suo sangue. 29. - Io so che dopo la mia partenza entreranno tra voi dei lupi feroci che non risparmieranno il gregge. 30 Ed anche in mezzo a voi stessi si leveranno su degli uomini ad insegnare cose perverse per trarsi dietro dei discepoli. 21. - Perciò vegliate rammentandovi che per tre anni non ho mai cessato di ammonire con le lacrime ciascuno di voi »[187].

Quindi San Paolo, come si vede, credette indispensabile aprire gli occhi ai Vescovi per prevenirli che tra loro sarebbero entrati lupi feroci, che non avrebbero perdonato al Gregge, e che dagli stessi Vescovi si sarebbero levati uomini che avrebbero detto cose perverse per tirarsi dietro dei discepoli.

Questa profezia di San Paolo si è avverata durante i secoli, letteralmente, e proprio nei nostri giorni si rivela di una tragica attualità. Non poteva essere diversamente, poiché San Paolo parlava per ispirazione divina: e Dio non può sbagliarsi! E'anche interessante rilevare che questo martire e apostolo della Chiesa, lungi dal voler occultare la tragedia per timore dello scandalo, volle prevenire tutti del suo verificarsi, raccomandando ai Vescovi presenti di stare costantemente all'erta e ricordarsi: *vegliate e rammentatevi*.

E'stata proprio questa paralisi della memoria, quest'oblio da cui molti, troppi cristiani, sono stati colpiti, quella che ha reso possibili i trionfi della *Sinagoga di Satana* e della sua distruttrice rivoluzione comunista.

Cerchiamo di ricordarci che se gli Apostoli avessero considerato imprudente, o pericoloso, parlare dei lupi e dei traditori che apparvero, e sarebbero apparsi, nell'Episcopato, avrebbero omesso la compilazione di questo suddetto ammonitore e terribile passo dei loro *Atti*.

L'averlo, viceversa, così consegnato alla Storia, dimostra che Essi, lungi dal considerare scandalosa e imprudente la conoscenza della realtà, ritennero che ciò fosse assolutamente necessario perché l'ammonimento si divulgasse e si perpetuasse sino alla consumazione dei secoli; affinché la Santa Chiesa e i cristiani fossero sempre vigilanti contro questo pericolo interno, in molti casi più distruttivo e mortale di quello rappresentato dai nemici di fuori.

Così come dimostreremo in questa nostra opera, con prove irrefutabili, il più grave pericolo per la Cristianità sono sempre stati i lupi feroci di cui così chiaramente parlò San Paolo. Sono essi infatti che in combutta col giudaismo e le sue eresie distruttive e rivoluzionarie hanno facilitato il trionfo della causa ebrea. Quando la Santa Chiesa ha provveduto in tempo a paralizzare la voracità di questi lupi ciò non è accaduto e la Santa Chiesa stessa ha trionfato sulla *Sinagoga di Satana*. E'indicativo al massimo che le vittorie della *Sinagoga* sulla Cattolicità siano state registrate a partire dal secolo XVI, ossia da quando in buona parte d'Europa cessò la vigilanza della Inquisizione Pontificia, esercitata costantemente anche nelle file dello stesso

---

[187] Atti degli Apostoli. Capitolo XX. Versetti dal 18 al 20, e dal 28 al 31.

Clero. Da quando cioè si desistette, purtroppo, dal catturare i lupi in veste d'agnelli che si rivelarono tali nelle nostre file.

Anche negli Imperi Spagnoli e Portoghesi l'attività ebraica cominciò a conseguire dei successi decisivi soltanto verso la fine del secolo XVIII, ossia allorquando venne paralizzata l'Inquisizione di Stato esistente in entrambi gli Stati. Da quel momento i lupi travestiti da agnelli ebbero via libera e poterono facilitare i trionfi giudeo-massonici e giudeo-comunisti operando nel seno stesso del Clero. Questi trionfi aumenteranno ogni giorno di numero, sino ad ottenere quello finale, se verrà permesso ai lupi introdottisi nell'Alto Clero di utilizzare la forza della Chiesa per schiacciare gli autentici difensori di questa, i patrioti che difendono le loro nazioni, e tutti coloro che lottano contro il comunismo, la massoneria e il giudaismo.

San Paolo nella Sua Epistola ai Galati fa chiara menzione al lavorio delle quinte colonne quando, nel Capitolo II, dice:

« 1. In seguito, quattordici anni dopo, tornai a Gerusalemme con Barnaba, preso meco anche Tito... 3. Ma allora nemmeno Tito, che era con me, ed era Gentile, fu costretto a circoncidersi. 4 E sebbene dei falsi fratelli intrusi furtivamente si fossero introdotti tra noi per insidiare la nostra libertà che abbiamo in Gesù Cristo e per ridurci in servitù. 5. Non cedemmo nemmeno per un momento alle esigenze di loro affinché la verità del Vangelo rimanesse in mezzo a noi »[188].

Ci troviamo ancora una volta, come si vede, dinanzi ad una esplicita allusione ai falsi fratelli, ossia ai *falsi cristiani* che pretendono di assoggettarci a servitù, snaturando la vera dottrina di Nostro Signore Gesù Cristo e del Vangelo. Né San Paolo né i Suoi Discepoli, però, intesero mai soggiacere alle rovinose mene degli intrusi!

Il medesimo San Paolo, nella Sua seconda lettera a Tito, fa anche allusione ai chiacchieroni, impostori e seduttori, particolarmente a quelli ebrei, che tanto male facevano e fanno. Al riguardo scrisse testualmente:

Cap.1 verso 10. « Vi sono infatti, massimo tra i circoncisi, molti ancor disobbedienti, chiacchieroni, seduttori »[189]. Durante i secoli successivi i fatti provarono che le fila dei falsi convertiti dal Giudaismo, e quelle dei loro discendenti, rivelarono i più audaci impostori, i più attivi seminatori di discordia e di anarchia nella società cristiana, i più sfacciati ciarlatani, adulatori e dissertatori di vanità così come li chiama San Paolo, il quale nella sua lettera ai Corinti rivela chiaramente quali saranno nel futuro le apparenze dei falsi apostoli.

Egli scrive testualmente: Cap. XI, verso 12. « Ma quello che faccio, lo farò ancora, a fin di togliere questo pretesto a quelli che ne cercano uno per apparire simili a noi in quella di cui si gloriano. 13. Apostoli di Cristo. 14. E

---

[188] *Epistola di San Paolo ai Galati*. Cap. II. Versetti 1, 3, 4 e 5.
[189] *Epistola di San Paolo a Tito*. Capitolo I. Versetto 10.

non c'è da meravigliarsene, perché anche Satana si trasforma in angelo di Luce. 15. Non è dunque un gran che se anche i suoi ministri si travestono da ministri di giustizia, ma la loro fine sarà conforme alle loro opere »[190].

In questo passo del *Nuovo Testamento*, le parole profetiche di San Paolo rappresentano con evidenza pittorica quanto mai viva ed efficace - sono parole ispirategli da Dio! - alcune delle principali ed essenziali caratteristiche degli ecclesiastici della « quinta colonna » i falsi apostoli dei nostri giorni, poiché, come è noto, secondo la Santa Chiesa, i Vescovi sono i successori degli Apostoli.

Questi capi della religione nel mentre sono in occulta ma efficace combutta col comunismo, la massoneria e il giudaismo, operano come Satana per trasformarsi in veri Angeli di Luce e assumono l'apparenza di ministri di giustizia. Occorre però giudicarli non per quel che dicono, ma per quel che fanno: per le loro opere e quindi per la loro effettiva complicità col nemico.

Degne della nostra particolare meditazione, le parole di San Paolo, consacrate nel versetto 12 della suddetta lettera, sono ancora ammaestratrici dinanzi a noi: «...quelli che ne cercano uno (dei pretesti) per apparire simili a noi in quello di cui si gloriano».

E noi osserviamo - significativamente - che proprio coloro i quali maggiormente ostentano la pompa della loro alta investitura ecclesiastica sono spesso quelli la cui azione è di aiuto al comunismo, alla massoneria e al giudaismo. E ben si comprende perché: la ostentazione è necessaria per sopire sin gli ultimi sospetti di coloro che difendono la Patria e la Chiesa dalle sètte suddette...

A questi coraggiosi combattenti della buona causa, gli ostentatori in malafede ordinano in privato, nella loro qualità di Alti Prelati, di sospendere la loro giustificatissima difesa. Si avvalgono così della loro Autorità Episcopale e la usano per favorire il trionfo del comunismo e dei poteri occulti che lo dirigono e lo incrementano.

Non è raro però il caso di difensori del Cattolicesimo e della Patria che malgrado questo sacrilego spreco di autorità episcopale, continuano imperterriti nella loro lotta. Quando ciò si verifica essi vengono puntualmente accusati di essere ribelli all'autorità ecclesiastica, ribelli alle Alte Gerarchie e alla Chiesa stessa. Tutto ciò si capisce, per impedire che lo spirito difensivo si diffonda tra i fedeli e quindi le schiere dei difensori si accrescano.

Perché l'opera svolta a salvaguardare Religione, Patria e Famiglia fallisca, quelli che appaiano *simili a noi* ostenteranno gran pompa - quella di cui parla

---

[190] *Epistola di San Paolo ai Corinti*, Capitolo XI. Versetti dal 12 al 15.

San Paolo - e sempre lo faranno in forma grandemente pregiudizievole per la nostra Santa Religione.

Per concludere riferiamo anche la seconda parte della lettera all'Apostolo San Pietro, il primo Sommo Pontefice della Chiesa, che nel capitolo II dice:

« 1. Vi furono però anche dei falsi profeti nel popolo, come vi saran tra voi dei bugiardi maestri che introdurranno sètte perverse e rinnegheranno quel Signore che li ha riscattati, tirandosi così addosso pronta rovina. 2. Molti seguiteranno le impurità di essi che faran bestemmiare la via della verità. 3. E con parole create dalla cupidigia vi sfrutteranno, ma la loro condanna è già pronunciata da molto tempo e non langue, e la perdizione loro non dorme. »[191].

Vedremo nel corso dei capitoli seguenti come la predizione del primo Vicario di Cristo sulla Terra si sia sempre avverata durante i secoli ed è anche opportuno rilevare come i Pontefici ed i Concili della Chiesa ne tenessero conto nel regolare la loro condotta nei riguardi di taluni ebrei convertiti, e dei loro figli: di coloro cioè che dopo aver ricevuto l'acqua del battesimo continuarono la pratica del rito giudaico. Anche questo è consacrato da San Pietro nella Sua Lettera suddetta, stesso Capitolo, là dove l'Apostolo scrive:

Cap. II: « 12. Certo sarebbe stato meglio per loro non conoscere la via della giustizia che, dopo averla conosciuta, voltar le spalle al Santo Comandamento che ad essi era stato dato.
22. Ma si è compiuto in essi quel vero proverbio.: il cane tornò al suo vomito e la scrofa lavata a voltarsi nel fango. » (Proverbi XXVI, 11).

Facciamo riferimento a queste sante parole, anche perché molti ebrei hanno criticato la durezza dei termini con i quali diversi Concilî della Santa Chiesa hanno stigmatizzato la perversa doppiezza di coloro tra essi che, pur essendo stati mondati dal peccato con l'acqua del battesimo, son tornati al vomito del giudaismo. E', infine, degno di nota che i Santi Sinodi altro non fecero che riprendere le parole stesse di San Pietro, citando i versetti della Bibbia di cui sopra.

Dai suddetti Passi può essere quindi chiaramente rilevato quanto segue: *sia Nostro Signor Gesù Cristo che gli Apostoli non ebbero mai fiducia nella conversione dei giudei.* Rendendosi perfettamente conto di quanto avrebbero fatto i falsi convertiti ed i falsi apostoli. Essi prevennero i fedeli contro questo mortale pericolo, onde potessero in tempo, e adeguatamente, difendersi.

---

[191] *Epistola II dell'Apostolo S. Pietro*, Capitolo II. Versetti 1, 2 e 3.

CAPITOLO IV

IL GIUDAISMO PADRE DEGLI GNOSTICI

La prima eresia che mise in difficoltà la vita della nascente Chiesa fu quella degli Gnostici, costituita non da una ma da diverse sette, che dettero inizio ad un'opera disgregatrice nel seno della Cristianità. Molte di queste sette di Gnostici pretendevano di dare un più ampio significato al Cristianesimo riallacciandolo, essi dicevano, alle più antiche credenze.

Tratta dalla Kabala ebrea, si tentò di trapiantare nel Cristianesimo l'idea che le Sacre Scritture avessero due significati: uno esoterico, ossia letterale, conforme al testo visibile dei libri; un altro occulto, accessibile soltanto agli alti iniziati, conoscitori dell'arte di decifrare il significato segreto. Come abbiamo visto, moltissimi secoli prima dell'apparizione delle opere cabalistiche *Sefer ha-Zohar* e altre di minore importanza, tra gli ebrei si praticava la Kabala orale, cosiddetta, soprattutto nelle sette segrete composte da iniziati di rango elevato, le cui false interpretazioni delle Sacre Scritture tanto hanno dolorosamente influito nel separare il popolo ebreo dalla verità rivelata da Dio.

Sulla vera e propria apparizione dello Gnosticismo ci danno notizia gli illustri storici John Yarker e Matter, nella sua *Storia dello Gnosticismo*, affermando che fu Simon Mago, un ebreo convertito al Cristianesimo, il vero fondatore di questa setta. Egli, oltre ad essere un mistico cabalista, praticava la magia e l'occultismo e aveva formato, con un gruppo di ebrei, una sorta di sacerdozio dei misteri nel quale figurava, facendo parte dei suoi collaboratori, il proprio maestro Dositheus ed i suoi discepoli Menandro e Cerithus.[192]

Simon Mago, fondatore dell'eresia gnostica, la prima che intaccò la giovane cristianità, fu anche uno degli iniziatori della « quinta colonna » ebrea in seno alla Chiesa. La Sacra Bibbia ci narra come il suddetto ebreo riuscì ad introdursi nel seno della Santa Chiesa stessa.

Atti degli Apostoli Capitolo VIII: Versetto 9 « Or un cert'uomo chiamato Simone, stava già da tempo in quella città, ed esercitando la magia seduceva molta gente in Samaria, spacciandosi per un gran che. 12. Ma quando ebbero

---

[192] John Yarker, *The Arcane Schools*, p. 167, e Matter, *Histoire du Gnosticisme*, Tomo II, p. 365.

creduto a Filippo che evangelizzava il regno di Dio, uomini e donne si battezzavano in nome di Gesù Cristo. 13. E anche Simone credette, e ricevuto il battesimo, non si staccava da Filippo; e, osservandone i miracoli ed i prodigi grandissimi, andava fuori di sé dallo stupore. 14. Or gli Apostoli che eran in Gerusalemme, avendo sentito che la Samaria aveva ricevuto la parola di Dio, vi mandarono Pietro e Giovanni 15. i quali arrivati pregarono per loro perché ricevessero lo Spirito Santo. 16. perché non era ancor disceso in alcuno di essi ma erano soltanto battezzati nel nome del Signore Gesù. 17. Allora imposero loro le mani, ed essi ricevettero lo Spirito Santo. 18. Or Simone come vide che mediante l'imposizione delle mani degli Apostoli era dato lo Spirito Santo, offerse loro del denaro 19. dicendo: « date anche a me questo potere di far ricevere lo Spirito Santo a quelli a cui imporrò le mani ». Ma Pietro gli disse: 20. « Vada il tuo denaro teco in perdizione, perché hai stimato che il dono di Dio si possa comperare coi danari »[193].

A questa così cruda risposta di San Pietro, Simon Mago rispose:

Versetto 24, « Pregate voi per me il Signore perché nulla mi avvenga di quanto avete detto »[194].

Questo passo del Nuovo Testamento ci dice come nacque e quale sarebbe stata la natura della *quinta colonna* degli ebrei falsi convertiti. Simon Mago si converte al Cristianesimo e riceve l'acqua del battesimo, però dopo, quando già si trova nel seno della Chiesa, pensa di corromperla e ha in mente di comprare - né più né meno - addirittura la Grazia Santificante dello Spirito Santo.

Dinanzi al fallimento delle sue intenzioni, dinanzi all'incorruttibilità dell'Apostolo San Pietro, Capo Supremo della Chiesa, finge un pentimento, che evidentemente è ben lungi dal provare, e dà inizio all'opera di lacerazione interna della Chiesa con l'eresia dello Gnosticismo. Con questo, così come con altri fatti, la Sacra Bibbia leva la sua voce per richiamare la nostra attenzione su quanto sarebbe accaduto nel futuro. E infatti le quinte colonne ebree della Santa Chiesa seguirono l'esempio di Simon Mago; i loro gregari si convertirono al Cristianesimo onde poter corromperlo con la simonia, disintegrarlo con l'eresia e tentar di impossessarsi delle più alte dignità della Chiesa con altri diversi mezzi: non escluso sin anche quello di tentare di comprar col denaro la Grazia Santificante dello Spirito Santo!

Così come vedremo in seguito, i Concilî della Santa Chiesa non mancarono di reprimere energicamente l'uso, talvolta invalso, di acquisir col denaro la dignità vescovile. E la Santa Inquisizione, provò ripetutamente che

---

[193] *Atti degli Apostoli*. Capitolo VII, Versetti citati.
[194] *Atti degli Apostoli*. Capitolo VIII. Versetto 24.

gli ecclesiastici di discendenza ebrea erano i principali propagatori di simonie e di eresie di ogni genere.

Un altro classico esempio che ci danno i Santi Evangelisti è quello di Giuda Iscariota, uno dei dodici Apostoli, che tradì Cristo e lo vendette per trenta denari d'argento. E'evidente che egli, nella sua qualità di Apostolo di Nostro Signore rivestiva una dignità equivalente, o maggiore, a quella dei Vescovi e dei Cardinali. Perché fu scelto dal Divino Redentore?

Egli, più che un Vescovo, fu il primo Cardinale e addirittura ancor più di un Cardinale: egli fu uno dei dodici Apostoli! Giuda Iscariota, si chiamava; e venne scelto da Nostro Signor Gesù Cristo, e da Lui medesimo elevato a tanta sublime investitura. Perché mai Nostro Signor Gesù Cristo fece una cosa del genere? Forse perché Egli incorse in errore nello scegliere Giuda e nell'onorarlo di sì alta dignità nel seno della Chiesa nascente? Tanto alta da essere immediatamente successiva alla Sua medesima? No, fratelli. E'chiaro che Nostro Signor Gesù Cristo mai poteva ingannarsi, ne si ingannò, perché Egli era Dio stesso.

Se il Divin Salvatore così si comportò, ciò fece, ancora una volta, spinto da un infinito amore per noi, Sue indegne creature. Lo fece per far constatare a noi quale sarebbe stato il maggior pericolo al quale sarebbe andata incontro la Santa Chiesa. Egli volle *sic et simpliciter* mettere in guardia la Sua Chiesa contro i nemici che sarebbero sorti dalle sue stesse fila. E, soprattutto, tra le più alte gerarchie; perché se uno di coloro che Cristo stesso aveva scelto come Apostolo, risultò essere un Giuda - parola che da allora significò per tutti i tempi la peggiore specie di traditore - è evidente che, a maggior ragione, altri Giuda rinomati sarebbero apparsi anche nel futuro tra i seguaci di Cristo.

I fedeli non debbono scandalizzarsi delle nostre parole, né, tantomeno, perdere la loro fede nella Chiesa. Né debbono meravigliarsi nel conoscere la storia dei Vescovi e Cardinali eretici che arrecarono tanto grave male alla Santa Chiesa. Tantomeno lo debbono nell'apprendere che la lotta dei giorni nostri coinvolge Vescovi e Cardinali che aiutano la Frammassoneria, il Comunismo e il Giudaismo stesso nel loro infame e sciagurato tentativo di rovina del Cristianesimo e di schiavitù dei popoli della Terra.

Ritornando allo Gnosticismo originato dall'ebreo convertito Simon Mago è doveroso far notare che molti anni dopo Sant'Ireneo segnalò Valentino - un ebreo di Alessandria - quale capo degli gnostici[195].

Matter, il famoso storico della Gnosi ci racconta che i dirigenti ebrei, filosofi alessandrini, Filone e Aristobolo, del tutto fedeli alla religione dei padri, decisero di adornare questa con le spoglie di altre filosofie e quindi aprire al Giudaismo il cammino per immense conquiste.

---

[195] William Thomas Walsh, *Felipe II*, Edizione Espasa Calpe, p. 266.

Entrambi i suddetti erano contemporaneamente dirigenti dei movimenti Gnostici e Kabalistici. Il suddetto autore ci spiega:

« che la Kabala è anteriore alla Gnosi, è una Opinione che gli scrittori cristiani poco comprendono, ma che però gli eruditi del giudaismo ostentano con legittima certezza ». Ed afferma anche che lo Gnosticismo non fu precisamente una definizione del Cristianesimo, ma bensì una combinazione di correnti di pensiero nelle quali vennero inseriti pochi elementi cristiani[196].

A sua volta la erudita scrittrice inglese Nesta H. Webster, dopo aver compiuto un poderoso studio sulla materia, deduce che: « Il fine dello Gnosticismo non era quello di "cristianizzare" la Kabala, ma bensì di "kabalizzare" il Cristianesimo, mescolando i suoi insegnamenti puri e semplici alla teosofia e alla magia »[197].

Questo intento di kabalizzare la Cristianità è stato d'altronde ripreso spesso dagli ebrei kabalisti, dall'epoca dei fallimenti dello gnosticismo ad oggi. E'stato ripreso dalle sette dei manichei, quindi dagli albigesi, ancor dopo dai rosacroce e, successivamente ancora, dalla frammassoneria, dalle varie società teosofiche, spiritiste ed altre numerose sette, che, in epoche diverse, hanno detto di voler praticare l'occultismo, il quale occultismo non è altro che la *Kabala* ebrea in tutte le sue diverse interpretazioni e versioni.

Confermando che i kabalisti dettero origine alla Gnosi, il famoso storico della Frammassoneria, Ragon, scrive: « La Kabala è la chiave delle Scienze Occulte. Gli Gnostici nacquero dai kabalisti »[198].

La *Jewish (Enciclopedia)* afferma che lo Gnosticismo « fu di carattere ebreo prima di convertirsi in cristiano »[199].

Una circostanza interessante è data dalla residenza del principale centro dello Gnosticismo all'epoca del suo apogeo: Alessandria; che a sua volta era, in quel tempo, il centro più importante del giudaismo fuori della Palestina. Ciò sino a quando San Cirillo, Vescovo della stessa città, non inferse un colpo mortale a questo focolaio di infezione della Cristianità espellendo gli ebrei da Alessandria.

La testimonianza dei Padri della Chiesa completa l'insieme delle prove da noi presentate per dimostrare che la Gnosi fu opera del giudaismo e che

---

[196] Matter, *Histoire du Gnosticisme*, Ediz. 1844. Tomo I, p. 12 e 44.
[197] Nesta H. Webster, *Secret Societies and Subverslve Movements,* Boswell Publishing Co., Londra, 1924.
[198] Ragon, *Maçonnerie Occulte*, p. 78.
[199] "Was Jewish in character long before it became Christian". *Jewish Encyclopedia*, vocabolo *Cabala*.

gli gnostici chiamavano ebrei taluni dei Capi della scuola gnostica[200]. Dal canto suo la *Enciclopedia Giudaica Castigliana* indica che:

> « Il fatto che lo gnosticismo primitivo, tanto cristiano come ebreo, utilizzava nomi ebrei nel suo sistema e che basava la sua ostilità anche sui concetti biblici, indica la sua origine ebrea ». Aggiunge inoltre che influì nello sviluppo successivo della Kabala[201].

Provato che lo Gnosticismo fu di origine ebrea e che fu diretto da israeliti, cioè da taluni ebrei introdottisi nella Cristianità a mezzo del battesimo, vedremo quale fu la sua importanza nel mondo cristiano. L'aspetto più pericoloso dello Gnosticismo consiste nel presentarlo come scienza. La parola « *Gnosi* », infatti, significa *scienza, conoscenza*.

Neanche il sistema dell'ebreo Carlo Marx è nuovo quindi, come si vede; e neanche quelli di altri ebrei come lui. Essi tentano sempre di ammantare le loro false e rovinose dottrine con una specie di paludamento scientifico; il più atto, a seconda delle circostanze, a stupire e ad attrarre gli incauti. Anche gli gnostici, oltre duemila anni orsono, fecero altrettanto, e con ottimi risultati.

Il che dimostra, qualora fosse necessario, l'inalterabilità della tattica ebrea.

Gli ebrei non si fecero neanche scrupolo di introdurre nella Gnosi l'idea del dualismo persiano e soprattutto quella della cultura ellenica, nella quale tanto erano dotti i giudei d'Alessandria, e tutto ciò contribuì, decisamente, alla diffusione dello gnosticismo. Occorre tener conto che neanche a questo proposito la tattica ebrea è cambiata: e sempre ha inserito nelle sue dottrine - nei riti e simboli massonici per esempio - oltre agli elementi kabalistici e giudaici anche elementi di origine greco-romana, egiziana e orientale. Il tutto per disorientare i cristiani sulla vera origine della predicata fratellanza.

D'altra parte è evidente che solo gli ebrei, sparsi in tutto il mondo allora conosciuto, potevano facilmente elaborare questo miscuglio di idee ebraiche, cristiane, platoniche, neo-platoniche, egiziane, persiane e persino induiste, che integrarono la Gnosi; la quale, similmente alla Kabala ebrea, si affermò quale dottrina esoterica per gente intellettuale, e si diffuse sotto forma di società segrete, secondo il classico stile ebreo, che si moltiplicarono di numero differenziando ogni volta la loro dottrina.

---

[200] Enciclopedia Judaica Castellana. Ed. cit., Tomo V, vocabolo Gnosticismo, pag. 84 col. 1.
[201] Enciclopedia Judaica Castellana. Vocabolo citato. Questa opera, in opposizione alle altre fonti citate, afferma che fu lo gnosticismo che dette origine alla kabala, e non viceversa. Però siccome, in definitiva, dimostra e accetta l'origine giudea della gnosi, questa divergenza di opinione non contrasta con la tesi da noi sostenuta, e che dimostriamo nel capitolo presente, ossia l'origine ebrea della stessa gnosi.

Il tentativo di attribuire alle Sacre Scritture un significato occulto, come quello che viene attribuito alla Kabala, si prestava egregiamente perché chiunque potesse dare un'interpretazione diversa ai Vangeli; per cui potesse accadere quanto difatti accadde col cosiddetto *libero esame* del Protestantesimo: la suddivisione della Santa Chiesa in una infinità di chiese minori, talvolta persino rivali tra loro.

Il principio dell'esistenza di un occulto significato della Bibbia, diverso dal testo letterale, allontanò completamente gli gnostici dalla vera dottrina cristiana e li ridusse in una moltitudine di sette; un vero e proprio tessuto canceroso che minacciò di corrompere l'intera Cristianità.

La Gnosi partiva dalla base dell'esistenza di un Dio buono e di una materia concepita come origine del male. Questo Dio, Essere Supremo, generò, per emanazione, una serie di intermediari chiamati *eònici*, collegati tra loro, i quali uniti all'Essere Supremo costituiscono il *regno della luce*, che divenne sempre meno perfetto via via che questi *eònici* si allontanarono da Dio, Anche lo *eòne* più infimo possedeva in sé una particella di divinità ed era, pertanto, incapace di generare la materia, definita cattiva proprio per la sua natura.

La creazione del mondo veniva così spiegata: uno di questi *eònici*, da essi chiamato *Demiurgo*, ambizioso di divenire tale e quale a Dio, si ribellò contro di Lui; quindi venne espulso dal Regno della Luce e lanciato nell'abisso. Qui il Demiurgo creò il nostro universo e dette forma alla materia. Creò l'uomo, la cui anima, una particella di luce, restò imprigionata nelle materia stessa. Allora Dio, per redimere le anime di questo mondo perverso, mandò sulla terra un altro *eòne*, chiamato Cristo, fedele all'Essere Supremo; ma Cristo giammai ebbe un corpo vero e proprio, visto che la materia non può che essere intrinsecamente cattiva.

Le diverse sette gnostiche dettero diverse interpretazioni a tutto questo meccanismo, e talune giunsero persino a identificare Jehova (o Geova) nel perverso Demiurgo. Per altri, invece, Jehova era l'Essere Supremo; per altri ancora un *eòne* fedele a questi. Il dualismo persiano assunse nello Gnosticismo l'aspetto di una lotta tra il mondo dello spirito e quello della materia.

La redenzione delle anime rinchiuse nella materia, era operata, secondo questo vespaio di sètte, per mezzo della Gnosi, ossia della conoscenza della Verità, senza che fossero necessarie né la morale, né le buone opere. Tutto ciò ebbe per conseguenza catastrofica la più scandalosa immoralità e licenza di costumi di molte sette.

Per la Cristianità la più pericolosa di tutte queste società segrete fu senza dubbio quella diretta dal cripto-giudeo Valentino, vero e proprio tipo classico appartenente alla « quinta colonna ». Egli infatti ostentava di essere esteriormente un osservatore cristiano e seminava invece la dissoluzione della Santa Chiesa, propagando la suggestione di tanta nefasta setta.

Valentino ebbe la sua prima sede ad Alessandria, che presto divenne vero e proprio baluardo di questa orrenda eresia. Verso la metà del secolo secondo Valentino si recò anche a Roma, nell'intento di scavare ancor più nell'interno della Cristianità, ossia proprio nella capitale stessa dell'Impero.

I cosiddetti *valentiniani* riuscirono infatti a costituire una grave minaccia per la Chiesa, una minaccia dall'interno, fino a quando la Chiesa stessa, onde metter fine a tanto nefasto lavorio, decise una volta per sempre di espellere dal suo seno questo vero e proprio agente provocatore.

Lo gnosticismo propagò dottrine che oggi sono basilari per molti movimenti ebraici sovversivi dei tempi moderni. In questo modo per esempio la setta dei *carpocratici* (da Carpocrate, il filosofo eresiarca alessandrino del secolo II d.C.) attaccava tutte le religioni allora esistenti e riconosceva unicamente la Gnosi, ossia la *conoscenza* data a grandi uomini di ogni nazione, quali Platone, Pitagora, Mosè, Cristo. Conoscenza, si affermava, che *libera "uno" da ciò che il volgo chiama religione e rende "uno" uguale a Dio*.

Lo gnosticismo, nella sua forma più pura, affermavano aspirasse, come si è detto, a dare un significato più ampio al Cristianesimo, elevandolo attraverso credenze ancora più antiche. « La credenza che la divinità si manifesta nelle religioni di tutto il mondo », conduce, come si vede, ad una sorta di religione universale che contiene gli elementi di tutte[202].

Molti di questi segreti concetti possono essere riscontrati oggi nella dottrina, del pari segreta, della Frammassoneria e delle società teosofiche.

N.H. Webster, nelle sue laboriose ricerche sulla materia, ha trovato taluni *carpocratici* nella setta gnostica del secondo secolo: essi giunsero a molte delle conclusioni a cui sono giunti i comunisti odierni, soprattutto per quanto riguarda il sistema sociale vagheggiato. Anche Ephifanus sosteneva quanto segue:

> « dato che è la stessa natura a rilevare il principio della comunità e dell'unità di tutte le cose, le leggi umane contrarie a questa legge naturale si rendono colpevoli di infrazione dell'ordine legittimo delle cose. Prima che queste leggi umane venissero imposte agli uomini, tutte le cose erano in comune: la terra, i beni e persino le donne.
>
> « In perfetto accordo con taluni contemporanei i carpocratici adottarono questo primitivo sistema e costituirono la comunità delle donne. Inutile descrivere le ignobili licenziosità cui dettero luogo »[203].

Come ognuno vede, quindi, i movimenti sovversivi del giudaismo, non sono, in gran parte, che la ripetizione delle dottrine della grande rivoluzione *gnostica*, pur partendo da un'opposta base filosofica, visto che il moderno

---

[202] Matter, *Histoire du Gnosticisme,* Edizione 1844. Tomo I, p. 188 e Tomo II, p. 44.
[203] Nesta H. Webster, *Secret Societies and Subversive Movements,* p. 30 e 31.

comunismo è *materialista*, mentre la Gnosi considerava cattiva, e disprezzava, la materia. Senza dubbio gli ebrei dimostrano di essere abilissimi anche nell'utilizzare i più opposti sistemi filosofici pur di ottenere identici risultati politici.

Gli gnostici avevano i loro misteri e le loro iniziazioni. Tertulliano affermò che la setta dei *Valentiniani* pervertì i misteri Eleusini, trasformandoli in un « santuario di prostituzione »[204]. Non dobbiamo dimenticarci, inoltre che Valentino, falso cristiano e vero cripto-giudeo di Alessandria, venne indicato da Sant'Ireneo come capo degli gnostici, le cui diverse sette, secondo taluni, sarebbero state sempre mosse da uno stesso potere occulto.

E'evidente, quindi, che gli ebrei continuano ad essere quello che erano milleottocento anni orsono e che da allora ad oggi hanno seminato immoralità e prostituzione nella società cristiana, per corromperla e quindi renderne più agevole la tanto vagheggiata distruzione.

Talune sette gnostiche giunsero, con le loro dottrine segrete, ai massimi gradi di perversione.

Così Elia Levi afferma che certi gnostici introdussero nei loro riti la profanazione dei misteri cristiani, che servì di base alla Magia Nera[205], i principali propagatori della quale furono, del pari, ebrei. Dean Milman nella sua *Storia dei Giudei* scrive che gli Ofiti adoravano il serpente perché questo si era rivelato contro Jehova, « a cui essi si riferivano sotto il termine cabalistico di Demiurgo »[206].

E'quindi evidente che anche questa glorificazione del male, che tanta importanza riveste nei moderni movimenti rivoluzionari, segretamente controllati dalla *Sinagoga di Satana*, non è davvero cosa nuova. Già era stata aspersa come un veleno dai giudei gnostici sulla nascente società cristiana, qualcosa come oltre diciotto secoli orsono!

E. De Faye, nella sua opera *Gnostici e Gnosticismo*, e anche Matter nella già citata *Storia dello Gnosticismo*, affermano che un'altra setta di gnostici, chiamata dei *Cainiti*, per il culto da loro reso a Caino, considerava nelle sue perverse dottrine, Dathan e Abiras, gli omosessuali abitanti di Sodoma e Gomorra e lo stesso Giuda Iscariota, come nobili vittime del Demiurgo, ossia del maligno creatore del nostro Universo[207].

E'chiaro che queste sette gnostiche costituirono una indispensabile premessa a quella dei *Bogomili*, dei *Luciferiani*, della Magia Nera e di taluni particolari circoli massonici *satanisti*, i quali, oltre a praticare il culto di Lucifero, hanno considerato come *Bene* tutto ciò che il Cristianesimo invece

---

[204] Matter, op. cit., Tomo II, p. 365.
[205] Eliphas Levy, *Historia de la Magia*, p. 218.
[206] Dean Milman, *History of the Jews*, Everyman's Library Edition II, p. 491.
[207] E. de Faye, *Gnostiques et Gnosticisme*, Ed. 1913 p. 349 e Matter, op. cit., t. II, p. 171.

condanna come *Male*. Lo stesso Voltaire riconosce negli ebrei i propagatori, durante il medio evo, della Magia Nera e del Satanismo.

De Luchet, nella sua opera famosa dal titolo *Saggio sulla setta degli Illuminati* afferma che i *Cainiti*, animati da profondo odio contro tutto l'ordine sociale e morale, « chiamavano tutti gli uomini a distruggere la opera di Dio ed a commettere ogni genere di infamie »[208].

Il grande capo che sorse nella Chiesa per combattere e vincere lo Gnosticismo, fu precisamente Sant'Ireneo, il quale dopo aver studiato a fondo queste sette nefaste e le loro dottrine occulte, si dedicò con foga a combatterle, accanitamente, con la parola e con la penna. Egli attaccò contemporaneamente gli ebrei, che indicò come i capi di questo movimento sovversivo disintegratore, la cui setta più forte e più pericolosa per la Cristianità fu quella dei *valentiniani*, capeggiata da Valentino, dietro al cui falso cristianesimo Sant'Ireneo scoprì la vera identità ebrea.

Fu proprio per il lavoro coraggioso ed instancabile di sant'Ireneo che la Santa Chiesa trionfò sulla Gnosi che costituì però per la nascente Cristianità un pericolo interno assai più minaccioso di quelli esterni, allora rappresentati dagli attacchi frontali della *Sinagoga* e dagli intrighi di questa, che riuscirono come abbiamo già visto, a scatenare contro la nascente Chiesa tutto il peso dell'Impero Romano, le cui tremende persecuzioni tanti Martiri procurarono al Cristianesimo.

Questi fatti dimostrano egregiamente la verità: sin dai suoi primi tempi di vita, il pericolo maggiore per la Santa Chiesa fu costituito dall'azione della « quinta colonna » ebrea introdotta nel suo seno. Furono senza dubbio la presenza e l'azione di un Clero virtuoso e molto combattivo - del tutto alieno da zoppicamenti mascherati ipocritamente da convivenza pacifica, o diplomatica - a far sì che da questa terribile lotta la Santa Chiesa uscisse vittoriosa e riuscisse a sbaragliare totalmente i suoi nemici: il giudaismo, lo gnosticismo giudaico e il paganesimo romano.

Mai l'odierna situazione ha raggiunto i vertici del pericolo di quella di allora, quando il Cristianesimo era più debole di oggi e la differenza tra le forze della Chiesa e quelle dei suoi nemici era favorevole a questi ultimi. Se la Chiesa poté allora trionfare sui suoi nemici, più poderosi di quelli attuali, a maggior ragione potrebbe trionfare oggi, sempreché si decidesse a combattere innanzi tutto l'azione disfattista e capitolarda della « quinta colonna » cripto-giudaica introdottasi nel clero e sempreché, inoltre, sorgessero dalle Gerarchie Religiose dei Capi che, imitando Sant'Ireneo, tutto sacrificassero per difendere la Fede di Cristo e la causa dell'Umanità minacciata da feroce schiavitù.

Qualora questi eventuali Capi riuscissero a vincere la resistenza opposta dai codardi e quella offerta dagli accomodanti i quali, pur professando

---

[208] De Luchet, *Essai sur la secte des Illuminés*, p. 6.

sinceramente la Fede, non se la sentono di mettere in gioco le loro tanto desiate Elevazioni Ecclesiastiche e quindi desiderano soltanto conservare la tranquillità delle loro posizioni sociali e delle loro situazioni economiche, sicuramente la Santa Chiesa e l'Umanità riuscirebbero ancora una volta a debellare l'odierno mortale pericolo.

Una ultima cosa merita di essere esaminata degli insegnamenti del movimento rivoluzionario Gnostico.

Gli ebrei che seminarono a piene mani il veleno nella società cristiana, ebbero molta cura di evitare che il veleno sparso li intossicasse. La *Sinagoga* dovette allora affrontare per la prima volta questo grave problema; è molto difficile, infatti, seminare idee così velenose senza correre il rischio di restar preda di queste. E'vero che la Gnosi inizialmente diffusa dagli ebrei nella *Sinagoga* era principalmente formata da un insieme di interpretazioni mistiche della Sacra Scrittura, collegate intimamente con la *Kabala*, però questa mescolanza di assurdità, contraddizioni e azioni perverse, introdotte dagli ebrei nella Gnosi cristiana, giunse a costituire una seria minaccia per la *Sinagoga* stessa. Un pericolo che questa si curò di scongiurare in tempo, lottando energicamente per evitare qualsiasi possibilità di contagio tra gli ebrei.

Oggi, diciotto secoli dopo, si verifica lo stesso fenomeno. Gli ebrei, propagatori dell'ateismo e del materialismo comunista tra Cristiani, Musulmani e altri Gentili, prendono tutte le precauzioni per evitare che il cancro materialista infetti le comunità israelitiche. Diciotto secoli di esperienza nell'arte di preservarsi dal contagio diffuso non sono, logicamente, trascorsi invano, ed i pervertitori sono divenuti dei veri maestri nel maneggiare i veleni e nello spanderli nel mondo intero, eccezion fatta per le loro comunità. Essi sanno come fare per evitare che la porzione tossica infetti loro stessi: *gli ebrei*.

Ciononostante anche i Rabbini dei nostri giorni vigilano costantemente, sono costantemente all'erta, per impedire che il materialismo di cui gli ebrei stessi hanno impregnato particolarmente l'ambiente borghese, procuri delle stragi nelle loro famiglie; e sono del pari costantemente alla ricerca di misure atte ad impedirlo.

Il veleno ateo e materialista è, infatti, destinato *unicamente* ai Cristiani ed ai Gentili onde facilitare il dominio su di essi. Il Giudaismo, per giungere ad esercitarlo, dovrà conservarsi più puro che mai e puro dovrà essere anche il suo misticismo. Gli ebrei sanno perfettamente che quella del misticismo è una forza invincibile per coloro, tra gli uomini, che lottano per un ideale. E cosi come gli ebrei non si fecero mai scrupolo alcuno, nei tempi passati, nel diffondere dottrine contro il loro stesso Jehova, o di culto per Satana, culto tanto comune nella Magia Nera, oggi non si fanno egualmente scrupolo alcuno nel propagandare il materialismo ateo dell'israelita Carlo Marx, anche se questo nega l'esistenza dello stesso Dio d'Israele.

Quella di una spregiudicata sicurezza d'azione è una massima che gli ebrei mettono sempre in pratica e seguono sino alle sue più estreme conseguenze. E'una delle loro più realizzatrici caratteristiche.

Con la conversione di Costantino, però, il trionfo della Santa Chiesa, sul paganesimo, sullo gnosticismo e sul giudaismo, divenne completo.

Conquistata dalla Santa Chiesa la fiducia dell'Impero Romano, gli ebrei perdettero ogni possibilità di continuare a perseguitarla e di scatenarle contro le persecuzioni degli imperatori pagani, come sempre sino allora avevano fatto.

Neanche dinanzi alla desolazione di questo quadro però la *Sinagoga di Satana* si dette per vinta. Comprese chiaramente che per seguitare nel suo tentativo di distruzione della Chiesa non le restava che ricorrere ad uno dei tre mezzi che qui stiamo passando in rassegna: a quello della « quinta colonna » dei falsi convertiti introdotti nella Cristianità, la quale « quinta colonna » attraverso scismi e movimenti sovversivi sollevati internamente, avrebbe forse potuto assicurare agli ebrei il tanto agognato definitivo trionfo. Il fatto che, sotto taluni aspetti, il Dogma Cristiano non era ancora stato ben definito facilitò grandemente le loro intenzioni[209].

---

[209] Su questo argomento consultare l'importante opera *Adversus Haereses*.

CAPITOLO V

L'EBREO ARIO E LA SUA DOTTRINA

L'*Arianesimo*, la grande eresia che straziò la Cristianità durante più di tre secoli e mezzo, fu, anche questa, opera di un ebreo camuffato; uno di quegli ebrei che, come abbiamo visto, praticavano in pubblico la religione cristiana pur continuando in segreto ad essere quello che erano, ossia ebrei. Un esempio particolare ed illustre di quei veri e propri successori di Giuda Iscariota che sono gli ecclesiastici membri della « quinta colonna » ebrea introdottisi nel Clero cattolico.

Il celebre scrittore nord-americano William Thomas Walsh, molto noto per il suo fervente cattolicesimo e per le sue documentatissime opere, riferendosi alla situazione dei giudei introdottisi nel Cristianesimo ci dice: « Ario l'ebreo cattolico, (padre dell'eresia) attaccò insidiosamente la Divinità di Cristo e giunse a dividere il mondo cristiano durante interi secoli »[210].

Dai processi celebrati dalla Santa Inquisizione contro i cripto-giudei, chiamati *eretici giudaizzanti*, si apprende che uno dei dogma cattolici maggiormente respinti dagli ebrei, è quello della Santissima Trinità, perché nel loro odio mortale contro Nostro Signor Gesù Cristo, ciò che a loro maggiormente ripugna del Cristianesimo è proprio che Gesù sia considerato come la Seconda Persona della Santissima Trinità, ossia come Dio in essenza e trino in persona. Questo spiega perché una volta introdottisi nella Chiesa, con la falsa conversione al Cristianesimo, gli ebrei tentino continuamente di modificare i Dogma della Chiesa e affermino che Dio è una sola persona: negando così la divinità di Cristo.

Ario nacque in Libia, quando questa regione africana era ancora sotto la dominazione romana. Aderì in gioventù allo scisma di Melezio che usurpò il posto di Vescovo di Alessandria; però quando la causa di Melezio subì alcuni duri rovesci egli si riconciliò con la Chiesa. Già abbiamo visto come gli ebrei si burlano di queste riconciliazioni con la Chiesa, che, così come essi stessi affermano, attuano come vere e proprie commedie, quando per loro è necessario.

La Santa Chiesa, sempre ricolma di bontà, e sempre pronta a perdonare ai peccatori pentiti, giustificò anche la riconciliazione di Ario e lo accolse nuovamente nel suo seno, mentre l'ebreo clandestino, come gli altri di quella

---

[210] William Thomas Walsh, *Felipe II*, Ediz. Espasa-Calpe, p. 266.

razza, approfittava di questa longanimità unicamente per poter causare in seguito i più catastrofici danni.

Danni che avrebbero anche potuto condurre ad un disastro del genere di quello che attualmente ci minaccia. Dopo essersi riconciliato, Ario volle divenire sacerdote cattolico, e in questa qualità venne incaricato da Alessandro, Vescovo di Alessandria, della cura d'anime della chiesa di Baucalis. Diversi e distinti storici ecclesiastici attribuiscono ad Ario un appariscente ed impressionante ascetismo e un ostentato misticismo, uniti a grandi doti di predicatore e ad una grande abilità dialettica che gli consentiva di convincere grandi masse di fedeli ed anche taluni Alti Dignitari della Chiesa.

Il principio basilare della dottrina di Ario fu costituito dalla tesi giudaica dall'unità assoluta di Dio e quindi dalla negazione della Santissima Trinità. Nostro Signor Gesù Cristo veniva considerato unicamente come la più eccelsa delle creature, senza che però possedesse, sotto nessun aspetto, ed in nessun modo, una essenza divina; è questo, come si vede, uno dei maggiori intenti sempre perseguiti dagli ebrei per giudaizzare il Cristianesimo.

Ario non attaccò, né censurò Nostro Signor Gesù Cristo come facevano gli ebrei dichiarati, poiché se l'avesse fatto, è chiaro che nessun cristiano lo avrebbe assecondato.

Egli anzi, per non destare sospetti tessé ogni genere di elogi di Gesù e con questo mezzo riuscì sempre a captare la simpatia e l'adesione dei credenti. Fu poi, in seguito, che egli distillò il suo veleno; e lo distillò accortamente; pronunciando continuamente quelle lodi per Gesù che servivano a mascherare la negazione della Sua divinità. Quella divinità che gli ebrei negano più di ogni altra cosa.

E' curioso rilevare come millequattrocento anni dopo gli ebrei siano ritornati alla carica, respingendo la Divinità di Cristo nello stesso momento in cui, come uomo, lo riempivano di elogi. E ciò fanno attraverso le dottrine e gli insegnamenti che i fondatori e gli organizzatori della massoneria stabilirono per i primi gradi, onde non provocare nei cristiani iniziati alla setta, particolari reazioni.

Un'altra delle novità scaturite dalla eresia ariana, fu quella con la quale si tentò di mutare la dottrina e la politica della Chiesa nei riguardi degli ebrei. Mentre Nostro Signor Gesù Cristo li condannò e li attaccò duramente in diverse occasioni, e altrettanto fecero generalmente gli Apostoli e la Chiesa tutta dei primi tempi, Ario e la sua eresia tentarono di fare apportare una vera riforma in merito, e di realizzare una politica pro-ebrea e di avvicinamento con la *Sinagoga di Satana*.

Come Giovanni Huss, Calvino, Carlo Marx e altri capi ebrei rivoluzionari, Ario era un uomo di grande dinamismo, di eccezionale perseveranza, particolarmente eloquente e abile nello scrivere. Lavorando infaticabilmente egli prese a compilare opuscoli e persino libri[211] per convincere capi religiosi, governanti civili e singole persone dell'impero romano. Un primo importante appoggio egli trovò nel Vescovo Eusebio di Nicomedia il quale, data la sua grande amicizia con l'imperatore, ebbe l'audacia di tentare di attrarlo verso la eresia di Ario. Non riuscì, ma conseguì purtroppo egualmente un successo: riuscì infatti a disorientare l'Imperatore Costantino al quale fece credere che si trattava di semplici discussioni su posizioni diverse di ortodossia.

Convinto di ciò l'Imperatore cercò invano di provocare un incontro tra Ario ed il Vescovo di Alessandria. Non ottenne risultato alcuno, data la fermezza del Presule egiziano ed allora inviò sul posto il suo consigliere, il Vescovo di Cordova, Osio, perché si adoperasse per metterli d'accordo. Come se si trattasse di un semplice contrasto tra il Vescovo di Alessandria e Ario!

Fu nel corso di questi negoziati che, fortunatamente, Osio e la Chiesa si convinsero che non di semplici contrasti o diversità di interpretazione si trattava, ma bensì di un incendio che minacciava tutta la Cristianità. Vogliamo che tutto quanto sopra sia ben chiaro ai nostri lettori, perché fa parte della tecnica classica con la quale, sempre, gli ebrei iniziano un movimento rivoluzionario.

Essi, infatti, in molte occasioni, dànno alle loro pericolose iniziative un'apparenza del tutto innocente, bene intenzionata, di scarse proporzioni e di nessuna pericolosità, perché le istituzioni insidiate e minacciate dal germe rivoluzionario non attribuiscano a queste la loro vera importanza e quindi si astengano dall'impiegare tutta quella forza che sarebbe invece indispensabile per neutralizzare la minaccia, rapidamente ed efficacemente. Oppiati dalle apparenze i dirigenti Cristiani o Gentili generalmente tralasciano di reagire in forma adeguata e di ciò approfitta poi il Giudaismo per propagare subdolamente l'incendio. In seguito, quando qualcuno si deciderà a reprimerlo questo avrà ormai una forza distruttiva impossibile da contenere.

E'interessante far rilevare che Ario, una volta scomunicato dal Sinodo composto da oltre cento Vescovi, convocato nell'anno 321 dal Presule di Alessandria, si diresse senza indugio verso la Palestina onde conquistare nuovi adepti; e che il primo Sinodo che assumendo una posizione di tradimento del Cattolicesimo appoggiò Ario, dopo quello di Nicomedia, dove era Vescovo il suo braccio destro Eusebio, fu precisamente quello palestinese.

E'evidente che la Palestina, malgrado gli interventi ripetuti di Tito e di Adriano era la località dove trovavasi una popolazione ebrea più compatta

---

[211] La sua opera, *Thalia*, fu di grande importanza nella propagazione della eresia.

e dove la «quinta colonna» introdotta nella Chiesa era maggiormente poderosa. Non ha quindi niente di misterioso il fatto che Ario, messo in condizioni critiche dalla scomunica, corresse a rifugiarsi in Palestina ed a cercar rinforzi dai suoi fratelli palestinesi. E la sua azione ribelle fu di tale ampiezza che un intero Sinodo di Vescovi e di Sacerdoti di particolare condizione, lo appoggiò decisamente, con ciò iniettando nuove forze e ridonando nuovo prestigio alla sua causa eresiarca che minacciava di fallire dopo la condanna inflittagli dal Santo Sinodo Alessandrino.

Successivamente anche un altro Sinodo, riunito in Nicomedia, appoggiò Ario, e gli concesse, così come aveva fatto quello palestinese, l'autorizzazione per far ritorno in Egitto. In questa maniera Ario ed i suoi seguaci opponevano un Sinodo ad un altro Sinodo, dividendo l'Episcopato del mondo cattolico.

Lo studio di questa gigantesca lotta svoltasi nei secoli passati è molto utile perché mette esattamente a fuoco l'opera svolta sin da allora dalla «quinta colonna» ebrea, sempre con gli stessi metodi adoperati alcuni secoli dopo, Un'opera tenace ed infaticabile che riuscì persino a collocare sul Soglio di Pietro un cripto-ebreo, nella persona del Cardinale Pierleoni. Gli stessi metodi denunciati mille anni dopo dalla Santa Inquisizione e gli stessi, infine, che mettono a repentaglio la vita spirituale e quella fisica dell'umanità durante i nostri giorni.

Ario ed i Vescovi ariani intrigavano contro i Sacerdoti che difendevano la Santa Chiesa, perseguitandoli e facendoli oggetto di ostilità d'ogni genere e facevano oggetto di attacchi Vescovi ed Ecclesiastici senza distinzione alcuna di gerarchia. Bastava distinguersi, appena un poco, nello zelo posto nel difendere il Cattolicesimo per essere accusati e combattuti con intrighi velenosi ed occulti e con false denunzie; il tutto allo scopo di eliminare o neutralizzare i veri combattenti della Chiesa. Una ben orchestrata azione tentava sempre, e spesso ci riusciva, di controllare i vescovadi restati vacanti e di ottenere e fare assegnare a quelle sedi ecclesiastici ariani, con ciò impedendo ai sinceri cattolici di ascendere a tali Gerarchie.

Quest'opera perversa fu soprattutto realizzata dopo il Concilio Ecumenico di Nicea, nel quale vennero condannati Ario e la sua eresia, malgrado l'opposizione di una minoranza di vescovi eretici i quali, avendo assistito con Ario stesso al Concilio, cercarono invano di far prevalere il loro punto di vista, così pericolosamente innovatore ed in contrasto con la tradizionale dottrina cattolica: pericoloso come quello che oggi qualcuno tenta di far prevalere nell'attuale Concilio Ecumenico Vaticano II.

Nelle campagne organizzate dai Vescovi eretici contro i cattolici ebbe particolare risalto quella contro Eustasio, Vescovo di Antiochia, il quale venne accusato di fingere osservanza e subordinazione alle disposizioni del Concilio di Nicea per difendere, in realtà, l'eresia Sabeliana e provocare disturbi. Con questa e altre accuse gli ecclesiastici veramente eretici ottennero la sua destituzione e la nomina al suo posto di un Vescovo Ariano. Con quest'ennesimo, subdolo atto, essi ingannarono, si capisce, una volta di più l'imperatore Costantino, il quale, credendo di agire per il bene della Chiesa aveva, in realtà, destituito un Vescovo virtuoso e concesso il suo appoggio a degli ipocriti eretici, che egli considerava come sinceri difensori della Chiesa[212].

Più importante e densa di significato e, purtroppo, di risultati, fu la congiura ordita per rovinare Sant'Atanasio, che, morto Alessandro, lo aveva sostituito nel Patriarcato. Già nel Concilio di Nicea egli aveva dimostrato di essere uno del baluardi della Santa Chiesa e ciò gli aveva attirato addosso l'odio degli ecclesiastici votati all'eresia i quali si videro nella necessità di eliminarlo.

Tutto ciò non poteva essere realizzato, però, senza il benestare dell'imperatore; e fu quindi per guadagnarlo alla loro causa che Sant'Atanasio venne da loro accusato di intrattenere relazioni con certi ribelli all'impero romano. Manovra classica del Giudaismo, questa, come si vede, usata sempre con successo, in ogni tempo. Quando gli ebrei, infatti, hanno deciso di mettere in difficoltà qualche personalità vicina al Capo dello Stato; che sia un suo sincero amico e consigliere, gli scavano, come suol dirsi, la terra sotto ai piedi. Ossia creano intorno alle due persone, al consigliere e al Capo una vastissima e sottile rete di « voci » tendenti a far giungere dovunque le più calunniose indiscrezioni, sempre dannose per la reputazione e, quindi, per il futuro della persona che si vuol colpire. Si dirà, di questa, soprattutto, che è in combutta con i nemici del potente di cui è al servizio. Mezzo ineguagliabile e producente per spandere un mare di sospetti tra i due e quindi avvelenarne le relazioni.

Così fecero per Sant'Atanasio su cui fecero correre ad arte la voce che egli vessasse il Clero al quale aveva imposto un contributo sul lino e che seminasse la discordia nelle file della Chiesa.

Anche quest'ultima calunnia degli ebrei appartiene al novero di quelle che possono essere ormai definite « classiche ». E' sempre accaduto infatti e desta profonda meraviglia il fatto che di queste lezioni della storia nessuno, o pochi, sembrino tener conto che allorquando viene ordita una congiura contro la Santa Chiesa e qualcuno denuncia questa congiura, e si leva in sua difesa, si fa ricorso all'opera degli ecclesiastici cripto-giudei. Chi meglio di loro, infatti, può avanzare, proprio « dal dentro » della Santa Chiesa, l'idea che questi autentici difensori della Santa Chiesa non siano altro, invece, che seminatori di discordia? E' facile insinuare il sospetto nelle Gerarchie, specialmente se queste sono, per età o per indole, particolarmente ben disposte ad un'acquiescenza che consente loro di realizzare taluni riposanti,

---

[212] Cavallera, *Le Schisme d'Antioche*. Sellers, R. V. « *Eustatius of Antioch and his place in the early Christ doctrine* ». Cambridge.

e apparentemente vantaggiosi accordi politici e di condurre, inoltre, una vita scevra da impegni e responsabilità gravosi e pericolosi.

Così fu nel caso di cui sopra. Proprio coloro che stavano operando diabolicamente per minare la compattezza e l'integrità della Santa Chiesa, attraverso la propagazione dello scisma, ebbero il cinico coraggio di accusare Sant'Atanasio di esser lui a seminare la discordia. Lui che difendeva la nostra comune Santa Madre contro le perverse macchinazioni degli eretici! Il colpo, è chiaro, era abilmente diretto molto in alto. Ben sapevano infatti, Ario e i suoi seguaci, che il fine supremo sempre perseguito dall'Imperatore Costantino era l'unità della Chiesa. Sant'Atanasio difendeva l'unità della Chiesa. E'evidente quindi che se fosse riuscito ai congiurati di privare l'imperatore di un siffatto valido consigliere e difensore, la causa dell'eresia avrebbe fatto notevoli progressi.

Successivamente gli eretici meleziani, unitisi agli ariani, accusarono Sant'Atanasio di avere assassinato uno dei collaboratori del capo dei primi; fortunatamente Sant'Atanasio riuscì a scoprire il rifugio del falso defunto e la calunnia emerse in tutta la sua infame evidenza.

E'molto difficile, però, che questo genere di nemici, la cui anima non è ancorata a nessuna morale salvaguardia, si diano per vinti. Nel caso di Sant'Atanasio si ricorse ad un'altra calunnia ancor peggiore. Si disse che egli aveva sedotto una donna, abusando della sua fiducia: il Santo poté dimostrare che non era vero. Vittoria notevole, questa di Sant'Atanasio perché i congiurati, stavolta, onde distruggerlo per sempre, avevano portato la loro accusa dinanzi ad un Sinodo di Vescovi che erano riusciti a far riunire a Tiro.

Senza dubbio, però, i Vescovi Ariani erano riusciti a controllare completamente il Sinodo di Tiro visto che riuscirono a far deliberare la destituzione di Sant'Atanasio quale Patriarca di Alessandria. Per conseguire questo per loro indispensabile successo inviarono una lettera all'Episcopo di tutto il mondo, invitandolo a rompere qualsiasi genere di relazioni con Sant'Atanasio, che veniva accusato di diversi crimini.

Malgrado la gravità delle accuse mosse al Santo bisognava però fare i conti col volere dell'imperatore. E per suggestionare quest'ultimo si ricorse ad un altro genere di calunnie.

Si fece sapere a Costantino che Sant'Atanasio comprava il grano dagli egiziani e impediva quindi che questo venisse inviato a Costantinopoli onde affamare quella capitale romana. Quest'accusa, purtroppo, raggiunse il suo scopo. Furibondo e adirato l'imperatore ordinò che l'infelice Santo venisse destituito ed esiliato e lo considerò come un pericoloso perturbatore dell'ordine pubblico ed una grave minaccia per l'unità della Santa Chiesa.

La manovra messa in atto dai vescovi ariani per giungere a questo risultato fu, occorre purtroppo riconoscerlo, di una insuperabile finezza e abilità. Essi riuscirono a conquistarsi la fiducia di Costanza, sorella dell'imperatore, e di altri parenti della casa imperiale, fingendosi gelosissimi di quell'unità della Chiesa che stava, sopra ogni altra cosa, effettivamente a cuore a Costantino. E furono quindi proprio loro - gli eretici che tramavano per dividere la cristianità! - ad accusare i veri cattolici di mettere in pericolo l'integrità della Chiesa con le loro intransigenti esagerazioni.

Riuscirono a far sì che l'imperatore Costantino, che pur aveva dato tutto il suo appoggio all'ortodossia della Fede solennemente proclamata dal Concilio di Nicea, virasse improvvisamente di bordo in favore di Ario, accettando che la sua solenne riammissione nella Chiesa avvenisse a Costantinopoli, Capitale dell'Impero. Questo ultimo evento avrebbe costituito, senza alcun dubbio, il trionfo, l'apoteosi dell'ebreo Ario, che già accarezzava l'idea di giungere ad essere il Papa, addirittura, della Chiesa Cattolica. Cosa, d'altronde, che dal punto di vista umano, avrebbe anche potuto realizzarsi, visto che l'eretico era ormai riuscito ad accattivarsi interamente la confidenza dell'imperatore e l'appoggio, sempre più cospicuo, dei Vescovi della Cristianità.

Però, come si dice, «l'uomo propone e Dio dispone»: tutti i calcoli umani, di natura così chiaramente diabolica, sono destinati a fallire per virtù dell'assistenza che Dio concede alla Sua Santa Chiesa, che potrà anche essere, com'è stata, perseguitata, ma non vinta.

Ario, giunto alle soglie della sua trionfale vittoria, morì in una forma tanto misteriosa quanto tragica, secondo quanto testimonia proprio Sant'Atanasio.

E' molto interessante trascrivere ciò che viene a noi narrato dalla *Enciclopedia Giudaica Castigliana* (un documento ufficiale ebreo) circa quel Grande Padre della Chiesa che fu Sant'Atanasio:

> « Atanasio (San), Padre della Chiesa (293-373), Patriarca di Alessandria, nemico decisivo delle Dottrine Ariane che molto si avvicinano al monoteismo puro e quindi alla dottrina ebrea. Atanasio polemizzò contro i giudei per motivi dogmatici, però dovunque le dottrine di Atanasio prevalsero contro gli Ariani, come, ad esempio, tra i Visigoti in Spagna, la situazione degli ebrei peggiorò ».

Sant'Atanasio, come altri Padri della Chiesa, lottò accanitamente non soltanto contro gli Ariani, ma anche contro gli ebrei; e questi, come si vede, concessero molta importanza alla sua azione e alle sue dottrine. E' quindi comprensibile l'odio satanico scatenato dalle forze del male contro il Patriarca di Alessandria.

Se Sant'Atanasio e altri grandi Padri della Chiesa fossero vissuti ai nostri giorni, la « quinta colonna » ebrea introdotta nel Clero, avrebbe sicuramente fatto in modo che la Chiesa li condannasse per antisemitismo.

In quanto ad Osio, Vescovo di Cordova - un altro paladino della Chiesa nella lotta contro l'Arianesimo, anima del Concilio di Nicea - fu anch'egli un valoroso combattente contro il giudaismo. Spiccando per la sua distinta personalità nel Concilio di Elvira - chiamato Ilibeterano - celebrato negli anni dal 300 al 309, ebbe influenza decisiva nell'approvazione dei Canoni tendenti a realizzare una netta separazione tra cristiani ed ebrei, data la nefasta influenza che questa connivenza operava sui primi. E poiché già da allora si manifestava appariscente, e nociva, la fraternizzazione del clero cattolico con gli ebrei, il Concilio Ilibiterano volle evitarla ricorrendo a mezzi drastici.

Molto interessanti sono, in proposito, le disposizioni seguenti:

Canone L. « Se qualche sacerdote o fedele mangiasse con ebrei, venga allontanato dalla comunione al fine che si emendi ». Canone XLIX: « Riteniamo sia bene ammonire i professori affinché non tollerino che i frutti che ricevono da Dio siano benedetti dagli ebrei, affinché la nostra benedizione non diventi debole o inutile; se qualcuno, dopo quanto sopra, si arrogherà il diritto di farlo, venga allontanato del tutto dalla Chiesa ».
Canone XVI. Ordina tra le altre cose che non sia data agli ebrei moglie cattolica; né agli eretici: "Perché non si può fare società alcuna tra fedeli e infedeli ».

Quest'ultimo canone è chiaro e tagliente: considera pericolosa qualsiasi società tra cristiani ed ebrei. Il Concilio Ilibiterano ebbe molta importanza, perché le sue misure disciplinari integrarono in gran parte la legislazione generale della Chiesa.

Morto Costantino, i suoi tre figli: Costantino II, Costante in Occidente e Costanzo in Oriente, si accollarono il governo dell'Impero; i due primi erano ferventi cattolici. Costanzo, pur essendo anch'egli un buon cristiano, subiva molto l'influenza di un amico di suo padre, l'ariano Eusebio di Nicomedia. Fu, senza dubbio, proprio Costanzo che, dopo la morte del padre suo Costantino, approvò assieme al suoi due fratelli, il ritorno dall'esilio di Sant'Atanasio e di altri Vescovi ortodossi, già oggetto degli intrighi degli ariani. La morte di Eusebio di Nicomedia pose termine alla cattiva influenza di questi sopra Costanzo, il quale, aderendo all'invito del fratello Costante ed alle esortazioni di Papa Giulio, finì per dare il suo completo appoggio alla ortodossia cattolica. Allarmato grandemente dai progressi del Giudaismo, effettuò, inoltre, quella che gli ebrei chiamano la prima grande persecuzione cristiana nei loro riguardi. Durante dodici anni, ossia sino a quando vissero Costante e Papa Giulio, i cattolici dominarono quasi completamente la situazione e l'arianesimo venne quasi ridotto al lumicino dallo splendente prestigio di Sant'Atanasio e del Vescovo di Cordova. Costanzo ebbe ad Antiochia anche un lungo, cordialissimo colloquio con Sant'Atanasio, durante il quale l'Imperatore mostrò grande deferenza nei suoi confronti. Sant'Atanasio, dopo l'incontro con l'imperatore, fece rientro ad Alessandria in maniera veramente trionfale.

Considerato bene che la fine dell'eresia ariana era, ormai, prossima, i dirigenti di questa restati sulla scena, Ursazio e Valente, allarmati anche dal fermo atteggiamento di Costanzo nei riguardi della più limpida ortodossia cattolica, sollecitarono dal Papa la possibilità di una loro riconciliazione con la Chiesa.

Questo gesto di acquiescente umiltà, va inteso, intendiamoci bene, nel suo vero significato. Altro non fu, infatti, che un esempio appariscente della tattica elastica che il nemico rivela sempre in circostanze analoghe. Quella tattica che mille e più anni dopo, Stalin avrebbe denominato « ritirata strategica », consistente nel ripiegare al momento giusto e far finta di abbandonare il campo onde evitare la distruzione. Ben seguitando, s'intende, a cospirare nell'ombra per acquisire maggior forza e sferrare l'assalto decisivo quando si presentasse la possibilità di trionfare.

Ai tempi della nostra cronistoria, se le cose andavano male per l'arianesimo, ancor peggio andavano per l'ebraismo. Costanzo, convintosi del pericolo che quest'ultimo costituiva per l'Impero e per la Cristianità, incominciò a relegare in posti di minore impegno i dottori della legge, molti dei quali in conseguenza di questo decreto dovettero emigrare a Babilonia. Notizie di quanto sopra ci vengono, naturalmente, dallo storico ebreo Graetz, il quale soggiunge che queste persecuzioni si aggravarono al punto che molti dirigenti ebrei vennero minacciati di morte e che ciò accrebbe la corrente migratoria soprattutto verso la Giudea. Questi avvenimenti condussero anche alla decadenza dell'Accademia Ebrea di Tiberiade. Inoltre anche Costanzo proibì, pena la morte, i matrimoni, prima tanto frequenti, tra ebrei e cristiani; con ciò dando sostanza di legge imperiale al disposto canonico del Concilio Ilibiterano.

I cattolici chiamavano allora gli ebrei *gli assassini di Dio,* racconta lo storico israelita Graetz. Ed i giudei, in risposta, organizzarono talune rivolte isolate contro l'Impero, che però vennero subito soffocate. Chiunque credesse che una serie siffatta di rovesci, una posizione così chiaramente irta d'ostacoli avesse indotto i nemici a darsi per vinti, errerebbe. Essi non fecero altro che ritirarsi sempre più nell'ombra per più cospirare proficuamente, sempre sperando in una buona occasione che consentisse loro di ritornare alla carica. E l'occasione incominciò a prender forma allorquando passarono a miglior vita prima Costante e poi Papa Giulio, la cui benefica influenza aveva tanto influito su Costanzo che era restato sempre fermo nella Sua Fede Cattolica. Quale migliore occasione, per Valente e Ursazio, di ritornare alla carica con i soliti intrighi tendenti ad ottenere, ad ogni costo, il distacco di Costanzo dall'ortodossia? Erano Valente ed Ursazio, i due supremi esponenti dell'arianesimo; ma non avevano esitato - si ricordi bene - ad implorare dal Papa, del tutto ipocritamente, si capisce, la grazia di rientrare umili e pentiti nella Chiesa Cattolica.

Morto il Papa e morto Costante, e accantonati quindi immediatamente i buoni propositi, essi sfruttarono subito la naturale tendenza di Costanzo al culto di se stesso. La megalomania indusse l'imperatore non più frenato dal fratello e dal Papa, a reagire con violenza del tutto sproporzionata, a qualsiasi supposta minaccia alla sua autorità e al suo prestigio.

Fu proprio nella natura di questo particolare temperamento che l'astuzia diabolica degli eretici riuscì ad inserirsi proficuamente. Essi organizzarono una vera congiura per staccare Costanzo da Sant'Atanasio e, purtroppo, vi riuscirono attraverso il solito sistema della calunnia.

Gli eretici, capeggiati dai due suddetti, riuscirono ad insinuare nel cuore dell'imperatore che Sant'Atanasio parlava male di lui, che era eretico e, quindi, non poteva che venire scomunicato. Così, con quest'ultima calunnia essi intesero renderlo inviso al popolo; e mentre riuscivano facilmente a presentare, a Costanzo, Santo Atanasio quale temibile nemico dell'imperatore essi, invece, dipingevano se stessi quali fedelissimi sudditi. Gioco sottile, nascosto, abilissimo, di proporzioni, di luci e di ombre, di infamie camuffate da buone azioni. L'eterno, continuo giuoco in cui gli ebrei sono insuperati ed insuperabili maestri.

Un giuoco infame che dette, ancora una volta, i suoi frutti. I neri intrighi orditi contro Sant'Atanasio sortirono efficacemente in tutta l'ampiezza del loro scellerato proponimento. Costanzo s'infuriò contro i veri cattolici e si gettò in braccio all'eresia. E giunse al punto di chiedere al nuovo Papa Liberio che il tanto illustre Padre della Chiesa, Sant'Atanasio, venisse destituito.

E'incredibile come può, a volte, il Giudaismo trasformare in suoi incoscienti alleati persino coloro che sono suoi nemici giurati, facendo ricorso, senza scrupolo alcuno, per giungere a tanto, alle più innominabili congiure.

Sua Santità il Papa Liberio, fatto oggetto di continue pressioni da parte dell'imperatore, ritenne necessario convocare un nuovo Concilio, onde porre fine ai dissensi. Ottenuta l'approvazione imperiale il Concilio venne convocato ad Arles nell'anno 353 ed a questo prestarono la loro assistenza i Delegati Papali. La speranza che i buoni nutrivano di giungere, una volta per sempre, all'unità dei cristiani in virtù di questo grande Concilio era grande; però i Vescovi al servizio della « quinta colonna », diretti da Valente e da Ursazio, ordirono tali e tanti intrighi, ed esercitarono tali e tante pressioni, che il Concilio finì col piegarsi alle esigenze degli Ariani e con l'accettare l'appoggio di questi, sempre sotto la continua pressione del potere imperiale. Persino i due Legati Pontifici si piegarono: e, quale funesta conseguenza di questa capitolazione, gli Ariani ottennero l'ingiusta condanna di Sant'Atanasio.

L'unico Vescovo che si oppose fu Paolino di Treveris il quale, a causa del suo atteggiamento, venne relegato in un posto di quart'ordine.

Al Papa Liberio dovette però sembrare che qualcosa non fosse stato del tutto regolare; tant'è vero che la condanna espressa nei confronti di Sant'Atanasio suscitò in lui un immenso dolore. E lo indusse a protestare. Il Papa ritenne infatti opportuno che venisse celebrato un altro Sinodo. Questo si riunì a Milano, nell'anno 315, ma fu del pari oggetto delle congiure degli eresiarchi che ottennero, sempre sorretti dall'imperatore, il quale non desisté un istante dall'esercitare tutta la sua influenza a loro favore, che i 300 Vescovi intervenuti condannassero, una volta di più, Sant'Atanasio. Gli Ariani trionfarono completamente ed ottennero che l'illustre santo fosse nuovamente esiliato. Anche il Papa ebbe la sua parte di dolore. Egli, infatti, aveva compreso bene quale genere di manovre fossero state impiegate a Milano e volle resistere alle pressioni sia degli ariani che dell'imperatore. Mal gliene incolse, perché Costanzo ordinò che anche il Papa venisse allontanato dalla sua sede naturale; esiliato quindi. Ed in questa precaria situazione il Papa dovette restare diverso tempo.

Gli sforzi di Sant'Atanasio, questo insigne Padre della Chiesa, quest'uomo che la grazia divina aveva reso di ferro, dinamico, valoroso, perseverante nell'avversità, dettero col tempo i loro frutti. Né poteva essere diversamente. Dopo tre secoli di lotta asperrima la Santa Chiesa trionfò sul Giudaismo e sull'eresia!

Sono gli uomini della tempra, del valore e dell'energia di Sant'Atanasio quelli di cui la Chiesa ha oggi bisogno. La Chiesa e l'Umanità, si badi bene, perché è contro tutta l'Umanità che è diretta quella minaccia ebreo-comunista che, al pari dell'eresia ebreo-ariana, e per raggiungere questo scopo, è volta in primo luogo a minare la compattezza e la resistenza della Cattolicità.

Noi non dubitiamo neanche per un attimo che pur nella situazione in cui oggi ci troviamo, così come accadde in quelle precedenti, Nostro Signore Iddio, farà in modo che novelli Sant'Atanasio sorgano dalle file della Chiesa. Uomini, questi, di cui la Chiesa ha palesemente bisogno perché il mondo si salvi, visto che anche nelle attuali circostanze i rinnovati strumenti del giudaismo dentro la Chiesa - nella veste di falsi apostoli - continuarono a fare il gioco del comunismo e della *Sinagoga di Satana;* paralizzando le difese della Chiesa; confondono i buoni per facilitare il trionfo al secolare nemico.

Tutto ciò si pretenderebbe di fare anche nell'attuale Concilio Ecumenico, convocato secondo i più nobili e cattolici disegni dal nostro Santo Padre il Papa Giovanni XXIII.

Non possiamo concludere il presente capitolo senza osservare, doverosamente rispettosi della verità, che Costanzo non mancò di dimostrare la particolare natura del suo instabile carattere anche nei confronti del Giudaismo. Contraddisse la sua politica sino allora favorevole agli ebrei (tanto che egli aveva approvato una legge che poneva su un piano di assoluta eguaglianza con il Clero cristiano i patriarchi ed ufficiali ebrei incaricati del servizio nelle Sinagoghe) e sollevò questi ultimi dagli incarichi ricoperti nella Magistratura. E di ciò dà notizia l'insigne storico ebreo Graetz.[213]

213

---

[213] Opere consultate In questo capitolo: Graetz, *History of the Jews*, Philadelphia, 1956, Tomo II. Capitolo XXI e XXII.
Acta Conciliorum et Epistolae Decretales etc. John Harduini, s. j., Ediz. Parigi 1715. Tomo 1. Foglio 255.
Enciclopedia Judaica Castellana
Sant'Atanasio, *Historia Arianorum ad monachos.*
Contra Arianos Eusebio, *Vita Constantinus.* Gevatkin, *Study of Arrianism.* Battifol, *Les sources de l'histoire du Concile de Nicée.* Fatti. 28. Ediz. 1925 Socrates, *Historia Eclesiastica*, Sant'Atanasio *Epistola de Morte Arii*, Sant'Ilario Hist. 2.330. Frag. Ch. J. Refele. Tomo I Sozomeno, *Historia Ecclesiastica.* Capitolo 1
Sant'Epifanio. Hoeret-Waud, *The Four Great Heresies.* Ediz. 1955.

CAPITOLO VI

GLI EBREI ALLEATI DI GIULIANO L'APOSTATA

Nell'anno 360, Giuliano, cugino di Costanzo, venne proclamato Imperatore di Roma. Costanzo si mosse per combatterlo, però morì durante la marcia e ciò facilitò la vittoria definitiva di Giuliano e la sua proclamazione quale imperatore di Oriente e di Occidente.

La politica di Giuliano ebbe tre obbiettivi principali: 1) Restaurare il paganesimo, facendo di questo la nuova religione ufficiale dell'impero. Egli era convinto che Roma sarebbe tornata al suo antico splendore eclissando il Cristianesimo. 2) Distruggere il Cristianesimo. 3) Ristabilire le posizioni perdute dall'Ebraismo in seguito all'azione dell'imperatore Costantino e dei suoi figli.

L'imperatore Giuliano ordinò persino la ricostruzione del Tempio di Salomone.

Gli ebrei furono quindi i suoi alleati, incondizionatamente, sin dal primo momento del suo regno, e questo ci dimostra, una volta ancora, che quando loro conviene, essi sono capaci di lottare a favore del paganesimo e dell'idolatria e anche contro il monoteismo, pur essendo monoteisti e nemici dell'idolatria. Sempre che tutto ciò conduca verso la agognata distruzione della Santa Chiesa Cattolica.

Dando dunque il loro appoggio a Giuliano, gli ebrei hanno dimostrato, anche in quell'occasione, che quando si tratta di tentar di annientare il Cristianesimo essi son capaci di tutto. Persino di dare aiuto a chi vuol ripristinare l'idolatria. Persino di utilizzare le dottrine atee e materialistiche del comunismo moderno, pur essendo, come sono in realtà, religiosi e spiritualisti.

Il famoso storico ebreo Graetz, nella sua opera già citata, parlando di Giuliano dice:

« L'imperatore Giuliano fu uno di quegli uomini il cui carattere superiore riesce ad imprimere il suo nome, in forma indelebile, nella memoria di tutti. Furono unicamente la morte, che sopraggiunse troppo presto, e l'odio della Chiesa dominante, ad impedire che egli acquisisse il titolo di "Giuliano il Grande" ». E aggiunge che Giuliano nutriva grande ammirazione per la religione ebrea e per il popolo di Israele. Fa inoltre rilevare che: «il regno di Giuliano che durò due anni scarsi (novembre 361 - giugno 363) fu un periodo di estrema felicità per gli ebrei dell'impero romano».

Lo scrittore ebreo suddetto osserva, inoltre, che il Patriarca Hillel, capo supremo dell'ebraismo, chiamò Giuliano: «suo venerabile amico» e che «l'imperatore, con una sua lettera autografa aveva promesso di metter fine al periodo oscuro che era subentrato per gli ebrei da quando gli imperatori avevano abbracciato il cristianesimo».

Egli fece inoltre tutti i preparativi necessari per dare avvio alla ricostruzione del Tempio di Gerusalemme, e fece circolare per tutta la congregazione ebraica dell'impero una lettera redatta in termini oltremodo amichevoli, nella quale usò attenzioni fraterne al patriarca Julos (Hillel), capo del giudaismo del suo dominio; promise la soppressione dei contributi imposti dai cristiani agli israeliti; promise che nessuno, in futuro, li avrebbe più potuti chiamare blasfemi; offrì libertà e garanzie e assicurò che allorquando fosse tornato vittorioso dalla guerra di Persia, avrebbe ricostruito egli stesso la città di Gerusalemme.

Giuliano incaricò il suo amico intimo Alypius di Antiochia della ricostruzione del Tempio di Gerusalemme e gli dette precise istruzioni perché in quest'opera non fosse fatto risparmio. Ai governatori della Palestina e della Siria ordinò di aiutare Alypius in tutto quanto egli necessitasse per condurre a termine il suo lavoro.

Il suo intento di restaurare la paganità era talmente vivo che Giuliano facilitò anche, con ogni mezzo, la ricostruzione dei templi, dette una più acconcia sistemazione al sacerdozio idolatrico nel quale creò una gerarchia simile a quella della Santa Chiesa Cristiana. Ristabilì il culto pagano con ogni pompa e ridette vigoria e lustro alle fastose celebrazioni delle feste idolatre.

Labriolle e Koch ci riferiscono quale sia stato l'impegno posto da Giuliano nel dar vigore al paganesimo, anche con la creazione di istituti di beneficenza uguali a quelli Cristiani: ospizi, ricoveri per bambini e vecchi, enti caritatevoli e di altro genere. L'imperatore cercò di adattare al paganesimo talune specie di ordini religiosi identici, per esempio, a quelli delle monache cristiane.

Non soltanto si trattò di una restaurazione dell'idolatria, ma addirittura della creazione di un paganesimo riformato e aggiornato con sistemi imitati dal Cristianesimo.

La minaccia che gravava sulla Santa Chiesa non poteva esser più grave: l'imperatore, il paganesimo e il giudaismo strettamente uniti per muover guerra feroce al Cristianesimo.

Giuliano durante i primi tempi del suo regno garantì la tolleranza religiosa, forse ricordando il pessimo risultato per gli imperatori romani delle violente persecuzioni contro i cristiani. Sta di fatto, però, che egli impiegò ogni mezzo per ottenere la distruzione del Cristianesimo; una situazione, quella così creata, che condusse al martirio numerosi altri fedeli cristiani. Il furore dei nemici del Cristianesimo fu tanto, che San Gregorio Nazianzeno definì il regno di Giuliano come « la più crudele delle persecuzioni ».

Tra i mezzi adottati da Giuliano per perseguitare il Cristianesimo, spiccano: la nuova espulsione di Santo Atanasio, considerato un baluardo dell'ortodossia cristiana, la eliminazione dalle monete di tutti i simboli cristiani, la privazione di tutti i privilegi concessi al clero dagli imperatori cattolici, l'eliminazione di tutti i cristiani dai posti pubblici, eccezion fatta per coloro che avessero rinnegato la fede. Tutto ciò venne effettuato sotto l'aspetto di mezzi atti a tutelare la libertà religiosa e l'eguaglianza di tutte le credenze nell'impero romano. L'insegnamento di Giuliano fu senza dubbio prezioso per i suoi alleati ebrei. Infatti essi, allorquando nei tempi moderni hanno voluto impostare prima, con garanzie di successo, e far quindi trionfare poi, le loro rivoluzioni massonico-liberali, sempre hanno tratto a pretesto la libertà di coscienza ed hanno privato la Chiesa di tutti i suoi diritti.

Le vere intenzioni dell'imperatore apparirono però in tutta la loro realtà quand'egli, per esempio, affermò che i Galilei dovevano sparire essendo nemici degli ellenici e quando scrisse di suo pugno libri e libri contro il Cristianesimo.

Il fatto che la ricostruzione del Tempio Ebreo non sia stata possibile, perché, tra l'altro si alzarono dalla terra fiamme misteriose che bruciarono gli operai, è fatto storico comprovato che ha tutto il fondamento della verità. Da una parte vi sono gli storici cristiani che lo confermano, dall'altra vi sono storici ebrei, anche insigni, come Graetz, per esempio, che lo ammettono, anch'essi. Soltanto che questi ultimi, anziché attribuire il fatto ad un miracolo, lo attribuiscono a cause naturali, e spiegano che il fenomeno derivò da gas compresso, formatosi nei passaggi sotterranei ostruitisi con il precipitare dell'edificio, gas che liberato e venuto a contatto con l'aria, provocò quei tali incendi che contribuirono, unitamente ad altri motivi, ad indurre Alypius a sospendere l'opera.

Secondo quanto narrano gli storici cattolici, il martirio e la strage dei cristiani durante questa epoca non furono più opera esclusiva delle orde pagane. Infatti anche gli ebrei, beneficiando della protezione e dell'amicizia dell'imperatore, strariparono dai loro confini e si dettero a distruggere la Chiesa, in Giudea e nei paesi circonvicini, e operarono per fare ai cristiani il maggior danno possibile. Lo storico ebreo Graetz definisce però « maliziose » queste versioni.

Poiché avevamo già constatato cosa sono stati capaci di fare gli ebrei contro la Cristianità, sempre, quando hanno avuto le mani sciolte, non ci meraviglia apprendere, ancora una volta, che appena essi poterono, anche al tempo di Giuliano, si lanciarono alla distruzione dei Templi Cattolici.

Così fecero nel Medio Evo, appoggiati da qualche setta eretica, e così hanno fatto ai nostri giorni al riparo delle loro trionfanti rivoluzioni massoni e comuniste. Gran parte di quanto si verifica attualmente non è altro che la ripetizione di ciò che gli ebrei impararono a fare nell'antichità, anche ai tempi di Giuliano l'Apostata, regno che se fosse durato di più, maggiori catastrofi avrebbe causato alla Cristianità.

La sorte volle invece che Giuliano morisse prima di procurare più gravi mali alla Chiesa. Com'è noto Giuliano morì nel corso di una battaglia decisiva contro i Persi, ferito a morte da una freccia. Si dice che, prima di morire, abbia pronunciato all'indirizzo di N.S. Gesù Cristo le parole:

« *Vincesti Galileo!* ».

Con la morte di Giuliano l'Apostata ebbe fine per la Santa Chiesa la più tremenda minaccia di sterminio che gravò sul Cristianesimo dal tempo delle ultime persecuzioni pagane.

Per quanto riguarda gli ebrei, il seguente commento dello storico ebreo Graetz, parla da solo:

« La morte di Giuliano avvenuta nelle vicinanze del Tigri (Giugno 303) privò gli ebrei del loro ultimo raggio di speranza per una vita pacifica e senza molestie ».

L'*Enciclopedia Giudaica Castigliana*, sotto la voce « Giuliano » reca quanto segue: « ...ebbe molta considerazione per gli ebrei. Conosceva ampiamente la questione giudaica e nei suoi scritti si trova menzione di varie istituzioni religiose ebree. Sembra che abbia anche cercato di fondare tra gli ebrei palestinesi un ordine di patrizi (denominato « *Talmud Aristoi* ») che avrebbero dovuto esercitare funzioni giudiziarie ». « E considerava il giudaismo superiore al cristianesimo anche se inferiore alla filosofia pagana ». « Con la sua morte ebbe fine il breve periodo di tolleranza di cui beneficiò la Comunità ebrea, tra le incipienti persecuzioni cristiane »[214].

---

[214] Opere consultate in questo capitolo: Graetz, *History of the Jews*, Tomo II, Capitolo XXI
Enciclopedia Judaica Castellana
W. Koch, *Comment l'empereur Julien tâcha de fonder une église païenne*
Articoli della *Revue de Philosophie de l'Histoire*. VI anno, 1927-1335 e 1928-485 Labriolle, *La réaction païenne*, p. 1934
San Gregorio Nazianzeno, *Oratio 1 en Juliano*.

CAPITOLO VII

San Giovanni Crisostomo e Sant'Ambrogio condannano gli ebrei

I primi dissensi verificatisi nel gruppo Ariano sembra avvenissero a causa delle tendenze talvolta moderate dei Vescovi i quali, anche se in errore, lo erano in buona fede e cozzavano con gli estremisti, indubbiamente controllati dalla «quinta colonna». Ciò contribuì a diminuire l'importanza dell'eresia nell'Impero.

Alla morte di Giuliano, l'esercito proclamò imperatore il generale Gioviano, cattolico, e quindi l'ortodossia riuscì quasi del tutto a ristabilire la situazione.

Il nuovo imperatore richiamò Sant'Atanasio dall'esilio e lo nominò suo consigliere. Disgraziatamente però Gioviano morì l'anno dopo e venne proclamato nuovo imperatore Valentiniano I, che nominò reggente della parte orientale suo fratello Valente. Fu così che, mentre il primo si collocò su un piano di libertà religiosa, Valente, ariano appassionato, cercò di dar nuova vita alla eresia, almeno nella parte orientale dell'impero. Nel frattempo gli eretici approfittarono della situazione per continuare il loro controllo sulle tribù barbare germaniche, che infatti abbracciarono l'Arianesimo, diventando così partigiane degli ebrei.

Nel mentre Valente riprese la persecuzione contro i cattolici, ed esiliò ancora una volta Sant'Atanasio, ormai vecchio, concesse - secondo le affermazioni dello storico cattolico Teodoreto - ogni genere di garanzie agli ebrei ed ai pagani; e non soltanto perseguitò i cristiani, ma nei loro disegni; impedì loro di distruggere la Santa Chiesa, soprattutto quando l'usurpatore Massimo, si impadronì temporaneamente di metà dell'Impero. Massimo, stando proprio a quanto ebbe ad affermare Sant'Ambrogio, era ebreo ed era riuscito a farsi incoronare Imperatore di Roma, assassinando il cattolicissimo Graziano.

Massimo, come gli ebrei speravano, appoggiò subito loro ed i pagani che, insieme, gli si raggrupparono intorno. Per fortuna fu però sconfitto da Teodosio, nell'anno 378, e quindi sfumarono nel nulla le speranze che gli ebrei accarezzavano di impadronirsi, questa volta definitivamente, dell'Impero dei Cesari.

Per rendersi esattamente conto del fervore antiebreo, che unito alla santità cattolica formava la quintessenza della personalità luminosa di Sant'Ambrogio, lasceremo ancora una volta la parola a quello storico ufficiale e classico del giudaismo che gode di tanto prestigio e di tanta autorità in mezzo agli ebrei: Graetz, che afferma indignato:

«Ambrogio di Milano era un ufficiale violento, ignorante completamente di teologia, che venne elevato al posto di Vescovo proprio per la fama di violento che godeva nella Chiesa. In una certa occasione, quando i Cristiani di Roma incendiarono una Sinagoga e l'usurpatore Massimo ordinò al Senato di ricostruirla a spese dello Stato, Ambrogio lo chiamò «ebreo». Allorquando il Vescovo di Callicanus, nella Mesopotamia del nord, fece bruciare dai monaci una Sinagoga posta nel distretto e l'imperatore Teodosio ordinò che fosse ricostruita a spese degli stessi incendiari e venissero puniti gli autori di questo atto (388), la furia di Ambrogio s'infiammò in maniera talmente violenta, da indurlo a scrivere all'imperatore una lettera così pungente e redatta in termini tanto provocatori, da indurre il monarca a revocare gli ordini dati. «Ambrogio accusò gli ebrei di tenere in non cale le Leggi Romane, di burlarsi di queste, di vilipenderle, soprattutto perché non veniva loro concesso di eleggere tra loro un imperatore o governatore, di accedere all'esercito o al senato, e neanche di potersi sedere alla mensa dei nobili; gli ebrei servivano unicamente per estorcer loro delle forti imposte"[215].

Al disopra di queste cose interessantissime, l'obbiettivo storico israelita Graetz ci narra qualcosa che è per noi di grande interesse; ci dice, infatti che «Sant'Ambrogio dovette la sua investitura alla dignità episcopale alla sua fama di esser violento», violenza che successivamente lo stesso Graetz rivela descrivendo gli atti che provano la sua energia nella lotta al Giudaismo.

In realtà, come successivamente vedremo, nelle epoche durante le quali la Santa Chiesa fu all'apogeo, come quella dei tempi di Sant'Ambrogio, le Gerarchie della Chiesa stessa venivano tratte dalle fila di coloro che con più calore e con più energia la difendevano soprattutto dal Giudaismo, suo principale nemico.

Ciò spiega precisamente l'apogeo del cattolicesimo in questo periodo. Infatti una gerarchia combattiva e cosciente del nemico che deve affrontare, si garantirà le possibilità del trionfo, mentre una gerarchia di scarsa combattività, e ignorante sulla realtà del vero pericolo, coinciderà sempre puntualmente con le epoche di debolezza e di decadimento della Santa Chiesa.

---

[215] Graetz, op. cit. p. 614.

L'epoca di Sant'Atanasio ed il trionfo sugli Ariani, dimostrano la verità del nostro assunto. Quando le Gerarchie della Chiesa vengono accaparrate da deboli e da membri della « quinta colonna », i veri difensori della Chiesa stessa vengono accantonati, disprezzati e talvolta persino perseguitati, come capitò a Sant'Atanasio, il gran padre della Chiesa, ed a tutti i Vescovi ed Ecclesiastici che lo seguirono.

La stessa cosa sta accadendo oggi in taluni luoghi; moltissimi Ecclesiastici e Dignitari Religiosi, che si distinguono per la loro fedeltà a Cristo e per l'energia che pongono nel difendere la Santa Chiesa, si vedono messi da parte, umiliati e persino perseguitati da altri Ecclesiastici i quali, facendo il giuoco del comunismo o della massoneria e servendo gli interessi del giudaismo, tentano di accaparrare tutti i posti vacanti di vescovo e di cardinale, così come ai tempi di Ario facevano i loro degni predecessori. E purtroppo questa occulta manovra ha facilitato il trionfo massonico e comunista; quel trionfo che oggi sembra incontenibile!

Usando questa tattica sotterranea, consistente nel calunniare i buoni per toglierli di mezzo, onde poter poi organizzare con i cattivi un sottile lavoro di accaparramento delle Dignità Ecclesiastiche - un lavoro che fortunatamente non ha conseguito in alcuni luoghi l'esito prefissosi, ma ha raggiunto completamente il suo scopo in taluni altri - la « quinta colonna » ha potuto, in questi ultimi anni giungere a controllare talune posizioni le quali, anche se minoritarie, sono di importanza decisiva nel Clero della Santa Chiesa. Proprio a queste posizioni, infatti, si deve attribuire la causa principale dell'atteggiamento del Clero che, in taluni Paesi, in quantità più o meno considerevole, ha appoggiato i movimenti rivoluzionari massoni e comunisti e indebolito completamente le difese dei governi cattolici, o quanto meno nazionali, privandoli dell'appoggio di grandi settori del Cattolicesimo, settori incoscientemente condotti così ad identificarsi con le rivoluzioni suddette.

Quanto sta accadendo a Cuba, in America, è eloquentissimo e dovrebbe servire a noi tutti come motivo di profonda meditazione e studio. La recente, gravissima crisi di Cuba rappresenta infatti il caso tipico di un comunista e persecutore della Chiesa, Fidel Castro, che è stato protetto dai Vescovi Cattolici, proprio quando stava per soccombere. Il suo movimento rivoluzionario ha infatti ottenuto l'appoggio di Ecclesiastici e Vescovi che hanno prodigato al riguardo un entusiasmo degno indubbiamente di una assai miglior causa.

Sono state proprio queste deprecabili circostanze quelle che, principalmente, hanno indotto il popolo cubano, profondamente ed ortodossamente cattolico, a confondersi con le schiere del capo comunista, a far con lui causa comune, permettendogli così di trionfare: con il disastroso risultato che tutti conosciamo.

E' quindi naturalissimo che Sant'Ambrogio, Vescovo di Milano e capo prestigioso della Chiesa in quei tempi, si fosse indignato perché Teodosio permetteva agli ebrei di burlarsi delle leggi di Roma, che proibivano loro l'ingresso al senato, nell'esercito o nei posti di governo. Egli infatti si rendeva conto del grande male che essi avrebbero potuto causare alla Cristianità e all'Impero, qualora fossero riusciti ad impadronirsi del governo stesso.

E' necessario, inoltre, ricordarsi di un fatto molto importante: gli ebrei, nella loro qualità di iniziatori e propagandisti della eresia ariana erano alleati incondizionatamente degli Ariani ed a questa setta erano affiliati anche i barbari germanici delle regioni di frontiera, che, nella loro gran parte - e tutto ciò non costituiva un segreto per nessuno - covavano il segreto desiderio, l'ambizione vivissima, di invadere l'Impero Romano e conquistarlo.

E' indubitabile che se Sant'Ambrogio e San Giovanni Crisostomo di Antiochia, fossero vissuti nell'epoca nostra, gli ebrei ed i loro accoliti inseritisi nella Cristianità avrebbero loro diretto l'accusa di esser... nazisti, discepoli di Hitler, così come fanno con tutti i ferventi cattolici quando questi intendono oggi difendere la Chiesa dalla minaccia giudea.

In proposito, lo storico ebreo Graetz, nel riferire i punti salienti del ruolo svolto da ambedue i suddetti santi nel corso della dura lotta condotta dalla Santa Chiesa contro gli ebrei, scrive letteralmente, come abbiamo già tradotto in precedenza: « I principali fanatici contro gli ebrei, in questo periodo, furono Giovanni Crisostomo d'Antiochia e Ambrogio di Milano, che li attaccarono con grande ferocia »[216].

Non sarà inutile rievocare le vicissitudini che la Chiesa dovette attraversare prima del suo trionfo definitivo sulla *Sinagoga di Satana* e sull'Arianesimo. Momenti critici, molto simili a quelli che sta attraversando nei nostri giorni, di cui ci dà eloquente dimostrazione una lettera famosa, che reca le firme delle più belle e appropriate penne del Cattolicesimo, ossia di trentatré Vescovi, tra i più insigni, tra i quali Melezio di Antiochia, primo presidente del Concilio Ecumenico di Costantinopoli, S. Gregorio Nazianzeno, Grande Padre della Chiesa, che presiedette il suddetto Concilio Ecumenico alla morte di Melezio, San Basilio, anch'esso Padre della Chiesa e altre personalità, insigni per la loro fama e santità. Di questa lettera trascriviamo letteralmente i seguenti paragrafi:

« si getta lo scompiglio nei dogma della religione; si confondono le leggi della Chiesa. L'ambizione di coloro che non temono il Signore, li spinge a scavalcare le autorità e ad attribuirsi l'Episcopato quale premio alla più sfacciata empietà, dimodoché colui che profferisce le più gravi bestemmie viene ritenuto il più adatto per reggere il popolo come

---

[216] Graetz, op. cit.

vescovo. E'scomparsa la serietà episcopale. Mancano pastori che pascolino con coscienza di gregge del Signore. I beni dei poveri sono costantemente impiegati dagli ambiziosi per proprio tornaconto e regalati senza riguardo. Il fedele compimento dei canoni s'è oscurato... »
« Per tutto questo gli increduli ridono, i deboli vacillano nella fede, la fede stessa, è dubbiosa, l'ignoranza si distende sulle anime; quindi assumono aspetto credibile coloro che insozzano la divina parola con loro malizia, visto anche che la bocca dei pii osserva il silenzio[217]. »

In realtà quanto è contenuto in questa memorabile lettera vergata dai santi Vescovi prima menzionati può applicarsi a quanto succede attualmente in talune Diocesi: per fortuna non in tutte! Senza dubbio vi sono Diocesi, soprattutto quelle in cui è prevalsa la « quinta colonna », in cui prelati filosemiti, in strana combutta con la massoneria e il comunismo, lavorano impudicamente per impadronirsi dei Vescovadi - tale e quale come veniva, secoli orsono, segnalato dai Santi della Chiesa citati poc'anzi -; interferiscono negli affari delle altre Diocesi, rette da Vescovi virtuosi, sperando nella morte di questi per unificare, diciamo così, la gestione a Roma e quindi giungere, attraverso inganni ed artifici ad accaparrare la successione delle Diocesi vacanti; le quali non verranno attribuite ai più adatti, ed ai più degni, ma bensì ai complici degli appartenenti alla « quinta colonna », calpestando in tal modo i diritti di coloro i quali, per la loro virtù e per i loro meriti, dovrebbero occupare tali Vescovadi.

Nell'epoca suddetta però, i Santi da noi rammentati, oggi tutti canonizzati dalla Chiesa, poterono salvare la situazione. Essi, infatti, misero da parte ogni sorta di falsa prudenza (in questo modo si camuffa spesso la codardia) ed affrontarono risolutamente le forze del male; le smascherarono pubblicamente e rivelarono tutte le piaghe della situazione, come limpidamente traspare dalla lettera suddetta, giacché - come egregiamente dissero questi Santi Padri della Chiesa - il silenzio dei buoni facilita la vittoria dei cattivi.

Il risultato di questo solare ed energico atteggiamento fu il trionfo della Santa Chiesa sul giudaismo, il paganesimo, l'arianesimo e su tutte le altre eresie.

Però i santi che salvarono il Cattolicesimo in quei così difficili tempi dovettero soffrire un doloroso calvario, non soltanto ad opera degli ebrei, contro i quali così risolutamente lottarono, ma anche ad opera di coloro che dentro il clero lavoravano nell'interesse di quelli: coscientemente o incoscientemente.

---

[217] *Opere di San Giovanni Crisostomo*. Biblioteca di Autori Cristiani, La Editorial Catolica S. A., Introduzione, p. 7.

Abbiamo già visto che Sant'Atanasio venne perseguitato dai Vescovi seguaci dell'eresia dell'ebreo Ario, dagli Imperatori che furono influenzati dall'eresia stessa e persino da due Concilî della Chiesa, che, convocati con l'intenzione di salvare il cattolicesimo, si trasformarono in veri e propri « conciliaboli », talvolta dominati dagli Ariani e utilizzati contro l'ortodossia.

Per completare il quadro di ciò che dovettero soffrire questi Santi, che, come San Giovanni Crisostomo, gran Padre della Chiesa, affrontarono con energia e risoluzione il giudaismo e l'eresia, trascriviamo quanto i biografi del santo medesimo dicono testualmente, citando come fonte gli storici cattolici, Giovanni Casiano, Martirio e altri:

« E', sorprendente e per noi ragione di meraviglia - così come per Giovanni Casiano e per l'oscuro panegirista del secolo VII, Martirio - il fatto che Crisostomo non venne condannato all'esilio e, in definitiva, a morte da nessun luogotenente di Decio o Diocleziano, ma bensì da una combriccola di Vescovi ambiziosi o risentiti »...

« Vescovi che nel mentre insinuano nell'animo del debole Arcadio e della furibonda Eudosia che Giovanni era reo di lesa maestà - il che era come chiedere la sua testa - affermano che in tutto ciò essi non potevano intervenire e che avrebbe saputo l'imperatore cosa fare in questa circostanza tutt'altro che semplice ».

« E come non ricordare la terribile scena avvenuta a Cesarea di Cappadocia, quando transitò per quel luogo il santo, sfinito, in delirio per l'altissima febbre e fu sul punto di venire fatto oggetto di violenza da un gruppo di monaci furibondi, aizzati dal Vescovo, che riuscirono a terrorizzare persino la stessa guardia che vigilava il povero esiliato? E mentre il popolo piange, dimostrandosi assai più buono dei suoi pastori, l'invidia del Vescovo locale perseguita rabbiosamente il Vescovo proscritto sino al rifugio offertogli dalla magnanima carità di una nobile matrona e lo obbliga a riprender la marcia durante una notte oscurissima, per aspri ed impervi sentieri di montagna »[218].

Questi furono gli uomini che resero grande il Cristianesimo e lo fecero trionfare e salvarono la Santa Chiesa da tutte le minacce dei nemici esterni ed interni. Questo è il genere di cattolici, ecclesiastici o secolari, di cui c'è bisogno oggi, per salvare la Cristianità, e l'Umanità stessa, minacciate dal comunismo, dalla massoneria e dalla *Sinagoga di Satana* che dirige tutta la cospirazione.

---

[218] *Sources chrétiennes*. Tomo 13, p. 142 e seguenti, cit. per le opere di San Giovanni Crisostomo, Biblioteca de Autores Cristianos, Editorial Catolica SA., Madrid, 1958.

Gli Alti Dignitari della Chiesa, i dirigenti politici secolari che lottano per salvare il Cattolicesimo in circostanze tanto difficili, dovranno esser disposti non soltanto a patire aggressioni di ogni genere da parte delle forze rivoluzionarie scatenate dal Giudaismo, ma anche dei successori di Giuda Iscariota che nell'interno del rispettabilissimo Clero fanno il giuoco, in un modo o nell'altro, delle forze di Satana.

Non mancano purtroppo coloro che dall'alto del rango cui sono potuti pervenire, usurpandolo con audacia, potranno dirigere nella Santa Chiesa gli attacchi più tremendi, più distruttivi e dolorosi contro coloro che lottano in difesa della Cattolicità e delle loro nazioni gravemente minacciate.

Che Nostro Signor Gesù Cristo riempia di Fede, di Fortezza e di Perseveranza tutti coloro che, ad imitazione Sua, sono disposti a caricarsi della Sua Croce ed a seguirlo sul Calvario, in quest'ora decisiva per il destino del mondo.

CAPITOLO VIII

SAN CIRILLO D'ALESSANDRIA VINCE NESTORIO ED ESPELLE GLI EBREI

Alla morte di Teodosio I, ereditarono il trono dell'Impero, già diviso, i suoi figli, Onorio in Occidente e Arcadio in Oriente, la cui politica fu debole dinanzi al nemico ebreo, visto che in nessun conto essi tennero i canoni di quella energica lotta che era stata preconizzata da San Giovanni Crisostomo e da Sant'Ambrogio. In Oriente, particolarmente, Arcadio si circondò di consiglieri venali, che vendettero la sua protezione agli ebrei: Rufinus ed Eutropio, secondo Graetz, che scrive:

« Erano estremamente favorevoli agli ebrei; Rufinus amava il denaro, e gli ebrei non da allora avevano scoperto il magico potere dell'oro per ammorbidire i cuori più induriti. Dovute a lui, diverse leggi a loro favorevoli vennero in quel tempo promulgate ».

Tra queste leggi, quella che invalidò la legge di Costanzo, secondo la quale, riferisce Graetz:

« I patriarchi e anche tutti i religiosi ufficiali della Sinagoga erano stati esentati dalle più alte cariche della magistratura al pari del Clero cristiano »[219].

Quanto il famoso storico israelita, da noi ripetutamente citato, riferisce qui, ancora una volta, è veramente di importanza capitale, perché ci dimostra che gli ebrei avevano scoperto il magico potere dell'oro per subornare i dirigenti cristiani e gentili; in realtà lo avevano scoperto molto, ma molto tempo prima, come dimostrò Simon Mago, che tentò di subornare proprio San Pietro, e come dimostrarono i dirigenti giudei che poterono persino comprare uno dei dodici apostoli di Nostro Signor Gesù Cristo, affinché consegnasse nelle loro mani lo stesso Gesù.

Nel corso della storia gli ebrei utilizzarono sistematicamente il potere dell'oro per comprare i dirigenti politici e religiosi al fine di ottenere una politica favorevole al Giudaismo. Con questo procedimento i successori di

---

[219] Op. cit.. Tomo II, p. 615 e 616.

Giuda Iscariota hanno causato gravi danni alla Chiesa e all'umanità e sono, in gran parte, responsabili del disastro che bussa alla porta.

Protetti in Oriente e tollerati in Occidente, gli ebrei acquistarono presto forza sufficiente; una forza grandemente pericolosa, se teniamo conto che essi erano, tradizionalmente, i nemici della Chiesa e dell'Impero Romano verso cui nutrivano un odio le cui testimonianze ebree si sono tramandate sino ai nostri giorni.

Nell'Impero di Oriente, Teodosio II, successore di Arcadio, si rese conto in tempo utile del pericolo. Adottò una serie di provvedimenti atti a scongiurarlo e combatte la minaccia ebrea in diverse maniere. Non c'è dubbio che gli storici ebrei qualificano sempre questi mezzi difensivi degli Stati Cristiani, come persecuzioni antiebree provocate dal fanatismo e dall'antisemitismo del Clero Cattolico.

L'ebreo Graetz, per esempio, parlando di questi avvenimenti segnala che: « Il Medio-Evo incominciò per il Giudaismo con Teodosio II (408-450), un imperatore ben dotato, però diretto e suggestionato dai monaci. La sua debolezza lo indusse a concedere l'impunità allo zelo fanatico di alcuni Vescovi e offrì stimolo alla loro crudeltà.

« Gli editti di questo imperatore proibirono, infatti, ai giudei di costruire nuove sinagoghe, di ricoprire l'ufficio di giudici nelle liti tra giudei e cristiani e di possedere schiavi cristiani; dettarono anche altre proibizioni di interesse minore. Fu sotto questo imperatore che si giunse alla tanto agognata fine del Patriarcato »[220].

Il Patriarcato era una istituzione che per molto tempo aveva funzionato da direzione del Giudaismo in tutto l'impero romano e in altre parti del mondo: risiedeva in Gerusalemme.

Ciò che Graetz accuratamente tace, però, è la ragione per cui il clero cattolico fu costretto a reagire in forma tanto cruda contro gli ebrei. In questo come in tutti gli altri, così gli storici ebrei riferiscono unicamente i mezzi adottati dalla Santa Chiesa e dai monarchi cattolici contro di loro, ma non parlano mai dei motivi offerti dagli ebrei per provocare queste reazioni.

Nelle lotte della Chiesa contro il Giudaismo, in questa epoca, è necessario menzionare il deciso intervento di San Cirillo di Alessandria che fu l'anima della difesa della Cattolicità contro una nuova eresia, diretta da Nestorio, Patriarca di Alessandria; eresia che giunse al punto di dividere la Chiesa, come già aveva fatto quella ariana.

San Cirillo, in quei tempi Patriarca di Alessandria, condusse la lotta contro il Nestorianesimo con lo stesso sistema con cui, molti anni prima, l'aveva condotta contro l'Arianesimo quel Gran Padre della Chiesa che fu

---

[220] Graetz, op. cit.

Sant'Atanasio. Come lui anche San Cirillo ebbe parte attivissima nella difesa contro il giudaismo, condannò in diverse occasioni gli ebrei e combatté tutte le loro perverse macchinazioni.

L'eresia di Nestorio divise anche l'Episcopato, perché vari Vescovi fecero causa comune con il Patriarca eretico. San Cirillo dopo una lunga lotta riuscì ad ottenere la condanna di Nestorio da parte di Sua Santità il Papa; e dopo, riunito a Efeso il Terzo Concilio Ecumenico, i Vescovi eresiarchi furono totalmente sconfitti. Trionfò così la Cattolicità. L'anima di questo Concilio fu San Cirillo di Alessandria; ma altri dopo di lui dovettero continuare la lotta contro l'eresia prima di giungere al suo completo annientamento.

Per rendersi esattamente conto dell'atteggiamento di San Cirillo nei confronti degli ebrei noi cediamo di bel nuovo la parola allo storico israelita Graetz, che rappresenta fedelmente il sentimento degli ebrei nei confronti dei Padri e Santi della Chiesa:

« Durante il regno di Teodosio in Oriente - scrive lo storico - e di Onorio in Occidente, Cirillo, Vescovo di Alessandria, noto per la sua tendenza alla lite, per la sua violenza e la sua impetuosità, aveva sempre lasciato correre nei riguardi dei maltrattamenti agli ebrei e, infine, li aveva scacciati dalla città. Egli riunì una turba di cristiani e cedendo al suo eccessivo fanatismo li diresse verso la Sinagoga di cui prese possesso in nome della Cristianità. Espulse semi-nudi gli abitanti giudei da quella città che essi avevano incominciato a considerare come propria. Senza opporsi con alcun mezzo Cirillo lasciò che le proprietà degli espulsi fossero preda della turba, sempre assetata di saccheggio »[221].

A sua volta, la già rammentata *Enciclopedia Giudaica Castigliana*, al vocabolo rispettivo reca:

« Cirillo (San) di Alessandria. Patriarca (376-444). Fu praticamente padrone e signore di Alessandria, dove terrorizzò la popolazione non cristiana. Nell'anno 415 ordinò l'espulsione di tutti gli ebrei malgrado le proteste di Oreste, prefetto imperiale »[222]

Tutti gli storici della Chiesa concordano nell'affermare che San Cirillo pur essendo un uomo di lotta, fu tuttavia di carattere moderato e conciliatore; un uomo virtuosissimo in tutta l'estensione della parola; tale da risultare degno di ascendere alla gloria degli altari...

---

[221] Graetz, op. cit., Tomo II, p. 618 e 619.
[222] *Enciclopedia Judaica Castellana*. Ediz. cit. Tomo III, p. 30.

Tutto ciò che gli storici ebrei, così venerati in mezzo ai propri correligionari, come Graetz e gli enciclopedisti ufficiali del Giudaismo affermano, di tutti coloro che si azzardano a lottare contro l'azione distruttiva degli israeliti, dà un'idea del parossismo a cui essi giungono onde infangare la memoria persino dei più insigni Santi della Chiesa. La versione di un San Cirillo che caccia seminudi gli ebrei da Alessandria e che offre i loro beni al saccheggio della folla non può che risultare inverosimile a chiunque conosca bene la storia di San Cirillo. Ciò che in realtà accadde è che da molto tempo Alessandria si era trasformata nel centro di cospirazione giudaica contro la Santa Chiesa e contro l'Impero.

Questa città era stata il principale centro dello gnosticismo giudaico e da questa città si irradiavano ogni genere di idee dissolvitrici in contrasto con l'ordine costituito. Non c'è quindi da meravigliarsi se San Cirillo, ben sapendo cosa significasse la minaccia giudea, avesse deciso di estirpare con energia il tumore maligno, espellendo gli ebrei dalla città, così come in seguito dovettero fare anche altri paesi e altri preclari difensori della cristianità.

Conoscendo i precedenti e la irreprensibile condotta di questo Santo della Chiesa è più credibile che egli abbia preso le dovute precauzioni, perché questa espulsione si realizzasse in termini umani e avesse disapprovato qualsiasi eccesso o abuso commesso dalla indignata massa della popolazione, logicamente esacerbata dalla perfidia giudea.

Continua lo storico ebreo Graetz narrando i cruenti episodi di questa terribile lotta ingaggiata da San Cirillo e dai cristiani contro i giudei, sempre dipingendo, naturalmente, i suoi compatrioti come innocenti vittime del clero cattolico assetato di sangue e senza mai menzionare, per niente, i motivi dati dagli ebrei per quell'azione energica che contro di loro diresse l'illustre Patriarca di Alessandria.

Tra le altre cose Graetz assicura:

« Il prefetto Oreste, che si prese molto a cuore il barbaro trattamento inflitto agli ebrei, mancava indubbiamente della forza atta a proteggerli; tutto quello che fu capace di fare fu di muovere un'accusa contro il Vescovo. Però questi vinse la causa presso la Corte di Costantinopoli. Ciò che accadde ad Alessandria dopo l'espulsione dei giudei, dimostra quanto grande fosse stato il fanatismo di questo Vescovo. Non molto lungi dalla città, sorgeva una montagna chiamata Nitra, sulla quale abitavano i monaci di un ordine, la cui ansia di guadagnarsi la corona del martirio aveva convertito quasi in animali feroci. Aizzati da Cirillo, questi monaci si gettarono su di Oreste e lo lapidarono sino a lasciarlo per morto, intendendo così castigarlo per non aver approvato l'espulsione dei giudei. Fu questo stesso gruppo di fanatici quello che squartò il corpo del celebre filosofo Hypatia che aveva meravigliato il mondo per la sua profonda scienza, eloquenza e purezza »[223].

Il Clero cattolico di quell'epoca, cosciente del significato del terribile problema giudeo, conoscitore a fondo della cospirazione ebrea contro la Chiesa e l'Impero, si lanciò, come fa un buon pastore per il proprio gregge, senza alcuna titubanza a difenderlo dalle zanne del lupo. Si capisce che gli ebrei nelle loro cronache esagerano sempre i fatti accaduti e interpolano le loro cronache con passi raccapriccianti, che hanno l'unico scopo di gettare il discredito sul Cattolicesimo e sui Santi che difesero la Chiesa.

Oltretutto, come abbiamo visto, tutta questa narrazione, fatta sempre in termini esagerati e impressionanti, serve agli ebrei per educare la loro gioventù, inculcandole, sin dalla più tenera età, un odio satanico contro la Chiesa ed il suo Clero; sete implacabile di vendetta che, alla prima occasione, si trasforma in incendi di conventi, distruzioni di Chiese, stragi crudeli di Sacerdoti e in ogni altro genere di persecuzione contro i cristiani.

E' indubitabile che se San Cirillo fosse vissuto ai tempi nostri, non soltanto sarebbe stato dichiarato antisemita, ma persino indicato quale criminale di guerra, processato e condannato a morte dal Tribunale di Norimberga; e altre cose del genere.

Gli ebrei son convinti di avere il diritto di cospirare contro i popoli, insanguinarli con le guerre civili, commettere crimini e ogni altro genere di malvagità, senza dover ricevere il meritato castigo. Allorquando qualcuno, deciso ed energico come San Cirillo, reprime e castiga giustamente i loro eccessi ed i loro delitti, viene ricoperto di improperi, infangato in vita e non lasciato in pace neanche dopo morto; così come accade per questo insigne Santo della Chiesa Cattolica.

E' interessante conoscere attraverso la descrizione di Graetz, il modo con cui gli israeliti festeggiavano, a quei tempi, la festività del Purim della Regina Ester:

> « In questo giorno gli ebrei, nel bel mezzo della loro allegria, erano usi impiccare l'effige di Hama, il loro arci nemico che nell'essere in seguito bruciato, assumeva, intenzionalmente, o non intenzionalmente, la forma di una croce. Naturalmente i Cristiani ritenevano che la loro religione venisse così profanata, e allora l'Imperatore Teodosio II ordinò al governatore della provincia di metter fine a questo cattivo comportamento, sotto la minaccia di severe punizioni; senza ottenere, indubbiamente, che tali atti non venissero più compiuti. Secondo quanto si dice, questa allegria di carnevale ebbe una volta una orribile conseguenza. I giudei di Imnestar, una piccola popolazione della Siria,

---

[223] Graetz, op. cit., tomo II, p. 619.

posta tra Antiochia e Cialcis, avendo alzato uno di questi patiboli per Haman, furono accusati dai cristiani di aver impiccato un bambino cristiano, che fu crocifisso dopo essere stato frustato senza ammazzarlo. In conseguenza di ciò l'imperatore ordinò che i colpevoli venissero castigati »[224].

E'dunque questo che il tanto celebre e ufficiale storico Graetz, tanto rispettato ed apprezzato dai giudei, chiama « allegria e divertimento carnevalesco »?

Non è difficile immaginarsi l'indignazione suscitata tra i cristiani a causa di una condotta siffatta da parte dei giudei, che provocò anche una rivolta delle masse popolari; identiche a quelle che provocherebbero oggi nella Unione Sovietica e nei restanti paesi retti da governi rossi gli ebrei comunisti, con le loro bestemmie e con i loro sacrilegi, se non fosse perché essi, in queste nazioni, tengono schiavi i cristiani che sono quindi impossibilitati a difendersi.

Le Sinagoghe, a differenza dei templi di qualsiasi altra religione, non sono soltanto luoghi dove si celebra il culto per Dio, bensì punti di riunione dove si discutono e si approvano risoluzioni politiche e sono i principali centri di cospirazione degli ebrei; sono, in altre parole, il luogo dov'essi tramano ogni genere di congiure per conquistare quei popoli che benevolmente hanno concesso loro l'ospitalità.

E'nelle Sinagoghe infatti che vengono redatti i piani di estorsione economica, volti a spogliare i Cristiani ed i Gentili delle loro ricchezze, che gli ebrei pretendono appartengano unicamente a loro, per diritto divino. Con quanta ragione il Grande Padre della Chiesa San Giovanni Crisostomo affermò che le Sinagoghe altro non erano che « scenari infami e covo di ladroni nonché altre cose peggiori »!

E'quindi comprensibile che il Clero Cattolico di quei tempi, ben conscio del pericolo che queste Sinagoghe costituivano per la Cristianità e per l'Impero, cercasse di fare il possibile per chiudere questi centri di cospirazione e di malvagità.

Tra le azioni del Clero di allora dirette a tal fine, oltre a quelle riferite, è interessante citare quanto accadde nell'Isola di Minorca, allora in possesso di Roma, dove Graetz dice che: « Severo, il Vescovo del luogo, bruciò le Sinagoghe; ammucchiò gli ebrei rastrellandoli nelle vie, ed obbligò molti di essi ad abbracciare il Cristianesimo »[225].

Quest'ultimo rimedio costituì un gravissimo errore, in quanto, come segnala il famoso storico israelita Cecil Roth, queste conversioni non furono

---

[224] Graetz, op. cit., tomo II, p. 620 e 21.
[225] Graetz, op. cit., tomo II, p. 619 e 620.

altro che finte conversioni. Gli ebrei, in realtà, restarono ebrei e continuarono in segreto a praticare la loro religione. Con una azione del genere altro non si ottenne che di aumentare il numero dei giudei sotterranei i quali, osservando in pubblico la religione cristiana, costituivano la « quinta colonna » ebrea nel seno della Santa Chiesa; quella quinta colonna alla quale vanno imputate la maggior parte delle eresie e che ha dato appoggio ed impulso a tutti i movimenti sovversivi e rivoluzionari, di cui ha facilitato l'azione anche solo tollerandoli o mantenendo relazioni, pretesamente di circostanza, con questi.

Un altro dei santi che in quell'epoca avversò gli ebrei fu, come abbiamo detto, il celebre asceta San Simone Stilita, conosciutissimo per la rigorosa penitenza da lui osservata durante tutta la sua vita; di lui si narra che volle restare appeso ad una colonna per diversi anni e che si mortificò e s'inflisse ogni genere di punizioni per amor di Dio. Il suo esempio e la sua predicazione servirono per convertire al cristianesimo diverse tribù nomadi provenienti dall'Arabia; per la sua santità giunse persino ad esser venerato dall'Imperatore Teodosio II, presso il quale intercedeva per tutti i perseguitati. Nel corso della controversia tra la Chiesa Cattolica e gli eretici esercitò tutta la sua influenza per sostenere l'ortodossia religiosa.

Se le malvagità degli ebrei e le congiure delle loro Sinagoghe non fossero state molto gravi, quest'uomo tutto carità e tolleranza, mettipace per eccellenza, protettore dei perseguitati - un santo canonizzato dalla Chiesa! - famoso per la penitenza osservata durante tutta la sua vita e dotato di ogni virtù, non sarebbe intervenuto. Trattandosi di lottare contro il giudaismo, invece, egli fece un'eccezione alla regola cui aveva informato la sua vita eremitica, e partecipò energicamente alla lotta decisiva condotta contro la *Sinagoga di Satana*.

Sul conto di questo santo lo storico Graetz afferma che allorquando i cristiani di Antiochia occuparono con la forza le sinagoghe dei giudei, per vendicare la morte del bambino cristiano, causata dagli ebrei ad Imnstar, durante la festa del Purim, il prefetto della Siria notificò all'imperatore l'avvenuto saccheggio delle sinagoghe in termini talmente impressionanti, da ottenere che Teodosio, a parte il suo « fanatismo fratesco », ordinasse agli abitanti di Antiochia la restituzione delle sinagoghe stesse, cosa che indignò moltissimo San Simone Stilita.

Così si esprime, precisamente, il famoso storico Graetz:

« Questa decisione venne però denunziata da Simone Stilita, che conduceva una vita di rigoroso ascetismo in una specie di stalla, non lungi da Antiochia. Dall'alto della sua colonna egli aveva rinunciato al mondo, però il suo odio per gli ebrei fu indubbiamente sufficiente a deciderlo di mescolarsi agli avvenimenti terreni. Appena ebbe conoscenza dell'ordine di Teodosio relativo alla restituzione delle

Sinagoghe rubate, diresse all'imperatore una lettera insultante, informandolo che egli riconosceva unicamente Dio e nessun altro quale suo imperatore e chiedendogli di revocare l'editto. Teodosio non resistette ad una intimidazione del genere, revocò l'ordine e trasferì il prefetto di Siria che aveva levato la sua voce in favore dei giudei »[226].

Quanto viene esposto negli ultimi capitoli, ci rivela le qualità del clero e dei Santi della Chiesa che resero possibile il trionfo del Cristianesimo sui nemici mortali della Chiesa e dell'Umanità.

Al Concilio Ecumenico in corso si offre una grande opportunità, per far sì che il nostro Clero attuale possa essere all'altezza di quello che nei tempi andati, in mezzo a tante catastrofi, riuscì a salvare la Santa Chiesa e che la fece prevalere su tanti nemici. Un'azione direttiva del genere è inderogabile, urgentissima, visto il pericolo comunista che tutti ci minaccia di distruzione. Un pericolo senza alcun dubbio gravissimo che potrà esser scongiurato soltanto se il Clero della Santa Chiesa ed i Suoi dirigenti secolari, saranno in possesso di quelle eccelse qualità che caratterizzarono le Gerarchie della Chiesa durante i primi secoli del Cristianesimo: morale combattiva e spirito di sacrificio. Se non riusciremo ad ottenere una energica reazione di questi sentimenti, sarà possibile che Dio ci castighi con il trionfo mondiale del comunismo e la conseguente catastrofe della Cristianità.

SANT'AGOSTINO, SAN GEROLAMO E ALTRI PADRI DELLA CHIESA CONDANNANO GLI EBREI.

San Girolamo, Gran Padre della Chiesa, nel suo desiderio di studiare la Bibbia alla sua stessa fonte originale, prese l'impegno di conoscere a fondo l'ebreo. Per questo motivo egli entrò in relazione con ebrei singoli, come Bar Chanina; però a parte l'amicizia personale che il santo nutrì con taluni egregi ebrei, il suo atteggiamento verso il Giudaismo fu di franco ripudio.

Lo stesso può dirsi dell'illustrissimo Padre della Chiesa, Sant'Agostino, Vescovo di Ippona.

Utilizzeremo come fonte informativa i testi degli autori ebrei, di autorità indiscutibile tra gli stessi, per evitare che queste fonti di consultazione possano essere tacciate, come al solito, quali fonti viziate di anti-semitismo.

---

[226] Graetz, op. cit., tomo II.

Riguardo a San Girolamo e a Sant'Agostino, lo storico israelita Graetz riferendosi in un primo tempo a San Girolamo scrive:

« Avendogli i suoi nemici rimproverato di essersi contaminato con l'eresia per via dei suoi studi ebraici, Girolamo li convinse della sua ortodossia facendo valere il suo odio verso i giudei ».
« Se fosse necessario disprezzare degli individui e una nazione, egli disse, il mio caso è che aborrisco gli ebrei con un odio difficilmente esprimibile ».
« Girolamo non era l'unico a pensarla in questo modo; la sua opinione era condivisa da un contemporaneo, più giovane, Agostino, il Padre della Chiesa. Questa professione di fede relativa all'avversione verso i giudei, non era un'opinione di un determinato autore, bensì un oracolo per tutta la cristianità, che accolse prontamente gli scritti di quei Padri della Chiesa, che in seguito vennero fatti oggetto di riverenza e proclamati santi. Successivamente questo modo di pensare armò la mano a taluni re e condusse all'invenzione di strumenti per catturare i giudei; condusse all'erezione di pire mortuarie per bruciarli »[227].

Così riassume Graetz la politica seguita dalla Santa Chiesa e dalla Cattolicità contro il Giudaismo durante più di mille anni. Quelle che però logicamente tace, sono le cause che obbligarono la Chiesa, i suoi Santi più preclari, i Padri della Chiesa stessa, Papi e Concili e Monarchi ad adottare questo genere di difesa.

Coloro che soffrirono nella propria carne le stragi di Cristiani e la profanazione di Chiese, operate dai pagani o dagli eretici, istigati dagli ebrei; coloro che assisterono alle persecuzioni operate personalmente dai giudei; e ciò che abbiamo saputo riguardo ai crimini commessi dagli ebrei nella Russia Sovietica e nei paesi comunisti... tutti sanno, tutti sappiamo di trovarci dinanzi ad una serie di crimini orrendi. Tutto ci fa chiaramente comprendere che contro questo nemico così eccezionalmente pericoloso e criminale, contro questo nemico che minaccia così da vicino, ormai, l'Umanità intera nella sua Religione, nei suoi beni e, infine, nella sua stessa vita, tanto la Santa Chiesa Cattolica come il restante delle Istituzioni degli Stati, hanno il diritto di difendersi non soltanto, ma di farlo ricorrendo a tutti quei mezzi eccezionali, che la eccezionalità delle circostanze richiede e che, soprattutto, impone siano adottati: senza nessuna esitazione, considerata la eccezionale, disumana, malvagia e furiosa crudeltà del nemico.

---

[227] Graetz, op. cit., tomo II, p. 625-6.

CAPITOLO IX

INVASIONE DEI BARBARI, TRIONFO ARIANO GIUDEO

L'insigne storico ebreo N. Leven, nella sua opera intitolata *Cinquanta anni di storia. L'Alleanza israelita universale*, alla quale anche dopo noi ci riferiremo ampiamente, segnala che allorquando l'Impero Romano si convertì trionfalmente alla Chiesa Cristiana, che divenne quindi la religione ufficiale dello Stato, questa « dirige la forza dell'Impero contro i giudei », e perseguita tanto i giudei palesi nella loro religione, quanto quei giudei convertiti al Cristianesimo che pure avevano ricevuto visibilmente l'acqua battesimale.

E aggiunge: « Il *jus honorum* è stato soppresso. Anche i battezzati vengono esclusi dalle mansioni superiori e dalla carriera militare; è loro proibito, sotto minaccia di morte, di commerciare con i cristiani, possedere schiavi anche pagani... Giustiniano si spinge tanto lontano dal negare qualsiasi validità alla testimonianza dei giudei contro i cristiani davanti ai tribunali ». E finalmente lo scrittore israelita aggiunge che « sono stati riuniti i codici di Teodosio II e di Giustiniano, già abrogati con la invasione dei Barbari. L'impero di Oriente li conserva e li aggiorna... Nell'Impero di Occidente la invasione dei Barbari impedisce la persecuzione degli ebrei[228].

La parte più importante della legislazione della Roma Cattolica di quell'epoca consistette quindi, come si vede, nella proibizione di accedere alle mansioni pubbliche o private di qualche importanza, e alla carriera militare, fatta non soltanto agli ebrei dichiarati tali, ma anche a quelli battezzati.

Ciò significa che i giudei convertitisi al Cristianesimo, ed i loro discendenti - battezzati, ripetiamo, gli uni e gli altri - vennero tenuti lontani dai posti direttivi dello Stato e dell'esercito. La ragione che determinò le autorità romane dell'epoca ad adottare tali provvedimenti risulta chiaramente da quanto è stato a noi riferito da altri insigni storici ebrei, come Graetz. per esempio, e Cecil Roth. Essi hanno narrato con assoluta schiettezza che le conversioni degli ebrei al Cristianesimo erano finte; e che i cosiddetti convertiti, anche quando osservavano in pubblico i dettami della

---

[228] N. Leven, *Cinquante ans d'histoire. L'Alliance israélite universelle, (1860-1910)*, Parigi, 1911. Tomo I, p. 3 e 4.

nuova religione abbracciata, continuavano in segreto ad essere ebrei come prima. E che tra questi falsi cristiani l'occulta pratica del giudaismo si tramandava da padre in figlio, anche se i figli venivano regolarmente battezzati e vivevano pubblicamente come cristiani.

Dinanzi a questi fatti, d'altronde ammessi e narrati, come abbiamo visto, proprio dai più autorevoli scrittori ebrei, fatti ben conosciuti da tutti i cattolici dell'Impero Romano, tra i quali San Giovanni Crisostomo, che, come abbiamo già visto, fulminava durante i suoi sermoni i cristiani giudaizzanti, è del tutto comprensibile che le autorità imperiali dell'epoca, ben consce dell'inconsistenza della conversione e sapendo che questa non era altro che una farsa, così come lo era il battesimo, allorquando dovettero prendere misure difensive estesero la validità di queste misure anche ai figli degli ebrei convertiti.

Furono questi mezzi difensivi, indubbiamente, quelli che costituirono il remoto precedente delle famose leggi, o *Statuto di Purezza del Sangue*, con le quali vennero in alcuni Paesi eliminati dai posti direttivi dello Stato, e dalle Dignità Sacerdotali della Santa Chiesa Cattolica, tutti i cattolici d'origine ebrea. Queste leggi della purezza del sangue furono approvate dai Papi Paolo IV e altri, quale mezzo per impedire che i falsi cristiani continuassero a dilagare nel Clero della Chiesa Cattolica, ossia per impedire che coloro che si erano convertiti *solo apparentemente*, e che continuavano in segreto ad essere ebrei, riuscissero a formare la « quinta colonna » in seno alla Chiesa. Quella « quinta colonna » che è la maggior responsabile dei trionfi dell'eresia, in principio, e delle rivoluzioni massoni e comuniste, in seguito, così come abbiamo dimostrato nelle nostre pagine.

La situazione degli ebrei alla vigilia della caduta dell'Impero Romano d'Occidente, è descritta dall'israelita Graetz, nel modo che segue:

« Il fanatismo di Teodosio II operò anche in Onorio, Imperatore d'Occidente. Entrambi con le loro assurde leggi collocarono i giudei in quella anormale situazione in cui vennero trovati dagli Stati Germanici di nuova formazione. Non veniva più concesso agli ebrei di ricoprire cariche pubbliche né di far carriera militare, così come invece, prima, essi potevano... »[229].

Lo storico e grande amico degli ebrei, José Amador de los Rìos, commentando la situazione in cui si trovavano gli ebrei dopo il Concilio Ilibiterano dice:

« Non poteva, in verità, essere più compromessa ne sconsolante la situazione per i figli d'Israele, così come veniva delineata dai provvedimenti adottati dai Padri del Concilio Ilibiterano. Animati senza

---

[229] Graetz, op. cit., tomo II, p. 622.

dubbio dello stesso spirito che verso il finire di quel secolo, risplendeva, come abbiamo scritto, sulla Lira di Prudenzio, essi, interpretando in tal modo l'universale sentimento dei cattolici, davano insigne prova dell'avversione che, sino ai confini del mondo, circondava lo sventurato gregge, sulla cui fronte pesava l'angosciosa e terribile accusa di Deicidio »[230].

Gli scrittori ebrei e filo-semiti si lamentano della situazione in cui vennero a trovarsi i giudei sul finire dell'Impero Romano, però si guardano bene dall'accennare, sia pure alla lontana, alle cause che li condussero in questa situazione. Merita però di essere rilevato che fu precisamente quando la bestia giudaica venne incatenata che il Cattolicesimo ottenne il suo completo trionfo nell'Impero; coincidenza, questa, molto significativa. Per questo l'invasione dei germanici ariani costituì un grande trionfo per gli ebrei, anche se di natura tutta temporanea.

In realtà la setta ariana, controllando le tribù germaniche del nord, operava una vera e propria politica di amicizia con gli ebrei, contraria alla linea seguita dai cattolici che trionfavano nell'Impero Romano. Fu così che all'atto dell'invasione dei barbari la situazione degli ebrei e dei cattolici cambiò radicalmente nell'impero di Occidente. I primi poterono tornare a dar la scalata ai più alti gradi del potere e dell'influenza pubblica; i cattolici, invece, dovettero soffrire, soprattutto in alcuni luoghi, le più crudeli persecuzioni.

C'è chi afferma che l'invasione barbarica fu auspicata ed aiutata dagli ebrei i quali suggestionarono i capi germanici circa la possibilità favorevolissima di invadere l'Impero Romano e collaborarono con i guerrieri di questi durante le operazione di conquista. Non abbiamo avuto ancora il tempo di compiere minuziose ricerche su questo punto; però abbiamo trovato, nell'*Enciclopedia Giudaica Castigliana*, qualcosa di molto interessante: sotto la dicitura *arianesimo*, nel riferire sul buon trattamento che i barbari ariani invasori riservarono agli ebrei, questa reca:

« in conseguenza al trattamento tollerante usato verso di loro, gli ebrei solidarizzarono con gli ariani nelle loro guerre contro le monarchie cattoliche. Così presero parte attiva alla difesa di Arlè contro il re franco Clodoveo (508) ed in quella di Napoli contro Giustiniano (587)[231].

Lo storico ebreo Graetz, così autorevole tra gli ebrei, annota inoltre che: « In Italia si ha notizia dell'esistenza di ebrei sin dal tempo della Repubblica ed essi hanno sempre goduto pienamente dei diritti politici, sino a quando non vennero loro tolti con furia dagli imperatori cristiani.

---

[230] José Amador de los Rios, *Historia de los Judios de España y Portugal*, Madrid, 1875, tomo I, p. 75.
[231] *Enciclopedia Judaica Castellana*, Ediz. cit., tomo I, Vocabolo *Arrianismo*.

Essi (gli ebrei) probabilmente salutarono con grande gioia la caduta di Roma e si rallegrarono nel vedere la città che reggeva il mondo convertita in una preda dei barbari e ridicolizzata dinanzi a tutti i popoli »[232].

E' evidente che non conviene ai giudei ammettere che furono essi in gran parte, i responsabili della distruzione dell'Impero Romano e della catastrofe che questo fatto tremendo costituì per la civiltà; però il piacere da loro goduto alla caduta di Roma e la generale constatazione della loro solidarietà con i barbari Ariani « nelle loro guerre contro le monarchie cattoliche », ci fa ricordare che la principale monarchia cattolica contro cui lottarono i germanici discepoli di Ario, fu precisamente quella che reggeva l'Impero Romano d'Occidente.

Per acclarare la verità storica e stabilire le rispettive responsabilità è necessario però approfondire ai più la ricerca e lo studio su questo aspetto degli eventi che furono. Un fatto però appare sin d'ora più che certo: a nessuno più che agli ebrei conveniva che l'ordine sinora imperante cadesse in frantumi e, quindi, venisse sostituito con un altro ordine ad essi più favorevole.

Il filo-semita J. Amador de los Ríos, parlando del cambio politico verificatosi con le invasioni barbariche, riferendosi alla Penisola Iberica, scrive:

« Fu così che avendo la tolleranza ariana aperto agli ebrei la via di una prosperità scostumata, aumentò nel suolo iberico, durante la prima epoca della dominazione Visigota, il gregge israelita, e questo quale premio alla sua intelligenza e alla sua ricchezza, ottenne riconoscimento e importanza nello Stato e poté elevarsi nelle cariche ufficiali, nelle quali ebbe inusitata rappresentanza nella Repubblica »[233].

Lo storico ebreo Cecil Roth, a sua volta, ci riferisce che i Visigoti ariani favorivano in tutti i modi gli ebrei, al contrario dei cattolici che venivano perseguitati[234]. Un esempio probante dell'ottima situazione goduta dai giudei nelle terre conquistate dagli ariani del nord, in contrasto con quella riservata loro nei regni cattolici, ce lo fornisce lo storico ebreo Graetz, il quale, dopo aver narrato che nell'Impero Bizantino, allora cattolico, uno degli imperatori aveva scacciato gli ebrei dalla Sinagoga, che aveva convertito in una Chiesa de la madre di Dio, e che in mezzo a tante persecuzioni i giudei avevano dovuto trasferire da un punto all'altro i sacri vasi del Tempio di Salomone, sino a nasconderli in un posto segreto, che fu Cartagine, allora sotto il dominio dei Vandali Ariani, ci racconta che:

---

[232] Graetz, op. cit.
[233] J. Amador de los Rios, op. cit. tomo I, p. 79.
[234] Cecil Roth, *Historia de los Marranos*, p. 15 e 16.

« ...rimasero circa un secolo. E fu con grande dolore che i giudei della capitale bizantina, presenziarono al loro trasporto a Costantinopoli effettuato da Belisario il conquistatore dell'impero dei Vandali. I trofei israeliti vennero portati in trionfo, assieme con Galimer, il principe dei Vandali, nipote di Genserico, assieme al tesoro dello sfortunato monarca »[235].

Durante lo sfaldamento dell'Impero Romano di Occidente operato dai barbari seguaci di Ario, i giudei si dedicarono, su grande scala, al commercio degli schiavi. In proposito il solito storico israelita Graetz ci racconta che: « le ripetute invasioni delle tribù barbare, e le numerose guerre, avevano incrementato il numero dei prigionieri; gli ebrei avevano così intrapreso un commercio di schiavi che divenne molto fruttuoso malgrado non fossero gli unici ad esercitarlo »[236].

E'bene far rilevare che gli ebrei stessi, nel corso della storia, ebbero sempre una parte di capitale importanza nel commercio degli schiavi, e nei secoli XVII e XVIII furono i principali artefici di questo infame commercio. Essi catturavano in Africa gli infelici negri, li strappavano spietatamente ai loro villaggi e li vendevano quali servi in diverse parti del mondo, principalmente in America.

---

[235] Graetz, Op. cit. tomo III, p. 26.
[236] Graetz, Op. cit. tomo III, p. 28 e 29.

CAPITOLO X

VITTORIA CATTOLICA

La conquista da parte dell'Impero Romano d'Oriente di grandi territori dominati dai Barbari e la conversione al Cattolicesimo di tutti i monarchi germanici, prima appartenenti alla setta dell'ebreo Ario, cambiarono ancora una volta la situazione in Europa. Il trionfo riportato dal Cattolicesimo, anche su questa eresia, modificò di bel nuovo la situazione degli ebrei, i quali persero la loro posizione privilegiata e tutte le possibilità di continuare ad osteggiare i cattolici.

E'opportuno rilevare che il controllo ariano sulle tribù germaniche d'invasione era debole, in quanto dipendeva principalmente dalla conversione e dalla fedeltà all'eresia dei suoi capi. Fu così che quando questi vennero guadagnati alla causa del Cattolicesimo, in seguito alla instancabile opera di evangelizzazione della Santa Chiesa, l'Arianesimo ricevette un colpo mortale. Non c'è quindi da meravigliarsi in alcun modo se gli infiniti abusi e gli eccessi commessi dagli ebrei sotto la protezione degli eretici, provocarono, al naufragar di questi, una vera e propria reazione antiebrea nei paesi nuovamente conquistati dalla Chiesa di Roma.

Sinanco José Amador de lo Rios, così favorevole agli ebrei, dopo aver menzionato il fatto che gli ebrei, nell'epoca ariana, avevano scalato i posti di governo e ottenuto una davvero insolita influenza, non solo, ma avevano acquistato schiavi e giovanotti cristiani, contro il disposto del Concilio Ilibiterano, che all'arrivo degli ariani divenne lettera morta, dice testualmente:

« Queste particolari prerogative, non concesse al popolo ispano-latino nei confronti delle orde Visigote, in assoluto contrasto con le disposizioni del Concilio Ilibiterano, se poterono per qualche tempo lusingare l'orgoglio dei discendenti di Giuda, che poterono così ostentare la loro preponderanza, ne compromisero gravemente l'avvenire, allorquando la dottrina cattolica riuscì a sconfiggere gli errori di Ario »[237].

E'provato storicamente che gli ebrei fecero il possibile, e talvolta anche l'impossibile, per ostacolare e impedire il trionfo degli eserciti cattolici.

---

[237] J. Amador de los Rios, op. cit., tomo I, p. 79 e 80.

Questo fu il caso del regno Ostrogoto stabilitosi in Italia, dove gli ebrei avevano però già dato l'avvio ad urti con Teodorico; urti che essi ebbero successivamente anche con Lutero che, in un primo tempo, fu però loro amico. Allorquando si profilò la minaccia di una invasione degli eserciti dell'imperatore cattolico Giustiniano, gli ebrei appoggiarono risolutamente il loro amico ariano, re Teodato, successore di Teodorico, e ciò fecero, inoltre, con tenacia e fanatismo.

Successivamente, quando gli eserciti di Giustiniano attaccarono la piazza di Napoli, gli abitanti della città si divisero in due fazioni; una favorevole alla capitolazione e l'altra alla guerra. In ogni caso il partito bellicista non era molto propenso a sacrificarsi per gli ostrogoti, che, stando alle affermazioni di Graetz, erano unanimemente odiati in Italia. Ma lo scrittore suddetto precisa che:

« solo gli ebrei e due letterati, Pastore e Asclepio, che si erano innalzati grazie all'influenza dei re ostrogoti, si opposero alla resa della città al generale bizantino. Gli ebrei ricchi e patrioti offrirono la loro vita e le loro fortune per la difesa della città. E al fine di rassicurare gli abitanti circa il pericolo della carestia, essi promisero di rifornire Napoli di tutto il necessario per resistere »[238].

Data la brevità di questo lavoro non è possibile continuare qui a citare esempi di questo genere, però è indubitabile che dappertutto, sempre, gli ebrei si adoperarono al massimo per impedire il trionfo del Cattolicesimo. In merito a quanto avvenne dopo la decisiva vittoria della Santa Chiesa i fatti accaduti nel regno Visigoto - la più poderosa monarchia che i barbari seguaci di Ario poterono fondare - è molto eloquente. Occorre innanzitutto rammentare che questo regno era considerato il principale baluardo dell'Arianesimo; uno Stato in cui, come abbiamo visto, gli ebrei avevano potuto scalare i migliori posti del governo e giungere ad avere una influenza del tutto privilegiata; una situazione, insomma, assai più brillante di quella, pur favorevole, in cui erano pervenuti negli altri Stati Ariani.

Lo storico ebreo Cecil Roth, annota che convertitisi i Visigoti al Cattolicesimo, questi « incominciarono a dar prova del tradizionale zelo dei neofiti. E gli ebrei soffrirono immediatamente le prime conseguenze di questo zelo. Nell'anno 589, salito al trono Recaredo, la legislazione ecclesiastica incominciò ad entrare in vigore, sin nei suoi minimi dettagli. I suoi successori non furono molto severi, ma salito al trono Sisebuto (612-620) prevalse il più acceso fanatismo. Forse istigato dall'imperatore

---

[238] Graetz, op. cit.

bizantino Eraclite, egli pubblicò, nel 616, un editto col quale venne ordinato il battesimo di tutti gli ebrei del regno, sotto pena dell'esilio e della perdita di tutti i beni. Stando ai cronisti cattolici novantamila ebrei abbracciarono la fede cristiana »[239].

Anche nell'Impero Bizantino vennero dettate misure tendenti ad ottenere la conversione degli ebrei al Cristianesimo. La *Enciclopedia Giudaica Castigliana* riferisce che Giustiniano:

> « Ordinò la lettura della Bibbia in greco, sperando di ottenere, con questo metodo, la conversione dei giudei, e che nell'anno 532 dichiarò senza alcun valore la testimonianza di un ebreo contro un cristiano »[240].

Queste disposizioni divennero successivamente leggi operanti in quasi tutta la Cristianità, poiché dovunque si era ormai compreso che gli ebrei, sentendosi sempre in pieno diritto di mentire nei riguardi dei Cristiani e dei Gentili, degenerarono a tal punto il malcostume della falsa testimonianza, da rendere puerile il dar loro credito di qualsiasi cosa. Questo fu il motivo per cui venne negato qualsiasi valore giudiziario alla testimonianza di un ebreo contro un cristiano. E'ormai comprovato, attraverso i secoli, che per l'ebreo la menzogna e l'inganno sono armi di lotta quotidiane ed efficienti.

Tutti i mezzi che vennero adottati negli Stati Cattolici per giungere alla conversione degli ebrei, dal convincimento pacifico sino alla violenza, ebbero origine dallo zelo apostolico della Santa Chiesa, desiderosa di convertire gli infedeli alla vera religione; e, d'altra parte, tanto la Santa Chiesa come gli Stati cattolici stessi compresero che era necessità vitale finirla una volta per sempre con la *Sinagoga di Satana*. In realtà, l'infiltrazione di questo gruppo di stranieri negli Stati Cattolici, gruppo dedito continuamente alla cospirazione contro la Chiesa e contro lo Stato, costituiva un pericolo permanente per la stabilità delle istituzioni come per la difesa di questi popoli dal nemico esterno. Gli ebrei ormai avevano dimostrato fin troppo chiaramente di esser sempre pronti a tradire il Paese che benevolmente li aveva ospitati, qualora ciò fosse di convenienza peri loro loschi interessi, e di esser sempre pronti ad aiutare lo straniero se non altro scavando nelle viscere stesse della nazione che aveva dato loro asilo.

Una strada per giungere alla risoluzione di tanto grave e drammatico problema pareva esser quella di distruggere la setta nefasta del Giudaismo convertendola alla Fede Cristiana. Il cessare d'essere ebrei, avranno pensato senza dubbio i legislatori, e la loro assimilazione al popolo nel territorio del quale vivono, e il loro incorporarsi nella sua religione cattolica, oltre a

---

[239] Cecil Roth, op. cit., p. 16.
[240] In merito a questa conversione forzosa, ordinata nell'Impero Bizantino, si veda la Enciclopedia Judaica Castellana, vocabolo Imperio bizantino.

causare la scomparsa di questa « quinta colonna » straniera - pericolosa per qualsiasi nazione - condurrà alla salvazione dell'anima dei loro componenti, attraverso la novella Fede del Nostro Divino Redentore.

Questi, senza dubbio, furono i ragionamenti che indussero il cattolicissimo re visigoto Sisebuto ad ordinare il battesimo degli ebrei del suo regno, pena l'espulsione e la confisca dei beni. Gli stessi ragionamenti che furono presenti nella mente del non meno cristiano imperatore Bizantino, Basilio I il Macedone (867-885), il quale forzò gli ebrei a farsi imporre il battesimo, offrendo a tutti coloro che si fossero fatti cristiani ogni genere di onori e, sinanco, l'esenzione dalle imposte.

Disgraziatamente tutti questi mezzi risultarono inutili e fallirono. Non ebbero altro risultato, infatti, che dar esca alle finte conversioni. Di ciò ci assicura lo storico israelita Cecil Roth nel narrarci i dettagli dell'astuzia posta dagli ebrei per conservare segretamente l'antica religione; per cui aumentò enormemente il contingente della « quinta colonna » ebrea in seno alla Chiesa. La *Enciclopedia Giudaica* scrive che con la conversione forzosa realizzata ai tempi dell'Imperatore Basilio « più di mille comunità si videro obbligate a sottomettersi al battesimo, però ritornarono alla loro religione primitiva alla morte dell'Imperatore »[241].

Né migliori risultati dette la conversione in massa degli ebrei dell'Impero Visigoto, realizzata ai tempi di Sisebuto. Il giudeo Cecil Roth dice:

« La notoria infedeltà dei recenti convertiti e dei loro discendenti, continuò a formare uno dei più grandi problemi della politica visigota sino all'invasione araba del 711 »[242].
« Non servirono a nulla neanche tutti i mezzi adottati contro l'infedeltà dei giudei convertiti e dei loro discendenti. Questi falsi cristiani furono infatti sottoposti a rigorosa vigilanza governativa, che giunse sino all'estremo - secondo quanto afferma lo storico ebreo stesso - di separare i sospetti dai loro figli, onde questi ultimi crescessero in atmosfera cristiana non contaminata. Allorquando la vigilanza governativa ebbe una pausa di rilassamento, tutti ritornarono alla loro fede primitiva ».

Termina Roth questa esposizione, concludendo col dire che furono proprio questi ebrei quelli che dettero inizio, nella Penisola Iberica, alla tradizione « marrana »[243], il che è come dire alla tradizione dell'ebraismo sotterraneo, coperto dalla maschera del Cristianesimo. Giustamente allarmati da questa inondazione di falsi cristiani nella Santa Chiesa, Papi e re cristiani, proibirono in seguito le conversioni forzose; in proposito riferiamo quanto riporta la *Enciclopedia Giudaica Castigliana* che scrive:

---

[241] *Enciclopedia Judaica Castellana*, tomo II, Vocabolo *Bizantino Imperio*.
[242] Cecil Roth, op. cit., p. 16.
[243] Cecil Roth, op. cit., p. 16 e 17.

« Leone VI il Filosofo (Imperatore Bizantino), figlio di Basilio, restaurò la libertà religiosa, col proposito di metter fine al fenomeno dei falsi cristiani"[244].

Anche il Papa San Gregorio ben comprese da parte sua l'importanza di questo problema e l'enorme pericolo che i falsi convertiti rappresentavano per la Santa Chiesa. Egli dettò ordini severissimi che proibivano la persecuzione dei giudei e la loro conversione forzata, ed i Vescovi, da allora in poi, rispettando queste istruzioni superiori, si opposero fermamente a qualsiasi battesimo non richiesto e sentito e concessero la massima libertà d'azione agli ebrei, senza più operare perché essi fossero costretti all'impotenza e quindi messi nella impossibilità di sovvertire e avvelenare la società cristiana.

Lo storico ebreo Graetz, riferendosi a questi ultimi provvedimenti, ci offre un interessante commento:

« Però la « tolleranza », inclusa quella dei Vescovi, non significava gran che. Tutto si riduceva a frenare il proselitismo ottenuto con minaccia d'esilio o di morte, in quanto essi si erano convinti che continuando con questi mezzi la Chiesa sarebbe stata presto popolata da una massa di falsi cristiani che la maledicevano dal più profondo del cuore. Però essi non ebbero mai alcun dubbio sulla necessità di tenere in catene gli ebrei, e di accusarli continuamente, collocandoli molto vicino ai loro servi nella scala della società. E questa maniera di procedere parve persino giusta e pietosa a quasi tutti i rappresentanti della Cristianità, durante i secoli della barbarie »[245].

Lo storico israelita, riassume, come si vede, uno degli aspetti della nuova politica che alcuni Papi avevano dovuto adottare durante il Medio-Evo. Convintisi che era sommamente pericoloso obbligare gli ebrei a convertirsi con persecuzioni o minacce, cercarono di impedire queste conversioni forzate, dichiarandole persino anticanoniche, e nello stesso tempo adottarono energici provvedimenti contro i falsi convertiti ed i loro discendenti, i cosiddetti falsi cristiani giudaizzanti.

Taluni Papi e Re, concessero libertà agli ebrei perché praticassero pubblicamente la loro religione, li trattarono con grande tolleranza e concessero loro sinanco la necessaria protezione perché non venissero più fatti segno ad aggressioni ingiuste. Anche questo nuovo genere di politica però non ottenne successo. La malvagità e la perfidia del Giudaismo la svuotò d'ogni suo contenuto pratico e cozzò continuamente con la legge. Lungi gli ebrei dal gradire la bontà di questi Sommi Pontefici, approfittarono

---

[244] *Enciclopedia Judaica Castellana*, tomo II, vocabolo *Imperio Bizantino*.
[245] Graetz, op. cit., tomo III, p. 25 e 26.

della insperata indulgenza per tramare e mettere a punto ogni genere di cospirazioni, sia contro la Santa Chiesa che contro lo Stato.

Questa totale assenza di lealtà e di buona volontà obbligò successivamente altri Papi a cambiare ancora una volta la politica, nel tentativo di impedire che la bestia giudaica, libera da pastoie, tutto distruggesse. Questa è la veritiera spiegazione di quella che, a prima vista, può anche apparire come politica contraddittoria, fatta nei confronti degli ebrei dall'uno o dall'altro Papa.

L'azione della Chiesa può essere paragonata al caso di un uomo virtuoso, il quale, avendo per vicino un criminale sanguinario e ben conoscendone la malvagità, cercherà innanzi tutto di mantener con lui buone relazioni e lo tratterà benevolmente e cristianamente; in seguito, resosi conto che della benevolenza il criminale si approfitta per restituire male per bene, e per causare a lui e alla sua famiglia danni irrimediabili, reagirà in forma energica, cercando di difendersi e di metter, se possibile, fuori combattimento il suo avversario; facendo, come si vede, esclusivamente ricorso al diritto di legittima difesa!

E' inoltre necessario constatare, e far constatare, che anche i Papi ed i Re dell'epoca non avevano altri particolari interessi - al contrario del vicino poc'anzi citato come esempio - che non fossero quelli della Chiesa e dello Stato. E' quindi spiegabile che nel vedere che la tolleranza usata nei confronti del nemico conduceva unicamente a catastrofici risultati, Papi e Re convenissero sulla necessità e l'urgenza di adottare mezzi più energici per difendere la Cristianità dall'insidia della *Sinagoga di Satana*, e salvarla.

Disgraziatamente questa condotta altalenante della politica dei Capi Cristiani finì, alla lunga, col risultare nociva per la Santa Chiesa e per la Cristianità. Se fosse invece proseguita senza interruzione di sorta l'azione energica diretta contro il giudaismo dai Padri della Chiesa, nonché da molti Papi e Concilî, forse sarebbe stato possibile scongiurare in tempo la minaccia dell'imperialismo giudaico: quella tremenda minaccia che attualmente sovrasta tutti noi.

CAPITOLO XI

IL TERZO CONCILIO DI TOLEDO ESTROMETTE GLI EBREI DALLE CARICHE PUBBLICHE

Con la conversione del Re visigoto Recaredo, dall'Arianesimo al Cattolicesimo, la setta dell'ebreo Ario ricevette un colpo decisivo, visto che, come abbiamo detto, l'impero Visigoto era proprio il baluardo maggiore dell'eresia.

Restava nell'aria dell'epoca - e non poteva essere diversamente - il triste ricordo della sanguinosa persecuzione scatenata dall'ariano Leovigildo contro i cattolici, che tante e profonde ferite aveva causato ai seguaci di Cristo. A queste persecuzioni avevano partecipato crudelmente gli ebrei, e quindi nella Spagna Gotica il risentimento del popolo cattolico contro il gregge d'Israele era concorde, unanime e solidale.

Questo risentimento e l'abiurazione dell'eresia ariana da parte dei Capi Visigoti votatisi a Cristo, spiegano le ragioni per cui una serie di misure adatte a frenare l'invadenza dominatrice degli ebrei vennero adottate in quel periodo. Lo scrittore filo-ebreo Josè Amador de lo Rios, al riguardo riconosce:

« Essi avevano tutte le porte delle cariche pubbliche aperte, ed il possesso delle gerarchie era stato loro facilitato dai re ariani. Ora si offriva loro la possibilità di introdursi nelle famiglie cristiane per mezzo del matrimonio, la qual cosa facilitava grandemente la loro posizione e la loro ricchezza, assicurando loro, anche per il futuro, la necessaria influenza nello Stato.

« Svaniti fortunosamente gli ebrei - ed a maggior ragione nascosti se avevano avuto parte nell'ultima e dolorosa persecuzione messa in atto dagli ariani contro i cattolici durante il regno di Leovigildo - non erano pertanto da irridersi i sospetti ed i timori dei Padri Toledani, ben consci del grande interesse che il trionfo del cattolicesimo rappresentava per tutto il mondo e della somma importanza della causa che essi difendevano. Fu così che essi, rifacendosi all'esempio dato dal Sinodo

Ilibiterano, si proposero di mettere a freno, in modo sicuro, gli Israeliti per ridurli all'impotenza nella loro attività anti-cristiana »[246].

Tra i canoni del Terzo Concilio di Toledo, approvati proprio con l'intenzione suddetta, spicca per la sua importanza il XIV Canone, che, riferendosi agli ebrei, recita: « non debbono essere loro conferite pubbliche cariche, in virtù delle quali essi possano infliggere condanne ai Cristiani »[247].

Quest'ordine della Santa Chiesa Cattolica non avrebbe potuto infatti essere più ragionevole e giustificato! Abbiamo visto che gli ebrei hanno sempre utilizzato i posti di governo ai quali sono potuti pervenire nei popoli che hanno loro offerto ospitalità, per causare poi danno e pregiudizio ai cristiani: in un modo o nell'altro.

E'indubitabile che se i Metropolitani ed i Vescovi del Concilio di Toledo, fossero vissuti ai giorni nostri, sarebbero stati accusati dalla « quinta colonna » ebrea introdottasi nel Clero cattolico, quali fautori ed artefici di crudele antisemitismo.

I suddetti Padri Conciliari ordinarono inoltre che: « se taluni cristiani erano stati macchiati da essi col rito giudaico, o circoncisi, venissero immediatamente restituiti alla libertà e alla religione cristiana senza riscatto alcuno ». Lo storico menzionato J. Amador de los Rios, commentando altre disposizioni antiebree del Santo Concilio suddetto, dice:

« I Padri aspiravano a consigliare Recaredo di adottare queste disposizioni repressive quale punto di maggiore e trascendente importanza, per assecondare il proposito di quelli di Elbira e per impedire che gli ebrei avessero modo di mescolarsi e di stringere rapporti con la razza ispano- latina visto che i visigoti si erano mantenuti sino a quel momento e si mantennero anche molto tempo dopo, inaccessibili alle genti da loro dominate »[248].

Tra le disposizioni del suddetto Concilio di Toledo figurano quelle che proibiscono agli ebrei di acquistare schiavi cristiani; disposizione questa del tutto conseguente con gli ordini impartiti da S.S. il Papa San Gregorio Magno, che nello stesso tempo si oppose fermamente alla conversione forzata degli ebrei ed a qualsiasi genere di pressione verso di loro, diretta ad obbligarli a divenire dei falsi cristiani. Lo stesso Pontefice si espresse fermamente anche contro qualsiasi manifestazione di giudaismo sotterraneo, praticato da chi in apparenza ostentava l'assoluta osservanza dei precetti cristiani.

---

[246] J. Amador de los Rìos, op. cita., tomo I, p. 82.
[247] Juan Tejeda y Ramiro, *Coleccìòn de Cànones de todos los Concilios de la Iglesia de España y de America*, Madrid, 1859, tomo 2.
[248] J. Amador de los Rios, op. cit., tomo I, p. 83.

Molto interessante risulta, in proposito, un caso che ci viene sottoposto dallo storico israelita Graetz, il quale afferma che il Papa San Gregorio:

« avendo sentito dire che un ebreo chiamato Nasas, aveva eretto un altare in Elijah - probabilmente una sinagoga conosciuta con questo nome - nell'isola di Sicilia, e che dei cristiani si riunivano colà per celebrare il servizio divino (ebreo), Gregorio ordinò al prefetto Libertino di distruggere l'edificio e punire con pene corporali l'ebreo Nasas per questa offesa arrecata alla Chiesa. Gregorio perseguì vigorosamente quegli ebrei che compravano o possedevano schiavi cristiani.
« Nell'impero dei Franchi dove il fanatismo non era ancor divenuto sovrano non esisteva una particolare proibizione che vietasse agli ebrei di partecipare al commercio degli schiavi. Gregorio era indignato per questo e scrisse al re Teodorico (Dieterich) di Borgundia, a Teodoberto re di Austrasia e anche alla Regina Brunilde, manifestando loro tutta la sua meraviglia perché essi permettevano agli ebrei di possedere schiavi cristiani. E li esortò con grande zelo a rimediare a questo male ed a liberare i veri credenti dalla sottomissione ai loro nemici. Recaredo re dei Visigoti fu per molto tempo lusingato a dismisura da Gregorio perché promulgasse un editto di intolleranza »[249].

Da quanto sopra risulta quindi che i provvedimenti adottati per tenere a freno la bestia giudaica, approvati dal cattolico visigoto Recaredo, furono suggeriti, stando a quanto afferma l'ebreo Graetz, ne più ne meno che dal Papa Gregorio Magno, il quale, prima di decidersi ad agire con questa irriducibile fermezza, fece per molto tempo tutto quanto poté per avviare la convivenza con gli ebrei su un piano di normalità e si prodigò, a questo scopo, con tutta la sua bontà e tolleranza. E infatti significativo rilevare che il Papa San Gregorio, nello stesso tempo in cui condannava le conversioni forzate, alimentava la speranza di evangelizzare gli ebrei con mezzi pacifici. Convintosi che lo loro conversione era generalmente soltanto una finta conversione sperò poi di potere, quanto meno, radicare nel cristianesimo i figli dei convertiti.

In proposito il summenzionato storico ebreo, riferendosi a San Gregorio, scrive chiaramente:
« Egli senza dubbio non s'ingannava ritenendo che i neo-convertiti fossero tutt'altro che dei leali e buoni cristiani; però faceva conto sui loro discendenti ». « Se noi non riusciremo a guadagnare i padri alla nostra causa, guadagneremo almeno i loro figli »[250]. Così diceva il Santissimo Padre, ed è particolarmente degno di nota il particolare che proprio Papa

---

[249] Graetz, op. cit., tomo III, p. 33 e 34.
[250] Graetz, op. cit., tomo III, p. 33.

San Gregorio Magno, di tanto illustre memoria nella storia della Chiesa, sapeva perfettamente che le conversioni degli ebrei erano false e che tutto ciò in cui sperava era unicamente di poter guadagnare alla Chiesa i loro figli attraverso una amorevole, paziente ed attenta educazione cristiana.

Disgraziatamente la malvagità e la perfidia del Giudaismo è tale che qualsiasi calcolo, anche il più evidentemente logico, è destinato a fallire. Abbiamo già visto nel capitolo secondo di questa quarta parte, che il tanto accreditato - in mezzo agli ebrei - storico israelita Cecil Roth ha affermato che il « Marranismo » (ossia il giudaismo clandestino) si caratterizzò come tale proprio per la regola ebrea di tramandare da padre in figlio la segreta religione d'Israele, al riparo delle pratiche cristiane che i « marrani » osservavano in pubblico.

Tutto ciò ha fatto sì che le previsioni dei Capi della Chiesa e dei Capi degli Stati Cristiani, fondate sul convincimento che se anche queste conversioni erano false, purtuttavia sarebbe stato possibile convertire, effettivamente, in buoni cristiani almeno i discendenti dei finti cattolici fallissero miseramente anche nei secoli successivi, così come vedremo opportunamente in seguito.

CAPITOLO XII

IL QUARTO CONCILIO DI TOLEDO DICHIARA SACRILEGHI E SCOMUNICATI I VESCOVI E GLI ECCLESIASTICI CHE APPOGGIANO I GIUDEI

Una delle cause principali del trionfo, lento ma progressivo, dell'imperialismo giudaico durante gli ultimi mille e novecento anni, è costituita indubbiamente dalla pessima memoria dei Cristiani e dei Gentili, pronti sempre a dimenticare in breve tempo il passato ed a non tener mai conto del fatto che la storia è la maestra della vita.

Sempre, allorquando gli ebrei avvalendosi della loro immensa e insuperabile abilità nell'ingannare il prossimo, riuscivano a guadagnarsi la fiducia dei potenti cristiani, ecclesiastici o secolari, riuscivano a impadronirsi dei posti di governo e ad acquistare grande influenza nell'interno della società cristiana.

Questo potere, acquistato in tale modo, è stato sempre da loro utilizzato per pregiudicare la situazione degli ingenui che avevano aperto loro le porte, e per cospirare con più sicura possibilità di successo contro la Santa Chiesa e contro gli Stati Cristiani. Ciò ha condotto ad una immancabile reazione difensiva dei settori minacciati dalla bestia liberata, la quale dopo difficili lotte, e dopo innumerevoli ostacoli, è sempre stata nuovamente messa al passo, per impedire che potesse continuare ad infliggere alla Chiesa, allo Stato e alla Cristianità danni talvolta irrimediabili.

Noi vediamo quindi che, morto Recaredo e dimenticati i motivi che avevano giustificato l'esclusione degli ebrei dalle cariche pubbliche, esercitando le quali essi avrebbero potuto arrecar grave pregiudizio ai cristiani, gli ebrei stessi tornarono ad essere ammessi al disimpegno delle stesse e quindi ripresero in pieno, naturalmente, quelle pessime abitudini che avevano provocato le fondate sanzioni del Terzo Concilio di Toledo contro di loro.

Fu così che gli ebrei costituirono di bel nuovo un grave problema per l'Impero Gotico. E fu così che allorquando, nell'anno 612, venne eletto imperatore Sisebuto, con il voto dei capi visigoti e la sanzione dell'Episcopato cattolico, la prima cosa di cui egli dovette occuparsi fu proprio di metter fine agli abusi ebrei, ridando effettivo valore ai canoni del

Terzo Concilio di Toledo; quei canoni che un po' per negligenza e un po' per soverchia condiscendenza dei governi successivi al Concilio stesso, erano caduti nel dimenticatoio. Per prima cosa proibì rigorosamente che gli ebrei potessero comprare servi cristiani.

J. Amador de los Rios afferma: «Sisebuto, fermo nella sua determinazione di separare la razza ebrea da quella cristiana, dopo avere innanzi tutto abrogato tutto il potere della prima sulla seconda, ordinò che venissero restituite alla corona tutte le rendite, benefici o donazioni, ottenuti con inganno dai re che lo avevano preceduto». Il suddetto storico rivela che Sisebuto, col suo impegno di ridar pieno vigore alle leggi di Recaredo si «acquistò in questo modo l'approvazione dell'Episcopato ed il plauso dei cattolici»[251] e in cambio, l'opposizione pertinace dei giudei, «già qualificati con il severo appellativo di "perversità giudaica"». Malgrado la messa in opera della legislazione precedente e l'adozione di altre misure, la piaga rappresentata nell'impero dalla pessima condotta dei giudei, non accennava a rimarginarsi. E alla fine Sisebuto dovette risolversi a estirpare il male alla radice, eliminando dal suo impero questa comunità di perniciosi stranieri, che non permettevano di vivere in pace, né alle nazioni visigote, né alla popolazione ispano-latina e che costituivano una costante minaccia per la Chiesa e per lo Stato. L'imperatore emanò un editto fulminante, in ottemperanza al quale dovevano venire espulsi dal suo impero tutti i discendenti dei giudei. Egli però commise un gravissimo errore: escluse dalla ottemperanza a questo editto coloro che si fossero convertiti subito al cristianesimo. Il risultato di questo vistoso sbaglio fu disastroso e presto evidente. La maggioranza degli ebrei scelse, ovviamente, il battesimo e restò a casa indenne da qualsiasi misura coattiva. Come tanto bene ha riferito lo scrittore ebreo Cecil Roth, queste conversioni furono unicamente delle farse; ebbero quale unica conseguenza quella di sostituire ad un giudaismo praticato pubblicamente, un giudaismo occulto e clandestino che, oltre ad esercitarsi in segreto, dette vita alla occulta «quinta colonna», organizzazione molto più temibile e pericolosa della *Sinagoga* e dei Circoli ebrei aperti al pubblico.

Lo storico gesuita Mariana, per esempio, parlando di questa conversione generale degli ebrei spagnoli, racconta che, allorquando venne pubblicato questo decreto, un gran numero di ebrei si battezzò: «taluno di cuore ed i più fingendo»; ed aggiunge il gesuita Mariana che i giudei che ricevettero l'acqua battesimale per non incorrere nelle sanzioni previste dall'editto di Sisebuto, alla morte di lui avvenuta nell'anno 621 «tornarono con maggiore impegno ad abbracciare le credenze dei loro avi»[252].

---

[251] J. Amador de los Rios, op. cit.., tomo I, p.85 e 87.
[252] R.P. Juan de Mariana, *Historia General de Espana*, Libro VI., Cap. II.

E'la mancanza di memoria dei governanti cristiani, quindi, fonte di disastrose conseguenze per tutti noi e tanto utile agli ebrei, quella che fece sì che nel corso dei secoli, dimenticando così facilmente i Cristiani ed i Gentili le lezioni della storia, si verificasse una situazione siffatta. E allorquando si decise di risolvere il terribile problema giudeo con l'editto che ordinava l'espulsione degli ebrei venne consentita la scappatoia della conversione, eccezione alla regola che servì unicamente a peggiorare la situazione. La maggioranza di coloro che avrebbero dovuto abbandonare il territorio dell'impero preferì infatti rimanere e si convertì al cristianesimo. Ma come? Con una farsa di battesimo che li collocò tra i cristiani come nemici in veste di falsi fedeli. E nacque quella « quinta colonna » che divenne nei secoli sempre più utile alla loro causa, sempre più segreta e, quindi, sempre più pericolosa.

Solo l'espulsione di tutti gli ebrei dall'Impero Gotico avrebbe risolto l'antico ed angoscioso problema e sarebbe stata la soluzione definitiva!

Nessuno avrebbe potuto d'altronde non riconoscere che l'espulsione era giustificata: il padrone di casa, ci sembra, ha tutto il diritto di licenziare un ospite quando questi, lungi dal gradire l'ospitalità concessagli, cospira per depredarlo e per creargli grattacapi d'ogni genere.

Molto significativo è il commento che lo storico ebreo Graetz fa in proposito all'editto col quale Sisebuto ordinò l'espulsione degli ebrei. Egli scrive: « Con questa persecuzione fanatica Sisebuto spianò la strada alla dissoluzione dell'Impero Visigoto »[253] e si riferisce senza dubbio al fatto che la complicità degli ebrei facilitò il trionfo dei maomettani invasori.

Effettivamente da quando i Visigoti si convertirono al Cattolicesimo e abiurarono l'Arianesimo, gli ebrei non cessarono mai di cospirare contro il nuovo ordine di cose. Se un errore vi fu nell'opera di governo di Sisebuto e dei suoi successori, questo fu di non avere espulso totalmente i cospiratori stranieri stabilitisi sul loro territorio; quei cospiratori che poi facilitarono « dal di dentro » la successiva conquista araba.

Senza ebrei nel territorio gotico i maomettani non avrebbero potuto realizzare quell'utilissimo lavoro di spionaggio che condusse alla conquista della piazza e alla defezione dell'esercito di don Rodrigo. Tragico errore, come si vede, quello commesso dai Goti. E'sempre pericoloso, come i fatti ci dimostrano, tollerare l'esistenza sotterranea di qualsiasi « quinta colonna ».

E'molto importante rilevare che Sisebuto era ben conscio della mancanza di fermezza dei cristiani nel condurre una politica ben definita, durante tutto il corso della storia, contro i loro nemici e anche della loro mancanza di misure adeguate ad ovviare alla poca memoria della gente per le lezioni del passato. Ben sicuro di tutto questo egli fece più del possibile per impedire che i suoi successori, cadendo vittime degli abili inganni della

---

[253] Graetz, op. cit., tomo III, p. 49.

finissima diplomazia giudaica, fossero indotti a revocare quelle leggi difensive della Chiesa e dello Stato che egli aveva promulgato. La legislazione da lui tramandata venne così perpetuata nel cosiddetto « *Fuero Juzgo* » (una specie di Costituzione) e particolarmente raccomandata da Sisebuto stesso ai suoi successori affinché essi impiegassero tutto il loro rigore nel fare osservare le leggi anti-ebraiche, « pena l'essere diffamati tra gli uomini, perché alla loro morte il futuro gregge dei fedeli di Cristo li avrebbe senz'altro ripudiati quali cattolici e collocati tra gli ebrei peccatori, destinati ad ardere perpetuamente tra le rabbiose fiamme dell'inferno »[254].

Sisebuto, che ben conosceva la caratteristica fiacchezza dei capi cristiani, non sbagliava di certo. Tant'è vero che non appena egli morì, il suo successore - il nuovo re Swintilia - venne travolto rapidamente dall'abile diplomazia degli ebrei, che posseggono il dono insuperabile di ispirare fiducia alle loro future vittime, soprattutto ostentando nei loro confronti un tratto estremamente cordiale.

Usando il meglio dei loro classici imbrogli gli ebrei poterono guadagnarsi la fiducia di Swintilia il quale, così circuito e sedotto, mise ad un certo punto da parte la legislazione di Sisebuto e non tenne più in alcun conto le sue esortazioni e le sue severe ammonizioni sulle maledizioni che cadono su coloro i quali restituiscono la possibilità agli ebrei di riprendere la loro secolare lotta contro Cristo. Ancora una volta in quell'occasione, gli ebrei stessi poterono quindi far ritorno in patria e riprendere le loro normali attività nonché il loro culto.

Sugli avvenimenti di quegli anni lontani l'ebreo Graetz, senza dubbio meglio informato di Padre Mariana sugli affari interni del Giudaismo, scrive: « a parte il battesimo gli ebrei convertiti non avevano abbandonato la loro religione ». Non insinua nemmeno, come si vede - al contrario di quanto chiaramente scrive Padre Mariana - che essi si fossero convertiti per solo interesse, salvo taluni casi, però continua narrando che durante l'epoca del filosemita Swintilia, « l'atto del battesimo era considerato sufficiente e nessuno si preoccupava poi di accertare se i convertiti non avessero invece mantenuto inalterati i loro usi e costumi.

« Il nobile Re Swintilia fu in seguito detronizzato da una cospirazione di nobili e del clero, i quali vollero porre al suo posto Sisenando, docile loro strumento »[255].

Come si vede l'ebreo Graetz accenna ad uno stato di cose che è l'ideale per gli ebrei falsi convertiti visto che vengono loro accreditate delle buone

---

[254] *Forum judicum*, Libro XII, Tit. II. Ley 14. La formula della maledizione contro i re che non osservarono la legislazione anti- ebrea dice così: « Sit in hoc saeculo ignominiosior cunctis hominibus... Futuri etiam examinis terribile quum patuerit tempus et metuendus Domini adventus fuerit reservatus, discretu sa Christi grege perspicuo ad laevam cum hebraeis exuratur flammis atrocibus ». ecc.
[255] Graetz, op. cit., tomo III. p. 49.

intenzioni unicamente per essersi fatti battezzare, ossia apparentemente trasformati in cristiani, senza che nessuno provveda ad interessarsi delle loro reali intenzioni. Tant'è vero che lasciati senza controllo alcuni di essi, ed i loro discendenti, poterono, anche nel caso suddetto, continuare nelle loro antiche pratiche religiose.

E questa è, precisamente, anche l'attuale situazione. I discendenti dei falsi convertiti agiscono liberamente quale poderosa «quinta colonna» nella Chiesa e causano danni catastrofici alla Cristianità senza che nessuno si dia pena di effettuare una indagine severa e oculata per scoprire coloro che segretamente «giudaizzano».

In altre epoche, viceversa, le cose andarono ben diversamente. In altre epoche, ed allorquando la situazione si fece difficile, i convertiti ed i loro discendenti vennero mantenuti sotto la mira di una vigilante, costante attenzione, necessaria per interpretare la natura dei loro «veri» sentimenti.

Nel caso di cui sopra, gli ebrei, protetti da Swintilia recuperarono in breve grande potere nel regno e misero nuovamente in pericolo le istituzioni cristiane. Ciò spiega e giustifica l'atteggiamento del clero cattolico vòlto ad abbattere il monarca traditore e quello degli ebrei che viceversa lo celebrano come il più virtuoso, buono e liberale dei regnanti.

Capo della novella crociata contro la *Sinagoga di Satana*, fu, in quelle circostanze, Sant'Isidoro di Siviglia, il quale, dopo la destituzione dell'infido Swintilia e l'incoronazione di re Sisenando, organizzò e diresse il quarto Concilio di Toledo, che tanto prestigio riversò sulla dottrina cristiana.

L'aspetto più grave della situazione era costituito, anche in quel caso, dal fenomeno dell'ingresso e dell'appartenenza alle schiere del sacerdozio cattolico di figli degli antichi falsi convertiti. Una vecchia astuzia ingannatrice, quella di insinuarsi nel vivo, nel cuore stesso della Chiesa attraverso i Seminari, che mai ha mancato di dare fruttuosissimi risultati al Giudaismo. Ancora una volta, infatti, i sacerdoti d'origine ebrea non mancarono di aiutare gli ebrei e, dalle alte sedi in cui erano potuti pervenire, si mossero in modo prima cauto e poi sempre più appariscente quali veri e propri congiurati contro la Fede Cattolica. Caso tipico, anche questo - e la storia secolare della Chiesa è piena di questi esempi! - di quanto possa fare la «quinta colonna» allorquando è riuscita ad introdursi nella Chiesa. Un'azione la cui realtà distruttrice è dinanzi ai nostri occhi nei nostri giorni.

Ma non sempre le cose hanno seguito questa via, diciamo così, naturale. In altri casi è accaduto che gli ebrei abbiano fatto ricorso al sistema di cui fu capostipite l'ebreo Simon Mago e che i favori di taluni ecclesiastici che non erano giudei sotterranei, siano stati comprati. Dal giorno in cui Giuda, uno dei dodici Apostoli, tradì il suo Divino Maestro, gli esempi di cristiani che hanno venduto la loro coscienza al demonio, non sono, purtroppo, mancati.

L'evidenza di fatti rivelanti a qual punto il tradimento si fosse spinto avanti, sino a raggiungere le più alte sfere della Chiesa, provocò l'indignazione del Quarto Concilio di Toledo e del suo capo, il celebre Padre della Chiesa Sant'Isidoro di Siviglia, e indusse i Metropolitani ed i Vescovi colà riuniti a consacrare nei Sacri Canoni una serie di misure non soltanto atte a scongiurare prontamente la minaccia giudaica, ma anche a frenare, e persino a punire, il tradimento dell'alto clero, più d'ogni altra cosa fonte di pericolo per la Santa Chiesa e per gli stati Cristiani.

> - Canone 58. « Di coloro che prestano aiuto e favore agli ebrei contro la Fede di Cristo ». La cupidigia di taluno è tale che a ragion di questa si separano dalla Fede, come disse l'apostolo, molti anche tra i sacerdoti, ed altri, ricevendo doni dagli ebrei fomentano la loro perfidia patrocinandoli; questi vengono, non senza ragione, qualificati come membri dell'Anticristo, poiché contro Cristo operano.
> « Qualsiasi Vescovo, Sacerdote o Secolare che continui a prestar loro appoggio (agli ebrei) contro la Fede Cristiana, sia perché fatto segno a regali, sia per puro e semplice favore, verrà considerato come un vero e proprio profano e sacrilego, privato della Santa Comunione e ritenuto straniero al regno di Dio; perché è giusto che si separi dal corpo di Cristo colui che si fa patrono dei nemici del Signore »[256].

Dev'essere stata davvero molto grave la minaccia rappresentata per la Chiesa, e per la società cristiana, dalla complicità dei Vescovi e Sacerdoti con gli ebrei, perché il saggio e santissimo uomo Isidoro di Siviglia, Padre della Chiesa, che diresse il Concilio, ed i metropolitani e Vescovi che gli dettero vita, abbiano dovuto denunciare nel suddetto canone, e chiamare « profani e sacrileghi », i Vescovi ed i Sacerdoti che aiutavano, o avessero aiutato, gli Israeliti, colpendoli tutti con la sanzione della scomunica!

Ne prendano nota tutti quegli alti e altissimi Dignitari Ecclesiastici che, più che servire la Santa Chiesa, stanno oggi aiutando gli ebrei, nemici capitali di Cristo, o le imprese ebraiche come la massoneria e il comunismo. E si rendano inoltre conto della grave responsabilità che si assumono e del gravissimo peccato che stanno commettendo.

Com'è noto il Concilio Toledano occupa un posto di grande autorità nella Santa Chiesa Cattolica e le disposizioni adottate dal Concilio stesso vennero incluse nella legislazione civile. Le ordinanze e sanzioni poc'anzi citate furono infatti traslate nel « *Fuero Juzco* », promulgato con l'approvazione della Santa Chiesa; nell'articolo XV del Titolo II, Libro XII della Legge 15, si ordina infatti:

> « Onde l'inganno degli ebrei, che è sempre da prevedersi, non abbia in alcun modo il potere di svilupparsi, né di fare quanto si propone. Per

---

[256] Juan Tejada y Ramiro, *Colecciòn de Cànones de todos los Concilios de la Iglesia de Espana y America*, tomo II, p. 305.

questo stabiliamo in questa Legge, che nessun uomo, di nessuna religione, né di nessun'ordine, né di alcun rango, né della nostra corte, né piccolo né grande, né di nessun popolo, non cerchi, né desideri, neanche con l'ansia del cuore, di proteggere gli ebrei che non vollero esser battezzati onde restare nella loro fede nei loro costumi. Né a quelli che son battezzati, di tornare alla loro perfidia, ne ai loro cattivi costumi. Nessuno osi difender loro col suo potere in nessuna cosa perché restino nella loro malvagità. Nessuno tenti di dar loro aiuto né per mezzo di ragione o di atti, perché vengano contro la Santa Fede dei Cristiani, né facciano alcuna cosa contro di questa, sia in segreto o in pubblico. E se qualcuno osasse farlo, sia esso Vescovo o Sacerdote, Ordinato o Laico, e può essere dimostrato che l'ha fatto, sia esso separato dalla compagnia dei cristiani e sia scomunicato dalla Chiesa e perda la quarta parte della sua fortuna in favore del Re »[257].

Fu in questo modo che in quei critici tempi venne affrontata la situazione; adottando sanzioni contro i complici del giudaismo in seno alla Chiesa e contro le Alte Gerarchie dello stesso Clero. E le sanzioni, si noti bene, vennero adottate dallo Stato Cattolico, ed ebbero l'incondizionata approvazione della Chiesa.

Ritornando ai Canoni del Quarto Concilio di Toledo, trascriviamo ora quanto fu ordinato con il Canone 59, che si riferisce direttamente a quegli ebrei i quali, pur essendosi convertiti al Cristianesimo, vennero poi scoperti quali dediti alle segrete pratiche del giudaismo. In proposito il Canone suddetto reca testualmente:

« Molti ebrei praticarono per qualche tempo la Fede di Cristo, ma ora bestemmiandola, non soltanto osservano i riti giudaici, ma giungono persino ad assoggettarsi alla abominevole circoncisione. In presenza di questi fatti e sentito anche il pietosissimo e religiosissimo principe signor nostro Re Sisenando; questo Concilio decreta che i trasgressori di questo genere già identificati e indotti a correggersi dalla autorità pontificale; siano restituiti al culto cristiano, in modo che coloro che non si emendano volontariamente possano essere frenati col castigo sacerdotale. Per quanto riguarda la persona, coloro che vennero circoncisi si ordina: se sono loro figli siano separati dalla compagnia dei padri; e se servi, per l'ingiuria che venne commessa sul loro corpo, ottengano la libertà »[258].

---

[257] *Fuero Juzgo*, in latino e spagnolo, confrontato con i più antichi e preziosi codici della Reale Accademia spagnola, Madrid, 1815.
[258] Juan Tejada y Ramiro, Collezione di Canoni citata., tomo II.

Dal canto loro anche Cecil Roth ed altri autori giudei, affermano che le conversioni stesse erano finte, e ciò coincide perfettamente con quanto annotato dallo storico gesuita Mariana e con il contenuto di molti documenti dell'epoca, di assoluta fedeltà. Non è invece dimostrato che il cristiano neo-convertito che praticava ancora i riti ebrei, fosse ritenuto, neanche nei primi tempi, un cristiano sincero...

Promulgate queste necessarie leggi e fattasi vigilante l'attenzione delle autorità cristiane, quanto venne accertato giustificò pienamente l'adozione di queste: tutti gli israeliti convertiti al Cristianesimo, ed i discendenti di questi, si erano fintamente convertiti per convenienza, continuavano nella loro vecchia religione e trasmettevano le loro credenze di padre in figlio.

Non può destare meraviglia, quindi, che il Canone 59, poc'anzi citato, abbia dettato misure atte ad evitare che i cripto-giudei, falsi convertiti, trasmettessero i loro insegnamenti ai discendenti, ossia abbia comandato che questi venissero separati dai padri. Sempre perseguendo lo stesso intento, il suddetto Santo Concilio approvò inoltre anche il Canone 60, quello che, nelle intenzioni del suo compilatore, Tejada Ramiro, si riferisce ad ebrei recidivi, ossia a quei cristiani che continuavano a praticare in segreto il giudaismo, malgrado avessero promesso di emendarsi, dopo essere stati scoperti precedentemente in flagrante peccato di sacrilegio.

Il suddetto Canone dice: « Si decreta che i figli e le figlie degli ebrei, affinché non siano coinvolti negli errori dei padri loro, vengano separati dalla loro compagnia, e consegnati ad un monastero o ad uomini e donne cristiani, che temano Dio, onde siano allevati nel culto della Fede; e così meglio istruiti, proseguano da allora in poi nei costumi e nelle credenze »[259].

La funzione affidata a questi antichi canoni è, come si vede, quella di distruggere la « quinta colonna » introdottasi nella Santa Chiesa; un fine che si intese raggiungere sia castigando i falsi cristiani, sia impedendo che essi trasmettessero ai figli la loro fede clandestina. Costituiva infatti per la Chiesa, e lo costituisce tuttora, un grave pericolo, annoverare tra le sue fila membri della setta giudaica camuffati da buoni cattolici; membri che non covavano, né covano, altra aspirazione che quella di distruggere il Cristianesimo.

Questo significa, come ben si comprende, avere il nemico in casa, e nessuno ha mai discusso il diritto della società di estirpare di tra le sue mura i servizi spionistici delle potenze nemiche e nemmeno quello di bloccare i sabotatori. Le misure adottate dalla Santa Chiesa per difendersi dalla infiltrazione ebraica, che era diretta a distruggerla dal di dentro, anche se possono, a prima vista, sembrare molto rigide, erano, in realtà, completamente giustificate dalla situazione; così come lo sono quelle in questo senso, che adottano le nazioni moderne. Comunque la storia ha

---

[259] Juan Tejada y Ramiro, Collezione di Canoni citata., tomo II, p. 306.

comprovato che anche allorquando il Giudaismo palese venne in molte nazioni espulso e proscritto, il cripto-giudaismo continuò da solo a proliferare sotto la maschera del Cristianesimo. E fu per questo che la condotta degli ebrei palesi apparentemente irreprensibile, venne però ritenuta nociva, in quanto essi mostravano una forte tendenza, ed esercitavano una innegabile suggestione, per la « giudaizzazione » novella di coloro che s'erano convertiti al Cristianesimo.

Nel suo Canone 62, il Santo Concilio rammentato, ha dettato norme atte ad allontanare anche questo pericolo. Recita infatti il Canone stesso:

« Dei giudei battezzati che si riunirono con gli ebrei infedeli. E'noto che molte volte la compagnia dei cattivi corrompe i buoni. Con quanta più facilità corromperà coloro che già sono inclini al vizio? Da ora in avanti, quindi, gli ebrei convertiti al cristianesimo non dovranno mantenere più alcun rapporto con coloro che non si sono convertiti; onde non accada che siano da questi ultimi pervertiti; chiunque per l'avvenire non eviterà la loro compagnia sarà punito nel seguente modo: se è ebreo battezzato consegnandolo ai Cristiani, e se non è battezzato frustandolo pubblicamente »[260].

Il Canone 64 nega validità alla testimonianza non già del giudeo rimasto tale, bensì del cristiano cripto-giudeo.

Sino ad allora la legislazione cristiana aveva negato la validità alla testimonianza dei giudei restati tali contro i cristiani, e quindi il Canone 64, detta un'innovazione, perché nega la validità della testimonianza anche del cristiano che segretamente pratica il giudaismo.

Recita infatti il Canone 64: « Non può essere fedele per gli uomini colui che è stato infedele a Dio, e pertanto quegli ebrei che si fecero cristiani e prevaricarono contro la Fede di Cristo, non debbono essere ammessi quali testimoni, anche se affermano d'essere cristiani; perché così come sono sospetti nei riguardi della loro veritiera fede in Cristo, devesi del pari dubitare anche della loro testimonianza verso gli uomini... »[261].

E l'argomentazione non potrebbe essere più logica. I Padri Conciliari non potevano non rendersi conto della situazione. Chi mente a Dio - ed ha il coraggio di mentire a Dio - non può non mentire e non avere il coraggio di mentire agli uomini! E'inoltre lampante che tanto Sant'Isidoro di Siviglia che i Metropolitani ed i Vescovi del Concilio, conoscevano perfettamente lo stato di costante simulazione e infingimento in cui vivevano i falsi cattolici

---

[260] Juan Tejada y Ramiro, Collezione di Canoni citata., tomo II, p. 306-7.
[261] Juan Tejada y Ramiro, Collezione di Canoni citata., tomo II, p. 307.

cripto-ebrei. Lo stesso potremmo dire noi del nostro tempo, in cui vivono tanti che si dicono veri cattolici e veri osservanti della Fede in Cristo!

Malgrado la tremenda lotta difensiva della Santa Chiesa e dello Stato Cristiano contro le pericolose infiltrazioni della « quinta colonna » ebrea, gli ebrei hanno sempre continuato ad accaparrarsi i posti del governo, riuscendo a migliorare le loro posizioni, soprattutto durante il regno del filo-semita Swintilia. Tant'è vero che sia il nuovo monarca cattolico regnante che il Santo Concilio Toledano, decisero di porre fine alla situazione ed inclusero tra i Sacri Canoni la solenne proibizione agli ebrei di accedere alle cariche pubbliche nonché quella ai cristiani di permetterlo.

Il Canone 65, reca infatti: « Per precetto del signore e eccellentissimo re Sisenando, questo Santo Concilio ha stabilito che i giudei, e quelli di questa razza, non disimpegnino cariche pubbliche, visto che avvalendosi di questa facoltà essi recano ingiuria ai cristiani e pertanto, i giudici delle provincie in unione coi sacerdoti, metteranno fine ai subdoli inganni dei suddetti ebrei e non concederanno loro mai più di esercitare pubblici incarichi. Se qualche giudice lo consentirà verrà scomunicato come sacrilego ed il reo del crimine d'inganno verrà frustato pubblicamente »[262].

Il Canone definisce testualmente gli ebrei « Ministri dell'Anticristo », così come un altro Canone, già citato da noi, segnalava, quali facenti « parte del corpo dell'Anticristo » quei Vescovi o Sacerdoti o laici che avessero aiutato gli ebrei.

Occorre tener presente che il Canone 65, introduce nelle leggi della Santa Chiesa Cattolica, una innovazione, perché non soltanto vieta la scalata ai posti di governo agli ebrei dichiarati tali, ma anche a tutti coloro che appartengono a quella razza.

Non ci troviamo, come qualcuno, magari interessatamente, potrebbe osservare, dinanzi ad una discriminazione razziale, poiché è ben noto che per la Santa Chiesa tutti gli uomini sono eguali dinanzi a Dio, senza alcuna distinzione di razza. Ci troviamo invece dinanzi ad una altra misura imposta dalle circostanze, quale necessaria misura difensiva. Essendo stato infatti ormai provato e riprovato nei secoli - ed i fatti sono ancora lì, palesi, a dimostrarlo - che i cristiani di razza ebrea, salvo rarissime eccezioni, praticavano segretamente il Giudaismo, era logico che qualcosa dovesse pure esser fatto per impedire l'infiltrazione dei cripto-giudei nei posti pubblici. Un mezzo difensivo, ripetiamo; un mezzo indispensabile per la vita dello Stato Cristiano, soggiungiamo, posto che se lo Stato stesso fosse caduto interamente nelle mani dei nostri mortali nemici, sarebbe stato

---

[262] Juan Tejada y Ramiro, Collezione di Canoni citata., tomo II, p. 308.

gravemente in pericolo e con questo anche la Santa Chiesa Cattolica sarebbe stata gravemente offesa, lesa e minacciata.

Sbarrare le porte ai giudei militanti o convertiti fu quindi non soltanto prudente, ma indispensabile per salvaguardare le strutture dello Stato dalla minaccia di quella insidiosa « quinta colonna » che non avrebbe mancato ad un certo momento di provocare una frana rovinosa delle strutture portanti dell'intera Cristianità. Il che accadde, effettivamente, in un caso. Avendo un governante poco intelligente violato le leggi ecclesiastiche dei suoi antecessori e così aperto di bel nuovo le porte agli ebrei, questi s'impadronirono in breve tempo di tutte le cariche direttive dell'Impero Gotico. La legge a cui ci siamo sopra richiamati, che può essere definita vera e propria legge di pubblica sicurezza, costituisce senza dubbio il precedente di altre leggi, assai più energiche e drastiche, che vennero approvate dalla Santa Chiesa molti secoli dopo.

E' interessante far rilevare che Sant'Isidoro di Siviglia, nel corso della sua lotta contro il Giudaismo, scrisse anche due libri contro gli ebrei; libri che stando al giudizio espresso dallo storico ebreo Graetz vennero elaborati « con quella mancanza di gusto e di sentimento che era stata sempre impiegata dai padri (della Chiesa), sin dall'inizio, nella bellicosa polemica contro il giudaismo »[263].

Che agli ebrei non piacciano i libri scritti contro di loro dai Padri della Chiesa, è del tutto naturale e comprensibile; occorre però rendersi conto di un fatto chiaramente indicativo di una moralità e di un costume: gli ebrei non tralasciano mai niente d'intentato per capovolgere la verità storica dei fatti e per gettare ombre di dubbio sul prestigio e sull'onore di tutti coloro che li combattono, anche se, come nel nostro caso, si è trattato di preclari, insigni virtù, di uomini di riconosciuta santità, dotti e illustri come lo furono tutti i Venerati Padri della nostra Santa Chiesa. E' indubbio che se il Gran Padre della Chiesa, Santo Isidoro di Siviglia, per esempio, o i Metropolitani e i Vescovi del Quarto Concilio di Toledo fossero vissuti ai nostri tempi, sarebbero stati subito accusati di colpevole anti-semitismo, addirittura di razzismo criminale, non soltanto dagli ebrei ma anche da quegli Ecclesiastici nostri che, passando per cristiani, in realtà sono al servizio del Giudaismo.

---

[263] Graetz, op. cit., tomo III. p. 50.

CAPITOLO XIII

CONDANNA DI QUEI RE E DI QUEI SACERDOTI CATTOLICI CHE SI DIMOSTRARONO NEGLIGENTI NEL CONDURRE LA LOTTA AL CRIPTO-GIUDAISMO

Com'è possibile constatare, i Sacri Canoni del Quarto Concilio di Toledo avevano lo scopo di distruggere definitivamente la quinta colonna giudaica penetrata nella comunità cristiana; e le sue decisioni avrebbero conseguito risultati più effettivi, se non fosse stato per la ancestrale abilità politica e diplomatica degli Ebrei, che hanno il dono di ingannare, mediante le adulazioni, la perfetta lealtà simulata, le argomentazioni false ed atteggiamenti atti ad ispirare fiducia. Sono stati inoltre molto svelti nel seminare la discordia fra i loro avversari, al fine di poter prevalere, alleandosi prima con alcuni per distruggere gli altri e quindi finirla coi primi alleati con l'appoggio degli ultimi, per annientare infine tutti quanti. Questo è stato sempre uno dei grandi segreti delle loro vittorie; ed è necessario che ne tengano conto le gerarchie religiose e politiche di tutta la umanità, per difendersi da tali manovre tanto machiavelliche.

Così pure è giusto menzionare che altre cause dei loro trionfi furono: la grande virtù di resistere alle avversità, la risoluzione di non arrendersi mai al nemico e di combattere nelle proprie file quei codardi che sono capaci di convertire in definitive le sconfitte provvisorie. Simili codardi si annoverano pure fra le alte gerarchie ecclesiastiche, causando tante arrendevolezze ed esitazioni negli ultimi tempi, mascherando con cinismo la codardia e l'egoismo con argomenti di pretesa prudenza e spirito conciliativo, senza preoccuparsi che tale codardia renda intere nazioni schiave del comunismo, perché non importa loro che i popoli vadano in malora, basta che i gerarchi siano lasciati in pace. Questo è il succo di quelle false prudenze ed esitazioni. Se gli Ebrei agissero in tal modo, la loro sconfitta sarebbe stata definitiva nell'Impero Gotico dopo il disastro cagionato loro dal Cristianesimo trionfante nel Quarto Concilio di Toledo. Però gli Ebrei, invece di arrendersi come vorrebbero fare adesso i codardi, hanno continuato a lottare con ardore e fanatismo, in attesa del momento di ingaggiare la nuova battaglia che assicuri loro il trionfo. Principiarono, con l'abituale perseveranza, a tentare di farsi gioco delle leggi, approvate dal Concilio di Toledo per ridurle ad impotenza, appoggiarono lo spirito di ribellione dei nobili contro il Re, aggravarono le cose con gli intrighi e, dopo aver bene esaltato gli animi, si presentarono come efficaci sostenitori delle pretese della nobiltà ribelle. Fino a che il Re, la Santa Chiesa e la aristocrazia visigota erano rimasti uniti, i Giudei non avevano potuto vincerli: importava dunque infrangere quella unità e dividere il nemico per indebolirlo. La cosa non era difficile, data la frequente tendenza dei nobili a ribellarsi contro il regio potere. I Giudei sfruttarono questa tendenza per fomentare le lotte e gradualmente conseguirono i loro fini, cominciando con l'ottenere anzitutto la protezione di certi aristocratici per poter eludere l'attuazione dei Canoni di Toledo e delle leggi promulgate dal monarca, dato che i nobili, ingannati dalla doppiezza giudaica, erano caduti nel tranello e consideravano gli Ebrei come utili assai nella lotta contro il Re. Questo lo ottennero soprattutto i Giudei convertiti ed i loro discendenti che, sotto l'apparenza di fedeli cristiani, potevano più agevolmente guadagnarsi la fiducia dell'aristocrazia visigota.

Lo storico ebreo Graetz commenta:

« Non sembra che le risoluzioni del Quarto Concilio di Toledo e la persecuzione di Sisenando contro i Giudei convertiti, abbiano avuto l'applicazione severa progettata. I nobili ispano-visigoti prendevano sempre più sotto la loro protezione i Giudei e contro di essi l'autorità regia perdeva forza »[264].

Così che i Giudei convertiti poterono abilmente premere sul punto debole dell'Impero Visigota e sfruttarlo con efficacia, come seppero farlo mille anni di poi in Inghilterra, dove si aprirono il passo verso la conquista della nazione, sfruttando ed anche acuendo le lotte dei nobili parlamentari contro il monarca.

In mezzo a crescenti lotte intestine che principiarono a indebolire gravemente l'eroico Impero Visigota, salì al potere Chintila, all'inizio del cui regno si riunì il sesto Concilio di Toledo[265]. Il difetto di perseveranza dei non-Giudei nella lotta contro il massimo nemico, continuava ad essere una malattia cronica, che favoriva i progressi del nemico stesso, benché i monarchi cattolici Visigoti fossero tanto coscienti della minaccia giudaica e desiderosi di estirparla. Fu pertanto necessario che i Metropolitani ed i Vescovi riuniti in Concilio decidessero di porre rimedio a quei mali, dichiarando, nel loro Canone III: « Sembra che infine, per la pietà e la potenza superne, verrà attutita la inflessibile perfidia dei Giudei, perché si sa

---

[264] Graetz, op. cit., tomo III. p. 51.
[265] Ci sono divergenze di opinioni rispetto all'anno nel quale si riunì il Concilio: alcuni, come il Cardinale Aguire, affermano che fu nel secondo anno, Tejada y Ramiro, al contrario, opina che la riunione avvenne nel principio del terzo.

che, ad ispirazione del Sommo Iddio, l'eccellentissimo e cristianissimo principe, infiammato dallo ardore della fede, in unione ai sacerdoti del suo regno, ha deciso di sradicare le loro prevaricazioni cacciando via dal suo regno i non cattolici... Inoltre si deve decretare e sorvegliare con grande vigilanza, che il suo fervore e la nostra opera, eventualmente assopiti, non si congelino in futuro, ed a tal fine promulghiamo col cuore e con la voce una sentenza concorde, che sia grata al Signore ed al tempo stesso sanzioniamo che chiunque in avvenire aspiri alla suprema podestà del regno, non salga in trono se non quando, dopo avere ricevuto i dovuti sacramenti, prometta di non consentire che i Giudei offendano la fede cattolica, fingendosi convertiti al Cristianesimo, e che non favorirà in alcun modo la loro perfidia, né, per negligenza o avidità[266], lascerà libero il passo alla prevaricazione degli infedeli, ma terrà ferma in futuro la grande opera compiuta nel nostro tempo, perché il bene non può avere effetto se non vi si provvede con perseveranza. E se poi, dopo essere asceso a capo del regno, mancasse a quella promessa, sia colpito di anatema in presenza di Dio sempiterno e sia di alimento al fuoco eterno insieme a chiunque, sacerdote o cristiano, che sia coinvolto nel suo errore. Noi, d'altronde, decretiamo le risoluzioni presenti e confermiamo quelle passate che furono decise circa gli Ebrei nel sinodo universale, perché sappiamo che con esse furono prescritte le misure necessarie, da sanzionarsi per la loro salvezza; e perciò riteniamo che deve restare fermo quanto fu allora decretato »[267].

Non poteva essere più dura la catilinaria lanciata contro i regnanti ed i sacerdoti cattolici che trascurassero la lotta, non già contro gli Ebrei manifesti, ma contro il tradimento dei Cristiani di origine ebraica, così detti giudeizzanti; dovendosi notare che mentre finora la condanna e le sanzioni dei Sacri Concili della Chiesa erano intese a colpire vescovi e sacerdoti che aiutassero gli Ebrei, facendosi loro complici, ora si lanciano le folgori della scomunica contro i sacerdoti che semplicemente manchino di perseveranza e siano negligenti nella lotta senza quartiere che la Santa Chiesa combatte contro il cripto-giudaismo. Dove si vede che i metropolitani ed i vescovi del Santo Concilio, come conoscevano la perfidia del nemico giudaico, conoscevano pure molto bene le debolezze ed i difetti di perseveranza dei gerarchi civili e religiosi della Cristianità, nel sostenere una così giusta lotta.

E tuttavia curioso che in questo Concilio si combatta la negligenza dei sacerdoti, senza menzionare quella dei vescovi, forse perché questi ultimi che approvarono tali disposizioni non ardirono includersi fra i meritevoli di tali sanzioni; senza dubbio, deve essere stata poi tanto grave la negligenza dei prelati che in un successivo Concilio si mosse indignata censura contro

---

[266] *Neglectu aut cupiditate*.
[267] Juan Tejada y Ramiro, Collezione di Canoni citata, tomo II, p. 333 e 334.

tale negligenza e furono approvate gravi sanzioni contro i colpevoli, come già prima erano stati dichiarati sacrileghi e scomunicati i vescovi che aiutavano gli Ebrei, a pregiudizio del Cristianesimo.

E'anche importante rilevare che questo canone si riferisce poi a coloro che per avidità aprono la via alla prevaricazione degli Ebrei convertiti perché non c'è dubbio che la corruzione simoniaca ebbe un ruolo importante negli intrighi ebraici, ciò che sembra essere confermato dal canone seguente che è il quarto e, fra l'altro prescrive: « Pertanto, chiunque si faccia imitatore di Simone, autore della eresia simoniaca, per ottenere gradi negli ordini ecclesiastici, col mal costume di donazioni ed offerte, ecc. »[268].

Fu l'ebreo Simon Mago quello che introdusse nella Santa Chiesa la politica di corruzione che precisamente da lui fu denominata Simonia. E nel corso dei secoli fu confermato che i Giudei convertiti ed i loro discendenti infiltratisi nell'ordine sacerdotale e nelle gerarchie della Santa Chiesa, avevano molto bene appreso dal Mago precursore il sistema di comprare dignità ecclesiastiche od anche di vendere arredi della Santa Chiesa, come fu ripetutamente denunciato dalla Santa Inquisizione e dalle Autorità Ecclesiastiche.

E'degno di nota il commento dello storico israelita Graetz in merito all'ordinanza del re Chintila, approvata dal Sesto Concilio di Toledo, che vietava la residenza nel Regno Gotico dei non-cattolici, disposizione evidentemente riguardante gli Ebrei: « Per la seconda volta i Giudei furono obbligati ad emigrare, ed i convertiti, rimasti fedeli al giudaismo nel segreto del cuore, furono costretti a firmare una dichiarazione con la quale si impegnavano ad osservare la religione cattolica ed obbedirle senza riserve. Però la dichiarazione così firmata da uomini i cui sacri convincimenti venivano oltraggiati, non fu ne poteva essere sincera. Essi attendevano decisamente tempi migliori, nei quali avere la possibilità di togliersi la maschera. La Costituzione della monarchia elettiva dell'Impero Visigota, rese ciò possibile e la situazione difficile durò solo i quattro anni del regno di Chintila (638-642 »[269].

Lo storiografo non poteva essere più chiaro nel confermare la falsa fede cristiana degli Ebrei convertiti e la nullità delle loro dichiarazioni e promesse. Il Graetz continua dicendo che i Giudei convertiti al Cristianesimo che violavano la promessa di non praticare il rito ebraico ed essere cristiani sinceri, furono condannati da Chintila « a morte nel fuoco o ad essere lapidati ».

Lo storico J. Amador de los Rios segnala i risultati pratici di questi provvedimenti: « Si deve tuttavia richiamare l'attenzione sul fatto che questa eccessiva severità dei legislatori non fu sufficiente a frenare l'impazienza

---

[268] Juan Tejada y Ramiro, Collezione di Canoni citata, tomo II, p. 334.
[269] Graetz, op. cit., tomo III, p. 51 e 52.

degli Ebrei, quando, non trascorsi ancora quindici anni, sotto il regno di Recesvinto, i Padri si videro forzati a ripetere l'intimazione che obbligava il re eletto a giurare che "avrebbe difeso la fede contro la perfidia giudaica ». Questa decisione fu presa nel Decimo Canone dell'Ottavo Concilio di Toledo[270]. Come disse il Graetz alla morte di Chintila gli Ebrei ottennero grazia; il carattere elettivo della monarchia favoriva i loro interessi nei rapporti col monarca eletto, il che prova ancora una volta il male cronico del quale soffriamo, noi cristiani ed anche i Gentili, per cui siamo incapaci di attenerci ad una condotta ferma e continua di fronte al nemico, nelle alternative dei cambiamenti di governo.

Fra noi Cristiani ed anche fra i Gentili, esiste una tale ansia di innovazioni, fra i governanti, per cui quel che uno fa, viene disfatto dal successore, non risultando possibile attenersi ad una politica uniforme di fronte al Giudaismo. E benché non vi sia dubbio che gli Ebrei influiscano assai su quei cambiamenti di politica, molte volte è la nostra incostanza, e la nostra mancanza di perseveranza che hanno la colpa principale.

E'molto interessante un memoriale inviato dagli Ebrei convertiti e loro discendenti di Toledo al monarca Recesvinto, al quale chiedevano: "Che siccome i re Sisebuto e Chintila li avevano obbligati a rinunciare alla loro legge e vivevano in tutto e per tutto come Cristiani, senza inganno ne dolo, fossero esentati dal mangiare carne di porco; e questo - dicevano - più perché non essendo abituati a quella vivanda, essa procurava loro male di stomaco, anzi che per lo scrupolo di coscienza »[271].

Tuttavia occorre dire che quando la persecuzione della Inquisizione mise in pericolo di morte coloro che professavano il cripto giudaismo, cioè i Cristiani segretamente Giudei, dovettero loro malgrado, mangiare carne di maiale, in quanto che gli inquisitori ed in genere tutta la gente, consideravano sospetto di Giudaismo segreto il Cristiano che si astenesse dal mangiare carne di porco anche se giurava di farlo per ripugnanza. Da allora, fino ai nostri giorni, fu abolita nel Giudaismo sotterraneo la prescrizione religiosa di astenersi da quella vivanda, allo scopo di non destare sospetti fra i vicini; per cui attualmente un Ebreo clandestino mangia di tutto e nessuno sospetta che sia Ebreo, dato quel che mangia: solo qualche fanatico, tra i Cristiani marrani, continua ad astenersi dal mangiare carne di maiale.

Purtroppo non furono adottate misure difensive sufficienti per evitare che gli Ebrei convertiti ed i loro discendenti si insinuassero nel clero ed a misura che più s'infiltravano, più aumentavano i casi di simonia in modo allarmante, tanto che l'Ottavo Concilio di Toledo dové combattere con tutta energia quel vizio di origine giudaica, segnalando nel terzo Canone che qualcuno ha preteso comprare « la grazia dello Spirito Santo pagando un vil

---

[270] J. Amador de los Rios, op. cit.., tomo I, p. 95e 96.
[271] J. Amador de los Rios, op. cit.., tomo I, p. 95.

prezzo, per ricevere accesso alla sublime sommità della grazia pontificia, dimenticando le parole di San Pietro a Simon Mago: " il tuo danaro vada con te in perdizione, poiché hai creduto di comprare il dono divino col danaro" ». E subito quel Concilio adottò sanzioni contro chi incorreva in quel delitto[272].

Dice lo scrittore israelita Graetz che il Re si accorse come i nobili ribelli del Paese concedevano la loro protezione ai Giudei e permettevano ai convertiti di praticare il Giudaismo; quindi « promulgò un decreto che vietava a tutti i Cristiani di proteggere gli Ebrei segreti » comminando pene a chi violasse quest'ordine e conclude: « ma queste misure e precauzioni non conseguirono i risultati auspicati ». « Gli Ebrei segreti o, come venivano chiamati, i Cristiani giudaizzanti, non potevano strappare il Giudaismo dai loro cuori ». « Gli Ebrei spagnoli, circondati come erano dal pericolo di morte, da tempo appresero l'arte di restar fedeli alla loro religione nello intimo del cuore e di sfuggire agli sguardi acuti dei nemici. Essi continuavano a festeggiare ai focolari domestici le festività ebraiche, disprezzando i dì di festa istituiti dalla Chiesa. Nel desiderio di metter fine a tale situazione, i rappresentanti della Chiesa approvarono una Legge, avente per oggetto di privare quei disgraziati della loro vita privata: furono da allora in poi obbligati a trascorrere i dì di festa - giudaica o cristiana - sotto gli sguardi del clero, per obbligarli a trascurare i primi ed osservare i secondi »[273].

Qui lo storico israelita dimentica ogni sotterfugio e chiama col loro vero nome i Cristiani di razza giudaica: Ebrei segreti o Cristiani giudaizzanti; ossia Ebrei che praticano il giudaismo in segreto, fornendo particolari molto interessanti di come celebravano le feste ebraiche nella intimità dei loro focolari, in quanto, essendo in apparenza cristiani, non potevano farlo nella comune Sinagoga. Nello stesso tempo, quell'illustre storico ebreo, tanto famoso negli ambienti israeliti, spiega il perché della decisione presa dal Nono Concilio di Toledo, che obbligava i convertiti a trascorrere le giornate di festa giudaica e cristiana sotto la vigilanza del clero cattolico.

Il 17° Canone del Nono Concilio di Toledo, quello al quale, evidentemente, si riferisce il Graetz, dice testualmente: « Che gli Ebrei battezzati celebrino i giorni festivi con i vescovi. Che i Giudei battezzati possano riunirsi fra loro in qualunque luogo o tempo, però ordiniamo che nelle festività principali consacrate dal Nuovo Testamento ed in quelle che, secondo l'antica Legge, essi consideravano un tempo come solenni, si riuniscano nelle assemblee pubbliche cittadine, insieme ai sommi sacerdoti cattolici affinché questi conoscano la loro verace fede che sia una vera conversione »[274]. Questo Canone dimostra che i Vescovi del Concilio

---

[272] Juan Tejada y Ramiro, Collezione di Canoni citata. Tomo II, p. 375.
[273] Graetz, op. cit., t. III, p. 104.
[274] Juan Tejada y Ramiro, Collezione di Canoni citata. Tomo II, p. 404.

sorvegliavano i Giudei convertiti alla nostra Santa Fede, con evidente sospetto della loro sincerità.

Alla morte di Receswinto, fu eletto al suo posto Wamba; e gli Ebrei profittarono di nuovo delle discordie della nobiltà, per negoziare cambiamenti a proprio favore dell'ordine costituito. Don Josè Amador de los Rios, riferendosi al fatto che il Decimo Concilio di Toledo non si era quasi più occupato degli Ebrei, commenta: « I legislatori (ecclesiastici) hanno talora creduto nella sincerità della quasi totale conversione degli Ebrei, sperando che, passati tutti al Cristianesimo, terminasse felicemente la lotta intestina contro di loro; però fu vana ogni speranza: Wamba aveva appena occupato il trono di Recaredo, quando la ribellione di Hilderico e di Paolo fornì occasione agli Ebrei di mostrare il loro rancore inestinguibile, schierandosi apertamente a fianco degli ammutinati. Tornarono allora all'Impero Visigota, principalmente alle frontiere della Gallia Gotica (nella Francia meridionale) dove aveva preso forza la ribellione, molte famiglie ebraiche già cacciate dal regno ai tempi di Sisebuto, ma dopo che furono vinti ed annichiliti i rivoltosi a Nîmes, furono pubblicati vari editti per la condanna e la repressione degli Ebrei, che furono di nuovo cacciati via in massa dalla Gallia Gotica »[275].

Anche il Padre Gesuita Mariana afferma che dopo la sconfitta dei ribelli, « furono emessi molti editti contro gli Ebrei, che furono cacciati fuori da tutta la Gallia Gotica »[276].

Però, l'israelita Graetz ci fornisce al riguardo dati più interessanti, quando ci informa che, morto Receswinto, « gli Ebrei convertiti parteciparono ad una rivolta contro il successore Wamba (672-680). Il Conte Hilderico, Governatore di Septimania, provincia della Spagna, rifiutandosi di riconoscere il nuovo Re eletto, inalberò la bandiera della rivolta. Ed allo scopo di guadagnare partigiani ed appoggi, promise ai Giudei convertiti di assegnar loro una zona dove potessero rifugiarsi in libertà religiosa, nella sua stessa provincia, ed essi, profittando dell'invito, accorsero in grande numero. La insurrezione di Hilderico di Nîmes assunse grandi proporzioni ed all'inizio alimentò speranze di vantaggiosa vittoria, ma infine gli insorti furono sconfitti. Wamba giunse con un esercito, innanzi a Narbona, in Francia, e cacciò via gli Ebrei dalla città »[277].

La quinta colonna, ove si smetta di sorvegliarla, profitta sempre della prima occasione per abbattere il regime che, per un motivo qualsiasi non le convenga; restando così ancora evidente che le discordie e le ambizioni personali hanno sempre offerto ai Giudei l'occasione di alzare la cresta. Per fortuna, in questo caso il Conte ribelle fu sconfitto, senza poter infrangere l'ordine dominante, il che sarebbe stato fatale per la Chiesa.

---

[275] J. Amador de los Rios, op. cit., tomo I, p. 97.
[276] R.P. Juan de Mariana, s.j.: *Historia General de España*, libro VI, cap. XIII.
[277] Graetz, op. cit., t. III, p. 104-5.

Per questo, il Cristianesimo conseguì allora un trionfo completo sul Giudaismo ed i suoi occasionali, egoistici alleati.

Tuttavia, mentre si conseguiva una decisa vittoria sopra il nemico visibile e franco, si perdeva lentamente terreno di fronte alla quinta colonna, giacché di mano in mano che la infiltrazione giudaica metteva radici nel seno della Santa Chiesa, vieppiù si acuiva la simonia, vizio di origine giudaica, propalato dai falsi convertiti del Giudaismo e dai loro discendenti, infiltratisi nel Clero. Il Concilio XI di Toledo, celebrato sotto il regno di Wamba, nel Nono Canone insiste sulla repressione della simonia, lottando per impedire che prevalgano le astuzie di coloro che se ne valgono per « negoziare lo acquisto della dignità vescovile » tanto ambita dai Giudei della quinta colonna ed il cui possesso occasionale, come noi vedremo, in seguito, li aiutò a cambiare per vari secoli il corso della storia.

CAPITOLO XIV

LA CHIESA COMBATTE IL CRIPTO-GIUDAISMO: SCOMUNICA DEI VESCOVI NEGLIGENTI

Quando già da mezzo secolo si era verificata la grande conversione degli Ebrei dell'Impero Gotico al Cristianesimo, ed erano trascorse tre decadi da quella che lo storico Amador de los Rios definiva quasi universale conversione, ciò nonostante, il regno di Recaredo, infestato e minato, dovunque, da falsi Cristiani che praticavano il Giudaismo in segreto e cospiravano nell'ombra per annientare la Chiesa e lo Stato, presentava una triste realtà. La situazione era tanto grave nell'anno 681, primo del regno di Ervigio, che, di comune accordo, il Clero cattolico ed il monarca elaborarono una legge civile ed ecclesiastica, allo scopo di distruggere la quinta colonna introdotta dal Giudaismo nel Cristianesimo. Con quella legge si punivano severamente tutti coloro che, essendo cristiani, praticavano occultamente i riti e le usanze degli Ebrei, e coloro che in qualsiasi modo appoggiavano od incoraggiavano quei falsi Cristiani, senza fare eccezione per i Vescovi che risultassero colpevoli di tali errori. Detta legislazione, approvata anzitutto dal monarca, fu presentata, in collaborazione con membri designati del Clero, alla considerazione del Dodicesimo Concilio di Toledo, nel quale i Metropolitani ed i Vescovi, con autorità ecclesiastica pienamente l'approvarono, inserendola nei Canoni del detto Santo Sinodo. Per poter comprendere le basi dei Canoni dei Concili della Santa Chiesa, sia Ecumenici che Provinciali, che vollero risolvere il terribile problema giudaico e in particolare quello della « quinta colonna » nella società cristiana, occorre tener conto che, sia nell'antichità, sia nei nostri giorni, nessuna nazione ha tollerato che un gruppo di stranieri, abusando della ospitalità generosamente offerta nel territorio dello Stato, osasse tradire la nazione che ingenuamente aveva aperto le porte, e facesse opera di spionaggio e sabotaggio, in favore di potenze straniere. Nei tempi antichi tutti i popoli senza eccezione punivano con la pena di morte le spie ed i sabotatori e nei tempi moderni si è fatto in genere lo stesso. Se a questo aggiungiamo che la quinta colonna giudaica, introdottasi nelle nazioni cristiane e gentili, oltre a svolgere opera di spionaggio e sabotaggio, ha realizzato, attraverso i secoli, un'opera di conquista interna che è costata milioni di vite ed ha assassinato nella loro casa coloro che avevano generosamente accolto gli Ebrei nel territorio dello Stato, derubandoli o tentando di renderli schiavi, non c'è dubbio che le cosiddette Colonie Ebraiche negli Stati cristiani e gentili, sono molto più pericolose e dannose per i territori nei quali sono installate, che le volgari organizzazioni di spionaggio e sabotaggio; e se i membri di queste ultime organizzazioni furono puniti con la pena di morte, senza distinzione di razza, di religione o nazionalità, perché dovrebbe farsi un'eccezione a beneficio degli Ebrei, del tipo di quinta colonna, ben più pericoloso, perfido e criminale? Di che privilegio godono gli Ebrei perché, quando commettono un delitto di alto tradimento, di spionaggio o sabotaggio, di cospirazione contro il popolo che li accoglie, si debbano perdonare e non castigare come si fa con le spie di altre razze o nazionalità?

Tutti i popoli hanno diritto naturale di legittima difesa e se degli stranieri immigrati, facendo cattivo uso dell'ospitalità loro offerta, mettono quei popoli in un terribile dilemma di vita o di morte, detti stranieri perniciosi sono gli unici responsabili delle misure che la popolazione tradita e minacciata potrà prendere contro la quinta colonna.

Così lo comprese la Santa Chiesa e lo compresero alcuni monarchi cristiani ed in alcuni Concili, come fra poco vedremo, si disse perfino che i colpevoli di tali delitti erano meritevoli della pena di morte; però invece, anzi che applicare tale sanzione, così comune e giustificata in casi del genere, la Santa Chiesa ed i monarchi fecero una eccezione per gli Ebrei, lasciandoli in vita centinaia di volte, compromettendo così il loro avvenire ed il loro diritto di vivere in pace ed in libertà nel proprio territorio. E, facendo uso di tale benevolenza eccezionale, per evitare che le quinte colonne ebraiche potessero arrecare tutto il danno che meditavano, invece di sopprimere radicalmente gli Ebrei, ricorsero ad una serie di misure che, lasciandoli in vita, li riducevano senza dubbio all'impotenza, ed a tal fine i diversi Concili della Chiesa e le Bolle dei Papi approvarono una serie di canoni e leggi, prescrivendo che gli Ebrei fossero distinti da qualche segnale per poterli riconoscere fra i membri della nazione in mezzo alla quale vivevano, perché questi ultimi potessero difendersi dalle attività sovversive degli Israeliti contro la Chiesa e lo Stato. I segnali furono diversi: o si rasava loro la testa, o si obbligavano ad usare un copricapo, un abito od un distintivo speciale.

In altri casi la legislazione canonica ed i comandi pontifici ordinarono che gli Israeliti fossero confinati in quartieri speciali chiamati Ghetti, che si proibisse loro di accedere ad uffici di governo od a gradi gerarchici nella Chiesa, per impedire che potessero svolgere opera di conquista e dominio del popolo che per disgrazia aveva aperto loro le frontiere.

Qualche volta si condannavano a morte i recidivi ma nella maggior parte dei casi si perdonava loro un'altra volta, limitandosi a castigarli con la confisca dei beni o con pene più lievi come la fustigazione (al giorno d'oggi caduta in disuso, ma in altri tempi assai comune in tutti i Paesi della Terra), oppure con la espulsione dallo Stato.

Siccome quelle pericolose quinte colonne giudaiche continuarono altre volte a cospirare contro le popolazioni cristiane e contro la Santa Chiesa, questa, invece di ricorrere all'espediente definitivo di annientarli usando la pena di morte, come tutti i popoli fanno con le spie ed i sabotatori di professione, tentò di sopprimerli riducendo in vari modi gli adulti alla impotenza e separando i fanciulli innocenti per farli educare in conventi od in case di Cristiani onorati, così che in due o tre generazioni fosse estirpata la minacciosa quinta colonna senza dover ricorrere alle esecuzioni in massa di quei maestri nell'arte dello spionaggio, del sabotaggio e del tradimento.

E'peraltro necessario riconoscere che queste benevolenze eccezionali, messe in pratica dalla Santa Chiesa, dal regnanti cristiani ed anche dai gerarchi del mondo islamico, non risultarono efficaci perché, se anche le misure adottate contro le quinte colonne apparivano odiose, gli Ebrei si valsero sempre di infinite astuzie per burlarsi delle misure intese a legar loro le mani ed impedire che continuassero a fare tanto del male. Si valsero della corruzione, comprando con l'oro i cattivi gerarchi civili ed ecclesiastici, per convertire in lettera morta i canoni e le leggi vigenti o ricorrendo ad una infinità di intrighi per liberarsi dal controllo inteso a ridurli all'impotenza, provocando nuove rivolte, ordendo cospirazioni ogni volta più pericolose, fino a che, profittando della bontà della Chiesa e dei popoli cristiani, riuscirono, nei tempi moderni, ad infrangere i freni che impedivano loro di cagionare maggior danno e di irrompere nella società cristiana, minacciandola di totale annientamento.

Per poter comprendere quanto fossero giustificato tutte le leggi canoniche che studieremo nel corso di questa opera, e tutte le misure tendenti a salvaguardare i popoli dall'azione cospiratrice di quegli stranieri malefici, occorre tenere conto di quanto già detto, del fatto cioè che la Santa Chiesa, lungi dall'essere crudele come affermano gli Israeliti, fu estremamente benevola con loro e chi sa che non sia stata proprio quella estrema benevolenza a permettere ai Giudei di fare grandi progressi nell'opera di tradimento contro i popoli, oltraggiandoli, derubandoli, facendoli schiavi ed assassinandoli nella loro Patria, come avviene attualmente negli infelici Paesi dominati dalla dittatura totalitaria del socialismo giudaico; situazione catastrofica questa, che si sarebbe verificata già molti secoli orsono se la Chiesa non avesse preso almeno le misure preventive che studieremo nel resto della presente opera.

Dopo avere espresso queste giuste spiegazioni, in difesa della dottrina e della politica seguita nei secoli dalla Santa Chiesa, passeremo ad occuparci di quanto fu approvato nel Dodicesimo Concilio di Toledo.

Nel plico presentato dal Re al Santo Sinodo si rileva quanto segue:

« Provvedete, reverendissimi Padri ed onorevoli Sacerdoti, Ministri del Cielo... a tal fine mi presento lacrimante alla vostra venerabile adunata paterna affinché con lo zelo del vostro regime venga purgata la Terra dal contagio della perfidia. Elevate preghiere, siate indulgenti coi colpevoli, correggete i costumi disonesti dei trasgressori, mostrate la disciplina del vostro fervore contro i perfidi e reprimete l'alterigia dei superbi, alleviate gli oneri degli oppressi e, quel che più conta, sradicate la peste giudaica, che di continuo dilaga con maggior furore (*et quod plus his omnibus est, judaeorum peste quae in novam semper recrudescit insaniam radicitus stirpate*). Esaminate altresì con la massima attenzione le leggi gloriosamente promulgate contro la perfidia dei Giudei, sanzionatele e riunitele in un solo statuto per frenare gli eccessi di quei perfidi »[278].

E'interessante notare che fra le calamità denunciate nel detto Sinodo, fu considerata come la più grave di tutte, quella della peste giudaica, che ogni giorno cresceva in proporzioni allarmanti.

Nel IX Canone del detto Concilio, si formulò la legislazione contro il cripto-giudaismo, cioè degli Ebrei che vivevano con la maschera di un falso Cristianesimo e che, sia il monarca che il Sinodo, chiamavano Giudei purulenti, data la certezza che i discendenti dei convertiti dal Giudaismo praticassero in segreto la religione ebraica. Del citato Canone, che comprende tutta la legislazione antiebraica suddetta, prenderemo solo le parti più interessanti, non perché le altre difettino d'importanza, ma in riguardo alla brevità di questo lavoro:

« IX Canone - **Conferma delle leggi promulgate contro la iniquità degli Ebrei** (*quae in judaeorum nequitiam promulgatas sunt*), seguendo l'ordine dei distinti Titoli in cui si trovano, il cui ordine si enumera in questo Canone. « Abbiamo letto in titoli distinti le leggi che ha nuovamente promulgato il glorioso principe, circa l'esecrabile perfidia dei Giudei e le abbiamo approvate con severo esame; il Sinodo le approva perché sono ragionevoli e delibera che d'ora in poi siano irrevocabilmente osservate, contro gli eccessi degli Ebrei; queste sono... »[279].

Seguono i testi delle Leggi approvate, che diventano parte integrante del citato IX Canone, e si enumerano separatamente, per il loro interesse, le disposizioni seguenti:

La prima legge tratta della grande perfidia dei Giudei e dei loro tenebrosi errori « si comportano con astuzia e progrediscono nelle arti malefiche e negli inganni », perché fingevano di essere buoni Cristiani e deludevano

---

[278] Juan Tejada y Ramiro, cit., p. 454-5.
[279] Juan Tejada y Ramiro, Collezione citata. Tomo II, p. 476 e 477.

sempre le leggi che vietavano il loro Giudaismo clandestino e sotterraneo.

Le Leggi quarta e quinta puniscono i cripto-giudei che celebrano i riti e le festività degli Ebrei e tentano di strappare i Cristiani dalla Fede in Gesù. Non si tratta qui di reprimere i riti e le cerimonie di una religione estranea, ma di punire i falsi Cristiani che con simulazione praticavano il Giudaismo. Le misure repressive tendevano a distruggere la quinta colonna ebraica penetrata nel seno della Santa Chiesa e dello Stato Cristiano.

La settima Legge proibisce ai Giudei nascosti sotto la maschera del Cristianesimo, di celebrare i costumi religiosi ebraici in materia di carne, spiegando però che si permetteva ai buoni Cristiani di astenersi dal mangiare carne di porco. Si vede che quei falsi Cattolici, ancora continuavano ad ingannare il Clero ed il Re con la loro pretesa ripugnanza per la carne di maiale, benché nei secoli posteriori, ne abbiano mangiato con ostentazione per fugare i sospetti degli Inquisitori e dei Cristiani autentici loro vicini.

La nona Legge proibiva la loro opera sovversiva contro la Fede Cristiana, imponendo gravi castighi a chi non lo facesse; questa disposizione si applica anche ai Cristiani che nascondono gli Ebrei e li aiutano. Per tale riguardo, la Legge dice testualmente: « Se qualcuno nasconde quegli Ebrei nella propria casa o li aiuta a fuggire, una volta che ciò sia provato, si somministrino al responsabile cento frustate ed i suoi beni siano confiscati a beneficio del Re ed egli sia esiliato in perpetuo ». Terribile punizione per coloro che aiutavano gli Ebrei nascondendoli; con ciò, i Vescovi del Concilio e lo stesso monarca pensavano di farla finita con la peste di coloro che aiutavano i Giudei, facendosene complici nella lotta contro il Cristianesimo.

E'evidente che ora è più che mai necessario di rendere effettive le disposizioni di quel Sacro Canone, perché solo così avremo speranza di vincere la bestia giudaico-comunista, i cui trionfi sono resi possibili per gli intrighi di coloro che, dicendosi cristiani, aiutano i Giudei ed i comunisti, facilitando la loro vittoria.

La decima legge prosegue fulminando e sanzionando coloro che aiutano il Giudaismo senza distinzione di classe o gerarchia, dicendo, fra l'altro:

« Per cui se qualche Cristiano, di qualsiasi lignaggio, investito di qualsiasi dignità od ordine che sia, uomo, donna o sacerdote o laico, che accetti regali per aiutare qualche Ebreo od Ebrea contro la legge di Cristo, e riceva da loro o dai loro mandanti, regali qualsiasi o si astenga dal proteggere e mantenere gli ordini della legge cristiana, (semplice delitto di passività di fronte al nemico) per avere cose in dono da loro; tutti quelli che si diano da fare per avere dei regali, che nascondano gli errori a loro noti di qualche Giudeo e desistano dal punire la sua perfidia in qualsiasi modo, vadano soggetti agli ordini dei Santi Padri, formulati nei decreti e versino al Tesoro del Re il doppio di quanto abbiano ricevuto dall'Ebreo o dalla Ebrea, dopo che ciò sia comprovato »[280].

Si vede perciò che i Giudei furono sempre maestri nell'arte di comprare, con l'oro, la complicità dei Cristiani e dei Gentili, e questi hanno sofferto, di frequente, il male cronico di vendersi alla *Sinagoga di Satana*.

Le Ambasciate e Legazioni d'Israele esistenti in varie parti del mondo, hanno espresso inviti sospetti agli Arcivescovi ed altri dignitari della Chiesa Cattolica, inducendoli a compiere un viaggio interessante in Terra Santa, con tutte le spese pagate, e con un itinerario abilmente predisposto, come i viaggi nell'Unione Sovietica. Hanno fatto questo alla Vigilia del Concilio Vaticano Secondo; e con ciò - secondo quanto abbiamo appreso - contano di ottenere adesioni alla condanna dell'antisemitismo, giusti i piani approntati dagli Ebrei, perché i loro agenti della quinta colonna facciano approvare quella condanna nel Concilio. Speriamo che questa seduzione a mezzo di viaggi pagati in Palestina si dissolva e che nessun successore degli Apostoli incorra nel peccato di Giuda, vendendosi per trenta danari.

Le gerarchie della Santa Chiesa si sono preoccupate sempre di affrontare le cause che legavano i cripto-giudei ai convertiti e loro discendenti; una di tali cause fu identificata nei libri giudaici che quei falsi Cristiani leggevano di nascosto ed i cui insegnamenti tramandavano di padre in figlio. La Legge XI si propone di punire severamente questo delitto, ordinando, fra l'altro, di rasare i capelli al cripto-giudeo « trovato in possesso di quei libri in casa sua o che li tenga altrove nascosti e che gli siano somministrate cento frustate la prima volta e si impegni per iscritto, dinanzi a testimoni, che non li leggerà e non li terrà più con sé. E se, dopo avere firmato quell'impegno, fosse recidivo, oltre alle suddette pene, che gli sia tolta la sua fortuna, a beneficio del Barone indicato dal Re e sia mandato in esilio. Se qualche maestro fosse trovato ad insegnare o si accingesse ad insegnare quegli errori che abbiamo proibito, siano inflitte le medesime pene a lui ed ai suoi discepoli di età maggiore ai dodici anni, e vadano indenni quelli di età minore... »[281].

Con ciò si faceva uno sforzo supremo per impedire che i falsi Cristiani trasmettessero di padre in figlio il loro cripto-giudaismo con gli insegnamenti della loro dottrina mediante i libri clandestini. Ma d'altra parte si sperava invano che i colpevoli non diventassero recidivi dopo aver firmato un solenne impegno dinanzi a testimoni, perché gli Ebrei, in questa come in ogni altra occasione non hanno mai rispettato le loro promesse né i loro patti solenni, come lo hanno dimostrato coi fatti negli anni seguenti.

La Legge XIII stabilì che:

---

[280] *Fuero Juzgo*, Edizione Real Academia Española, 1815, p. 186-92.
[281] *Idem*, p. 192-3.

« Se qualche Giudeo, per arte o per inganno, o per timore di perdere la sua fortuna, dicesse che osserva la legge cristiana e che non si sente obbligato a licenziare i suoi servi cristiani, perché egli stesso è cristiano, abbiamo spiegato in che modo deve provare quel che dice perché, da quel momento in poi non possa ingannare o mancare alla sua parola. In conseguenza decretiamo che tutti gli Ebrei residenti nelle province del nostro regno... possano vendere i loro servi cristiani come ordinato nella nostra Legge anteriore alla presente, e se vogliono conservarli che si dichiarino cristiani come già da noi spiegato, mentre noi offriremo loro l'opportunità di non destare più sospetti e purgarsi di ogni inganno, entro sessanta giorni, dal primo febbraio al primo aprile di quest'anno ».

Poi la citata Legge impone ai sospetti di presentarsi al Vescovo della provincia per promettere pubblicamente, dinanzi a testimoni, di abbandonare tutte le costumanze ebraiche, di condannarle e che:

« mai torneranno alla antica miscredenza e tutto il resto come convenuto e spiegato in questo capitolo; in tali condizioni che si confessino, che non sentano in cuor loro il contrario di quanto affermato a voce, che non si fingano cristiani all'esterno restando giudei nel cuore... » « E se qualcuno fra loro dopo essersi dichiarato cristiano dinanzi a testimoni ed aver prestato il detto giuramento, tornasse alla fede giudaica, credendo in essa, mancando così alla sua promessa, avendo giurato il falso dinanzi a Dio, che gli siano espropriati i beni a beneficio del Re, riceva cento frustate, gli siano rasi i capelli e sia cacciato in esilio »[282].

Con questa disposizione che faceva parte della citata legislazione approvata e confermata dal IX Canone del Dodicesimo Santo Concilio di Toledo, i Metropolitani ed i Vescovi del Santo Sinodo si proponevano di evitare che i Giudei, mascherandosi sotto l'apparenza del Cristianesimo, potessero avere servi cristiani, mentre offrivano loro la possibilità di continuare ad essere pubblicamente ebrei, a patto che vendessero i servi, senza espropriarli. Senza dubbio, date le estreme precauzioni che adottavano, sia i Prelati che il Re Cattolico, si comprende che allo scopo di conservare dei Cristiani al proprio servizio, gli Israeliti si fingevano cristiani mentre in segreto continuavano ad essere giudei, continuando a fare parte della pericolosa quinta colonna giudaica, penetrata nel Cristianesimo. Per questo si minacciavano loro severe pene se colti in flagrante, in un vano tentativo di assicurare la sincera conversione degli Ebrei e dei loro discendenti, con l'annientamento della pericolosa quinta colonna.

---

[282] *Fuero Juzgo*, ley XX.

Per disgrazia, né la Santa Chiesa, né il monarca cattolico, poterono conseguire i due fini, ottenendo solo che i falsi cristiani occultassero in forma sempre più efficace il loro Giudaismo sotterraneo, con la esperienza che andavano acquistando, rendendosi conto delle imprudenze o indiscrezioni che li scoprivano, per cui continuavano a perfezionare i metodi di simulazione, fino a che, attraverso i secoli, pervennero alla massima perfezione in quell'arte.

D'altra parte, il Santo Sinodo citato, occupandosi di un problema che doveva attirare l'attenzione delle popolazioni cristiane e musulmane, quello cioè d'imporre agli Ebrei un segnale che li facesse distinguere dal resto della popolazione, così che questa potesse difendersi dai loro inganni e dalla loro opera sovversiva, decretava che si rasassero loro i capelli, per denunciarli quali pericolosi cripto-giudei; e questo in forma forse più efficace di quant'altre mai adottate dai Cristiani e dai Mussulmani ed ultimamente dai Nazisti, con la famosa stella giudaica cucita sui vestiti. I copricapi speciali, gli abiti caratteristici, le stelle, potevano togliserseli, ma giammai nascondere la rasatura dei capelli. A tutti noi del XX secolo farebbe impressione una misura di tal genere approvata da un Santo Concilio ma chi conosce il pericolo mortale che, per il resto del mondo significa ed ha sempre significato quella banda di criminali giudaici, si sentirà meno scandalizzato e comprenderà di più. Quei segnali, usati in varie epoche, furono forme efficaci per distinguere i falsi Cristiani dalla quinta colonna del Giudaismo, ed affinché i veri discepoli di Cristo potessero difendersi dalle loro velenose attività. Se si potesse escogitare una forma di riconoscimento tempestivo, ammissibile nei nostri tempi, si troverebbero nella incapacità di realizzare con tanta efficacia la loro opera di tradimento ed inganno che ha messo tante popolazioni sotto le grinfie del comunismo assassino.

Nel tornare al Santo Concilio di Toledo, segnaleremo che fra le leggi approvate dal IX Canone, figurano le Leggi XIV e XV che stabiliscono il testo dell'abiura dal Giudaismo ed insieme il testo del giuramento di fedeltà al Cristianesimo, ambedue deliberati nel proposito, purtroppo sterile, di assicurare la sincerità di quelle false conversioni.

Nonostante tutte le misure adottate per evitarlo, il Giudeo agisce per dominare tutti i popoli che gli offrono ospitalità. La Legge XVII tenta appunto di metter fine a quell'opera di oppressione proibendo, fra l'altro, agli Israeliti di «impadronirsi di alcun Cristiano o di comandarlo», «o comandare, vendere od esercitare autorità sopra i Cristiani in qualsiasi forma» ordinando castighi ai Giudei che violassero questa Legge ed anche per i Nobili ed i Baroni investiti di cariche pubbliche, che la violassero attribuendo agli Ebrei autorità sui Cristiani. Purtroppo, gli Ebrei stimolarono lo spirito ribelle della aristocrazia visigota contro il monarca, per ottenere la protezione dei nobili, annullando in gran parte la efficacia di queste Leggi.

Un'altra misura approvata dal Santo Concilio, per distruggere la quinta colonna, è compresa nella Legge XVIII, che stabiliva una azione di vero spionaggio sui Cristiani discendenti da Ebrei, nelle loro stesse case, obbligando i servi cristiani a denunciare le loro pratiche giudaiche, offrendo loro, come premio della denuncia, la liberazione dalla servitù.

La citata Legge, riferendosi ai detti servi, ordina « che in qualunque momento sia liberato chi proclamando, dicendo e giurando di essere cristiano, denunci la miscredenza dei suoi padroni e ripudi i loro errori ». Forse, di tutte le misure citate finora, tendenti a distruggere il cripto-giudaismo nel seno della società cristiana, quest'ultima fu la più efficace, perché era logico che un servo, che era quasi uno schiavo, aveva sempre interesse a riacquistare la propria libertà, denunciando le pratiche giudaiche clandestine dei suoi padroni, solo in apparenza cristiani. Ora sì che i Prelati del Santo Concilio avevano compiuto un passo decisivo, perché ora i membri della quinta colonna dovevano guardarsi, a casa loro, dai propri servi che in qualunque momento potevano scoprire il loro Giudaismo sotterraneo e denunciarlo. Purtroppo, i falsi Cristiani cripto- giudei trovarono modo di occultare il loro Giudaismo segreto perfino nelle loro case e la misura anzidetta risultò insufficiente per distruggere la quinta colonna, perché ogni volta il Giudaismo divenne più ermetico ed occulto, come vedremo nei capitoli seguenti.

ESILIO AI VESCOVI CHE CONFERISCANO AUTORITÀ AGLI EBREI.

Questo Santo Concilio si preoccupò ancora una volta di condannare i Vescovi ed i sacerdoti che entrassero in complicità dannose con gli Ebrei; a tale scopo, nella Legge XIX, approvata dal IX Canone, si ordina: « E se qualche Vescovo, Sacerdote o Diacono autorizzasse un Ebreo a controllare una cosa qualunque della Chiesa, o da disporre di cose dei Cristiani, sia condannato a pagare al Re di propria tasca il valore delle cose della Chiesa date in potere all'Ebreo e, se non potesse pagare, che sia messo al bando ai confini perché faccia penitenza e riconosca il male commesso... »[283].

Prelati del Concilio approvarono anche la legislazione intesa ad impedire che i Cristiani di sangue giudeo, si spostassero da una ad altra località, per praticare in segreto il Giudaismo, lontani dalla sorveglianza del Clero del luogo ove avevano precedente residenza. Così la Legge XX dice:

« se si muovono da un luogo ad un altro, devono presentarsi al Vescovo della nuova località, al sacerdote od al magistrato; e che non si nascondano

---

[283] *Fuero Juzgo*, p. 200.

dal sacerdote perché esso possa verificare se hanno smesso di osservare il sabato e di rispettare le costumanze e le feste ebraiche, per evitare che conservino i loro errori e perseverino nella miscredenza, ma osservino invece le leggi cristiane... » poi segue dicendo che « qualora dicessero che hanno necessità di trasferirsi, non partano senza autorizzazione dei sacerdoti, dopo trascorsi i sabati (ed i sacerdoti verifichino che non li osservino) ed il sacerdote scriva, dal luogo di partenza, di suo pugno, lettere ai sacerdoti delle località per le quali l'Ebreo deve transitare, per evitare inganni sia nelle locande che durante il viaggio, e siano obbligati a provvedere come sopra con diligenza; e se qualcuno contravvenisse ai nostri ordini, che il vescovo del luogo, il sacerdote od il magistrato, gli facciano avere cento frustate; né tolleriamo che gli Ebrei trasferitisi si insedino nell'ultima abitazione scelta, senza essere muniti di una lettera dei vescovi o sacerdoti del luogo di provenienza dove sia specificato il tempo che vissero sotto il controllo del Vescovo della città di partenza, come vi giunsero ed in che giorno partirono »[284].

Non c'è dubbio che l'obbligo imposto ai servitori cristiani di denunciare i padroni che pretendevano di essere puri cristiani, ma in segreto praticavano il Giudaismo, nelle loro case, celebrando i riti del sabato e delle festività ebraiche, faceva sì che i cripto-giudei non avessero altra alternativa che quella di andare in altra località clandestina e non sorvegliata; però, una volta scoperta questa frode, il Santo Concilio ed il cristianissimo Re Ervigio, trovarono i mezzi per controllare minuziosamente i viaggi dei cripto-giudei, per impedire che coloro i quali ufficialmente risultavano cristiani, continuassero a praticare il Giudaismo. A sua volta, la Legge XXI completò quanto sopra, rinnovando l'antica legislazione, che obbligava gli Ebrei a trascorrere le festività ebraiche col Vescovo, il sacerdote o, in loro mancanza, con buoni cristiani del luogo « affinché, unendosi a loro, comprovino di essere veri cristiani e di vivere in piena regola ». Lo scopo era d'impedire che i Cristiani di sangue giudeo, avessero la minima possibilità di osservare le ricorrenze ebraiche, per vedere se in tal modo si convertivano infine in Cristiani sinceri, smettendo di praticare clandestinamente il Giudaismo.

PROIBIZIONE AI SACERDOTI DI PROTEGGERE GLI EBREI.

La Legge XXIII conferisce ai sacerdoti il potere di far applicare dette leggi, ordinando loro decisamente: « che nessuno protegga i Giudei, ne

---

[284] *Fuero Juzgo*. Libro XII. Tit. III. Ley XX.

adduca ragioni in loro favore che consenta loro di perseverare nei propri errori e nella loro Legge». Dunque il problema dei sacerdoti che aiutavano i nemici della Chiesa era tanto grave da giustificare l'approvazione del Santo Sinodo per quella Legge.

SCOMUNICA AI VESCOVI NEGLIGENTI.

Però, la Legge XXIV è ancora più esplicita a tale riguardo, quando ordina: «I sacerdoti della Chiesa di Dio debbono evitare di cadere nel peccato di lasciare che le popolazioni perseverino nell'errore... e quindi, per scuoterli dalla loro negligenza, stabiliamo che se qualche Vescovo, vinto dalla cupidigia o da cattivi pensieri, fosse debole nel far osservare queste Leggi dagli Ebrei, e se conoscendo le loro colpe e presunzioni, ed avendone accertata la necessità, non li costringa né li castighi, sia scomunicato per dei mesi, in punizione della sua negligenza e della sua fiacchezza. Diamo il potere ad ogni Vescovo zelante nel Signore di frenare e costringere gli errori di quegli Ebrei e che corregga le loro follie, in sostituzione del Vescovo negligente, facendo quel che l'altro non fece.

Ché se poi anche questo non lo facesse e fosse negligente come l'altro, con scarso zelo nel Signore, che il Re corregga subito i suoi errori, per il peccato commesso. Estendiamo gli ordini anzidetti per i Vescovi negligenti nel compito di correggere gli errori degli Ebrei, anche agli altri religiosi, sia sacerdoti che diaconi e chierici... »[285].

Il Concilio, con l'approvazione di questa Legge nel suo sacro Canone numero IX, dichiarò che era peccato mortale, non solo il fatto di aiutare i Giudei, ma anche la negligenza del Vescovo, del sacerdote od altro religioso nell'assolvere i suoi doveri nella lotta contro il Giudaismo, sanzionando quel peccato mortale con la scomunica. Qui sarebbe acconcio chiedere: quanti Prelati ed alti dignitari della Chiesa sarebbero ora passibili di scomunica, se si applicasse il IX Canone di detto Concilio, dato che è tanto generalizzato quel peccato mortale nel Clero del XX secolo che aiuta i Giudei in un modo o nell'altro?

La legge XXVII stabilisce qualche cosa di molto più importante, ordinando che la sincerità cristiana dei cattolici di origine giudaica, sia comprovata, non solo dalla testimonianza dei Vescovi, sacerdoti o magistrati del luogo, ma anche dal comportamento di quei sospetti. Non basta cioè che essi dichiarino di essersi convertiti sinceramente, ma occorre che lo comprovino coi fatti. Perciò quella Legge si occupa in forma più rigorosa dei cristiani che essendo stati scoperti come cripto-giudei, siano stati perdonati, dopo aver dimostrato con parole od opere il loro pentimento,

---

[285] *Fuero Juzgo*. Libro XII. Tit. III. Ley XXIV.

salvo poi a praticare di nuovo il Giudaismo. Per questi recidivi, la Legge dice:

> « che non siano più perdonati e soffrano le pene che meritano, sia quella di morte che altre minori senza avere pietà per loro »[286].

Nell'approvare quella Legge, il Santo Concilio stabilì ancora una volta la dottrina della Santa Chiesa Cattolica, secondo la quale altro è il perdono concesso dal N. S. Iddio ad ogni peccatore pentito sul punto di morte, ed altro è il fatto che i Giudei, i quali costituiscono una minaccia costante per la Chiesa e l'Umanità, debbano essere castigati dall'autorità civile per i loro delitti. Non essendo lecito che possano addurre, per evitare il giusto castigo, la sublime dottrina del perdono ai nemici, insegnata dal nostro Divino Salvatore, perché Egli si riferiva al perdono di un singolo, non ai delitti e crimini commessi da un gruppo di delinquenti in pregiudizio della Società e della Nazione. I sacerdoti che ai nostri giorni sono al servizio del Giudaismo, forgiano al riguardo conclusioni sofistiche, tentando di utilizzare in forma perfino sacrilega, le dottrine sublimi di amore e perdono del Nostro Redentore Gesù Cristo, con l'animo di impedire che le popolazioni minacciate dalla schiavitù, possano valersi del diritto naturale di legittima difesa, lottando contro I criminali cospiratori ebrei od infliggendo loro il giusto castigo. Non bisogna inoltre dimenticare l'autorità somma concessa dalla santa Chiesa ai citati Concili di Toledo, per quanto riguarda la definizione della dottrina ecclesiastica e le misure adottate contro i Giudei dal Santo Sinodo dodicesimo, cui ci siamo riferiti in questo capitolo. Il suo vigore per la dottrina della Santa Chiesa è maggiore perché, riunitosi nell'anno 683 un nuovo Concilio a Toledo, il tredicesimo, non solo confermò nel suo IX Canone le deliberazioni del Sinodo anteriore, ma ordinò che trovassero applicazione in eterno, dando loro perciò il carattere perenne di dottrina della Chiesa. Infatti, il citato IX Canone del Tredicesimo Concilio di Toledo, dice:

> « Conferma del Concilio XII, celebrato nell'anno primo del gloriosissimo regno di Ervigio ».
> « Benché gli atti sinodali del Concilio di Toledo XII tenutosi nel primo anno del regno del nostro glorioso principe Ervigio, disposti e celebrati in questa città reale abbiano avuto già l'unanime giudizio del nostro consenso, senz'altro confermiamo con la nostra firma e decretiamo che quegli atti, così come furono scritti e ordinati abbiano vigore e valore in eterno »[287].

---

[286] *Fuero Juzgo*. Libro XII. Tit. III. Ley XXVII.
[287] Juan Tejada y Ramiro, coll. cit., p. 505.

MAURICE PINAY

CAPITOLO XV

IL CONCILIO XVI DI TOLEDO CONSIDERA NECESSARIA LA DISTRUZIONE DELLA « QUINTA COLONNA » EBREA

Secondo quanto abbiamo già detto, dopo la quasi universale conversione dei Giudei al Cristianesimo, come l'aveva definita lo storico José Amador de los Rìos, l'Impero Visigota si trovava a lottare tenacemente contro un tipo di Giudaismo assai più pericoloso, coperto dalla maschera del Cristianesimo. Lo sforzo compiuto dai Santi Concilî di Toledo, il Dodicesimo et il Tredicesimo, per distruggere completamente quel poderoso blocco di falsi cristiani, giudei in segreto, insinuati nel seno della Santa Chiesa, era fallito completamente. La minuziosa ed energica legislazione anti-giudea, approvata dal IX Canone del Dodicesimo Concilio e ratificata dal nono Canone del Tredicesimo Santo Concilio, dichiarandola dottrina della Chiesa, valida in eterno, fu incapace di annientare la pericolosissima quinta colonna, d'impedire che i cristiani di sangue ebraico continuassero a praticare il giudaismo clandestino, convertendosi in Cristiani veraci. Lo comprova il fatto che dieci anni dopo, regnando già Egica, il Concilio Sedicesimo di Toledo tornò ad occuparsi di questo pauroso problema, precisamente nel suo primo Canone che dice:

« Canone I - Della perfidia degli Ebrei - Benché, a condanna della perfidia degli Ebrei esistano infinite sentenze dei Padri antichi e si distinguono inoltre molte leggi nuove, ciò nonostante, secondo il vaticinio profetico, relativo alla sua ostinazione, il peccato di Giuda è scritto con penna di ferro sopra lastra di diamante, più duro di una pietra nella sua cecità e pertinacia. E'pertanto molto opportuno che il muro della sua infedeltà sia attaccato più strenuamente con la forza della Chiesa Cattolica, in modo che i Giudei giungano a correggersi o periscano per sempre per sentenza del Signore »[288].

Dopo avere chiaramente fissato quel punto di dottrina, il Santo Concilio, nel Canone citato, prosegue, enumerando misure supplementari da adottarsi immantinente contro i Giudei.

---

[288] *Idem*, t. II, p. 563-4.

Questa definizione della dottrina della Santa Chiesa contro gli Ebrei, servì di base, nei secoli successivi, affinché Papi e Concilî posteriori approvassero la pena di morte contro i cripto-giudei infiltrati nel seno del Cattolicesimo. In difesa di queste dottrine della Santa Chiesa, come abbiamo già detto, la generalità degli Stati del mondo cristiano e del mondo gentile, hanno approvato sempre e continuano attualmente ad approvare misure simili contro le spie ed i sabotatori di nazioni nemiche.

Nessuno ha preteso mai di criticare alcun Governo per aver giustiziato quei membri della quinta colonna nei traditori della Patria; tuttavia tutta la forza della propaganda giudaica è da secoli concentrata contro la Santa Chiesa perché essa, come tutte le nazioni del mondo, considerò giustificata la pena di morte contro i Giudei infiltratisi nel seno del Cristianesimo, con l'intenzione di spiare, distruggere o conquistare la società cristiana. E'certo deplorevole che si uccida qualunque essere umano, però se le nazioni hanno il diritto di difendersi, tale diritto aveva anche la Santa Chiesa, che mentre difendeva se stessa difendeva pure i popoli che avevano riposto Fede e Fiducia in lei, massime se si tiene conto del fatto che gli Ebrei, introdottisi nel seno della Santa Chiesa, oltre a costituire una vasta rete di spie volgari e sabotatrici, costituiscono la più pericolosa quinta colonna nel seno della nazione che, per sua disgrazia, li abbia accolti entro le sue istituzioni. Cosi è che, per ragion di stato e in difesa della Chiesa, procedeva, senza esitazione alcuna, l'azione contro di loro, azione intentata, tanto dalla Santa Chiesa quanto dallo Stato cristiano, ambedue fermamente uniti.

L'ideale sarebbe che i Giudei abbandonassero volontariamente la nazione che ha avuto la bontà di ospitarli e tornassero alla loro Patria, affinché, rispettando il diritto alla indipendenza che ha ogni popolo, non incorrano nel crimine di spionaggio e sabotaggio della peggiore specie, quali membri delle più pericolose quinte colonne esistenti nel mondo; in tal modo, nessuno li molesterebbe ed essi lascerebbero in pace il resto delle nazioni. Se invece persistono nel commettere delitti sanzionati dalle massime pene, sono essi i responsabili del giusto castigo, che attraverso la storia hanno ricevuto per aver commesso quei delitti; tanto più ora che hanno territori propri, assegnati loro nella Unione Sovietica ed anche nello Stato di Israele. Nei secoli durante i quali non ebbero patria, avrebbero dovuto rassegnarsi a rimanere, nei Paesi dove avevano preso residenza, come il resto degli immigrati, vivendo in pace e rispettando i diritti del popolo che li ospitava e la religione che esso professava; in tal caso, niente sarebbe loro accaduto. Lungi dal fare questo, essi tradirono le nazioni che li avevano accolti, tentarono di conquistarle, derubandole o distruggendole e fecero tutto il possibile per annientare il Cristianesimo fino dalla sua nascita; penetrarono in esso, tentando di disintegrarlo all'interno mediante eresie; diedero impulso e fomento alle sanguinose persecuzioni romane, provocando, con i loro delitti, le ripulse universali ed una reazione difensiva, non solo della Santa Chiesa e dei popoli cristiani, ma anche dell'Islam e dei popoli ad esso soggetti.

Gli stessi Giudei, con la loro maniera criminale, ingrata e traditrice, di procedere, furono quelli che provocarono le sanguinose repressioni organizzate contro di loro dai popoli minacciati dal loro imperialismo, popoli che esercitavano un diritto di legittima difesa. Si lagnano di quelle repressioni, però occultano completamente le cause che le motivarono. E'come se i Romani, nella pretesa di conquistare le Gallie, soffrendo nella lotta di migliaia di morti, avessero avuto il cinismo di accusare i Galli aggrediti di essere assassini e persecutori dei Romani. O come se i Giapponesi, nella guerra passata, quando si lanciarono a conquistare la Cina, soffrendo la perdita di centomila uomini, avessero avuto la sfacciataggine di accusare i Cinesi come assassini e persecutori dei Giapponesi; perché allora potremmo dire: se i Romani non avessero invaso le Gallie non avrebbero avuto da lamentare che i Galli uccidessero migliaia di Romani; e se i Giapponesi non avessero invaso la Cina, non avrebbero avuto da lamentare la morte di tanti loro connazionali.

Però, mentre questi ed altri popoli non sono mai incorsi nella ipocrisia di lamentarsi delle perdite e dei danni sofferti nelle loro guerre di conquista, i Giudei che, da, secoli, conducono la guerra più crudele e totalitaria di conquista, occulta ed ipocrita, ma molto sanguinaria, hanno il cinismo di levare grida al cielo quando le religioni od i popoli, in legittima difesa, uccidono dei Giudei o li privano della libertà, per impedir loro di continuare a cagionare tanto danno. Se gli Israeliti non vogliono soffrire nel futuro le conseguenze della perseverante e crudele lotta di conquista universale, devono smetterla; e se non lo fanno debbono almeno avere il coraggio di affrontare con dignità le conseguenze, come lo han fatto gli altri popoli conquistatori del mondo.

CAPITOLO XVI

IL CONCILIO XVII DI TOLEDO PUNISCE CON LA SCHIAVITÙ GLI EBREI COSPIRATORI

Nell'anno 694, mentre regnava ancora Egica, fu scoperta una vastissima cospirazione del falsi cristiani, che praticavano in segreto il Giudaismo, con grandi ramificazioni e vari obiettivi, tendente, da una parte, a perturbare l'ordine della Chiesa ed usurpare il Trono; dall'altra a tradire la Patria e distruggere la nazione visigota.

In quei tempi, San Felice, Arcivescovo di Toledo, aveva convocato un nuovo Concilio, al quale parteciparono tutti i Prelati dell'Impero, compresi alcuni della Gallia Narbonese, mentre una peste impedì che tutti di quelle parti intervenissero. Appena riunito, il Santo Concilio prese conoscenza della cospirazione cripto-giudaica che tramava una rivoluzione in tutti i settori, di tanto mortale pericolo per il Cristianesimo e per lo Stato Cristiano, che ad essa si dedicò il Santo Concilio, riunito nella Chiesa di Santa Leocadia de la Vega, nella città di Toledo e presieduto dallo stesso San Felice, Arcivescovo di quella capitale, che in questa lotta tremenda fu il nuovo capo del Cristianesimo di fronte ai Giudei.

Gli atti di quel Santo Concilio offrono una delle più valide documentazioni, illustrative di quanto sia capace di fare in un dato momento la quinta colonna ebraica introdottasi nel seno della Chiesa ed anche nel territorio di uno Stato cristiano o gentile. Riteniamo perciò che quella documentazione, non sia solo d'importanza per i cattolici, ma anche per la gente di qualsiasi popolo o religione che affronti la minaccia dell'imperialismo giudaico. Il punto più interessante di quel Concilio è il Canone VIII:

« Della condanna dei Giudei ». « Si sa che la plebe giudea è macchiata da un orribile marchio di sacrilegio e di cruenta effusione del sangue di Gesù Cristo, ed è inoltre contaminata dalla profanazione del giuramento (fra l'altro perché i Giudei avevano giurato di essere fedeli cristiani e di non rimanere giudei in segreto), così che le loro scelleratezze sono innumerevoli. E'perciò necessario che si pentano coloro che, per propria scelleratezza, sono incorsi in così grave peccato di ostilità e non solo hanno desiderato di perturbare la vita della Chiesa, ma pure, con tirannico accanimento, si sono proposti di rovinare la patria e la nazione, tanto che, lieti nel credere che fosse giunto il loro tempo, hanno cagionato diversi danni ai cattolici. Per il quale motivo, la crudele e stupefacente presunzione, deve estirparsi con punizione più dura. Di maniera che il giudizio sia contro loro tanto più severo quanto è il castigo inflitto in ogni parte del mondo a chi risulta perverso. Mentre questo Santo Concilio si stava occupando di altre questioni, è venuta a nostra conoscenza quella cospirazione; si è saputo che quella gente ha mancato alle sue promesse di abbandonare l'osservanza delle sue vecchie leggi settarie, macchiando così la veste candida indossata nel ricevere dalla Santa Madre Chiesa il sacro battesimo; si è anche saputo che essi meditavano di usurpare il trono regale mediante una cospirazione; e di tali fatti abbiamo avuto pienissima conferma dalla confessione dei responsabili. Pertanto ordiniamo che essi siano castigati con censura irrevocabile, confortati dal mandato del pio e molto religioso nostro principe Egica, il quale, acceso di zelo nel Signore e sospinto dalla Santa Fede, non solo intende vendicare l'ingiuria fatta alla Croce di Cristo, ma anche da quegli empi, con molta crudeltà, di sterminare la gente e rovinare la patria del monarca. Si tratta perciò di estirpare con massimo rigore quella mala pianta; di sequestrare le ricchezze di quei reprobi e trasferirle al fisco, di ridurre a perpetua schiavitù in tutte le provincie della Spagna, quei perfidi, le loro donne, i figli e tutti i discendenti, disperderli, sfrattandoli dai loro alloggi che potranno passare a coloro cui la libertà regale vorrà cederli... Quanto ai loro figli di ambo i sessi decretiamo che al compimento dei sette anni siano separati dai loro genitori, senza che abbiano con loro più contatto e siano affidati a Signori e Cristiani fedelissimi, perché li educhino, allo scopo di far sì che i maschi sposino femmine cristiane e viceversa, vietando ai genitori ed ai figli di celebrare in alcun modo le cerimonie della superstizione giudaica e di tornare sul sentiero della infedeltà »[289].

Come primo commento a questo sacro Canone del Santo Concilio XVII, possiamo essere certi che se quel Santo Concilio della Chiesa Cattolica si celebrasse ai nostri giorni, l'Arcivescovo San Felice che lo diresse, con tutto il Santo Concilio al completo, sarebbero condannati come antisemiti e criminali di guerra nazisti, da quei Cardinali e Vescovi che attualmente sono al servizio della *Sinagoga di Satana* e non della Santa Chiesa, quando fulminano censure e condanne contro i Cattolici che difendono quest'ultima e difendono insieme la loro Patria dalla minaccia giudaica. Quei gerarchi ecclesiastici che lanciano oggi condanne contro i veraci cattolici e patrioti, biasimando gli attacchi contro gli ebrei, lanciano in sostanza le medesime

---

[289] Juan Tejada y Ramiro, colez. de Cànones cit., tomo II, p. 602 e 603.

censure contro il Sacro Concilio preseduto da un Santo preclaro, canonizzato dalla Chiesa, quale fu Felice, Arcivescovo di Toledo.

D'altra parte si vede come la pericolosa cospirazione organizzata dai falsi convertiti dal Giudaismo e dai loro discendenti, per minacciare lo Stato Visigota, al fine di conquistarlo per turbare la Chiesa e distruggere la nazione gotica, dimostra che i falsi cristiani, cripto-giudei, avevano potuto burlarsi con successo di tutta la legislazione promulgata contro di loro dal Concili anteriori, sentendosi in forze sufficienti per realizzare una cospirazione di proporzioni tanto vaste.

Di fronte alla mole del pericolo, tanto la Santa Chiesa, quanto lo Stato Cristiano, si preprararono alla difesa, ricorrendo alle misure estreme di ridurre tutti gli ebrei in schiavitù e strappar loro i figli al settimo anno di età, affinché, separati dai loro genitori e ricevendo educazione cristiana, fossero liberati da ogni possibilità di venire attirati nelle organizzazioni del Giudaismo clandestino. Senza dubbio, con ciò si intendeva evitare che il Giudaismo si trasmettesse di padre in figlio, anche se i genitori proseguissero a giudaizzare in segreto; e così fare in modo che nella successiva generazione restasse completamente distrutta la quinta colonna di falsi cristiani aderenti in segreto alla *Sinagoga di Satana*. Il fatto, di obbligare - quei minori della nuova generazione divenuti maggiorenni - di sposarsi con buoni cristiani o cristiane, aveva senza dubbio lo scopo di stabilire una maggiore garanzia che nella terza generazione restasse completamente annientata la *quinta colonna* e i discendenti degli ebrei fossero trasformati in cristiani sinceri. Senza dubbio, come in seguito vedremo, questi procedimenti fallirono perché dei giudei clandestini non identificati potevano sempre iniziare segretamente al giudaismo i cristiani di età minore che avevano sangue giudeo.

D'altra parte, la grande abilità degli ebrei nell'intrigo, turbò tutti i piani del Santo Concilio e fece fallire ancora una volta le misure estreme prese dalla Santa Chiesa e dalla cristianissima monarchia visigota, per difendersi dalla minaccia giudaica.

Negli atti di quel Santo Concilio risulta un dato molto interessante che rende noto il fatto che in quei tempi remoti, ossia quasi mille e duecento anni fa, si erano verificate diverse ribellioni ebraiche contro i regnanti cristiani. Questo viene asserito nel messaggio diretto al Santo Sinodo dal re Egica, il quale dice: « in alcune parti del mondo, gli ebrei si sono ribellati contro i loro principi cristiani e molti sono morti per giusto giudizio di Dio »[290].

---

[290] Juan Tejada y Ramiro, *colez. de Cànones* cit., tomo II, p. 593.

E'peraltro evidente che in queste ribellioni contro i principi cristiani, gli ebrei potevano riuscire allorché, dopo secolare esperienza, avevano capito che per assicurare il successo dovevano trasformare in loro alleati incoscienti gli stessi cristiani, per cui gli agitatori israeliti, coperti come al solito della maschera di un falso Cristianesimo, si presentavano come redentori del popolo ed organizzavano movimenti liberali e democratici, offrendo alle masse del popolo la seducente promessa che avrebbero potuto governarsi da sé, liberandosi dal giogo dei monarchi.

Occorre tener presente che i terribili castighi approvati dal Concilio XVIII contro i cospiratori cripto-giudei, furono applicati in tutti i domini dell'Impero Gotico, con eccezione della Gallia Narbonese, che, colpita da epidemia mortale e per altre cause, si trovava, secondo dichiarazione del piego sovrano, « quasi spopolata ». Quindi, colà, si permetteva agli ebrei di vivere come prima « con tutti i loro beni, soggetti al Duca di quella terra, perché provvedessero all'utile pubblico »[291]. E' quindi molto probabile che il Duca della Gallia Gotica abbia esercitato pressione per ottenere che gli ebrei della sua regione fossero esenti dai castighi che il Santo Concilio aveva decretato contro quelli del resto dell'Impero, il che non solo salvò quei falsi cristiani ma pure provocò la fuga di molti altri dalle varie altre regioni, verso la Gallia Narbonese, per sottrarsi alla minaccia della schiavitù e dagli altri castighi decretati. In tal modo, cominciò a crescere la percentuale della popolazione cripto-giudaica nel mezzogiorno della Francia, sino a che quella regione fu convertita in una nuova Giudea.

E' certo che quella tolleranza, praticata nella Gallia Narbonese, era subordinata alla condizione che quei protetti si trasformassero in veraci cristiani, astenendosi dal professare in segreto il Giudaismo, sotto pena, altrimenti, di incorrere nelle gravi sanzioni approvate dal Santo Sinodo. Però, come fu possibile accertare nei secoli seguenti, lungi dall'abbandonare il Giudaismo, quei falsi cristiani lo resero così nascosto che il mezzogiorno della Francia divenne famoso nel Medio Evo come il più pericoloso nido di giudei clandestini, abilmente coperti dalla maschera di un apparente ma falso Cristianesimo, stabilendo in quella regione il vero quartier generale delle più distruttrici eresie rivoluzionarie, che giunsero al punto di annientare la Chiesa e tutto il Cristianesimo, nei secoli del Medio Evo. Ciò dimostra in tutta chiarezza i risultati che si ottengono quando si nutrono compassione e benevolenza verso un nemico così tenace come il Giudaismo.

La rivolta giudaica, sedata con piena energia da Egica e dalle forti sanzioni del Concilio XVII di Toledo, aveva assunto proporzioni tanto grandi che fu sul punto di annientare lo Stato cristiano e sostituirlo con uno Stato giudaico. Per comprenderlo, è necessario esaminare alcuni precedenti.

---

[291] Juan Tejada y Ramiro, *colez. de Cànones* cit., tomo II, p. 594.

Lo scrittore cattolico Ricardo C. Albanés, parlando della situazione degli ebrei nella monarchia Visigota, dice a tale riguardo: «I Giudei si erano moltiplicati in misura sorprendente nella Spagna gotica, come era accaduto prima nell'antico Egitto e come allora in quello avevano acquistato grande importanza e ricchezza, fino al punto di rendersi necessari ai conquistatori Visigoti. Si dedicavano con preferenza al commercio, alle arti, all'industria, quasi tutti i medici erano giudei e vi erano pure molti avvocati; però in particolare monopolizzarono il traffico mercantile con l'Oriente, per il quale, le loro relazioni di razza e di idioma, riuscivano loro assai utili. Alcuni proprietari di aziende importanti pervennero a possedere anche grande numero di schiavi cristiani, che trattavano duramente. Ma i giudei del paese dei goti non solo si andavano arricchendo, ma pure non cessavano di minare quanto potevano la Fede cristiana. Il loro appoggio prestato di sotterfugio agli eretici, come agli Ariani prima ed ai Priscilianisti poi (32), ed il lavoro dei giudaizzanti, aggravava il conflitto sviluppatosi nelle terre di Spagna fra il Cristianesimo ed il Giudaismo, facendo sì che, non solo i Concili, ma anche i monarchi, prendessero ben presto misure antisemitiche »[292].

Però, oltre a quell'immenso potere che avevano acquistato, le loro posizioni venivano rafforzate dalla politica che la Santa Chiesa ed i monarchi cristiani seguivano, di colmare di onori, di cariche importanti ed anche di titoli nobiliari, i giudei che si convertissero sinceramente al Cristianesimo, aprendo loro le porte al sacerdozio ed alle dignità ecclesiastiche, mentre si continuava a perseguire senza pietà i falsi convertiti, senza che tuttavia ne derivassero le conseguenze desiderate, senza cioè che fosse distrutta la pericolosa infiltrazione del nemico giudaico nel seno della Chiesa. Ne derivavano invece risultati molto contrari a quelli auspicati, in quanto gli ebrei fingevano allora con ipocrisia maggiore di convertirsi sinceramente, per conseguire i benefici e le posizioni dominanti con cui si premiavano i convertiti sinceri, riuscendo così a penetrare sempre più nelle istituzioni religiose e politiche della società cristiana, conseguendo in esse maggior potere.

Questa situazione fece loro nutrire la speranza di riuscire a far trionfare una ribellione ben preparata che permettesse loro di annientare lo Stato cristiano per sostituirlo con uno giudaico; a tal fine si assicurarono in tempo l'aiuto militare di poderosi nuclei ebraici del Nord Africa, che avrebbero invaso la Penisola Iberica per rafforzarvi la ribellione generale dei falsi cristiani, praticanti in segreto il Giudaismo.

L'illustre storico spagnolo Marcelino Menedez y Pelayo, spiega quanto segue:

---

[292] Ricardo C. Albanès, Los Judios a travès de los siglos, p. 167 e 168.

«Nel desiderio di accelerare la diffusione del Cristianesimo e di promuovere la pace fra le due razze, i Concili XII e XIII di Toledo concessero inusitati privilegi ai giudei sinceri convertiti (*plenamentis intentione*) facendoli nobili ed esenti dalla imposta detta di capitazione. Però tutto questo fu invano; i giudaizzanti (cristiani cripto-giudei) che erano ricchi e numerosi ai tempi di Egica, cospirarono contro la sicurezza dello Stato »... « Il pericolo era imminente. Quel monarca ed il Concilio XVII di Toledo ricorsero ad un rimedio estremo e durissimo, confiscando i beni dei Giudei, dichiarandoli servi e togliendo loro i figli perché fossero educati cristianamente »[293].

Dove si vede come già dodici secoli orsono i giudei si burlassero della nobile aspirazione cristiana di stabilire la pace e l'armonia fra i due gruppi; essi carpivano crudeli vantaggi da quella evangelica aspirazione per acquistare posizioni predominanti che permettessero loro di distruggere la società cristiana e soggiogare il popolo che ingenuamente aveva loro aperte le sue frontiere. Ai nostri giorni, continuano ad utilizzare con grande successo il desiderio nobilissimo dell'unione dei popoli e della fratellanza delle razze con analoghi fini perversi.

Il famoso storico olandese, Reinhart Dozy, fornisce interessanti particolari sulla cospirazione giudaica che stiamo analizzando, particolari che d'altronde sono confermati anche dalla *Enciclopedia Giudaica Castellana* che è una voce autorizzata del Giudaismo. Il citato storico Reinhart, riferendosi agli israeliti dell'Impero Gotico, dice:

« Verso il 694, diciassette anni prima della conquista della Spagna da parte dei Mussulmani, gli ebrei progettarono una sollevazione generale, d'accordo con i loro correligionari di oltre lo Stretto, dove varie tribù berbere professavano il Giudaismo e dove gli ebrei cacciati dalla Spagna avevano trovato rifugio. Probabilmente la ribellione avrebbe dovuto scoppiare in vari luoghi contemporaneamente, non appena gli ebrei dell'Africa fossero sbarcati sulle coste di Spagna; ma prima che giungesse l'ora convenuta per l'effettuazione del piano, il governo venne a conoscenza della cospirazione. Il re Egica prese senza indugio le misure consigliate dal caso; convocando subito un Concilio a Toledo, riferì ai suoi consiglieri spirituali e temporali i colpevoli progetti dei Giudei, invitandoli a castigare severamente quella maledetta razza. Ascoltate le dichiarazioni di alcuni israeliti, dalle quali risultò che il complotto pretendeva nientemeno che di convertire la Spagna in uno Stato Giudaico, i vescovi, frementi d'ira e di sdegno, condannarono tutti i

---

[293] Marcelino Menèndez y Pelayo, Historia de los Heterodoxos Españoles, Imprenta F. Maroto e Hijos Tomo 627.

giudei alla perdita dei loro beni e della libertà. Il re li consegnava come schiavi ai cristiani ed anche a quelli che il re emancipava e che erano stati fino allora schiavi degli ebrei »...[294]

Quello era dunque un caso tipico di come agisce la « quinta colonna » giudaica contro le nazioni che offrono ospitalità agli ebrei.

---

[294] Reinhart Dozy, *Histoire des musulmans d'Espagne*, Leiden, 1932, p. 267. *Enciclopedia Judaica Castellana*, Ed. cit., t. IV. Vocabolo *España*.

CAPITOLO XVII

RICONCILIAZIONE CRISTIANO-EBREA:

PRELUDIO DI ROVINA

Alla morte di Egica accadde quel che è sempre avvenuto con tanta frequenza negli Stati Cristiani e gentili; i nuovi Governanti dimenticano l'arte di continuare la saggia politica dei loro predecessori e tentano di introdurre ogni specie di innovazioni, che distruggono in poco tempo il lavoro di anni di lavoro coscienzioso, frutto di lunga esperienza. Una delle cause della superiorità politica delle istituzioni giudaiche, in confronto alle nostre, è stata quella di aver saputo continuare, attraverso i secoli, una politica uniforme e definita contro quelli che essi considerano loro nemici, cioè contro il resto dell'Umanità. In cambio, né noi Cristiani, né i Musulmani e gli altri gentili, siamo stati capaci di sostenere una stessa politica continuativa di fronte al Giudaismo, per più di due o tre generazioni successive, per quanto quella politica sia stata molto idonea e benché ispirata dal più elementare diritto di autodifesa.

Witiza, figlio di Egica, chiamato al trono alla morte di quest'ultimo, cominciò col sovvertire tutto quello che aveva fatto il padre, sia il buono che il cattivo. Uomo di violente passioni, molto dedito ai piaceri mondani, però dotato all'inizio di buone intenzioni, salì al trono col magnifico desiderio di perdonare tutti i nemici del padre e di conseguire l'unione dei suoi sudditi. La *Cronaca* del Pacense ci mostra Witiza come individuo conciliatore, amante di riparare le trascorse ingiustizie, giungendo al punto di far bruciare i documenti falsificati a favore dell'erario.

I falsi cristiani, cripto-giudei, sottoposti allora a dura schiavitù, dacché la loro mostruosa cospirazione aveva fallito, videro nelle intenzioni conciliatrici e nella giusta aspirazione di unificare il regno, cui aspirava Witiza, il mezzo di liberarsi dal tremendo castigo e di recuperare la loro perduta influenza, ottenendo da lui che li liberasse dalla pesante servitù, elevandoli per il momento ad un rango di eguaglianza con gli altri sudditi. Witiza cadde come gli altri nella trappola, credendo che la soluzione del problema giudaico risiedesse nella riconciliazione cristiana giudaica, che porrebbe fine ad una lunga lotta secolare e consoliderebbe la pace interna dell'impero, sulle basi del muto rispetto, della eguaglianza di diritti, di una maggiore comprensione ed anche con una convivenza fraterna ed amichevole fra cristiani ed israeliti.

Una riconciliazione di questo tipo può essere una soluzione magnifica e desiderabile, che però è soltanto possibile quando ambo le parti la desiderino veramente; quando una sola di esse opera in buona fede e per favorire la conciliazione rinunzia alla propria legittima difesa, distrugge le sue armi e resta inerme confidando nella buona fede dell'altra parte, mentre questa, in cambio, non fa che profittare della generosa attitudine del suo antico avversario per spiare il momento di dargli la pugnalata mortale, allora la presunta riconciliazione, la nascente e falsa fratellanza, sono solo preludio di morte o per lo meno di rovina.

Questo è quello che è occorso ogni qualvolta cristiani e gentili, ingannati dalle abili manovre dei giudei, hanno creduto nella amicizia e lealtà di questi ultimi o nella riconciliazione cristiano- israelita, giacché purtroppo gli ebrei usano postulati così belli solo quale mezzo per disarmare coloro che, nel fondo dei loro cuori, segretamente, continuano a considerare loro mortali nemici, ed una volta che li abbiano disarmati, addormentati, col nettare aromatico dell'amicizia e della fratellanza, possano comodamente renderli schiavi od annientarli. Gli ebrei hanno sempre tenuto come norma, quando sono deboli o minacciati pericolosamente, di fingersi amici dei loro nemici, per poterli dominare più facilmente. Purtroppo, con questa loro manovra sono sempre riusciti nei secoli e continueranno a conseguire adesso i risultati che desiderano.

La diplomazia ebraica è classica: dipingono a colori foschi le persecuzioni, gli asservimenti o gli eccidi di cui furono vittime, per muovere a compassione, occultando però con grande cura i motivi da loro forniti per tali persecuzioni. Una volta che riescano ad ispirare compassione, tentano abilmente di convertirla in simpatia, dopo di che lottano senza riposo per ottenere ogni sorta di vantaggi, col favore di quella compassione e di quella simpatia, vantaggi che tendono sempre a distruggere le difese costruite contro di loro dalle gerarchie religiose e civili, cristiane o gentili, spianando la via ai loro piani di dominio sull'infelice Stato che per quella compassione e per la riconciliazione cristiano-giudaica, distrugge ingenuamente le mura che per difenderlo dalla conquista giudaica, avevano alzato i governanti anteriori.

Di mano in mano che gli ebrei, al riparo di queste manovre, acquistano maggiore influenza nel paese che offre loro ospitalità, si trasformano da perseguitati in persecutori implacabili dei veri patrioti che tentano di difendere la loro religione od il loro paese contro l'azione dominatrice e devastatrice degli stranieri indesiderabili, fino a che gli israeliti pervengono a dominare lo stato cristiano o gentile, o distruggerlo, se questo è nei loro piani.

Questo è quel che avvenne durante il regno di Witiza: prima gli ebrei riuscirono a muoverlo a compassione ed ispirarlo a simpatia, impetrando che li liberasse dalla dura servitù, imposta loro dal Concilio XVII di Toledo e dal re Egica in difesa contro i loro piani di conquista. Le difese che la Santa Chiesa e la monarchia visigota avevano alzato, per contenere l'Imperialismo Giudaico, furono dunque demolite. Witiza elevò fraternamente gli ebrei alla stessa categoria dei cristiani e si trovò impegnato ad andare più avanti, come lo dimostrano le celebri cronache del secolo XIII, scritte dall'Arcivescovo don Rodrigo (Rodericus Toletanus): (*De rebus Hispanias*) e dal Vescovo Lucas di Tuy (*Cronica de Lucas Tudensis*), che ci riferiscono come una volta guadagnata dagli ebrei la simpatia del sovrano, questi li protesse e li favorì, giungendo fino a conceder loro onori più grandi che alle Chiese ed ai Prelati.

Dunque, dopo aver ottenuto la liberazione e la eguaglianza, gli ebrei procacciarono di collocarsi in posizione superiore a quella del Prelati ed a quella della Chiesa. Tutti questi provvedimenti, come è naturale, incominciarono a suscitare il malcontento fra i cristiani e nel Clero, geloso difensore della Santa Chiesa, ed è probabile che quella crescente opposizione abbia indotto Witiza a rafforzare la posizione dei suoi nuovi alleati israeliti, chiamando - come afferma il Vescovo Lucas di Tuy nella sua citata cronaca - i giudei espulsi dall'Impero Gotico, dai Concili e dai re precedenti. Quegli ebrei tornarono in grande numero alla loro nuova terra promessa; per ampliare ed intensificare il crescente potere che i giudei stavano acquistando nel regno dei Visigoti[295].

Lo storico del secolo passato, conosciuto per la sua abile difesa in favore degli ebrei, José Amador de los Ríos, riconosce tuttavia che Witiza si comportò verso gli ebrei tutto al contrario di quanto avevano fatto suo padre ed i re precedenti:

« Revocando, cioè, per mezzo di un nuovo Concilio nazionale, i Canoni anteriori e le leggi che la nazione aveva accolto con entusiasmo, Witiza aprì le porte del regno a coloro che erano fuggiti in terre straniere per non abbracciare la religione cattolica, liberò dal giuramento quelli che avevano ricevuto l'acqua battesimale e collocò infine in posti elevati molti discendenti di quella razza proscritta. Queste misure precipitate e poco discrete non poterono a meno di produrre i risultati che erano da attendersi. I giudei, acquistata rapidamente una preponderanza veramente pericolosa, convertirono in proprio vantaggio tutte le occasioni che a tal fine si presentavano, e tramando talvolta nuovi piani di vendetta, si prepararono in segreto a rivalersi delle offese ricevute sotto la dominazione visigota »[296].

---

[295] Rodericus Toletanus, *De Rebus Hispaniae*. Libro III, cap. 15 e 16. Isidoro Pacense, *Cronicòn*. Lucas Tudensis, *Cronicòn,* Nel Hispania Illustrata, Tomo IV.
[296] J. Amador de los Rios, op. cit.., t. I, p. 102 e 103.

Quello storico, insospettabile di antisemitismo, che gli storici giudei accolgono in genere come fonte degna di pieno credito, ci ha descritto in poche parole le terribili conseguenze recate ai cristiani dalla politica che col sotterfugio di rendere in libertà gli ebrei oppressi per conseguire poi la riconciliazione cristiano-giudaica e la pacificazione dei due popoli, Witiza attuava all'inizio del suo regno.

Lo storico del secolo XVI, padre gesuita Juàn de Mariana, dice quanto segue circa il tremendo operato di Witiza:

« E'vero che al principio Witiza fece mostra di essere un buon Principe, di voler riabilitare l'innocenza e reprimere la perfidia: richiamò dal bando coloro che il suo genitore aveva strappato dai focolari, e perché il beneficio fosse più completo, li restituì in tutte le loro imprese, gli onori e le cariche. Oltre a ciò fece bruciare tutte le carte dei processi perché non restasse traccia dei delitti e delle infamie loro imputati e per i quali erano stati in precedenza condannati. Quelli avrebbero potuto ancora essere buoni principi, se egli non avesse poi totalmente deviato. E'molto difficile frenare i tempi pericolosi ed il potere con la ragione, la virtù e la temperanza. Il primo passo verso il disastro fu quello di affidarsi agli adulatori ».

Lo storico gesuita prosegue narrando tutte le turpitudini commesse da Witiza e che fece approvare da quel Conciliabolo di cui parla Amador de los Rios. E'interessante il commento di Padre Mariana circa le leggi che permisero agli ebrei manifesti di rientrare in Spagna, rilevando testualmente: « In particolare, contro quel che le leggi antiche avevano disposto, si diede libertà ai giudei perché tornassero a dimorare in Spagna; da allora cominciò a cambiare tutto, avviandosi al precipizio »[297].

E'molto naturale che con la consegna agli ebrei di posti di governo e col ritorno degli ebrei espulsi, tutto abbia dovuto cominciare a mutarsi e precipitare. Questo è quel che è sempre occorso attraverso la storia, quando i cristiani ed i gentili, in forma generosa, hanno teso la mano dell'amicizia agli ebrei, dando loro influenza e potere, perché lungi dal gradire quei gesti magnanimi, gli israeliti hanno sconquassato tutto e lanciato tutto verso il precipizio, per usare l'appropriata espressione del Padre Mariana.

Lo storico cattolico Ricardo C. Albanés descrive così il cambiamento operatosi in Witiza:

---

[297] Padre Juan de Mariana, s. j., *Historia General de España*, Ed. Valencia, 1785, tomo II, Capitolo XIX, p. 369 e 371.

« L'energia di Egica aveva saputo tenere a freno la ribalderia dei giudei e le loro intenzioni perverse, però il suo figlio e successore Witiza, dopo un breve periodo di condotta lodevole, si trasformò in un monarca dispotico e profondamente vizioso, gettandosi nelle braccia dei giudei, elargendo loro onori e cariche pubbliche »...[298]

Circa la deplorevole corruzione di Witiza, la importante cronaca del secolo nono, conosciuta come « *Chronicor Moissiacense* » fa la impressionante descrizione dell'abietta turpitudine di Witiza e della sua Corte, dove si giunse all'estremo di creare un harem nel Palazzo Reale. Per dar valore a quella situazione, il re stabilì la poligamia nel suo regno, permettendo anche ai sacerdoti cristiani di aver varie mogli, con scandalo generale di tutta la Cristianità. Tale fatto viene anche narrato nel *Cronicon di Sebastian di Salamanca* in cui si afferma inoltre che Witiza infierì rabbiosamente contro i sacerdoti che si opponevano alle sue follie, giungendo al colmo di sciogliere dei Concili ed impedire con la forza che i sacri Canoni vigenti fossero attuati, mettendosi in aperta ribellione contro la Chiesa[299]. Però Witiza, non solo sciolse un Concilio che lo stava condannando ma, tramite i sacerdoti che lo seguivano incondizionatamente, ne convocò un altro che secondo quanto narrano il Vescovo Lucas de Tuy nella sua cronaca medioevale, il famoso storico gesuita Juan de Mariana ed altri non meno illustri cronisti e storici, si riunì a Toledo nella Chiesa di San Pietro e Paolo del sobborgo, dove allora esisteva un convento di monache di San Benedetto. Detto Concilio approvò tali aberrazioni contro la dottrina tradizionale della Chiesa, da trasformarsi in un vero Conciliabolo, i cui Canoni mancarono del tutto di legalità.

Secondo quanto affermano i cronisti e storici citati, il Conciliabolo cominciò col negare la dottrina ed i Canoni della Santa Chiesa che condannavano i giudei e ordinavano ai cristiani ed ai sacerdoti in particolare, di non aiutarli e di non essere negligenti nella lotta contro gli ebrei, pena la scomunica. Il Conciliabolo, contraddicendo le disposizioni anteriori, dettò misure di protezione in favore degli ebrei, approvando il ritorno di quelli che erano stati banditi sotto i regni precedenti; inoltre abolì la monogamia, istituendo la poligamia, permettendo anche ai sacerdoti di avere, non una, ma più mogli. Gli atti del Conciliabolo, convocato col carattere del Concilio XVIII di Toledo, andarono perduti, se ne ha notizia parziale dalle cronache menzionate. Alcuni cronisti medioevali assicurano che Witiza, inferocito perché S.S. il Papa non approvò le sue iniquità, negò obbedienza al Pontefice, Provocando uno scisma scandaloso, che fu approvato dal detto Conciliabolo[300].

---

[298] Ricardo C. Albanès, op. cit., p. 171 e 172.
[299] *Cronicon Moissiacense* y *Cronicon Sebastiani* « *Espana Sagrada* ». Tomo XIII, p. 477.
[300] Lucas Tudensis, *Cronicon en Hispania Illustrata*, tomo IV. Padre Juan de Mariana, s. j., op. cit., tomo II, cap. XIX.

La persecuzione contro i sacerdoti fedeli alla Santa Chiesa fu tanto dura che molti, per codardia o spirito accomodante, giunsero fino a piegarsi al tiranno. Il padre Mariana, per esempio, narra:

« Era allora Arcivescovo di Toledo, Gunderico (successore di Felice), uomo di grandi pregi e qualità, se avesse avuto il coraggio di resistere a quei grandi mali: esistono persone che, anche se loro dispiace la perfidia, non hanno animo sufficiente per opporsi a chi la commette. Rimanevano altresì alcuni sacerdoti che in memoria dei tempi trascorsi, conservarono la loro purità e non approvarono i disordini di Witiza. Questi, egli perseguitò ed afflisse in tutti i modi, fino a piegarli alla sua volontà, come accadde a Sinderedo, successore di Gunderico, che si adattò ai tempi e si assoggettò al Re, tanto da tollerare che Oppas, fratello (o come altri dicono, figlio di Witiza) dalla Chiesa di Siviglia della quale era Arcivescovo, fosse trasferito a Toledo; dal che risultò altro disordine per il fatto che quella città veniva ad avere due Prelati in carica, contro quanto dispongono in materia le leggi ecclesiastiche »[301].

In questo, come in molti altri casi, la compassione verso gli ebrei, convertita subito in simpatia, ed il filosemitismo travestito da pretesa conciliazione o fratellanza cristiano-giudaica, permise agli israeliti di liberarsi prima dalla servitù e impossessarsi poi dell'animo del monarca, che rimase soggetto alla loro influenza, in virtù della quale guadagnarono accesso ai posti di governo. In questa come in altre occasioni, questi fatti coincisero con la disorganizzazione e la corruzione dello Stato Cristiano, l'elevazione dei malvagi e la persecuzione dei difensori della Chiesa e della nazione. Purtroppo, ai tempi di Witiza mancarono un Sant'Atanasio, un San Crisostomo od un San Felice, che salvassero la situazione. Al contrario, gli Arcivescovi ed i Vescovi più desiderosi di vivere comodamente che di assolvere i loro doveri, finirono per sottomettersi al tiranno, adattandosi ai tempi. Una situazione di tal genere non poteva non sboccare in una spaventosa catastrofe, sia per la società cristiana che per la Chiesa Visigota; che non tardarono a soccombere in forma sanguinosa.

La situazione che stiamo analizzando, ha importanza speciale per la sua notevole somiglianza alla situazione presente. La Santa Chiesa è minacciata di morte dal comunismo, dalla massoneria e dal Giudaismo e purtroppo non si vede sorgere da nessuna parte il nuovo Sant'Atanasio, il nuovo San Cirillo di Alessandria, il nuovo San Felice, che salvino la situazione. I perfidi si apprestano a distruggere le difese della Chiesa, a modificare i suoi riti, ad ammanettare i cristiani e consegnarli come allora nelle grinfie dell'imperialismo giudaico. I buoni sono intimiditi perché fino ad ora non si

---

[301] Padre Juan de Mariana, s. j., op. cit., tomo II, p. 372 e 373. Capitolo XIX. Altri storici.

vede quali Cardinali o Prelati assumeranno in forma efficace la difesa della Santa Chiesa e della Umanità minacciate, ora più che mai, dall'imperialismo ebraico e dalla sua rivoluzione comunista.

Ci raccomandiamo fervidamente a Dio N.S. perché in questo, come in altri casi, faccia sorgere un nuovo Sant'Atanasio od un nuovo San Bernardo, che salvino la Santa Chiesa, la Cristianità e l'Umanità, dal tremendo disastro che le minaccia.

Gli alti gerarchi della Chiesa debbono aver presente che, se zoppicano come zoppicò l'alto clero dei tempi di Witiza, saranno tanto responsabili quanto gli stessi israeliti della catastrofe che potrà abbattersi sul popolo cristiano. Saranno colpevoli come lo furono in gran parte quei Prelati e Sacerdoti che negli ultimi giorni dell'Impero Visigota facilitarono, con la loro codardia e la loro attitudine accomodante, la crudele distruzione, che subito sopraggiunse, del Cristianesimo nei confini dell'Impero ferocemente annientato, per opera del musulmani, efficacemente e decisivamente aiutati dalla quinta colonna giudaica.

Il regno di Witiza ci presenta un altro esempio classico di quello che accade ad una nazione che i giudei vogliono rovinare e che addormentata ed ingannata da un presunto desiderio di cementare la conciliazione cristiano-giudaica, la unione dei popoli, la eguaglianza degli uomini ed altri ideali, il cui stile sarebbe magnifico se fossero sinceri, commette l'errore di consentire agli israeliti di scalare posizioni elevate nella nazione che contano di rovinare o conquistare. La storia ci dimostra che in tali casi i giudei seminano con tutti i mezzi, per i loro fini, la immoralità e la corruzione, perché è relativamente facile rovinare un popolo indebolito da quelle due piaghe, che lo rendono incapace di difendersi adeguatamente. E'una strana coincidenza che anche nel caso dell'Impero Gotico, quando Witiza permise agli ebrei di accedere a posizioni elevate nel suo governo, e nella società cristiana, incominciò a dominare in questa e diffondersi ogni genere di corruzione ed immoralità, a cominciare dal re e dai suoi intimi collaboratori che egli aveva prescelto, affidandosi agli ignobili consiglieri e collaboratori ebraici.

La corruzione di costumi che giunse a caratterizzare i regni di Witiza e quello brevissimo di Rodrigo, è descritta con eloquenza dal Padre Mariana, s.j., che dice:

> « Si faceva baldoria con banchetti, cibi delicati e vini, che insieme alla impudicizia rovinavano la salute della gente altolocata, indebolendone le forze, mentre gran parte del popolo minuto ne seguiva l'esempio conducendo vita turpe ed infame. Erano molto propensi alla turbolenza, ma inetti ad amarsi e combattere il nemico. L'impero e la signoria, guadagnati col valore e con gli sforzi, si perse, causa l'abbondanza e le delizie che in genere l'accompagnano. I severi costumi che avevano reso

tanto grande la nazione, in guerra ed in pace, furono mortificati dal vizio che indebolì anche la disciplina militare, di modo che la gente di Spagna era corrotta al massimo ed attiva soprattutto nel procacciar di regali »[302].

A tale riguardo, è molto interessante anche il commento del diligente storico José Amador de los Rios:

« Sembra impossibile dover leggere queste righe di uno storico molto rispettabile che spiegano come un popolo ridotto in tale stato doveva certo trovarsi sull'orlo di una catastrofe immane. Nessun sentimento nobile e generoso era riuscito a sollevarsi da quella rovinosa burrasca; tutto era deriso e divenuto bersaglio di abominevole vilipendio. Quei delitti, quelle aberrazioni esigevano grandi espiazioni e castighi; e non trascorsero molti anni finché i luoghi di delizia furono bagnati dal sangue visigota e finché il fuoco musulmano divorò i palazzi, testimoni delle mollezze dei discendenti di Ataulfo »[303].

E'importante rilevare due coincidenze significative: la prima è che in quei tempi non esisteva nella Cristianità un popolo più in balìa della corruzione di quello dell'Impero Gotico, caduto in mano agli ebrei, mentre in altri paesi cristiani fedeli alle dottrine tradizionali della Chiesa, si continuava a lottare più o meno contro il Giudaismo; la seconda è che quella corruzione sorse precisamente quando gli ebrei, liberati dalle catene che impedivano loro di far del male, salirono a posizioni elevate nella società visigota.

Mille e duecento anni dopo quegli avvenimenti, i sistemi giudaici continuano ad essere i medesimi. Desiderano annientare il potere degli Stati Uniti, dell'Inghilterra e di altri paesi occidentali, ed intanto vi seminano la corruzione e la immoralità. Sono molti gli scrittori patrioti che hanno denunciato i giudei come agenti principali nella tratta delle bianche, nel commercio degli stupefacenti, nella diffusione del cinema pornografico e deprimente, tutte cose che depravano la gioventù nordamericana, inglese, francese e di altri paesi, la cui rovina è stata decretata dal Giudaismo. Come potrà vedersi in seguito, i sistemi non sono mutati in mille e duecento anni.

---

[302] Padre Juan de Mariana, s. j., op. cit., tomo II, cap. XXI, p. 375 e 376.
[303] J. Amador de los Rios, op. cit., tomo I, p. 103-4.

CAPITOLO XVIII

GLI EBREI TRADISCONO I LORO PIÙ FEDELI AMICI

Witiza, caduto fra le braccia degli Ebrei ed attorniato da consiglieri israeliti, giunse al colmo della stravaganza in una politica che ci appare suicida. Secondo alcuni, a pretesto del suo amore alla pace, secondo altri per poter meglio reprimere gli oppositori della sua assurda politica, che ogni giorno crescevano di numero e di forza, diede ordine di convertire le armi in aratri e demolire le mura di molte città, con le loro poderose fortificazioni, che avrebbero potuto enormemente ostacolare l'invasione musulmana, mentre i Giudei, tradendo il loro leale amico Witiza stavano fomentando l'invasione dal Nord Africa, allo scopo di annientare per sempre lo Stato cristiano e possibilmente tutto il Cristianesimo europeo.

L'Arcivescovo Rodrigo di Toledo ed il Vescovo Luca di Tuy, nelle loro cronache già citate, narrano come il governo di Witiza ordinò di demolire le mura delle città, distruggere le fortificazioni e trasformare le armi in aratri[304].

Il celebre storico spagnolo del secolo scorso, Marcelino Menendez Pelayo, nel menzionare il tradimento dei Giudei, dice: « La popolazione indigena avrebbe potuto resistere al pugno di Arabi che passò lo stretto, però Witiza li aveva disarmati: le torri erano crollate a terra e le lance convertite in arnesi. »[305].

Mentre l'Impero Visigota, sotto l'influenza degli Ebrei, consiglieri ed amici di Witiza, si disarmava, distruggeva le difese ed annullava il suo potere bellico, gli Ebrei incoraggiavano i Musulmani a realizzare l'invasione e la distruzione dell'Impero Cristiano, mentre si facevano grandi preparativi nel Nord Africa.

Gli Ebrei inculcavano il pacifismo nel Paese che volevano mandare in rovina ed intanto suscitavano il bellicismo del popolo del quale contavano di servirsi per mandare in rovina il primo: tattica giudaica classica utilizzata attraverso i secoli in vari Stati e che attualmente praticano con tutta la perfezione dedotta dalla esperienza di vari secoli.

---

[304] Lucas de Tuy: *Cronicon Era 733*. Rodericus Toletanus, *Rerum in Hispania Gestarum*, libro III, capitoli XV e XVI.
[305] Marcelino Menéndez y Pelayo, *Historia de los Heterodoxos Espanoles*, Ediz. del Consejo Superior de Investigaciones Cientificas, 1946, tomo 1, capitolo III, p. 373.

E'interessante rilevare che gli Ebrei, attualmente, sia direttamente che per tramite delle organizzazioni massoniche e teosofiche, i partiti socialisti e comunisti, le infiltrazioni segrete di cui dispongono nelle varie Chiese Cristiane, la stampa che controllano, la radio e la televisione, predicano il disarmo ed il pacifismo nel mondo libero, mentre nella Unione Sovietica e in tutti gli Stati soggetti alla dittatura socialista totalitaria, inculcano al popolo il bellicismo. Al termine della passata guerra mondiale disarmarono gli Stati Uniti e l'Inghilterra in misura assai pericolosa ed intanto consegnavano posizioni vitali al comunismo, distruggendo contemporaneamente le difese basilari delle due grandi potenze occidentali, armando fino ai denti l'Unione Sovietica e gli altri Paesi comunisti; fornendo loro giganteschi mezzi bellici, sottratti col tradimento dagli Ebrei della quinta colonna ai Paesi non comunisti che li possedevano, controllando i Governi di Washington e di Londra, facendo trafugare i segreti atomici e dei missili. In sostanza, le tattiche sono le medesime di quelle praticate mille e duecento anni orsono.

Se i popoli degli Stati Uniti, dell'Inghilterra e delle altre nazioni del mondo libero non aprono gli occhi a tempo e non riducono all'impotenza la quinta colonna giudaica che si è infiltrata nei loro Stati, vedranno presto i loro territori demoliti e dominati dalle orde giudeo-bolsceviche, che le ridurranno in schiavitù come fecero, or sono dodici secoli con l'Impero Cristiano Visigota. E'interessante osservare che gli Ebrei seguono tattiche consimili anche nei particolari.

Ci è toccato di vedere, inciso in vari luoghi degli Stati Uniti il detto biblico che « le armi si convertiranno in aratri », ideale sublime, però solo quando tutte le parti contendenti lo pratichino egualmente. Gli Ebrei lo utilizzano ora come mille e duecento anni fa, per indurre al pacifismo ed al disarmo i popoli che vogliono rovinare, cioè tutti i popoli del mondo che sono ancora liberi dalla dittatura totalitaria comunista, perché negli Stati socialisti, dove già l'hanno imposta, e che si accingono ad utilizzare per rendere in schiavitù il mondo libero. hanno creato la più gigantesca e distruttrice industria bellica di tutti i tempi. Così che, da una parte, i popoli della Umanità libera sono addormentati dalle prediche pacifiste, la corruzione e la discordia promosse dalla quinta colonna ebraica che è penetrata nei loro Stati, mentre oltre la cortina di ferro si prepara l'invasione demolitrice che, in forma schiacciante, potrà trionfare se i popoli liberi lasciano sussistere le traditrici quinte colonne che gli Ebrei alimentano nei loro Paesi e che faciliteranno il trionfo del comunismo nell'ora prefissa come facilitarono, nell'ora adeguata, la distruzione dello Stato cristiano dei Visigoti.

Nell'anno 709 lo scontento della nobiltà contro Witiza aveva assunto proporzioni tali che la sua situazione diveniva insostenibile; fu allora che il Giudaismo offrì un'altra lezione della sua alta politica, impiegando un sistema che dopo dodici secoli ha perfezionato in forma efficacissima. Quando considerano perduta la causa che sostengono, gli Ebrei distaccano elementi che mandano alla parte opposta, prima che le cose precipitino, perché se diviene inevitabile il trionfo di quella parte opposta, non appena questo si verifichi, quegli altri Ebrei lottino per stare sempre a galla e, se possibile, al comando del nuovo regime; così che, trionfi una parte o l'altra, essi restano sempre a dominare la situazione. Praticano con scientifica materia il principio che l'unico modo di assicurarsi una buona carta è di puntare su tutte, contemporaneamente.

Questo è stato uno dei grandi segreti del trionfo progressivo dell'Imperialismo Giudaico nei secoli, che gli ha permesso di giungere al dominio universale; perciò tutti i dirigenti religiosi e politici dell'Umanità debbono avere ben presente questa classica manovra dell'alta politica giudaica, prevenendo l'inganno ed evitando la frode.

Nel vedere praticamente perduta la causa del loro protettore e leale amico Witiza, gli Ebrei non ebbero scrupoli di tradirlo per potere in tempo utile raggiungere posizioni decisive nella parte avversa, posizioni che avrebbero permesso di dominarla, dopo la sua vittoria. Il seguente brano, dovuto all'acuto studio del dotto storico C. Albanes, è molto eloquente:

« Quella degenerazione e quel dispotismo provocarono un profondo malcontento, per cui fin dal principio dell'anno 710, la dinastia di Witiza era condannata. Il celebre Eudon, che si ritiene fosse un Ebreo clandestino, si mise a capo del partito spagnolo o romano, minacciato dal pericolo che tornasse in vigore la fatidica legge razziale abrogata da Recesvinto, e mediante una rapida ed abile cospirazione, catturò Witiza. Gli insorti si costituirono in Giunta (senato romano) e pensarono di eleggere Re, Rodrigo, nipote di Recesvinto, al quale tanto dovevano per aver egli abolito gli aborriti privilegi gotici che tenevano asservita la razza ispano-latina, dopo l'invasione gotica. Rodrigo, che si era ritirato a vita domestica, era restìo ad accettare la corona offertagli dal cospiratore, ma poi cedette ed occupò il trono, ricompensando in seguito Eudon col nominarlo conte dei Notai, ossia ministro di Stato ed uomo di tutta fiducia del Re. »[306].

Dopo il trionfo della congiura, il voto della maggioranza dei magnati visigoti legalizzò subito il regno di Rodrigo.

D'altra parte, dopo la sua deposizione, morì Witiza, chi dice di morte naturale, mentre altri sostengono che fu crudelmente torturato per ordine di Rodrigo che gli fece cavare gli occhi. Questa ultima versione è verosimile, se si tiene conto del fatto che, anni prima, Witiza aveva assassinato il padre di Rodrigo, facendogli pure strappare gli occhi in prigione. Era dunque da

---

[306] Ricardo C. Albanès, op. cit., p. 173.

attendersi che nulla di buono potesse capitare a Witiza, una volta caduto in potere del figlio di Teodofredo da lui già martirizzato in quel modo.

Così pagò il Giudaismo internazionale i grandi benefici ricevuti da Witiza che non soltanto liberò dalla schiavitù i Cristiani cripto-giudaici del regno, ma richiamò anche dall'esilio i Giudei manifesti, permettendo loro di praticare liberamente il Giudaismo, elevandoli alle più alte cariche, riponendo in loro assoluta fiducia, come arra della riconciliazione cristiano-giudaica e della fratellanza dei popoli. La storia ci offre frequenti esempi tragici di questo tipo, che purtroppo non possiamo qui annoverare per la necessaria brevità di questa opera.

Per il Giudeo imperialista, l'amicizia del Cristiano o del Gentile, e la fratellanza giudaico- cristiana non sono che un semplice mezzo per ottenere vantaggi che favoriscano l'azione del Giudaismo, tendente ad annientare i suoi nemici e conquistare gli altri popoli mediante la distruzione delle difese interne: alla fine dei conti, se loro conviene, finiscono anche per tradire, in forma crudele, gli ingenui che a loro si affidano o che inconsciamente fanno il loro giuoco, attratti dallo specchietto della riconciliazione, dell'amicizia cristiano-giudaica, o dall'insano interesse personale. Poveretto colui che si lascia ingannare dalle professioni di amicizia, dall'abile diplomazia degli ebrei imperialisti! La storia è piena di tragiche catastrofi sofferte da coloro che infantilmente credettero in quell'amicizia e si lasciarono irretire da tanta sperimentata diplomazia. E'facile comprendere la influenza decisiva che deve avere avuto il giudeo Eudon, Ministro di Stato del re Rodrigo, che non desiderava di essere re ed aveva accettato solo per l'insistenza dell'ebreo. In primo luogo, l'artefice di una nuova situazione politica, ha su di essa influenza decisiva, almeno per qualche tempo; e non esistono indizi che il debole Rodrigo, dedito anche ai vizi ed alla lussuria, abbia mai tentato di reprimere il potere del suo Ministro di Stato, il quale, per il suo stesso posto, e per aver collocato il re in trono, doveva essere l'uomo chiave del nuovo regime. D'altra parte, la politica seguita da Rodrigo fu tanto suicida da far comprendere che fosse ispirata da chi meditava la sua rovina e, con essa, quella del Cristianesimo nel moribondo Impero Gotico. La benefica influenza che avrebbe potuto esercitare Pelayo, Capo della Guardia Reale, non si fece sentire perché, evidentemente, furono altri quelli che maneggiarono la politica del debole monarca che affidò il comando di parte dei suoi eserciti all'Arcivescovo Oppas, personaggio che non solo era stretto parente di Witiza, ma era stato il di lui braccio destro nella direzione della disastrosa politica ecclesiastica del monarca. Inoltre, nel momento preciso in cui i musulmani, aiutati dagli ebrei, si accingevano ad invadere dal sud l'impero, il re Rodrigo veniva indotto a marciare verso il nord per la conquista dei Paesi Baschi, che nemmeno i Goti erano riusciti a dominare.

Lo storico Ricardo C. Albanés, dopo aver segnalato che in quei giorni Tarik ben-Ziyad avanzava, alla testa di quattromila saraceni, verso il nord del Marocco attuale, dice:

« Fu allora che il traditore Conte Don Julian, Governatore di Ceuta, ed uno dei congiurati, consegnò a Tarik quella importante chiave dello stretto di Gibilterra, aizzandolo a passare poi in Spagna ed offrendosi come guida. Alla Corte di Toledo non si attribuiva importanza a quei successi; si definivano tentativi insensati che Teodomiro, duca della Betica avrebbe facilmente dominato; in tal modo si induceva Rodrigo a mettersi alla testa del suo esercito per andare alla conquista dei Paesi Baschi; conquista che non avevano potuto effettuare nemmeno i potenti monarchi Goti. E nel determinare quella mobilitazione, si distinse Pamplona mossa dagli intrighi, dall'oro e dalla poderosa ed antica comunità ebraica di quella città. Mentre Tarik, alla testa dei suoi Berberi, passava lo stretto ed invadeva la Betica, schiacciando le forze armate del leale Teodomiro, questi, agguerrito generale, scriveva la celebre lettera nella quale angosciosamente chiedeva aiuto a Rodrigo, che si trovava nei Paesi Baschi. »[307].

I figli di Witiza e l'Arcivescovo traditore Oppas avevano fatto una segreta unione coi giudei ed i musulmani, mentre Rodrigo aveva commesso l'errore fatale di affidare al Vescovo il comando di una parte importante dell'esercito che avrebbe dovuto combattere la battaglia decisiva contro i musulmani invasori. Alla vigilia della battaglia che gli Spagnoli chiamano del Cuadalete, i figli di Witiza tennero una conferenza coi nobili Goti ed i Giudei congiurati. Infatti, la Cronaca Araba *Ajbar Machmuâ* narra che dissero:

« Quel bastardo, (riferendosi a Rodrigo), si è impadronito del nostro regno senza essere della nostra stirpe reale, bensì uno dei nostri inferiori; quella gente che viene dall'Africa non pretende di stabilirsi nel nostro Paese; cercano solo del bottino, quando lo avranno raccolto se ne andranno e ci lasceranno in pace; diamoci alla fuga nel momento della mischia e quel miserabile sarà rovinato. »[308].

« I dodicimila musulmani comandati da Tarik si scontrarono il giorno seguente coi centomila musulmani comandati da Rodrigo, dall'Arcivescovo Oppase dai due figli di Witiza. La battaglia si svolgeva, com'era naturale, favorevole per i Visigoti; e fu allora che l'Arcivescovo

---

[307] Ricardo C. Albanés, op. cit., p. 173 e 174.
[308] *Ajbar Machmuâ*, traduzione di Don Emilio Lafuente y Alcantara., Colec. de Obras Abràbigas de Historia y Geografia; Pubblicazione della Reale Accademia de la Historia., Madrid, tomo I.

traditore ed i due figli di Witiza, al momento giusto, invece di fuggire e lasciar solo Rodrigo, passarono con i loro eserciti dalla parte Islamica, facendo a pezzi il resto della truppa rimasta fedele al re Rodrigo. »[309]

Come sostiene la maggioranza degli storici, Rodrigo perse la vita in quella battaglia decisiva. In distinte regioni della Spagna è rimasto il ricordo del tradimento dell'Arcivescovo Don Oppas, che come degno successore di Giuda Iscariota tradì Cristo e la sua Santa Chiesa, collaborando in forma decisiva coi nemici del Cristianesimo per la sua distruzione di quello che in altri tempi era stato lo splendido Impero dei Visigoti. Grande amico dei Giudei, come il suo parente Witiza, finì per tradire nella forma più catastrofica la sua Patria e la sua Chiesa, in combutta con gli Ebrei che, per distruggere il Cristianesimo utilizzavano adesso la forza robusta del nascente Islam, come avevano già impiegato il potere onnipotente della Roma Pagana, al medesimo scopo.

Purtroppo, ai nostri giorni, esistono nell'alto Clero molti imitatori dell'Arcivescovo Oppas, che in combutta occulta col Giudaismo, facilitano i trionfi del comunismo e della massoneria, colpendo alla schienai sacerdoti ed i capi secolari che difendono la Santa Chiesa o la Patria, minacciate dall'imperialismo giudaico e dai rivoluzionari massonici o comunisti, nella stessa forma adottata dall'Arcivescovo Oppas quando attaccò alle spalle l'esercito di Rodrigo, che in quei momenti decisivi difendeva il Cristianesimo.

Che Cristo N. S. aiuti la Santa Chiesa e l'Umanità, contro i tradimenti degli Oppas del secolo XX!

La Enciclopedia Spagnola *Espasa Calpe* narra il tradimento dell'Arcivescovo Oppas, basandosi su *Cronache Cristiane*, nel seguente modo:

« Rafforzata la truppa di Tarik da 5000 Berberi, mandati a sua richiesta da Muza, molti Ebrei ed i Cristiani partigiani di Witiza, in totale 25.000 uomini contro 40.000, si iniziò la battaglia che durò due giorni; nel primo avevano il vantaggio i Visigoti, grazie alla cavalleria di cui difettavano i Berberi. Allora si verificò il tradimento di Sisberto e di Oppas, che passarono al nemico e per quanto l'esercito comandato dal re combattesse con valore, fu sconfitto (19 e 20 giugno del 711). »[310].

Quanto al tradimento dell'Arcivescovo Oppas, che fece perdere al Cristianesimo un vasto Impero, lo storico gesuita del secolo XVI, Juan de Mariana, narra come detto Prelato abbia assistito i figli di Witiza nel

---

[309] *Al Makkari*, citato da Ricardo C. Albanès nella sua opera citata, p. 175-6.
[310] *Enciclopedia Espasa Calpe*, t. XXI. Vocabolo España, p. 906.

preparare la cospirazione orrenda. E poi, riferendosi alla parte assunta da Oppas nella battaglia decisiva, dice:

> « La vittoria era dubbia sino ad una gran parte della giornata; solo i Mori davano qualche mostra di fiacchezza e sembrava che volessero retrocedere ed anche volgere le spalle; oh, incredibile perfidia; dissimulato fino allora il tradimento, l'Arcivescovo Oppas, nel pieno della mischia, in base a quanto aveva segretamente concertato, con un buon nerbo dei suoi, passò al nemico ed unitosi a D. Julian che aveva con sé gran numero di Goti, attaccò i nostri sul lato più debole. Essi, sorpresi da un si grande tradimento, già stanchi di combattere, non seppero resistere a quel nuovo impeto e senza difficoltà furono sconfitti e messi in fuga. »[311].

E' naturale che vi siano differenze nelle cifre attribuite ai due eserciti dagli storici cristiani e musulmani, però è evidente che in qualche misura l'esercito cristiano era superiore al saraceno e che solo il tradimento dell'Arcivescovo e la congiura ordita principalmente dalla quinta colonna giudaica, fecero sì che un Impero tanto vasto potesse venir conquistato così rapidamente da un piccolo esercito. Il re Rodrigo aveva ragione di non attribuire importanza all'invasione islamica, dato il piccolo contingente dell'esercito invasore, però non pensava al tradimento che covava in segreto, ne al terribile potere della quinta colonna giudaica, la quale, come presto dimostreremo, ebbe il compito decisivo in quella lotta. Voglia Iddio che le nazioni del mondo libero profittino delle esperienze della storia; e che anche se si considerano più forti delle nazioni dominate dal comunismo, tengano sempre conto che in una guerra possono fallire catastroficamente tutti i calcoli, ove si permetta alle « quinte colonne giudaiche » di minare in segreto gli Stati liberi, affinché, al momento dato, possano venir disarticolate completamente le loro difese, per assicurare un facile trionfo al comunismo.

Per completare l'insieme di prove che dimostrano la distruzione di uno Stato Cristiano effettuata più di mille e duecento anni or sono, e la consegna di quello Stato ai nemici del Cristianesimo, ad opera della quinta colonna giudaica, ci riprometttiamo di presentare varie testimonianze di storici cristiani, musulmani e giudei che dànno per certa la complicità degli Israeliti residenti nell'Impero Gotico e fuori di esso, con gli invasori musulmani, che aiutarono in varie forme. Le prove che ci accingiamo a presentare, sono, nell'insieme, incontrovertibili, perché, a prescindere dall'autorità dei cronisti e storici citati, è inverosimile che nell'animosa guerra secolare, combattuta da cristiani e musulmani, le due parti antagoniste si siano messe d'accordo per incolpare gli Ebrei di tradimento verso lo Stato che li ospitava. Però, gli

---

[311] Padre Juan de Mariana, s. j., op. cit., t. II, cap. XXI, p. 377.

autori israeliti vanno inesplicabilmente d'accordo con gli altri, proprio per il medesimo evento storico.

Il famoso storico cattolico Marcelino Menendez Pelayo, di grande reputazione mondiale nel secolo passato, scrive quanto segue: « E'comprovato che la invasione degli Arabi fu iniquamente patrocinata dai Giudei che risiedevano in Spagna; essi aprirono ai Mori le porte delle città principali »[312].

Lo storico olandese, discendente di Ugonotti, Reinhart Dozy, che tanta fama ebbe nel secolo passato, riferisce nella sua opera principale, *Storia dei Musulmani di Spagna*, una serie di dati che confermano l'aiuto efficacissimo che gli ebrei diedero ai saraceni, facilitando loro la conquista dell'Impero Gotico[313]. Lo storico ebreo nord-americano, dottor Abram Leon Sachar, che fu il Direttore Nazionale delle Fondazioni Hillel per le Università negli Stati Uniti, nella sua opera intitolata *Storia dei Giudei* afferma tra le altre cose che « gli arabi traversarono lo stretto che li separava dalla Spagna nel 711 e si impadronirono del Paese, aiutati dalla condizione decadente del regno visigota e, senza dubbio, dalla attitudine simpatica dei Giudei. »[314].

La Commissione delle Sinagoghe Unite per la Educazione Giudaica, con sede a Nuova York, pubblicò una edizione ufficiale dell'opera intitolata *Il Popolo Giudeo* di Deborah Pessin, nella quale si afferma: » Nell'anno 711, la Spagna fu conquistata dai Musulmani ed i Giudei salutarono con giubilo la loro venuta. Essi tornarono in Spagna nei paesi dai quali erano fuggiti. Andarono incontro ai conquistatori, aiutandoli a prendere le città della Spagna. »[315]. In poche parole, questa pubblicazione ufficiale ebraica, riassume l'azione degli Israeliti, che, come abbiamo visto, fu duplice: da una parte i Giudei del Nord Africa che, nel secolo precedente, avevano lasciato la Spagna, si unirono agli eserciti musulmani invasori; dall'altra parte gli Israeliti residenti nell'Impero Gotico, cioè la « quinta colonna », aprirono agli invasori le porte del regno, infrangendo le difese all'interno.

Lo storico ebraico tedesco, Josef Kastein, nella sua opera *Storia e Destino dei Giudei* dedicata con profondo rispetto ad Alberto Einstein, dice: « I Berberi aiutarono il movimento arabo ad estendersi fino alla Spagna, mentre i Giudei sostenevano l'impresa con uomini e con danaro. Nel 711 i Berberi comandati da Tarik varcarono lo stretto ed occuparono l'Andalusia. I Giudei portarono manipoli di truppe e guarnigioni per l'occupazione del distretto. »[316].

---

[312] Marcelino Menéndez y Pelayo, op. cit. Edizione del Consejo Superior de Investigaciones Cientificas, 1946, t. I., cap. III, p. 372- 3.
[313] Reinhart Dozy, op. cit., p. 267 e seguenti.
[314] Abram Leon Sachar, *Historia de los Judios*, Edizione Ercilla, Santiago de Cile, 1945, p. 227.
[315] Deborah Pessin, *The Jewish People*, Libro II. Ed. United Synagogue Commission on Jewish Education, New York, 5712-1952, p. 200-1
[316] History and Destiny ot the Jews. Tradotto dal tedesco da Huntley Paterson, New York, 1933, p. 239.

Questo storico israelita ci offre perciò valida conferma che gli Ebrei sostennero anche finanziariamente la invasione e la conquista dell'Impero Visigota.

Lo storico ebreo Graetz, dopo aver menzionato che nella conquista dell'Impero Visigota da parte dei Musulmani, intervennero tanto i Giudei del Nordafrica quanto quelli che risedevano in Spagna, prosegue raccontando che:

> « Dopo la battaglia di Jerez (luglio 711) e la morte di Rodrigo, ultimo re visigota, gli Arabi vittoriosi continuarono ad avanzare e dovunque furono appoggiati dagli Ebrei. In ogni città che conquistavano, i generali musulmani potevano lasciarvi una piccola guarnigione delle loro truppe, utilizzando il grosso del loro esercito per continuare la conquista del Paese, in quanto davano, di mano in mano, le città in custodia agli Ebrei. In questo modo, i Giudei che prima erano sottomessi in servitù, si convertivano in padroni di Cordova, Granata, Malaga e molte altre città. »[317].

Il rabbino Jacob S. Raisin precisa che la invasione della Spagna Gotica fu realizzata da un esercito di « dodicimila giudei e mori » capeggiati da un Giudeo convertito all'Islam, di nome Tarif-es-Said, figlio di Cahena, una eroina appartenente ad una tribù di Berberi giudaizzanti. Poi subito dice:
« Nella battaglia di Jerez (711) il re visigota Rodrigo fu sconfitto da uno dei generali di Cahena, Tarif-es-Said, un giudeo della tribù di Simeone, in memoria del quale si diede il nome di Tarifa ad una isola. Egli fu il primo Moro che pose piede in Spagna. »[318]. E' curioso che il citato Rabbino, benché dica che Tarif-es-Said professava la religione musulmana, continua a chiamarlo Giudeo della tribù di Simeone. Ciò che può essere facilmente compreso da chi sa che le conversioni degli Ebrei ad altre religioni non hanno alcun valore, giacché, salvo rarissime eccezioni, sono sempre false.

Fra gli storici arabi e nelle loro cronache, si parla della complicità dei Giudei nella conquista dell'Impero Visigota; fra le altre, la Cronaca che ha raccolto una collezione di tradizioni, compilata nel secolo XI, e conosciuta col nome di *Ajbar Machmuâ*, che menziona la cospirazione degli Ebrei, per tradire Rodrigo, dice che gli Ebrei si trovavano nell'esercito visigota coi figli di Witiza, coi nobili Goti scontenti, alla vigilia della battaglia decisiva. Quella Cronaca contiene pure altri particolari sulla complicità degli Ebrei che risiedevano in Spagna e dice che se in una determinata città ve ne erano

---

[317] Graetz, op. cit., tomo III, p. 109.
[318] Rabbino JACOB S. RAISIN : Opera citata. Pago 429.

molti, gli invasori affidavano la custodia della città stessa agli Ebrei locali, con od anche senza lasciarvi un piccolo distaccamento musulmano. Così, la Cronaca stessa, riferendosi alla cattura di Cordoba, afferma che « Moguita riunì a Cordoba i Giudei ai quali affidò la guardia della città » e riferendosi a Siviglia dice: « Muza affidò la guardia della città agli Ebrei ». Lo stesso dice di Elvira (Granata), ed altre città[319], spiegando che ciò serviva agli invasori per poter procedere col grosso delle loro truppe.

Dati non meno interessanti offre al riguardo lo storico saraceno Al Makkari, secondo il quale i musulmani invasori « si valevano degli Ebrei per presidiare le fortezze insieme a pochi Mori, in modo che il grosso della truppa continuasse l'avanzata. »[320].

Il Cronista islamico Ibn el Athir, nella sua famosa Cronaca *El Kamel* ha fornito diversi particolari circa l'invasione musulmana e la complicità ebraica, ed i suoi dati furono poi confermati dallo storico musulmano Ibn Khaldoun, nato a Tunisi nel 1332 e che nella sua celebre *Storia dei Berberi* (o *Barbareschi*) scrive quel che qui di seguito riferiamo e che è di capitale importanza per illustrare cosa significhi per gli Israeliti la riconciliazione o fratellanza cristiano- giudea.

Ibn-Khaldoun, citando Ibn-el-Athir, dice che dopo presa Toledo il grosso dei musulmani procedé alla conquista delle altre città, mentre Tarik « lasciò Toledo in mano agli Ebrei, con pochi dei suoi soldati, e si diresse a... »[321].

E che cosa accadde alla popolazione civile cristiana, quando rimase tra le mani dei Giudei? Forse che, quella riconciliazione ed amicizia cristiano-giudea, sbandierata dagli Ebrei in altri momenti, come già menzionato, stava per essere applicata, ora che gli Ebrei tenevano incatenate le loro vittime ed avrebbero potuto usar loro clemenza e tolleranza?

La Cronaca del tredicesimo secolo dell'illustrissimo vescovo Don Luca de Tuy, ci offre al riguardo dati rivelatori. Tale versione dei fatti è stata poi ribadita da quasi tutti gli storici di Toledo i quali affermano che, mentre Tarik-ben-Zeyad stringeva d'assedio la capitale visigota « i Cristiani della città andarono nella prossima basilica di Santa Leocadia per celebrare la passione del Salvatore la Domenica delle Palme del 712 ed intanto gli Ebrei, approfittando dell'assenza dei vigildo e di Recaredo, trucidarono molti Cristiani, fuori e dentro la Basilica. »[322].

---

[319] *Ajbar Machmuâ*. Pubblicazione citata, tomo I, p. 23 e seguenti.
[320] *Al-Makkari*, citato da Vicente Risco, *Historia de los Judìos*. Editorial Surco. Barcellona, 1960, p. 212.
[321] Ibn-el Ather, Crònica *El Kamel* e Ibn Khaldoun, *Histoire des Berbères*. Traduzione dall'arabo al francese del Baròn de Salane. Ed. di Argel, anno 1852, Tomo 1.
[322] Cronica de Lucas Tudensis, *Hispania illustrata*, t. IV.

Lo storico giudeo Graetz conferma quanto sopra, dicendo che quando Tarik giunse a Toledo, la città era presidiata da una piccola guarnigione e, « mentre i Cristiani erano in Chiesa a pregare per la salvezza della Patria e della Religione loro, i Giudei aprirono le porte della città agli Arabi vittoriosi, la Domenica delle Palme del 712, accogliendoli con acclamazioni, vendicando così le molte miserie di cui avevano sofferto per un secolo intero, durante i regni di Recaredo e di Sisebuto. »[323]. Naturalmente, quello storico giudeo si astiene dal menzionare la strage dei Cristiani, di cui parlano la Cronaca del Vescovo don Lucas de Tuy e la maggioranza degli storici antichi di Toledo.

A tale riguardo, merita citazione un precedente interessante: più o meno un secolo prima, l'Imperatore Bizantino Eraclito aveva sollecitato i monarchi visigoti a cacciar via i Giudei dalla Spagna perché la loro permanenza negli Stati Cristiani rappresentava un pericolo per questi ultimi e ricordava quello che avevano fatto gli Israeliti: « Avevano comperato a Cosroe ottantamila prigionieri cristiani per poi trucidarli tutti senza misericordia. »[324].

Purtroppo, Sisebuto, invece di estirpare alla radice la pericolosa e mortale quinta colonna, prima di effettuare l'espulsione degli Ebrei, propose loro l'alternativa: che se ne andassero o si convertissero al Cristianesimo, inducendo così la loro immensa maggioranza a convertirsi fintamente, formando la quinta colonna giudaica nello Stato Cristiano e nel seno della Chiesa stessa, accrescendo così immensamente la loro pericolosità.

E' evidente che nella strage dei cristiani debbono essere intervenuti musulmani e giudei; però, da una parte sono ammesse, perfino dagli scrittori ebrei, la benignità e tolleranza dei conquistatori arabi in Spagna; e d'altra parte i fatti ci hanno dimostrato che gli israeliti, ogni volta che poterono soddisfare il loro odio contro i cristiani, organizzarono essi stessi delle stragi, incitando poi, per esempio, i pagani di Roma ad effettuarle. Infine, tutte le volte che ha trionfato qualche eresia o rivoluzione, ad opera del Giudaismo, sono seguite spesso stragi di cristiani; per non dire delle rivoluzioni giudeo-comuniste dei nostri giorni, nelle quali i massacri sono all'ordine del giorno.

Data la riconosciuta tolleranza degli Arabi vittoriosi in Spagna, ed i fatti che stiamo analizzando, è agevole immaginare chi fossero i principali ispiratori degli assassinii dei cristiani nel soggiogato Impero Gotico.

Sia come sia, è evidente che la politica di riconciliazione cristiano-giudea iniziata nel Regno Visigota da Witiza, produsse catastrofici effetti e determinò, alla lunga, la distruzione di uno Stato Cristiano, la perdita dell'indipendenza nazionale ed infine il massacro di innumerevoli cristiani.

---

[323] Graetz, op. cit., tomo III, p. 109.
[324] *Enciclopedia Espasa Calpe*, tomo XXI. Vocabolo *España*.

Per concludere, inseriremo quel che dice al riguardo il grande amico dei Giudei, lo storico José Amador de los Rios, insospettabile di antisemitismo, riferendosi alla già citata invasione musulmana:

« E quale fu intanto la condotta del popolo ebraico? Forse che partecipò alla lotta, in difesa della sua patria adottiva? Offrì i suoi tesori all'impero impegnato nel combattimento? O rimase neutrale in mezzo a tanta devastazione, giacché non poteva affrontare l'impeto dei vincitori? L'amore della patria, cioè l'amore per il suolo dove si è nati e la gratitudine per le ultime disposizioni dei re Gotici, parevano esigere da quel popolo che unisse le sue forze a quelle della nazione visigota, per respingere l'invasione straniera, e che al tempo stesso aprisse i suoi forzieri per sopperire le urgenti necessità dello Stato.

Però, in contrappeso a queste ragioni, esistevano odii antichi e vivi ricordi di trascorsi oltraggi; le condizioni dei Giudei che soggiornavano egualmente in tutti gli angoli della terra, i loro interessi generali e particolari, le loro costumanze ed una specie di vita errante che di continuo conducevano, li spronava d'altra parte a desiderare e sollecitare, cose nuove, mentre li sospingeva energicamente il fanatismo religioso a dichiararsi contro i loro odiati ospiti, come nemici della loro fede, per affrettarne la perdizione e la rovina. In nessun altro modo la conquista musulmana della Penisola Iberica avrebbe potuto essere incoraggiata ed estendersi; delle nobili città, dove prosperava di numero e ricchezza la generazione israelita e la cui conquista sarebbe senza dubbio costata molto sangue agli eserciti di Tarik e di Muza, venivano consegnate in loro mani dagli ebrei, che poi le presidiavano, affratellati agli africani. »[325].

Infine esporremo alcuni dati molto interessanti, formulati da una monumentale opera del Giudaismo, la *Enciclopedia Giudaica Castellana* che al vocabolo *Spagna* fra l'altro dice: « E' un fatto indiscutibile che, anche dopo, i, persuasivi inviti del partito di Witiza, Muza era titubante e si decise a lanciare i suoi eserciti contro la Spagna in seguito alle segrete informazioni fornite dai Giudei spagnoli, che rivelarono all'Emiro la impotenza militare della Corona, lo stato rovinoso dei castelli, l'esaurimento del Tesoro Reale e la esasperazione, sia della nobiltà che del popolo, per una oppressione divenuta generale ». E dopo afferma che: « il 19 luglio del 711, Tarik[326] annientò i Visigoti nella battaglia di Janda o del Guadalate, nella quale sembra che Rodrigo abbia incontrato la morte. In quello storico scontro si videro molti Giudei del Magreb combattere al fianco del vincitore. I loro

---

[325] J. Amador de los Rìos, op. cit., tomo I, p. 105-6.
[326] La differenza di ortografia, sia rispetto al vocabolo Tarif, come Tarik, Taric e altri, si deve alle diverse fonti citate, i cui testi però si identificano letteralmente.

correligionari spagnoli si sollevarono immantinente in tutte le parti del Paese, mettendosi a disposizione di Tarik e di Muza »...[327]

In questo capitolo abbiamo fornito una idea di come si manifestavano, mille e duecento anni or sono, l'Imperialismo Giudaico e la sua « quinta colonna » in seno alla Chiesa, per distruggere uno Stato Cristiano; inoltre, è lecito convincersi che dodici secoli di esperienza abbiano permesso all'imperialismo ebraico ed alle sue « quinte colonne » di perfezionare i metodi all'estremo.

---

[327] *Enciclopedia Judaica Castellana.* Vocabolo *España*, tomo IV, p. 144.

CAPITOLO XIX

I CONCILI DELLA CHIESA LOTTANO CONTRO IL GIUDAISMO

Data la falsità quasi universale delle conversioni dei Giudei al Cristianesimo, la Santa Chiesa tentò di prendere delle precauzioni, che vennero approvate in distinti Concili.

Il Concilio di Agde, città meridionale della Galizia, celebrato nell'anno 506 sotto gli auspici di San Cesario, Primate della provincia di Arles, con la tolleranza di Alarico, stabilì il seguente « Canone 34 - Come si devono accogliere i Giudei che desiderano convertirsi. Se i Giudei - la cui perfidia frequentemente stomaca - chiedono di convertirsi alla Legge cattolica, devono essere tenuti per otto mesi come catecumeni e trascorso quel periodo, se si riconosce che vengono animati da fede pura, siano battezzati »[328].

Tuttavia i fatti dimostrarono che questo termine di prova non servì a nulla per garantire la sincerità di quelle conversioni.

Nel Concilio Trulado dell'anno 692, considerato come supplemento dei Concili Ecumenici quinto e sesto, si afferma che la eresia di Nestorio rinnova la empietà giudea quando nel suo Canone I afferma « Riconosciamo al tempo stesso, la dottrina proclamata ad Efeso dai duecento santi Padri contro la inetta credenza di Nestorio che negava l'essenza divina di Gesù Cristo, dichiarandolo solo uomo come empiamente ritengono i Giudei ». E poi, nel Canone XI stabilisce la pena della deposizione per i sacerdoti che intrattengono strette relazioni coi Giudei. Dove si vede che già in quei tempi remoti la Santa Chiesa considerava con preoccupazione il contegno di quei sacerdoti che coltivavano amicizie pericolose con gli Ebrei, tanto da ritener necessario di stabilire pene fino alla destituzione per i sacerdoti amici degli Ebrei. Al riguardo, il Canone Undecimo dice così: « Nessun sacerdote o laico deve mangiare il pane azimo con i Giudei, non deve tenere familiarità con loro, né visitarli quando sono infermi, né ricevere le loro medicine, e nemmeno bagnarsi in loro compagnia; chi contravvenga a questa disposizione, se sacerdote venga destituito, se laico, separato »[329].

---

[328] Tejada y Ramiro, op. cit., tomo I, p. 103.
[329] *Idem*, t. III.

E non è che la Chiesa si allontanasse con ciò dalla carità cristiana che ha patrocinato sempre, fra l'altro, il nobilissimo costume di visitare gli infermi; se non che i Prelati di quel Santo Concilio - essendo a conoscenza del fatto universalmente comprovato che gli Ebrei approfittano sempre anche delle generose opere della carità cristiana, per acquistare influenza sui Cristiani, al fine di minare la nostra Santa Religione - videro la urgente necessità di ammonire tutti coloro che rischiavano di cadere nelle grinfie di quei vecchi lupi, allacciando rapporti di pericolosa amicizia fra cristiani e giudei.

Non c'è dubbio che la Santa Chiesa ebbe ragione di minacciare la destituzione ai sacerdoti e la separazione ai laici amici degli Ebrei perché quella familiarità, come la chiama il Canone, ha dimostrato sempre, a misura che si estende, di costituire un pericolo mortale per la Santa Chiesa.

Che accadrebbe se si applicasse quel Sacro Canone ai Sacerdoti che, ai nostri giorni, intrattengono tanta familiarità e stretta amicizia con gli Israeliti in quelle che sono chiamate ai nostri giorni Confraternite Giudeo-Cristiane? Se si applicasse a loro quel Canone, sarebbe certo un passo gigantesco per salvare la Santa Chiesa dal sabotaggio mortale della « quinta colonna » giudea nel Clero.

IL CONCILIO ECUMENICO II DI NICEA ED I CRIPTO-GIUDEI.

La peste dei falsi cristiani giudei in segreto, giunse a costituire un tale pericolo alla fine del secolo ottavo per il Cristianesimo, soprattutto dopo la caduta del l'impero Visigota per opera dei nemici della Fede, che il Concilio Ecumenico II di Nicea stabilì che i cristiani che praticavano in segreto il Giudaismo, sarebbero stati meno pericolosi come ebrei manifesti che come falsi cristiani. Le attività anticristiane che nel seno della Santa Chiesa realizzavano gli israeliti, sia propagando eresie rivoluzionarie, sia cospirando contro i regnanti, sia mettendosi in connivenza coi musulmani, per consegnare loro gli Stati Cristiani, avevano suscitato un tale allarme nel Cristianesimo che la Santa Chiesa preferiva che gli Ebrei fossero tali apertamente, anziché falsi convertiti, per averli così nemici all'esterno e non celati nelle proprie file.

Le misure adottate a tale riguardo dal Santo Concilio Ecumenico non avrebbero potuto essere più adeguate, ma purtroppo gli israeliti avevano già notato i grandi vantaggi offerti dalla loro infiltrazione nel seno della società Cristiana.

L'Ottavo Canone del Concilio Ecumenico Secondo di Nicea, dice testualmente:

« Poiché alcuni ebrei finsero di farsi cristiani, però in segreto rimasero giudei, ed osservarono il sabato, stabiliamo: che non siano ammessi alla Comunione, alla preghiera né in Chiesa, fino a quando siano apertamente ebrei veri, non si battezzino i loro figli, non si permetta loro di comprare o possedere servi. Però, se qualcuno, agendo in purità e sincerità, si convertisse gioiosamente, sia ammesso e battezzato insieme ai suoi figli, usando cautela perché non tornino ad ingannare; ma se non si conducono lealmente, non siano ammessi »[330].

Il Concilio Ecumenico che stiamo citando si occupò anche della condanna della eresia degli Iconoclasti.

Non vi è cosa che gli israeliti odino più delle immagini cattoliche, che chiamano idoli. Perciò ogni volta che hanno potuto esercitare la loro influenza su un certo settore del Cristianesimo, hanno preteso di sopprimere le immagini. La eresia degli Iconoclasti fu ispirata dagli israeliti, i cui falsi convertiti cripto-giudei, vivono più volentieri in un Cristianesimo senza immagini, perché sentono avversione a prestare anche semplice venerazione alle immagini stesse. Tuttavia, pratici come sono, è loro convenuto di non contrariare i sentimenti del popolo cristiano, hanno tollerato il culto alle immagini e ne hanno perfino riempito le loro case. Secondo lo storico ecclesiastico Juan Tejada y Ramiro fu un giudeo prestidigitatore che ispirò all'Imperatore Bizantino Leone l'Isaurio, le idee iconoclaste. Quel monarca si accese di tanto fanatismo per tali tendenze, che principiò con l'abbattere l'immagine di Nostro Signor Gesù Cristo, collocata a grande altezza sopra la porta di Costantinopoli, immagine che, secondo quanto afferma il dotto compilatore di Canoni « il popolo venerava da molti anni a dispetto degli Ebrei »[331].

Il Concilio Ecumenico II di Nicea, fra le altre misure, prese contro la eresia, ordinò la destituzione dei Vescovi, Preti o Diaconi che occultassero libri di propaganda delle idee iconoclastiche.

Così il Canone IX prescrive:

« Tutte le satire infantili con le insane distorsioni e gli scritti falsamente divulgati contro le venerabili immagini, debbono essere consegnati al Vescovo di Costantinopoli perché siano aggiunti ai libri delle altre eresie. Ma se si scoprisse che qualcuno occulta quelle pubblicazioni, sia egli Vescovo, sacerdote o diacono, sia deposto; se sia monaco o laico, sia scomunicato »[332]

---

[330] *Idem*, t. III, p. 819.
[331] Juan Tejada y Ramiro, op. cit., t. III, p. 808.
[332] *Acta Conciliorum et epistolae decretales, ac constitutione Summorum Pontificum*, Studio di P. Joannis Harduini, s. j., Parigi, 1714.

Così, la Santa Chiesa agiva non solo contro i criptogiudei e gli eretici, ma anche, in modo più energico, contro i Vescovi e gli altri prelati che aiutavano l'eresia od il giudaismo.

Di mano in mano che cresceva l'azione distruttrice della quinta colonna, l'azione difensiva della Chiesa si intensificava. Già in questo Santo Concilio Ecumenico di Nicea si stabiliva la pena della destituzione contro i Vescovi e sacerdoti che semplicemente nascondevano i libri eretici. Che meriteranno attualmente gli alti prelati che non solo nascondono i libri massonici o comunisti, ma collaborano perfino attivamente affinché le dottrine massoniche e comuniste distruggano il Cristianesimo?

Tornando all'Iconoclasta Imperatore Leone l'Isaurio, è utile far notare che con lui accadde agli Ebrei come a Martin Lutero, che al principio egli si alleò con loro contro la ortodossia, però, quando si accorse dell'immenso pericolo che essi rappresentavano per il suo Impero, tentò di scongiurare tale pericolo ricorrendo al deplorevole espediente già usato dai cattolici, quello di esercitare pressione sugli ebrei perché si convertissero al Cristianesimo. Li pose così nell'alternativa di convertirsi od essere severamente castigati.

Sopra questa nuova conversione generale dei giudei in Grecia, Balcani, parte dell'Asia Minore ed altri domini dell'Impero Bizantino, lo storico israelita Graetz dice quanto segue:

« Leone l'Isaurio, figlio di genitori, rurali fu persuaso da giudei ed arabi del carattere idolatrico del culto delle immagini che si praticava nelle Chiese ed iniziò una lotta per distruggere quelle immagini. Leone passò poi a rivendicare la sua ortodossia; perseguitò eretici e giudei, perché era stato accusato di eresia e giudaismo dinanzi alle turbe ignoranti, dal clero adoratore delle immagini; promulgò un decreto, ordinando a tutti i giudei dell'impero bizantino ed ai rimanenti Montanisti dell'Asia Minore, di abbracciare il Cristianesimo della Chiesa Greca, con la minaccia di severo castigo (723). Molti ebrei si sottomisero a quel decreto e con ripugnanza ricevettero il battesimo, furono meno fermi dei Montanisti che, per restare fedeli alle loro convinzioni, si riunirono nel loro tempio, vi appiccarono il fuoco e perirono nelle fiamme. I giudei che consentirono ad essere battezzati, ritenevano che la tormenta sarebbe passata presto ed essi avrebbero potuto tornare al Giudaismo. Perciò abbracciarono il Cristianesimo solo esteriormente giacché in segreto osservavano i riti ebraici »... ed il celebre storico giudeo conclude con questo illustrativo commento: « Così i giudei dell'Impero Bizantino si dileguarono, sotto le incessanti persecuzioni, e per un certo tempo rimasero occulti agli occhi della storia »[333]

---

[333] Graetz, op. cit., t. III, p. 122-3.

Queste scomparse del Giudaismo, per rendersi occulto agli occhi della storia, per usare quei felici termini del Graetz, sono state sempre molto pericolose e quando la *quinta colonna* visibile si trasforma in forza invisibile è più difficile il combatterla. Col tempo, i Balcani minati completamente da quel potere occulto, dovevano convertirsi in pericoloso focolare dalle sette segrete dei Catari, poi nella traditrice *quinta colonna* che consegnò l'Impero Cristiano ai Turchi musulmani; e nei tempi moderni in fucina di organizzazioni clandestine e terroriste, che tanta influenza ebbero nello scatenamento della guerra mondiale 1914-1918.

Vedremo in seguito come simili scomparse del Giudaismo, per rimanere occulto agli occhi della storia, si verificarono in tutta la Francia, l'Inghilterra, la Russia, l'Impero Spagnolo, nel Portoghese ed in parti dell'Italia, Germania ed altri Paesi cristiani, con risultati alla lunga disastrosi per quelle nazioni e per l'intera Umanità.

Sulla terribile lotta che la Santa Chiesa e le monarchie cristiane dovevano sostenere in Francia, lasciamo un poco la parola allo storico israelita Graetz, la cui autorità, oltre ad essere insospettabile di antisemitismo, è tanto stimata negli ambienti ebraici. Riferendosi al re Sigismondo di Borgogna, constata che:

« fu quel re che alzò per primo (in Francia) le barriere fra Cristiani ed Ebrei ». « Egli confermò la decisione del Concilio di Epaone tenuto con la presidenza del Vescovo ubriaco di sangue, Avito, di vietare anche ai laici di partecipare ai banchetti degli Ebrei (517). Lo spirito di ostilità verso i giudei si sparse gradualmente dalla Borgogna fino alla Francia. Già nei Concili terzo e quarto di Orléans (538 e 545) furono approvate severe disposizioni contro gli Ebrei » ... « Il Concilio di Mâcon (581) adottò varie decisioni, assegnando ai Giudei una posizione di inferiorità sociale. Era vietato che fossero giudici, collettori di imposte e tutto quello in cui la popolazione cristiana appariva a loro soggetta; furono obbligati a mostrare profonda reverenza verso i sacerdoti cristiani » ... « Il re Chilperico, benché non fosse ben visto dal clero cattolico, imitò l'esempio di Avitus; anch'egli obbligò gli ebrei del suo regno a ricevere il battesimo e personalmente intervenne al fonte battesimale per far da padrino ai neofiti. Però egli si contentava della semplice apparenza della conversione e non si mostrò ostile ai giudei, benché essi continuassero a celebrare il sabato ed osservare le leggi del Giudaismo »[334].

Errore deplorevole di quel monarca che da una parte esercitava pressione sui giudei perché si convertissero, assistendoli persino come

---

[334] *Idem*, p. 37-39.

padrino di battesimo; e d'altra parte permetteva ai nuovi cristiani di praticare in segreto il Giudaismo, facilitando così la creazione ed il rafforzamento di quel potere occulto che tante discordie e rivoluzioni doveva provocare in Francia, nei secoli seguenti.

Circa la conversione dei giudei del tempo di Chilperico, San Gregorio, Vescovo di Tours, chiamato giustamente padre della Storia Francese, ci narra che fra i costretti a convertirsi figurava, addirittura, Prisco, Tesoriere Reale, che equivarrebbe oggi alla carica di Ministro delle Finanze[335], il quale, siccome si rifiutava, fu incarcerato e poi assassinato da un altro ebreo convertito, il quale, a sua volta fu ucciso da un parente dell'ex Tesoriere Reale[336]. La caduta di Prisco fu un duro colpo per gli ebrei, cui importava molto di avere uno di loro nella carica di Tesoriere Reale per esercitare in tal modo influenza decisiva sui regnanti cristiani, aiutati dalla loro fama di ottimi finanzieri. Il Graetz, riferendosi a Clotario II ed al Santo Concilio di Parigi, dice:

> « Gli ultimi re merovingi divennero sempre più fanatici per cui crebbe il loro odio contro gli ebrei. Clotario II che fu investito del totale dominio dell'Impero Franco, era un matricida e tuttavia era considerato un modello di pietà religiosa. Egli sanzionò le decisioni del Concilio di Parigi che proibivano ai giudei di accedere alla magistratura e di appartenere all'esercito »[337] (615).

Qui il Graetz, dopo il tradizionale sistema d'imbrattare la memoria dei governanti che lottarono contro il pericolo giudaico, dice qualche cosa che è una grande verità: ossia che più un cristiano è fanatico (gli ebrei chiamano fanatico un cristiano geloso di difendere la sua religione e la sua patria) più deve essere nemico dei giudei. In questo non c'è nulla di strano: se si considera che gli ebrei sono i nemici capitali del Cristianesimo si capisce che chi difenda la Chiesa, la Patria e l'Umanità, sia tenuto ad affrontare con energia il nemico numero uno se non vuole compromettere la sua difesa. Perciò il grande Padre della Chiesa, San Girolamo, diceva che se per essere buon cristiano occorreva aborrire i giudei ed il Giudaismo, bisognava farlo in modo esemplare. Solo i falsi cristiani che praticano il Giudaismo in segreto tentano di negare quella dottrina tradizionale della Chiesa e farci credere che sia peccato schierarci contro i giudei ed il loro imperialismo satanico, che ha l'intento di paralizzare le difese della Chiesa e della Civiltà Cristiana.

Riguardo a questa accesa lotta della Santa Chiesa contro la *Sinagoga*, il Rabbino Giacobbe S. Raisin dice che già nelle Gallie, dal tempo di Clodoveo

---

[335] San Gregorio, Vescovo di Tours, *Historia Francorum,* Tomo VI, p. 17.
[336] Rabbino Jacob S. Raisin, op. cit., p. 440.
[337] Graetz, op. cit., tomo III, p. 39 e 40.

che aveva distrutto l'Arianesimo, il Vescovo S. Avito incitava le turbe, il giorno dell'Ascensione, a distruggere le Sinagoghe[338]. Abbiamo già visto che l'altro storico israelita, il Graetz, definisce questo prelato come « *vescovo ubriaco di sangue* ».

E'che in quei tempi gloriosi per la Chiesa, accadeva che i Vescovi si considerassero obbligati a difenderla dai suoi nemici capitali; e come buoni pastori, difendevano i loro agnelli dal lupo, mentre ora non solo non li difendono, ma non permettono nemmeno che si difendano loro stessi, dai lupi.

Il dotto Rabbino che stiamo citando, si riferisce poi alle decisioni antigiudaiche dei Concili di Agde e dei primi di Orléans che abbiamo già segnalato, per far notare che il Quarto Concilio di Orléans, che ebbe luogo nel 541, decretò la confisca dei beni al Giudeo che riconvertisse altro Giudeo[339], cioè un cristiano discendente di giudei. Come si vede, anche quel Santo Sinodo si preoccupò di evitare la continuazione del Giudaismo clandestino; tale scopo sarebbe stato raggiunto se si fosse impedito ai cristiani, discendenti da ebrei, di essere iniziati al Giudaismo. Per evitar questo, il Santo Concilio decise la pena della confisca dei beni per gli inadempienti. Si vede che i Prelati del Concilio capivano bene il problema.

Lo storico giudeo Giuseppe Kastein riferendosi in generale alla lotta gigantesca ingaggiata in quei tempi fra la Santa Chiesa ed i giudei, fa constatare che: « La Chiesa Cristiana, sia in Italia che in Gallia, nell'Impero Franco od in Spagna, scatenò la lotta contro il Giudaismo »[340]. Non c'è dubbio che ai tempi nostri, per tale motivo, la Santa Chiesa sarebbe stata condannata per razzismo od antisemitismo, dai complici della *Sinagoga* nelle file del Cristianesimo.

Il Rabbino Raisin, riferisce come a Tolosa, tre volte all'anno, si fustigavano tutti gli ebrei e, poi, solo il loro Rabbino « col pretesto che i Giudei, in una certa occasione, avevano tentato di consegnare la città ai Mori »[341].

E'molto nota l'intenzione della *quinta colonna* giudea in Francia che, imitando quel che aveva fatto la *quinta colonna* dell'Impero Gotico, pretendeva consegnare ai Musulmani quest'altro cristianissimo Impero; per fortuna Carlo Martello fece fallire per sempre questo criminale proposito. Dopo la strage dei Cristiani avvenuto in Spagna per questa causa, è comprensibile la indignazione degli abitanti di Tolosa contro gli israeliti; era già molto permettere a questi pericolosi traditori, di continuare a vivere nella città. E'molto spiacevole che per tale motivo gli ebrei abbiano dovuto subire quelle punizioni, ma bisogna tener conto che in tutte le nazioni del mondo

---

[338] Rabbino Jacob S. Raisin, op. cit., p. 438.
[339] Rabbino Jacob S. Raisin, op. cit., p. 439.
[340] Josef Kastein, op. cit., p. 229.
[341]

quel tipo di tradimento alla Patria si castiga, non con la frusta, ma persino con la pena di morte.

Con Dagoberto I la monarchia merovingia giunse al suo apogeo, i suoi domini si estendevano dall'Elba ai Pirenei e dall'Atlantico alle frontiere della Boemia e dell'Ungheria. Dagoberto I, figlio di Clotario II, ebbe come tutore, nella sua età minore, Arnolfo, Vescovo di Metz; quel monarca affidò cariche importanti del suo governo a venerabili Santi, canonizzati dalla Chiesa, come Sant'Ovano che fu Cancelliere di Neustria e quindi Vescovo di Rouen, e San Eloy che fu nominato Tesoriere Reale e, quando si ritirò dal mondo, fu designato Vescovo di Noyon.

La situazione del Cristianesimo nei suoi domini era assai grave per che i falsi cristiani criptogiudei le cui simulazioni erano state tollerate da Cilperico, lavoravano contro. Dagoberto I condusse una vita sessuale disordinata, senza che potessero frenarlo uomini tanto illustri; però d'altra parte comprese, forse grazie ai loro consigli, il pericolo che rappresentavano i giudei dei suoi domini, mascherati allora da un falso Cristianesimo, e decise di metterrvi rimedio radicale. Nell'anno 629 promulgò un decreto, intimando agli ebrei di abbracciare con sincerità il Cristianesimo per un giorno determinato; altrimenti sarebbero stati considerati come nemici e messi a morte.

Questo aggravarsi della situazione, dato che Dagoberto dichiarava nemici gli ebrei, corrispondeva purtroppo ad una realtà esistente da secoli, tanto che lo stesso San Paolo, nella sua divina ispirazione, li aveva chiamati nemici di tutti gli uomini.

Il fatto grave, per la Francia e la Germania meridionale, fu che si lasciava ancora una volta loro aperta la porta di salvezza, errore capitale che continuarono a commettere nei secoli successivi i monarchi cristiani, giacché sempre, gli israeliti, per salvarsi, giurarono e promisero di essere in seguito cristiani sinceri e leali, nascondendo, al tempo stesso, con maggiore abilità, il loro giudaismo clandestino. Sarebbe stato preferibile che Dagoberto li avesse espulsi in massa, come si espelle ogni straniero dannoso e cospiratore dal paese del quale tradisce l'ospitalità, lasciando loro la opportunità di convertirsi sinceramente al Cristianesimo in altre terre. Così, Francia e Germania sarebbero state liberate dalla terribile *quinta colonna* e dalla forza occulta demolitrice che ha finito per dominare sopra tutto la Francia, a pregiudizio del Cristianesimo e degli stessi Francesi.

Il Giudaismo scomparve ancora una volta, per qualche tempo, solamente in superficie, per infiltrarsi in forma assai pericolosa in tutto l'Impero Franco, nel Clero e nella Corte, provocando la più tremenda decomposizione della società Cristiana, ai tempi di Lodovico il Pio.

Per terminare, diremo qualche cosa dei giudei tedeschi, i cui capelli biondi ed occhi azzurri contrastano con l'altro tipo di ebrei. Il Graetz afferma che l'origine dei giudei del sud della Germania risultò da quanto segue: « Una grande quantità di soldati germanici prestavano servizio nelle Legioni romane che effettuarono la distruzione del Tempio di Gerusalemme. Dalla grande massa di Giudei prigionieri, essi scelsero le donne più belle e le condussero via con sé al ritorno sulle rive del Reno e del Meno; i figli di tali connubi, già metà giudei e metà tedeschi, furono iniziati dalle madri alla religione ebraica, giacché i padri non se ne preoccupavano »[342].

Se si tiene conto che le conversioni simulate dei giudei al Cristianesimo principiarono con le pressioni germaniche dei Merovingi, ai tempi di Cilperico e di Dagoberto I, si potrà comprendere che l'esistenza della *quinta colonna* ebraica nel Cristianesimo germanico data da tempi remotissimi, e che quindi i Nazisti commisero il più grave errore quando ritennero di poter localizzare le ramificazioni segrete del Giudaismo con una investigazione genealogica di due o tre secoli.

---

[342] Graetz, op. cit., tomo III, p. 142.

CAPITOLO XX

TENTATIVO DI GIUDAIZZARE IL SACRO ROMANO IMPERO GERMANICO

Le vicende seguenti hanno particolare importanza per i dirigenti religiosi e politici di tutti i tempi, perché il Giudaismo - soprattutto quello clandestino - costituisce un potere occulto, la cui pericolosità in tutta la sua grandezza può sembrare scomparsa in talune circostanze, persino ai capi geniali; e pertanto, l'abile diplomazia della *Sinagoga* può indurre a commettere errori, che col tempo possono arrecare risultati disastrosi per il Paese ed in alcuni casi per tutto il Mondo.

Quanto è accaduto ad uno dei più grandi geni politici dell'era cristiana deve costituire un poderoso richiamo per quei capi o gerarchi che, attribuendo poca importanza alla scelleratezza ed al pericolo rappresentato dai Giudei, sedotti da uno od altro vantaggio risultante dalla loro collaborazione, offerta nei termini più seducenti, si spingono a giuocare col fuoco, pensando di non bruciarsi, forse influenzati da quella naturale tendenza a credersi onnipotenti, che in genere provano, molte volte con sufficiente fondamento, i grandi uomini dell'Umanità.

Carlo Magno, il restauratore dell'Impero Romano di Occidente, il grande protettore della Santa Chiesa, il grande promotore delle scienze, delle arti e del commercio, uno dei geni politici più notevoli di tutti i tempi, dimostrò tuttavia una grande debolezza, quella di cedere agli abili inganni ed all'abilissima diplomazia del Giudaismo che, profittando dell'anelito alla unità dei popoli e delle razze, caratteristico del nipote di Carlo Martello, sfruttando la di lui naturale compassione per gli oppressi ed i perseguitati, e sfruttando in proprio vantaggio il desiderio del monarca, d'altronde genialissimo, di accrescere e fortificare il suo Impero, dando incremento al commercio, mise in libertà la bestia che i Merovingi, con sufficienti motivi e con prudenza, avevano incatenato, concedendole libertà di azione, senza riflettere che, ciò facendo, violava i Canoni della Santa Chiesa, che d'altra parte colmava di ogni sorta di benefici.

Con la loro scaltrezza secolare, gli Ebrei seppero utilizzare lo spirito di naturale compassione dell'Imperatore verso gli oppressi, riuscendo a farsi concedere ogni specie di libertà. Come al solito, seppero convertire quella compassione in simpatia, persuadendolo che la grandezza dell'Impero avrebbe potuto consolidarsi solo con la sua potenza economica e questa derivare da un commercio fiorente. E siccome gli Israeliti, allora, quasi monopolizzavano il commercio del mondo, convinsero l'Imperatore della utilità di impiegarli, per diffondere in tutto l'orbe il commercio del Sacro Impero. Si può agevolmente supporre l'attrattiva che deve avere esercitato una simile prospettiva, in un'epoca nella quale la nobiltà si dedicava esclusivamente all'arte della guerra ed i servi alla coltivazione dei campi, mentre gli Ebrei od i Cristiani cripto-giudei erano quasi gli unici dediti alle attività commerciali.

Nel commentare la nuova politica di Carlo Magno, lo storico israelita Graetz afferma che:

« Per quanto Carlomagno sia stato un protettore della Chiesa ed abbia aiutato il Papato a conseguire la supremazia, e benché il Papa Adriano, contemporaneo dell'Imperatore, fosse tutt'altro che amico degli Ebrei, tanto che sollecitava ripetutamente i Vescovi spagnoli ad esortare i Cristiani a non fraternizzare coi Giudei ed i Pagani, Carlomagno era molto lungi dal condividere i pregiudizi del clero contro i Giudei. E, andando contro tutti i precetti della Chiesa e contro le decisioni dei Concili, l'Imperatore favoriva i Giudei nel suo Impero » ... « Gli Ebrei erano in quel tempo i motori principali del commercio mondiale. Mentre i nobili si dedicavano alle attività della guerra, i plebei ai mestieri, i villici ed i servi all'agricoltura, gli Ebrei, non soggetti al servizio militare, non avendo possesso di terre feudali, rivolgevano la loro attenzione all'importazione ed esportazione di mercanzie e di schiavi, per cui il favore loro concesso da Carlomagno, fu come un privilegio accordato ad una Compagnia Commerciale »[343].

Lo storico israelita Giuseppe Kastein, riferendosi a Carlomagno, afferma:

« Egli seppe valutare esattamente gli Ebrei, come i sostenitori principali del commercio internazionale. Le loro relazioni si estendevano dall'Impero Franco sino all'India ed alla Cina. Le loro comunità, sparse in tutto il mondo, funzionavano come agenzie; erano padroni di un meraviglioso numero di idiomi, ed erano ammirabilmente idonei ad attuare i collegamenti fra oriente ed occidente »[344].

---

[343] Graetz, op. cit., tomo III, cap. v, p. 142.
[344] Rabbino Josef Karstein, op. cit., quarta parte, p. 252.

Se gli storici israeliti hanno potuto presentare un quadro così attraente delle possibilità ebraiche, può bene immaginarsi come gli Ebrei abbiano saputo mostrarlo a Carlomagno per guadagnarsene la protezione.

Però non ottennero soltanto quell'appoggio in materia commerciale, ma seguendo la tattica tradizionale, gli Israeliti, guadagnata una posizione, cominciarono subito a conquistarne un'altra e poi un'altra ancora e così via dicendo. L'Ebreo Sedechia, riuscì a diventare il medico di fiducia dell'Imperatore, e per tal mezzo gli Israeliti ottennero accesso alla Corte, dove ben presto furono visti disimpegnare posti importanti nel servizio diplomatico di Carlomagno. Egli mandò ambasciatore l'Ebreo Isaac presso il Governo di Haroun al-Rashid[345], sotto il cui regno il Califfato di Bagdad raggiunse l'apogeo. D'altra parte, quel Califfo, giustamente allarmato per l'influenza crescente del Giudaismo nelle terre islamiche, intraprendeva misure difensive contro gli Ebrei, obbligandoli, fra l'altro, a portare un segno che li distinguesse dai Musulmani, misure che contrastavano notevolmente con la protezione offerta loro da Carlomagno, Imperatore Cristiano[346].

L'israelita Graetz afferma che la protezione di Carlomagno facilitò la penetrazione degli Ebrei nella Germania settentrionale e nei Paesi slavi[347].

L'azione costruttiva degli Ebrei al tempo di Carlomagno, ci rivela l'inizio di una loro nuova tattica, consistente nel comportarsi bene e servire il monarca cristiano lealmente, per averne in cambio la liberazione dai legami che limitavano le loro possibilità di movimento, per andare poi all'arrembaggio di nuove posizioni nello Stato Cristiano. Si astennero per il momento dallo svolgere azione sovversiva, mentre era in vita il monarca geniale e potentissimo che senza dubbio li avrebbe annientati alla prima mala mossa; per contro proseguirono a fruire della protezione imperiale, acquistando sempre maggiore forza per quindi menare il colpo traditore, il che avvenne quando, morto l'Imperatore, gli succedette nel trono un uomo mediocre, debole di carattere, irrisoluto e facilmente manovrabile.

Infatti, morto Carlomagno, gli successe il figlio Luigi, che in virtù della estrema pietà che lo caratterizzò nei suoi primi anni, fu chiamato Lodovico il Pio; fu, però, purtroppo, uomo di poco talento e di scarsa volontà, preda facile degli adulatori e di chi sapeva trattarlo abilmente.

Salito al trono, cominciò col bandire i suoi fratellastri e quindi i ministri di suo padre. Fece cavare gli occhi a Bernardo, re d'Italia, che si era levato contro di lui; tutti fatti che dimostrano come la conclamata pietà di quel monarca non era tanto verace quanto sembrava.

Morta la sua prima moglie, si sposò con Giuditta, che giunse alla Corte attorniata da Ebrei e che, come nuova Imperatrice, pervenne, insieme al

---

[345] Rabbino Jacob S. Raisin, op. cit., p. 441.
[346] Per distinguere gli ebrei dai musulmani, il Gran Califfo obbligò i primi a portare uno stemma giallo sul vestito.
[347] Graetz, op. cit., cap. V, p. 141-2.

Regio Tesoriere Bernardo, ad esercitare influenza decisiva sul monarca. Questi protesse nella Corte Giudei manifesti e Cristiani discendenti da Israeliti, cosa che peraltro non deve sorprendere, che questo Imperatore, sin dall'infanzia, aveva visto quanto suo padre proteggeva ed onorava gli Ebrei.

E' evidente che se non fossero poi venuti altri capi cristiani antigiudei, che, con indomabile energia lottarono contro la bestia ebraica, il Sacro Impero Romano Germanico sarebbe caduto, forse undici secoli or sono nelle grinfie dell'Imperialismo giudaico, ed una volta caduto l'Impero cristiano, che era allora il più potente del mondo, il Giudaismo sarebbe forse riuscito a dominare presto sul mondo intero.

Il Rabbino Giacobbe S. Raisin, riferendosi a Lodovico il Pio, dice: « Lodovico il Pio (814-840) andò comunque più innanzi di suo padre. Notificò ai Vescovi, Abati, Conti, Prefetti, Governatori, ecc. che gli Ebrei godevano della protezione dell'Impero, e che non dovevano essere molestati, né nella osservanza della loro religione, né nell'esercizio del traffico commerciale ». Segue menzionando altri benefici concessi da Lodovico agli Ebrei, per dire poi: » Ed in seguito a ciò i Giudei si astenevano dal condurre affari di sabato e quando il mercato cadeva di sabato veniva rimandato alla domenica. Lodovico nominò pure un magistrato speciale per difendere i Giudei dalla intolleranza del clero ». E lo studioso Rabbino, circa la lotta intrapresa contro gli Ebrei da Agostino Arcivescovo di Lione e da San Bernardo Arcivescovo di Vienna, dice: « Le reazioni della Chiesa contro le misure adottate da Lodovico per sopprimere talune incapacità legali dei Giudei, furono manifestate da Agobardo Arcivescovo di Lione (779-840) che si unì a San Bernardo Arcivescovo di Vienna ed insieme destituirono l'Imperatore che a sua volta destituì loro. In quattro lettere indirizzate al monarca, i Vescovi ed il clero si lamentavano di quella gente (i Giudei) che si vestivano di maledizione, come loro abito, e si glorificavano di essere molto apprezzati dal monarca e dalla nobiltà; che d'altra parte le donne osservavano il sabato con i Giudei e lavoravano con loro la domenica e partecipavano ai loro pasti durante la Quaresima; che i Giudei non solo convertivano gli schiavi pagani, ma pure, come esattori delle imposte subornavano i rurali, inducendoli ad accettare il Giudaismo in cambio di riduzioni o condoni delle imposte »[348].

Dove si vede che gli Israeliti profittavano su grande scala della protezione dell'Imperatore e della nobiltà, anche nella loro posizione di esattori dei tributi, per esercitare pressione sul popolo cristiano e convertirlo al Giudaismo, facendogli rinnegare la sua propria Fede. Non c'è dubbio che in quei tempi la *Sinagoga* pensava di riuscire a dominare le popolazioni mediante la giudaizzazione dei Cristiani, realizzando quel proselitismo che fu chiamato "delle imposte". I sistemi hanno differito nelle varie epoche e

---

[348] Rabbino Jacob S. Raisin, op. cit., p. 441-2.

nei vari Paesi, però lo scopo ultimo è stato sempre lo stesso, ossia la conquista e il dominio delle popolazioni che ingenuamente ammettevano gli Ebrei nel proprio territorio.

San Bernardo, Arcivescovo di Vienna e Agobardo, Arcivescovo di Lione, condussero la lotta contro i Giudei con la penna e l'azione. Per gli studiosi del problema ebraico offre interesse il libro scritto da Agobardo *Contro i Giudei*, elaborato, con la valida collaborazione di San Bernardo di Vienna.

Lo storico ebreo Josef Kastein dice che Lodovico il Pio «Non solo prese sotto la sua protezione i Giudei individualmente ma anche nelle loro Comunità, concedendo loro speciali diritti e l'aiuto di un Magistrato che aveva il compito di vegliare affinché tali diritti fossero rispettati »[349].

Per poterci più chiaramente rendere conto della dura situazione del Cristianesimo in quel regno funesto, lasceremo ancora una volta parlare lo stimato storico ebraico Heinrich Graetz che, riferendosi all'attitudine dell'Imperatore verso gli Ebrei, dice:

«Egli li prese sotto la sua speciale protezione, difendendoli dalle ingiustizie sia dei Baroni come del Clero. Acquistarono il diritto di risiedere in qualsiasi parte del regno. Nonostante numerose leggi che lo vietavano, essi poterono impiegare non solo lavoratori cristiani, ma anche importare schiavi. Fu proibito al clero di battezzare gli schiavi dei Giudei come anche di dar loro la possibilità di riacquistare la libertà. Per un riguardo verso di loro il mercato fu spostato dal sabato alla domenica » ... « Furono anche liberati dalla soggezione alle prove dure e barbare del fuoco e dell'acqua. Inoltre essi raccoglievano le imposte e per mezzo di questo privilegio conseguivano un certo potere sui Cristiani, benché questo andasse contro le leggi canoniche »[350].

Questi fatti ci dimostrano quale grado di preponderanza i Giudei avevano acquistato sui Cristiani del Sacro Impero, giacché da una parte, mentre i Cristiani rimanevano soggetti alle prove allora abituali del fuoco e dell'acqua, gli Ebrei avevano il privilegio eccezionale di esserne esentati; inoltre, mentre il mondo cristiano di allora osservava rigorosamente il riposo festivo della domenica, per cui il mercato si teneva il sabato, fu inaudito che un monarca cristiano di quei tempi giungesse all'estremo di compiacere gli Israeliti spostando il mercato dal sabato alla domenica, consentendo perciò agli Ebrei di rispettare la loro festa ed impedendolo ai Cristiani. Neppure nel mondo tanto giudaizzato dei nostri tempi si è giunti a tali estremi.

---

[349] Rabbino Jacob S. Raisin, op. cit., p. 252.
[350] Graetz, op. cit., t. III, cap. VI, p. 161.

Da ciò si comprese chi veramente governava nella Corte di Lodovico e di Giuditta, da dove gli Ebrei, investiti di autorità per riscuotere i balzelli, utilizzavano questa validissima posizione per esercitare pressione economica sui rurali, inducendoli a ripudiare il Cristianesimo ed abbracciare il Giudaismo, con l'allettamento di vedersi ridurre o condonare le tasse opprimenti. In una monarchia cristiana, i Giudei avevano il potere di obbligare i fedeli cristiani a rinnegare la loro Fede. In qualche anno di politica filosemita, si erano cambiate tutte le carte.

Questa situazione penosa aveva avuto inizio ai tempi stessi di Carlomagno, a causa della convivenza degli Ebrei con i Cristiani come lo comprovano i lamenti del Papa Stefano III, citato dal dotto storico ebreo Josef Kastein, là dove scrive testualmente:

> « Il Papa Stefano III aveva mano dato una protesta al Vescovo di Narbona, nel Sud della Francia. lamentando "con gran pena e mortale ansietà, abbiamo saputo che i Giudei ... in territorio cristiano e godendo dei medesimi diritti dei Cristiani, detengono in proprietà beni allodiali nella città e nei suburbi, che chiamano la loro città. Uomini e donne cristiani vivono sotto il medesimo tetto con quei traditori che imbrattano le loro anime giorno e notte, pronunciando parole blasfeme" »[351].

Il Papa Stefano III, chiamando traditori i Giudei, mise il dito sulla piaga, ed è certo che se fosse vissuto nei nostri giorni sarebbe stato condannato come razzista ed antisemita. D'altra parte, per comprendere un altro dei motivi di lamentela del Papa, occorre spiegare che in quei tempi i beni immobili erano soggetti ai diritti feudali, con eccezione di quelli chiamati allodiali, che rappresentavano un vero privilegio per certi nobili, di cui però godevano i Giudei di Narbona in contrasto col popolo cristiano Che non godeva di tali vantaggi.

Il Graetz segnala che il motivo principale per cui gli Israeliti beneficiavano di tanta protezione, fu che:

> « La imperatrice Giuditta, seconda moglie di Lodovico, era molto favorevole al Giudaismo. Era una donna bella ed intelligente; l'ammirazione dei suoi amici eguagliava l'ostilità dei suoi nemici, aveva una grande stima degli eroi ebraici dell'antichità. Quando il colto Abate di Fulda, Rhabanus Maurus, volle guadagnarsi il di lei favore, non seppe trovare mezzo più efficace che quello di dedicarle i suoi lavori sopra i Libri Biblici di Esther e di Giuditta, paragonandola ad ambedue le eroine ebraiche. La Imperatrice ed i suoi amici, e probabilmente anche il Tesoriere Bernardo, che erano i veri governanti del regno, si convertirono in protettori dei Giudei perché questi erano i discendenti

---

[351] Rabbino Josef Karstein, op. cit., quarta parte, p. 252.

dei patriarchi e dei profeti. "Essi devono essere onorati per tale motivo" ella diceva ai suoi amici della Corte e le sue opinioni erano spalleggiate dall'Imperatore »[352].

Però, come al solito, dalla protezione agli Ebrei e dal filosemitismo, si passava al dominio dei Giudei sopra i Cristiani ed alla attività anticristiana. A tale proposito è molto eloquente ciò che ancora narra il Graetz:

> « I Cristiani colti godevano nella lettura degli scritti dello storico giudeo Giuseppe e del filosofo ebreo Filone: leggevano i loro lavori a preferenza di quelli degli Apostoli. Signore educate e cortigiane apertamente confessavano che stimavano più l'autore della legge ebraica che quello della cristiana (cioè a dire più Mosè che Cristo). Andarono tanto lontano da sollecitare la benedizione dagli Ebrei. I Giudei avevano accesso libero alla Corte e contatto diretto con l'Imperatore ed i suoi funzionari. I parenti dell'Imperatore offrivano alle Dame giudee regali di valore per mostrar loro apprezzamento e rispetto. E siccome tali distinzioni erano a conoscenza dei circoli più elevati, era naturale che i Giudei dei domini Franchi, che comprendevano la Germania e l'Italia, godessero di amplissima tolleranza, forse maggiore che in qualsiasi altro periodo della loro storia. Le odiose leggi canoniche erano state tacitamente annullate. Si permise agli Ebrei di costruire Sinagoghe, di parlare liberamente del Giudaismo, in presenza dei Cristiani e anche di dire che essi erano "i discendenti dei patriarchi", della razza del Giusto (cioè Cristo), i figli dei profeti. Potevano, senza timore alcuno, esprimere le loro opinioni circa il Cristianesimo, i miracoli dei Santi, le reliquie e le immagini del culto. I Cristiani visitavano le Sinagoghe ed ammiravano il comportamento degli Ebrei al Servizio Divino; si sentivano più confortati dalla lettura dei predicatori ebrei (*Darshanim*) che dai sermoni del clero, anche se i *Darshanim* avevano difficilmente la possibilità di rivelare il profondo contenuto del Giudaismo »[353].

> « Il clero non si vergognava di apprendere dagli Ebrei i commenti sulle Sacre Scritture. L'Abate Rhabanus Maurus di Fulda confessò di avere appreso dagli Ebrei molte cose che aveva utilizzato nel suo commentario alla Bibbia, dedicato a Lodovico il Germanico, che fu poi Imperatore. Come conseguenza del favore dimostrato agli Ebrei nella Corte, una

---

[352] Graetz, op. cit., t. III, cap. VI, p. 162.
[353] Come esamineremo in seguito, il sostanziale contenuto del Giudaismo, le sue dottrine e la sua politica segreta, mai vengono rivelate ai proseliti, cosiddetti « della porta »: tutto ciò è esclusivo patrimonio dei discendenti consanguinei di Abramo, ossia del popolo eletto da Dio.

parte dei Cristiani sentiva una grande inclinazione verso il Giudaismo, considerandolo come la vera religione »³⁵⁴.

La descrizione fatta dallo stimato storico israelita Graetz, dimostra come gli argomenti usati adesso dai sacerdoti cattolici che sono al servizio del Giudaismo, cioè che i Giudei sono intangibili perché della medesima razza del Giusto, cioè Cristo; che sono discendenti dei patriarchi e dei profeti, ed altri argomenti simili, coi quali tentano di imbrogliare i Cristiani ed impedir loro di difendersi dal l'Imperialismo satanico della *Sinagoga*, sono gli stessi argomenti che usavano con finalità simili, undici secoli or sono, gli Ebrei che lottavano perfidamente per schiacciare il Cristianesimo e giudaizzare il Sacro Impero Romano Germanico. I trucchi, i sofismi o le favole giudaiche di cui tratta San Paolo, sono sempre gli stessi da undici secoli.

Però, in mezzo a tale desolazione, Cristo N. S. salvò ancora una volta, la sua Santa Chiesa dalla perfidia giudaica. Questa volta i paladini furono Agobardo Arcivescovo di Lione e poi Amolon, discepolo del primo e suo successore nella detta sede vescovile. Essi si lanciarono a salvare la Chiesa dalle grinfie del Giudaismo.

Un'opera ufficiale della Società Ebraica Argentina, di recente pubblicazione, chiama Agobardo e Amolon, successivi Arcivescovi di Lione, i padri dell'antisemitismo medioevale³⁵⁵.

E'questa una accusa considerata terribile perché gli Ebrei attribuiscono all'antisemitismo medioevale le distruzioni più gravi arrecate al Giudaismo, che mai mente cristiana possa immaginare.

Su questa salutare reazione, il classico storiografo ebraico Graetz, commenta:

« Gli avvocati della rigida disciplina della Chiesa videro nella violazione delle Leggi Canoniche, nel favore mostrato verso i Giudei e nella libertà loro concessa, la rovina del Cristianesimo. L'invidia e l'odio si nascondevano sotto il manto della ortodossia. I protettori dei Giudei alla Corte, con a capo l'imperatrice, erano odiati dal Partito Clericale... ».
« L'esponente della ortodossia clericale e l'odio contro i Giudei, fu allora Agobardo, Arcivescovo di Lione, che la Chiesa ha canonizzato³⁵⁶; un uomo instancabile ed appassionato. Egli calunniò la Imperatrice Giuditta, si ribellò contro l'Imperatore ed incitò i principi alla ribellione.

---

³⁵⁴ Graetz, op. cit., t. III, cap. VI, p. 162-4.
³⁵⁵ *Los Judìos. Su historia. Su aporte a la Cultura*, opera pubblicata dalla Sociedad Hebraica Argentina, Buenos Aires, 1956, p. 186.
³⁵⁶ In realtà questi fu venerato a Lione per molto tempo, dove era conosciuto come San Aguebaldo; nel breviario di Lione egli ebbe il suo posto nell'Ufficio Divino. Non abbiamo però alcuna prova che la Santa Chiesa abbia confermato questa canonizzazione. Con tali precedenti è quindi spiegabile che Graetz, uno storico molto attento, lo abbia ritinuto un Santo canonizzato.

Il Vescovo voleva limitare la libertà dei Giudei, ridurli alla situazione umiliante in cui si trovavano sotto il regno dei Merovingi »[357].

Il Graetz continua col dire che la lotta dell'Arcivescovo Agobardo contro i Giudei durò molti anni ed aveva come base principale « il sostegno e la difesa delle leggi canoniche contro i Giudei; si rivolse ai rappresentanti del Partito della Chiesa, che erano alla Corte e che sapeva essere nemici dell'Imperatrice e dei di lei favoriti, gli Ebrei. Egli esortò quei rappresentanti della Chiesa perché inducessero l'Imperatore a restringere la libertà degli Ebrei. Sembra che abbiano proposto qualche cosa di simile all'Imperatore. Però intanto gli amici dei Giudei a Corte trovarono il modo di frustrare i piani del Clero ».

Ed il Graetz continua dicendo: « Agobardo pronunciò sermoni contro gli Ebrei, esortando i suoi parrocchiani a rompere ogni rapporto con gli Ebrei, a non trattare affari con loro, a rifiutarsi di entrare in loro servizio. Per fortuna i protettori degli Ebrei alla Corte agirono attivamente e fecero tutto il possibile per far naufragare i disegni del fanatico sacerdote. Non appena ebbero notizia delle mosse dell'Arcivescovo, ottennero lettere di protezione (*indiculi*) dall'Imperatore, munite del suo sigillo e le mandarono ai Giudei di Lione. Una lettera fu indirizzata pure all'Arcivescovo, intimandogli di sospendere i suoi sermoni antiebraici, con la minaccia di severe sanzioni. Altra lettera fu mandata al governatore del distretto di Lione, ordinandogli di dare ogni appoggio agli Ebrei (828). Agobardo non fece alcun caso di quelle lettere e dichiarò dispettosamente che il decreto imperiale era certamente falso, che non poteva essere genuino »[358].

L'Arcivescovo Agobardo fu instancabile nella sua lotta. Inviò lettere a tutto l'episcopato sollecitandolo a partecipare attivamente alla lotta contro gli Ebrei, fomentando la ribellione contro l'Imperatore e contro Giuditta; appoggiandosi ai figli del primo matrimonio di Lodovico lottò accanitamente per salvare il Sacro Impero ed il Cristianesimo dalla minaccia di disintegrazione che incombeva su loro.

« Benché l'odio profondo di Agobardo verso gli Ebrei debba principalmente considerarsi una manifestazione dei suoi propri sentimenti, non si può negare che era in completa armonia con gli ammaestramenti della Chiesa. Egli si appoggiava semplicemente ai detti degli Apostoli ed alle leggi canoniche. Anche i decreti inviolabili dei Concili erano dalla sua parte. Agobardo, col suo odio tenebroso, era strettamente ortodosso, mentre che l'Imperatore, con la sua tolleranza, era incline all'eresia. Però Agobardo non

---

[357] Graetz, op. cit., t. III, p. 164.
[358] Graetz, op. cit., t. III, p. 165-6.

si azzardò ad esprimere questa opinione apertamente. Egli suggeriva che si stentava a credere che l'Imperatore stesse tradendo la Chiesa a beneficio dei Giudei. Le sue lamentele trovarono eco nei cuori dei Principi della Chiesa »[359].

Questi commenti del Graetz sopra quanto per quasi duemila anni è stato considerato autentica dottrina della Chiesa nei rapporti con gli Ebrei non potrebbero essere più sicuri e realistici, benché sia certo che quelle righe furono scritte dal celebre storico nel secolo passato, quando la *Sinagoga di Satana* non si trovava, come ora, in grado di tentare la falsificazione totale della vera dottrina cattolica verso i Giudei. Senza dubbio risulta chiaro che il Graetz poneva il problema nella sua essenza; ed egli è stato uno degli uomini più importanti del Giudaismo del suo tempo. Le sue opere storiche, soprattutto quella che andiamo citando, esercitarono enorme influenza sulle organizzazioni ebraiche ed i loro dirigenti.

Inoltre, era per tutti evidente che le leggi canoniche e le decisioni antisemitiche dei Santi Concili Ecumenici e Provinciali erano l'ostacolo principale contro il quale urtavano coloro che, stando nella Chiesa, tentavano di tradirla, favorendo i Giudei, suoi nemici capitali - perché chiunque (vescovi o sacerdoti di qualunque grado gerarchico) lo tentasse si rendeva meritevole della destituzione, della scomunica e delle pene maggiori inflitte dai Sacri Canoni. Perciò la massima preoccupazione dei nuovi Giuda è quella di eliminare quel molesto impedimento.

Però, come era possibile eliminare la legislazione canonica che aveva mille e cinquecento anni? Come era possibile distruggerla affinché i sacerdoti cripto-giudei in tutta libertà e senza pericolo di destituzione o di scomunica potessero servire i loro padroni ebrei stando nel Clero, tentando di falsificare la dottrina della Chiesa rispetto agli Ebrei, per favorire la rovina della Chiesa stessa ed il trionfo del suo nemico secolare? Però quel che appariva più impossibile era la realizzazione di riforme tanto sorprendenti, senza che S.S. il Papa ed il clero sincero, cioè a dire la immensa maggioranza, si accorgessero del gigantesco inganno e si opponessero ai piani giudaici, facendoli rovinare.

A tempo debito studieremo quel che accadde per questo riguardo all'inizio del secolo presente, nei giorni turbolenti della guerra mondiale 1914-18, allorché tutti gli sguardi erano distratti dai terribili ed elettrizzanti eventi svoltisi durante il corso di quella funesta contesa.

---

[359] Graetz, op. cit., t. III, p. 167-8.

CAPITOLO XXI

IL CONCILIO DI MEAUX LOTTA CONTRO GLI EBREI PALESI ED OCCULTI

Dinanzi al pericolo mortale che minacciava la Chiesa ed il nuovo Impero Romano di Occidente, si riunirono a Lione, nell'anno 829, diversi Arcivescovi e Vescovi. In quella riunione, secondo quanto riferisce lo storico israelita Graetz, si trattò di « abbattere i Giudei e di turbare la loro pacifica esistenza. Essi (i Vescovi) discussero pure il miglior modo per influire sull'Imperatore per le decisioni da prendersi. In quelle riunioni fu deciso d'indirizzare una lettera all'Imperatore, spiegandogli l'empietà ed il pericolo che potevano derivare dal proteggere gli Ebrei e specificando i privilegi che dovevano esser loro tolti » (anno 829). La lettera del Sinodo che ancora si conserva, è firmata da tre Vescovi e si intitola: « Con riguardo alle superstizioni degli Ebrei ».

Agobardo scrisse la prefazione, spiegando la sua attitudine nella lotta. Dopo avere accusato gli Ebrei, faceva colpa ai loro amici di essere responsabili di tutto il male. Gli Ebrei, diceva, sono ritornati arditi, per la protezione di personaggi influenti, i quali asseriscono che, dopo tutto, gli Ebrei non sono tanto cattivi e d'altra parte sono molto cari all'Imperatore » - e il Graetz proseguiva commentando: « Dal punto di vista della Fede e delle Leggi Canoniche, gli argomenti di Agobardo e degli altri Vescovi erano irrefutabili e l'imperatore Luigi il Pio, impressionato da tanta logica, avrebbe dovuto estirpare gli Ebrei nelle radici e nei rami. Ma per fortuna non se ne diede per inteso e forse ciò avvenne perché egli conosceva il carattere di Agobardo o perché la lettera contenente le accuse contro gli Ebrei non giunse all'Imperatore. Il timore di Agobardo che la lettera fosse stata intercettata dagli amici degli Ebrei esistenti alla Corte, doveva essere ben fondato »[360].

Può darsi che la sottrazione di quella lettera, commessa dagli Israeliti, sia stata decisiva nella lotta. Il sistema degli Ebrei è d'impedire che giungano alle più alte autorità religiose o civili le accuse lanciate contro di loro e tale sistema essi usano di frequente; per cui, se qualcuno intende accusare un

---

[360] *Idem.*

sacerdote che tradisce la Chiesa e favorisce i trionfi massonici o comunisti, od accusare un governante che in forma analoga tradisce un regime anticomunista, è molto opportuno trasmettere tali accuse alle autorità competenti non per una sola via ma per due o tre diverse, senza che l'una sappia dell'altra, in modo che se l'infiltrazione cripto-giudaica intercetta un'accusa o ne paralizza gli effetti, le altre giungeranno a destinazione per le altre vie prescelte.

Tra i fatti più notevoli nel processo di giudaizzazione del Sacro Romano Impero Germanico, spicca per la sua importanza la strepitosa conversione al Giudaismo di uno dei Vescovi cristiani filosemiti di maggior fiducia nella Corte dell'Imperatore ed uno dei suoi principali consiglieri. Lo storico ebreo Graetz dice, di questo Prelato: « L'Imperatore lo aveva favorito e per averlo costantemente vicino, lo nominò suo direttore spirituale »[361]. La lotta era tanto più terribile, in quanto tra i consiglieri intimi dell'Imperatore che auspicavano la sua assurda politica filosemita vi erano Vescovi della Santa Chiesa. Anche ai nostri giorni vi sono quelli che favoriscono gli interessi dei Giudei, nemici del Cristianesimo.

Però il caso di Bodo fu più grave. Molti prelati servivano allora gli interessi della *Sinagoga di Satana*, benché in apparenza si mantenessero ortodossi, per cui in tal modo cagionavano senza dubbio maggior danno. Dovevano dunque sentirsi molto potenti per permettersi il lusso di mettere fuori giuoco uno degli uomini più influenti, il direttore spirituale dell'Imperatore, che si azzardò a rinnegare pubblicamente il Cristianesimo e convertirsi al Giudaismo, sostenendo che questo possedeva la religione vera.

Sull'effetto che questo colpo distruttore produsse sul popolo cristiano, lo storico israelita Graetz si pronuncia così:

> « La conversione (al Giudaismo) del Vescovo Bodo, che fino a quel momento aveva occupato una posizione molto elevata, cagionò molta sensazione in quel tempo. Le cronache parlano di questo avvenimento come di un fenomeno straordinario. Il fatto fu indubbiamente accompagnato da circostanze speciali e inferse un forte colpo ai Cristiani pii »[362].

Da parte nostra, difettiamo di dati sufficienti per sapere se si trattava di un Vescovo cripto- giudeo, che realizzò la sua teatrale conversione a fini di propaganda, pretendendo di finire col seminare la demoralizzazione fra i Cristiani, accelerando i progetti di giudaizzazione dell'Impero - o se si trattava realmente di un Vescovo, spinto verso il pericoloso pendio del

---

[361] Graetz, op. cit., t. III, cap. VI.
[362] Graetz, op. cit., t. III, p. 168.

filosemitismo, sino a sboccare nella apostasia, e nella conversione al Giudaismo. Qualunque fosse la verità, non c'è dubbio che nelle circostanze difficili in cui versava la Santa Chiesa, nel Sacro Impero Romano-Germanico, l'incidente deve avere arrecato grande pregiudizio al Cristianesimo. Se Carlomagno fosse resuscitato ed avesse potuto vedere il disastroso risultato dovuto al fatto di avere sciolto la bestia incatenata dalle leggi canoniche, fatto ispirato dalla sua commiserazione verso di Ebrei oppressi e dal proposito di utilizzare a vantaggio dell'impero i loro servizi, in apparenza di grande valore - Carlomagno avrebbe potuto comprendere trattarsi di abili inganni di coloro che hanno dimostrato di essere i più grandi mestatori del mondo.

E' dunque urgente che tutti i dirigenti religiosi e politici della Umanità, traggano da questa dolorosa tragedia debiti insegnamenti, perché se gli Ebrei seppero ingannare uno dei più grandi geni politici quale fu Carlomagno, non vi ha nulla di strano che gli Ebrei, con le loro tradizioni tattiche di sfruttare la compassione umana, (il desiderio di ogni uomo virtuoso di proteggere gli oppressi, e difendere il sublime postulato della eguaglianza dei popoli e delle razze) abbiano potuto, attraverso la Storia e possano ancora, ai nostri tempi, ingannare e sorprendere la buona fede di Papi, Sovrani e dirigenti politici o religiosi della Umanità. Soltanto la piena conoscenza della scelleratezza ebraica e delle sue tradizionali tattiche ingannatrici, potrà mettere i buoni in guardia contro le favole giudaiche, denunciate con alta saggezza da San Paolo; solo in tal modo si potrà impedire che i buoni continuino a cadere, presi nella rete dei maestri della menzogna e della simulazione.

Prima di una situazione tanto catastrofica, l'instancabile e valente Arcivescovo Agobardo partecipò ad una cospirazione contro l'Imperatrice Giuditta ed aiutò i figli del primo matrimonio di Luigi nella lotta per detronizzare il funesto Imperatore. Agobardo fu destituito e l'Impero precipitò in una serie di guerre civili, con alternative di vittoria dell'una o dell'altra parte. Senza dubbio, la morte di Luigi portò un colpo decisivo al Giudaismo, anche se l'eroico Arcivescovo è giunto alla tomba senza assaporare la vittoria, frutto della sua lotta.

La nuova politica iniziata da Luigi, malamente chiamato il Pio, consistente nel porre i Giudei sotto la protezione della Corona, provocò disastrose conseguenze per l'Umanità, perché nei secoli successivi fu imitata da molti sovrani cristiani che elargirono protezione al nemico dedito alle sue più mostruose cospirazioni, per la considerazione che gli Ebrei sono molto utili nell'esazione delle imposte, che con i loro prestiti contribuiscono a livellare i bilanci nei tempi difficili, che sono un fattore decisivo nel progresso del commercio e che, puntuali come sono nel pagare le loro imposte, aiutano con efficacia a sostenere l'erario. E' vero che cospirano, propagano eresie e sedizioni, però le monarchie medioevali si sentivano abbastanza forti per dominare agevolmente quei disordini; ed in realtà, così la monarchia come l'aristocrazia medioevali erano tanto forti che poterono a lungo riuscirvi. Tuttavia giunse un momento in cui i discendenti di quei monarchi e di quegli aristocratici ottimisti finirono per piangere amaramente sugli errori commessi dagli antenati, errori dei quali la Umanità soffre tuttora.

Morto Luigi, l'Impero fu disgregato, diviso fra i suoi quattro figli. Come era da attendersi, la preponderanza giudaica persiste solo nei domini di Carlo il Calvo, figlio di Giuditta, che da lei ereditò la simpatia per gli Ebrei, benché senza giungere a tanti estremi. Peraltro, alcuni Giudei continuavano ad avere influenza alla Corte, fra essi Zede Kiah, medico del Re, soprattutto un suo favorito, per i suoi servizi politici; il monarca lo chiamava « Il mio fedele Giuda ». E'curioso quello che dice lo storico israelita Graetz dell'Europa meridionale di quegli anni: « Il Sud Europa, perturbato dall'anarchia e governato da un clero fanatico, non era campo adeguato per lo sviluppo del Giudaismo »[363].

La preponderanza del Giudaismo in Francia si manifestava in qualche forma, costituendo un pericolo tanto serio per la Cristianità che Amolon, nuovo Arcivescovo di Lione, prese in mano la difesa della Chiesa e del popolo, proseguendo la lotta iniziata dal suo maestro e predecessore Agobardo. A tal fine, Amolon poteva contare sulla maggioranza dell'Episcopato, compreso perfino il ribelle Hinkmar, Vescovo di Reims che era riuscito a cattivarsi la piena fiducia del re Carlo, facendo in parte da contrappeso all'influenza dei favoriti ebrei.

L'eccellentissimo Arcivescovo Amolon fu senza dubbio lo strumento della Divina Provvidenza per difendere la Santa Chiesa e la Francia contro l'azione distruttrice dei Giudei; ed oltre a lottare accanitamente contro di loro nell'azione, lo fece pure con la penna, scrivendo il suo famoso *Trattato contro gli Ebrei*, nel quale smascherava pubblicamente l'attività che essi svolgono contro il Cristianesimo ed esortava i prelati ed i secolari ad intraprendere la lotta contro questi nemici capitali.[364]

I Vescovi francesi, capeggiati dal combattivo e tenace Arcivescovo Amolon intrapresero una lotta importante contro gli Ebrei nel Santo Concilio che si riunì l'anno 845 a Meaux presso Parigi. Il detto Sinodo approvò una lista di misure antigiudaiche, poi suggerite al Re per la loro esecuzione; fra esse figuravano Canoni vigenti fino dal tempo di Costantino, le leggi di Teodosio II che vietavano agli Ebrei l'accesso a posti ed onori pubblici, l'editto del re merovingio Childeberto che proibiva agli Ebrei di occupare posti di giudice, di esattore delle imposte, ordinando loro di rispettare il clero.

---

[363] Graetz, op. cit., t. III, p. 170.
[364] Amolon, *Tratado contra los Judíos*, pubblicato dalla Biblioteca Patrum Maximum, tomi XIII et XIV.

I Cristiani cripto-giudei, discendenti dei falsi convertiti, che costituirono sempre più in Francia un grave pericolo, richiamarono naturalmente l'attenzione del Santo Sinodo che inserì nella serie delle sue decisioni molte leggi canoniche approvate in Sinodi precedenti di altri Paesi, i Canoni anti ebraici dei Concili di Toledo contro i battezzati che in segreto continuavano ad essere ebrei ed i Canoni che ordinavano di raccogliere i loro figli per educarli fra i Cristiani[365], misure che, come abbiamo già visto, avevano per scopo d'impedire che il cripto-giudaismo si perpetuasse occultamente, di generazione in generazione.

Come si vede, quel Concilio della Santa Chiesa, nell'intento di parare i grandi mali con grandi rimedi, voleva liberare la Francia dalle grinfie giudaiche, iniziando una guerra senza quartiere, sia contro il Giudaismo pubblico che contro quello clandestino.

Carlo il Calvo, senza dubbio influenzato ancora dalla educazione materna, quando si rese conto delle decisioni del Santo Sinodo, lungi dal rispettarle, ordinò di eluderle con la forza. A quel Sinodo aveva partecipato il suo consigliere ed amico, il Vescovo Hinkmar, il che dimostra che allora gli ebrei avevano ancora influenza decisiva nella Corte della Francia.

Tuttavia, l'Arcivescovo Amolon non si intimorì per la brutalità del re, anzi partì alla carica inviando al clero una lettera pastorale, che secondo i commenti del Graetz, era « piena di virulenza e di calunnie contro la razza giudaica » dicendo poi che « la lettera virulenta di Amolon ebbe scarsi risultati, come quella di Agobardo e come il decretale del Consiglio di Meaux. Però gradualmente il veleno si sparse dal clero al popolo ed ai principi »[366].

Lo storico israelita Giuseppe Kastein riferendosi a questo ultimo fatto, afferma che la Chiesa:

« Utilizzando il grido di guerra secondo il quale la religione cristiana era minacciata, utilizzò l'arma più pericolosa, le masse ignoranti della nazione. In menti suscettibili di essere influenzate da qualunque cosa, la Chiesa batteva sempre sullo stesso argomento che prima o dopo doveva attaccare. Il risultato fu che le masse, da semplici vicini, si convertirono in nemici dei giudei. E per tal mezzo la Chiesa si assicurò il grande vantaggio di realizzare il desiderato mutamento di attitudine del popolaccio, che si verificò indipendentemente dalle condizioni politiche che prevalsero in un dato momento »[367].

Il Kastein, come il Graetz ed i principali storici ebrei, considerano che la Santa Chiesa fu la vera madre dell'antisemitismo medioevale, nel che hanno indubbiamente ragione, giacché essi intendono, per antisemita, ogni

---

[365] Graetz, op. cit., t. III, p. 173.
[366] Graetz, op. cit., t. III, p. 172-3.
[367] Rabbino Josef Kastein, op. cit., p. 252-3.

movimento rivolto a difendere il Cristianesimo dall'Imperialismo Giudaico e dalla sua attività rivoluzionaria. D'altra parte, è molto comprensibile che di fronte a governi più o meno filosemiti ed a un Giudaismo così influente come quello della Francia di quei tempi, il modo più efficace per salvare il Cristianesimo dalla dominazione giudaica, fosse quello di fare opera di persuasione nel popolo, facendogli conoscere in tutta la sua ampiezza il pericolo giudaico e la minaccia ch'esso significa per la religione e per lo stesso popolo. Che tale opera di persuasione fosse in quei tempi efficace, ce lo confermano gli scritti degli storici israeliti, lamentando che la Santa Chiesa sia intervenuta a cambiare l'attitudine filosemita del popolo che imperava nella Francia di Luigi il Pio e di Carlo il Calvo, in successiva attitudine di ostilità popolare verso il Giudaismo, il che ci fa vedere che anche quella gigantesca battaglia che gli Ebrei stavano per vincere terminò col trionfo della Santa Chiesa e la sconfitta della *Sinagoga di Satana*.

Quando gli scrittori ebraici dicono che la Chiesa utilizzò l'arma più efficace che è il popolino ignorante, dimostrano un cinismo davvero incredibile, perché quella è stata sempre l'arma che gli Ebrei hanno precisamente usato e continuano ad usare ai nostri giorni.

Questa opera di persuasione personale realizzata in quei tempi dalla Chiesa, aprendo gli occhi al popolo su quel che sono gli Ebrei, e segnalando il pericolo che significano, è l'unica che può salvare il mondo nelle circostanze attuali. Urge dunque imitare quel che fece la Santa Chiesa in quei tempi difficili e stampare piccoli ma chiari fogli per le masse lavoratrici e libri per i settori di maggior cultura, con abbondante distribuzione gratuita casa per casa, persona per persona, affinché tutto il mondo conosca che significa il pericolo dell'Imperialismo giudaico e la sua azione rivoluzionaria.

Questa opera di persuasione deve specialmente indirizzarsi ai capi ed ufficiali dell'esercito, della marina, dell'aviazione; ai soldati, ai governanti, agli insegnanti, dirigenti politici, finanziari; giornalisti, universitari, personale delle stazioni radio e televisione, alle masse lavoratrici, alla gioventù di tutte le classi sociali; e soprattutto ai membri del clero della Chiesa Cattolica e delle altre Chiese cristiane, che a differenza del clero dei tempi andati, ignorano in genere il pericolo, a causa di una serie di circostanze che in seguito studieremo. Questa opera di persuasione e volgarizzazione del pericolo giudaico, deve realizzarsi al margine delle attività politiche e di tutte le confessioni religiose, affinché in tutti quei settori sorgano i movimenti naturali di difesa che debbono essere coordinati segretamente.

Se le maggioranze popolari ed i settori che detengono le forze di ciascuna nazione ed i mezzi di propaganda, apriranno gli occhi e si renderanno conto del pericolo di schiavitù che ci minaccia e della immensa scelleratezza dell'imperialismo giudaico, nonché dei suoi sinistri propositi, si preparerà il cammino per la liberazione di quella nazione e del mondo intero.

Il sistema di scrivere dei libri e metterli in vendita nelle librerie perché se ne interessi un certo numero di persone, è insufficiente perché l'allarme deve giungere a tutte le case ed a tutte le persone. I fogli volanti od i libri di orientamento debbono essere distribuiti a domicilio, essere consegnati a mano e, quando possibile, farli giungere al destinatario tramite persona sua amica.

I sacerdoti, i ricchi e chiunque maneggi grandi masse di danaro, devono scuotersi dalla loro cronica e peccaminosa avarizia, per contribuire al finanziamento di queste attività illuminatrici, giacché, senza il loro intervento, li attende il plotone di esecuzione od il campo di concentramento, in soddisfazione delle dottrine di Marx, Engels e Lenin, che prescrivono l'annichilimento del clero e della classe borghese, quando trionfi la dittatura socialista del comunismo.

CAPITOLO XXII

TERRORE EBREO IN CASTIGLIA
DURANTE IL SECOLO XIV

Dopo il tradimento degli ebrei, che favorì la caduta del regno cristiano dei Visigoti, e la sua conquista da parte dei Musulmani, ebbe inizio la cosiddetta « guerra di riconquista » intrapresa dai cristiani, che, sotto la guida del Visigoto Pelagio, avevano costituito la loro roccaforte nelle zone montagnose settentrionali della penisola Iberica. Questa lotta di liberazione si protrasse per quasi otto secoli, e cominciò spiegabilmente con sanguinose rappresaglie contro gli ebrei incolpati della caduta del Regno Cristiano e delle stragi di cristiani avvenute dopo la caduta.

Tale sentimento anti-ebraico durò per qualche secolo, fino a quando gli ebrei, con astuzia ed abilità, profittando di tutte le occasioni che si offrivano loro, riuscirono ad attenuarlo. Ottennero ciò rendendo preziosi servigi ai re cristiani della Penisola, quando sorse la necessità di trasformare la Spagna cattolica in rifugio per gli israeliti che vi giungevano da ogni parte d'Europa, perseguitati in primo luogo dalle monarchie cristiane e successivamente dalla Santa Inquisizione Pontificia, in seguito alle violente reazioni delle une e dell'altra contro le trame degli ebrei per conquistare gli Stati cattolici e soppiantare la Società cristiana.

Oltre a ciò, a partire dal decimo secolo, gli ebrei, per l'innanzi alleati dei Musulmani, ne avevano tradito l'amicizia cominciando a seminare la discordia nella società islamica per dominarla e per questo ricorsero alla creazione di società segrete e di bande, la principale delle quali fu la setta criminale degli « assassini » che precorse nel tempo la massoneria moderna. Essa creò una potenza segreta che si estendeva nei paesi islamici e persino nell'Europa cristiana, fino a quando fu debellata principalmente dai Mongoli invasori. Comunque, lo stato di pericolosa decadenza in cui si trovava nel dodicesimo secolo il mondo musulmano era attribuito, in parte, anche alla multiforme azione sovvertitrice degli ebrei. La dinastia degli Almoadi, succeduta nell'Africa del Nord e nella Spagna islamica a quella degli Almoavidi, nell'intento di salvare l'Islam dalla catastrofe, intraprese contro il giudaismo una guerra a morte, che provocò, come sempre, migliaia di false conversioni all'islamismo e la fuga di molti altri ebrei che ripararono nella Spagna cristiana.

I Re iberici, impegnati nella lotta per scacciare dalla Penisola i saraceni, dimenticarono gli antichi tradimenti degli ebrei e si valsero dei loro servigi nella campagna per la riconquista quali prestatori, appaltatori delle tasse ed anche come spie. Infatti ora, cambiati i tempi, gli ebrei operavano come una quinta colonna nella Spagna islamica, in favore della Spagna cristiana, tradendo gli antichi alleati. Ancora una volta, la storia si ripeteva. Infatti i sudditi ebrei di una monarchia musulmana si erano trasformati in una *quinta colonna* pericolosissima che operava in favore dei nemici esterni di quello stato musulmano e precisamente dei regni cristiani della penisola iberica. I re di questi ultimi, a causa dei preziosi servigi resi dagli israeliti, li nominavano membri dei propri governi e perfino primi ministri o tesorieri reali, violando quanto era stato disposto dai Concili della Chiesa che vietavano che si affidassero agli ebrei cariche di governo.

Ancora una volta gli israeliti tornarono a valersi della loro tattica tradizionale e cioè: accattivarsi i loro nemici con un atteggiamento momentaneamente servizievole rendendo servizi, in modo da ottenere con questo mezzo posti chiave che permettessero loro di impadronirsi più tardi degli Stati sotto la cui protezione si erano posti.

Pertanto non si lasciarono sfuggire nessuna occasione, per cercare di prevalere in quei regni cristiani che per loro erano diventati già una nuova Palestina, dove affluivano solerti.

In Castiglia raggiunsero l'apice della loro potenza al tempo del re Pietro il Crudele, riuscendo ad impadronirsi per alcuni anni del potere. E'interessante vedere in che modo riuscirono a dominare temporaneamente in quel regno cristiano.

Pietro il Crudele aveva ereditato il trono nel 1350, all'età di 15 anni, e ben presto cadeva sotto l'influenza dell'eminente dirigente ebraico Ha-Levi Abulaia. Questi, simulando passione per il principe giovinetto e con l'adulazione, riuscì ad eliminarne il tutore Juan Alfonso, signore di Albuquerque ed a rendere vana altresì la benefica influenza della Regina Madre. Fu nominato dapprima tesoriere reale, quindi divenne di fatto primo Ministro del Regno[368]. Fu così che riuscì ad ottenere una potenza politica che nessun altro ebreo dell'epoca era riuscito ad ottenere in un regno cristiano. Aumentò quindi anche l'influenza dei consiglieri ebrei presso il re, in una misura ritenuta pericolosa da molti cristiani.

Nei primi anni di regno le sregolatezze a cui il giovane monarca, spinto dai suoi consiglieri si era abbandonato, provocarono una ribellione generale

---

[368] Gutiérre Diez di Gàmez, *Crònica de Pedro Niño Conde de Buelna*. Questa cronaca fu scritta nell'anno 1445. Le date si rilevano dalla Ediz. Madrid 1782, *Crònica del Rey don Pedro* di Pedro Lòpez de Ayala: Anni I. II. III. IV e seguenti. (Questa *Cronica* fu scritta a mano dall'autore, nella seconda metà del secolo XIV). J. Amador de los Rios, *Historia de los Judìos de España y Portugal*, Madrid, 1876, tomo II, p. 220 e seguenti.

nel regno; fu così creata una Lega dalla quale facevano parte la Regina Madre, i fratellastri (bastardi) del Monarca, sua zia Eleonora, regina di Aragona e molti nobili potenti. Tale Lega si proponeva di liberare il giovane Re dai consiglieri ebrei e da tutta la masnada di persone indegne che lo circondavano, tra cui erano anche i parenti della di lui amante, Maria de Padilla, per la quale egli aveva abbandonato la moglie, la giovane Bianca di Borbone sorella della Regina di Francia.

Il Re Pietro, abbandonato da quasi tutti i nobili del Regno, accettò di porsi sotto la tutela della madre. Si recò quindi nella città di Toro, accompagnato tra gli altri - come racconta il cronista del tempo Pedro López de Ayala - da Samuel Ha-Levi che, secondo il cronista, era il suo grande favorito e consigliere[369].

Giunto nella città, dopo le benevole accoglienze della madre e della zia, vennero incarcerati i membri del seguito e tra essi l'influente ministro ebreo Samuel Ha-Levi.

Un duro colpo alla Lega fu inferto dalla morte del Duca Don Juan Alfonso di Albuquerque, secondo alcuni avvelenato[370]: egli infatti costituiva il fulcro di convergenza di persone e forze con interessi assai diversi. Riassumiamo in appresso le vicende come furono esposte dal celebre storiografo francese del secolo scorso Prosper Merimée. Egli racconta in che modo Samuel Ha-Levi seppe trarre profitto da questa nuova situazione per ordire un astuto intrigo allo scopo di privare di ogni prestigio la Lega, offrendo agli Infanti di Aragona, da parte del giovane re, castelli e vasti possedimenti purché lo lasciassero fuggire ed offrendo città e feudi a un gran numero di maggiorenti; così l'abile consigliere ebreo riuscì a mandare in frantumi la coalizione ed a fuggire col giovane Re un giorno che erano andati a caccia[371].

Un altro storico del secolo scorso J. Amador de los Ríos, riferendosi a questa astuta manovra, scrive:

« Così, grazie all'astuzia ed all'abilità di Don Samuel, il figlio di Alfonso XI riotteneva la libertà, della quale erano riusciti a privarlo la madre ed i fratelli; grazie all'oro che don Samuel aveva saputo profondere a piene mani ed alle promesse fatte a nome del re, era riuscito a gettare discordia e sfiducia nel campo della Lega, sconvolgendo completamente i piani. Così il Re si vide in breve circondato da potenti servitori che gli promettevano fedeltà perpetua. Don Samuel si era conquistata l'assoluta fiducia di don Pedro »[372].

---

[369] *Crònica del Rey don Pedro* di Pedro Lòpez de Ayala, anno V, capitoli XXXIV e XXXV.
[370] Altri negano la veracità di questa versione.
[371] Prosper Mérimée, *Histoire de Don Pierre*, Parigi, 1848, p. 182-3.
[372] J. Amador de los Rìos, op. cit., tomo II, Cap. IV, p. 223-4.

Via via che il Ministro israelita diventava sempre più potente, l'influenza degli ebrei nel Regno continuava ad aumentare. Di questo ci parla molto esplicitamente il famoso storico ebreo Bedarride. Egli dice che nella Castiglia, sotto il regno di Re Pietro il Crudele, gli ebrei raggiunsero « il culmine della potenza »[373]. Purtroppo, la storia ci insegna che, ogni qualvolta gli

---

368

369

370

371

372

373

ebrei giungono al « culmine della potenza » in uno stato cristiano o pagano, si scatena una spaventosa ondata di assassinii e di terrorismo che fa correre a fiumi il sangue cristiano o pagano. Fu proprio questo che successe sotto il regno di Pietro dal momento in cui gli ebrei esercitarono una decisiva influenza sulla sua educazione e sul suo governo. Questo fanciullo intelligente, rivelatosi poi giovane di ampie e di vaste aspirazioni, nonché di provate energie, sarebbe potuto diventare uno dei più grandi monarchi della cristianità se fin dalla adolescenza non fosse stato corrotto dai cattivi esempi e dai consigli ancor peggiori che gli venivano dai suoi favoriti e consiglieri ebrei, incolpati dal popolo dell'ondata di delitti e di soprusi scatenati sotto il sanguinoso governo, durante il quale gli ebrei ebbero il potere e le sinagoghe fiorirono mentre le chiese andavano in rovina ed il clero ed i cristiani erano oggetto di vergognose persecuzioni.

Molti cronisti contemporanei o di poco posteriori ricordano l'influenza decisiva degli ebrei sul giovane monarca e la loro sinistra influenza sulle crudeltà commesse in quel tormentato periodo di regno. Lo storico contemporaneo francese Cuvelier afferma che Enrico, fratellastro del re « fu sollecitato e richiesto dai nobili di Spagna di fare presente ancora una volta al fratello Re che faceva malissimo di valersi del consiglio degli ebrei e di

---

[373] Bédarride, *Les Juifs en France, en Italie et en Espagne*, Doceava, Parigi, 1861, Michel Levy Frères Editeurs, p. 268.

allontanare i cristiani... ». « Recatosi Enrico nel palazzo in cui si trovava il Re suo fratello, riunito in consiglio con parecchi ebrei, senza la partecipazione di nessun cristiano... » « don Enrico supplicò il Re che rinunciasse al consiglio degli ebrei ». Aggiunge il cronista che era presente un ebreo di nome Jacob, evidentemente intimo di Don Pedro[374]. Un altro famoso cronista francese, Paul Hay, Signore di Chartelet, ricordando lo stesso episodio e riferendosi al consigliere del re Pietro già menzionato, dice che Enrico di Trastamara non poté trattenere la sua collera, trovandosi di fronte un ebreo, Jacob, che godeva della fiducia e della familiarità del re Pietro, considerato come ispiratore di tutte le sue crudeltà[375].

I mostruosi delitti commessi sotto il regno sanguinario di Pietro il Crudele sono ricordati nella *Prima Vita Urbani V*. Ne parla anche il cronista italiano contemporaneo Matteo Villani. Il cronista musulmano Abou-Zeid-Ibn Khaldoun, anch'egli contemporaneo a questi eventi, afferma tra altro che « oppresse crudelmente la nazione cristiana e per la sua tirannia divenne tanto odioso agli occhi dei suoi sudditi che questi insorsero contro di lui ». Va ricordata anche l'altra cronaca contemporanea del Re Pietro d'Aragona che descrive in modo raccapricciante l'operato criminale di quel regnante e la famosa « cronaca memorabile » francese di Jean Froissard, che, oltre a ricordare la crudeltà e la tirannide che caratterizzarono quel regno, considera specialmente l'atteggiamento ostile di Pietro il Crudele nei confronti della Chiesa e del Papato[376].

Gli *Annali e Cronache di Francia* scritti da Nicolas Gilles, verso la fine del secolo XV, ricordano Pietro come « gran tiranno » « apostata della religione di Gesù Cristo » attribuendo la sua triste fine a castigo celeste[377]. Ma Fernández Niños, fedele collaboratore di Pietro, che lo servì lealmente fino alla morte, nel suo famoso racconto che la parte della Cronaca di Pedro Niño, parla dello spargimento di sangue di molti innocenti, aggiungendo che il re « aveva per favorito un ebreo chiamato Samuel Levi che gli insegnava a disprezzare i grandi uomini e a non onorarli... si allontanò da molti, usò la violenza e sotto il suo regno molti furono sterminati, imperocchè lo aborrivano la maggior parte dei sudditi ».

---

[374] Cuvelier, *Histoire de Monseigneur Bertrand Du Guesclin*. Scritta a mano in versi dal cronista, e mandata a scrivere in prosa da Estonteville nell'anno 1387. Traduzione spagnola di Berenguer, Madrid, 1882, p. 108 e 110.
[375] Paul Hay seigneur de Chartelet, *Histoire de Monseigneur Bertrand Du Guesclin*, Parigi, 1666.
[376] *Prima Vitae Urbani V*, editio Bosqueti, *col. cum vetustis Codicibus MSS*, pubblicata da Baluzius, nel suo *Vitae Paparum Avenionensium*, Parigi, 1693, tomo I, p. 374, 375 e 386. *Historia de Matteo Villani*, ed. Ebrencia, 1581, livro I, cap. LXI, p. 30-1. Abou Zeid Abder Rahman Ibn Khaldoun, *Historia de los Berberiscos*, trad. francese del Baron de Slane, Argel, 1586, t. IV, p. 379-80. Jean Froissard, *Histoire et Chronique mémorable*, Parigi, 1574, vol. I, cap. CCXXX, p. 311.
[377] Nicolas Gilles, *Les Annales et Chroniques de France*, Parigi, 1666, p. 93.

Nella stessa Cronaca si parla della passione del Re per l'astrologia[378], fatto questo di grande importanza politica poiché gli astrologi di Pietro erano ebrei, e tra essi emergeva Abraham Aben Zarzal, influendo sulle sue azioni politiche; infatti prima di adottare qualsiasi disposizione importante, consultava i suoi astrologi per sapere da loro se avrebbe o no avuto esito.

A questo proposito è interessante il fatto che già alla vigilia della sua caduta, Pietro rinfacciò al già ricordato Abraham che, sia lui che gli altri suoi astrologi, gli avevano vaticinato che avrebbe soggiogato terre musulmane, giungendo a conquistare Gerusalemme, mentre l'avversa situazione dimostrava chiaramente che lo avevano ingannato[379]. E' ben comprensibile che in quel tempo, in cui i musulmani combattevano eroicamente contro la minaccia ebraica, essendo gli ebrei riusciti ad impadronirsi della Castiglia, cercassero di incitare e di stimolare Pietro a conquistare l'Africa del Nord, giungendo a Gerusalemme, per riuscire ancora una volta a distruggere i loro nemici musulmani con il sangue degli altri. Forse pensavano anche al loro sogno della liberazione della Palestina. Quest'ultimo piano, fallito in seguito alla sconfitta di Pietro, riuscirono a realizzare parecchi secoli più tardi, quando conquistarono l'Inghilterra, inducendola a liberare una parte della Palestina dalla dominazione araba. Nel tempo in cui questa superstizione era accettata, con l'astrologia gli israeliti poterono dirigere la politica di molti re.

Il famoso storico Vescovo Don Rodrigo Sánchez, morto nel 1471, paragona Pietro di Castiglia a Erode[380]. Paul Hay, secondo cronista di Bertran du Guesclin, lo paragona a Sardanapalo, Nerone, Domiziano[381].

Lo storico francese P. Duchesne, riferendosi al ritorno di Pietro in Castiglia, rimesso sul trono dalle truppe inglesi, dice: « Entrò Don Pedro in Castiglia, come un lupo insanguinato e avido di strage tra un gregge di pecore. Lo precedeva il terrore, lo accompagnava la morte, lo seguivano fiumi di sangue »[382].

Il Padre gesuita Juan de Mariana, nella sua Storia generale della Spagna (*Historia General de España*), riferendosi al funesto periodo di regno di Pietro il Crudele scrive:

> « In questo modo campi e città, borghi e castelli e i fiumi ed il mare erano contaminati e lordi del sangue di innocenti. Dovunque si andasse si

---

[378] Gutiérre Diez di Gàmez, *Crònica de Pedro Niño Conde de Buelna*, ed. cit., p. 14 al 21.
[379] Sommario de *Los Reyes de España*, Cap. XC.
[380] Ferrer del Rio, *Exàmen històrico critico del reinado de Don Pedro de Castilla*, opera premiata dal voto unanime della Real Academia Española, Madrid, 1851, p. 208 a 211.
[381] Paul Hay seigneur de Chartelet, *Histoire de Monseigneur Bertrand Du Guesclin*, ed. cit., p. 93.
[382] Duchesne, maestro delle Loro Altezze Reali i Signori Infanti di Spagna, *Compendio de la Historia de España*, traduzione spagnola del P. José Francisco de la Isla, Madrid, 1827.

trovavano orme e segni di ferocia e di crudeltà. Inutile dire quanto fosse grande il terrore dei sudditi. Tutti temevano di cadere vittime della violenza. Ognuno temeva per la sua vita; per nessuno era sicura »[383].

E'sorprendente notare che in questa descrizione, scritta quasi 400 anni or sono, sembra di vedere ritratta in termini veridici la situazione attuale di terrore che impera nell'Unione sovietica e negli altri paesi soggetti alla dittatura socialista del comunismo. Ma vi è un'altra coincidenza significativa: secondo quanto scrive il famoso storico israelita Bedarride, sotto il regno di Pietro il Crudele, gli ebrei raggiunsero il « culmine del potere »; anche nell'Unione sovietica e negli altri Stati socialisti, gli ebrei sono giunti al « culmine della potenza ». Questa coincidenza tra due situazioni tra le quali intercorrono più di sei secoli, è sorprendente e tragica.

Come succede in ogni Stato in cui gli ebrei arrivano al culmine della potenza, nella Castiglia di Pietro, la Santa Chiesa veniva perseguitata mentre gli ebrei vedevano crescere la loro potenza. Ciò provocò energiche proteste da parte del Clero castigliano, formulate in interessanti documenti, tra i quali ricorderemo un documento redatto quando il Re era ancora in vita. In esso il Capitolo della Chiesa di Cordova, chiama Pietro « tiranno eretico »[384].

La Santa Sede prese posizione contro questo protettore di ebrei ed oppressore di cristiani con la scomunica di Pietro da parte del Papa: in pieno Concistoro egli fu dichiarato indegno della Corona di Castiglia ed i Castigliani e gli altri suoi sudditi vennero svincolati dal giuramento di fedeltà. La investitura dei suoi regni fu data a Enrico, Conte di Trastamara, o al primo principe che potesse investirsene[385]. Ciò favorì la formazione di una coalizione cui parteciparono i regni di Francia, Aragona e Navarra che sotto gli auspici del Papa organizzarono una specie di crociata per liberare il regno di Castiglia dall'oppressione in cui era caduta.

Mentre cristiani, laici ed ecclesiastici, venivano assassinati, incarcerati oppressi in ogni modo, il giudaismo si andava più che mai imponendo nella Spagna cristiana. In quel tempo la città di Toledo era in realtà la capitale del giudaismo internazionale, come lo furono poi successivamente Costantinopoli, Amsterdam, Londra, Nuova York. In quel tempo il potente Samuel Ha-Levi organizzò un Sinodo o congresso universale ebraico cui parteciparono delegazioni di comunità israelitiche provenienti dai paesi più lontani, sia per eleggere il capo mondiale del giudaismo, sia per ammirare la nuova sinagoga che il Re Pietro aveva concesso a Samuel di costruire, in spregio ai canoni della Chiesa.

---

[383] R.P. Juan de Mariana, s.j., *Historia General de España*, Madrid, 1650, libro XVII, tomo II, cap. V, p. 59.
[384] Academia de la Historia, *Privilegios de dicha Iglesia*. G. 18.
[385] Paul Hay seigneur de Chartelet, *Histoire de Monseigneur Bertrand Du Guesclin*, ed. cit., p. 94.

In quella sinagoga, trasformata di poi nella « Chiesa del Transito » vi sono due iscrizioni che sono una vera testimonianza storica; esse attestano l'effettuazione di questa grande assemblea. Dalle iscrizioni stesse si rileva che il Capo eletto fu lo stesso Samuel Ha-Levi che, a quanto sembra, divenne il Baruch dell'epoca; ciò non impedì che qualche anno dopo, un gruppo influente di ebrei suoi nemici lo accusassero di avere rubato il tesoro reale accelerandone la caduta e la fine. Quegli ebrei invidiosi dell'immensa potenza conseguita da Samuel lo accusarono di avere derubato il re Pietro per vent'anni e riuscirono persino a indurre il re stesso a farlo sottoporre a tortura affinché rivelasse dove si trovassero tre immensi cumuli d'oro rubati dal Ministro; ma pare che lo stesso sia morto sotto la tortura senza nulla rivelare. Il cronista continua « ed al re molto piacque (la morte) quando lo seppe e per consiglio di detti giudei comandò gli fosse tolto tutto quanto aveva, e si frugò nelle case che Don Samuel possedeva a Toledo.

Si trovò un ripostiglio ricavato sotto terra, nel quale giacevano tre mucchi di tesori di monete e di lingotti e lamine d'oro e d'argento; ogni mucchio era così alto che non si vedeva un uomo dall'altra parte. Il Re Don Pedro venne a vederli e disse: « Se Don Samuel mi avesse dato la terza parte del più piccolo dei tre mucchi che vediamo, non lo avrei fatto torturare. Ma ha preferito morire senza dirmelo »[386]. Il fatto che i tesorieri o ministri ebrei rubassero, non era nuovo. Per questo motivo molti erano stati destituiti. Tuttavia, questo fatto ci mostra come anche tra gli ebrei nonostante la consorteria, sorgono invidie e discordie tremende, con epiloghi tragici come questo ricordato. Ciò nonostante l'influenza degli ebrei sul governo di Pietro continuò nella stessa maniera. Si trattò soltanto di una sostituzione di persone.

Tra le altre accuse sostenute per abbattere il re Pietro vi era quella che non soltanto aveva abbandonato agli ebrei il governo del Regno, ma che egli stesso era ebreo. Si diceva infatti che Alfonso XI, privo di successori maschi, era talmente amareggiato che aveva seriamente minacciato la regina se il rampollo successivo fosse stato una bambina, e che ad evitare questo, la regina avesse consentito a che si sostituisse la sua bambina con un bambino, ciò che fu fatto, portando il figlio di ebrei, nato in quel momento e che fu allevato come erede al trono, senza che Alfonso sapesse che quello che presentavano come suo figlio era un israelita.

Dicevano anche che quando Pietro era riuscito a conoscere la sua origine ebraica si era fatto circoncidere segretamente; e si diceva che a ciò fosse dovuto il fatto che avesse abbandonato completamente il governo del regno agli ebrei. Tuttavia il famoso cronista e letterato Pedro, Lopez de Ayala, per nulla favorevole al Re Pietro, respinge tacitamente tale accusa, senza riferirsi

---

[386] Sommario de *Los Reyes de España*, compendio inserito nella Ed. di Llaguno y Amirola della *Crònica de Don Pedro Niño*, Madrid, 1782.

ad essa espressamente, chiamando Pietro figlio legittimo di Alfonso XI. Nello stesso senso si esprimono storici e cronisti che si ispirano a Lopez de Ayala.

Pur associandoci anche noi all'elogio verso un così eminente cronista, dobbiamo, per quanto riguarda questo fatto, tenere presente che la cronaca del regno di Pietro venne scritta quando Caterina di Lancaster, discendente di quel Re, si era già sposata con Enrico III, nipote di Enrico di Trastamara[387], con un matrimonio politico tra due famiglie rivali, mettendo termine ad ulteriori discordie. Dato che la cronaca fu scritta in un momento in cui la Monarchia castigliana era particolarmente interessata a cancellare la macchia di una possibile ascendenza ebraica, è naturale che Pedro Lòpez de Ayala sia stato costretto a passare sotto silenzio quanto si riferiva a questa faccenda che avrebbe potuto altresì ledere l'onore della Regina Caterina.

Da un lato la storia ci ha mostrato che gli ebrei, nella loro ambizione di dominio mondiale, sono capacissimi di compiere qualsiasi azione per impadronirsi di un regno, si tratti di sostituire un bambino ad una bambina o di effettuare qualsiasi altro trucco che l'occasione presenti. Tuttavia nel caso che consideriamo ci sembra anche possibile considerare i difensori di Pietro il Crudele, massoni e liberali secondo i quali l'accusa di sostituzione di bambino non sarebbe altro che una mistificazione, ordita e diffusa da Enrico da Trastamara, per giustificare la sua ascesa al trono; tuttavia questa storia finì per essere creduta in Castiglia ed altrove ed accettata nelle cronache del tempo. Non ci sembra del resto nemmeno improbabile che, pur trattandosi di una invenzione, sia stata inventata dagli stessi ebrei, che circondavano ed influenzavano il re giovinetto per stimolarlo ad accostarsi al giudaismo e poterlo così dominare del tutto.

Tale possibilità è suffragata dalla costante tendenza degli ebrei a conquistare i re, cristiani o pagani, facendo loro credere che discendono da israeliti. Vollero dimostrare ciò anche a Francesco I, re di Francia; questi però ne rise. Lo stesso con l'imperatore Carlo V, il quale tanto se ne sdegnò da fare bruciare l'ebreo che aveva cercato in questo modo di attirarlo alla *Sinagoga*. Nel caso di Carlo II d'Inghilterra, arrivarono perfino a presentargli un albero genealogico accuratamente falsificato; egli credette in parte a questa storia, il che permise agli ebrei di ottenere da lui alcune concessioni. Persino all'imperatore del Giappone vollero far credere che discendeva da una delle dieci tribù perdute, nell'intento di attrarlo al giudaismo e poter dominare in tal modo il paese del Sol Levante. Ma per fortuna il Mikado li considerò come dementi.

Ma non è da escludere che lo stesso espediente sia stato adottato nel caso di Re Pietro e che la notizia sia poi penetrata nel campo avverso venendo

---

[387] Pedro Lòpez de Aytala, nel capitolo XIII dell'anno V del suo *Crònica del Rey don Pedro*, dice di Donna Catalina: « che è la futura moglie del re di Castiglia ».

poi sfruttata dal re Trastamare, come elemento contro Pietro. Comunque stiano le cose, è evidente che con le sue stragi e le sue persecuzioni contro la Chiesa e per la grande potenza che egli concedeva agli ebrei, operava più da ebreo che da cristiano; ciò spiega perché si dette credito alla storia di sostituzione di bambini.

Tra le cronache che narrano che Pietro di Castiglia sarebbe nato da ebrei, ricorderemo le seguenti: la cronaca contemporanea, del re Pietro IV d'Aragona; la cronaca, anch'essa contemporanea del Padre Carmelitano Juan de Venette; la Cronaca anonima dei primi quattro Valois; un'altra cronaca contemporanea, quella di Cuvelier ed altre.

E'interessante ricordare che un secolo più tardi, in documenti relativi alla biografia del famoso Rabbino di Burgos, Salomon Ha Levi, (convertitosi egli prese il nome di Pablo de Santa Maria) che diventò sacerdote e poi arcivescovo della stessa città dove precedentemente era stato rabbino, egli ci dice che questo prelato era figlio della bambina sostituita con il bambino ebreo e venne poi coronato re col titolo di Pietro di Castiglia. Effettivamente la Infanta si sposò con l'israelita padre del ricordato Arcivescovo. Tra gli altri documenti che vengono a corroborare questa voce tanto diffusa ricorderemo: *El libro de los Blasones* di Alonso Garcia de Torres (MSS) fol. 1.306 (Apellido-Cartagena) e la *Recopilacion de Honra y Gloria mundana* del Capitano Francisco de Guzman. (MSS) Foglio 2046. Compendio fogli 28 e 29[388]. Da parte sua Frate Cristobal de Santoliz, pubblicando nel 1591 la prima edizione della *Vida de Don Pablo de Santa Maria* affermava che il famoso Rabbino, quindi Arcivescovo, era figlio della principessina, sostituita al bambino ebreo, diventato poi Re di Castiglia[389].

Per quanto riguarda l'intervento degli ebrei nel governo di Pietro, oltre alla dichiarazione citata più avanti della *Jewish Enciclopedia* e quella di eminenti storiografi ebrei, ricorderemo la cronaca contemporanea in versi scritta dal Cuvelier, in cui si legge che « aveva il pessimo costume di consigliarsi su qualsiasi cosa con gli ebrei, che abitavano nel suo Stato, rivelando tutti i suoi segreti, anziche farne confidenza agli amici più prossimi ed ai famigliari, o ad altri cristiani. Era pertanto inevitabile che l'uomo che consciamente si valeva di tali consigli, dovesse incorrere in tristi conseguenze »[390].

Un altro cronista contemporaneo di Pietro, continuatore della Cronaca di Guillero de Nangis, scrive: « Si rimproverava a quel Re che sia il governo che il palazzo fossero retti da ebrei presenti in gran numero in Spagna, e che tutto il regno era da loro governato »[391].

---

[388] Dobbiamo la notizia di tanti egregi manoscritti, alla diligenza del colto storico J. Amador de los Rìos, *Historia de los Judìos de España y Portugal*, Madrid, 1876, tomo II, cap. IV.
[389] Sitges, *Las mujeres el rey don Pedro*, Madrid, 1910, p. 178-9.
[390] Cuvelier, *Histoire de Monseigneur Bertrand Du Guesclin*, op. cit., p. 107.
[391] *Continuatio Chronici Guillemi de Nangis*, Pubblicata nel *Specilegium sive Collectio Veterum Aliquot Scriptorum qui in Galliae Bibliothecis delituerant*. Parigi anno MDCCXXIII, tomo III, p. 139.

Il secondo continuatore della cronaca di Bertrand Du Guesclin, Paul Hay, riferendosi alla stessa questione, afferma che i cattivi consiglieri del re Pietro avevano creato in Castiglia difficoltà infierendo con assassinii e seminando desolazione. Oltre a ciò destavano nel monarca una generale avversione verso le persone più eminenti del suo regno, scuotendo l'affetto reciproco che unisce i buoni sovrani ed i loro sudditi e reciprocamente i popoli ai loro principi. E che il Re Pietro spogliò le chiese dei loro beni per arricchire i ministri complici dei suoi misfatti. Era giunto, a quanto si diceva, a rinunciare segretamente al battesimo ed a farsi circoncidere; commise crudeltà infinite che riempirono di sangue e di lacrime la Spagna; accumulando nella sua persona i vizi di Sardanapalo, di Nerone e di Domiziano. Tutto il suo essere era dominato dai suoi favoriti, soprattutto ebrei[392].

---

[392] Paul Hay seigneur de Chartelet, *Histoire de Monseigneur Bertrand Du Guesclin*, ed. cit., p. 92-94.

CAPITOLO XXIII

GLI EBREI TRADISCONO ANCHE I LORO PIÙ GENEROSI PROTETTORI

Oltre le vere e proprie stragi di cristiani perpetrate durante l'odioso periodo di dittatura ebraica, che fu il regno di Pietro il Crudele, furono compiuti altri delitti che per la loro portata fecero fremere l'Europa, come l'assassinio di Don Suero, Arcivescovo di Santiago, quello di Pedro Alvarez, decano della stessa cattedrale; la morte sul rogo del sacerdote di Santo Domingo de la Calzada, l'assassinio del Maestro di San Bernardo, che affrettò la scomunica promulgata dal Papa Urbano V, scomunica che quando venne comunicata a Pietro, per poco non costò la vita al rappresentante di Sua Santità.

Ma ascoltiamo quanto ne scrive il Padre Fray-Joseph Alvarez dela Fuente, al quale abbiamo attinto anche i fatti precedenti:

« In seguito a questa morte, come ho detto e per il fatto che il Re Pietro teneva lontani dalle rispettive chiese i vescovi di Calahorra e di Lugo, il Papa Urbano V mandò a lui un arcidiacono che gli notificasse la scomunica. Questi, con grande cautela, risalì il fiume Siviglia con la sua galeotta leggera e approdò al campo di Tablada, vicino alla città, in attesa che il re passasse e lo ascoltasse. Egli gli comunicò il contenuto della bolla fatale e poi fuggì via a vele spiegate, aiutato nella fuga anche dalla corrente dell'acqua ».

Il frate citato racconta che Re Pietro scese nella corrente con l'intenzione di uccidere l'arcidiacono a pugnalate e fu quasi sul punto di affogare perché il suo cavallo si era stancato di nuotare[393].

Altri e molto numerosi furono gli assassini raccapriccianti. Ci limiteremo a narrare quello della giovane indifesa Bianca di Borbone, sorella della Regina di Francia, che era stata legittima moglie di Pietro. Essa venne incarcerata e poi brutalmente assassinata. Il cronista contemporaneo di Re Pietro, Cuvelier, parla dell'assassinio della giovane regina, affermando che consultatosi con un ebreo sul modo migliore di sbarazzarsi della Regina

---

[393] *Sucesión Real de España*, R.P. Fray Joseph Alvarez de la Fuente, p. 79.

senza che ciò apparisse, quell'ebreo consigliò di strozzarla e si offrì di compiere il misfatto in compagnia di altri ebrei. Fu così soffocata nella sua alcova e abbandonata nel letto dove fu trovata morta il giorno seguente. Il cronista racconta che gli ebrei volevano uccidere quattro servitori intenzionati a divulgare lo scandalo, e che altri furono messi in carcere. Successivamente Re Pietro dichiarò che non aveva autorizzato simile azione e mandò in esilio gli assassini. Ma lo fece unicamente per simulare[394].

Un altro documento di innegabile autenticità conferma le responsabilità degli ebrei in questo vero e proprio regno del terrore; si tratta del *Ordenamiento de Peticiones* promulgato dal Re Enrico durante la riunione delle *Cortes* a Burgos, dopo che era stato proclamato Re, nel 1367. Da questo documento citiamo il passo seguente, che traduciamo dal castigliano antico, sulla scorta della pubblicazione effettuatane dalla *Real Academia de la Historia* (Madrid); in esso il nuovo Re risponde ai rappresentanti dei diversi strati sociali presenti alle Cortes, organo assai simile al Parlamento medievale o agli Stati Generali:

« N. 10 . Altresì, a quanti ci hanno dichiarato che gli abitanti delle città, borgate e villaggi dei nostri regni, vittime di molti mali, danni, morti ed esilii verificatisi nei tempi passati per consiglio degli ebrei che furono favoriti (primi ministri o altri consiglieri) o funzionari dei re precedenti, per la loro malevolenza contro i cristiani, i quali hanno chiesto e supplicato di ordinare che non venga ammesso nessun ebreo nella nostra casa, né in quella della regina o degli Infanti, in qualità di funzionari o di medici, e che non rivestano nessuna carica.
« Rispondiamo loro che terremo conto di quanto ci chiedono per queste ragioni ma che una domanda simile non venne mai rivolta ai precedenti Re di Castiglia; per quanto alcuni ebrei siano ammessi nella nostra casa, non li includeremo nel nostro Consiglio, né daremo loro potere tale che consenta loro di danneggiare il nostro paese in qualunque modo »[395].

C'è qui da osservare un fatto sorprendente: Enrico di Trastamara, che insorse contro il fratellastro con l'appoggio morale del Papa e quello materiale del Re di Francia e di altri monarchi per privare del trono il rivale, si era procurato tali appoggi sostenendo che il Re Pietro era apostata, che praticava segretamente il giudaismo e che aveva abbandonato il governo della Castiglia nelle mani degli ebrei; che, inalberata la bandiera della libertà, aveva ottenuto l'appoggio della nobiltà e del clero e del popolo. Ora però in contradizione con quanto aveva sostenuto nella sua campagna, conseguita la vittoria e la corona regale, si avvaleva di ebrei nella sua corte. Che cosa

---

[394] Cuvelier, *Histoire de Monseigneur Bertrand Du Guesclin*, op. cit., p. 111 e 114.
[395] *Cortès de los antiguos reinos de Leòn y de Castilla*, pubblicati dalla Real Academia de la Historia, Madrid, 1863, t. II., p. 150 e 151.

era successo durante la guerra civile per fare sì che colui che era entrato in Castiglia facendo strage di ebrei li ammettesse ora alla sua corte? Che cosa avevano fatto gli ebrei per poter evitare una catastrofe definitiva e rimanere più o meno ben protetti, nonostante il trionfo della parte avversa? I documenti storici che riportiamo in appresso ci spiegano l'enigma.

L'*Enciclopedia Ebraica*, opera monumentale del giudaismo moderno dice che sin dall'inizio del regno, Pietro si era circondato da ebrei, tanto che la sua corte era chiamata dai suoi nemici la « corte ebrea »; ed aggiunge che gli ebrei furono sempre suoi leali sostenitori[396]. L'epilogo era prevedibile. Infatti il giovane Re essendosi dato agli ebrei ed avendoli portati al vertice del potere, aveva provocato la tragica guerra civile ed internazionale che doveva costargli il regno e la vita. Tuttavia i cronisti contemporanei ed anche gli storici non sospetti di antisemitismo dimostrano con prove che non è vero che gli israeliti siano stati leali al loro incondizionato alleato ed amico; anzi, al contrario, proprio con lui commisero il più nero dei tradimenti, come sogliono fare sempre gli ebrei con i migliori amici e protettori. Per essi la più sincera amicizia non vale nulla, né servigi né favori ricevuti, per quanto grandi. Quando convenga all'interesse politico loro, sono pronti a crocifiggere anche coloro che abbiano sacrificato tutto per favorirli. Nella sua lealtà verso gli ebrei, il re Pietro arrivò a fare terribili atti di rappresaglia, contro quelli che attentavano contro gli ebrei.

Così Lopez de Ayala, cronista ed eminente letterato dell'epoca, dice che quando Pietro si recò a Miranda dell'Ebro per fare giustizia di quanti avevano derubato ed ucciso colà degli ebrei e sostenevano le parti del Conte, fece giustizia di due uomini del paese, uno tale Pero-Martinez, figlio del Chantre e l'altro Pero Sànchez Bañuelos. Pero Martinez fu fatto bollire in una caldaia e Pero Sanchez fu arrostito in presenza del Re; altri in paese furono fatti uccidere[397].

Nel suo quinto anno di regno, aveva dato prova di generosità promulgando un indulto anche in favore di quanti avevano attentato al trono, ma in tale indulto non erano contemplati quanti avevano danneggiato gli ebrei. Sarebbe dunque da attendersi che questi rimanessero fedeli nei momenti difficili. I fatti dimostrarono il contrario.

Il cronista francese Cuvelier, che fu testimone oculare dei fatti, dato che accompagnava Bertrand du Guesclin durante la campagna, riferendosi al periodo in cui le tragiche sconfitte di Re Pietro dimostravano chiaramente che le sorti erano favorevoli agli avversari suoi, scrive che, abbandonato Burgos, Toledo e Cordoba, Pietro il Crudele si recò a Siviglia e due dei suoi consiglieri ebrei dei più amati ed influenti, Danyot e Turquant, decisero di tradirlo e di consegnarlo ad Enrico quando se ne fosse presentata

---

[396] *Jewish Encyclopedia*, ed. cit., vol. IX, vovabolo *Spain*.
[397] Pedro Lòpez de Ayala, *Crònica del Rey don Pedro, abreviada*. Nota del cap. VIII dell'anno XI.

l'occasione[398]. Il dotto letterato e storico del secolo scorso José Amador de los Rìos, favorevole agli ebrei, confessa chiaramente che: « in Castiglia ed altrove si racconta che quando Enrico ed i suoi si presentavano in alcune città, erano le stesse « *Juderìas* » ad aprire le porte ai Bretoni di Bertran Claquin (du Guesclin) »[399]. (*Juderìas*, così si chiamavano in Castiglia le comunità ebraiche).

La notizia di questi odiosi tradimenti effettuati dai suoi protetti ed amici ebrei, provocò indubbiamente indignazione nel re Pietro. Il cronista francese già ricordato, testimone dei fatti, racconta che quando Re Pietro seppe che Cordoba era caduta nelle mani del suo fratellastro, ebbe un violento alterco con i due consiglieri ebrei che avevano deciso di tradirlo e che disse loro:

« Signori, per disgrazia già da molti anni mi sono valso dei vostri consigli. Da voi e dai vostri correligionari è stata assassinata mia moglie, svisata la legge; maledetto il giorno e l'ora in cui vi presi al mio fianco, dato che per avervi creduto e per i miei peccati sono scacciato in questo modo dalle mie terre. Così vi caccio io dalla mia presenza e dalla mia corte. Guardatevi bene dal tornarvi. Anzi uscite immediatamente dalla mia città ». Lo stesso cronista racconta che i due consiglieri entrarono in trattative segrete con Don Enrico di Trastamara per consegnargli la città di Siviglia, in cui si era rifugiato il Re Pietro, mettendosi d'accordo con i dottori della legge della comunità ebraica della città, che facessero entrare le truppe di Enrico dalla parte del quartiere ebraico nella città stessa. Tuttavia Pietro venne ben presto a conoscere quanto gli ebrei tramassero contro di lui, per una informazione venutagli da una bella ebrea che era stata sua amante e che lo amava molto. Per questo il giorno dopo il Re abbandonò la città, battendo in ritirata[400].

Paul Hay, signore di Chartelet, secondo continuatore della Cronaca di Bertran du Guesclin, scrive che Re Pietro venne informato del fatto a Siviglia da una concubina ebrea che lo amava molto, sicché di nascosto dei suoi genitori, venne ad informarlo che gli ebrei stavano tramando segretamente un complotto con Enrico di Trastamara per abbandonargli la città. Questa notizia finì con il prostrare lo sfortunato monarca[401].

Naturalmente gli ebrei, per poter meglio controllare il re, seguendo una tattica tradizionale, gli procuravano amanti ebree; ma l'amore spesso è un arma a doppio taglio. In questo caso si vede che nella fanciulla l'amore la vinse sull'attaccamento al giudaismo o sul timore delle rappresaglie. Seguendo queste cronache, ci sembra sempre più evidente la pericolosità di questi nuclei di stranieri inassimilabili, i quali durante tutta la storia hanno dimostrato di non saper mai essere leali con nessuno, di essere sempre

---

[398] Cuvelier, *Histoire de Monseigneur Bertrand Du Guesclin*, op. cit., p. 143.
[399] J. Amador de los Rìos, op. cit., tomo II, Cap. IV, p. 253.
[400] Cuvelier, *Histoire de Monseigneur Bertrand Du Guesclin*, op. cit., p. 143 e 144 a 146.
[401] Paul Hay seigneur de Chartelet, *Histoire de Monseigneur Bertrand Du Guesclin*, ed. cit., p. 110.

pronti a trasformarsi in pericolosissime quinte colonne, a danno di potenti loro protettori ed amici, più tenaci e fanatici ed a favore di nemici e di potenze straniere.

Questi fatti ci spiegano perché gli ebrei, vedendosi minacciati dalla vittoria del popolo cristiano della Castiglia, guidati da Enrico di Trastamara, seppero penetrare per tempo nel campo avversario, cioè nel campo del Trastamara per trasformare in trionfo l'imminente catastrofe. Gli ebrei hanno saputo perfezionare questa manovra machiavellica nel corso dei secoli. Oggi non aspettano che i nemici abbiano conseguito la vittoria ma fin dal momento in cui sorgono opposizioni cristiane o anticomuniste contro i loro sinistri piani, mandano elementi nelle file di questa opposizione per farla fallire, o quanto meno inserirsi in posizione favorevole nel campo nemico, con la possibilità di mandarlo in rovina alla prima occasione.

Organizzazioni anticomuniste di tutto il mondo libero state all'erta, e difendetevi dall'infiltrazione di elementi ebraici nelle vostre file. Infatti questi, dichiarandosi anticomunisti, perseguono unicamente lo scopo di impadronirsi dal di dentro dei vostri movimenti per farli fallire, per quanto ora, per conquistarsi buone posizioni, prestino buoni servizi.

Pietro, sconfitto, si rifugiò in Portogallo e di qui passò in Inghilterra dove riuscì ad ottenere l'appoggio del « Principe nero »[402] e tornò in Castiglia con l'appoggio dell'esercito inglese e successivamente valendosi dell'appoggio del Re Moro di Granata suo alleato. In questa fase della lotta vediamo che gli ebrei si sono infiltrati nei due campi avversari. Avevano già scoperto il segreto dei loro futuri trionfi: giocare sulle due carte per avere sempre la meglio. E'però evidente che gli israeliti sono usi a fingere l'esistenza di scismi o divisioni nelle loro file, di modo che sembri naturale che un gruppo si schieri da un lato e l'altro nel campo opposto. In questo modo, dopo il disastro di Re Pietro a Montiel, riuscirono ad avere una posizione favorevole nel governo del vincitore.

E'sorprendente che Enrico, nel tragico duello che costò la vita a Pietro, abbia avuto il cinismo di chiamarlo ebreo per l'ultima volta. Infatti, già in quel tempo, il bastardo era favorito tanto dal tradimento degli ebrei contro Pietro quanto dall'oro che gli avevano dato le comunità ebraiche ed era quindi pronto a riammettere gli ebrei nella Reggia, malgrado le giuste preoccupazioni delle Cortes del regno. Così la lotta che si sarebbe potuta conchiudere con la completa vittoria dei cristiani, si protrasse assai aspra fino a quando, verso la fine del secolo, sfociò nelle terribili stragi di ebrei verificatesi nell'intera Penisola, nel 1391, che sono state indebitamente

---

[402] E'opportuno chiarire che allorquando il Cavaliere Principe di Galles si convinse che Pietro lo aveva ingannato e che la causa che egli sosteneva era una cattiva causa, ritirò il suo appoggio.

attribuite alle prediche del sacerdote cattolico Ferràn-Martìnez, mentre esse non furono che la scintilla che fece scoppiare l'indignazione fino a quel momento repressa di un popolo oppresso, derubato, assassinato, vittima di estorsioni ad opera di ebrei, che sotto alcuni re avevano dato la scalata ai più alti posti di governo, in seguito all'incoscienza di monarchi, che con compiacimento e tradimenti, aprirono le porte all'epoca d'oro degli ebrei nella Spagna cattolica. I risultati di questa situazione furono tragici per i cristiani, e dannosi per i musulmani stessi, in quanto si creò un'epoca d'oro ebraica nella Spagna islamica.

CAPITOLO XXIV

INFILTRAZIONE EBREA NEL CLERO

In questo capitolo ci proponiamo di studiare in che modo i falsi cristiani (cripto-ebrei) cercano di penetrare nella Chiesa.

Per conquistare il mondo cristiano, l'imperialismo giudaico considerò indispensabile impadronirsi del suo principale baluardo, la Chiesa di Cristo; per questo si è valso di diverse tattiche che andavano dagli attacchi diretti ed aperti, alle persecuzioni. Questa *quinta colonna* adottava di preferenza il sistema di introdurre nel clero giovani cristiani discendenti da ebrei, che segretamente praticavano il giudaismo affinché, una volta ordinati sacerdoti, cercassero di dare la scalata alle gerarchie della Santa Chiesa, sia tra il clero secolare che negli ordini religiosi per valersi quindi delle posizioni conquistate nella gerarchia ecclesiastica a danno della chiesa ed a vantaggio del giudaismo, dei suoi piani di conquista e dei suoi movimenti eretici o rivoluzionari. In questo compito di infiltrazione così delicato, il giudaismo clandestino si vale di giovani non solo profondamente religiosi, ma anche animati da grande senso mistico e fanatismo nella religione ebraica, pronti a sacrificare la loro vita per il Dio di Israele e per il popolo eletto.

Mistici di questo tipo sono frequenti nel giudaismo e ad essi si devono i grandi trionfi ottenuti dall'imperialismo teologico degli ebrei; infatti il fanciullo o il giovane che entra nei seminari, per la preparazione del clero cristiano, sa di accingersi all'opera più santa, di distruzione del nemico mortale del popolo eletto, il cristianesimo, soprattutto quando si tratta della Chiesa cattolica. Egli sa che grazie alla sua attività tendente a distruggere o a indebolire le difese della cristianità facilita il compimento della volontà divina, favorendo la realizzazione del dominio di Israele su tutta la terra. Il chierico falso cristiano e cripto-giudeo, considera di svolgere, secondo la sua credenza, un'opera santa che gli procurerà anche salvezza eterna. Secondo gli israeliti i meriti aumentano di fronte a Dio ed al popolo eletto, quanto maggiori danni può cagionare alla Chiesa quale sacerdote, frate, canonico, priore di convento, provinciale, vescovo, arcivescovo o cardinale.

Si può affermare che fu proprio questa legione di mistici e di fanatici che nel Medio Evo riuscì finalmente a scuotere la supremazia della Santa Chiesa, a favorire le eresie del secolo XVI e dei movimenti rivoluzionari giudeo-massonici e giudeo-comunisti dei tempi moderni. Pertanto la quinta colonna ebraica in seno al clero costituisce uno dei pilastri del giudaismo internazionale.

Gli scopi che persegue l'infiltrazione dei falsi cristiani, cripto-giudei, nel clero, sono chiaramente illustrati da un documento pubblicato in Francia dell'Abate Chabauty, che cita l'arcivescovo di Port Louis, Monsignor Léon Maurin, s. j. Si tratta di una lettera del capo segreto del movimento ebraico internazionale con sede a Costantinopoli, alla fine del secolo XV, lettera diretta agli ebrei francesi e contenente istruzioni in risposta ad una precedente lettera inviatagli dal Rabbino di Arles Chamor. Questo documento cadde nelle mani delle autorità francesi e l'abate Chabauty lo pubblicò. La lettera dice testualmente:

« Amatissimi fratelli in Mosè. Ci è pervenuta la vostra lettera in cui ci comunicate le avversità ed i disagi che siete costretti ad affrontare e siamo compenetrati da un dolore uguale al vostro. Il consiglio dei sommi Rabbini e Satrapi della nostra Legge è il seguente:
Dite che il Re di Francia vi obbliga a convertirvi al cristianesimo. Orbene, fatelo, ma conservate nei vostri cuori la legge di Mosè.
Dite che vogliono togliervi i vostri beni. Fate dei vostri figli dei mercanti, affinché essi spoglino dei loro averi i cristiani mediante il commercio.
Dite che si attenta contro la vostra vita. Fate dei vostri figli medici e speziali affinché essi possano privare della vita i cristiani senza temere alcun castigo.
Dite che si distruggono le vostre sinagoghe. Fate dei vostri figli preti e canonici affinché essi distruggano la Chiesa cristiana.
Dichiarate di essere vittime di altre vessazioni. Fate dei vostri figli avvocati, notai o membri di altre professioni che si occupano normalmente di pubblici affari. In tal modo dominerete i cristiani, vi impadronirete delle loro terre e vi vendicherete di loro. Seguite questi dettami che vi trasmettiamo e constaterete per esperienza che, per quanto prostrati, conquisterete il sommo del potere. »
« Firmato V.S.S.V.E.F. Principe degli Ebrei in Costantinopoli al de Casleo, 1489 »[403].

Le infiltrazioni di ebrei nel clero francese in quel periodo furono molto perniciose; esse contribuirono infatti a favorire l'espansione del movimento Ugonotto nel secolo XVI, setta che era sostenuta da quanti ebrei, in segreto, si coprivano con la maschera del cristianesimo, diversamente da quanto successe nel caso delle chiese luterane che arrivarono ad infierire contro gli ebrei.

---

[403] Arcivescovo Vescovo di Port-Louis, Mons. Léon Meurin, s.j., *Filosofia de la Masoneria*, Editorial Nos. Madrid, 1957, p. 222-4.

Le finalità dell'infiltrazione cripto-ebraica nel clero cristiano sono evidenti: minare la Chiesa dal di dentro. Il quadro tracciato dalla lettera sopramenzionata è confermato *ad abundantiam* in moltissimi processi effettuati dalla Santa Inquisizione contro gli ecclesiastici giudeizzanti. Questi elementi ecclesiastici, appartenenti alla *quinta colonna*, mettevano in atto i tradimenti nelle forme più diverse; ma tutte erano tendenti allo stesso scopo: difendere accanitamente gli ebrei, favorire i movimenti eretici - come si fece in passato - ed, attualmente, i movimenti rivoluzionari apertamente anticristiani; indebolire le difese della Chiesa ed attaccare i buoni cristiani, specie quanti difendono accanitamente la Cristianità, con il proposito di screditarli e di annientarli, preparando così il trionfo delle organizzazioni ebraiche, eretiche, massoniche o comuniste, nell'intento di realizzare nel futuro la distruzione completa della Chiesa.

Le tattiche messe in opera dagli ecclesiastici appartenenti a questa *quinta colonna* sono ampiamente illustrate nei processi della Santa Inquisizione contro arcivescovi, canonici, priori di conventi, sacerdoti e frati criptogiudei. Il fenomeno dell'infiltrazione criptogiudaica nel clero esiste, come si è visto, fin dai primordi del cristianesimo ed ha sempre costituito uno dei pericoli maggiori che la Santa Chiesa ha dovuto affrontare; e non già in un paese o nell'altro, ma in tutto il mondo cristiano. Tuttavia, dato che lo studio di questo problema in tutta la sua ampiezza, richiederebbe un'opera di molti volumi, ci limiteremo qui a studiare uno dei molti esempi di questi tragici processi storici della infiltrazione ebraica nel clero, che hanno reso possibile gli attuali successi dell'imperialismo giudaico; per questo attingeremo a fonti che non possono essere tacciate di antisemitismo. L'esempio seguente potrà essere sufficiente per dare un'idea dei criteri adottati dagli ebrei per infiltrarsi tra il clero cristiano, trattandosi di tattiche che presentano analogia nei diversi momenti storici e nei vari paesi.

Il dotto storico ebraico Abram Leon Sachar, uno dei direttori delle fondazioni «Hilel de la Sinai Birith», dirigente comunale ebreo, successivamente presidente della Brandeis University, nella sua opera *Storia degli ebrei*, riferendosi alle conversioni in massa di ebrei effettuatesi nei regni spagnoli a partire dal 1391 ed agli ulteriori effetti di tali conversioni, scrive:

> «Dopo il 1391 peraltro, quando la pressione antisemita si fece più violenta, intere Comunità passarono alla fede cristiana. La maggior parte dei neofiti seppe trarre immediatamente profitto dalla nuova posizione. Si radunarono a centinaia di migliaia in quei luoghi dai quali erano stati tenuti lontani a causa della loro fede; ebbero accesso a professioni vietate e alle serene aule universitarie; conquistarono cariche importanti nella direzione dello stato e riuscirono persino a penetrare nel *sancta sanctorum* della Chiesa. La loro potenza crebbe con la ricchezza e molti poterono persino aspirare ad essere ammessi nelle famiglie spagnole più antiche ed

aristocratiche ». ... » Un Italiano, quasi contemporaneo, notò che gli ebrei convertiti si erano praticamente impadroniti del potere in Ispagna, mentre la segreta adesione al giudaismo mandava in rovina la fede cristiana. Risentimento ed odio si manifestavano inevitabilmente tra vecchi e nuovi cristiani. I neofiti venivano identificati con l'appellativo di « marrani » probabilmente i « reprobi » o i « porci ». Erano disprezzati per i loro successi, per il loro orgoglio, e per la cinica adesione alle pratiche cattoliche »... « Mentre le masse guardavano con triste amarezza i trionfi dei nuovi cristiani, il clero ne denunciava la slealtà e la mancanza di sincerità. Si intuiva la verità e cioè che la maggior parte dei convertiti erano ancora ebrei nel loro intimo, poiché la conversione imposta non aveva estirpato la secolare eredità. Decine di migliaia di nuovi cristiani si sottomettevano esteriormente, si recavano formalmente in chiesa, biascicavano preghiere, si adeguavano ai riti ed ai costumi, ma nel profondo rimanevano ebrei »[404].

E'difficile trovare, sintetizzato in modo così eloquente, il significato della conversione degli ebrei al cristianesimo, con il risultato che si trasformano in una vera e propria *quinta colonna* ebraica in seno alla società cristiana; e, come opportunamente nota lo studioso ebreo ricordato, l'infiltrazione ebraica nel clero apre le porte all'azione di questa *quinta colonna* che cerca di impadronirsi dei posti di governo delle principali cattedre universitarie e dei posti chiave in tutti i settori della vita sociale, comprese le famiglie della nobiltà e perfino nel punto più nevralgico, nel « Sancta Sanctorum » della Chiesa.

Questo storico israelita, dopo aver affermato che i veri cattolici sospettavano al vedere che i convertiti « cancellavano immediatamente i segni del battesimo dal capo » una volta fatti battezzare i loro figli, aggiunge:

« si riteneva che osservassero segretamente le feste ebraiche e mangiassero i cibi prescritti dalla Legge ebraica, che conservassero amicizie tra ebrei e continuassero a studiare l'antica scienza ebraica. Da numerose spie si veniva ad avere conferma. di tale sospetto. Come avrebbe potuto rimanere impassibile un figlio devoto della Chiesa mentre questi ipocriti che intimamente si facevano gioco delle pratiche cristiane, accumulavano ricchezze ed onori? »[405].

Tutto ciò risultò abbondantemente confermato poiché l'Inquisizione di Spagna fu l'istituzione che meglio seppe introdurre spie nelle stesse file degli ebrei; che furono estremamente utili per svelare anche i segreti più reconditi

---

[404] Abram Leòn Sachar, *History of the Jews*, traduzione spagnola pubblicata da Ediciones Ercilla, Santiago del Cile, 1945, cap. XVI, 3, *Marranos y la Inquisiciòn, p. 276-7.*
[405] Abram Leòn Sachar, op. cit., cap. XVI, p. 227.

del giudaismo, per quanto scrupolosamente fossero nascosti sotto la maschera del falso cristianesimo. Tra molti altri questo è il profondo motivo che spiega l'odio insanabile degli ebrei contro l'Inquisizione di Spagna, ed anche perché essi organizzarono contro l'Inquisizione, da alcuni secoli a questa parte, una campagna mondiale di calunnie e diffamazioni che ha dato adito a gravi e tenaci pregiudizi e travisato la realtà storica.

Lo storico israelita Cecil Roth, che gode ampia fama negli ambienti ebraici, nella sua *Historia de los Marranos*, pubblicazione ufficiale ebraica della Casa Editrice *Israel* di Buenos Aires, afferma, riferendosi a questi stessi fatti che, per quanto alcune conversioni fossero sincere, « i convertiti rimanevano nella massima maggioranza ebrei come per il passato. In apparenza vivevano da cristiani, facevano battezzare i figli in Chiesa, pur affrettandosi a cancellare le tracce della cerimonia; appena tornati a casa; per celebrare il matrimonio facevano ricorso al sacerdote; ma non ne erano soddisfatti e tornati a casa ne effettuavano un'altra per completarla. A volte andavano perfino a confessarsi, ma le loro confessioni erano talmente irreali che un sacerdote - si racconta - chiese ad uno di loro un pezzo del suo vestito, quale reliquia di un'anima santa ed immacolata. Dietro tale finzione, puramente esterna, continuavano ad essere ciò che sempre erano stati. Era notoria la loro mancanza di fede nei dogmi della Chiesa ».

Lo stesso storico aggiunge che continuavano a praticare le cerimonie israelitiche fino nei minimi particolari; quando potevano, osservavano il sabato e talvolta si sfogavano con discendenti di ebrei praticanti.

Fornisce quindi i seguenti dati assai interessanti: « Frequentavano furtivamente le sinagoghe e inviavano regolarmente offerte d'olio per illuminarle. Costituivano altresì associazioni religiose con scopi apparentemente cattolici e sotto il patronato di qualche santo cristiano, valendosene per effettuare i loro riti ancestrali. Data la loro razza e la loro fede, continuavano ad essere quello che sempre erano stati. Erano ebrei in tutto, meno che nel nome e non erano per nulla cristiani, tranne che nella forma. Eliminati gli ostacoli religiosi che ne avevano precedentemente frenato lo sviluppo, il progresso sociale ed economico dei neoconvertiti e dei loro discendenti si fece estremamente rapido. Per quanto si potesse dubitare della loro sincerità non era più possibile escluderli da alcuna attività per motivi religiosi. Così la carriera giudiziaria, quella amministrativa, l'esercito, le università e la Chiesa stessa si videro ben presto prese d'assalto dai nuovi convertiti, di conversione più o meno sincera o dai loro immediati discendenti. I più ricchi contrassero matrimonio con la più alta nobiltà del paese, dato che pochissimi nobili impoveriti potevano resistere al fascino del denaro »[406]. E'molto interessante quanto si legge nella nota n. 3 al capitolo 1 dell'opera ricordata dell'israelita Cecil Roth che dice:

> « Jerome Munzer, viaggiatore tedesco che aveva visitato la Spagna nel 1494-1495, racconta che a Valencia, nel luogo successivamente occupato dal Convento di Santa Caterina da Siena, esisteva fino a pochi anni prima una chiesa dedicata a San Cristoforo. Qui si seppellivano i "marrani" falsi cristiani che nell'intimo erano ebrei. Quando uno di loro moriva fingevano di adeguarsi ai riti della religione cristiana e portavano la bara in processione, coperta da drappo d'oro. La processione era aperta da una immagine di San Cristoforo. Ciò nonostante lavavano segretamente il corpo del morto e lo seppellivano secondo il loro rito. » ... « Lo stesso si verificava a Barcellona. Infatti se un marrano diceva: "andiamo oggi alla Chiesa della Santa Croce", si riferivano alla sinagoga segreta che portava tal nome. Il racconto significativo delle condizioni e dei sotterfugi dei marrani in quel periodo si può trovare nella *Historia de los Reyes Catolicos*, cap. XLIII, di Bernoldes »[407].

Nelle seguenti pagine della *Historia de los Marranos* già ricordata si presentano alcuni casi del metodo da loro seguito per acquistare potenza. Per esempio, l'ebreo Azarias Chinillo, convertitosi al cristianesimo, assume il nome di Luis de Santangel. Si recò a Saragozza, dove studiò diritto e acquistò una carica preminente in tribunale, nonché un titolo nobiliare:

> « Suo nipote, Pedro de Santangel fu Vescovo di Mallorca. Il di lui figlio Martin fu "zalmedina" ossia magistrato in quella città. Altri membri della stessa famiglia occuparono alte cariche nella Chiesa e nell'amministrazione statale. Il famoso storiografo ebreo già ricordato continua a raccontare casi di conquista di potere nel campo ecclesiastico, come quello di Juan de Torquemada, Cardinal di San Sisto, che era discendente diretto di ebrei[408], come pure il pio Hernando de Talavera, arcivescovo di Granada, ed Alonzo de Oropeza, generale dell'ordine dei Geronimiti... » ...

> « Don Juan de Pacheco, marchese di Villena e Gran Maestro dell'Ordine di Santiago, praticamente sovrano della Castiglia durante il regno di Enrico l'impotente, e per lungo tempo aspirante alla mano di Isabella, discendeva per linea materna e paterna dall'ebreo Tuy Catòn. Il di lui fratello Pedro Giron, era stato Gran Maestro dell'Ordine cattolico

---

[406] Cecil Roth, *Historia de los Marranos*, traducion española, Editorial Israel, Buenos Aires, 1946, 5706, cap. I, p. 26-7.
[407] Cecil Roth, op. cit., p. 27.
[408] Da non confondersi con Fray Tòmas de Torquemada, Grande Inquisitore, come molti purtroppo fanno.

militare di Calatrava e l'Arcivescovo di Toledo era suo zio. Almeno sette dei più eminenti prelati del Regno erano di origine ebraica. Lo stesso dicasi per il *contador mayor* (ministro delle Finanze). »

« L'importanza numerica dei convertiti con discendenze in rapido incremento e vaste relazioni familiari, era notevolissima. Nelle regioni meridionali del paese si dice che costituissero un terzo della popolazione dei grandi centri. In tal caso il loro numero poteva essere di trecento mila in tutta la Penisola, compresi i puri ed i misti. I primi non erano molto numerosi, comunque costituivano nella compagine statale una massa notevole non assimilabile ma nemmeno trascurabile. Quelli che si erano convertiti al cristianesimo ed i loro lontani discendenti erano designati tra gli ebrei col nome di "costretti" (*Anusim*), ossia persone che erano state costrette ad accettare la religione dominante » e lo stesso scrittore ebraico dice più avanti nella sua interessante opera: « Si era così venuta formando una nuova generazione, nata dopo la conversione dei genitori e battezzata dall'infanzia. La situazione di questi ultimi dal punto di vista canonico era chiarissima: venivano considerati cristiani in tutto il più ampio significato della parola e l'osservanza del cattolicesimo li poneva sullo stesso piano di ogni altro figlio della Chiesa. Si sapeva però che essi erano cristiani soltanto di nome; essi accettavano pubblicamente nel minimo indispensabile la nuova fede, mentre in privato aderivano pienamente all'antica fede. La posizione della Chiesa era diventata così assai più precaria che prima del fatale 1391.

Prima di tale data vi erano stati numerosi increduli, facilmente identificabili, che erano stati messi nell'impossibilità di nuocere grazie ad una serie sistematica di disposizioni governative ed ecclesiastiche. Ora invece questi stessi increduli si trovavano in seno alla Chiesa e si aprivano la strada in tutti i settori della vita ecclesiastica e politica disprezzando assai spesso apertamente le dottrine della Chiesa e fuorviando con la loro influenza tutti i fedeli. Il battesimo era riuscito soltanto a trasformare una parte notevole degli ebrei da infedeli fuori della Chiesa, come erano prima, in eretici nel seno stesso di essa »[409].

Le asserzioni dell'autorevole storico sono chiarissime e non hanno bisogno di commento. Tuttavia l'interessante ammissione secondo cui « quegli stessi miscredenti venivano a trovarsi entro la Chiesa stessa e si aprivano la strada in tutti i campi della vita ecclesiastica e politica, disprezzando assai spesso apertamente le dottrine cristiane e fuorviando con la loro influenza tutti i fedeli » è estremamente importante. Infatti, in poche parole ci dimostra la natura e la pericolosità della *quinta colonna* ebraica operante tra il clero nel corso dei secoli, fino al giorno d'oggi.

---

[409] Cecil Roth, op. cit., p. dal 28 al 36.

Questi falsi cristiani non soltanto svolgono la loro attività tendente ad acquistare il controllo della Chiesa dal di dentro, accaparrandosi posti nelle alte gerarchie, ma fuorviano con la loro influenza tutti i fedeli nel loro insieme, dando luogo alle eresie ed ai movimenti rivoluzionari di origine cripto- giudaica.

Riferendosi a questi avvenimenti, il grande letterato e dotto storico del secolo scorso, José Amador de los Rìos, ritenuto dagli ebrei a buon diritto come una delle maggiori fonti della storia israelitica nella Penisola iberica, forse eguagliato soltanto dall'ebreo Cecil Roth, dice che i convertiti al giudaismo:

« traendo profitto dalla loro nuova posizione, prendevano d'assalto tutte le funzioni dello Stato appropriandosi di tutte le cariche ed onori, osavano ancora di più: mescolando il loro sangue col generoso sangue ispano-latino sfondavano tutte le porte della vita cristiana, non escluse le nobili famiglie e con le loro aperte pretese, arrivavano fino ad accostarsi al trono.

«Ed a ciò li stimolava la loro innata audacia, unita alla lucida ponderatezza della loro stirpe ed audacemente cercavano nelle famiglie più illustri delle tribù di Giuda e di Levi le loro origini, come tradizionali e naturali depositarie del sacerdozio e del potere... Considerando ora particolarmente gli ebrei *confessi* (altro nome dato agli ebrei convertiti) dell'Aragona e della Castiglia, possiamo affermare che mentre i Mori di Spagna convertiti si accontentavano di essere rispettati nelle modeste condizioni in cui si trovavano al momento del battesimo, gli ebrei invece, una volta convertiti, invadevano tutte le gerarchie sociali e gli ambienti del mondo ufficiale. Nella alta Curia pontificia ed al servizio privato del Pontefice; nei Consigli di Stato, tribunali e cancellerie; nelle amministrazioni demaniali e nelle corti di giustizia; nelle cattedre universitarie e rettorati; sulle sedie vescovili ed abbaziali, nelle alte funzioni ecclesiastiche, essi sapevano chiedere ed ottenere dalla Corona feudi e contee, marchesati e baronie, mettendo col tempo in ombra i fasti dell'antica nobiltà; dovunque ed in ogni circostanza lo sguardo sereno del ricercatore scopre quei fervidissimi neofiti che, per diversi aspetti, si prestano tanto ad una ammirazione molto logica quanto a lunghi e fruttuosi studi. La loro iniziativa si manifestava ed imponeva in tutti i campi, dell'attività e dell'intelligenza: statisti, finanzieri, proprietari terrieri, guerrieri, prelati, teologi, giuristi, notai, medici, commercianti, industriali, artigiani, dappertutto poterono essere presenti gli ebrei convertiti, perché la loro ambizione non ammetteva limiti. » E terminata questa esposizione, lo storico si fa la seguente domanda: «La stirpe spagnola avrebbe potuto abdicare completamente di fronte all'insaziata ambizione destatasi nei nuovi cristiani, in seguito alla loro fortunata ammissione nella vita del cattolicesimo? »[410].

Riferendosi ai figli di Rabi Salomon Ha-Levi, che convertendosi prese il nome di Pablo de Santa Maria, prendendo gli ordini sacerdotali e giungendo alla carica di arcivescovo di Burgos, ricordate le onorificenze da lui ottenute da Alvar Garcìa de Santa Maria, scrive testualmente:

« un riconoscimento analogo fu concesso al primogenito di Don Pablo, Gonzalo Garcia; già nel 1412, questi infatti aveva ottenuto l'arcidiaconato di Briviesca. Nel 1414, venne eletto a rappresentare l'Aragona nel Concilio (Ecumenico) di Costanza. Per sua gloria, i padri di quel Concilio apprezzarono le sue doti ed egli, aiutato da altre illuminate personalità, espose e formulò la soluzione di problemi importantissimi e difficili che si dovevano formulare in quella suprema assemblea; Il figlio Don Alfonso, nato dopo la figlia Maria, aveva appena venticinque anni quando ottenne il titolo di dottore e poco dopo quello di decano di Santiago e Segovia (*Crònica di don Juan II*, anno 1420, cap. 18°.) Bisogna ricordare che nella menzionata Cronaca viene costantemente chiamato, fino alla sua nomina a vescovo, decano delle Chiese di Bantiago e Segovia, il che dimostra che i due titoli gli appartenevano. Pietro, ancor giovane, aveva ottenuto la carica onorifica ed impegnativa di guardia della Persona Reale »[411].

Nel capitolo successivo dell'opera citata, lo storico José Amador de los Rios, riferendosi alla conquista di cariche della gerarchia ecclesiastica da parte degli ebrei convertiti, fornisce osservazioni molto significative in proposito: « Nel capitolo precedente, abbiamo già detto come, a seguito della libertà acquisita con la conversione e per le loro capacità, ricchezze ed audacia naturale, in Aragona ed in Castiglia, i convertiti erano riusciti a prendere d'assalto le più alte gerarchie ecclesiastiche, dopo avere conquistato non soltanto le cariche statali ma anche tutte le gerarchie sociali »[412]. Questa felice espressione di « conquistare d'assalto » le maggiori dignità ecclesiastiche è interessante per la sua notevole attualità, in un momento come il nostro in cui gli elementi della *quinta colonna* al servizio del giudaismo, sono riusciti in alcune diocesi a prendere letteralmente d'assalto le dignità ecclesiastiche prendendo le mosse dalle loro influenze a Roma. E ciò spiega perfettamente come, in diverse occasioni, uomini veramente meritevoli per la loro virtù e lealtà alla Chiesa ed alla gerarchia ecclesiastica siano stati messi da parte, e siano vittime di discriminazioni, mentre vengono preferiti gli ecclesiastici che difendono il giudaismo, favoriscono il trionfo

---

[410] J. Amador de los Rios, op. cit., t. III, p. 12-16.
[411] *Crònaca de don Juan II*, anno 1420. Cap. XVIII.
[412] J. Amador de los Rios, op. cit., t. III, p. 20-1 e cap. II, p. 88.

della massoneria o del comunismo ed attaccano ferocemente i veri difensori della Chiesa.

In questi casi, gli elementi della *quinta colonna,* mettendo in moto un groviglio di intrighi e di influenze, sorprendendo con l'inganno la bontà e buona fede della Santa Sede sono riusciti ad ottenere nuovi trionfi, non soltanto assicurandosi la successione nelle diocesi già controllate, ma riuscendo ad introdursi in altre diocesi, per controllarvi la successione a danno di quanti avrebbero maggiori diritti per ottenerla. Per fortuna, in molti casi questa manovra viene debellata. E si spera che, conoscendo la verità ed una volta smascherato il nemico, come si sta facendo, nel futuro gli insuccessi della *quinta colonna* siano ancora maggiori. Infatti anche ora la Santa Chiesa, come già in altre occasioni precedenti, si salverà di nuovo dagli agguati mortali della *Sinagoga di Satana.* N. S. Gesù Cristo dichiarò esplicitamente che la Verità ci avrebbe resi liberi; per questo, non abbiamo esitato a proclamare la verità per quanto ciò dispiaccia ai chierici e laici che segretamente praticano il giudaismo, tradendo la Chiesa e la Cristianità.

Riferendoci all'illustre storico citato, questi, parlando della nobile città di Aragona, dice che:

« i convertiti che si ritenevano depositari dell'antica cultura degli antenati, miravano non soltanto alle cariche minori dello Stato, bensì anche alle dignità ecclesiastiche ». Un altro punto fornisce un dato interessante relativo alla significativa unione di un'ebrea con un principe di sangue reale, quale Don Alfonso d'Aragona, innamoratosi di una ebrea figlia di Aviatar Ha-Cohen che:

« rispondendo alle preghiere del principe, prima di concedergli la sua bellezza abbracciava la fede del Salvatore, e prendendo col battesimo il nome di Maria, gli diede quattro figli. Essi furono, Don Juan de Aragòn, primo conte di Ribaguna; don Alfonso de Aragon, Vescovo di Tortosa, e, sotto i re cattolici arcivescovo di Teragosa; e don Fernando d'Aragona, commendatore di San Juan e Priore della Catalogna »[413].

L'illustre storico continua ricordando altre famiglie ebree convertitesi che riuscirono ad imparentarsi con la più antica nobiltà. Tale processo terminò soltanto quando il Sant'Uffizio dell'Inquisizione si sostituì agli antichi tribunali della fede. L'erudito storico fa notare altresì che molte famiglie ebraiche si vantavano di discendere da Davide e di avere parentela diretta con Maria Santissima[414]. Si vede dunque che si valevano di questi espedienti da cinquecento anni.

Parlando della famiglia di Caballeria ricorda i fratelli di Don Bonafòs:
« Don Samuel che, come Bonafòs, ebbe il nome di Pietro; Don Achab, che prese il nome di M. Felipe; don Samuel Aben-Jehuda, chiamatosi

---

[413] *Idem,* t. III, cap. 2, p. 95-6.
[414] *Idem,* nota 1, p. 97 e nota 3, p. 97-8.

Giovanni; don Isaac, Fernando; Abraham, chiamatosi Francesco; Salomon, che prese il nome di Pedro Pablo; e Luis, di cui non si conosce il nome ebraico; essendo egli stato battezzato in tenera età. Per quanto si riferisce a questi illustri convertiti, basterà ricordare che una volta abbracciata la carriera ecclesiastica, Pietro (Samuel) ottenne grande autorità nel clero col priorato di Egea; Mosen Felipe fu rappresentante dei Cavalieri e dei Valvassori nelle Cortes del Regno (Parlamento);... I figli di Fernando (Isaac) partecipavano con altri convertiti all'assalto del reddito pubblico, sotto la protezione del loro zio Luis. I figli di quest'ultimo, ottennero: Luis, primogenito, il posto di Camerlengo della Sede Vescovile; Juan una prebenda nella stessa Chiesa »[415].

Tanto nella famiglia Santa Maria, quanto in quella Caballeria, vi furono successivamente alcuni sottoposti a processo da parte dell'Inquisizione, sotto l'accusa di praticare segretamente il Giudaismo.

L'intera famiglia di Vidal de la Caballeria venne mandata al rogo dal Santo Uffizio a Barcellona e persino l'eminente storico e giurista, Tomàs Garcia de Santa-Maria, venne processato. Chi voglia approfondire ulteriormente questa interessante questione potrà consultare, oltre all'opera sopracitata, il cosiddetto *Libro Verde de Aragòn*, di Juan de Anchias, che fornisce dettagli interessantissimi sulla penetrazione giudaica tra il clero, nel governo e tra la nobiltà. Si tratta di un prezioso manoscritto successivamente stampato e che ora è alla Biblioteca Nazionale di Madrid. In proposito è interessante anche un libro del XVI secolo, chiamato *Tizòn de la Nobleza Española* del Cardinale Mendoza y Bobadilla, ano ch'esso nella Biblioteca Nazionale.

Prima di chiudere questo capitolo, vogliamo ricordare altre fonti di indiscutibile autorità e ricorderemo l'edizione della Casa Editrice Israel di Buenos Aires. Si tratta della lettera di Rufus Learsi dal titolo *Israel, A History of the Jewish People*, compilata dall'autore con la « generosa assistenza della *Jewish History Foundation Inc* »; in essa, a proposito dei fatti ricordati, si legge:

« In realtà il rancore generale si manifestava con maggiore intensità ed andava aumentando contro i nuovi cristiani. Non soltanto erano sospettati di continuare a praticare assiduamente e clandestinamente la fede a cui avevano abiurata, per quanto agli occhi del clero nessun reato potesse apparire più obbrobrioso di questa eresia; ma i nuovi cristiani suscitavano una resistenza ancora più accanita per i successi da loro conseguiti. Ora che il fatto religioso non ostacolava più il loro progresso, essi erano divenuti ricchi e potenti in numero troppo rilevante. Occupavano posti di alta responsabilità nel Governo, nell'Esercito, nelle Università, nella stessa Chiesa... » ...

---

[415] *Idem, p. 100-1.*

« I sacerdoti ed i frati scorgevano eretici in tutti costoro anche tra quelli che indossavano vesti talari e sollevavano contro di loro il furore popolare fino a spingerli alla violenza. Nel 1440 e nel 1467 la plebe infierì contro di loro a Toledo. Molti nuovi cristiani furono assassinati e le loro case arse. Sei anni dopo a Cordoba, Jaen e Segovia ebbero luogo nuovi sanguinosi tumulti »[416].

E' naturale che il clero vedesse eretici tra i discendenti di ebrei che portavano abito talare, dato che tale credenza era giustificata da indizi *ad abundantiam*, e che mezzo secolo più tardi, quando fu fondata l'Inquisizione di Spagna, ciò si poté dimostrare pienamente. D'altra parte l'autore attribuisce al clero la colpa dell'ondata di antisemitismo che si scatenò contro i cristiani di origine ebraica; tuttavia, per comprendere tale situazione è necessario conoscere in tutti i loro aspetti i motivi offerti dai *marrani* allo scatenamento di tali reazioni contro di loro.

Lo storico israelita Joseph Kastein, nella sua opera intitolata *Historia de los Judios* prende in esame in modo approfondito questi motivi, riferendosi alle importanti false conversioni di ebrei al cristianesimo:

« All'inizio sia il popolo che le classi elevate considerarono i convertiti come un gruppo omogeneo; in particolare la nobiltà ed il clero videro in essi il frutto della loro vittoria ed all'inizio furono accolti con una esplosione di giubilo. Numerosi convertiti varcarono con sicurezza le porte che erano state loro spalancate, introducendosi nella società spagnola e tra il clero spagnolo ».

Decisamente, lo storico ebreo ricorda che gli ebrei convertitisi al cristianesimo cominciarono a farsi notare nelle posizioni più alte ed eminenti della gerarchia ecclesiastica.

« I convertiti divennero membri della società spagnola con i pieni diritti; ma ciò non implicò che essi perdessero le qualità che erano state per l'innanzi loro peculiari. Prima infatti le loro principali attività erano state il commercio, l'industria, la finanza, la politica. Ora, riprendevano tali attività, ma con questa differenza, che erano pienamente inseriti nella società spagnola, ma non più ai suoi margini. Erano stati costretti ad entrarvi, per poter così eliminare pericolosi stranieri; ma ora questi stranieri si trovavano insediati nella casa stessa. Il problema era ancora aperto, semplicemente era stato trasferito dall'esterno all'interno stesso della struttura sociale »[417].

---

[416] Rufus Learsi, *Historia del Pueblo Judio*, traduzione spagnola della Editorial Israel, Buenos Aires. Scritta con l'aiuto della Jewish History Foundation Inc., Cap. XXXVII-6.
[417]

Non sarà facile trovare uno studio così profondo e minuzioso degli aspetti essenziali dell'infiltrazione degli ebrei nella società cristiana e nel clero, mediante la loro falsa conversione. Lo storico ebreo conclude questo passo, esprimendosi nel modo più derisorio circa l'utilità del battesimo per gli ebrei, quando racconta ironicamente che un apologista ebreo del tempo affermava:

« Vi sono tre modi di sprecare l'acqua: I, battezzando un ebreo; II, lasciando che l'acqua dei fiumi va da a perdersi nel mare; III, mescolando l'acqua nel vino ».

Nella pagina seguente, lo storico ebreo approfondisce il suo studio sui nuovi cristiani ricordando gli appellativi che si davano in quel tempo ai nuovi convertiti ed ai loro discendenti, ed aggiunge che:

« essi vollero progredire con gli stessi mezzi usati da quelli che li avevano obbligati a convertirsi, ossia cercando di penetrare nelle alte sfere della Corte, tra la nobiltà ed il clero; essi non si proponevano tanto di procurarsi maggiore potenza economica, bensì di ottenere influenza nel campo politico e sociale... Erano diventati membri della Chiesa, ma non fedeli devoti. I legami indissolubili di migliaia di anni di sviluppo religioso li costringevano a portare interamente nel loro cuore il giudaismo, sempre indistruttibile e vivendolo in modo ancor più profondo. Prendevano tutte le precauzioni per non essere scoperti dagli aderenti alla loro nuova religione. Abbandonavano tutti i riti ed i costumi della loro antica fede, ed in segreto si battevano per questo loro diritto. Dovevano vivere una doppia vita ed ognuno aveva duplici compiti ».

Lo stesso storico israelita aggiunge che quando la Chiesa scoperse ciò che stava succedendo « si alzò un nuovo grido di lotta: la Chiesa è in pericolo! Gli ebrei sono riusciti a penetrare nella Chiesa e nella società, per sterminarla dal di dentro ». « Si arrivò alla conseguenza inevitabile, per quanto assurda, che si dichiarò guerra al nemico interno. Per poterla effettuare, il clero ricorse alla macchina dell'Inquisizione, sommosse il popolo, estese i propri intrighi alla Corte e fece tutto il possibile per influenzare le classi elevate. Ed i convertiti, che avevano costituito una delle finalità della politica nazionale, diventarono *marrani*, così chiamati con una denominazione volgare, che significa *maledetto* » (*porco*)[418].

Difficilmente si sarebbe potuto descrivere con l'esattezza che caratterizza lo studio del profondo storico israelita, gli aspetti fondamentali della *quinta colonna* ebraica introdotta nel seno stesso della Santa Chiesa e

---

[418] Josef Kastein, op. cit., p. 291-2.

della Società cristiana, come pure i veri motivi che dettero origine alla istituzione della Santa Inquisizione considerata dal popolo e dai suoi dirigenti quale un « rimedio venuto dal cielo per sanare tanti mali »; è noto che la necessità e le finalità di essa furono successivamente mutate in seguito ad una vasta campagna di calunnie protrattasi per secoli. Nella *Enciclopedia Judaica Castellana* si legge che:

> « Daniel Israel Bonafos, Miguel Cardoso, Juan Querido, Mardoqueo Mejis ed altri, difendevano il "marranismo" ritenendolo un metodo per scavare le fondamenta dei nemici e come un mezzo per lottare contro di essi ». In un altro punto, riferendosi ai "marrani", dice:
> « La Regina Ester, che non aveva confessato né la sua razza né la sua nascita, appariva loro come un prototipo »[419].

Per quanto riguarda la denominazione « nuovi cristiani » che ancor oggi conservano segretamente i falsi cristiani cripto-giudei, soprattutto quelli di origine spagnola e portoghese, va ricordato che viene usato anche tra i musulmani. L'enciclopedia giudaica citata, sotto la voce *Cripto giudei*, indicando casi specifici, afferma:

> « E'di data recente il cripto-giudaismo sorto nel 1838 quando lo Scià di Persia obbligò la comunità ebraica di Meshed a convertirsi all'islamismo. Allora alcune centinaia di ebrei crearono una congregazione, chiamata "Djadid-ul-Islam" (Nuovi Musulmani); costoro, pur effettuando i pellegrinaggi obbligatori alla Mecca conservarono le pratiche religiose degli antenati.
> I Djadid-ul-Islam tenevano riunioni religiose in sinagoghe sotterranee, circoncidevano i figli, santificavano il sabato, rispettavano le leggi dietetiche e riuscirono a superare i pericoli cui si esponevano. Tuttavia più tardi molti di essi abbandonarono Meshed, costituendo altri centri della setta a Herat (Afganistan), Merv e Samarkanda nel Turchestan, a Bombay, a Gerusalemme e perfino in Europa, a Londra. Nonostante l'emigrazione si ritiene che a Meshed il loro numero sia salito fino a tremila ed il numero dei fedeli sia di mezzo migliaio a Gerusalemme.
> Il viaggiatore ed orientalista Walter Fishel ci dà una descrizione delle costumanze e tradizioni dei Djadid-ul-Islam nella sua opera *Una Comunidad de Marranos en Persia* (in ebraico, 1940)[420]. Si guardino bene gli inglesi, dato che molti musulmani che si trovano a Londra sono in segreto ebrei, come lo sono molti maomettani sparsi nel mondo islamico!

---

[419] *Enciclopedia Judaica Castellana*, ed. cit., t. VII. Vocabolo *España*.
[420] *Enciclopedia Judaica Castellana*, Ed. cit., Tomo III, Vocabolo *Cripto-Judaismo*.

CAPITOLO XXV

Un cardinale cripto-ebreo usurpa il papato

La finalità ultima della *quinta colonna* ebraica infiltratasi nel Clero cattolico è sempre stata quella di impadronirsi del Papato, collocando sulla Cattedra di San Pietro un Vicario di Cristo giudeo che permettesse di valersi della Chiesa a vantaggio dei piani segreti del Giudaismo, implicando, al tempo stesso, tutti quei danni che ne permettessero una successiva distruzione.

Il Giudaismo fu sul punto di raggiungere tale meta nell'anno 1130, cioè circa 832 anni orsono.

Anche per lo studio di questo raccapricciante capitolo abbiamo attinto a fonti di indubbia serietà, e a fonti ebraiche che, proprio per questo, non possono essere tacciate di antisemitismo.

Il famoso storico del secolo scorso, di fama mondiale, Fernando Gregorovius, apprezzato da tutti gli esperti, e oltre a ciò estremamente favorevole agli ebrei, menziona questi fatti storici nella sua opera monumentale dal titolo *Storia della città di Roma nel Medio Evo*, le spese della cui prima traduzione italiana furono affrontate dal comune di Roma, che diede altresì all'autore il titolo onorifico di « Cittadino Romano ». Riportiamo i dati seguenti forniti nell'opera citata:

> « Volume II. Tomo 2. Capitolo III.
> I Pierleoni. Loro origine ebraica. La sinagoga. Pietro Leone e il figliuol suo Pietro Cardinale. Scisma fra Innocenzo II e Anacleto II. Innocenzo in Francia. Lettera dei Romani a Lotario. Rogero I Re di Sicilia.
> Uno scisma di origine e d'indole puramente civile doveva far conoscere al mondo che delle divisioni ecclesiastiche non sempre avevano colpa i re tedeschi. La ricchezza e la potenza dei Pierleoni, e più ancora, i meriti grandi che avevano conseguito verso la Chiesa, davano ad essi buona speranza di elevare al papato uno della loro famiglia. Scendeva questa, or divenuta illustre tanto, di origine ebraica, e cotal fatto strano ci porge opportunità di dare una occhiata alla sinagoga di Roma ».

Gregorio continua facendo la storia della comunità ebraica di Roma dai tempi di Pompeo, per ricordare successivamente che Benjamin Tudela, il famoso viaggiatore ebreo che percorse mezzo mondo visitando tutte le organizzazioni ebraiche esistenti al tempo suo, riferendosi agli Israeliti di Roma, scriveva che ai tempi di Alessandro III alcuni avevano ottenuto una notevole influenza nella stessa corte Pontificia e vi erano anche Rabbini coltissimi, come Daniele, Gioele, Joab, Natan, Menahem ed altri di Trastevere. Aggiunge che gli ebrei della Città Eterna avevano subito persecuzioni soltanto una volta e che, per quanto ridotti in schiavitù, secondo quanto ricorda il Gregorovius:

> « Quella razza, ridotta in servitù seppe difendersi contro i suoi tribolatori mercé l'astuzia, l'ingegno e la potenza dell'oro ammassato in segreto: i migliori medici, i più ricchi banchieri erano ebrei; e nelle loro meschine case, prestavano denaro ad usura, fra i loro debitori scrivevano nei loro libracci i nomi degli illustrissimi consoli dei Romani e financo dei papi angustiati a danaro ».

Ben presto il di lui figlio Leone, che battezzatosi prese il nome del Papa Leone IX, poté crearsi possibilità magnifiche da quell'uomo ingegnoso, audace, ambizioso e ricchissimo qual era. Si imparentò con notabili romani che desideravano fare sposare ai loro figli le ricche ereditiere di Israele o che maritavano le proprie figlie ai figli battezzati di ebrei[421]. Gregorovius ricorda che uno dei suoi figli, di nome Pietro Leone, che fu il primo ad assumere il cognome di Pierleoni

> « diventò dappoi in Roma uomo di altissima influenza e in ogni occasione consultato. Oltre alla sua rocca posta presso il teatro di Marcello (indubbiamente l'aveva già eretta il padre suo Leone), egli dominava eziandio la prossima Isola Tiberina: Urbano II gli aveva confidato sinanco la guardia del Castel Sant'Angelo, e quel Papa moriva nelle case del creditore e protettore ».

Per dirla col Gregorovius, riferendosi ai suoi successori:

> « si sbracciavano per ottenere il patrocinio del potente Pierleone. Ma il popolo lo aborriva perché era un usuraio, la nobiltà l'odiava perché uomo nuovo, e noi vedemmo che questo forte amico di Pasquale non poté ottenere la prefettura per il suo figliolo. L'amicizia dei pontefici, lo splendore delle parentele, le dovizie e la potenza cancellarono tanto presto la macchia dell'origine ebraica di questi signori potenti, che in brevissimo tempo i Pierleoni furono celebrati come il più illustre dei casati principeschi di Roma; ormai, dopo Papa Leone si fregiarono del titolo di "console dei Romani" e lo tennero con orgoglio e con maestrevole dignità, quasi che fossero dei patrizi antichissimi ».

---

[421] Ferdinand Gregorovius, *Geschichte der Stadt Rom im Mittelalter*, traduzione italiana di Renato Manzato, Torino, vol. II, cap. III, p. 72-3.

Il celebre storico aggiunge che i suoi successori furono Guelfi, cioè presero decisamente le parti del Papa contro gli Imperatori tedeschi. Non dobbiamo dimenticare che già a quel tempo erano, almeno apparentemente, cristiani osservanti.

Anche ciò che il Gregorovius aggiunge è altamente significativo: egli afferma che Pierleoni morì il 2 giugno 1128, carico di onori, come non ne aveva avuti alcun console dell'antica Roma e che pur essendo state distrutte le tombe dei Papi del tempo, esiste ancora il Mausoleo di questo « Crasso Israelita », come lo chiama il Gregorovius, per quanto ufficialmente fosse molto cattolico. E commenta:

> « Molta discendenza ci lasciò e così meravigliose, come di favole, furono le fortune di questi rampolli del ghetto, che uno dei suoi figlioli diventò papa, un altro fu fatto patrizio dei Romani ed una figlia, vien detto, andò sposa di Rugero di Sicilia.
> Il figlio suo Pietro aveva quel potente signore destinato ad un ufficio della Chiesa. Forse che a lui si poteva negare la cappa violetta di cardinale? Forse che il rosso paludamento pontificio era desiderio troppo temerario per il ricco figlio di Pierleone? Il giovane Pietro fu mandato a Parigi perché ivi compiesse di erudirsi, e ivi senza dubbio fu degli uditori di Abelardo; finiti gli studi vestì a Cluny la tonaca monastica che pur sempre era il più commendevole abito per candidati pontifici. Accondiscendendo al desiderio del padre suo, Pasquale se lo chiamò a Roma e lo fece Cardinale dei SS. Cosmo e Damiano. Insieme col fratello Pietro accompagnò dappoi Gelasio in Francia, tornò con Calisto e divenne Cardinale prete di S. Maria in quello stesso Trastevere dal quale la sua famiglia aveva tratto l'origine, indi andò quale legato in Francia, dove congregò Concili e in Inghilterra dove, accolto solennemente da Re Enrico, entrò con magnificenza da principe »[422].

A seguito dell'esperienza derivante da una secolare lotta contro la *Sinagoga di Satana* la Santa Chiesa andò costruendo le proprie difese, mediante le leggi canoniche antiebraiche, la cui scrupolosa applicazione offrì alla Santa Chiesa la possibilità di difendersi in modo efficace contro il suo peggiore nemico. Abbiamo visto purtroppo che vi furono re, quali Witiza, Luigi il Pio e Pedro il Crudele, che, caduti sotto l'influenza ebraica, privarono di ogni vigore le disposizioni antiebraiche, proteggendo il massimo nemico della Cristianità e permettendo ad esso di occupare i più alti posti nel Governo dello Stato, con tragici risultati, sia per quanto riguarda la Santa Chiesa che per i popoli caduti sotto gli artigli degli Israeliti.

---

[422] *Idem*, p.74-5.

Tuttavia, tali episodi, per la loro stessa natura, presentarono carattere locale: infatti, mentre Witiza o Ludovico il Pio abbandonarono i loro popoli tra le zanne del nemico, il Papato e gli altri Stati cristiani continuarono tenacemente la lotta in difesa della Chiesa e del Cattolicesimo. La nuova situazione che venne creandosi nella Santa Sede durante il secolo XI, si delineò ormai come il preludio di una tragedia non già sul piano locale, ma universale, che avrebbe abbracciato la cristianità tutt'intera, perché il nemico stava penetrando tra le più alte gerarchie ecclesiastiche e pertanto la crisi avrebbe necessariamente colpito tutta la Chiesa cristiana.

In quel momento le accanite lotte tra Papato ed Impero per la suprema lotta dell'investitura offrivano al Giudaismo la splendida occasione di potersi infiltrare nella Santa Sede, rendendo a questa grandi servigi ed acquistandosi indubbiamente dei meriti. Nel fragore di quella lotta scatenatasi tra Papi ed Imperatori, gli ebrei, ed anche i giudei convertiti, diedero risolutamente appoggio al Papa. In quelle circostanze avrebbero potuto rifiutare un appoggio inatteso, quanto valido e tanto maggiore, in quanto di frequente esso si affiancava al finanziamento economico di cui la Santa Sede in quel tempo aveva frequentemente bisogno. Di fronte all'assillo delle circostanze, erano state dimenticate momentaneamente le leggi canoniche, frutto di secolare esperienza. Così gli Ebrei, con la loro adesione interessata al partito papale, poterono penetrare in un campo fino ad allora rimasto precluso. Le lotte tra cristiani sono sempre state il migliore alleato della *Sinagoga di Satana* ed hanno consentito ad essa di fare progredire notevolmente la realizzazione dei suoi piani imperialistici.

Come nelle circostanze ricordate gli ebrei ottennero ciò dando il loro appoggio al potere ecclesiastico contro quello civile, così nel secolo XVI, ossia 450 anni dopo, riuscirono a scindere definitivamente la Cristianità dando il loro appoggio ai Monarchi contro il Papato.

Nel caso che consideriamo, essi seppero rendersi indispensabili quali banchieri. Ad essi doveva ricorrere il Papato per risolvere i suoi problemi economici.

Il famoso Rabbino, poeta e storico, Louis Israel Newman, nella sua pregevolissima opera, intitolata *Jewish Influence on Christian Reform Movements*, riferendosi allo scisma provocato in seno alla Santa Chiesa da parte del Cardinale Pietro Pierleoni, attribuisce a questo fatto un'importanza decisiva nell'evoluzione della cosiddetta eresia giudaica nel Medio Evo, chiamata a buon diritto da Papi, Concili ed Inquisitori la « madre di tutte le eresie ». Infatti il Santo Uffizio giunse a dimostrare che proprio gli Ebrei simulati, e cioè, gli eretici giudaizzanti, avevano organizzato e propagato tutti gli altri movimenti eretici.

Il Rabbino già ricordato precisa che « il fattore principale che preparò l'esplosione dell'eresia giudaizzante, nel secolo XII, fu l'elezione al soglio pontificio di Anacleto II, membro del Casato ebreo dei Pierleoni, avvenuta nell'anno 1130 »[423]. Si tratta di una ammissione particolarmente importante in quanto formulata da un eminente dirigente del Giudaismo e perché corrisponde perfettamente alla realtà. Infatti una mossa audace come questa, non solo dovette seminare la demoralizzazione tra cristiani, ma stimolò enormemente gli israeliti, che poterono ritenere che da allora in poi tutto fosse a loro possibile.

Il summenzionato Rabbino riconferma quanto sopra in altro passo della sua opera, in lui si legge: « Altre prove relative alla profonda impressione del Papa nelle menti degli ebrei della ascesa di Anacleto, si possono trovare in abbondanza nell'ingente letteratura relativa al mitico Papa giudeo, chiamato nella leggenda ebraica, Andreas o Elchanan. Ciò spiega e giustifica perfettamente il fatto che l'ascesa al soglio pontificio di un membro di una antica famiglia ebraica abbia dato impulso all'attività delle Comunità ebraiche italiane ed a una energica riaffermazione delle loro opinioni e tradizioni »[424]

Qui, il ricordato Rabbino procede troppo e mette in luce uno dei maggiori argomenti usati dagli ebrei nelle loro conventicole segrete, per cercare di dimostrare che la vera religione è la loro e non quella cristiana. Afferma che potendo essi gli ebrei, come si è visto, infiltrarsi nelle gerarchie ecclesiastiche, compreso l'episcopato ed il cardinalato, potendo mirare perfino alla cattedra di Pietro, magari mediante anti-Papi, da loro denominati Papi, le loro opinioni e tradizioni, vengono messe chiaramente in luce e si dimostra che sono essi e non i cristiani ad avere ragione, e che è la loro religione e non la cristiana quella che gode dell'appoggio divino.

Noi potremmo rispondere a questo sofisma con un argomento eloquentissimo: qualsiasi istituzione umana priva dell'aiuto divino, già da molti secoli sarebbe caduta sotto il dominio della satanica *quinta colonna ebraica*, introdottasi nel Clero. Già ottocentotrenta anni orsono questa credette di essersi impadronita del Papato, e si illuse di poter tenere la Santa Chiesa nelle sue mani; ma il tentativo demoniaco fallì, allora, come continua a fallire otto secoli dopo, e tale conquista viene ancora considerata come una aspirazione pura e semplice, bramata ma non conseguita. E'evidente che se la Santa Chiesa non fosse, com'è, assistita da Dio Nostro Signore, sarebbe già crollata sotto il potere del Giudaismo, da molti ritenuto, a ragione, lo strumento più potente dell'anti-Cristo.

Nostro Signore Gesù Cristo chiamò il Giudaismo *Sinagoga di Satana*, e gli ebrei « figli del demonio », non solo per la loro cattiveria, ma anche per il potere straordinario forse concesso loro dal Demonio. Non a caso il Santo Concilio Toledano già ricordato aveva sancito che i chierici che avessero aiutato gli ebrei a danno della fede, appartenevano al corpo dell'anti-Cristo

---

[423] Rabbino Louis Israel Newman, Jewish Influence on Christian *Reform* Movements, contenuto nel Vol. 23 della Columbia University Oriental Series. Libro II, IV-1, p. 248.
[424] Rabbino Louis Israel Newman, op. cit., p. 252-3.

e chiamava gli ebrei « ministri dell'anti-Cristo » denominazione confermata da illustri Padri e Santi della Chiesa.

Questo potere di fare il male, a volte considerato soprannaturale, deriva loro dal Dragone, come profetizzò San Giovanni nell'Apocalisse: « ...ma la Bestia ed il Dragone saranno vinti dopo una temporanea supremazia ». Così ha decretato il Signore. Ricordiamo infatti che ciò è stato profetizzato nel capitolo XIII dell'Apocalisse:

> « Capitolo XIII, secondo segno: la bestia del mare.
> « 1) Poi vidi salir dal mare una bestia che aveva sette teste e dieci corna, e sulle corna dieci diademi, e sulle teste nomi di bestemmia.
> 2) E il dragone le diede la sua forza e grande potere.
> 3) ...E tutta la terra seguiva meravigliata la bestia.
> 4) E si misero ad adorare il dragone che aveva dato il potere alla bestia e adorarono la bestia, dicendo: Chi è simile alla bestia? E chi potrà combattere con lei?
> 5) E le fu data una bocca che profferiva cose grandi e bestemmie.
> 7) E le fu permesso di far guerra ai santi e di vincerli; e le fu dato potere sopra ogni tribù e popolo e lingua e nazione »[425].

La potenza data dal Dragone alla bestia coincide in modo sorprendente con quella data alla *Sinagoga di Satana* per la sua opera malefica e perciò è stato profetizzato che questa, temporaneamente, potrà, riuscirà a vincere i buoni. Anche questo rigurgito blasfemo della bestia, soprattutto nei paesi comunisti, è stato quindi profetizzato. Sembra perciò molto opportuna la diversa interpretazione data da alcuni Padri della Chiesa, teologi ed eminenti personalità cattoliche, che ritengono il Giudaismo la bestia dell'Apocalisse. I fatti corrispondono alla profezia in modo così sorprendente, che non sembrano dare luogo a dubbio.

Ma Dio ha profetizzato altresì che la Bestia ed il Dragone, una volta ottenuto il loro temporaneo trionfo, saranno definitivamente debellati e scagliati nel fuoco. Nel capitolo XX dell'Apocalisse infatti si legge:

> « Capitolo XX, sconfitta del dragone legato per mille anni, poi cacciato nell'inferno coi suoi:
> « 9) Ma Dio fece cadere dal cielo il fuoco e li divorò. Il diavolo, loro seduttore, fu gettato nello stagno di fuoco e di zolfo, dove era anche la bestia. 10) E il falso profeta; e saran tormentati giorno e notte nei secoli dei secoli ».

---

[425] *Bibbia. Nuovo Testamento. Apocalisse di San Giovanni.* Cap. XIII Versetti 1, 2, 3, 4, 5 e 7.

La profezia si riferisce altresì ad una seconda bestia le cui caratteristiche corrispondono in modo sorprendente a quelle della « *quinta colonna* » ebraica infiltratasi nel Clero, poiché essa presenta l'aspetto dell'Agnello, però agisce come il dragone ed ha il compito di aiutare la prima bestia, proprio come fa la « quinta colonna » il cui compito è quello di facilitare la vittoria della *Sinagoga di Satana*. E nel capitolo XIII dice:

« Capitolo XIII, terzo segno: la bestia della terra. 11) Poi vidi un'altra bestia che saliva dalla terra, con due corna simili a quelle dell'Agnello, ma parlava come il dragone. 12) Essa esercitava tutto quanto il potere della prima bestia, in presenza di lei, e fece che la terra ed i suoi abitanti adorassero la prima bestia, la cui piaga mortale era stata guarita. 14) E sedusse gli abitatori della terra coi prodigi che le fu dato di operare davanti alla bestia, persuadendo gli abitanti della terra a far l'immagine della bestia, che fu piagata di spada e si riebbe »[426].

Molti in verità considerano sorprendente che il Giudaismo, ferito a morte dall'Inquisizione e dall'opera dei buoni, sia riuscito a sopravvivere e sanare le sue ferite. D'altra parte la missione di questa bestia, sotto specie dell'Agnello, consiste nel far sì che gli uomini adorino la prima bestia, e tutto ciò corrisponde in modo notevolissimo all'opera che svolgono i religiosi appartenenti a questa *quinta colonna* per spingere i fedeli quasi ad adorare gli ebrei, adducendo che sono dello stesso sangue di Cristo N.S., mentre viceversa Egli li chiamò « figli del Demonio » ed essi costituiscono il più grande nemico della Santa Chiesa.

Fatta questa parentesi, necessaria per precisare che la tragedia che stiamo attraversando può disorientare i timidi, continueremo ad esporre sinteticamente gli sviluppi di questo tremendo dramma.

Si rileva chiaramente che il Cardinale Pierleoni ed i suoi seguaci stavano adoperandosi in ogni modo per giungere al soglio pontificio alla morte del Papa; i cardinali e gli altri ecclesiastici meglio orientati e più fedeli alla Santa Chiesa erano giustamente allarmati, convinti come erano che Pierleoni praticasse segretamente il giudaismo e che con la sua elevazione al soglio pontificio, la Santa Chiesa sarebbe caduta tra gli artigli del suo secolare nemico. Effettivamente contro questo Cardinale venivano formulate tra le altre le seguenti accuse:

1) Che, sotto la maschera di un cristianesimo apparentemente fervido e sincero, egli praticava segretamente il giudaismo, nascondendolo sotto prediche eloquenti e pie; Pierleoni era infatti uno dei migliori oratori sacri del tempo. Mascherava altresì il suo giudaismo con opere buone e con una

---

[426]

attività instancabile, quale amministratore e organizzatore delle cose ecclesiastiche, capacità mostrate nella carica di Nunzio di S. Santità, come organizzatore di concili in Francia e come Cardinale.

2) Che, oltre che ad accrescere il suo patrimonio privato, accumulava ricchezze, spogliando chiese con la collaborazione di altri ebrei; successivamente usava di tali ricchezze per cercare di corrompere il corpo cardinalizio e di ottenere mediante intrighi ed aderenze che i suoi sostenitori fossero chiamati a ricoprire cariche cardinalizie e vescovili; era riuscito a comperare a prezzo d'oro il voto di alcuni cardinali per la prossima elezione al Papato.

Di fronte all'imminenza di tale pericolo, venne costituendosi un gruppo di opposizione a Pierleoni, di tendenze nettamente antiebraiche, nel Sacro collegio cardinalizio; ne erano a capo il cardinale Gregorio di Santangelo, il Cancelliere Almerico e Giovanni di Crema. Tuttavia, in una lotta accanita, il card. Pierleoni aveva evidente sopravvento, potendo contare sull'appoggio dei nobili, molto imbevuti di giudaismo, e del popolo, conquistate dall'oro e dalla potenza del Cardinale cripto-giudeo. Oltre a ciò si era preoccupato di assumere il controllo delle forze armate. Sapendo che i Cardinali che a lui si opponevano lo accusavano di praticare il giudaismo, Pierleoni cercava di smentire tali voci con prediche pie e del tutto ortodosse, con una splendida attività in diversi settori ed anche, a quanto si dice, quale costruttore di Chiese, operando in tal modo riusciva a disorientare secolari ed ecclesiastici convincendoli della calunniosità delle accuse volte contro di lui, lasciando pensare che fosse un sincero cattolico, ingiustamente attaccato da invidiosi e da nemici degli ebrei, propensi a vedere israeliti anche dove non ve n'erano.[427]

Il Papa Onofrio II, già malato, era soggetto alle pressioni opposte ed egualmente forti, dei due gruppi. I Cardinali antiebrei vedendo che il blocco filosemita di Pierleoni diventava sempre più forte ed era riuscito ad assicurare il voto della maggioranza dei cardinali, decisero un colpo di forza, con l'energia e la risolutezza del cardinale francese Aimerico, cancelliere della Chiesa Romana, il quale fece improvvisamente trasportare il Papa moribondo nel Monastero di S. Gregorio situato in una collina, e tra le agitazioni delle fazioni fu deciso che il nuovo Papa sarebbe stato eletto da otto cardinali, designati a quanto sembrava dallo stesso Pontefice regnante, tra i quali era anche il Pierleoni. Questi porporati erano tutti al capezzale del

---

[427] Vogelstein und Rieder, *Geschichte der Juden im Rom*, 1896. *Jewish Encyclopedia* ed *Enciclopedia Judaica Castellana*, Vocaboli *Anacletus* y *Pierleoni*. Vacandard, *Vie de Saint Bernard*. Codex Udalrici, numeri 240 a 261. Gregorovius e Newman, opere citate.

moribondo attendendo il suo trapasso per passare all'elezione del nuovo Papa.

La morte di Onofrio avvenne provvidenzialmente in un momento in cui il Pierleoni si era assentato insieme con Jonatas. Gli altri sei cardinali fecero seppellire in tutta fretta il Papa defunto per passare in grande segreto a S. Gregorio all'elezione del nuovo Papa. Risultò eletto il virtuoso Cardinale di Sant'Angelo, Gregorio Papareschi, che assumendo il Pontificato prese il nome di Innocenzo II.

Quando Pierleoni, che si considerava ormai quasi eletto, vide che in realtà era stato già eletto papa uno dei suoi rivali, Papareschi, non volle darsi per vinto, ma secondo quanto racconta il Gregorovius:

> « Assistito dai suoi fratelli Leone, Giordano, Rogero, Uguccione, e da numerosi clienti, mosse verso San Pietro, ne schiuse con violenza le porte, si fece consacrare Papa da Pietro di Porto e preso d'assalto il Laterano, si sedette sulle cattedre papali che erano in quella chiesa, andò a S. Maria Maggiore e sequestrò i tesori della chiesa.
> Tutta Roma risonò dello strepitio della guerra civile mentre migliaia di mani si stendevano avidamente per raccogliere l'oro che Anacleto profondeva »[428].

Indubbiamente, questo Antipapa, per quanto si riferisce alla simonia, fu degno discepolo di un altro ebreo, Simon Mago, e forse seppe anche superarlo traendo profitto magari dalla secolare esperienza ebraica.

Non fu difficile per l'avido Giudeo, di impadronirsi della situazione: da ogni parte giungevano adesioni. Innocenzo II era invece costretto a fuggire con i cardinali a lui fedeli, rifugiandosi sul Palatino, protetto dalle mura della fortezza dei Frangipani. Le truppe di Pierleoni assalirono senza successo il Palatino, ma secondo quanto racconta il Gregorovius:

> « Innocenzo vide l'oro del suo nemico penetrare dai pertugi di quelle muraglie: per il che, nell'aprile o nel maggio, fuggì in Trastevere dove si nascose nelle torri della sua famiglia, mentre Anacleto tranquillamente celebrava in San Pietro le feste di Pasqua, scomunicava il suo antagonista, deponeva i cardinali che gli erano avversi, ed altri in loro vece ne creava. L'aperta defezione dei Frangipani lasciò Innocenzo allo scoperto e senza difesa, nessun altra via gli restava a scegliere fuori della fuga »[429].

Sembrava che per la S. Chiesa tutto fosse umanamente perduto. Il trionfo della *quinta colonna* ebraica, introdotta nel clero, si presentava come

---

[428] Gregorovius, op. cit., vol. II, p. 76-7.
[429] *Idem.*

definitivo, ed il desiderio secolare di conquista del papato da parte degli ebrei sembrava ormai realizzato. Sembrava che la cristianità avesse avuto la peggio nella lotta contro la *Sinagoga di Satana*.[430]

---

[430] Vescovo Humberto de Lucca, *Crònica en Codex Udalrici*. Numero 246, p. 425. Rabbino Louis Israel Newman, op. cit., Libro II, p. 251. Vacandard, *La Vie de Saint Bernard*. Art. *Contra Anacleto*.

CAPITOLO XXVI

San Bernardo e San Norberto liberano la Chiesa dagli artigli del Giudaismo

In questo caso la Divina Provvidenza, come è stato promesso, venne in aiuto, per salvare la Chiesa, valendosi come sempre dispone, di azioni di uomini capaci di tutto sacrificare per la salvezza della cattolicità; uomini che ad un determinato momento sanno valutare in tutta la sua grandezza il disastro verificatosi o l'avvicinarsi di una catastrofe, pronti a lanciarsi fisicamente e spiritualmente nella lotta, con disinteresse, animati da una mistica superiore, da uno slancio travolgente, contro la *Sinagoga* e i suoi seguaci.

Così sorse S. Ireneo, quando lo gnosticismo giudaico minacciò di sgretolare la cristianità; allo stesso modo sorse S. Atanasio, il grande luminare antiebraico, quando l'eresia dell'ebreo Ario fu sul punto di scalzare dalle fondamenta la Chiesa; così in situazioni analoghe sorsero più tardi S. Giovanni Crisostomo; S. Ambrogio di Milano, S. Cirillo di Alessandria, S. Isidoro di Siviglia, S. Felice e gli Arcivescovi Agobardo, Amolone ed altri molti, tutti illuminati dalla Grazia divina nella lotta implacabile sia contro gli ebrei, secolari nemici della S. Chiesa e del genere umano, come pure contro le loro quinte colonne, le loro eresie e i loro movimenti sovversivi.

Ora che la Chiesa traversava la crisi forse più grave dalle sue origini, chi sarebbe sorto? Quale o quali sarebbero state le guide dell'azione antiebraica, strumenti di Cristo in questa occasione per la salvezza della sua Santa Chiesa?

Come sempre l'aiuto di Dio si verificò col manifestarsi di due altissime personalità: S. Bernardo, dottore della Chiesa ed abate di Chiaravalle, e S. Norberto, fondatore dell'Ordine norbertino, ed arcivescovo di Magdeburgo, imparentato con la famiglia Imperiale germanica.

Quando san Bernardo ebbe notizia di ciò che era deprecatamente successo a Roma, prese una di quelle decisioni che molti avrebbero esitato a prendere: decise infatti di abbandonare la vita pacifica e tranquilla del chiostro per impegnarsi in una lunga e dura battaglia, piena di asperità e di pericoli, ed oltre a ciò ritenuta una causa persa. Infatti, il presunto Papa criptogiudeo dominava completamente la situazione grazie al suo oro ed agli appoggi che continuavano ad essergli assicurati, mentre Innocenzo II, abbandonato e fuggiasco, scomunicato da Anacleto, sembrava avere perduto ogni speranza, tanto più che la sua situazione era resa più precaria da una elezione che, secondo teologi ed eminenti storici, non era avvenuta completamente secondo il Diritto Canonico allora vigente. Tuttavia San Bernardo si assunse la difesa di una causa quasi battuta, perché egli la riteneva buona e non credeva che la Chiesa potesse andare a finire in quel modo tra gli artigli del suo peggiore nemico, il giudaismo.

Prescindendo dal fatto che una maggioranza di 23 cardinali aveva votato per Anacleto, mentre erano stati soltanto sei quelli che avevano votato per Innocenzo, e trascurando il modo seguito per eleggere quest'ultimo, considerò il problema dal vero punto di vista da cui doveva essere considerato.

In una lettera inviata all'Imperatore di Germania, Lotario, diceva tra l'altro: « che era un affronto per Cristo che un figlio di giudei occupasse la Cattedra di S. Pietro ». In tal modo il Santo Dottore della Chiesa metteva il dito sulla piaga, fornendo una diagnosi della situazione in tutta la sua gravità. Infatti era inammissibile che diventasse papa un giudeo, nemico della Santa Chiesa. Nella stessa lettera all'Imperatore egli diceva altresì che « la reputazione di Anacleto era scarsa anche tra i suoi stessi amici mentre Innocenzo era fuori di ogni sospetto ».

L'Abate Ernold, biografo di San Bernardo e suo contemporaneo, informa che Pierleoni aveva ammassato immense ricchezze sia da legato che da cardinale e che « quindi aveva derubato le chiese spogliandole dei loro preziosi » e che quando perfino i cattivi cristiani che lo seguivano si erano rifiutati di spezzare calici e crocifissi d'oro per farli fondere, Anacleto si valse per questa bisogna di ebrei, « i quali spezzarono vasi sacri e sculture con grande zelo; con il denaro ricavato dalla vendita di tali oggetti, Anacleto, secondo quanto si sapeva, era in grado di perseguitare i sostenitori di Innocenzo II ».

Queste ed altre gravissime accuse contro l'anti-papa ebreo vennero formulate da Uberto, vescovo di Lucca, da Andrea Dandolo, doge di Venezia, da Anselmo abate di Grembloux, e da altri cronisti e storici.

Tale lotta veniva ad accentrarsi intorno alle persone dell'Imperatore di Germania e del Re di Francia, i quali rappresentavano allora le forze politiche più potenti nel mondo cattolico. San Bernardo, con l'aiuto del suo grande amico San Norberto, mise tutto il suo impegno nel convincere i due sovrani indecisi a prestare tutto il loro appoggio a Innocenzo. Per questo inviò loro delle lettere, prendendo nei loro confronti molteplici iniziative. Luigi VI di Francia non seppe decidersi, in questo senso, e chiese che venisse convocato un Concilio che secondo il suo desiderio si riunì a Etampes[431]. Vi partecipò San Bernardo che con eloquenza e passione riuscì a convincere i Padri del Sinodo a dichiararsi in favore di Innocenzo, adducendo oltre ai motivi già ricordati ed altri, il fatto che Innocenzo era stato eletto per primo, e che pur avendo successivamente Anacleto ottenuto il voto favorevole di una grandissima maggioranza di cardinali, la prima elezione doveva considerarsi valida, fino a quando non fosse stata giuridicamente annullata. Egli adduceva altresì il fatto che Innocenzo aveva ricevuto la consacrazione al Pontificato dalle mani della personalità competente a tale scopo, e cioè dal Cardinale Vescovo di Ostia.

Fu particolarmente preziosa l'audacia e l'energia dell'eroico cardinale Aimerico, il quale fece seppellire il Papa defunto segretamente ed affrettatamente, subito dopo morto, passando subito alla elezione di Innocenzo, benché in modo alquanto irregolare. La Santa Chiesa, il mondo cristiano e tutta l'umanità dovrebbero essere grati a questo attivo ed audace cardinale, onorandone la memoria; egli infatti iniziando col suo colpo di mano la lotta per la salvezza della Santa Chiesa, contribuì a salvare tutto il mondo; infatti, se gli ebrei otto secoli fa fossero riusciti a dominare la cristianità, la catastrofe che ora minaccia in modo spaventoso il mondo intero si sarebbe verificata forse da alcuni secoli, in un'epoca in cui anche l'Islam era minacciato seriamente dalla rete di organizzazioni segrete criptorivoluzionarie giudee, che come i «Batini» e gli «Asassini» minacciavano di sgretolarlo e di dominarlo.

Innocenzo II, fuggiasco da Roma e da poco rifugiatosi in Francia, vide risorgere la sua fortuna, che sembrava tramontata, grazie al Concilio di Etampes. Con l'appoggio ed il riconoscimento datogli da questo, era accompagnato anche dall'appoggio del Re di Francia, preziosissimo dal punto di vista temporale; egli infatti a partire da quel momento divenne uno dei maggiori appoggi del Papa legittimo contro Anacleto, definito Antipapa dal sinodo ricordato.

Accettando il pensiero di S. Bernardo, il re di Francia non entrò nel merito della legittimità dell'elezione dell'uno o dell'altro Papa, bensì considerò quale dei due fosse il più degno, come risulta dal famoso Sugerio Abate di Saint-Denis che ne scrisse in merito. Fu così grazie alla attività travolgente di San Bernardo, che fallì la diplomazia abilissima di Anacleto, che si mostrava pio cattolico con tutti i mezzi a disposizione per ottenere l'appoggio del Re di Francia. Faceva bella mostra di falsa pietà, coprendo i suoi progetti di riforma sotto il pretesto di battersi per ridare alla Chiesa la purezza dei tempi primitivi, motivo questo sempre molto popolare per la

---

[431] Non è stato possibile reperire gli atti ed i Canoni del Concilio di Etampes del quale abbiamo trovato soltanto delle incomplete relazioni; noi temiamo quindi che a causa di motivi facilmente intuibili, tutto sia andato disperso.

sua nobiltà. Aveva cominciato scegliendo il nome del primo successore di San Pietro, cioè del papa Anacleto I. Ci troviamo qui dunque, come si vede, di fronte ad una delle prime manifestazioni della Bestia dell'Apocalisse, che si presenta sotto le sembianze dell'Agnello, cioè di Cristo Nostro Signore, ma che opera come il Dragone. Molti in quel tempo, clero e laici, considerarono assai spesso Anacleto come l'Anticristo, o, nel migliore dei casi, come precursore dell'Anticristo. L'atteggiamento che di fronte a questa questione avrebbe assunto l'imperatore di Germania, Lotario, avrebbe avuto un peso definitivo.

Molto opportunamente egli indicò che si trattava di una questione di competenza della Chiesa e per ciò fu convocato un altro congresso a discuterne; in esso la parola di San Norberto ebbe influenza decisiva. Tuttavia la battaglia quasi definitiva doveva essere combattuta nel Concilio di Reims, svoltosi verso la fine del 1131, e conclusosi con la completa sconfitta di Pietro Pierleoni; infatti in quel Sinodo i Vescovi di Inghilterra, Castiglia ed Aragona, riconobbero Innocenzo Papa della Chiesa, riconoscendo quanto era stato deciso dall'Episcopato francese e tedesco, che avevano già riconosciuto Innocenzo. In quel Sinodo Pierleoni venne anche scomunicato. E'giusto riconoscere che in questa lotta ebbero peso notevolissimo gli Ordini religiosi, che consci del pericolo rappresentato dal giudaismo per la chiesa, vedevano in Anacleto il maggior pericolo della cristianità. E così misero in opera l'attività dei loro conventi, con dinamismo e passione, per salvare la Santa Chiesa da questa mortale minaccia.

Purtroppo al tempo nostro in cui la Santa Chiesa è così gravemente minacciata dal comunismo e dalla *quinta colonna* ebraica inseritasi nel clero, nulla fa prevedere che le forze gigantesche degli Ordini religiosi che forse potrebbero salvare la situazione, si accingano alla lotta. Essi dedicano tutto il loro tempo ad opere pie, certo degne di ogni elogio, ma che nel momento attuale impediscono loro di dedicarsi al compito fondamentale, che è quello di salvare la Chiesa.

Riteniamo che se questi Ordini si destassero dal loro letargo si renderebbero conto che proprio adesso come ai tempi di Pierleoni è indispensabile soprassedere, in gran parte, per il momento, alle pie opere che assorbono gran parte del loro tempo, per dedicare una buona parte di esso alla lotta per salvare la Cristianità. Con ciò si sarebbe fatto un passo decisivo verso la salvezza.

Che Iddio, Signore Nostro, illumini i Padri Generali di questi Ordini, svelando loro la necessità di prendere in questo senso una decisione suprema e decisiva. Le preghiere e l'attività della Regola sono importantissime, ma è più importante ancora salvare la Santa Chiesa dalla minaccia comunista che rischia di annientarla. San Bernardo ed intere legioni di frati dovettero abbandonare la tranquilla serenità del chiostro e le occupazioni della Regola, naturalmente con le relative autorizzazioni, per scendere nelle piazze a salvare la cristianità. E vi riuscirono!

Dopo il Concilio di Reims rimaneva al Pierleoni soltanto l'appoggio dell'Italia, principalmente del cognato, Duca Ruggero II di Sicilia, che era praticamente padrone della situazione nella penisola. Il matrimonio dell'ebrea convertita, sorella dell'Antipapa, con questo duca, era servito a qualche cosa e questo matrimonio di convenienza dava già i suoi frutti.

Per riuscire a trionfare definitivamente sul giudeo che a Roma usurpava il trono di San Pietro era necessario ricorrere ad una invasione militare, ad una specie di crociata. San Bernardo e San Norberto si adoperarono a convincere l'imperatore Lotario ad effettuarla. Questi, con un modesto esercito, si unì ad Innocenzo nell'Italia settentrionale, e marciò su Roma, occupandola senza resistenza, dato che molti nobili italiani avevano tradito Anacleto all'ultimo momento. Lotario insediò Innocenzo in Laterano, mentre Pierleoni si asserragliava in Castel Sant'Angelo controllando S. Pietro. Per questo Lotario venne incoronato imperatore da Innocenzo nel Laterano. Ma, avanzando allora Ruggero di Sicilia con un potente esercito, Lotario fu costretto a ritirarsi ed anche il Papa non poté rimanere a Roma, ma fu costretto a ritirarsi, lasciando Anacleto padrone della situazione. Innocenzo ritirandosi a Pisa, convocò in quella città un grande Concilio, a cui parteciparono i vescovi di quasi tutta la Cristianità e gran numero di priori di conventi che ebbero una parte predominante nella lotta. Tra questi stava sempre sulla breccia San Bernardo.

L'anno dopo, Lotario ridiscese in Italia per ripristinare il Papa Innocenzo sul trono di San Pietro e cacciarne Anacleto. Merita particolare attenzione e considerazione la condotta dell'Imperatore di Germania. Egli infatti in quei momenti critici per la Chiesa e per il mondo cristiano mise da parte gli interessi personali ed i sentimenti dell'Impero, a seguito della dura lotta per l'investitura, per dedicare anima e corpo al compito di salvare la Cristianità.

Dio volesse che nella crisi mondiale attuale fossero numerose le personalità che abbracciassero eguale condotta, e fossero capaci di posporre i loro personali interessi alle necessità nazionali, dimenticando rancori a volte giustificati, nell'unione di tutti i popoli per la lotta che deve combattersi contro l'imperialismo giudaico e delle dittature massoniche e comuniste che ne derivano! Giustamente Innocenzo II, nel fragore della lotta, scriveva all'imperatore Lotario quanto segue:

« La Chiesa, con ispirazione divina, vi ha scelto e proclamato legislatore, quasi secondo Giustiniano e nuovo Costantino, per combattere l'empietà eretica degli ebrei ».

La campagna vittoriosa permise a Lotario di battere Ruggero e di respingerlo in Sicilia; ma non riuscì ad occupare Roma, nella quale rimase l'ebreo usurpatore, a scandalo dell'umanità. Quando Lotario ed i suoi eserciti abbandonarono l'Italia, Ruggero di Sicilia la riconquistò quasi completamente; sembrava così che la causa di Pierleoni risorgesse pericolosamente.

L'allarme nella cristianità aumentava col risorgere minaccioso dell'Antipapa, chiamato apertamente ebreo da Arnoldo Vescovo di Liseaux; Mandredo, vescovo di Mantova e altri eminenti prelati. L'arcivescovo Gualtiero di Ravenna denunciava lo scisma di Anacleto quale eresia di perfidi giudei. Il Rabbino Louis Newman ricorda che il partito innocenziano affermava che Anacleto era l'Anticristo, opinione manifestata più volte a Lotario da parte dei cardinali che appoggiavano il Papa legittimo. Lo stesso papa Innocenzo II fece delle affermazioni, secondo cui l'usurpazione di Anacleto era una «perfidia ebraica insensata», il suo grido di battaglia. Il dotto Rabbino già menzionato conclude la sua narrazione di questa lotta col seguente commento: «La posizione del Pontefice ebreo fu difesa con successo fino alla di lui morte, avvenuta il 25 gennaio 1138». Questo diligente israelita, più onesto di tanti altri, non ha ambagi né timori ed afferma con chiarezza assoluta che Pierleoni fu un ebreo, ed anzi lo chiama esplicitamente «Pontefice Ebreo».

La sua audacia arriva a chiamare Innocenzo II «Antipapa»[432].

Morto a Roma l'usurpatore ebreo con tutti gli onori papali, il suo Corpo cardinalizio, che, a quanto si diceva, era in buona parte composto da porporati che praticavano segretamente il giudaismo, passò all'elezione di un nuovo papa, o per meglio dire di un Antipapa. La scelta cadde sul cardinale Gregorio, proclamato papa con l'appoggio di Ruggero di Sicilia. Il nuovo Papa prese il nome di Vittore IV; intanto però la predicazione instancabile di San Bernardo unita alla pressione degli eserciti germanici era riuscita ad ottenere che a poco a poco i principali baluardi di Pierleoni faccettassero il Papa legittimo; fu il caso del Vescovo di Milano e di altri prelati di altre città; infine la stessa Roma fu conquistata dall'eloquenza di San Bernardo.

Negli ultimi giorni l'antipapa ebreo fu costretto a rifugiarsi un'altra volta in San Pietro ed occupò anche Castel Sant'Angelo potentemente difeso. Ma a poco a poco il partito del Pierleoni andava perdendo prestigio e forze cosicché il nuovo antipapa Vittore IV si trovò di fronte ad una situazione praticamente insostenibile, e fu la eloquenza di San Bernardo a convincerlo a capitolare. In questo episodio è facile scorgere la tattica che continua ad avere una parte decisiva nelle lotte politiche del giudaismo. In base ad essa, quando una fazione ebraica o dominata dal giudaismo si vede sconfitta,

---

[432] Rabbino Louis Israel Newman, op. cit., libro II, p. 248 e 253. *Codex Udalrici*, Numeri 240 e 261. L. Duchesne, *Liber Pontificalis*, Parigi, 1955, tomo II. J. M. Watterich, *Vitae Romanorum Pontificium ab exeunte saeculo IX usque ad finem saeculi XII*, Lipsia, 1862. Vogelstein und Riegler, *Geschichte der Juden im Rom*, 1896, tomo I, p. 221.

cerca di impedire che l'imminente sconfitta possa trasformarsi in una distruzione e catastrofe, fingendo a tempo opportuno la resa al nemico, implorando misericordia, o negoziando per ottenere autorizzazione a conservare le maggiori prerogative possibili, fingendo e promettendo, in cambio, fedeltà. Questa forza ebraica, salvandosi dalla distruzione, riesce spesso a conservare preziose posizioni nel nuovo regime instaurato dal vincitore; essa però, anziché mostrare per questo gratitudine, se ne vale nell'ombra per cospirare, organizzare in segreto le proprie forze, aumentarle nel tempo, in modo da potere infliggere, al momento opportuno, il colpo a tradimento che annienterà il nemico fiducioso e generoso che aveva dato all'avversario ingrato la possibilità di risorgere e di insidiare nuovamente, anziché distruggerlo quando avrebbe potuto farlo. Questa è stata sempre la storia tra cristiani ed ebrei nel corso di oltre un millennio ed è stata altresì una delle cause delle rinascite delle *Sinagoghe* dopo le clamorose sconfitte. Purtroppo è giunto il tempo in cui le parti sono cambiate. Sia il Giordano che gli altri fratelli di Pietro Pierleoni si finsero pentiti, chiesero perdono, fecero abiura di ogni eresia, riconciliandosi con l'autorità pontificia legittima e con il loro atteggiamento ipocrita e spettacolare, riuscirono a commuovere Innocenzo II e San Bernardo che perdonarono loro generosamente. Invece di distruggere le loro forze, S. Santità li mantenne nei loro gradi e posizioni nella corte pontificia; successivamente arrivò a concedere loro omaggi e cariche, nell'intento di raggiungere l'unificazione salda e durevole della S. Chiesa, cercando di conquistare con la sua estrema bontà i criptogiudei che forse si sarebbero potuti pentire sinceramente, commossi da tanta generosità.

Più energico fu invece Innocenzo nel campo ecclesiastico. Nel 1139, convocato un Concilio Ecumenico, che fu il Concilio Laterano II, furono in esso condannate le dottrine di Arnaldo da Brescia e di Pietro di Bruys, come pure furono revocati gli atti di Anacleto e degradati sacerdoti, vescovi e cardinali, cioè tutti gli ecclesiastici consacrati da Pierleoni, ritenuti eretici giudaizzanti o scismatici. Con ciò il Santo Padre epurò il clero dai criptogiudei e dagli elementi della *quinta colonna*, risanando così le gerarchie e distruggendo di colpo le infiltrazioni ebraiche nella gerarchia stessa verificatesi come si può immaginare sotto la protezione del « Pontefice Ebreo » come lo definisce il celebre Rabbino Newman. Tuttavia la magnanimità che il Papa aveva avuto in campo politico con Giordano Pierleoni ed i di lui fratelli doveva essere foriera di tragiche conseguenze per la Santa Sede.

Occorre qui far notare che deve essere stato San Bernardo ad orientare verso la politica del perdono. Per la sua eccessiva bontà era nata in lui l'idea che forse, modificando la politica nei confronti degli ebrei, la Santa Chiesa avrebbe potuto intenerirne il cuore indurito. San Bernardo da un lato combatteva le attività scismatiche degli ebrei, dall'altro usava nei loro confronti estrema indulgenza, opponendosi ad ogni persecuzione o azione a loro danno; in altre parole volle ammansire il lupo con la sua bontà, pensando di togliergli in tal modo la ferocia.

Come sempre, gli israeliti abusarono della bontà di San Bernardo, mostrando molto chiaramente l'impossibilità di trasformare in lupo in pecora. Lo si vide chiaramente nei secoli successivi, quando la Santa Chiesa fu obbligata ad adoperarsi in modo energico, a volte implacabile, nella sua azione contro gli ebrei. I roghi dell'Inquisizione furono in gran parte il risultato del doloroso e triste insuccesso della generosità politica di perdono, tolleranza e bontà auspicata da San Bernardo.

CAPITOLO XXVII

UNA RIVOLUZIONE GIUDEO - REPUBBLICANA NEL SECOLO XII

Alcuni Papi precedenti avevano generosamente permesso che gli ebrei accedessero alla corte pontificia, offrendo a questi la loro amicizia e valendosene quali banchieri. Ciò aveva portato la Santa Chiesa allo scisma di Pierleoni che per poco non provocò la rovina. La generosità di Papa Innocenzo II, verso la famiglia di ebrei convertiti dei Pierleoni, era destinata ad amareggiargli gli ultimi giorni, colpendo duramente il papato, questa volta in campo politico.

Cinque anni dopo la morte dell'Antipapa ebreo, il di lui fratello Giordano, profittando delle posizioni vantaggiose e dei mezzi che la bontà dei suoi avversari gli aveva permesso di conservare, organizzò in segreto e fece poi scoppiare una rivoluzione che, se si fosse estesa, avrebbe avuto conseguenze incalcolabili. I cospiratori, con grande acume politico, seppero elaborare un programma di lotte estremamente allettante per il popolo romano, forse l'unico abbastanza interessante per poter trascinare al tempo stesso, nobiltà e popolo in un movimento contro il sommo pontefice della cristianità, in tempi di intensa religiosità. In questo modo o, come si direbbe oggi, con questa pedana di lancio, i Pierleoni dimostrarono di essere capaci di far scuola e di fissare norme per l'attività futura della *quinta colonna* ebraica introdottasi nella cristianità, non solo sul piano religioso, ma anche su quello politico.

Il movimento, capeggiato da Giordano Pierleoni, ravvivava tra gli abitanti della Città eterna i gloriosi ricordi dell'antica repubblica, cioè dei tempi in cui Roma era governata dai suoi patrizi e dal suo popolo e non da autocrati e, seguendo questa strada, era arrivata a diventare la prima nazione del mondo antico. Fu svolta una intensa opera personale, ricordando le glorie dell'antico Senato romano, e mettendo in rilievo il contrasto tra lo splendore glorioso di quei tempi della repubblica e lo stato di prostrazione in cui si trovava nel secolo XI.

Era necessario che i Romani facessero ogni sforzo per uscire da quello stato di decadenza e ritornare ai tempi in cui Roma era stata la prima città del mondo, la più potente sul piano politico, militare ed economico, al tempo in cui i Romani dettavano leggi ed imponevano la loro volontà a tutto il mondo. Ma il potere temporale del Papa era un intralcio. Tutti rispettavano, da veri cristiani, il Santo Padre, però questi non avrebbe dovuto ostacolare la rinascita e l'espansione di Roma, limitandosi alle proprie funzioni religiose e lasciando libera la città di sforzarsi di conquistare nuovamente il passato splendore e ritornare alle forme di governo che avevano ad essa permesso di godere di quelle glorie passate.

La nobiltà romana, profondamente alterata, come abbiamo visto, dagli incroci ebraici e gli abitanti della città, si inebriarono di tali prediche e cominciarono ad aderire al movimento di Giordano Pierleoni. Nel 1143 questi era assurto a tale potenza, da poter effettuare una specie di colpo di Stato, sopprimendo la « Prefettura urbana » presentata come strumento odioso dalla propaganda dei cospiratori che oltre a ciò disconoscevano il potere temporale del Papa sulla città, costituendovi un Senato, e dandogli sede sull'antico Campidoglio, proclamando la Repubblica Romana, sotto la direzione dell'illustre patrizio Giordano Pierleoni. In tal modo questo patrizio di stirpe ebraica e di dubbia sincerità in materia di fede, ripagava il perdono ricevuto da Papa Innocenzo II e da San Bernardo, e l'autorizzazione a conservare ricchezze e posizione, le quali ora gli servivano per fare trionfare una così diversa e nuova rivoluzione. Ma questa è la legge della vita: ogni generosità e tolleranza usate verso il lupo non serve che a rendergli facile la strage delle pecore.

L'eroico e benemerito Papa Innocenzo II morì amareggiato senza che gli fosse possibile trionfare su questa dolorosa rivolta. Il suo successore, Celestino II, tenne il Papato soltanto per cinque mesi rifugiandosi nella fortezza dei Frangipane, mentre nobiltà e popolo romano inveivano contro il papa, esaltando la Repubblica, il Senato e il nuovo padrone della situazione, Giordano Pierleoni. Il nuovo Papa cercò di uscire dalla prigionia, valendosi dell'aiuto di alcuni nobili che erano fedeli alla Chiesa, e cercò quindi di impadronirsi di forza del Campidoglio; fu ferito a morte da una sassaiola di facinorosi e morì solo undici mesi dopo la sua elezione al Papato. In questo modo Giordano Pierleoni e la sua combutta riuscirono a rafforzare la loro potenza sulla nuova Repubblica.

In circostanze così precarie venne eletto e consacrato Papa un umile monaco che viveva ritirato dal mondo in un convento alle porte di Roma e fu proclamato Papa col nome di Eugenio III, nel 1145. Quando venne eletto, le forze rivoluzionarie lo invitarono ad approvare la costituzione repubblicana ed a riconoscere il Senato. Il Papa però si oppose alle due richieste. Per questo fu costretto ad abbandonare Roma ed a essere consacrato in un Monastero lontano dalla Città e di stabilire la sua sede a Viterbo, dove diede prova di grande energia, scomunicando il capo rivoluzionario Giordano Pierleoni ed i membri del Senato romano, mentre la plebaglia con l'appoggio di questi assaliva i palazzi e le fortezze dei cardinali e dei nobili, sostenitori del Sommo Pontefice, e si abbandonava a crudeli stragi nelle persone dei cristiani fedeli alla Santa Sede. Il generoso perdono offerto da Papa Innocenzo II ai Pierleoni, aveva permesso loro di concentrare nelle loro mani non soltanto una notevole forza politica che minacciava gravemente la Santa Sede, ma questa diventava anche grave pericolo per la vita ed i beni dei Cardinali, manifestandosi in proditori assassini di fedeli alla Chiesa.

E' fuori di ogni dubbio che la generosità con i perversi può diventare un pericolo gravissimo per i buoni, soprattutto quando ha luogo a favore degli ebrei. Tuttavia il Papa poteva contare sulla fedeltà dei contadini e con il loro appoggio e quello di alcuni nobili di campagna riuscì a circondare d'assedio la Città impedendo l'entrata di derrate alimentari, obbligando così i rivoltosi a intavolare trattative con il Pontefice ed a riconoscerne l'autorità, mentre in cambio il Papa riconosceva la costituzione repubblicana ed il Senato le cui facoltà sarebbero state limitate entro l'ambito dell'amministrazione urbana.

Grazie a questa transazione, il Papa Eugenio III poté rientrare a Roma ed organizzare la propria corte nella città eterna nell'anno 1145. Ma questa tregua preludeva soltanto ad una nuova bufera: infatti, come accade sempre, il giudaismo si valse di questa tregua soltanto per organizzare le proprie forze in segreto, accumulare maggiore potenza e lanciare quindi un nuovo attacco. Allo scoppio di una nuova insurrezione, a cui partecipava un nuovo capo delle masse popolari, chiamato Arnaldo da Brescia, il S. Padre fu obbligato ad abbandonare un'altra volta la Città, né valse un nuovo intervento in suo favore presso il popolo romano fatto da S. Bernardo, che fu ignorato da una folla scatenata dai rivoluzionari.

Arnaldo da Brescia, dando il suo appoggio al movimento iniziato da Giordano Pierleoni, lo spostava dal campo meramente politico in cui aveva avuto inizio, a quello religioso, accusando i cardinali di avarizia, superbia, arricchimento alle spalle del popolo - ed il Papa di rappresentare una istituzione sanguinaria carnefice delle Chiese, esperto nell'arte di riempire le proprie tasche e di vuotare le altrui. Aggiungeva che la Santa Chiesa, lungi dall'essere tale, era una tana di ladri. Affermava oltre a ciò che né Chiesa né Clero dovevano possedere ricchezze, che dovevano invece essere proprietà legittima dei laici, soprattutto del Principe. Con ciò solleticava abilmente la cupidigia dei re e dei nobili per sospingerli ad espropriare i beni del Clero.

Fuggito da Roma, il Papa fu costretto a rifugiarsi in Francia che con l'Impero costituiva in quell'epoca l'appoggio più generoso della Santa Chiesa ed il suo maggiore baluardo, nella lotta contro il giudaismo. Là il frate combattivo diventato Papa riuscì ad ottenere l'appoggio di Re Luigi VII di Francia e ad organizzare un esercito, alla testa del quale tornò in Italia, giungendo fino alle porte di Roma, dove gli giunse l'inattesa offerta di Ruggero di Sicilia, che metteva a sua disposizione quanto gli era necessario per ripristinare la sua autorità.

In verità, negli ultimi anni nel potente normanno si era operato un profondo mutamento: marito di una sorella dei Pierleoni, abbiamo visto come mettesse tutte le sue forze a disposizione dell'antipapa ebreo e come aprisse la sua corte a israeliti e musulmani, la cui influenza si era fatta sentire notevolmente. Ma come sempre gli ebrei abusarono della protezione concessa loro e delle posizioni chiave che erano riusciti ad ottenere, tanto che infine Ruggero di Sicilia si rese conto del pericolo. Modificò allora la sua politica nei confronti degli ebrei, cercando di distruggere l'israelismo, pur adottando l'espediente già decrepito e discreditato di obbligarli a convertirsi al cristianesimo. All'uopo anzi aveva promulgato alcune leggi. Comunque, quando offerse il suo appoggio al Santo Padre, aveva già modificato completamente la sua politica rispetto a quella precedente. Il Papa accettava il suo appoggio entrando a Roma, sostenuto dalle truppe normanne, il 28 novembre 1149. Purtroppo i rivoluzionari avevano in loro completa balia il popolò di Roma del quale si presentavano come i redentori. Appena sette mesi più tardi, il Papa fu costretto ad abbandonare di nuovo precipitosamente la città, rifugiandosi ad Anagni dove moriva lo stesso anno in cui morì San Bernardo.

Dopo l'effimero pontificato di Anastasio IV, venne eletto Papa il cardinale inglese Nicola Breakspeare, vescovo di Albano. Al momento dell'avvento al trono di questo Papa illustre e dinamico, la situazione della Chiesa a Roma era catastrofica. Le forze rivoluzionarie organizzate e dirette dall'ebreo Giordano Pierleoni, erano padrone della città e perpetravano gli assassini più proditori, diretti anche contro i pellegrini richiamati nella capitale del mondo cattolico dallo slancio religioso.

Con le sue prediche Arnaldo da Brescia stimolava gli sviluppi della rivoluzione che cominciava già ad estendersi minacciosa in altre città italiane. L'audacia dei rivoltosi giunse fino al colmo con il grave ferimento di Guido Cardinale di Santa Prudenziana. Questo fatto colmò la misura e spinse il Papa ad adottare un rimedio radicale. Cominciò col lanciare un «interdetto» - per la prima volta nella storia - contro la Città di Roma, per cui furono sospese le cerimonie di culto. Il popolo, ingannato dai dirigenti rivoltosi, continuava ad essere profondamente religioso ed abbandonò in gran parte i rivoltosi. Al tempo stesso, con grande abilità, il Papa seppe valersi dell'appoggio offertogli dal nuovo imperatore di Germania, Federico Barbarossa, imponendogli quale condizione per l'incoronazione, il soffocamento della ribellione e la consegna di Arnaldo da Brescia, cosa che il Barbarossa fece una volta entrate le sue truppe in Roma. Come sempre, tutta la macchina ebraica si mise in moto perché il Papa risparmiasse la vita di Arnaldo da Brescia, ma gli intrighi non approdarono ad alcun risultato di fronte a questo Papa combattivo e conscio del pericolo. Certo che se gli intrighi fossero riusciti, i rivoltosi avrebbero immediatamente ripreso la loro opera come avevano fatto già in passato, in precedenti occasioni.

D'accordo col Papa, l'Imperatore, catturato Arnaldo, lo consegnò al Prefetto di Roma, che lo fece impiccare ordinando che il suo cadavere fosse bruciato e le sue ceneri gettate nel Tevere. Di fronte a questo atteggiamento inatteso ed energico del Papa, i ribelli di Roma s'intimorirono e fu così possibile ristabilire e consolidare la bramata pace nella Città e nei dintorni[433]. La Santa Chiesa aveva esitato a ricorrere alla violenza contro i suoi nemici; ma essi avevano abusato della sua bontà, seminando anarchia, causando gravi stragi e commettendo una infinità di delitti. L'energico Papa invece comprese che per salvare la vita ed i beni dei buoni, era necessario sopprimere i perversi, per quanto l'uso della violenza ripugnasse al Vicario di Cristo. Aveva così inizio, nella Chiesa di Roma, una nuova politica, consistente nella distruzione dei lupi per salvare le pecore. La responsabilità di questo mutamento di politica non è imputabile al Papato, come hanno affermato gli scrittori ebrei ed i loro seguaci, bensì alla *Sinagoga di Satana*, che con le sue congiure ed i suoi movimenti eretico-rivoluzionari, i delitti, la provocazione dell'anarchia, costrinse la Santa Chiesa a cercare mezzi di difesa più efficaci.

Per concludere questo capitolo vogliamo ricordare che Arnaldo da Brescia, ancor giovanissimo, si era recato in Francia, dove era stato scolaro dell'eresiarca Abelardo di cui aveva assimilato i perniciosi insegnamenti. Per quanto riguarda Abelardo, diremo che egli aveva accettato l'eresia dell'israelita Ario, e per questo era stato condannato. Sono altresì molto interessanti le dottrine di Abelardo che riguardano gli ebrei. Il Rabbino Jacob S. Raisin, scrive che Abelardo - che fu a suo tempo il professore più ammirato - sosteneva tra l'altro che: «gli israeliti non dovevano essere incolpati della crocifissione di Cristo». Abelardo criticava altresì l'autorità dei Padri della Chiesa[434]. Egli era in generale favorevole agli ebrei.

E'indubbio d'altra parte che se Papa Innocenzo II non avesse epurato il clero dagli elementi della *quinta colonna*, degradando tutti gli ecclesiastici, compresi Vescovi e Cardinali, che erano stati favorevoli all'antipapa ebreo Pierleoni, o che erano stati da lui consacrati, la Chiesa sarebbe forse soggiaciuta al movimento rivoluzionario che abbiamo preso in esame in questo capitolo o in seguito agli attacchi insidiosi da parte delle società segrete eretiche, estese in tutta la Cristianità, come reti insidiose da parte dei falsi cristiani che praticavano segretamente il giudaismo. Se nei momenti cruciali della lotta gli elementi della *quinta colonna* avessero conservato le loro posizioni in seno al corpo cardinalizio e nell'episcopato, avrebbero potuto affiancare la loro azione alle forze rivoluzionarie delle sette eretiche, arrivando a sgretolare la Chiesa, colpendola nelle sue massime gerarchie.

---

[433] L. Duchesne, *Liber Pontificalis*, tomo II. J. M. Watterich, op. cit. Rabbino Louis Israel Newman, op. cit.
[434] Rabbino Jacob S. Raisin, *Gentile Reactions to Jewish Ideals*. Philosophical Library, New York, 1953, cap. XVII.

L'epurazione operata da Innocenzo salvò la cristianità da una catastrofe incombente nei decenni che seguirono.

CAPITOLO XXVIII

IL CONCILIO III DEL LATERANO ORDINA LA DESTITUZIONE DEI VESCOVI E SACERDOTI CHE NON SI OPPONGANO ENERGICAMENTE AGLI ERETICI

Il Papa aveva posto il dito sulla piaga. Era necessario disporre di un Organo speciale che combattesse le attività traditrici dei sacerdoti che, restando in apparenza ortodossi, tuttavia aiutavano in varie forme i movimenti sovversivi del Giudaismo, che in quei tempi assumevano la forma di eresie. Perciò diede mano a creare un corpo di idealisti, lottatori, dedicati esclusivamente a combattere le rivoluzioni, scegliendo prima i frati Domenicani, ai quali si aggiunsero i Francescani.

I Prelati, assorbiti nei lavori delle loro Diocesi, non avevano tempo da poter dedicare a questo genere di attività e lo stesso poteva dirsi degli altri membri del clero secolare. Invece, gli Ordini di San Domenico e di San Francesco, composti di uomini idealisti, con voto di povertà ed animati di grande zelo nella difesa della Chiesa e del Cristianesimo, degni di essere imitati dai membri del clero - che in genere, ai nostri giorni, sono apatici ed accomodanti - erano indicati per venire a capo della gigantesca lotta che la Santa Chiesa iniziava contro i giudei e gli eretici. Inoltre, quei monaci che avevano rinunciato al mondo ed alle ricchezze, erano inattaccabili dall'adescamento corruttore che è stato sempre l'arma decisiva degli ebrei per frustrare le difese organizzate nei secoli, dalle rimanenti popolazioni. Gli ebrei riuscirono a comperare, a peso d'oro, disposizioni a loro favorevoli, dai re, dai nobili e dagli altri membri del Clero secolare; perciò il Papa comprese che essi avrebbero fallito il tentativo di ripetere il gioco coi frati che, oltre a professare il voto di povertà, vivevano nelle loro comunità senza lusso e soggetti a regole di austerità e di sacrificio, molto severe. Non poteva dunque essere più intelligente ed adeguata la decisione della Santa Sede. Inoltre, San Francesco di Assisi e San Domenico di Guzman avevano fondato i loro benemeriti Ordini precisamente per salvare la Santa Chiesa dalla catastrofe che la minacciava, per cui li avevano dotati di una organizzazione adeguata tendente a conseguire quelle finalità.

E'vero che già prima la Inquisizione Episcopale aveva funzionato coi principi della Inquisizione Pontificia; però ha ragione Henry C. Lea nel citare l'opinione molto sensata di alcuni, secondo cui la definitiva Inquisizione Pontificia nacque con le due benemerite Bolle che affidavano ai frati mendicanti il compito di incaricarsi del Santo Uffizio Pontificio.

Altro problema che urgeva risolvere era quello che sorgeva dal fatto che i frati erano occupati tutto il giorno in preghiere ed attività imposte dalla loro Regola, per cui il loro tempo era tutto assorbito da quelle pratiche senza che potessero dedicarsi ad una azione efficace contro le forze dell'anti-Cristo. I Papi compresero questo grave problema e permisero ai frati inquisitori di specializzarsi, dedicando la maggior parte del loro tempo e tutto quello che era necessario, a muovere guerra mortale agli ebrei clandestini ed agli eretici. Con tale provvedimento, furono immensamente rafforzate le difese della Santa Chiesa e dei popoli che in essa avevano riposto la loro Fede.

Inoltre, il Papa conferiva pieni poteri ai frati inquisitori perché potessero vincere le resistenze, che furono sempre enormi, giacché la *quinta colonna* giudaica le introduceva nel clero e non avrebbe ceduto che ad un attacco poderoso. Dava loro anche la possibilità di ricevere aiuto dal braccio secolare, cioè dalle autorità civili, affinché potessero ottenere lo scopo con l'uso della forza quando la persuasione non bastava. San Francesco d'Assisi e San Domenico, con la fondazione dei loro Ordini di mendicanti - vincendo, come è risaputo, la opposizione di certi Vescovi - contribuirono efficacemente a completare quella rete formidabile di difesa che salvò la Santa Chiesa ed i popoli d'Europa dagli artigli del Giudaismo, nei tre secoli durante i quali i Papi appoggiarono risolutamente quello stato di cose.

E'tuttavia giusto far notare che mentre alcuni Vescovi di condotta sospetta si opposero tenacemente, tanto alla fondazione degli Ordini di San Francesco e di San Domenico, quanto poi alla creazione della Santa Inquisizione, la immensa maggioranza dei Prelati, animati di virtù e di santo zelo per la difesa dell'Ordine Cristiano, appoggiarono ed applaudirono la nascita di dette Istituzioni. E'naturale che la *quinta colonna* giudaica, insinuatasi nel clero, abbia tentato di impedire alla Santa Chiesa la creazione di quelle difese, destinate a distruggere queste infiltrazioni ed impedire che continuassero a recare tanti danni. Nonostante tutte le menzogne, le falsità e le calunnie della *quinta colonna*, tutte le sue mosse e gli intrighi organizzati verso i Papi ed i Concili, sia per impedire la costituzione di quelle difese come per screditarle e neutralizzare i leali difensori dell'Europa e del Cristianesimo, fallirono in pieno davanti all'atteggiamento fermo e ben orientato di Papi del calibro di Innocenzo III e di Giovanni XXII, per cui fu possibile che quella feroce lotta si concludesse ancora una volta con la vittoria della Santa Chiesa e la sconfitta della *Sinagoga di Satana*.

Per poter comprendere l'importanza di quel trionfo, basta confrontare l'oscuro secolo XII ed i primi anni del XIII, trascorsi in mezzo all'anarchia, a sanguinose lotte intestine, alla tremenda Crociata contro gli Albigesi, coi continui complotti sinistri e criminali dei criptogiudei e degli eretici, loro strumenti; basta confrontare, dicevamo, quei tempi tristi, col secolo XIII che, dopo la clamorosa vittoria del Cattolicesimo, passò alla storia col giusto nome di « Secolo d'oro della Chiesa ». Questo fu possibile grazie alle efficaci misure di difesa che i popoli europei, guidati dalla Santa Sede, adottarono contro la *Sinagoga di Satana*. Se non si fossero adottati quei provvedimenti, il secolo XIII avrebbe acquistato i sinistri caratteri propri del tenebroso secolo XX, nel quale gli artigli del Giudaismo e delle sue attuali eresie, massoneria e comunismo principalmente, stanno per strangolare l'Umanità.

Era anche più pericolosa, per la Santa Chiesa e per l'Europa, l'azione dei secolari, che fingendosi cattolici di impeccabile ortodossia ed in alcuni casi anche nemici dell'eresia, stavano tuttavia con essa in segreta affinità, aiutando i settari e le loro imprese rivoluzionarie, dentro le file stesse della ortodossia, alla quale cagionavano seri pregiudizi.

Quei fautori di eresie erano senza dubbio i precursori di quei dirigenti secolari, in apparenza molto cattolici, che al giorno d'oggi, fingendo grande lealtà e adesione alla Santa Chiesa, utilizzano i partiti politici Democratici Cristiani o di tipo cattolico o di destra, che battezzano con vari nomi, per fare il giuoco della massoneria e del comunismo, facilitano il trionfo delle imprese che questi patrocinano. Ci sono di quelli che perfino invadono e si impossessano della benemerita Azione Cattolica per realizzare attività perverse. Quel tipo di traditori che commettevano il delitto di « favorire le eresie » fingendosi apparentemente cattolici, fu pure combattuto dalla Santa Chiesa con massima energia, affrontando i « fautori di eresia » ed anche i sacerdoti che procedevano analogamente.

Il gran Concilio Ecumenico III del Laterano, iniziato l'anno 1179 appunto nella Basilica di quel nome, oltre ad approvare, nel suo Canone XXIV una serie di misure tendenti ad evitare la stretta convivenza fra cristiani e giudei - affermando categoricamente che conviene separare i cristiani dai giudei, che si ammettono fra i popoli cristiani « solo per umanità » - procedette condannando non solo gli eretici ma anche coloro che, essendo ortodossi almeno in apparenza, aiutino o nascondano gli eretici.

Nel suo Canone XXVII, il detto Concilio, riferendosi agli eretici, dice:

« che non esercitino la loro nequizia occultamente, manifestino i loro errori pubblicamente, e non seducano i semplici ed i deboli. Decretiamo la scomunica per loro, i loro difensori e quelli che li nascondono; proibiamo che qualcuno li accolga nella sua casa o nella sua terra, od abbia con loro commercio di affari, sotto pena di scomunica. Chi peccasse in tal modo non potrà avere sepoltura fra i cristiani, né per loro potranno essere fatte offerte per ottenere il perdono, né sotto il pretesto dei nostri privilegi, né per indulti né per qualunque altra causa »[435].

Dunque non si comminava la scomunica soltanto agli eretici, ma anche a tutti coloro che li aiutavano e li nascondevano, compresi i secolari ed i sacerdoti. Il Canone stabilisce le sanzioni ai responsabili, senza far distinzioni di stato o condizione.

I dirigenti cattolici che lottano nei loro paesi per impedire che la massoneria od il comunismo li soggioghino, sono sempre attaccati a tradimento alle spalle, dai dirigenti, presunti cattolici, che dicono di servire la Chiesa ed invece aiutano, con ipocrisia, ma con efficacia, il trionfo delle rivoluzioni massoniche o comuniste, oppure agiscono a favore delle dittature istituite da quelle sette eretiche per opprimere i popoli cristiani. Se i dirigenti cattolici anti-comunisti, anti-massoni, od anti-giudei, non attaccano il nemico interno come quello esterno, con la medesima energia ed efficacia, finiranno per soccombere, vittime delle azioni traditrici delle *quinte colonne*.

Pertanto, oltre a smascherare quei falsi cattolici che aiutano il nemico, a mezzo della stampa o di opuscoli, occorre creare un organismo speciale che accumuli prove, che dimostri la loro complicità con la massoneria o col comunismo ateo, per iniziare contro di loro un processo canonico, dinanzi ai tribunali ecclesiastici, accusandoli di eresia o, se la loro finta ortodossia non lo permette, accusandoli come fautori dell'eresia, cioè complici del comunismo o della massoneria. Dando a quei processi pubblicità adeguata a mezzo della stampa, ed inviando a Roma una commissione incaricata di dimostrare la verità, si potrà paralizzare l'azione distruttrice che quelle *quinte colonne* realizzano nelle file cattoliche, e si eviterà che i buoni siano attaccati e distrutti tra due fuochi, tra quello giudaico a sinistra e, a destra, quello cripto-giudaico, che è il segreto complice della sinistra. Tutti i partiti politici, difensori della Santa Chiesa e delle loro rispettive nazioni, debbono intervenire con speciale impegno se non vogliono soccombere schiacciati dalla tecnica tradizionale a tenaglia che il cripto giudaismo utilizza da molto tempo e che gli permette la dominazione di un popolo dopo l'altro, con la distruzione dei patrioti e degli autentici difensori della Cristianità. Quei partiti debbono studiare il diritto canonico e diventare esperti in materia, perché esistono innumerevoli Canoni di vari Concili e Bolle pontificie su cui potersi basare per le accuse da muovere agli eredi di Giuda.

Alla fine del detto Canone XXVII appare una terribile sanzione supplementare contro i sacerdoti, non solo quelli che aiutano gli eretici ma anche quelli « che non si oppongono energicamente ad essi »; il castigo

---

[435] *Acta Conciliorum et Epistolae Decretales, ac Costitutiones Summorum Pontificum*, Studio P. Joannes Harduini.

consiste nella destituzione immediata dai loro posti, comprese le sedi episcopali, nel caso che si tratti di Prelati; Il sacro Canone ordina infatti: « Perciò, i Vescovi o sacerdoti che non si oppongano energicamente agli eretici, siano puniti con la privazione del loro ufficio, fino a che ottengano misericordia dalla Sede Apostolica »[436].

Questa è la decisione presa da uno dei Concili Ecumenici più famosi ed autorevoli della Santa Chiesa, il Concilio III del Laterano. Se dunque nel passato si castigarono con la destituzione dalle loro cariche i Vescovi ed i sacerdoti che non si opponevano con energia agli eretici, che meriteranno i Cardinali, Vescovi e sacerdoti odierni che oltre a non opporsi alle eresie massoniche o comuniste, le aiutano in varie forme diventando i principali responsabili dei trionfi conseguiti dalla massoneria e dal comunismo negli ultimi lustri e costituendo la principale arma segreta e fulminante a disposizione di quelle sette per conseguire le loro vittorie? Per salvarsi, la Cristianità presente deve mettere in pratica quelle difese che la liberarono in altri tempi; e se questo non si farà, ci avvieremo certo a sicura catastrofe.

---

[436] *Idem.*

CAPITOLO XXIX

IL GRANDE PAPA INNOCENZO III E IL FAMOSO CONCILIO LATERANO IMPONGONO COME BUONO E OBBLIGATORIO QUELLO CHE GLI EBREI CHIAMANO RAZZISMO E ANTISEMITISMO

S.S. il Papa Innocenzo III, riconosciuto giustamente fra i più grandi Pontefici della Santa Chiesa, ebbe senza dubbio un primissimo ruolo nella lotta per salvarla dalla demoniaca rivoluzione criptoebrea incrementata nel secolo XII, mentre nello stesso tempo rendeva possibile il fiorire della Cristianità nel Duecento, che con ragione fu chiamato il secolo d'oro della Chiesa. Ma per giungervi, era necessario, prima di tutto, combattere efficacemente e dominare il nemico capitale del Cristianesimo e di tutta l'umanità, cioè la *Sinagoga di Satana;* e in questo campo l'illustre Papa si distinse, così come in tutte le sue sante imprese. E'comprensibile, quindi, che il rancore ebraico scagli contro il benemerito Pontefice le più velenose invettive.

Un grande esponente ebraico, Mosè Hess, precursore del Sionismo, collaboratore di Carlo Marx, da cui più tardi si allontanò, e che ebbe, alla stessa maniera di questi, una influenza decisiva nel mondo israelita del secolo scorso, e nello svolgimento delle idee socialiste rivoluzionarie, nella sua opera intitolata *Roma e Gerusalemme*, dice testualmente del Papa Innocenzo III:

« Sin da quando Innocenzo III concepì il diabolico piano di distruggere gli ebrei, che in quel tempo portarono la luce della cultura spagnola alla Cristianità, obbligandoli a cucirsi una insegna obbrobriosa sui loro vestiti, (processo che condusse fino al rapimento di un bambino ebreo), sotto il regime del Cardinale Antonelli, la Roma Papale diventò una invincibile fonte di veleno contro gli ebrei »[437].

---

[437] Moses Hess, *Rome and Jerusalem,* translated and edited by Rabbi Maurice J. Bloom. New-York, 1958. Principio della prefazione dell'autore, nella pagina che corrisponde al num. 7.

E'di grande importanza notare che a S.S. il Papa Innocenzo III accadde lo stesso che a molti uomini pii che ignorarono, in principio, la immensità della malvagità ebraica. Raggiunti dall'abile intrigo degli ebrei, che insistono continuamente con racconti d'ingiustizie e di atrocità, affermando che gl'israeliti non sono cattivi quanto si dice, essi finiscono col credere che è un'atroce ingiustizia attaccarli, mentre non sarebbe, in realtà, che la naturale difesa dei popoli da loro aggrediti.

Così, al principio del suo Pontificato, Innocenzo III salì sul trono di San Pietro mosso da compassione verso gli ebrei, ordinando nel 1199 una serie di misure tendenti ad assicurare loro la protezione nello sviluppo del culto e nella integrità della loro vita, il loro corpo e le loro proprietà. Influiva pure, senza dubbio, in questa politica, l'idea che carezzarono prima San Bernardo e dopo il rinomato Ministro castigliano Alvaro de Luna, sulla necessità di evitare di rendere impossibile la vita agli ebrei e obbligandoli falsamente a convertirsi al Cristianesimo. Con tutto ciò, il giudaismo acquistava una forma più formidabile e pericolosa. Sarebbe stato preferibile che fossero ebrei dichiarati, e non falsi cristiani, a squarciare la Chiesa dall'interno. Questa idea ispirò la politica di alcuni Papi che offrivano tolleranza e una certa protezione agli ebrei effettivamente tali; mentre d'altra parte combattevano con tutta la forza i cristiani giudaizzanti, cripto-giudei che minavano la Cristianità e minacciavano di distruggerla. Ma come nel caso di Pio XI e di altri illustri Pontefici, i colpi a tradimento degli ebrei e la constatazione che questi erano il motore delle eresie, costrinsero Innocenzo III a cambiare la sua iniziale politica di benevolenza.

Quante cose avrà insegnato la dolorosa esperienza, a questo grande Papa, per costringerlo a cambiare in pochi anni la sua politica iniziale di protezione agli ebrei; per far nascere quel « diabolico piano per distruggere gli ebrei » che il noto israelita Mosè Hess attribuisce ad Innocenzo III, il quale dimostrò nel Concilio IV di Laterano ch'era disposto a combatterli con la energia necessaria per salvare la Chiesa!

Per riuscire nello scopo di strutturare adeguatamente le difese della Santa Chiesa di fronte ai suoi mortali nemici con una Riforma adeguata e per risolvere l'affare della libertà della Terra Santa ed altre preoccupazioni capitali, convocò un nuovo Concilio Ecumenico, che è forse il più famoso fra tutti i riuniti dalla Chiesa, il Concilio Laterano IV, che finora continua ad essere luce che illumina le coscienze dei cattolici.

Inoltre, ai Prelati, Abati, e Priori che ad esso assistettero, si aggiunsero pure l'Imperatore di Costantinopoli, i re di Francia, Inghilterra, Aragona, Ungheria, Sicilia, Gerusalemme e Cipro; altri principi rinomati ed ambasciatori di altri Stati, inaugurandosi il Sinodo Universale l'11 novembre 1215. Qual è la differenza fra le innovazioni e riforme approvate al « Laterano » e quelle che nel Concilio « Vaticano » pretendono imporre i servitori degli interessi del giudaismo e del comunismo? Mentre quelle intendevano fortificare la Chiesa nella lotta contro la *Sinagoga* e le sue eresie, queste, che ora sono il frutto del giudaismo e del comunismo con i loro agenti nell'Alto Clero, hanno lo scopo di distruggere le tradizioni della Santa Chiesa, impedire ai cattolici qualsiasi difesa contro l'imperialismo ebraico e aprire la porta al comunismo; tutto ciò mascherato, naturalmente, come al solito, da postulati belli in apparenza, ma ingannevoli, che vengono impiegati soltanto per nascondere scopi occulti, che tendono verso gli obiettivi segnalati.

Con la scusa di lottare per la unità dei popoli e per l'unità cristiana, (postulati eccelsi con i quali siamo tutti d'accordo) la *quinta colonna* desidera mettere la Santa Chiesa su basi false che faciliteranno nell'avvenire il trionfo dei suoi ancestrali nemici. Quel che interessa a costoro non è certamente modernizzare la Chiesa e adattarla ai tempi moderni, scartando aspetti che non trovano più ragione di esistere, bensì, appunto, distruggere quelle tradizioni che costituiscono la maggiore fortezza della Santa Chiesa e che la difendono contro l'insidia dei suoi nemici. Non ci opponiamo, perciò, alle riforme che faciliteranno alla Chiesa il compimento della sua missione e potranno danneggiare i suoi peggiori nemici, che sono il comunismo ateo e il giudaismo, ma quello che riteniamo un pericolo mortale, sono le pretese riforme che tendono appunto ad ottenere il contrario: cioè, a facilitare la sconfitta della Chiesa di fronte a quegli avversari che sono pure i nemici della umanità libera.

Il Concilio Laterano IV diede validità universale alla prescrizione approvata dai Sinodi Provinciali nel senso che gli ebrei fossero segnalati in tale maniera che fosse possibile distinguerli dai cristiani; così, il Cànone LXVIII ordina:

> « Allo scopo che non possano scappare o avere scusa dell'abuso di una sì perniciosa commistione, per il velo d'un errore simile: Decretiamo che i tali di ambo i sessi in tutta provincia di cristiani e in tutto tempo, si distinguano pubblicamente dagli altri popoli per la qualità del vestito, essendo stato questo stesso ordinato loro anche da Mosè »[438].

Questo Cànone del Concilio Laterano è quello che più proteste e furore contro la Santa Chiesa ha sempre scatenato fra gli ebrei; senza tener conto che quella Legge di Mosè, che pretendono osservare con tanto zelo, ordinò loro di segnalarsi nel vestito, così come afferma il Santo Sinodo. Gli ebrei però osservano la Legge di Mosè soltanto in quello che conviene loro e la disubbidiscono anche secondo i loro interessi. Se per la approvazione di questo Cànone sono tanto scontenti, dovrebbero, se ragionassero logicamente, essere in disaccordo anche con Mosè che l'ordinò loro; ma

---

[438] *Acta Conciliorum*, op. cit., t. VII, fol. 70.

questo comandamento d'ispirazione divina, ebbe per forza le sue ben fondate ragioni. Infatti, chiunque appartenga a una organizzazione virtuosa e buona, può esser fiero di portarne la divisa che davanti al mondo l'onora come appartenente a tale istituzione; chiunque appartenga a una associazione perversa, invece, riterrà senza dubbio la divisa come segno di obbrobrio davanti alla gente. Si vede, dunque, che il comandamento di Dio per bocca di Mosè, fu basato sulla sua infinita previsione e saggezza: giacché se la nazione ebrea compisse i suoi comandamenti ed operasse con virtù, il riconoscimento dal vestito sarebbe motivo di onore e orgoglio; se operasse invece con malvagità e perfidia, il riconoscimento sarebbe di vergogna e disonore, e servirebbe ad avvertire gli altri di stare attenti contro l'insidia di quel popolo-sètta perverso, il quale dopo essere stato scelto da Dio, finì per la sua malvagità nella *Sinagoga di Satana*.

A sua volta, il Cànone 69, confermando leggi canoniche precedenti, ordinò che gli ebrei fossero allontanati dagli impieghi di governo, giacché questo permetteva loro di esercitare funesto dominio sulle nazioni cristiane; in effetti, questo Canone ordina:

> « LXIX. - Allo scopo che non intervengano gli ebrei negli offici pubblici - essendo assurdo assai che il bestemmiatore di Cristo eserciti la forza del potere sui cristiani, - ha decretato già su questo provvidamente il Concilio Toledano. Noi lo rinnoviamo in questo capitolo a causa dell'audacia dei trasgressori. Proibendo che gli ebrei intervengano nei mestieri pubblici dato che, con questo, molti cristiani vengono danneggiati. Chiunque li ammettesse in tale mestiere, ordiniamo, che per il Concilio Provinciale (che ordiniamo pure venga celebrato tutti gli anni) sia punito col rigore prescritto dalla legge in quanto sia stato dato avviso. E della stessa maniera sia negato loro l'ingresso nel commercio e in altre cose... »[439].

Si vede dunque, che il detto Cànone ordina inoltre le disposizioni intente a riaffermare la separazione fra ebrei e cristiani, la quale è risultata sempre di capitale importanza per gli ultimi, per colpa della cattiva fede e delle perverse intenzioni con le quali sono abituati a operare i primi. Il Canone 67 intende reprimere la tendenza giudaica, che noi abbiamo già studiato, di spogliare i Cristiani dei loro beni, e che nel Medio Evo soddisfacevano generalmente per mezzo dell'usura.

Infatti, il detto Canone ordina:

> « LXVIII. - Sulle usure degli ebrei. - Più è lesionata la religione cristiana a causa dell'esazione delle usure, e più gravemente cresce su di essa la

---

[439] *Idem.*

perfidia degli ebrei, in modo tale che, in breve, rovinano i beni dei cristiani. E per evitare che questi siano eccessivamente gravati dagli ebrei: decretiamo in decreto sinodale che se sotto qualsiasi scusa gli ebrei strappassero ai cristiani, grandi o immoderate usure, siano queste tolte a loro dai cristiani danneggiati, in tanto soddisfacciano completamente l'immoderato gravame. Anche i cristiani se fosse necessario, una volta proposto l'appello dalla censura ecclesiastica, saranno costretti ad astenersi di far commercio con loro.

Ed aggiungiamo ai principi, che per questo non siano dannati i Cristiani, ma piuttosto cerchino di contenere gli ebrei in tanta usura »[440].

Come si vede, questo documento incontrovertibile degli atti del « Laterano » che accusa la perfidia degli ebrei di essere la causa diretta della rovina immediata delle ricchezze dei Cristiani, ci conferma ancora una volta la tendenza ebraica (basata sui loro libri sacri, il *Talmud* e la *Kabala*) di strappare ai Cristiani e Gentili i loro beni. La *Sinagoga* è stata, sin da circa duemila anni, più che il Tempio per osservare il culto a Dio, il Comando Supremo dell'esercito di usurai più pericoloso e potente di tutti i tempi; ed appare logico che gli altri popoli abbiano un diritto naturale di legittima difesa, come l'hanno per difendere le loro ricchezze da qualsiasi manipolo di ladri. E nessuno può privare le nazioni di questo diritto, neanche i chierici della *quinta colonna* che piuttosto che servire Dio, servono gl'interessi del giudaismo.

Quanto è diverso questo Santo Concilio Laterano di altri Concili, che con il contraddire la dottrina e le norme tradizionali della Chiesa, sono stati in realtà dei veri conciliaboli, come quelli che convocati dal Papa caddero nelle mani degli eretici ariani, o quell'altro riunito da Witiza che abbiamo già esaminato nei capitoli precedenti. Nel Concilio Laterano si fece sentire chiaramente l'ispirazione divina, giacché furono rispettate le tradizioni vitali, e qualche innovazione fu realizzata; tutte però intese a difendere le pecore dall'insidia del lupo, individuato principalmente nel giudaismo e i suoi movimenti eretici.

Il Canone LXX è diretto contro i cristiani che sono in segreto ebrei dicendo che questi, anche se volontariamente ricevettero le acque del battesimo, non abbandonarono la loro precedente personalità per assumere un nuovo aspetto:

« conservando le reliquie del rito anteriore, mescolano in tale unione il decoro della religione Cristiana. Maledetto l'uomo che entra nella terra per due strade e che non deve indossare vestiti tessuti con lino e lana.

---

[440] *Idem.*

(Al margine *Deut.* 22). Decretiamo che questi siano repressi dai prelati delle chiese essendo causa l'osservare in qualsiasi maniera l'antico rito: allo scopo che, a coloro che l'arbitrio della libera volontà condusse alla religione Cristiana, ne conservi nella sua osservazione la necessità di una salutevole coazione »[441].

E'interessante far notare quanto coincide, questo sacro Canone, con la citazione che abbiamo fatto d'un noto scrittore israelita, riguardo al fatto che i *marrani* o ebrei segreti, avevano una doppia personalità: quella cristiana, ostentata e pubblica, e quella ebrea, clandestina. E'dunque evidente che questa « diagnosi » è molto accettata, poiché l'accettano le stesse autorità delle due parti in causa. D'altronde, si vede chiaramente che l'azione contro costoro era a cura dei vescovi, cioè, della cosiddetta Inquisizione episcopale, e questo viene a confermare l'opinione di Henry Charles Lea; nel senso che l'Inquisizione Pontificia nacque qualche anno dopo. Inoltre, si vede chiaramente che quello che affermano molti storici ebrei è inesatto, quando dicono che le conversioni finte degli ebrei al cristianesimo, avvennero per forza, dato che qui si parla di conversioni volontarie, e s'insiste in questo punto, il quale dimostra appunto che allora le false conversioni degli israeliti non erano forzate, ma determinate dal fatto che conveniva così agli interessi degli ebrei; e ciò è facilmente spiegabile con le grandi possibilità che avevano aperto loro queste finte conversioni, per introdursi nella società cristiana e nel clero, e per distruggere le basi e facilitare la caduta della Chiesa.

Per molto meno di quello che approvarono il Celebre Papa Innocenzo III e il Concilio Laterano, definendo la dottrina della Chiesa e le norme da osservare, sono accusati di razzismo e antisemitismo molti patrioti che difendono le loro nazioni o la Chiesa dall'imperialismo ebreo e dalle rivoluzioni massonica e comunista. E'indubitabile che se il Concilio Laterano fosse stato tenuto nella nostra epoca, esso e il Papa sarebbero stati accusati (e magari condannati) per razzismo e antisemitismo, dai Cardinali e dai Prelati che, nella stessa maniera di quelli che aiutavano gli adoratori di Lucifero e di altre giudaiche eresie, sono più al servizio dei nemici di Cristo che a quello della Sua Santa Chiesa.

Perciò, sono pericolosissime le proposte progettate nell'ombra della *Sinagoga* e del comunismo, che si propongono la condanna del razzismo e dell'antisemitismo durante i lavori del Concilio Vaticano II, giacché per obbedire alla *consegna* ebrea, potrebbe sembrare che la Santa Chiesa si contraddica: cioè quello che prima disse esser buono, adesso qualifica come cattivo, col gravissimo pericolo che ne soffra la fede che in Essa hanno i suoi fedeli. Ma questo non ha importanza per gli agenti del giudaismo, infiltratisi nell'alto clero, giacché quello che desiderano è appunto indebolire

---

[441] *Idem.*

la fede religiosa dei cattolici ed ottenere che le Chiese si vedano abbandonate dai loro fedeli. Siamo sicuri che i Padri del Concilio agiranno molto cautamente, studiando nei minimi particolari le Bolle papali, i risultati dei Concili ecumenici, la dottrina dei Padri e dei Santi che hanno ritenuto buona e necessaria la lotta contro gli ebrei, per non cadere in contraddizione con se stessi e per evitare fatali conseguenze per la Santa Chiesa. Dovranno lottare senza dubbio contro la chiusa resistenza della *quinta colonna* ebrea nel clero, che è riuscita a inserire i suoi potenti tentacoli fino nell'Episcopato e il Corpo Cardinalizio: ma abbiamo fede nel fatto che, in questa, così come in altre occasioni simili, i buoni, con l'aiuto di Dio, potranno trionfare sui malvagi.

Esiste pure un altro pericolo non meno grave del precedente. Quello che interessa di più al giudaismo internazionale: indebolire le difese del mondo libero e accelerare il trionfo del comunismo ateo nel mondo intero.

Sappiamo con certezza che la *quinta colonna* ebrea introdottasi nel Clero ha l'ordine di far sì che siano approvate nel Sinodo universale una serie di risoluzioni che intendono riformare la Chiesa in tale modo da far tornare alla memoria le azioni di Giovanni Huss, Calvino o di altri grandi eresiarchi, con facoltà di « far pressione » quanto sia necessario, cioè, portare le riforme fin dove la resistenza dei conservatori lo permetta. Quello che pretende il giudaismo, che nell'ombra ... dirige tutto, è che la Santa Chiesa dia una pugnalata nella schiena al mondo libero e apra così le porte al comunismo. Tutto è già disposto per ottenerlo. Sappiamo anche che i governanti rossi degli Stati satelliti di Mosca permetteranno l'assistenza al Concilio soltanto a prelati che, tradendo i loro popoli, sono diventati marionette dei governi ebreo-comunisti, sfidando la scomunica decretata contro questi complici da Sua Santità Pio XII. I prelati fedeli alla santa Chiesa, e i loro popoli, invece non avranno né passaporti né visti per poter assistere al Sinodo.

In questa maniera, la vera *Chiesa del silenzio* si vedrà impossibilitata ad inviare i suoi autentici rappresentanti al Concilio. Vi potranno assistere solo i prelati rossi, agganciati al Comunismo, che in segreto, con i chierici occidentali della *quinta colonna*, cercheranno di far rinnegare alla Chiesa il suo glorioso passato e di farla inginocchiare davanti alla bestia con la scusa di stabilire una cosiddetta *coesistenza pacifica* col diavolo, mai accettata da Cristo e dai suoi apostoli: quello che si cerca di fare è distruggere le difese della cristianità e accelerare il trionfo mondiale del comunismo, che sarà reso facile con la demoralizzazione che soffriranno dappertutto i cristiani anticomunisti vedendo che la loro Santa Chiesa, che deve essere luce che guidi tutti in questi momenti difficili, s'arrende di fronte al nemico.

In questo senso lavorano affannosamente il giudaismo e il Cremlino, in relazione stretta con un certo gruppo di Cardinali e *prelati di sinistra*, che si vantano di essere progressisti e che non fanno altro che schiudere le porte alla più oscura e barbara tirannia che abbia conosciuto il mondo, quella del socialismo sovietico. Signori della *quinta colonna:* « quello non è progredire; quello è indietreggiare verso le epoche più cupe dell'umanità! ».

I cospiratori sanno tuttavia che i veri fedeli alla Chiesa presenteranno forte resistenza e che si formeranno almeno due correnti, quella dei traditori e della *quinta colonna* (che faranno accrescere le loro schiere con il tradizionale inganno giudaico di sostenere la causa del progresso e delle riforme audaci), e quella dei difensori della Santa Chiesa (di cui i primi tenteranno di minorare il prestigio, chiamandoli retrogradi).

Il pericolo massimo risiede nel fatto che il criptogiudaismo, come solito, allo stesso tempo che formerà la sua *ala* chiamata sempre progressista o riformista, infiltrerà nella schiera dei difensori della Chiesa degli agenti che, come solito, cominceranno difendendo le tradizioni allo scopo di guadagnare la fiducia dei buoni, e dopo averla conquistata in forma abile e decisiva, appoggeranno risoluzioni che favoriscano i piani del giudaismo e del comunismo, risoluzioni mascherate in maniera tale che riescano a trarre in inganno i difensori della Chiesa e farli cadere nella trappola. Queste manovre che il giudaismo ha impiegato nelle lotte fra partiti liberali e conservatori degli Stati, le impiega in generale in qualsiasi tipo di lotta. Le spie infiltrate nella schiera dei difensori della Chiesa riusciranno a sorprendere la buona fede di questi, se riescono anticipatamente, nella maniera predetta, a guadagnare la loro fiducia. Ci permettiamo dare l'allarme su questo mortale pericolo.

Noi siamo ferventi partigiani dell'unità dei popoli, ma quest'unità deve servire non per consegnarli negli artigli dell'imperialismo ebreo o del comunismo ateo. Noi siamo sinceri partigiani dell'unità cristiana, ma questa deve giovare ai progressi del Cristianesimo nel mondo e non facilitare la sua distruzione, come progettano il Cremlino e la *Sinagoga di Satana*. E'criminale che si vogliano impiegare scopi tanto nobili, come l'unità cristiana e l'unità dei popoli, per aprire le porte al nemico e facilitarne la vittoria. Chiunque approfondisca la storia della Chiesa si renderà conto che quello che succede adesso non è per niente una novità: accadde ai tempi di Aria, di Nestore, del Cardinale Pierleoni o di Giovanni Huss. Ma in ogni occasione la Divina Provvidenza assistette la sua Santa Chiesa, facendo sorgere i Sant'Atanasio, i San Cirillo, i San Bernardo, o i San Giovanni Capistrano, che la salvassero. Siamo sicuri che, fra i Cardinali e Prelati, emergeranno gli strumenti della Provvidenza che salveranno di nuovo la Chiesa in questo momento critico. Dio darà loro il coraggio, l'energia, il dinamismo e l'altruismo necessari per riuscire. Sappiamo che l'autentico clero ortodosso dei Paesi dominati dai comunisti, che sta lottando eroicamente contro la belva, non è stato invitato al Concilio; si è progettato di invitare invece quei falsi apostoli che, imposti dal Cremlino, usurpano le gerarchie delle Chiese Ortodosse e non sono altro che agenti del Partito comunista.

D'altra parte si sa che negli Stati Uniti, in Inghilterra, in Germania e in altri paesi, l'enorme maggioranza dei protestanti è anticomunista e desidera difendere con tutte le forze la libertà minacciata dall'imperialismo cruento di Mosca.

E allora, invece di promuovere un avvicinamento fra le grandi maggioranze cattoliche, ortodosse e protestanti contro il comunismo ateo per difendere veramente la cristianità dal pericolo mortale che la minaccia, si va cercando di accostare coloro che, tradendo gli interessi del Protestantesimo e dei suoi seguaci, si sono fatti notare per la loro politica pro-comunista, come si è visto con il sedicente Congresso Mondiale delle Chiese, che molto ragionevolmente è stato denunciato nella stampa degli Stati Uniti, anche da illustri protestanti, come una iniziativa controllata dai rossi e che sta tradendo il mondo libero. In seguito, con prove serie come quelle che abbiamo presentato, ci occuperemo, con altri particolari, di studiare e dimostrare il funzionamento della *quinta colonna* nel Protestantesimo e nelle Chiese Ortodosse. E'così che gli appartenenti alle *quinte colonne* infiltrate nel grembo delle comunità cattoliche ortodosse e protestanti, si danno la mano per accelerare la fine dell'umanità libera e il trionfo conseguente dell'imperialismo sovietico.

Certo, costoro si guardano bene dallo scoprire i loro progetti veri; ma i fatti dimostreranno gli scopi sinistri che li muovono, anche quando si cerchi di coprire con ingannevoli ed attraenti argomenti. Si mostreranno come quei farisei che Cristo chiamava giustamente *sepolcri imbiancati* e lo faranno soprattutto perché sono, infatti, discendenti legittimi dei farisei.

Sono state insuperabili le difficoltà che abbiamo incontrate per riuscire a pubblicare questo libro. Un ebreo che ne è venuto a conoscenza, nell'ebbrezza del trionfo che pensa già sicuro, ha lanciato la minaccia che la *Sinagoga* darà i suoi ordini perché la Santa Chiesa proibisca il presente libro, facendo capire che il suo potere sul Vaticano è tale da far mettere subito all'indice quest'opera.

Il delirio di grandezza degli ebrei non ha più limite: credono già di governare Sua Santità e di avere già nelle loro mani la Santa Chiesa. Assurda ci sembra quest'affermazione: l'abbiamo notata solo allo scopo di poter far capire fino dove giunge l'audacia e la malvagità del nemico, che non tiene in alcun conto che l'assistenza di Dio alla Sua Chiesa metterà a terra, ancora una volta, tutte le macchinazioni dei nemici. Preghiamo Iddio di salvare la cattolicità, la cristianità in generale e il mondo libero, dalla mostruosa cospirazione che sta complottando contro queste forze positive.

Dobbiamo però ricordare quello che San Bernardo disse in una situazione così grave quanto la presente: « Aiutati che Dio t'aiuta ».

CAPITOLO XXX

PAPI, PADRI DELLA CHIESA E SANTI LOTTANO CONTRO I GIUDEI E LI CONDANNANO

Il grande Papa Gregorio VII, il famoso Ildebrando, grande riformatore ed organizzatore della Santa Chiesa, in una sua lettera indirizzata al re Alfonso di Castiglia nel 1081, gli diceva testualmente:

> « Ammoniamo Vostra Altezza perché cessi di tollerare che i giudei governino i Cristiani ed esercitino autorità sopra di loro. Giacché, il permettere che i Cristiani sieno subordinati ai giudei e sieno sottoposti al loro arbitrio, è come opprimere la Chiesa di Dio ed esaltare la Sinagoga di Satana. Voler fare cosa gradita ai nemici di Cristo, significa oltraggiare Cristo medesimo »[442].

Tuttavia, questo grande Papa si oppose definitivamente a che si facessero pressioni sugli ebrei per indurli a farsi battezzare, perché sapeva quanto le false conversioni fossero pericolose, e adottò misure per evitare questo genere di errori, proteggendo gli ebrei contro lo zelo di proselitismo di alcuni fanatici..

Il grande Papa Gregorio VII lottava perciò senza requie per impedire che i giudei esercitassero dominio sopra i Cristiani, perché secondo lui questo equivaleva ad opprimere la Santa Chiesa e ad esaltare la *Sinagoga di Satana*. Però, ancor più, affermava che far cosa gradita ai nemici di Cristo, era come oltraggiare Cristo medesimo. Che potranno dire a questo riguardo i membri della *quinta colonna* che stanno facendo attualmente tutto il contrario di quanto ordinava il Papa Gregorio VII? Ciò che sosteneva fermamente quel famoso Pontefice, uno dei più celebri che abbia avuto la Chiesa in tutta la sua storia, è appunto quello che propugnano coloro che oggi lottano contro l'Imperialismo Giudaico e che, per tal motivo, sono chiamati antisemiti, ossia impedire che gli Israeliti esercitino dominio sopra i Cristiani, oltraggiando in tal modo Cristo e la sua Chiesa e pregiudicando gravemente le nazioni cristiane.

---

[442] Papa Gregorio VII: *Regesta* IX.

Sant'Ambrogio, Vescovo di Milano e gran Padre della Chiesa, disse al suo gregge che la Sinagoga « era una casa di empietà ed un ricettacolo di nequizia, che Dio stesso aveva condannato »[443].

E quando le turbe cristiane, indignate per le perfide azioni degli ebrei, non seppero frenare l'ira ed appiccarono il fuoco alla Sinagoga, S. Ambrogio, non solo diede loro tutto il suo appoggio, ma disse anche:

> « Sono stato io ad appiccare il fuoco alla Sinagoga o per lo meno ordinai a quella gente, che lo facesse ». « ...E se mi si obietta che io non ho personalmente appiccato il fuoco alla Sinagoga, rispondo che ha bruciato per giudizio di Dio »[444].

E non dobbiamo dimenticare che S. Ambrogio di Milano viene riconosciuto dalla Santa Chiesa come un Vescovo modello, degno d'imitazione e come uno dei più grandi esempi di carità cristiana. Il che dimostra che la carità cristiana non deve utilizzarsi per proteggere le forze del male.

San Tommaso d'Aquino, conoscendo il pericolo che rappresentavano i giudei nella Società cristiana, ammetteva che gli ebrei fossero soggetti a servitù perpetua. Uno scrittore filosemita che se ne rammarica, afferma testualmente: « L'Aquinate accettò il punto di vista dominante in quei tempi, che essi (gli ebrei) dovevano essere costretti a vivere in servitù perpetua »[445].

L'opinione di San Tommaso d'Aquino a tale riguardo, è pienamente giustificata. Se i giudei, in tutti i paesi nei quali abitano, cospirano costantemente per mandato della loro religione, onde conquistare la nazione che ha offerto generosa ospitalità; se inoltre si danno da fare per spogliarla dei suoi beni e per distruggere le sue credenze religiose, non esiste altra alternativa: o cacciarli via dal paese, o lasciarli vivere, assoggettandoli però a dura servitù, che leghi loro le mani ed impedisca loro di commettere tanto male.

Un altro grande luminare della Chiesa Universale, Duns Scott « doctor subtilis », andò anche più lontano di San Tommaso d'Aquino, e propose alla Cristianità una soluzione del problema giudaico, fondata sulla completa distruzione della diabolica setta. A tale riguardo un famoso Rabbino deplora che Duns Scott « suggerì che i fanciulli giudei fossero battezzati a forza e che i genitori che rifiutassero di convertirsi, fossero trasferiti su un'isola

---

[443] Sant'Ambrogio, Vescovo di Milano. Grande padre de la Chiesa, Lettera XI all'Imperatore Teodosio.
[444] *Idem*.
[445] Malcolm Hay, *Europe and the Jews*, Boston, 1960, cap. IV, p. 91.

dove potessero praticare la loro religione fino al compimento della profezia di Isaia circa il "residuo che si esaurirà" »[446].

Dunque, l'idea di confinare i giudei del mondo intero su un'isola, dove farli vivere segregati senza che possano recar danno agli altri popoli, non è originale di Hitler, ma di uno dei più famosi e più autorevoli Dottori della Santa Chiesa.

San Luigi re di Francia, modello di santità e di carità cristiana, che ebbe la generosità di restituire ad un re sconfitto i territori che egli aveva conquistato - cosa che nessuno faceva spontaneamente in quei tempi - a proposito degli ebrei riteneva quanto segue: che qualora oltraggiassero la religione Cristiana, la miglior cosa da fare sarebbe stata di affondare loro una spada nel corpo più al profondo che fosse possibile[447]. Per capire il punto di vista di San Luigi bisogna tener conto del fatto che in quei tempi, ogni azione sovversiva e le cospirazioni degli ebrei contro le nazioni cristiane, assumevano principalmente l'aspetto di eresie e di attacchi alla religione cristiana, il che si spiega in un'epoca nella quale la questione religiosa era fondamentale per i Cristiani ed i giudei e tutti i problemi politici le erano subordinati. Anche ai nostri giorni l'Imperialismo Giudaico conservava una base profondamente religiosa, come lo abbiamo dimostrato in precedenza.

Sant'Atanasio, gran Padre della Chiesa, sosteneva che « i giudei non erano il popolo del Signore, ma i capi di Sodoma e Gomorra »[448].

San Giovanni Crisostomo, altro gran Padre della Chiesa, riferendosi a tutte le calamità sofferte dagli ebrei in varie epoche, ha affermato:

« Però i giudei dicono che sono stati gli uomini che hanno arrecato loro quelle disgrazie. Se voi giudei le attribuite agli uomini, dovete riflettere che anche supponendo che siano stati gli uomini, essi non avrebbero potuto farlo se Iddio non lo avesse voluto »[449].

Più o meno millecinquecento anni or sono, San Giovanni Crisostomo definì chiaramente quello che erano gli ebrei, definendoli come « popolo di assassini », « lussuriosi, rapaci, voraci, perfidi ladroni ».

Poi, il gran Padre della Chiesa, riferendosi alla tradizionale tattica giudaica, di lamentare che gli uomini hanno mosso loro guerra e li hanno distrutti, facendosi cioè passare sempre come vittime innocenti degli altri uomini, affermava: « Quando il giudeo vi dice che furono gli uomini che

---

[446] Rabbino Jacob Salmon Raisin, *Gentile Reactions to Jewish Ideals*, Edizione citata, Capitolo XIX, p. 525.
[447] Rabbino Louis Israel Newman, op. cit., New York, 1925, p. 61-2. Rabbino Jacob Salmon Raisin, op. cit., cap. XVIII p. 482-3.
[448] Sant'Atanasio, *Tratado de la Encarnaciòn*, 40. 7.
[449] San Giovanni Crisostomo, *Sesta Omilia contro gli Ebrei*.

mossero loro guerra e cospirarono contro di loro, ribattete che gli uomini non lo avrebbero fatto se Iddio non lo avesse permesso ».

Altro punto della dottrina cattolica sostenuto da San Giovanni Crisostomo è che « Dio odia i giudei »[450] perché Dio odia il male, e i giudei, dopo aver crocifisso Cristo Nostro Signore, si dedicarono a commettere i più grandi mali. Il Santo illustre ha sostenuto in genere questa tesi dottrinale: « un Uomo da voi crocifisso è stato più forte di voi perché vi ha distrutti e dispersi » ed ha affermato che i giudei continueranno ad essere castigati per i loro delitti, sino alla fine del mondo. Le cose terribili che abbiamo visto nel XX secolo per cui si lamenta che i giudei abbiano imposto la loro dittatura comunista, hanno comprovato ancora una volta quello che San Giovanni Crisostomo affermava mille cinquecento anni or sono e cioè che i giudei sono una banda criminale di ladri e assassini; il che rende comprensibile il giusto castigo di Dio che reprime sovente le loro sanguinarie nequizie; per cui anche ai nostri giorni riceve conferma il detto di quel gran Padre della Chiesa: che sempre Iddio li castiga, distruggendoli o colpendoli con le calamità profetiche della Sacra Bibbia; ed essi incolpano gli altri uomini dei terribili avvenimenti che essi hanno provocato coi loro stessi delitti.

Il Vescovo di Meaux, lo scrittore di cose sacre ed oratore Bossuet, la cui posizione nella storia della Santa Chiesa è nota, lottò pure energicamente contro i giudei, che malediva dal pulpito, dicendo:

> « O razza maledetta, la vostra petizione sarà contestata con molta efficacia; il sangue che avete versato vi perseguiterà fino ai vostri più remoti discendenti, finché il Signore, ormai stanco di castigarvi, abbia cura dei vostri miserabili resti sino alla fine dei tempi »[451].

Dunque, l'illustre teologo cattolico pensava che essi saranno salvi alla fine dei tempi, ridotti ad un miserabile residuo del Giudaismo, e si trova d'accordo con S. Giovanni Crisostomo ed altri Padri della Chiesa circa il fatto che i disastri sofferti dai giudei siano il frutto del deicidio e delle loro iniquità. Nei suoi *Discorsi sopra la Storia* ed i vari sermoni, Bossuet definisce ripetutamente gli ebrei come « razza maledetta » sulla quale è caduta e continuerà a flagellare la « vendetta divina » e che sarà sempre oggetto « di disprezzo da parte degli altri popoli »[452].

Bossuet sosteneva pure che « i giudei erano oggetto dell'odio divino »[453]. Non c'è dubbio che se questo pio e saggio Vescovo, grande luminare della Chiesa Cattolica, fosse vissuto ai nostri giorni sarebbe pure stato accusato

---

[450] San Giovanni Crisostomo, *Omilie contro gli Ebrei*. Malcolm Hay, op. cit., p. 30-1.
[451] Bossuet, *Sermone per il Venerdì Santo*, Oeuvres II, p. 628.
[452] Bossuet, *Discours sur l'Histoire Universelle*. Parte II, cap. XXI. Jules Isaac, *Jésus et Israël*, p. 372.
[453] Bossuet citato da Malcolm Hay, *Europe and the Jews*, op. cit., p. 174.

dai sacerdoti cripto-giudei di essere razzista ed antisemita. Gli è che Bossuet conosceva a fondo la perfidia giudaica come la conobbero bene tutti i Padri della Chiesa. Se gli ebrei, dopo la Crocifissione del Signore, non avessero tenuto attraverso i secoli una condotta tanto criminale, nessuno avrebbe pensato di accusarli e condannarli per le loro nequizie. Essi, col loro modo di procedere, sono gli unici responsabili delle reazioni dovunque verificatesi contro di loro. Se un uomo non vuol essere tacciato di ladro ed assassino, il rimedio è facile, basta che si astenga dal commettere quel genere di delitti. Però, se invece ruba, uccide o cospira, non c'è nulla di strano che le popolazioni colpite dai suoi crimini, glieli rinfaccino. Questo è logico e comprensibile. Però i giudei hanno il cinismo di protestare ed alzare grida al cielo, semplicemente perché vengono accusati delle loro cospirazioni e dei molteplici delitti che commettono contro gli altri uomini e le altre nazioni. Devono tener bene radicata l'ipocrisia farisaica, che hanno ereditato, per lacerarsi gli abiti, quando si dicono loro delle verità.

Un altro grande Santo della Chiesa, famoso per la sua pietà e carità cristiana, che fu insieme uno dei Papi più illustri, San Pio V, nel primo anno del suo pontificato, allarmato dalla azione sovversiva degli ebrei, manifestò in forma energica la sua persuasione che fosse indispensabile obbligare i giudei a portare un segno visibile che li distinguesse dai Cristiani, affinché questi potessero guardarsi dalle loro velenose prediche. A tale scopo, con la Bolla del 19 aprile 1566. confermò quanto ordinato nelle Bolle dei Papi predecessori e dai Santi Concili, prescrivendo che tutti i giudei dovevano portare un segno che li distinguesse: i maschi un berretto e le femmine un semplice distintivo, e spiegava: « 3 - Perché non vi sia dubbio sul colore del berretto e del distintivo, dichiariamo che debba essere giallo » e dopo avere ordinato ai sacerdoti che facessero pubblicare ed osservare la Bolla, aggiungeva: « 5 - Preghiamo tutti i Principi secolari e gli altri Signori e Magistrati secolari e li scongiuriamo per la misericordia di Gesù Cristo, che considerino questa in remissione dei loro peccati e che, per tutto quanto sopra, appoggino e favoriscano i patriarchi, i primati, gli arcivescovi ed i vescovi, castigando i violatori con pene temporali »[454].

Inoltre, siccome i giudei degli Stati Pontifici, con frodi ed usure, andavano acquistando proprietà fondiarie, Papa San Pio V si vide costretto a promulgare la *Cum non super* del 19 gennaio 1567, secondo anno del suo pontificato, con la quale volle confermare le disposizioni dei Papi precedenti e proibire agli israeliti di acquistare beni fondiari, obbligandoli a venderli entro un termine perentorio: che ove ancora una volta non avessero ubbidito alle Bolle pontificie, quei beni fondiari sarebbero stati confiscati. Citiamo parti molto eloquenti di quel documento così interessante:

---

[454] S. Pio V, PP. Bull. *Romanus Pontifex*, 19 Aprile 1566. *Bullarium Diplomatum et Privegiorum Sanctorum Romanorum Pontificum 1739-1753*. Taurinensis Editio, t. VII, p. 439.

« Come poco tempo fa, rinnovando la Costituzione del nostro predecessore, Papa Paolo IV di felice memoria, pubblicata contro gli ebrei, stabilimmo fra l'altro e ordinammo agli ebrei, che sia nella nostra città di Roma come nelle altre città, territori e luoghi soggetti al dominio temporale della Santa Chiesa Romana, non potessero comprare beni fondiari o se già ne fossero in possesso dovessero venderli od esserne confiscati entro un termine di tempo stabilito dal magistrato competente - e qualora gli ebrei risultassero inadempienti a quest'ordine o ad altri anteriori, decretiamo che siano castigati secondo la qualità del delitto, in detta Città, da Noi o dal nostro Vicario o da altri da Noi delegati; e nelle città, territori e luoghi suddetti, dai magistrati locali, come ribelli e rei di lesa maestà - secondo l'arbitrio Nostro, del Vicario, dei delegati e magistrati - e che il popolo cristiano diffidi degli ebrei ». In altra parte della Bolla, con riferimento a varie frodi commesse dagli ebrei, Sua Santità ordina: « Così dunque Noi, volendo, come conviene, rimediare a quelle frodi, e provvedere a che quanto ordiniamo produca il suo effetto al riguardo, spontaneamente, con perfetta coscienza e nel pieno esercizio della potestà apostolica, priviamo completamente gli ebrei di quelle loro proprietà fondiarie (negando qualsiasi diritto ed azione) in qualunque modo risultino appartenenti agli ebrei stessi, residenti in questa Città di Roma ed in tutte le località soggette ai nostri domini ed a quelli della Santa Sede Apostolica »[455].

Si può ben comprendere fino a qual punto fossero giunte le frodi e le usure dei giudei, nell'accaparramento dei beni fondiari, perché questo Papa, pietoso e virtuoso, si sia visto costretto a prendere misure tanto energiche a difesa dei Cristiani. E non si deve dimenticare che Pio V fu uno dei Pontefici che più si distinsero per la loro riconosciuta santità, per cui fu giustamente canonizzato - mentre se fosse vissuto nei nostri tempi funesti, i gerarchi ecclesiastici che sono al servizio della *Sinagoga di Satana*, lo avrebbero condannato come razzista ed antisemita e, se avessero potuto, lo avrebbero compreso fra i criminali di guerra di Norimberga; giacché nei nostri tempi le *quinte colonne* emettono condanne contro tutti coloro che pretendono difendere le loro popolazioni o la Santa Chiesa dall'Imperialismo politico od economico degli Israeliti.

Però le Sante Bolle menzionate e la loro esecuzione non furono sufficienti a contenere le malefatte dei giudei che, in tutte le terre che offrono loro ospitalità, finiscono per costituire un pericolo mortale per i popoli cristiani e gentili; e subito questo Papa, modello di santità e di pietà, ebbe sufficiente energia per tentare una soluzione radicale del problema,

---

[455] S. Pio V, PP. Bull. *Cum nos Super*, 19 gennaio 1567, *Bullarium Diplomatum et Privilegiorum Sanctorum Romanorum Pontificum 1739-1753*. Taurinensis Editio, T. VII, p. 514 e seguenti.

tagliando corto, ed il 26 febbraio del 1560 promulgò la fulminante Bolla *Hebraeorum Gens*, per l'espulsione degli ebrei dagli Stati Pontifici. Data la necessaria brevità di questa opera, pubblicheremo di quel coraggioso documento soltanto le parti che ci sembrano più importanti. Il Santissimo Papa diceva:

> « In altri tempi il popolo giudaico fu depositario delle parole divine, partecipe dei misteri celesti e tanto superò gli altri in grazia e in dignità, quanto in proporzione si rese meritevole, per la sua posteriore incredulità, di essere precipitato dall'alto, per cui, giunto il tempo della plenitudine, ingrato e perfido, condannò indegnamente il suo Redentore, uccidendolo di morte ignominiosa... però, la pietà Cristiana, nutrendo fin dal principio compassione per quella inevitabile realtà, soffrì che il popolo giudaico vivesse in mezzo ai Cristiani con sufficiente maggiore comodità... Ciò nonostante, l'empietà ebraica, imbevuta di ogni genere di atti esecrabili, è giunta ad un tale punto che si rende necessario, per la salute dei Nostri, di limitare con la forza e con rapido rimedio il dilagare di quella infermità. Con metodi innumerevoli di usura, esercitati in ogni luogo, gli ebrei si appropriano degli averi dei cristiani bisognosi; è pure evidente che si fanno ricettatori e complici dei ladri e dei rapinatori, tentando di passare ad altri le cose rubate e carpite o di occultarle, facendo questo non solo con le cose profane, ma anche con quelle del sacro culto. Molti fra loro col pretesto di assolvere compiti della loro professione, circuiscono le case di donne oneste e le conducono a perdizione con vergognose lusinghe.
> Quel che è ancora più pernicioso di tutto, si dedicano a sortilegi ed incantamenti magici, superstizioni e malefizi, inducendo molti incauti ed infermi agli inganni di Satana, vantandosi di poter predire il futuro, di poter scoprire tesori e trovare oggetti nascosti... Per ultimo, ci è ben conosciuta ed accertata la forza tanto indegna con cui questa razza esecrabile usa il nome di Cristo, in danno di coloro che vivono in Cristo, per danneggiarli con frode. Mossi da queste ed altre gravissime ragioni e commossi inoltre per la vastità dei crimini che crescono ogni giorno per disgrazia delle nostre città, pensando inoltre che quella razza, salvo insignificanti gruppi dell'Oriente, non è di alcuna utilità per noi... »... » 1. In virtù della Nostra autorità, con le presenti lettere ordiniamo che dentro il termine di tre mesi dalla loro pubblicazione, tutti gli ebrei di ambo i sessi, residenti nella nostra giurisdizione temporale e nelle città, territori e luoghi che la compongono, e quelli che abitano sotto la giurisdizione dei Baroni ed altri Signori temporali, compresi i Signori che hanno solo potere misto, potere di vita e di morte od esercitino qualsiasi altra autorità; tutti quegli ebrei, siano estromessi dai confini, senza possibilità di appello ».

Però, il Santo Padre Pio V, ben sapendo come gli ebrei di tutto il mondo fossero sempre riusciti ad eludere in varie forme gli editti di espulsione, per evitare che in questa occasione si burlassero degli ordini di quella Santa Bolla, decretò, nella stessa, pene molto severe contro coloro che non fossero partiti dal paese entro il tempo fissato, precisando:

« 2. Trascorsi tali termini, dovunque si trovino ebrei residenti o pellegrini, ora o nel futuro, in qualunque città della menzionata giurisdizione, in qualunque territorio e località, anche di Baroni, Signori, ecc., già specificati, siano, detti ebrei, spogliati di ogni loro avere, passandolo al fisco, e siano fatti servi della Chiesa Romana, sottoposti a servitù perpetua: detta Chiesa Romana si arrogherà su loro il medesimo diritto che gli altri Signori esercitano sui loro servi ed i loro averi. Si eccettuano peraltro le città di Roma e di Ancona dove permettiamo che siano tollerati i giudei che adesso le abitano, affinché proseguano i negozi con gli orientali ed i reciproci scambi coi medesimi, a condizione che si impegnino ad osservare le nostre costituzioni canoniche e le altre dei nostri predecessori; in caso contrario, per lo stesso fatto, saranno soggetti alle medesime pene indicate in dette costituzioni, che confermiamo in questo documento »[456].

Questa Santa Bolla contiene una importante innovazione in confronto alle espulsioni di ebrei realizzate dagli Stati Cristiani nei secoli anteriori. Come ricorderemo, si mettevano allora gli Israeliti di fronte al dilemma di essere espulsi o di convertirsi, col risultato che la maggioranza, per sottrarsi all'espulsione, si convertiva fintamente al Cristianesimo, costituendo un pericolo maggiore per la Chiesa e gli Stati Cristiani. San Pio V che, senza dubbio lo sapeva, decretò decisamente l'espulsione dagli Stati Pontifici senza lasciare la scappatoia della conversione, che servì loro per ingannare. Si comprende che questo santissimo Papa conosceva meglio il problema giudaico di molti gerarchi civili e religiosi che lo avevano preceduto. Però, evidentemente, furono esercitate pressioni per salvare gli ebrei di Roma e di Ancona dalla espulsione, al fine di non danneggiare il commercio con l'Oriente. Si valsero perciò ancora una volta di questa eccezione, per eludere in parte l'espulsione.

Un altro Santo illustre e figura eminentissima della Chiesa dei primi secoli, San Gregorio di Nyssa, che tanto ha scritto per la difesa filosofica della Fede Cristiana, nella sua celebre *Orazione della Resurrezione di Cristo*, accusa i giudei di essere:

« Assassini del Signore, assassini dei profeti, nemici di Dio, uomini che odiano Iddio, uomini che disprezzano le leggi, avversari della Grazia,

---

[456] *Idem. Hebraeorum Gens.* 19 gennaio 1567. t. VII, p. 740-2.

nemici della Fede dei loro Padri, avvocati del diavolo, razza di vipere, calunniatori, ingannatori, uomini le cui menti vivono nelle tenebre, discendenti dei Farisei, assemblea demoniaca, peccatori, uomini perversi, lapidatori, nemici della probità »[457].

Non c'è dubbio che nemmeno Hitler lanciò mai in così poche parole tante accuse contro gli israeliti, come lo fece, mille e seicento anni or sono, questo Santo Vescovo di Nyssa, fratello del gran Padre della Chiesa San Basilio, canonizzato come lui per le sue virtù. E se incluse quelle parole nell'*Orazione* citata, lo fece perché, come molti altri Santi, volle lanciare il grido di allarme ai Cristiani perché si guardassero da quella masnada di ladri ed assassini, il cui successo dipende solo dalla eventuale ignoranza dei Cristiani sulla terribile pericolosità degli ebrei, ignoranza che le *quinte colonne* clericali o secolari vogliono fomentare, perché invece di essere al Servizio di Cristo, sono agli ordini della *Sinagoga di Satana* e con l'aiuto di quella ignoranza, rendono possibili i trionfi del Giudaismo.

Perché è tanto facile localizzare e riconoscere i giudei segreti infiltrati nell'Azione Cattolica o nel clero, giacché quando si tratta del pericolo giudaico, con sospetta insistenza affermano che non esiste, che è un mito, una invenzione dei Nazisti o qualche altra scusa per togliere importanza a quel problema, mentre non hanno altra finalità che quella di coprire e difendere la gang alla quale appartengono segretamente questi falsi cattolici, come discendenti dei Farisei, fanno mostra di molta pietà e di attaccamento alla nostra santa religione, mentre d'altro canto tentano d'impedire che questa si difenda dal suo capitale nemico.

Sua Santità il Papa Gregorio IX, nel secolo XIII, nella lotta che condusse contro il Giudaismo in difesa del Cristianesimo, promulgò il 5 marzo 1233 la sua famosa Bolla, *Sufficere debuerat*, dalla quale citiamo quanto segue:

« La perfidia dei Giudei avrebbe dovuto accontentarsi che la pietà cristiana li accettasse unicamente con riguardo alla propria benevolenza. Essi che perseguitano la Fede cattolica e che hanno ignorato il nome del Signore... Essi, ingrati per il dono ricevuto e dimentichi dei benefici loro concessi, mostrano disprezzo di tale benignità e con empia retribuzione, in cambio dei doni, ci regalano oltraggi... Così dunque, essendo stato deciso nel Concilio di Toledo e confermato in Concilio Generale che non si debba dare preferenza al bestemmiatore di Cristo, è al massimo assurdo che l'ebreo abbia potere sopra i cristiani. Ciò nonostante, vengono loro affidate cariche pubbliche, a mezzo delle quali agiscono contro i Cristiani... »[458].

---

[457] San Gregorio di Nyssa, *Oratio in Christi resurrectionem*, p. 685.
[458] Gregorio IX. PP. Bull. *Sufficere debuerat*. 5 marzo 1213. *Bullarium Diplomatum et Privilegiorum Sanctorum Romanorum Pontificum 1739-1753*. Taurinensis Editio, t. III. p. 479.

Per esigenza di tempo siamo costretti a rimandare al secondo volume di questa opera la conclusione sulle Bolle papali che riguardano gli ebrei; tuttavia, se qualche lettore desidera approfondire lo studio su di esse, può consultare nel *Bullario Privilegiorum ac Diplomatum Romanorum Pontificium. Amplissima collectio*, Caroli Coquelines, Roma 1739-1753; inoltre: la Bolla *Sedes Apostolicas* del Papa Martino V, Anno 1425, tomo IV, p. 347; la Bolla *Illius viges* del 12 ottobre 1535 del Papa Paolo III, tomo IV, parte I, p. 132; la Bolla *Cum nimis absurdum* del Papa Paolo IV, del 12 luglio 1555, Tomo IV, parte I, p. 321; la Bolla *Impia iudaeorum perfidia*, t. III, parte I, p. 298; e la Bolla *Turbato corde* del Papa Nicola IV, t. III, parte II, p. 52.

In queste Bolle è presente la voce divina nella persona dei successori di Pietro; e sempre essa pronuncia la condanna contro quel popolo che dopo aver dato morte a Gesù in persona, ha continuato attraverso i secoli ad attentare all'esistenza della Sua Santa Chiesa. L'atteggiamento della Santa Sede contro gli ebrei risale non soltanto ai secoli che spesso sono, a torto, considerati oscurantisti e reazionari, ma anche ai nostri tempi. Risale, infatti, agli ultimi anni del secolo scorso la presa di posizione di Sua Santità Leone XIII, che è del tutto identica agli atteggiamenti dei suoi predecessori. Leggiamo ciò che in proposito dice la *Enciclopedia Judaica Castellana*, alla p. 351 del tomo VIII, vocabolo *Papas*:

« Leone XIII (1878-1903) fu uno dei pontefici più illustri, ma egli non perdonò mai ai giudei l'appoggio che essi diedero al liberalismo italiano ed europeo in genere. Ha identificato gli ebrei con la massoneria e le correnti rivoluzionarie, e diede appoggio ai reazionari antigiudei dell'Austria e della Francia ».

La sua posizione, come si rileva da una fonte così autorizzata, non lascia posto a nessun dubbio[459].

---

[459] Altre opere consultate, il cui riassunto sempre per le solite ragioni di tempo preferiamo rimandare al secondo volume, sono le seguenti: Juan de Ragusa, *Monumenta Conciliorum Generalium saeculi*. Sant'Agostino, *Trattato sui salmi*. Prof. Johannes Quasten, *Petrologia*. Juan de Segovia, *Historia gestorum generalis synodi Basiliensis*. Thoma de Aquinalis, *Opera Onnia*, Ed. Pasillis. Tertulliano, *Adversus Judaeos, Scorpiase* e *Ad Nationes*. Jaime Balmes, s.j., *El protestantismo comparado con el catolicismo*. Sant'Agostino, *Sentinella contro i giudei posta sulla torre della Chiesa di Dio*. Origene, *De principiis*.

CAPITOLO XXXI

Fraternità ebreo-cristiana: logge massoniche di nuovo conio ?

Negli stati comunisti gli ebrei hanno assassinato e continuano ad assassinare milioni e milioni di Cristiani. Altri milioni ne hanno ristretti tra carcere e campo di concentramento; un'altra infinità ne tengono schiavi. Gli ebrei organizzano dovunque movimenti sovversivi e scatenano sanguinose guerre civili. Il pensiero del castigo che essi sanno di meritare, a causa delle loro azioni perverse, li pervade però di un vero proprio timor panico, e questo accade a tutti i colpevoli.

Prodigando milioni di dollari nel Mondo Libero, gli ebrei operano affinché una naturale reazione contro di loro non giunga mai ad avere né forza né consistenza, e quindi, non possa impedire il trionfo del comunismo, mediante quell'attacco decisivo alla sua testa che, unicamente, potrebbe riuscire ad abbatterlo. Così prodigando milioni di dollari, essi evitano, si capisce, giudizio e castigo. Rendono impossibile la punizione di coloro che hanno causato, e continuano a causare, così enorme male agli uomini, e riescono a bloccare ogni azione che tende ad impedire la prosecuzione di questa sofferenza dell'intera umanità.

Tra i mezzi più utili oggi adottati dagli ebrei per impedire che il mondo possa efficacemente difendersi dai suoi mortali nemici, uno soprattutto spicca per la sua vantaggiosa astuzia: quello delle Confraternite ebreo-cristiane. Vengono attualmente fondate, infatti, in tutte le Nazioni, a costo di enorme spreco di denaro, delle cosiddette « Confraternite » o Associazioni di avvicinamento, o « di buon vicinato », ebreo-cristiano.

Il fenomeno delle cosiddette « confraternite » sta assumendo, in questi giorni, un'ampiezza inquietante. Negli Stati Uniti, per esempio, vengono addirittura fondate delle Chiese miste, dove si tengono riunioni congiunte di ebrei e di protestanti; e la consuetudine di queste riunioni, con l'apporto di lievi modifiche al cerimoniale, sta prendendo piede nel mondo cattolico, agevolata dall'infiltrazione giudaica nel Clero, che consente agli ebrei di usare di numerosi veri e propri loro agenti, sempre disponibili per qualsiasi incondizionato servizio.

Generalmente queste « confraternite », o associazioni giudeo-cristiane, vengono fondate sotto il doppio patrocinio di un Rabbino ebreo e di un Sacerdote cattolico. Molti Sacerdoti e Dignitari del Clero cattolico vengono adulati e ingannati, si capisce; così come molti altri vengono guadagnati alla causa attraverso particolari attenzioni o regali; oppure vengono costretti a cedere con pressioni di vario genere.

E' pur vero che molti di essi non sospettano neanche lontanamente quali sono i veri propositi perseguiti da queste « confraternite » ebreo-cristiane, ma è indubitabile che, così come ben ha dimostrato sempre la Santa Inquisizione, e altrettanto bene hanno indicato quegli Alti Dignitari della Chiesa Cattolica che durante il corso dei secoli hanno dovuto affrontare il problema, *debbono esser sempre considerati sospetti di criptogiudaismo quei Sacerdoti e quegli esponenti della Chiesa che con insistenza fanno il gioco della Sinagoga di Satana.*

Chiunque, infatti, è d'aiuto ai peggiori nemici di Cristo, maggiormente se si presta a velare la verità, così ingannando i cristiani, non può essere che uno di questi ebrei, nemici di Cristo stesso. E lo sarà sicuramente anche se la sua attività è rivestita da una sottana, oppure - persino - se la sua malvagità è ricoperta da un capello cardinalizio. Così come qualsiasi persona che aiuti una combriccola di ladri e d'assassini non può essere ritenuta che un membro della banda, o per lo meno un complice della stessa, è del tutto logico ritenere che siano ritenuti membri della stessa sinistra banda quegli ecclesiastici che talvolta mettono persino in gioco la loro carriera ecclesiastica per sostenere la peggiore specie di criminali e di ladri che mai sia esistita al mondo; quella che costituisce il maggior pericolo per gli uomini ed il peggior nemico della Chiesa. Con l'aiuto dei loro complici nel Clero - i quali, purtroppo, riescono spesso a sorprendere la buona fede di molti fedeli - gli ebrei quindi dànno vita a queste Confraternite giudeo-cristiane, i cui fini, apparentemente inoffensivi sono, tra l'altro, i seguenti:

1) Insegnare a giudei ed a cristiani a stabilire tra di loro relazioni fraterne, sostanziate di scambievole rispetto e di reciproca amicizia.
2) Suscitare una maggiore comprensione e reciproca stima tra giudei e cristiani.
3) Intensificare l'opera di avvicinamento spirituale tra ebrei e cristiani.
4) Indurre alla conoscenza delle diverse, rispettive credenze, tradizioni, culture e modi di vita.
5) Impegnarsi al massimo perché in ambo i gruppi regni quell'affetto fraterno che sgorga dalla stima reciproca, dalla reciproca conoscenza e da un contatto continuo.
6) In parallelo ai propositi suddetti, Giudaismo e Cristianesimo, in

tutto ciò che posseggono di ideali spirituali, faranno in modo di unire le loro forze per opporsi, ed arrestare, all'offensiva permanente sferrata dal materialismo attuale, che nega quei valori spirituali che tanto gli ebrei che i cristiani sempre hanno sostenuto durante i secoli ecc...

Come ognuno può constatare, i fini sono, apparentemente, magnifici ed adattissimi ad attrarre gente in buona fede, ignorante del problema giudaico; però nascondono, senza alcun dubbio, l'inganno e la menzogna, armi favorite dei figli d'Israele. Bisogna avere, infatti, una buona dose di cinismo per affermare che i giudei desiderano unirsi ai cristiani per combattere l'attuale materialismo, visto - come abbiamo visto e dimostrato anche in questa opera - che proprio loro, gli ebrei, sono i principali propagatori del marxismo stesso.

Né una minore dose di cinismo occorre per dichiarare che i Giudei desiderano stabilire e intrattenere relazioni fraterne con i Cristiani. Un desiderio, questo, la cui sincerità dovrebbe essere dimostrata smettendo di assassinarli, per esempio, e quindi togliendo le catene a tutti quei nostri fratelli che, viceversa, continuano a restare rinchiusi nelle carceri ed in stato di ignominiosa servitù, tanto nell'Unione Sovietica come nella maggior parte degli Stati comunisti.

Ciò che invece gli ebrei ed i loro complici in seno al Clero Cattolico pretendono, con l'istituzione di queste « confraternite », è di irretire il maggior numero possibile di incauti cristiani e quindi convertirli in loro « servi », ossia in *utili idioti* del Giudaismo.

Gli incauti e gli ingenui verranno usati in seguito quali strumenti di attacco, adatti assai meglio di qualsiasi altro sistema a distruggere le organizzazioni anticomuniste, o nazionaliste cattoliche, che difendono la loro patria e la loro religione dagli artigli del comunismo e della massoneria: in definitiva dal potere occulto del Giudaismo che tutto organizza e dirige.

Contro la realtà dei fatti non v'è argomento che tenga. Nel bollettino n. 5 dell'anno 1960 della nostra Era - e anno 5720 dell'Era Giudaica - pubblicato dalla Confraternita Giudeo-Cristiana di Costarica, dal quale abbiamo tratto taluni dei propositi apparentemente inoffensivi e, anzi, fraterni da noi sopra elencati, trascriviamo le seguenti notizie relative all'attività realizzata da questa e da altre Confraternite similari:

Costarica: Padre Idoate ci conferma su: « germi di antisemitismo e azione vendicatrice in Costarica ».

Febbraio-Marzo 1960.- 1) I germi di antisemitismo che con calcolata regolarità e sincronia fecero capolino nel mese scorso in diverse parti del mondo, hanno dato qualche balbettante artificioso segno di vita anche nella nostra cara Costarica... 2) Il Comitato Ebreo-Cristiano ha preso la risoluzione di indire pubbliche manifestazioni, acciocché tutta l'opinione pubblica ne sia informata e per il ripudio più completo di questa azione. Il nostro presidente (il Sacerdote Francisco Herrera) ha inviato alla stampa una dichiarazione di principio, secondo la quale un atteggiamento antisemita viene dichiarato non soltanto ingiusto, ma bensì contrario ai postulati cristiani ed ai disegni di Dio per la salvezza del mondo. 3) Questa protesta della nostra Confraternita, fatta in nome del suo Presidente, ha destato viva sensazione nella società costaricana e provocato una serie di magnifiche manifestazioni in favore della causa ebrea, ingiustamente attaccata...

Uruguay. - « La Confraternita Ebreo-Cristiana dell'Uruguay ci ha inviato diversi interessanti ritagli di giornali di Montevideo, ritagli che illustrano ampiamente le brillanti giornate di solidarietà riaffermata in quella città verso la causa ebrea e di un ripudio delle manifestazioni di antisemitismo... ».

Dunque è chiaro quale è il vero obbiettivo di queste associazioni, di avvicinamento, così detto ebreo-cristiano: attrarre il maggior numero possibile di cattolici, affinché gli ebrei possano poi servirsi di loro quale cieco strumento nella lotta condotta per distruggere quei movimenti politici che vengono organizzati da altri più vigili cattolici, in difesa della Patria, della Chiesa e dell'Umanità e per opporsi all'azione della *Sinagoga di Satana*.

Queste « confraternite » assomigliano molto da vicino, come si vede, alle Logge Massoniche della prima maniera. Anche in quelle, infatti, l'attività ebbe inizio con pacate e distensive conversazioni sulla fraternità tra i popoli, sulla convivenza pacifica tra le diverse credenze religiose e sul modo di realizzare un amichevole avvicinamento tra gli ebrei e i cristiani. In realtà ciò che venne ottenuto - e tuttora si ottiene - è il dominio degli ebrei sui cristiani.

E anche nelle Logge Massoniche, com'è noto, gli ebrei si servirono dei cattolici, Sacerdoti, Canonici, Vescovi, Arcivescovi e sinanco Cardinali, i quali - in quanto membri della Massoneria - vennero usati come esca per far cadere altri cattolici nella trappola; tanti cattolici quanto più è stato possibile.

Gli anni passano come si vede, però le fandonie ebree, del genere, diciamo così, classico, restano sempre quelle; inalterate e inalterabili...

Altri incauti nostri fratelli vennero inoltre talvolta attratti anche dai *banchetti* massonici, ossia da una festosa convivialità ricolma di parole irradianti amicizia e affetto fraterno. In ogni caso si è sempre trattato di un'insidia degli ebrei. Essi infatti, utilizzando la complicità di taluni ecclesiastici cattolici al servizio del Giudaismo - del tutto simili agli ecclesiastici che oggi dirigono questi supposti movimenti di avvicinamento ebreo-cristiano - si servirono con fini perversi di questa massa di ingenui.

Possiamo affermare con certezza che in queste « società di avvicinamento », o di amicizia, ebreo-cristiane, sono sempre gli ebrei che insegnano ai cristiani la loro religione e il loro pensiero, sottoponendo loro bollettini ed opuscoli (incluse talune falsificazioni del Talmud) e non viceversa. Ciò rende possibile il fatto che gli ingenui cattolici si convincono che la religione ebrea, lungi dall'essere perniciosa e deleteria, è, viceversa, qualcosa di molto nobile e di molto bello; ed è forse più illustre (ed attendibile) di quella cristiana.

I nostri fratelli di fede vengono, anche in questo caso, indotti in errore, così come gli ebreo- massonici fanno con i neofiti dei primi gradi massonici, ai quali, come abbiamo visto, viene insegnata una dottrina inoffensiva che non ha niente a che vedere con quella inculcata ai più alti gradi e meno ancora con i veri propositi dei capi dell'Ebraismo che dirigono queste sette. Propositi giammai rivelati ai cattolici! I cattolici servono loro, unicamente, da satelliti e da strumenti per un fine recondito, che ormai è ben conosciuto: *indebolire la Cristianità e, se è possibile* - ma non sarà possibile! - *distruggerla*.

L'ebreo è sempre stato il padre della menzogna. Ed è un fatto quasi incredibile che vi sia ancora oggi un numero così elevato di ingenui che continuano a cadere nelle sue spire.

CAPITOLO XXXII

L'AVVICINAMENTO AMICHEVOLE
EBREO - CRISTIANO

Se la Santa Chiesa giungerà alla stipulazione di un patto col Giudaismo contraddirà se stessa - lo abbiamo già detto ma ancora una volta lo ripetiamo - e perderà la sua autorità sui fedeli. L'andar così manifestamente contro tutto ciò che è stato stabilito dai precedenti Concili della Chiesa, dalle Bolle Pontificie che hanno trasformato in dottrina tutte le tesi identiche, e da ciò che è stato sempre sostenuto dai Padri della Chiesa - così come abbiamo visto in precedenza - non potrà non esser privo di gravi conseguenze. Tuttavia prenderemo in esame la possibilità di giungere ad un avvicinamento col Giudaismo, onde trattare con esso almeno una tregua di questa lotta millenaria.

Vagliando i fatti relativi alla conversione degli ebrei, abbiamo già visto che essi utilizzano questa sublime aspirazione della Chiesa unicamente come un'astuzia per far propaganda in mezzo ai cattolici, per crearsi un ambiente di simpatia; abbiamo anche visto che gli ebrei stessi tentano, essendo in queste condizioni di privilegio, di ottenere con l'inganno, concessioni che - anche se in un primo momento appaiono inoffensive - conducono poi, sicuramente, a conseguenze disastrose per la Santa Chiesa e per il mondo cristiano.

Non può essere escluso che agenti ebrei introdottisi nella Gerarchia della Chiesa sottopongano all'esame del Concilio Ecumenico Vaticano II, attualmente in corso, un progetto di convenzione; un progetto col quale sperano di riuscire a crearsi un alone suggestivo e favorevole di simpatia e di comprensione; un progetto che consentirebbe loro di operare in condizioni di vantaggio per spingere il Santo Sinodo ad accordi pericolosi per il futuro e la stabilità della Santa Chiesa.

Abbiamo appreso infatti che essi tenteranno di far approvare una specie di Statuto che fissa le relazioni tra gli ebrei e i cristiani su questa base: *gli Ebrei non attaccheranno i Cristiani; i Cristiani non attaccheranno gli Ebrei.*

Ora non possiamo astenerci dall'osservare che se anche un proposito del genere può sembrare, a prima vista, prudente e una decisione siffatta felice

- soprattutto a coloro che non conoscono il problema ebreo ed a coloro che, magari pur conoscendolo, sono però di temperamento timorato, naturalmente inclini a rappresentarsi un panorama di vita conforme ai loro desideri, sulla base di una pace felice, nel cui clima stupendo il così poderoso Giudaismo lascerebbe vivere tutti pacificamente, e si asterrebbe dal combattere la Santa Chiesa - bisogna purtuttavia, soprattutto oggi, far tesoro delle lezioni che ci impartisce la storia. E quindi ricordare che mai gli ebrei mantengono i patti stipulati e che sempre, invece, essi sono vissuti e vivono ingannando tutto e tutti. Promettono ciò che son decisi a non mantenere, mai, e stipulando patti che violano, traendo pertanto innegabile profitto da questi patti in tutto ciò che a loro più conviene: con l'unico fine di indebolire l'avversario.

La politica classica del comunismo, quella consistente nel non rispettare mai i trattati, od i patti, non è in realtà che una manifestazione della politica di menzogne e di inganni sempre praticata dagli ebrei. Cosa che non meraviglia, visto che il comunismo marxista fu ideato da ebrei, è organizzato da ebrei, è diretto da ebrei ed è l'opera massima del Giudaismo moderno. Se nessuna persona dotata di buon senso darà mai credito alla parola di un comunista e avrà fiducia nei patti e nelle tregue stipulate con i comunisti - in quanto si conoscono i risultati disastrosi a cui conduce una siffatta sciocca fiducia - con eguale ed a maggior ragione non può non essere considerata per lo meno inutile qualsiasi tregua, pace o convenzione, patteggiata dal Giudaismo, che è il padre del comunismo, l'ispiratore della sua falsa politica, caratterizzata dal mancato adempimento a tutti gli accordi internazionali sottoscritti.

Si è appreso da buona fonte giudaica che ciò che si cerca di ottenere attraverso allo statuto di cui sopra, che dovrebbe dettare le norme della convivenza tra cristiani e giudei - un piano studiato e preparato nelle sinistre *Sinagoghe* e negli altri circoli massonici apposta per esser sottoposto al Concilio Ecumenico dagli agenti del Giudaismo in seno all'Alto Clero - non è altro che un impegno reciproco a non attaccarsi a vicenda, che dovrebbe essere sottoscritto dagli ebrei e dai cristiani.

Un accordo, quindi, che, qualora in vigore, legherebbe mani e piedi ai cattolici ed impedirebbe loro di difendere la Chiesa, il Mondo Libero, le loro nazioni e le loro famiglie cristiane, dall'azione distruttrice del Giudaismo. Questo, anche se in cambio solo apparentemente desistesse dall'attaccare la Chiesa ed i cattolici, continuerebbe però senza alcun dubbio nel suo classico sistema di lotta, che consiste nel tirar la pietra e nascondere la mano. Utilizzerebbe cioè la massoneria, il comunismo e qualsiasi altra sua organizzazione sovversiva.

In una parola, quindi, mentre la *Sinagoga di Satana* potrebbe continuare nel suo attacco contro la Cattolicità e contro il Mondo Libero - attraverso le sue sette massoniche e le sue forze comuniste - affermando ipocritamente che niente ha a che vedere con queste, e che è innocente di quanto queste fanno - otterrebbe di paralizzare i cattolici, onde essi non potessero difendere i loro diritti naturali dalla cospirazione giudaica, che, una volta padrona del campo, riuscirebbe a batterli in breccia.

Quindi mentre la tregua pattuita, o l'avvicinamento amichevole, o la pace stipulata, sarebbe osservata fedelmente dai cristiani, questa verrebbe sicuramente violata dagli ebrei, i quali approfitterebbero di questo autoincatenamento dei cattolici per dominarli più facilmente e per finalmente realizzare il fine lungamente e tenacemente perseguito: *la distruzione della Santa Chiesa, l'annientamento del suo Clero, la schiavitù di tutta la Umanità.*

Questa insidiosa iniziativa giudea è senza dubbio originata dall'allarme suscitato dagli avvenimenti odierni.

Negli Stati Uniti, infatti, nell'America Latina, in tutti i Paesi d'Europa, nel Mondo Islamico, e in tutto il rimanente dell'orbe terracqueo, stanno sorgendo movimenti anticomunisti: soprattutto nel Nord-America. Movimenti che se giungeranno ad unirsi, salveranno l'Umanità dal pericolo comunista e dal dominio israelita. Molti infatti sono ormai coscienti di una realtà innegabile: *dietro alla massoneria, dietro al comunismo, dietro a qualsiasi azione che tende a distruggere la civiltà cristiana, c'è sempre il Giudaismo.* E che il Giudaismo è la testa della piovra che occorre schiacciare, se si vuole che i suoi tentacoli, costituiti dal comunismo, dalla massoneria, dal socialismo e dalle altre sette, possano essere resi inoffensivi. Se non si attacca e si schiaccia la testa del mostro, questi genererà nuovamente le sue vischiose e aduche estremità prensili.

Le notizie relative all'esistenza di questi movimenti politici di difesa, che stanno assumendo in molte parti del mondo proporzioni imponenti - soprattutto negli Stati Uniti d'America - sono senza alcun dubbio quelle che hanno maggiormente destato l'allarme del Giudaismo. Malgrado le continue accuse calunniose di fascismo, clericalismo o di nazismo scagliate dalla stampa marxista e dalla propaganda ebrea contro chiunque si azzarda a rivelare la verità dell'odierna situazione, il movimento anti-comunista prende sempre più piede.

Proprio per questo il Giudaismo, come vediamo ogni giorno, si è impegnato in una campagna d'ampiezza mondiale, non soltanto in seno alla Chiesa Cattolica, ma bensì anche tra le Confessioni Protestanti e in altri settori religiosi e sociali.

Il movimento ebreo tende a realizzare presunti patti tra giudei e cristiani, presunti avvicinamenti tra gli uni e gli altri, che hanno altro scopo di ingannare i fedeli di Cristo e tutti gli uomini di buona volontà sulla vera natura della cospirazione, alla testa della quale ci sono loro, gli ebrei stessi. Astenendoci noi dallo schiacciare questa testa essi potranno continuare in condizioni di relativa sicurezza ad attaccarci vigorosamente, sino alla auspicata e vagheggiata vittoria finale, ossia fino al definitivo trionfo della schiavitù giudaico-comunista in tutto il mondo.

La storia ci ha ripetutamente dimostrato che sempre, allorquando è stato scatenato un attacco efficace e distruttivo contro il Drago, ossia contro il Giudaismo, questo, pur ponendosi sulla difensiva, non ha però avuto il tempo, né la possibilità, di organizzare rivoluzioni, né di realizzare con efficacia la sua attività demolitrice.

Fu così che nei momenti critici della repressione dei Visigoti, per esempio i giudei, impegnati nel sopravvivere, non ebbero ne la calma ne il tempo necessari per dar vita ad eresie. La stessa cosa accadde nel periodo in cui la repressione inquisitoriale fu più efficace e mise il giudaismo in condizione di scomparire.

Per difendersi e continuare comodamente a dar vita alle loro attività demolitrici e sovversive, gli ebrei hanno bisogno di calma; hanno bisogno che nessuno li attacchi. Lasciati in pace essi eviteranno di consumare le loro energie nei contrasti e risparmieranno quegli ingenti mezzi economici che essi prodigheranno, poi, al momento opportuno, nell'azione rivoluzionaria che tende a rendere schiavo il mondo.

In previsione di tutto ciò essi si ingegnano sempre nel trovare quei mezzi che consentano loro di impedire ai cristiani di difendersi, e di contrattaccarli. Il « disegno » di cui abbiamo poc'anzi parlato, risponde a questo fine: agire in tutta tranquillità servendosi dell'avvicinamento tra ebrei e cristiani, delle cosiddette società miste, dei patti di non aggressione e così via.

Se noi realmente vedessimo che esiste una sola possibilità, anche tenue, di ravvedimento e di sincerità nei supposti intenti ebrei per una riconciliazione con i cristiani, in seguito ad una migliore reciproca conoscenza, o sedendosi ad un tavolo per negoziare e quindi giungere ad una contemperazione delle asprezze che consentisse prima un avvicinamento e dopo una pace duratura, noi saremmo lietamente i primi ad accettare una tale offerta di intesa e di pace.

Sempreché questa intesa e questa pace non significassero, si badi bene, alcun genere di contraddizione di quanto fu approvato in altre epoche dai Papi, dai Padri della Chiesa o dai Santi dei Concili Ecumenici.

Disgraziatamente - noi lo sappiamo bene e l'abbiamo ampiamente dimostrato in questo libro - il giudaismo ha sempre utilizzato queste apparenze di buona volontà e queste offerte di amicizia e di avvicinamento, unicamente per indebolire e paralizzare le difese di coloro che, ingannati, si fidano delle sue promesse e quindi cadono nel suo secolare trabocchetto.

A colui che dubitasse delle nostre affermazioni, o le ritenesse esagerate, noi offriamo la possibilità. di constatare personalmente la fondatezza: se i Dignitari Ecclesiastici che servono da strumento agli ebrei e formano la loro *quinta colonna* introdottasi nella Chiesa, insisteranno per giungere a questo « avvicinamento », a questo patto di non aggressione che consacrerebbe la realtà di pacifiche, felici, relazioni tra ebrei e cattolici, è indispensabile che innanzitutto - al fine di collaudare la sincerità del giudaismo nei riguardi di questi possibili negoziati - vengano richieste agli ebrei prove evidenti e indubitabili di buona fede. Testimonianze non smentibili, occorrono, sulla reale volontà della *Sinagoga di Satana* di non attaccare mai più la Santa Chiesa, né le Nazioni Cristiane, né di conculcare ulteriormente i diritti naturali dei popoli, né di tentare ancora la distruzione della civiltà cristiana.

Qualora il Giudaismo fornisce chiare prove di sincerità su quanto sopra, i negoziati potrebbero aver luogo con qualche possibilità di successo. Però soltanto in quel caso! Ed una sola maniera è offerta al Giudaismo per dimostrare con prove evidenti che è veramente ispirato da un desiderio di conciliazione, di avvicinamento, di pace: adottare immediatamente le seguenti misure:

1) affossamento vero e proprio della Massoneria in tutto il mondo e fine della sua azione anti- cristiana;

2) affossamento vero e proprio dei partiti comunisti, social-marxisti e di ispirazione massonica che lottano per minare le istituzioni cristiane e condurre, apertamente o subdolamente, gli Stati Cristiani alla dittatura social-marxista del comunismo giudaico..

3) Celebrazione immediata delle libere elezioni, in Russia, in Polonia, a Cuba, in Cecoslovacchia e in tutti gli altri Stati Cristiani in cui la tirannide giudaico-comunista imperversa crudelmente. Altrettanto dicasi per la Cina dove vivono milioni di cristiani e di Gentili in istato di oppressione. Riforma immediata della Costituzione in questi Stati, ripristino della libertà, anche religiosa, soppressione della propaganda ateo-materialista con la quale gli ebrei avvelenano la coscienza dei giovani e delle famiglie cristiane.

4) Immediato ritiro delle truppe giudaico-russe dai Paesi dell'Europa centrale, tenuti da queste in istato di permanente occupazione.

Se gli ebrei, previa adozione ed esecuzione reale e sincera di queste misure, dimostreranno che veramente desiderano giungere ad un avvicinamento amichevole con la Santa Chiesa Cattolica in particolare, e con la Cristianità in generale, noi saremo i primi a manifestare il desiderio di negoziati che conducano ad un'intesa di bene ed a felicitarci con tutta l'anima per un così importante passo avanti verso il traguardo della pace mondiale.

Un desiderio ed un impegno che dimostrerebbero che il cuore degli ebrei ha cominciato ad addolcirsi; un presagio sicuro della loro futura conversione alla religione del Nostro Divin Salvatore.

Se, al contrario, essi ricominceranno a proclamare ingannevolmente che il comunismo non è cosa loro, che vi sono ebrei comunisti e altri no; che essi non dirigono, e che essi non controllano la massoneria; e che niente posson fare per impedire a questa setta di continuare ad attaccare la Santa Chiesa; se essi continueranno ad affermare che niente possono fare per togliere il giogo giudaico-comunista ai popoli cristiani e alla Chiesa, stritolata e perseguitata da loro; tutti comprenderanno e sapranno senz'ombra di alcun dubbio ciò che realmente vuole ottenere la *Sinagoga di Satana* attraverso il supposto « avvicinamento », e con quel preteso « patto di non aggressione » che dovrebbe normalizzare le relazioni tra cristiani ed ebrei.

Risulterà dimostrato, senza tema di smentita, che gli ebrei pretendono, attraverso la loro mendace proposta di ammanettare i cattolici per impedir loro di attaccare il mostro giudeo alla testa e di troncare i suoi tentacoli: *comunismo, massoneria, partito social-marxista, sètte, associazioni e organizzazioni di ogni genere*, tutte ideate, costituite, sorrette e potenziate per condurre in porto, definitivamente, l'opera distruttiva attualmente in atto contro la Santa Chiesa Cattolica, contro la Cristianità e contro il Mondo Libero.

Non praevalebunt. Le porte dell'inferno - è scritto nel Divino Messaggio - non prevarranno. Tocca a noi difendere e difenderci.

Con l'aiuto di Dio lo faremo.

FONTI E BIBLIOGRAFIA

P. ABEL: *La Nueva Prensa Libre*, Vienna, 1898.

ABJAR MACHMAU: Traduzione di Don Emilio Lafuente y Alcàntara: *Coleccion de obras arabigas de Historia y Geografia*. Reale Accademia della Storia, Madrid, tomo I.

ABODA SARA: 26 b. Tosephot.

ACCADEMIA DELLA STORIA: *Privilegios de dicha Iglesia, Cortes de los antiguos Reinos de Leòn y de Castilla*, Madrid, 1863.

RICARDO C. ALBANÉS: *Los Judios a través de los siglos. Almanaque de los franc-masones*, Leipzig, 1884. .

P. JOSEPH ÀLVAREZ DE LA FUENTE: *Sucesión Real de Espana*.

JOSÉ AMADOR DE LOS RÌOS: *Historia de los Judios de España y Portugal*, Madrid, 1875.

AMOLON: *Tratado contra los Judìos*. Pubblicato dalla Biblioteca Patrum Maxima.

Archivos Israelitas. 1864.

ARCHIVIO GENERALE DI STATO: *Proceso de Luis de Carbajal el Mozo*. Ediz. del Governo del Messico, 1935.

ARIO: *Thalia*.

JAIME BALMES, S.J.: *El protestantismo comparado con el Catolicismo*.

BALUZIUS: *Vitae Paparum Avenionensium*, Parigi, 1693.

BARRUEL: *Mémoires pour l'Histoire du Jacobinisme*.

BATIFFOL: *Les sources de l'histoire du Concile di Nicée*. Ed. 1925.

LEROY BEAULIEU: *Israel entre las Naciones.*

BEDARRIDE: *Les Juifs en France, en Italie et en Espagne,* Parigi, 1861, Michel Levy Frères Editeurs.

BENAMOZEGH: *Israel y la humanidad. Bibbia:* Istituto Edizioni Artistiche, Bergamo. *Bibbia:* Ed. SCIO.

CARLO BO: E'ancora difficile dire ebreo, Rivista: *L'Europeo,* Milano, num. del 26 agosto 1962.

BOSSUET: *Sermone del Venerdì Santo. Discours sur l'Histoire Universelle.*

Bullarium Diplomatum et Privegiorum Sanctorum Romanorum Pontificum, Taurinensis editio 1739- 1753.

Bulletin officiel du G.O. de la France, ottobre 1922.

CAPEFIGUE: *Las grandes operaciones financieras.*

JOSÉ MARIA CARO (Cardinale) Arcivescovo di Santiago, Primate del Cile: *El Misterio de la Masoneria,* Editorial Difusión.

CAVALLERA: *Le Schisme d'Antioche,* Cambridge, 1938.

Chaniga.

Civiltà Cattolica, editata a Roma. Quaderni dell'anno 1899 e n. 1870, anno 1928. Congresso Internazionale Massonico di Bruxelles, 1910, *Memoria.*

Continuatio Chronici Guillelmi de Nangis. Pubblicata nel « Specilegium sive Collectio Veterum Aliquot Scriptorum qui in Galliae Bibliothecis delituerant », Parigi, anno MDCCXXIII, Tomo III.

Cortes de los antiguos Reinos de Leòn y de Castilla. Pubblicati dalla Real Academia de la Historia, Madrid, 1863, tomo II.

CRONICON MASSONIQUE e CRONICON SEBASTIANI: *España Sagrada.* Tomo XIII.

CUVELIER: *Histoire de Monseigneur Bertrand du Guesclin.*

LIC. ALFONSO DE CASTRO: *El Problema judío*. Ediz. Actualidad, Messico D.F., 1939.

E. DE FAYE: *Gnostique et Gnosticisme*, Ed. 1913.

RENZO DE FELICE: *Storia degli ebrei italiani sotto il fascismo*, Ed. Einaudi, Torino, 1961.

DUQUE DE LA VICTORIA: *Israel manda*, Editrice Latino-Americana SA, Messico, D.F.

HUMBERTO DE LUCCA (Vescovo): Crónica en Codex Uldarici.

DE LUCHET: *Essai sur la Secte des Illuminés*.

R. P. JUAN DE MARIANA S. J.: *Historia General de España*, Ed. Madrid, 1650.

LÉON DE PONCINS: *Las Fuerzas secretas de la Revolución, F... M..., Ebraismo*, Edizione « Fax », Madrid.

JUAN DE RAGUSA: *Monumenta Conciliorum Generalium Saeculi*.

P. DESCHAMPS, Cardinale MATHIEU, Monsignor BESSON e altri: *Las sociedades secretas y la sociedad*.

JUAN DE SEGOVIA: *Historia gestorum generalis synodi Basiliensis*.

CÉCILE DE TORMAY: *Le livre proscrit*, 1925.

LUCAS DE TUY: *Cronicon Era 733*.

GUTIERRE DIEZ DE GAMEZ: *Cronica de Pedro Nino Conde de Buelna*, 1445.

REINHART DOZY: *Histoire des musulmans d'Espagne*, Leiden 1932.

E. DRUMONT: *La Franee juive*.

DUCHESNE: *Compendio de la Historia de España*, Traduzione spagnola del P. Jose Francisco de la Isla., Madrid, 1827, e Liber Pontificalis, Ed. Parigi, 1955.

JOSEPH DUNNER: *The Republic of Israel*, Edizione Ottobre 1950.

Eben Ha Eser, 6 e 8.

E. EBERLIN: *Les Juifs d'aujourd'hui. Enciclopedia Espasa Calpe. Enciclopedia Judaica Castellana.*

EUSEBIO: *Vita Constantini.*

MAURICE FARA: *La Masoneria en descubierto*, Ediz. La Hoja de Roble, Buenos Aires.

FERRER DEL RÍO: *Exámen histórico critico del Reinado de Don Pedro de Castilla*, Ed. Madrid, 1851.

D. G. FOATTA: *L'ebreo: ecco il pericolo*, Prato, 1891.

Forum Judicum.

JEAN FROISSARD: *Histoire et Chronique Mémorable*, Parigi, 1574.

Fuero Juzgo: Reale Accademia Spagnola, Madrid 1815.

P. GAXOTTE: *La Révolution française.*

GEVATKIN: *Studies of Arrianism.*

NICOLE GILLES: *Les Croniques et Annales de France*, Parigi, 1666.

GOUGENOT DES MOUSSEAUX: *Le juif, le judaïsme et la judaïsation des peuples chrétiens.*

GRAETZ: *History of the Jews*, Edizione della Jewish Pubblication Society of America, Philadelphia, 1956

GREGORIO VII (Sua Santità): *Regesta IX.*

GREGORIO IX .(Sua Santità): Bolla *Sufficere debuerat.*

FERDINAND GREGOROVIUS: *Geschichte der Stadt Rom im Miltelalter*, Traduzione italiana di Renato Manzato, Torino.

LEON HALEVY: *Resúmen de la historia del los Judios.*

R. P. JOANNES HARDUINI S.J.: *Acta conciliarum et epistolae decretales, ac constitutione Summorum Pontificum*, Parigi, 1714.

MALCOLM HAY: *Europe and the Jews*, Boston 1960.

PAUL HAY, SEIGNEUR DE CHARTELET: *Histoire de Monseigneur Bertrand Du Guesclin*, Parigi,1966.

MOSES HESS: *Rome and Jerusalem*, Translated and edited by Rabbi Maurice J. Bloom, New York, 1958.

HOERET WAUD: *The Four Great Heresies*, Ediz. 1955.

BERNARD HUTTON: in Rivista francese *Constellation*, n° 167, Marzo 1962.

IBN.EL ATHER: *Cronica El Kamel.*

IBN-KHALDOUN: *Histoire des Berbères*, Traduzione dall'arabo al francese. del Baron de Salane, Ed.. di Argel, anno 1852.

JULES ISAAC: *Jésus et Israël.*

Jebamoth.

Jewish Enciclopedy.

SALVATORE JONA: *Gli ebrei in Italia durante il fascismo*, Milano, 1962. .

RICARDO JORGE: *Los Cristianos novos en Portugal no seculo XX*, Samuel Schwartz, Lisbona, 1925.

Mons. JOUIN: *Le Péril judéo-maçonnique*, 5 Vols. 1919-1927.

Kabala ad Pentateucum.

KADMI-COHEN: *Nomades (essai sur l'âme juive)*,1929.

LEÓN KAHN: *Los Judios de Paris durante la revolución.*

JOSEF KASTEIN: *History of the Jews.*

W. KOCH: *Comment l'empereur Julien tâcha de fonder une Eglise païenne.*

LARIOLLE: *La réaction païenne*, 1934.

R. LEMBELIN: *Las victorias de Israel.*

LATAIS: *Terrore Rosso dello 1° Novembre*, 1918.

RUFUS LEARSI: *Historia del pueblo judio*, Trad. spagnola della Editorial Israel, Buenos Aires.

Les Cahiers de l'Ordre, n. 3-4, 1926.

LEONE XIII (Sua Santità): Lettera Enciclica *Humanum Genus*, 20 aprile 1884.

N. LEVEN: *Cinquante Ans d'Histoire: L'Alliance israélite universelle*, (1860-1910), Parigi, 1911.

ELIPHAS LEVY: *Historia de la Magia.*

B. LLORCA S.J., R. GARCIA VILLOSLADA S.J., e F.J. MONTALBAN: *Historia de la Iglesia Catolica*, Madrid, 1960, tomo I.

PEDRO LÓPEZ DE AYALA: *Cronica del Rey don Pedro.*

ESTEBAN J. MALANNI: *Comunismo y Judaismo*, Editore La Mazorca, Buenos Aires, 1944.

MALINSKY e PONCINS: *La Guerra occulta*, Milano, 1961.

MATTER: *Histoire du Gnosticisme*, Ed. 1844.

MARCELINO MENÉNDEZ Y PELAVO: *Historia de los Heterodoxos Españoles*, Tipografia F. Maroto e Figli, Ed. del Consejo Superior de Investigaciones Cientificas, Madrid, 1946..

PROSPER MERIMÉE: *Histoire de Don Pierre*, Ed. Parigi, 1848.

Mons. LÉON MEURIN S.J., Arcivescovo, Vescovo di Port-Luis: *Simbolismo de la masoneria. Filosofia de la masonerìa*, Editorial Nos., Madrid, 1957.

DEAN MILMAN: *History of the Jews*. Everyman's Library, sec. edizione.

LOUIS ISRAEL NEWMAN (Rabbino): *Jewish Influence on Christian Reform Movements*, Vol. 23 della Columbia University Oriental Series.

ALFRED NOSSIG: *Integrales Judentum*.

ORIGENE: *De principiis*.

Osservatore Romano, quotidiano di Roma, 19 aprile 1956.

ISIDORO PACENSE: *Crónicon*.

G. PANANZI: *L'ebreo attraverso i secoli e nelle questioni della moderna società*, Treviso, 1898.

HUNTLEY PATERSON: *History and Destiny of the Jews*, New York. 5712, 1952.

PIKE: *La moral y el dogma en el Rito Escocés*.

PIO V (San) P.P.: Bull. *Romanus Pontifex*, 19 aprile 1566.

JOHANNES QUASTEN (Prof.): *Patrologia*.

RAGON: *Maçonnerie Occulte*.

JACOB S. RAISIN (Rabbino): *Gentile Reactions to Jewish Ideals*, Philosophical Library, New York, 1953.

Revue Internationale des Sociétés secrètes, Parigi, n° 2, 1913. N° 8, 1926.

Dr. ROHLING, Sacerdote cattolico: *Die Polemik des Rabbinismus*.

ADOLPHE RICOUX: *L'existence des Loges de Femmes*, Paris, Ed. Tequi, 1891.

VICENTE RISCO: *Historia de los judios*, Edizione Surco, Barcellona 1960.

TRAIAN ROMANESCU: *La Gran Conspiración judia*, Terza Edizione, Messico, D.F., 1961.

PAUL ROSEN: *Satán*.

ERNESTO ROSSI: *Il manganello e l'aspersorio*, Firenze.

CECIL ROTH: *Storia del popolo ebraico*, Editore Silva di Milano, anno 1962.
- *Historia de los Marranos*, Ed. Israel, Buenos Aires, 1946, Ano Judio 5706.

ABRAM LEON SACHAR: *Historia de los Judíos*, Edizione Ercilla, Santiago del Cile, 1945.

SALLUSTE: *Les Origines secrètes du bolchevisme: Henry Heine e Carlo Marx*, Edizione Jules Tallandier, Parigi.

SANT'AGOSTINO: *Trattato sui salmi; Sentinella contro i Giudei posta sulla torre della Chiesa di Dio*.

SANT'AMBROGIO, Vescovo di Milano: *Lettera XI all'imperatore Teodosio*.

SANT'ATANASIO: *Epistola de Morte Arii; Historia Arianorum ad Monachos* e *Contra Arianos*.

SAN GIOVANNI: *Apocalisse*.

SAN GIOVANNI CRISOSTOMO: *Sesta Omilia contro gli ebrei*.

SAN GREGORIO, Vescovo di Tours: *Historia Francorum*.

SAN GREGORIO NAZIANZENO: *Oratio I et Juliano*.

SAN GREGORIO DI NYSSA: *Oratio in Christi resurrectionem*.

SAN PAOLO: *Lettera a Tito; Lettera ai Tessalonicesi.*

SAN TOMASO D'AQUINO: *Opera Omnia*, Ediz. Pasisillis.

R. V. SELLERS: *Eustatius of Antioch and his place in the early Christ doctrine*, Cambridge, 1928.

Shabbath.

SITGES: *Las mujeres del rey don Pedro.*

SOCIEDAD EBRAICA ARGENTINA: *Los Judios. Su Historia - Su aporte a la cultura*, Buenos Aires, 1956.

WERNER SOMBART: *Les juifs et la vie économique.*

SOZOMENO: *Historia Eclesiastica.*

Talmud.

JUAN TEJADA Y RAMIRO: *Colección de Cánones de todos los Concilios de la Iglesia de España y de America*, Madrid, 1859.

TERTULLIANO: *In Apologet*, libro V e *Orosio*, libro VII; *Scorpiase, Ad Nationes e Adversus Judaeos.*

J. et THARAUD: *Causerie sur Israël*, 1926, Marcelle, Lesage.

RODERICUS TOLETANUS: *De Rebus Hispaniae; Rerum in Hispania Gestarum.*

LUCAS TUDENSIS: *Cronicon en Hispania Ilustrata.*

Vangelo secondo San Giovanni. Vangelo secondo San Marco.

Vangelo secondo San Matteo.

VACANDARD: *Vie de Saint Bernard*, Codex Uldarici.

VON HAUGWITZ: *Memoriae.*

VERMIJON: *Rivelazioni d'interesse mondiale*, Roma 1957.

VOGELSTEIN UND RIEGER: *Geschichte der Juden im Rom*, Ed. 1896:

WILLIAM THOMAS WALSH: *Felipe II*, Edizione Espasa-Calpe, Barcellona.

J. M. WATTERICH: *Vitae Romanorum ab exeunte saeculo IX usque ad finem saeculi XII*, Lipsia, 1862.

NESTA H. WEBSTER: *Secret Societies and Subversive Movements*, Ed. Boswell Publishing Co., Londra, 1924.

WESTFÄLICHER MERKUR: Diario di Munster, N. 405 del 6 ottobre 1926.

RABBINO WIENER: *Die Jüdischen Speisegsetz.*

JOHN YARKER: *The Arcane Schools.*

Sepher-Ha Zohar; Traduzione di Jean de Pauly, Parigi, Ernest Leroux, 1907.